JN107635

山川出版社

まえがき

「人生の意味がただ１つあること、それは生きる行為そのものである」、これは社会心理学者フロムの言葉です。フロムは、第二次世界大戦の虐殺と破壊を引き起こした要因は、現代人がみずからの自由から逃走し、権力や富でむなしさを埋めようとし、また、他人のあたえる架空の全能感で孤独をまぎらわそうとする非生産的な態度におちいったことであると指摘しました。そして、愛によって人びとと結びつき、おたがいの自由を認め合い、個性と能力を発揮してものごとを創造する生産的な態度で生きるべきだととなえました。そのような人間愛・創造性・自発性に満ちた生きる行為そのものに生きがいや幸福、つまり生きることの意味があるのです。

自己という存在に目覚める青年期から、私たちは生きる目的や価値を探し始め、意味のある生き方をしたいと願います。生きる意味について考えることは、青年の精神が成長するあかしであり、その問題を考えぬくことは、その知的な誠実さのあらわれです。高等学校公民科の科目「倫理」は、先人の思想を手がかりとして、また、現代社会の倫理的課題に取り組むことを通して、人間らしいあり方・生き方、生きることの意味や目的、多様な人びとともに平和に共生する社会について考える場となるものです。

本書は、高等学校で使用されている「倫理」の教科書５点を調査し、重要な用語を選んでわかりやすく解説したものです。本書を使いながら「倫理」を学ぶことによって、人類の遺産ともいうべき先人の思想の全体像を理解し、それらを手掛かりに人間としてのあり方・生き方を探究することができます。本書はまた、一般の人が人生についての思索と教養を深めるためにも役立ちます。

本書は全体の編集を小寺聡が行ない、執筆は小寺聡のほかに、福田誠司など諸先生が行ない、監修を濱井修先生（東京大学名誉教授）にお願いしました。本書が「倫理」を学んで、人生を誠実に生きようとする人たちへの、よき道しるべとなることを期待します。

2023年９月

小寺　聡

本書の特色と使用上の留意点

特 色

1. 本書は、高等学校公民科「倫理」の教科書（2023年度使用、全５冊）に記載されている用語から、学習に必要と思われる用語を選び、体系的に理解できるように配列し、適切な解説を加えたものである。
2. 巻末には、五十音順と欧文略語の「索引」をつけているので、簡潔な用語辞典としても使用できる。
3. 本書で取り上げた用語の数は、約3,500である。

使用上の留意点

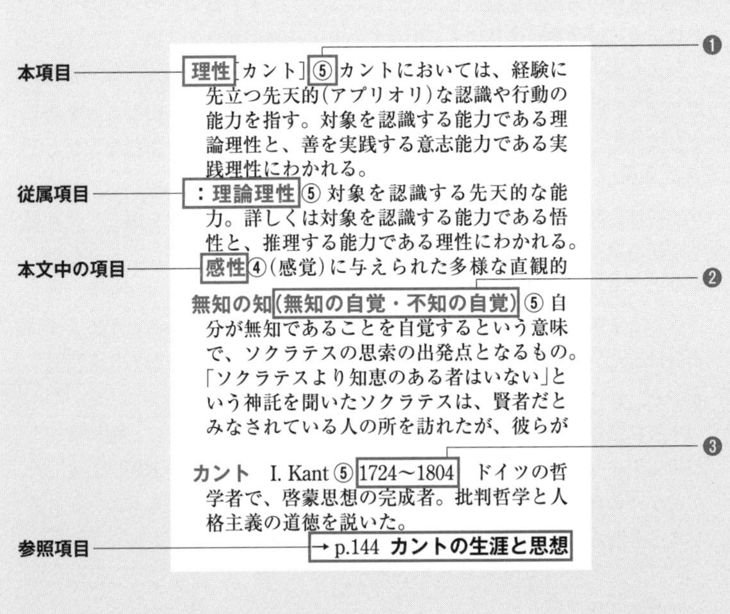

◆用語は、**本項目**、:を付した**従属項目**、解説文中に組み入れた本文中の**項目**に区分してある。

従属項目……本項目の内容と特に関連する用語を取り上げて解説したもの

参照項目……1つの用語は1カ所で解説し、必要に応じて参照項目（→ p.○）を入れた

❶頻度数　高等学校公民科「倫理」教科書全5冊のうち、何冊の教科書にその用語がでているか示すもの。頻度数が④以上の用語は、原則として見出し語を色刷りとした。頻度の多さが、重要度をそのまま示すとはいえないが、学習上の目安になるものと考えられる。ただし、同一教科書については、その用語が何回出てきても頻度数は1回と算出してある。

❷教科書によって用語表記が違う場合は、なるべくより多くの教科書で使用されている表記を採用し、必要に応じて他の表記を副見出し項目として、(　　)内に示した。ただし、「索引」では双方を取り上げてある。

❸人物の生没年は頻度数の次に記した。

* 書名は『　　』を、引用句は「　　」を付した。
* 同一語で内容の異なる項目は、[　　] でその内容を示した。
  例. 理性 [プラトン]、理性 [カント]
* 年代は原則として西暦で示し、必要に応じて元号を付した。

目次

第III部 人間と世界の探究——西洋近代思想

第IV部 現代の人間と社会——現代思想

第V部 国際社会に生きる日本人としての自覚

第VI部 現代の諸課題と倫理

第I部 人間の心と自己の探究

第1章 青年期の特質と課題

1 人間とは何か

人間観 ④ 人間とは何かという、人間の本質や特徴についての見方。人間は生物としては霊長類ヒト科に分類され、もっとも近いチンパンジーとは遺伝子の98%が同じだとされる。その人間がほかの動物とは異なる点として、理性を使って思考する、言葉や芸術などの象徴を操る、道具をつくってものを製作する、社会を形成して分業・協業する、遊ぶことから文化を創造する、信仰をもつなど、様々な人間の特質をとらえた定義が説かれている。

ホモ・サピエンス(英知人) homo sapiens(ラ) ⑤「知恵のある人」という意味で、英知人と訳す。スウェーデンの植物学者**リンネ**(C. Linné、1707～78)④が生物の分類体系をつくる時に人間に命名したもので、それから生物の分類学における人類の正式名称となっている。ロゴス(理性)をもつ動物という、古代ギリシアにおける人間の定義の伝統を受け継いだもの。

理性的動物(理性をもつ動物) animal rationale(ラ) ② 人間は理性によって物事を考えることができる動物であるという意味。古代ギリシアからの伝統的な人間観で、ソクラテスやアリストテレスは「人間はロゴス(理性)をもつ動物である」と説いた。ロゴスとは言葉・理性・論理・理法などを意味する。

ホモ・ファーベル(工作人) homo faber(ラ) ⑤ 道具を使ってものをつくり出す人、工作にたくみな人という意味で、工作人と訳す。フランスの哲学者ベルクソンが名づけたもの。進化論を背景にして、人間は道具をつくって自然に働きかけ、環境を便利なものにつくりかえることによって進化してきたという考え方にもとづく。人間が進化した要因には、二本足で直立歩行することによって自由に手を使えるようになり、その手で道具をつくって、より有効に環境に働きかけることができたことがある。自然界にあるものを道具として使う動物はほかにもいるが、道具を加工してつくるのは人間の特徴である。

→p.158 ベルクソン

ホモ・ルーデンス(遊ぶ人・遊戯人) homo ludens(ラ) ⑤ 遊ぶことから文化をつくり出す人という意味で、遊ぶ人・遊戯人と訳す。オランダの歴史家**ホイジンガ**(J. Huizinga、1872～1945) ⑤が名づけたもの。人間は生活の必要から解放された自由な遊びから、学問・芸術・宗教・スポーツ・祭りなどの文化を形成してきた。

アニマル・シンボリクム(シンボルを操る動物・シンボル的動物・象徴的動物) animal symbolicum(ラ) ⑤ 言語や記号などのように、意味をあらわす**シンボル(象徴)**④を使う動物という意味。ドイツの哲学者**カッシーラー**(E. Cassirer、1874～1945)⑤が名づけたもの。人間は意味をあらわす象徴として音や形を理解する能力をもっており、言語・神話・芸術・宗教などの象徴の世界をつくる動物である。

ホモ・レリギオースス(宗教人) homo religiosus(ラ) ④ 宗教という文化をもつ動物という意味。人間は自分たちをこえた超越的な力をもつ神や世界にまなざしを向ける動物である。ホモ・レリギオス(homo religios)とも表記される。ルーマニアの宗教学者**エリアーデ**(M. Eliade、1907～86) ①がとなえた。

ホモ・ロークエンス(言葉を操る動物) homo loquens(ラ) ① 言葉を使って話す人間という意味。ロクオール(loquor、話す)というラテン語に由来する。

ホモ・エコノミクス(経済人) homo oeconomicus(ラ) ① 自己の欲望を満たすために、利益を合理的に求める経済活動をおこなう存在という意味。エコノミア(経済・家政)というラテン語に由来し、英語のエコノミー(経済)に通じる。

ホモ・ポリティクス(政治人) homo politicus(ラ) ① 人間は社会に所属し、言葉による議論・交渉・説得によって、たがいの利害関係を調整する政治をおこなう動物であるという意味。「人間は自然本性的にポリス的動物である」という、アリストテレスの定義にもとづく。

2 青年期

青年期 ⑤ 諸説あるが、青年期は12〜13歳頃から22〜23歳頃までを指し、児童期から成人期へと成長する期間である。12〜13歳から16〜17歳までを青年前期、17〜18歳から22〜23歳までを青年後期と呼んで区別することもある。10歳頃から青年期になるまでを**プレ青年期(前青年期)**①と呼ぶ。近代以前の社会では、子どもは成人式などの通過儀礼をすますとすぐに大人の仲間入りをし、青年期という段階はなかった。近代に教育制度が確立されるに従って、青年期が人生の発達段階の１つとして認められるようになった。青年期は親から精神的に独立し、将来の人生設計をおこない、職業や社会生活で必要な知識や技術を学び、社会で自立するための力をやしなう準備期間である。

アリエス P. Ariès ① 1914〜84 フランスの歴史学者。今日の意味における「子ども」のとらえ方が生まれたのは近代からであり、中世のヨーロッパでは、子どもは７歳頃になると「小さな大人」とみなされ、大人たちと仕事や遊びをともにしながら成長したと説いた。アリエスによれば、子どもは親からすぐに離れて、徒弟制度によって親方から仕事を学んで修業したのであり、大人になるための準備をする「子ども」の期間の価値が認められ、その独自の意義が認められるようになったのは近代以後である。主著『〈子供〉の誕生』『死を前にした人間』『日曜歴史家』。

青年期の延長 ① 近代社会が成立する以前の農業や牧畜が中心の社会では、子どもは大人の手伝いができるようになると、すぐに大人の仲間入りをした。しかし、近代社会の発展とともに、職業や社会生活で必要とされる知識や技術が専門化・高度化し、また人間の生き方が多様化したため、青年が自立の準備をする期間としての青年期が延長される傾向が生まれた。

プレ成人期(前成人期) ① 前成人期は青年期が終わる22〜23歳から30歳頃までを指し、青年が社会人として成熟するまでの期間である。現代は社会の変化が激しく、人々の生き方が多様化し、また高学歴化によって就学期間が長くなり、青年が社会に適応しながら自分の生き方を確立するまでには、30歳頃までかかると考えられている。

マージナル・マン(境界人・周辺人) marginal man ② 複数の社会集団や文化の周辺の境界線上に位置し、そのいずれにも属さない人々のこと。心理学者の**レヴィン**(K. Lewin、1890〜1947) ②は、青年期が児童期と成人期とのあいだに挟まった期間であり、青年が子どもの集団にも属さず、大人の集団にも属さない中間の存在であることから、青年を境界人と呼んだ。近年は、情報社会の急速な進歩とともに、社会の価値観や規範が変化し、大人の規準が不明確になり、子どもと大人の境界そのものが不明瞭になってきているとも指摘されている。

第二次性徴 ② 10歳前後頃から思春期に入ると、性ホルモンの働きが活発になって男性らしい、また女性らしい身体の特徴があらわれる。生まれつきみられる**第一次性徴**②に対して、これを第二次性徴という。青年期には身体の急激な変化に対して違和感や不安を覚え、自己の身体の成長を受け入れられず、それを拒否して精神性の食欲不振(拒食症)におちいることもある。身体の変化に正しい知識をもち、性をもつ存在としての自分の身体を受け入れ、自分にふさわしい自己像をつくることが青年期の課題の１つである。

成長加速現象 ① 時代が進むにつれて、人間の身体的・精神的な発達の速度が早まる現象。身長や体重の増加という量的な面と、第二次性徴があらわれて性的な成熟が早まるという質的な面がある。栄養状態の改善、都市化や情報化による精神的な刺激や知識などが影響していると考えられる。身体の性的成熟の早まりによって、身体と精神のアンバランスから心が不安定になる現象もみられる。

モラトリアム moratorium ③ 青年期が、職業や結婚など人生の選択をすることを猶予され、自分の生き方を模索・試行し、大人への準備をする期間であることを意味する。本来は戦争や災害などの緊急時に、社会的な混乱をさけるために、借金などの債務の支払いを一時的に猶予することを指すが、エリクソンは青年が社会への参加を猶予されていることをあらわす用語として使った。青年はそのあいだに様々な**役割実験**④をし、自分の可能性を試し、社会の特定の分野に自分に適した生き方をさがし出す。このような青年の自己探究のための期間を、エリクソンは**心理・社会的モラトリアム**③と呼んだ。これに対して精神分析学者の**小此木啓吾**(1930～2003)③は、就職・結婚など人生の選択を先のばしにし、いつまでも可能性を保ったまま大人の責任を回避して、モラトリアムの状態にとどまる青年を**モラトリアム人間**③と呼んだ。

通過儀礼(イニシエーション) initiation ① 誕生・成人・結婚・死亡など、人生の重要な節目や区切りにおこなわれる儀礼。子どもの成長にともなう通過儀礼としては、お宮参り・七五三・成人式(元服)などがある。近代社会の成立以前は、子どもは大人になるための様々な試練を含む儀礼を通過することによって、村や部族で大人の資格をもつ者と認められ、大人の仲間入りをした。儀礼の通過とともに大人になるため、そこには青年期という独自の発達段階は存在しなかった。近代以後、教育制度の確立とともに、大人になるための準備期間として青年期があらわれた。

自我[青年期] ego ③ 他人や外の世界から区別された自分の意識の活動のこと。自我は時間的に変化する様々な経験を統一し、それらを自分のものとして引き受ける主体的な存在である。自我は、みずからの意志にもとづく行動の主体として意識されたり(主体的自我)、自分を反省することによって客体的な自己像(客体的自我)として意識されたりする。

自我のめざめ ② 青年期には、自分に対する意識が高まり、判断や行動の自覚的主体としての自我がめざめてくる。幼い子どもは与えられた自明の世界で生活しているが、青年は自我にめざめて自分の内面的世界が形成されるにつれ、周囲の家族や大人の世界に違和感を覚え、孤独感を味わう。やがて自己を他者から承認されるかたちで表現することを学び、社会との関わりのなかで自分の欲求や感情を表現する社会性を身につけて自立していく。

自己意識 ① 自分を、他人や外の世界から区別された独自の存在として意識すること。青年期には、自分が「みる自分」と「みられる自分」にわかれ、自分で自分をみつめ、自分に自覚的に向きあう対自的存在になる。また、自分を意識することは、他者によって自分がどのようにみられているかを意識することでもあり、他者に対して自覚的に接する対他的存在にもなる。1人の人間としての自分を意識しながら、みずからが反省した自己像と、他者の目に映った自己像とを重ねあわせることによって、自分は何者かを問う自己のイメージが明瞭になってくる。

自己[青年期] self ⑤ 他人や外の世界から区別された自分自身の存在のこと。一般には自我と同じ意味で使われるが、主体的な意識の活動を自我(ego)と呼び、客体として把握された自分を自己(self)と呼んで区別する場合もある。

自己形成 ③ 安定した自己のあり方をつくること。自己形成には第一に自己をあるがままに洞察し、現実の自分を受け入れる自己受容、第二にそのような現実の自分を基礎にしながら、どのような自分になりたいのかという、なりたい理想の自分をイメージし、それに向かって今の自分を乗り越えていく自己超越が必要である。

自己概念 ① 自分の性格・気質・能力など、自分自身について知っていることを意味する。自己概念には、自分はどのような人間なのかという**現実の自己(現実自己)**②、どのような自己でありたいのかという**理想自己**②、どのような自己であるべきかという**当為自己**①、どのような自己になる可能性があるのかという**可能自己**①などが含まれる。現実の自己と理想自己との落差に失望して無力感に悩んだり、当為自己とのズレに不安やおそれをいだき、罪悪感におちいることがある。これらの自己の要素のバランスをとりながら、自己肯定感のある自己概念を形成することが大切である。

自尊心(自尊感情) ② 心理学ではセルフ・エスティームとも呼ばれ、自己肯定感をもつこと、自己を正当に評価することを意味する。自己肯定感の高い子どもは何事にも積極的に自信をもって取り組むことができるが、自己肯定感の低い子どもは自信を失って消極的になり、自分など存在しなくてもよいという自己否定におちいる場合もある。親や周囲の大人が子どもの存在を認め、受け入れ、ほめることが子どもの自己肯定感を高める。

ギデンズ A. Giddens ① 1938～ イギリスの社会学者。現代社会の特徴を、人間が自己のあり方を反省し、それを修正・手直しする**再帰性**①にあると説いた。本来、再帰とは自己が自己のあり方を振り返って自覚することであるが、ギデンズによれば、現代においてはそれまで自明とされてきた伝統や慣習となるものを説明し、評価し、修正するという再帰性が浸透しているとされる。そのような手直しや修正が社会のすべてに徹底していくと、従来、手本や基準として通用してきたものが問い直され、人間や社会はモデルを見失って複雑で不安なものになるとされる。主著『資本主義と近代社会理論』『社会学の新しい方法規準』。

自己愛(ナルシシズム) narcissism
自分や自分の世界を愛して、それにひたる自己満足や自己陶酔を意味する。水に映った自分の姿に憧れて水死し、水仙に姿をかえたギリシア神話の美少年ナルシスに由来する。フロイトによれば、愛の欲求は最初は自分自身に向けられてナルシシズムとなるが、やがて外の対象に向けられて他者への愛が生まれる。人間はだれでも自己愛をもち、社会と交流する健全な自己愛は生きる原動力にもなる。しかし、他者を自己愛を満たす手段にしかみず、世界と自己愛的にしか関われなくなる過度の自己愛は、他者とともに生きるうえで障害になる。精神分析学者の小此木啓吾は、幼児的な自己愛のカプセルから抜け出るために、自分の満足が同時に他者にも満足を与え、相互の欲求を満たす愛のコミュニケーションが必要であると説いた。

第二の誕生［ルソー］③ ルソーが『エミール』のなかで、青年期における精神的な自我のめざめをたとえた言葉。少年エミールが青年期を迎える場面で、**「われわれはいわば二度生まれる。一度目は生存するために。二度目は生きるために。一度目は人類の一員として、二度目は男性として、女性として」**②と述べる。1度目の母親から生まれる生物的な誕生ののちに、2度目は青年期に自我にめざめる精神的な誕生を迎える。 →p.141 **『エミール』**

心理的離乳 ③ 青年期に親の保護や監督から離れ、1人の人間として精神的に自立することを、乳児の乳離れにたとえたもの。精神的離乳ともいう。心理学者**ホリングワース**(L. Hollingworth、1886〜1939)②が説いた。現代は核家族化・少子化の影響で親の過保護・過干渉が増え、いつまでも親から自立することのできない精神的に未熟な青年や、結婚をせずに親との同居を続け、寄生という意味でパラサイト・シングルと呼ばれる青年が増える現象が生じている。

第二反抗期 ② 子どもが成長していく過程でおこる反抗は、自我の芽ばえ、自己主張のあらわれである。第一反抗期は3〜4歳頃で、この頃幼児は話し言葉を覚え、何でも「いや」と拒否して親に反抗する。第二反抗期は12〜13歳頃から始まり、自我のめざめとともに自己主張や自分を認めてほしいという欲求が高まるので、まわりの大人との考え方のズレを感じ、大人の無理解や抑圧的な態度への違和感やいらだちが反抗的な態度につながる。非行問題を研究したアメリカの心理学者ヒーリー(W. Healy、1869〜1963)は、社会に対する反抗的な自己主張を、社会に認められたかたちでの肯定的な自己主張にかえることが大切であるとした。この時期の反抗は、「理由なき反抗」とも呼ばれる。

ロジャーズ C. Rogers ① 1902〜87 アメリカの臨床心理学者で、来談者(クライエント)中心の非指示的なカウンセリングをとなえた。カウンセラーはクライエントの人間的成長の力を信頼し、その発言を傾聴することを通して本人が問題を明瞭化し、みずから解決できるように支援する、クライエント中心の非指示的カウンセリングをおこなう。また、クライエントの発言に共感しながら(共感的理解)、こちらの善悪や好き嫌いの評価を入れずに肯定的な関心をもち(無条件の肯定的関心)、真意を確かめながら傾聴するべきとする。主著『カウンセリングと心理療法』『クライエント中心療法』。

劣等感 ② 他人と比較して自分の能力・身体・性格などが劣っていると思い悩むこと。自我意識が高まる青年期によくみられ、何かが劣っていることで自分の全人格が否定されていると思い込んで悩む。劣等感が抑圧されて無意識にまで根をおろすと、それが心理的なしこりになってコンプレックスが形成され、人格にゆがみが生まれる。一方で、欠点を克服することが、自分を成長させる前向きな努力の原動力になる場合もある。ありのままの自分を素直に受け入れ、自分なりの長所をみつけて、それをのばす努力をすることを通して、劣等感は克服されていく。

→p.217 **コンプレックス**［精神分析］

アドラー A. Adler ② 1870〜1937 オーストリアの精神分析学者・心理学者。人間は劣等感を克服して、すぐれたものになろうとする権力への意志(wish for power)をもつと考えた。人間は身体や能力に劣った部分があることに劣等感をもち、それを補償するために努力する。さらに理想の自分を思い描き、それに到達できない劣等感をバネにして、理想に近づく努力をする。アドラーは未来の目的をめざして主体的に行動する人間に対して、困難を乗り越えるための活力を与える勇気づけ(encouragement)をおこなうことが大切であると説いた。主著『人生の意味の心理学』。

3 自我の発達段階

発達段階 ⑤ 人間が幼児から成人へと**発達**④する過程を、いくつかの段階にわけたもの。エリクソンは、人生を8つの発達段階にわけたライフサイクル(人生周期)を説き、乳児期・幼児期・児童期・学童期・青年期・成人期・壮年期・老年期に区別した。自我は、それぞれの発達段階において達成すべき発達課題を与えられ、それをこなすことでつぎの発達段階へと成長していく。

発達課題 ④ 人間が幼児期から成人期へと成長していく発達段階において、つぎの段階へ成長していくために達成するべき課題。エリクソンによれば、青年期の発達課題は、「自分とは何か」という問いに答えて、自分のアイデンティティ(自我同一性)を確立することである。アイデンティティの確立にもとづいて、成人期において職場や家庭での他者との親密性が形成され、安定した人間関係を築くことができる。

ハヴィガースト R. Havighurst ① 1900～91 アメリカの教育学者・心理学者。人間の成長のプロセスを乳幼児期・児童期・青年期・壮年期・中年期・老年期までの6つの発達段階にわけ、それぞれの段階における発達課題をとなえた。主著『人間の発達課題と教育』。

ハヴィガーストの青年期の発達課題
- 同年齢の男女との洗練された人間関係
- 男女の身体の成長と構造の理解
- 親からの心理的な独立
- 経済的な自立についての自信
- 職業の選択の準備
- 結婚と家庭生活の準備
- 市民としての知識と資質の育成
- 社会人としての自覚と責任ある行動
- 自己の価値観や世界観の形成

原始反射 ① 幼児が生まれた時から示す、一定の刺激に対して一定の行動をおこす生理的反射行動。刺激を受けた方へ顔を向ける追いかけ反射、唇に触れたものを吸う吸啜(きゅうてつ)反射や、手のひらに触れたものをつかむ把握反射などがある。学習による条件づけとは区別される。

エリクソン E. Erikson ⑤ 1902～94 ドイツ生まれのアメリカの精神分析学者。ウィーンでフロイトに出あい、精神分析を研究する。人生を8つの発達段階からなるライフサイクル(人生周期)に区分し、時間とともに自我が発達していく過程を研究する発達心理学を確立した。また、アイデンティティ(自我同一性)や、モラトリアムという言葉を使って、現代青年の心理を分析した。主著『**幼児期と社会**』①、『自我同一性の問題』。

発達心理学 ① 人生を、自我がそれぞれの段階の発達課題を達成しながら、一生を通じて段階的に成長していく自己実現のプロセスであると考える心理学の分野。エリクソンは、人生を8つの発達段階からなるライフサイクル(人生周期)とみて、自我が時間とともに漸進的に発達していく過程を明らかにし、発達心理学を確立した。

アイデンティティ(自我同一性) identity ⑤ 自分が何者であるかを知り、自分が自分であることを確信すること。自我同一性・自己同一性・主体性と訳される。エリクソンが青年期の発達課題として説いたものである。青年は子どもの自分を脱ぎ捨て、親や大人の価値観と対立して葛藤しながら、子どもから大人へと人格の構造をかえていく。青年期は子ども時代の自分をいったん解体して、人生を主体的に選択し、社会参加の力をもつ新しい自分へと成長するための時期である。

アイデンティティの危機(アイデンティティの拡散) identity crisis(identity diffusion) ④ 自分が何者かわからなくなり、自分が生きている実感が得られない心理的な混乱状態。青年期は大人としての新しい自分へと自己を転換する過渡期なので、子どもとしての自分に満足できず、また新しい自分にふさわしい行動の仕方や場所もみつからない宙ぶらりの中途半端な状態におちいりやすく、自分のアイデンティティが実感できずに現実感を失い、不安や空虚感にとらわれることがある。

否定的アイデンティティ(否定的自我同一性) ② 自尊心や自己評価(セルフ・エスティーム)が低く、自己を肯定的に受け入れられず、自分を無価値な者として否定的にみること。さらには社会の承認する価値や規範を否定し、非行や暴力的な反社会的行動をとることによって自己を主張することを指す。このような場合は、社会に対抗する否定的な行動から抜け出し、社会に受け入れられるかたちで自己を表現できる肯定的なアイデンティティへ成長することが課題になる。

基本的信頼 basic trust ⑤ 幼児が愛情深く育ててくれる親への人格的な信頼感を通して、自分がこの世に存在することはよいことであり、人生には生きる意味があり、世界は信頼するにたるものだという感覚をもつこと。エリクソンが乳児期における発達課題としたもので、自分が生きることはよいことだという信頼感や自己肯定感が、アイデンティティの感覚が育つ基盤となる。

世代性(ジェネラティビティ) generativity ④ エリクソンが説いた壮年期の発達段階における発達課題。みずからの経験やつちかってきた技術や能力をつぎの若い世代に伝え、次世代を確立させて導くことである。つぎの世代に関わることで、自己にこだわって停滞する状態から脱することができる。

幸福な老い(サクセスフル・エイジング) successful aging ① 幸せな老い、成功した老い、理想的な老いなどの意味をもち、充実した人生を送って天寿をまっとうすること。そのためには健康や認知能力の維持、物質的豊かさだけでなく、人との関わりや生きがいなど人生を精神的に意味づけるものが重要である。幸福な老年期の迎え方は、老年学(ジェロントロジー、gerontology)の研究の課題である。

ライフイベント life event ② 誕生・就学・就職・結婚・出産・育児・退職・死という、人生の節目となるできごとのこと。人生に大きな影響を与えるできごとの経験を通して、人間は知識や技能を学び、人間関係を形成し、社会的な役割を果たして自立し、成長していく。やがて老いを迎えると、死を意識しながら、いかに人生の時間を幸福に過ごし、人生をまっとうするかを考える時期に入る。

ライフサイクル(人生周期) life cycle ③ 自我の発達の過程に従って、人生をいくつかの節目に区切り、発達段階にわけること。エリクソンは、人間は誕生から死まで生涯にわたって発達するという**生涯発達**①を説き、人生を8つの発達段階をもつライフサイクル(人生周期)としてとらえた。そして、人間はそれぞれの段階の発達課題を達成しながら、段階的・漸進的に自己を実現していくと説いた。各発達段階には自己の内的欲求と社会の外的欲求がぶつかる葛藤から生まれる**心理社会的危機**①があり、それを乗り越えることで自己は発達していく。

エリクソンのライフサイクル

発達段階	発達課題	失敗の状態
乳児期	基本的信頼	不信
幼児期	自律性	恥・疑惑
児童期	自主性	罪悪感
学童期	生産・勤勉性	劣等感
青年期	自我同一性	同一性拡散
成人期	親密さ	孤立
壮年期	世代性	停滞
老年期	自我の完全性	絶望

バルテス　P. Baltes ① 1939〜2006　ドイツの心理学者。人間は生涯にわたって環境への適応能力の獲得と喪失(そうしつ)を繰り返しながら発達するという、生涯発達心理学をとなえた。バルテスによれば、人間が年齢を重ねることは様々な能力の獲得と成長、喪失と衰退を繰り返すことであるが、若い頃は能力の獲得が多く、老年になると能力の喪失が増える。しかし、高齢者は今ある身体的・精神的能力を有効に使い、他者のたすけを借り、仕事にかわる活動をみつけて心理的な安定を得ることができる。さらには残った時間を満足できる活動に集中し、精神的成熟による日常の満たされた感覚や、実利的な社会をこえた高い人間性など、新たな能力を獲得して幸福な老年を迎えることができる。

ピアジェ　J. Piaget ⑤ 1896〜1980　スイスの児童心理学者。子どもの認識能力が一定の順序をたどって段階的に発達する発達理論を研究した。ピアジェによれば、幼児期は自分の視点から周囲をみる自己中心性をもつが、児童期になると他人の視点を認め、物事を客観的にとらえることができるようになり、論理的な思考や社会性を身につけて自己中心性を脱却していく。また、子どもが大人とは質的に違った心の構造をもっていることを明らかにし、「子どもは小さな大人ではない」という考えのもとに、子ども独自の世界を尊重するべきことを説いた。

脱中心化(脱自己中心性) ⑤ 自分の観点だけから物事をみていた**自己中心性**［ピアジェ］④をもつ子どもが、自分の観点と他人の観点が異なることに気づき、他人の観点からも物事を客観的にみられるようになること。幼児は主観的な自分だけの世界に生きているが、精神の発達に従って他人の立場からも物事を客観的にみつめ、論理的に思考し、他人との共通の世界を共有できるようになる。

心の理論 ③ 他者の感情・考え・意図・信念・欲求などの心の状態を推理する認知機能を指す。幼児は他者が自分と異なる心の状態をもつことを理解できないが、認知機能の発達につれて、他者の行動からその心の状態を推測する心の理論が発達する。子どもが他者の心を理解しているかどうかを調べるための課題として、**誤信念課題(誤信念問題)**②がある。子どもが自分が知っていることを、他者は知らずに誤った考えをいだいている心の状態(誤信念)にあることを理解しているかを試す課題である。3歳頃の幼児は自分が知っていることは他者も知っていると思い込んでいるが、4〜5歳頃になると心の理論を働かせて、自分が知っていても、他者はそれを知らずに誤信念の状態にあることを理解するようになる。他者の行動からその心の状態を読みとる心の理論の発達は、社会において人間関係を結ぶための基礎になる。

発達理論［ピアジェ］① ピアジェは、子どもが世界を理解する認知能力の発達を4段階にわける発達理論を説いた。認知とは世界を認識する知性の働きを指し、**認知発達理論(認知発達段階説)**②とも呼ばれる。

:**感覚運動期** ③ 0〜2歳頃は自分と自分以外のものを区別し、身体の動きにともなって変化する感覚を通して世界を認識する。

:**前操作期** ③ 2〜7歳頃はイメージや言語によって世界をとらえるようになるが、自分の視点からのみ世界をとらえ、他者も自分と同じ視点からみていると思う自己中心性をもち、世界を客観的にとらえることはできない。主観的世界と客観的世界が区別できず、想像と現実を混同する。

:**具体的操作期** ③ 7〜12歳頃は具体的な物事を頭のなかで論理的に考えることができるようになる。あるコップの水をかたちが違うコップに移しかえても水の量はかわらないことを理解するように、対象がかわっても数や量はかわらないという**保存の概念**①をもつ。また、自己の視点のみならず、他者の視点から世界を理解する脱中心性を備える。

:**形式的操作期** ③ 12歳以降は具体的なものだけでなく、抽象的な概念を使って想像上の現実を扱い、抽象的・論理的に考えることができる。「もしAならばBになるだろう」というように、仮定にもとづいて論理的に考えて答えを導くことができる。

コールバーグ L. Kohlberg ⑤ 1927〜87
アメリカの教育学者・心理学者。ピアジェの発達心理学に影響を受け、道徳性(道徳判断)の発達理論を説いた。主著『道徳性の発達と道徳教育』。

道徳性(道徳判断)の発達理論 ④ コールバーグが説いた人間の道徳判断の発達段階で、3つの水準と6つの段階からなる。人間はその成長過程において認知機能が発達し、社会的経験を積むにしたがって道徳判断が発達する。それは道徳的な行為に関する葛藤(コンフリクト)を、以前よりもより適切に解決できるようになることであり、より高い段階に達するごとに、以前の段階の道徳判断が不十分であった理由が明らかになる。

:前慣習的水準 ③ その場の利害や損得にもとづいて判断する水準である。第1段階は服従と懲罰の段階で、権威や規則に無批判的に服従し、罰を避けるように行動する。第2段階は個人の目的追求の段階で、自分の利害や必要に合致するように行動し、また他者もそのように利益を求めて行動することを認め、他者と取引や交換をおこなう。

:慣習的水準 ③ 社会の慣習にもとづいて判断する水準である。第3段階は他者の期待に応える同調の段階で、他人の感情に配慮し、他人から好かれるように行動して信頼関係を保とうとする。第4段階は法と秩序の段階で、自己の義務を果たす良心をもち、ルールにもとづく社会秩序を守り、集団に貢献するように行動する。

:脱慣習的水準 ③ 社会の慣習をこえて、人間が従うべき普遍的な倫理の原理にもとづく個人の自律的な道徳によって判断する水準である。第5段階は社会契約の段階で、個人の権利を尊重し、自己や他者の権利を守るために合意された社会契約に従って行動する。第6段階は普遍的な倫理の原理の段階で、人間の尊厳や権利の平等を重んじ、自分の倫理的な判断にもとづく良心に従って社会の慣習をこえ、人間として従うべき普遍的な倫理の原理を導きとして行動する。

ハインツのジレンマ ② コールバーグによる、道徳性の発達段階を分析するためのたとえ話。ハインツは病気の妻を救うために特効薬を求めるが、高額のために薬を開発した人から買うことができない。ハインツは薬を盗んで妻を救うか、妻を見捨てるかのジレンマに悩んだすえ、薬を盗むことにする。ハインツはどうするべきだったか、法律などのルールを守って社会の慣習に従うか、自己の良心や人間の尊厳にもとづいて社会の慣習をこえて行動するかなど、6つの道徳段階に沿って考えさせる心理的課題である。

4 他者との関係

他者 ⑤ 青年期には自我意識の高まりとともに、他者についての意識も高まり、他者が自己をどのようにみているかということについての関心が強まる。アメリカの心理学者G. H. ミードは、自己意識の発達には、家族・教師・友人などの身近な他者が大きく影響し、自己という概念は他者との関わりのなかで形成されると説いた。また、アメリカの社会学者クーリーは、他者に自分がどのように映っているかというイメージによって、自己が形成されると説いた。

フェスティンガー L. Festinger ① 1919～89 アメリカの社会心理学者。人間は自己の意見や能力を正確に評価するために、他人と比較しようとする動機をもつという**社会的比較理論**①を説いた。この理論によれば、人間には自己を高く評価したいという**自己高揚動機**①があり、下方の集団と比較して自尊心を高めようとし、一方で自己を改善して高めるために上方の集団と比較する。また、フェスティンガーは、人間は現実についての矛盾した2つの認知をもつと不快(不協和)の状態におちいるので、不快さを軽減して安定した方向に認知や行動をかえるという、認知的不協和理論を説いた。主著『認知的不協和理論』。

愛着(アタッチメント) attachment ④ 特定の他者との深い感情的な結びつき、心理的な絆を指す。乳幼児が親や保育者などとのあいだに形成する感情的な結びつきは、心理的な安定に大きな影響をおよぼす。イギリスの精神医学者**ボウルビィ**(J. Bowlby、1907～90)①は、自我の発達において幼少期の愛着の形成が重要であるという愛着理論を説いた。乳幼児が親や保育者にいだく愛着と信頼が、心理的な安定を生む。愛着の形成には赤ちゃんが笑ったら笑い返すなど反応することが必要とされ、自分の感情に共感的に反応してもらえる経験を通して、他者の感情に共感する能力が発達する。

知る主体としての自己(I)・**知られる客体としての自己**(me) ② 自分を自覚することは、自分が自分をみるというように自己を二重化することである。アメリカのプラグマティズムの哲学者・心理学者のジェームズは、自分のことを知る主体としての自己を"I"と呼び、知られる客体としての自己を"me"と呼んだ。知られる客体としての自己には、自分の視線のみならず、他者が自己をどのようにみているかという**社会的自己**①についての認識も関わってくる。社会心理学者のG. H. ミードはこのような思想を受け継ぎ、自我意識の発展には他者が自己をどうみているかという、他者の意識が大きく関わると説いた。

→ p.189 **ジェームズ**

クーリー C. Cooley ② 1864～1929 アメリカの社会学者で、自己を認識するためには、自己が他者にどのようにみられているかという社会的自己を知り、自己を他者の評価という鏡に映し出す、「鏡に映った自己」によって可能になると説いた。クーリーによれば、他人に自分がどのように映っているかというイメージが自己をつくり、幼少期に身近な他者の評価を内面化して取り込み、他者の反応に対して反応することを通して社会的自己が形成される。主著『社会組織論』。

G. H. ミード George Herbert Mead ③ 1863～1931 アメリカの社会心理学者・哲学者。人間を社会的な存在としてとらえ、自我は社会における他者との関係や影響のなかで形成されるという社会心理学をとなえた。また、デューイと知りあってプラグマティズムの思想を評価した。ミードによれば、人間はみずからを独自の視点からとらえた内面的な主我(I)と、他者から期待された役割を果たし、それを自己に取り込むことによって形成される社会的な客我(me)の2つの要素をもつ。自我は社会で他者と影響をおよぼしあいながら成長し、社会が自分に期待する役割を内面化することによって社会的な自我が形成される。『精神・自我・社会』などの大学の講義録が残されている。

友情 ① 友人の間に生じる親愛の情。青年は自我のめざめとともに親から心理的に分離し、自分の心の内を打ち明け、内面的世界を共有できる友人を強く求める。しかし、友情はただ孤独をまぎらわせるために遊びやおしゃべりに没頭して、集団のなかに自分を見失うことではない。友情はたがいに自己を認めあいながら、相手の言葉に耳を傾け、自分の思いを率直に語り、自己と他者が対等な立場で精神的にまじわり、理解しあいながら、ともに人間として成長していくことである。

「友はもう一人の自己(友は第二の自己)」 ② アリストテレスが『ニコマコス倫理学』

で、友愛(フィリア)について述べた言葉。友人は第二の自己であり、人間は自分に対するのと同じように友人に対するものだから、自分の生きることを感じてよろこぶように、友人の生きることをよろこぶ。人生における善きものをともに楽しむために、人は友情によって結ばれて共同の生活をする。このようなアリストテレスの解釈のほかにも、友人はともに語りあい、議論し、批評しあうことを通じて、自分が何者かを教えてくれるという意味で、第二の自己であるともいえる。

共感性 sympathy ② 他人の気持ちを思いやり、同情し、他人のよろこびや悲しみと一体となる性質のこと。心理学者のサリヴァン(H. Sullivan、1892〜1949)は、少年や少女は13〜14歳頃になると、他人の幸福や安全が自分の幸福や安全と同じくらい重要なものに感じられ、そのような共感や同情を基礎にして、友情や恋愛などの人間関係が生まれるといっている。

→ p.152 **共感**[アダム＝スミス]

思いやり[対人関係] ① 他人の立場に立って、他人の思いや気持ちを推測すること。人間は他者の心を直接読みとることはできないが、他者の表情・言葉・行動などから、他者の立場に自分をおいて、他者の心を理解する能力をもっている。人間関係のなかで、たがいに相手を思いやる能力を育てることが大切である。

社会性 ① 社会のネットワークに参加し、自分の役割を果たして社会からその成員として承認される資質を指す。また、社会のなかで他者と共生するうえで必要なコミュニケーション能力や社会規範を身につけることも指す。社会の問題に関わりあう(commitment)能力であるとともに、社会から承認されるかたちでみずからの願望を満たす能力を身につけることである。

ソーシャルスキル social skill ① 社会のなかで他者と関係を結び、人々とともに生活する能力を指す。青年期に対人関係を結ぶ能力を身につけることは、その後の人生において人間関係を形成する基礎になる。

やまあらしのジレンマ ② 2匹のやまあらしがたがいに体をあたためあおうとするが、近よりすぎると針でたがいを傷つけ、離れすぎると寒くなるというジレンマ(板挟み)におちいる。このように、人間も離れすぎると孤独になり、近よりすぎると自我の摩擦や衝突がおこるので、人間関係には適度な心理的距離を保つことが大切であることを意味する。哲学者のショーペンハウアーの話を、精神分析学者のフロイトが引用したもの。

プラトニックラブ platonic love ② 肉体的な欲求をこえて相手を精神的に愛することを指す。古代ギリシアの哲学者プラトンが、肉体をこえて精神がとらえることができる理想の美のイデアへの憧れを説いたことに由来する。

『われと汝(なんじ)』
ユダヤ教の宗教哲学者ブーバーの著作。人間はつねに他者との関係のなかにあるが、それは〈われ—汝〉と〈われ—それ〉の関係にわけられる。〈われ—汝〉の関係は自他をたがいに人格として認めあい、「われ」と「汝」が対話を通して人格的存在として出あう関係である。〈われ—それ〉は「われ」とものとの関係であり、「それ」は非人格化されて「われ」の欲求を満たす手段とみられる。「われ」は汝に語りかけ、全存在をもって応える〈われ—汝〉の関係に入ることによって本来の「われ」となり、すべての真の生は〈われ—汝〉の出あいのなかにある。現代の社会は、他者を自分の自己愛的な欲求を満たす「それ」としかみない人間性の喪失の風潮が広まっており、「われ」と「汝」の人格的出あいの回復が求められている。

第2章 自己探究の道

1 欲求と成長

欲求 ④ 人間の内部に生まれた生理的・心理的なアンバランス(不均衡)を回復するために、行動を引きおこす原因となるもの。身体的・精神的に欠乏しているものを求めたり、過剰なものをおさえたりして、心身のバランスをとろうとする働きである。欲求を満たそうとして意志が働き、**意欲**①が生まれる。欲求はまわりの環境に適したかたちで満たされることが望ましいが、欲求が満たされない場合には、人間は攻撃的な態度に出たり、満たされない欲求を無意識に抑圧して精神的に苦しんだりすることがある。

一次的欲求(生理的欲求) ② 呼吸・睡眠・飲食・排泄・性欲など人間の生命機能を維持し、種族の存続を守るための欲求のこと。人間の体内に発生した生理的なアンバランスを回復するために生まれる欲求である。

二次的欲求(社会的欲求) ② 愛情や集団への帰属、自己の尊重、真・善・美などの価値、自由、創造、自己実現などを求める社会的・文化的な欲求のこと。人間の精神的な発達、成熟を求める欲求なので、精神的欲求ともいう。マズローによれば、人間の欲求は生理的なものから精神的なものへと階層をなしており、人間は生理的な一次的欲求が満たされることによって、さらに上位の精神的・社会的な二次的欲求の充足をめざすとされる。

適応 ③ 人間が社会環境や自然環境とのあいだに調和的関係をつくり、自分の欲求を満足させている状態。人間は環境をかえたり、自分の行動や態度をかえる努力をしながら環境に適応する。不適応とは、人間が環境と不調和の関係にあり、欲求が満たされない状態である。人間は、環境に適応している時は情緒的に安定しているが、不適応の場合には心身に様々な不適応現象をおこす。

欲求不満(フラストレーション) frustration ② 欲求が満たされずに心の緊張状態が続き、不安やいらだちなどのストレスの状態におちいること。欲求不満が長く続くと、強い不安や気持ちのしずみ込み、いらだちや攻撃的な態度、胃潰瘍や脱毛症など様々な心身の障害がおこる。自分の心身の欲求や感情をうまく制御する能力(セルフコントロールの力)を身につけ、また欲求不満にたえられる自我の強さ(耐性)をやしなうことが大切である。

葛藤(コンフリクト) conflict ④ 心のなかで2つの相反する欲求が対立し、板挟みになって苦しむこと。レヴィンは葛藤を、望ましいことが複数あって、すべてを選ぶことができない**接近—接近型**②、避けたいことが複数あって、すべてを避けられない**回避—回避型**②、1つの対象に望むことと避けたいことが併存する**接近—回避型**②の3つのタイプにわけた。

→ p.3 **レヴィン**

欲求不満耐性 ① 欲求不満の苦しみにたえられる自我の強さのこと。トレランス(tolerance)ともいう。人間は様々な欲求をもつが、他者とともに社会的な制約のなかで生きているから、すべての欲求を満たすことはできない。人生ではすべてが思い通りにいくわけではないのだという経験をしながら、欲求不満にたえられる精神的な強さを育てることが大切である。

防衛機制 ② フロイトの精神分析によって提唱された、欲求不満から生まれる不安や緊張から、自我を守るための心の自動的な働き。自我は、苦しい現実に直面すると、様々な防衛機制を働かせて苦しみから逃避し、自我の安定を守ろうとする。防衛機制は、欲求不満の原因そのものを取り除くことはせず、心のなかの苦しみだけを解消しようとする。精神分析は自我を守ろうとする防衛機制のよろいを取り除き、抑圧された苦しみを意識化し、苦悩を体験しながら苦しみの原因を合理的に解決しようとする。

→ p.215 **フロイト**

合理的解決 ② 欲求を合理的な手段によって満たし、欲求不満を解決すること。

抑圧 ⑤ 不安や苦しみを引きおこす観念や欲求を、無意識のなかにおし込めること。自分はそのような観念や欲求をもたないと思い込むことによって、自我の安定を守ろうとすることである。しかし、抑圧が強すぎると心にひずみが生まれ、自我の不安や身体的な症状がおこることがある。

合理化[防衛機制] ② 自分の行動にもっともらしい理由や説明をつけて、自分の立場を正当化すること。負け惜しみによる自己満足や、やせ我慢などである。イソップ童話のなかで、キツネが木の枝のブドウをとることができず、「あのブドウは、酸っぱいんだ」ということがそのよい例である。

同一視 ② 他人がもつ能力・価値・業績などを自分がもっているように想像し、自分をその他人と同一であるように思い込んで満足すること。憧れている人や、映画や小説の主人公に自分を重ねあわせ、自分の価値が高まったように思い込んで満足することである。子どもがアニメや漫画のヒーローに憧れ、自分がヒーローのように強くなったと空想して満足することもその例である。

投射(とうしゃ) ② 自分のなかの認めがたい感情を相手に投げかけ、相手がそのような感情をもっていると思い込むこと。自分のもっている敵意を相手に投影して、相手が自分を敵視していると思って攻撃を正当化することや、相手に責任をなすりつけて、相手を非難する責任転嫁(てんか)などがある。

反動形成 ② 予定した行動と反対の行動を誇張することによって、好ましくない欲求や感情をおさえること。憎しみをもっている相手に過度に親切にして、自分がもっている敵意や攻撃性をおさえることや、臆病(おくびょう)な人が他人にいばったり強がったりすることなどである。

逃避(とうひ) ② 欲求が満たされない時、その問題を解決しようとしないで、ほかのところに逃げ込むこと。自分のなかに逃避して孤立したり、空想や白昼夢(はくちゅうむ)にふけったり、遊び・スポーツ・芸術などの現実と関係のない世界に夢中になったりすることなどがある。

退行(たいこう) ② 欲求が満たされないために、子どもの段階に逆戻りしてしまうこと。発達以前の段階に戻って幼児のような行動をとることで、より安全で負担のかからない状態に自分をおこうとすることである。弟や妹が生まれて親にかまってもらえない幼児が、赤ん坊の状態に戻って甘えようとしたり、大人が緊張すると子どものようにつめをかんだりすることなどである。

代償(だいしょう)(**補償**(ほしょう)) ② ある欲求が満たされない時、よく似たかわりのもので欲求を満たすこと。ペットを飼ってもらえない子どもが、かわりにぬいぐるみをかわいがって欲求を満たすことや、自分のもつ欠点や弱点について劣等感をもつ人が、ほかの方面で能力や才能をのばしてその苦しみを克服することなどである。代償と昇華は、**置き換え**②と呼ばれる。

昇華(しょうか) ② 性の衝動や攻撃性などの本能的な欲求を、社会的に認められた価値のある目標に向きかえて満たすこと。低い段階の本能的な欲求を、より高い文化的な価値をもつ学問・研究・芸術・スポーツ・社会団体の活動などに向け、創造的な活動のエネルギーに転化して発散させることである。フロイトは、芸術や宗教などの文化は本能的な性の欲求が昇華されて生まれたものであると考えた。

近道反応 ② 欲求を満たすための適切な手段をとらないで、衝動的・短絡(たんらく)的な行動に走ること。

失敗反応 ① 欲求を環境にあわせて満たすことができず、まわりの環境への適応に失敗し、欲求不満におちいること。

自己実現 self-actualization ④ 自分のもっている能力や個性を十分に発揮し、成長させ、自分のパーソナリティ(人格)を完成させること。みずからの可能性を実現して、「これこそ真実の自分である」といえるものを生み出すこと。マズロー・エリクソン・ロジャーズなどの心理学者が説いている。人間は自分を成長・発展させ、より完全な状態に高めようとする自己実現の欲求や発達の傾向をもっている。

自分自身になること

自分自身でないことほど恥ずべきことはなく、自分自身でものを考え、感じ、話すことほど、誇りと幸福をあたえるものはない……もし個人が自発的な活動によって自我を実現し、自分自身を外界に関係づけるならば、かれは孤立した原子ではなくなる……かれは自分自身を活動的創造的な個人と感じ、人生の意味がただ一つあること、それは生きる行為そのものであることをみとめる。

(エーリッヒ・フロム〈日高六郎訳〉『自由からの逃走』東京創元新社)

マズロー A. Maslow ④ 1908～70 アメリカの心理学者。神経症の患者を扱う精神分析学や、動物の行動を観察する行動主義の心理学を批判し、精神的に成熟した健全な人間の心理を研究の対象にする実存的・人間学的心理学を主張した。主著『動機と人格』『人間性の心理学』。

欲求階層論 ④ マズローによれば、人間の欲求は生理的な欠乏を満たそうとする**欠乏欲求(基本的欲求)**③から、創造・価値・自由をめざす**成長欲求**③までの上下の階層をなしている。人間は成長欲求に従って創造的に生き、自分の可能性を実現する**自己実現の欲求**④を満たし、至高体験を得ることによって健全で幸福な人生を送ることができる。

欲求の5つの階層

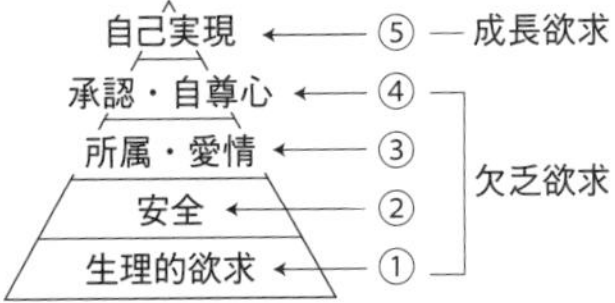

⑤自己実現の欲求
④他者による承認・自尊心の欲求
③集団への所属・愛情に満ちた関係の欲求
②身体の安全の欲求
①呼吸・睡眠・飲食・性などの生理的欲求

スチューデントアパシー student apathy ① 学生が入学後に目的を見失って、無関心・無感動・無気力な状態におちいり、何もやる気がおこらなくなること。アパシーは古代ギリシア語の感情(パトス)を否定する(ア)ことに由来する。受験だけを目的にするのではなく、将来の人生を見通して人生を設計し、目的意識をもって学校生活を送ることが必要である。

2 生きることの意味

生きがい ④ 自分が生きていることに対する手応え・張りあい・反響があること。かい(甲斐)とは効きめ・効果のことで、あることをした時に期待していたことが結果として返ってくることである。したがって、生きがいとは自分が生きていることに対して、まわりの人々や世界から手応えや反応が返ってきて、自分が生きていることが実感できることである。

「もっとも多く生きた人は、もっとも長く生きた人ではなく、生きていることをもっとも多く感じた人である」 ② ルソーの『エミール』のなかの言葉。神谷美恵子がその著『生きがいについて』のなかで引用し、人はただ生きることではなく、生きている実感・充実感・張りあいを感じることが大切だと述べている。

幸福[青年期] ⑤ 身体的・精神的な欲求が満たされ、心が満ちたりた状態であること。自分が生きていることへの感謝の気持ちをもつこと、人生をよいものにする前向きな意欲をもつこと、自分の個性や能力を発揮し、自分らしく主体的に生きること、他者との心の触れあいを大切にし、思いやりと信頼に満ちた人間関係を築くこと、仕事や役割を果たして人々のために貢献し、自分がだれかから必要とされ、社会のなかで自己の意義を見出すことなどが幸福の条件といえる。

神谷美恵子 ② 1914～79 精神医学者。津田英学塾(現在の津田塾大学)で英語を学んだあと、東京女子医学専門学校(現在の東京女子医科大学)に再入学して精神医学を学ぶ。瀬戸内海の長島にあるハンセン病患者の療養所(長島愛生園)に勤務し、患者の精神的なケアをおこなう。その時の体験をもとに、人間の生きがいとは何かを追究した『生きがいについて』を著す。

『生きがいについて』 ① ハンセン病患者の療養所で精神科の医師として勤務した体験をもとに書かれた、生きがいをテーマにした神谷美恵子の主著。生きがいは、物質的な満足とは異なる次元のものであり、心が愛・勇気・信頼・よろこび・希望など、精神的な価値によって満たされている心の充実感であり、また、シュヴァイツァーやナイティンゲールのように人々のために貢献する**使命感**①をもつことであるとする。

生きがい

どういうひとが一ばん生きがいを感じる人種であろうか。自己の生存目標をはっきりと自覚し、自分の生きている必要を確信し、その目標にむかって全力をそそいで歩いている人——いいかえれば使命感に生きるひとではないであろうか。……それは自分が生きていることに対する責任感であり、人生においてほかならぬ自分が果たすべき役割があるのだという自覚である。

(神谷美恵子『生きがいについて』みすず書房)

生きる意味 ③ 人間は自分が生きていることの意味を求めようとする精神的な欲求をもっている。精神医学者のフランクルは、第二次世界大戦中のアウシュヴィッツ強制収容所の体験から、死の恐怖や飢えなどの極限状態においても、人々への使命感や未来の希望や目的など、自分が今、ここに生きていることの意味をもち続けた人が、最後まで人間らしく強く立派に生きたと述べている。

フランクル V. Frankl ② 1905～97 オーストリアのウィーンの精神医学者。フロイトやアドラーから精神分析学を学ぶ。第二次世界大戦の時にアウシュヴィッツ強制収容所に入れられ、その時の極限状況の体験をもとに、人間らしい尊厳ある生き方とは何かを探究した。フロイトの精神分析が性欲を中心とする自然的・生物的な見方にかたよっていることを批判し、人間を生きる意味を求める精神的な存在としてとらえ、人生への態度や行動を分析して生きる意味を解明する実存分析を主張した。主著は、アウシュヴィッツ強制収容所の体験を記録した『夜と霧』、そのほかに『死と愛』。

→p.332 **『夜と霧』**

ロゴテラピー理論 Logotherapie ① 人間を生きることの意味をつねに求める精神的な存在としてとらえ、人生に対する態度や行動を分析することによって人生の意味を明らかにし、神経症に悩む人々を治療しようとする理論である。フランクルによって説かれ、みずからの行動を選択する可能性をもつ実存としての人間を分析し、生きることの意味を解明しようとする。

→p.172 **実存**

3 様々な価値観

価値 ④ 人間の身体的・精神的な欲求を満たすもの。人間は価値を追求することによって成長・向上し、より完全なものに近づいて自己実現することができる。価値については、その人の快・不快の感情にもとづくという主観的な考え方と、普遍的な理念として人類に共通の価値があるという客観的な考え方とがある。主体の価値判断を重んじれば、価値は主体に応じて異なり、その妥当範囲も異なる。一方で、真・善・美(・聖)などのようにすべての人に妥当する普遍性をもつ価値の場合は、人間は普遍的な理念としての価値にもとづいて判断・行動し、それを実現しようとする。

価値観 ⑤ 人生の目標となり、みずからの行動を導く規準・規範となる価値についての考え方。政治・経済・学問・芸術・宗教・道徳などの分野ごとに多様な価値があり、どの価値に重きをおくかによって、個人や時代ごとに特有の価値観が形成される。

真・善・美 ① 人間が求める普遍的な価値。真・善・美の3つの価値は、古代ギリシア以来の伝統的な価値観で、のちにキリスト教によって神への信仰にもとづく聖の価値がつけ加えられた。聖は俗に対するもので、世俗の世界をこえた神の神聖な世界の価値を指す。これらは、人間の行動を導き、人類の文化を形成する基本的な価値とされる。

価値倫理学

価値倫理学を説いたドイツの哲学者シェーラー(M. Scheler、1874～1928)は、価値を追求するところに人間の生き方を求めた。価値には⑴有用価値、⑵快適価値、⑶生命価値、⑷精神価値(美・正義・真理など)、⑸宗教的な聖価値の5つの価値序列がある。価値はすべての人に普遍的に妥当する理念であり、人間は価値の担い手として「価値の王国」を直観し、自然のままの生起の世界に価値の光を当て、現実のなかに価値の世界を実現するべきであるとする。シェーラーの主著には『倫理学における形式主義と実質的価値倫理学』『同情の本質と諸形式』がある。

シュプランガー E. Spranger ② 1882～1963 ドイツの哲学者・心理学者。文化を人間の生の表現として解釈する師のディルタイ(W. Dilthey、1833〜1911)の「生の解釈学」の考えを受け継ぎ、価値によって人生や文化のタイプを分類した。人生はその人が追求する価値によって方向づけられると考え、**理論型**②・**経済型**②・**審美**(しんび)**型**②・**社会型**②・**権力型**②・**宗教型**②という6つの性格の類型にわけ、このような価値にもとづく「生の諸形式」によって人生や文化のあり方を解釈した。主著『生の諸形式』。

第2章

4 パーソナリティ

パーソナリティ(人格・性格・個性) personality ⑤ 能力・性格(行動の傾向)・気質(感情の傾向)があわさってできた、その人の全体的・統一的な特徴。広い意味での性格・個性に当たる。パーソナリティの形成には、遺伝的な素質や環境のほかにも、対人関係、自分の態度や行動を積み重ねた習慣が大きく影響する。

ペルソナ persona(ラ) ① ラテン語で、古代のギリシア・ローマの演劇で役者が自分の役柄をあらわすためにつけた仮面を意味する。仮面としてのペルソナが、社会のなかで一定の役割や使命を果たす人格のあり方を指すようになり、パーソナリティ(人格・性格・個性)の語源となった。

能力 ability(faculty) ① 動作や作業をおこなう力。パーソナリティの3要素の1つ。知性・感情・意志など心身の諸活動の力である。

性格 character ① 人間の行動や考え方の特徴的な型のこと。その人が環境に働きかけながら自分の欲求を満たす時にとる行動の統一的な型である。広い意味では、人格(パーソナリティ)と同じ意味で使われる。性格は環境の影響のもとで、みずからの行動や態度の積み重ねが習慣化して持続的な行動の型となることによって、後天的に形成される部分が大きい。

気質(きしつ) temperament ① 感情や情緒の特徴的な型のこと。明るく活発であるとか、静かで落ち着いているなど、その人が生まれつきもっている感情や気分の型のことである。気質は、生物学的に規定された先天的な感情の性質で、その点で環境の影響や行為の積み重ねから後天的に形成される行動の型としての性格と区別される。

遺伝と環境 ④ パーソナリティ(人格・性格・個性)は、遺伝と環境の相互の影響を受けながら形成される。パーソナリティの形成に遺伝と環境がいかに関わるかについて、行動遺伝学は双生児(双子)を対象にした研究をおこなった。それによるとパーソナリティの形成の要因には、⑴親からの遺伝、⑵親や家庭など双生児が共有している**共有環境**①、⑶異なる学校、教師、友人関係など共有していない**非共有環境**①の3つの要因がある。一卵性双生児の性格は遺伝によって似るが、その異なりは独自に経験する非共有環境の影響があるとされる。アメリカの行動遺伝学者**タークハイマー**(E. Turkheimer)①によれば、人間のパーソナリティは遺伝の影響を受けるが、それぞれの個人差には非共有環境の影響があるとされる。

類型論 ⑤ 人間のパーソナリティ(人格・性格・個性)を、体質的・生物的な要素や心理的な特徴など一定の原理にもとづいて、いくつかの類型(タイプ)に分類する考え方。性格を全体的にとらえるのには適しているが、性格を固定的にとらえがちになる。古代ギリシアの哲学者**テオプラストス**(Theophrastos、B.C. 372?～B.C. 288?)①は『人さまざま』のなかで、おしゃべり、けち、欲張り、粗野、へそ曲がり、ほら吹きなど人間のタイプを多様に分類した。

クレッチマー E. Kretschmer ② 1888～1964 ドイツの精神医学者。性格が人間の体形に関係しているという観点から、やせた**細長型**①には分裂気質が、**肥満型**①には循環気質(躁うつ気質)、ひきしまった**闘士型**①には粘着気質(てんかん気質)がみられるとした。分裂気質の特色は、一般に非社交的・まじめ・もの静か、循環気質は社交的・現実的・友好的、粘着気質は几帳面・きれい好き・義理堅いなどとされる。主著『性格と体格』。

外向型 ⑤ ユングが、人間の心のエネルギー(リビドー)が向かう方向性によってわけた性格の類型の1つ。外に心のエネルギーが向かう外向型は、社交的で交際範囲が広く、陽気でこだわりがなく、リーダーシップをとり、活動的で決断力がある。その一方で、あきやすく、移り気である。内側に心のエネルギーが向かう**内向型**⑤は、ひかえめで慎重、自分の心の内面を掘り下げ、じっくりと物事を考える。その一方で、適応力や実行力に欠け、人とのつきあいが苦手で交際範囲は狭い。しかし、いったん交際すると深い人間関係をつくる。

→ p.217 **ユング**

特性論 ⑤ 個人に特徴的にあらわれる性格の傾向を「特性」と呼び、いくつかの特性の組合せによってパーソナリティ(人格・性格・個性)が構成されるとする考え方。アメリカの心理学者オルポートは多くの性格をあらわす言葉を選び、それらの特性の組合せによってパーソナリティの特徴をとらえた。ドイツ出身のイギリスの心理学者**アイゼンク**(H. Eysenck、1916～97)①は、パーソナリティを特徴づけるものとして外向性－内向性、安定－不安定の神経症的傾向などの特性をあげ、特性の組合せによって個人の行動の特徴をあらわす特性論を説いた。特性論はパーソナリティを総合的・多面的にとらえたもので、個人差をはかるためにも有効とされる。

ビッグファイブ(5因子モデル) ⑤ 代表的な特性論の1つで、神経質で、不安や抑うつなど感情が不安定になる**神経症傾向**⑤、外交的・活動的で、話好きな**外向性**⑤、外の世界に関心をもって活動を好み、創造的な**経験への開放性**⑤、他者にやさしく親切で、あたたかい人柄の**調和性(協調性)**⑤、まじめで勤勉、良心的で信頼できる**誠実性**⑤という、5つの因子の組合せによってパーソナリティ(人格・性格・個性)の特徴をとらえるもの。

オルポート G. Allport ③ 1897～1967 アメリカの心理学者。人間のパーソナリティ(人格・性格・個性)の成長について研究した。神経症などを研究するフロイトの精神分析学のかたよりを批判し、正常な人間の人格の構造と活動を日常生活のなかで理解しようとした。また、人間の心理を統計や実験によって分析する自然科学的方法に対して、人間の中心を人格の活動にみる人間学的方法をとなえた。主著『個人と宗教』『人格心理学』。

成熟した人格[オルポート] ① 心理学者のオルポートは、健全で成熟した人格の特徴として、(1)社会の領域へと拡大された自己意識、(2)他者とのあたたかい人間関係、(3)情緒的な安定と自己を受け入れる自己受容、(4)現実と接触する知覚・思考・技能をもつこと、(5)自己の客観視・自己洞察とユーモアのセンス、(6)人生を統一する人生観や人生哲学、の6つをあげた。

個性 ③ ある特定の人をほかの人と区別できるような、その人特有の性質。パーソナリティ(人格・性格)とほぼ同じような意味であるが、パーソナリティがその人の統一的・全体的な性質をあらわすのに対して、個性はとくにその人がほかの人と異なった性質をもっている点を強調する時に使われる。

個性化 ① 他者と異なる自分独自の考え方や行動の仕方を身につけること。人間の自己形成には自分らしさを育てる個性化と、社会の成員としての行動様式を身につける社会化との2つの要素が必要である。

社会化 ① 社会の文化や規範(ルール)を学び、社会の成員としての行動様式を身につけること。社会的に承認された行動様式をとりながら、自分の目的を達成したり、欲求を満たしたりすることを学ぶことである。また、自分の役割や義務を果たすことによって、組織や集団の成員として承認されて、社会に参加することでもある。

リースマン　D. Riesman ② 1909～2002 アメリカの社会学者。『孤独な群衆』において、大衆社会における現代人の性格類型を、他人に同調する他人指向型として分析した。また、現代の大衆社会や物質文明について批評した。主著『孤独な群衆』『何のための豊かさ』。

『孤独な群衆』 ② リースマンの主著で、1950年刊行。人間の社会的性格を伝統指向型・内部指向型・他人指向型の3つの類型にわけ、現代の大衆社会においては、他人の意見に従って行動する他人指向型の人間が多いと分析した。

他人指向型 ② リースマンが説いた、他人に同調して生きる現代人に支配的な性格類型。リースマンは、人間の社会的性格を伝統指向型・内部指向型・他人指向型の3つの類型にわけた。中世以前は、社会の慣習を尊重する**伝統指向型**②、資本主義初期から19世紀までの近代社会では、自己の内面的な価値や目標を指向する**内部指向型**②、現代社会では、他人の行為や願望を感じとってそれに従い、他人の評価を基準にする他人指向型が支配的であるとした。現代人は大衆社会に埋もれて孤立し、孤独と不安から他者による承認を強く求め、他人の評価を基準にして生きる他人指向型が多い。

→ p.182 **「ひと」(世人、ダス・マン)**

第3章 人間の心の働き

1 知覚

心理学 psychology ⑤ 人間の心の動き、意識の状態、行動の仕組みを観察と実験にもとづく科学的方法によって解明する学問。ドイツの心理学者**ヴント**(W. Wundt、1832〜1920)①によって、観察と実験にもとづく実証的な心理学が成立したとされる。心理学とは心の理法(法則)の学問という意味で、英語のサイコロジーは、ギリシア語のプシュケー(心、psyche)+ロゴス(法則・論理、logos)に由来する。正常な人の心と行動を研究する一般の心理学のほかに、精神病などを研究する異常心理学、子どもの心と行動の発達をみる児童心理学、心の成長過程をみる発達心理学、個人の行動を社会生活との関連でとらえる社会心理学、動物の行動を心理学的に解明しようとする動物心理学など、多くの部門がある。なお、哲学では、人間の認識や道徳をそれらの心理的な発生過程によって説明しようとする立場を心理主義と呼ぶ。

認知 ④ 人間が知覚・思考・推理・記憶・学習などによって、外界の物事が何であるかを理解する働きのこと。人間は外界から様々な情報を獲得し、それを知識として蓄え、その知識を用いて物事を理解し、判断する。このような認知が人間の思考や行動を方向づける。自己の認知の働きについて認知することを**メタ認知**②という。メタには「こえる」という意味があり、自分の認知の状態を、それをこえた視点から客観的にみつめることを意味する。メタ認知を通して、自分の認知を批判的にみつめ、認知のゆがみやかたより(バイアス)を補正することも必要である。

知覚 ⑤ 目や耳などの感覚器官を通して得られた情報をもとに、対象を把握する働きのこと。感覚器官が刺激されて得られた情報は、脳に伝達されて解釈される。脳は大量の情報のなかから不必要なものを取り除く**フィルタリング**(filtering)①をおこない、知覚の対象となるまとまりのある形態(ゲシュタルト)を背景から浮き上がらせる。人間は実際の物理的な世界をそのまま知覚しているのではなく、心が解釈した、安定して理解しやすく、行動に適した世界を知覚している。

：**知覚の恒常性** ① 知覚する人と物体との距離や位置が変化して、目の網膜に映る物体の像の大きさや形がかわっても、それを同じ大きさや形のかわらない物体として解釈して知覚すること。知覚は恒常性をもつ安定した世界をつくり出す働きをもつ。

：**奥行き知覚** ① 目の網膜に映し出された平面的な二次元の物体の姿が、立体的な三次元のものと解釈されて知覚されること。

：**主観的輪郭** ① 様々な図形のなかで、物理的には存在していない図の輪郭をおぎない、それを浮かび上がらせて知覚すること。

：**文脈効果** ① ある記号がアルファベットの列のなかにおかれればアルファベットとして、数字の列のなかにおかれれば数字として理解される傾向をもつように、対象の知覚が、その対象がおかれた周囲の状況(文脈)の影響を受けること。

感覚[心理学] ① 感覚器官を通して外界や身体の情報を得る働きのこと。感覚には**五感**①と呼ばれる視覚・聴覚・嗅覚・味覚・皮膚感覚のほかに、運動感覚・平衡感覚・内臓感覚などがある。皮膚感覚には触覚・温覚・冷覚・痛覚がある。運動感覚は身体の運動にともなう筋肉・関節・腱(けん)の動きの感覚である。内臓感覚には空腹感や尿意などの臓器感覚、内臓の炎症や拡張による痛みの感覚がある。感覚によって得られた情報は脳に伝達され、そこで解釈されて環境世界として知覚される。

錯覚(さっかく) ① 外界から得られた感覚的な情報を脳で解釈して知覚された物体が、現実の物体と著しくずれることをいう。視覚における錯覚を**錯視**(さくし)②という。

：**ミュラー＝リヤー錯視** ③ 内向きと外向きの矢印の軸の部分が、同じ長さであるのに異なる長さにみえる錯視。

：**エビングハウス錯視** ① 同じ大きさの円が、そのまわりをいくつかの小さな円で囲まれると大きくみえ、大きな円で囲まれると小さくみえる錯視。

：**ジャストロー錯視**(さくし) ① 同じ形と大きさの図を上下に並べると、大きさが異なってみえる錯視。

ゲシュタルト　Gestalt ① ドイツ語で姿・形・形態を意味する。感覚を通して得られた情報は脳で解釈され、対象となるまとまりのある形態(ゲシュタルト)として、背景となる地から取り出されて知覚される。ゲシュタルト心理学は世界を様々な知覚のモザイクの集合体とする考え方を批判し、知覚とは地となる背景の世界から、知覚や行動の対象となる図(ゲシュタルト)を浮き上がらせることであると考える。

：**ルビンの壺**(つぼ)**(ルビンの杯**(さかずき)**)** ③ ゲシュタルトの例で、どちらを図とし、どちらを地としてみるかで、同じ絵が向かいあう2人の人の顔か、1つの壺として浮かび上がって知覚される。

：**カニッツアの三角形** ① ゲシュタルトの例で、図としてみられているいくつかの図形を地とみると、そのなかに描かれていない三角形が図としてあらわれて知覚される。

2 記憶

記憶 ⑤ 経験から得た情報を保持し、それを取り出して再現し、処理・活用する認知活動を指す。記憶には**符号化・貯蔵・検索**②という3つの段階がある。感覚を通して取り込まれた光や空気の振動などの物理的な刺激の情報は、人の顔や声、物の形や音として意味づけられ(符号化)、そのように意味づけられた情報として保存され(貯蔵)、必要な時に再現され、処理・活用される(検索)。

短期記憶 ⑤ みたり聞いたりした情報はその場で**感覚記憶**①として瞬間的にとどまり、そのなかから注意が向けられた記憶が短期記憶として、一時的に保存される。短期記憶は目で読んだ1行ほどの文をパソコンに打ち込む時のように容量に制限があり、数十秒後には忘却される。短期記憶には、頭で数字を保持しながら計算したり、話された言葉を保持しながら会話をしたりする時のように、日常でつねに働いて情報の保持と処理を同時におこない、活動や作業の遂行を可能にする**作動記憶(ワーキングメモリ)**(working memory)②が含まれる。

長期記憶 ⑤ 短期記憶を反復して思い出したり、すでに保持している知識やイメージに関連づけたりするなど、記憶された情報を繰り返すリハーサル(試演)によって、長期記憶が生まれる。長期記憶には容量に制限がないとされ、保存の期間も数時間から数十年、さらには一生という広い幅をもつ。

：**宣言記憶** ② 長期記憶のなかで言葉と結びつき、言葉によって表現できる記憶を指す。宣言記憶には言葉の使用に必要な、一般的な知識や言葉の意味を保持する**意味記憶**②(概念記憶とも呼ばれる)と、具体的な個人の過去の経験のなかに位置づけられ、日時や場所も保持されている**エピソード記憶**②がある。

：**非宣言記憶** ① 長期記憶のなかで、言葉やイメージをともなわない記憶を指す。泳ぎ方やスキーのすべり方や自転車の乗り方のように、身体的な運動や技能など言葉で表現することが難しい記憶で、**手続き記憶**②とも呼ばれる。

3 学習

学習 ④ 一般に学ぶことをいうが、心理学では行動変容をもたらす知識を修得すること。様々な経験にもとづく知識や記憶によって、その人の行動が変容することである。学習には教育や読書などによるもののほかに、社会で生活しながら様々なことを学ぶ**社会的学習**①がある。また、まわりの人の行動を観察して記憶し、それを反復してまねることによって行動が変容するという**モデリング(観察学習)**(modeling)①もある。

古典的条件づけ ① レモンや梅干しなど酸っぱいものをみただけでだ液が出るように、生理的な反射(だ液が出る)をもたらす刺激(酸っぱいものを食べる)に先行して、ほかの刺激(酸っぱいものをみる)を与えることを続けると、ほかの刺激だけで生理的な反射がおこるように学習されること。犬にえさを与える際にベルを鳴らすことを続けると、犬はベルを鳴らしただけでだ液を出すようになる、「パブロフの犬」と呼ばれる条件反射などがある。

オペラント条件づけ ① ある行動のあとにほうびをもらったり、ほめられたり、怒られたりするなど、報酬や賞罰が与えられることによって、その行動をおこす、またはおこさない頻度がかわるように学習すること。ネズミが偶然にレバーを押すとえさが出てくるようにすると、ネズミはレバーを押してえさをとるように条件づけられる「スキナーの箱」の実験などがある。ある行動をおこす頻度を増やす快の刺激を好子、頻度を減らしておこらないように弱める不快な刺激を嫌子という。

問題(課題)解決[学習] ④ 知覚や記憶によって蓄えた知識をもとに推理をして、生活で直面する問題や課題を解決すること。問題を解決するための推論には、演繹的推論と帰納的推論がある。

推論[学習] ④ ある情報を前提にして、それをもとに新たな情報を結論として導き出すこと。推論には一般的な原理を前提として、そこから論理的に結論を導く**演繹的推論**②と、いくつかの経験された事例から、それらに共通する一般的な法則を結論として導く**帰納的推論**②がある。

:三段論法 ① 大前提から出発して、小前提を挟んで結論を導く演繹的推論の代表的なもの。「すべての人間は死ぬ」(大前提)→「ソクラテスは人間である」(小前提)→「ソクラテスは死ぬ」(結論)というように推論をする。

ヒューリスティック heuristic ② 問題をすばやく解決するために、身近な事例や経験にもとづいて直感的に判断する手順のこと。必ずしも解決に成功するとは限らないが、自分の経験則にもとづいて短時間で問題を解決するためには有効な手順である。限られた時間のなかで、すばやく判断する点で便利であるが、なんらかのバイアスがかかって認知がかたよったり、誤っていたりすることが多い。ヒューリスティックによって生まれる認知の誤りは、認知バイアスと呼ばれる。

:利用可能性ヒューリスティック ① 自分の記憶から取り出しやすい情報や、思い浮かべやすい事例を基準にして判断すること。自分の記憶にあるものほど、おこる頻度や確率が高く見積もられるバイアスがかかる傾向がある。飛行機の墜落事故の印象が強く記憶に残ると、それより確率の高い自動車事故よりも飛行機事故の確率を高く見積り、飛行機に乗ることは危ないと判断するなどである。

:代表性ヒューリスティック ① 代表的・典型的なもののイメージをもとに、あるものが典型的なものとどれくらい似ているかで判断すること。外国人にみえる人は必ず英語が話せるとか、活発な性格の人はスポーツが得意だと思い込むように、典型的な情報を過大にみて判断すること。

:係留と調整ヒューリスティック ① 最初にみたり聞いたりしたものに影響を受け、その情報を基準にして、そのあとのものについて調整して判断すること。定価10万円の商品が今だけの特価で8万円と宣伝されていると、それを値打ちのあるものと判断するなどである。

バイアス bias ③ 物事を事実とは異なるものとしてゆがめてみること。バイアスとはかたよりや斜めという意味で、人間が先入観や偏見に影響されて、事実をゆがめてみてしまうことを指す。男女の役割分担についての固定的な観念にとらわれることを、ジェンダー・バイアスという。物事にバイアス(かたより)をかけてゆがめてみる状態からぬけ出すためには、人間の認知には様々なバイアスがかかることを知ったうえで、自分の認知の状態を吟味し、ゆがみを補正する必要がある。

：認知バイアス ② 人間が問題解決をおこなう際に、暗黙のうちに用いているヒューリスティックによって生まれる認知のゆがみや誤り。先入観や個人的な経験をもとに、自分の経験則にもとづいて直感的に判断し、合理的・客観的でない結論を出してしまうこと。

：後知恵(あとぢえ)**バイアス** ① あるできごとがおこったあとで、最初からこうなると思っていたと予測可能であったように考えてしまう傾向。「だから言ったでしょ」「やっぱりね」という場合のように、予測できないことをあたかも事前に予測できたかのように思い込むこと。

：対応バイアス ① 他者の行動を決める要因がまわりの状況ではなく、本人の特性にあると考えてしまうこと。アメリカの心理学者**ミシェル**(W. Mischel、1930〜2018) ①は人格の特性論を批判し、人間の行動は個人の人格特性だけで決まるものではなく、その人のおかれたまわりの状況など外的要因が大きな影響を与えると説いた。人間の行動を決定する原因には、個人の行動の特性とまわりの状況の2つの要因があるが、それを個人の特性のみと考えて、その人の性格を決めつけてしまうことが、対応バイアスである。

：セルフ・サービング・バイアス self serving bias ① 自己奉仕的バイアスと呼ばれ、自分がすぐれているという信念を維持するために、判断や記憶を自分に有利なようにゆがめること。成功したことは自分の能力のおかげにし、失敗したことはまわりのせいにするなどである。

カーネマン D. Kahneman ① 1934〜 イスラエル出身のアメリカの心理学者・行動経済学者。不確定な状況のもとにおいて、人間がどのように選択するかという意思決定のモデルとしてプロスペクト理論をとなえた。また、人間の認知には人の表情から直感的に感情を読みとるような、すばやく(ファスト)自動的に働くシステムと、意識的に注意力を向け、時間をかけてじっくりと(スロー)思考して判断するシステムとがあるとし、時間をかけて理論的・客観的に思考することによって、すばやい直感的な認知のバイアス(かたより)を補正することができると説いた。主著『ファストとスロー』。

：プロスペクト理論 prospect theory ① ある選択によって得られる利益とこうむる損失が、一定の確率でおこることがわかっている状況で、人間がどのような選択をするかについての意思決定のモデル。人間の意思決定は、損失を回避する方向に向かう。目前に利益があれば、利益が手に入らないリスクを回避して(損失回避)、一部でも利益を確保しようとし、また目前に損失があれば、リスクをとっても損失すべてを回避しようとする。例として、ギャンブルや投資などで損失が大きくなるほど、その損失を回避するために、さらにリスクをおかしてのめりこむなどである。

動機づけ(モチベーション) motivation ⑤ 欲求や刺激によって行動をおこし、それを持続させる心の動きを指す。やる気を出させて行動をおこし、それを持続する要因となる欲求や刺激などである。

：外発的動機づけ ⑤ ほめられる、怒られるなど報酬や賞罰など外部の要因のために行動すること。報酬を得る、罰を回避するなどほかの欲求を満たす手段として、ある行動をおこさせることである。

：内発的動機づけ ⑤ 行動そのものの楽しさや、自分の興味や関心など、それ自体を目的として主体的に行動をおこすこと。動機づけについて研究したアメリカの心理学者**デシ**(E. Deci、1942〜)①は、立体パズルを解いたら報酬をもらえるグループと、報酬がもらえないグループを比較した場合、実験が終わって自由時間になってもパズルを解き続けたのは、報酬をもらえないグループであったと報告している。そこから報酬はかえって内発的動機づけをさまたげ、パズルをすること自体が楽しい、面白いからやるという自律性、自分はできるという有能感、他者とよい関係を結ぶ関係性などの要素を備えた内発的動機の重要性を説いた。

：達成動機 ① 目標に向かって行動し、それを成し遂げようとすること。達成動機には直面した課題を自分で達成できるという自分の能力への期待感である**自己効力感** ①がともなう。達成動機や自己効力感をもって、自主的に「やってみよう」という能動的な意欲をもって課題に取り組むことは、学習への重要な動機づけになる。

自己制御(せいぎょ) ① その場の感情や衝動的な欲求に動かされず、自分の心をコントロール(制御)して、長期的な見通しや目標設定にもとづいて行動すること。そのためには自

第3章

分のあり方をみつめて問題点を洗い出す**モニタリング**(monitoring)①が必要になる。モニタリングとは対象を持続的、定期的に観察・記録することである。自分がどのように考え、行動しているかを観察し、記録して、自分のふるまいを適切に変容させることは**セルフ・モニタリング**(self monitoring)①とも呼ばれる。

フロー　flow①心理学においては何かに没頭し、のめりこみ、集中している状態を指す。時間がたつのも忘れ、我を忘れて課題に没入することで、類似語にピークエクスペリアンス(至高体験)がある。

4 感情

感情⑤外界から刺激を受けたり、記憶や想像などによって快や不快などを感じることで、**喜・怒・哀・楽・愛・憎**①の6つの感情が基本的なものとされる。人間の進化の過程で生存するために感情が備わったと考えられ、たとえば恐怖という感情は、外敵や危険に出あった時に即座に逃げるという行動を引きおこす。感情は、人間が環境に適応して生存するうえでの必要から生まれたと考えられる。

：**自己意識的感情**①罪悪感・恥・嫉妬など、他者の存在や、自分に対する他者の目を意識することから生まれる感情。他者の目を意識して罪悪感や恥を感じ、行動を抑制するように、人間の社会的な行動に影響を与える。

エクマン　P. Ekman④1934〜　アメリカの心理学者。様々な文化に属する人間の表情を調査して、人類に共通する普遍的な感情としてよろこび・怒り・悲しみ・驚き・嫌悪・恐怖という6つの**基本感情(基本的感情・基本6感情)**⑤を説いた。これらの感情は人間に生まれつき備わり、文化の異なりをこえてすべての人が普遍的に経験し、理解される。主著『表情分析学入門』(共著)。

末梢起源説②顔や手足など身体の末梢部でおこった変化が、脳に伝わって感情が生まれるという説。アメリカの心理学者ジェームズとデンマークの心理学者**ランゲ**(C. Lange、1834〜1900)①がとなえたことから、**ジェームズ・ランゲ説**②と呼ばれる。泣いたり笑ったりする身体の変化が脳に伝わって感情が生まれ、「泣くから悲しい」「笑うから楽しい」と表現できると考える。→p.189 **ジェームズ**

中枢起源説②環境からの刺激が脳に伝わって感情がおこるとともに、脳を介して身体の末梢部の反応がおこるという説。アメリカの生理学者**キャノン**(W. Cannon、1871〜1945)①と**バード**(P. Bird、1898〜1977)①がとなえたことから、**キャノン・バード説**②と呼ばれる。感情にともなって身体の反応がおこるので、「悲しいから泣く」「楽しいから笑う」と表現できると考える。

感情の二要因説②身体の反応をどのように解釈するかによって、感情の経験が決まるという説。アメリカの心理学者**シャク**

ター(S. Schachter、1922〜97)②と**ジェローム＝シンガー**(Jerome Singer、1934〜2010)①がとなえた。たとえば心拍数が高まるという身体の反応は、危険なことをしている場合には恐怖として解釈され、ジェットコースターなどの遊具に乗っている場合には楽しさとして解釈される。身体的な反応とその認知的な解釈という2つの要因から、どのような感情が経験されるかが決まるとされ、同じ身体の反応から異なる感情が生まれることが説明できる。

人間としての自覚
——源流思想

第1章 哲学と宗教

1 哲学と思索

哲学 philosophy ⑤ 世界や人生が全体として何であるか、どのような意味や目的をもつものかという根本的な問題を考える学問。哲学は、日常生活で自明の前提とされている一定の世界秩序や価値体系を主題とし、それらを自覚的・批判的に考察する。科学が様々な領域の対象を実証的に研究する専門的・部分的な知であるのに対して、哲学はそのような対象をつつみ込み、我々がそのなかに生きている世界や人生についての全体的・包括的な知を求める。哲学は、概念的に固定できる対象の真理をこえ、各自がそのつど哲学する主体的な働きのなかで、世界や人生の全体的・包括的な真理を探究するものである。哲学は古代ギリシアで誕生し、知恵(ソフィア、sophia)を愛すること(フィロス、philos)という意味でフィロソフィアと呼ばれ、日本では明治時代に啓蒙思想家の西周によって哲学と訳された。 → p.267 **西周**

> **哲学とは何か**
>
> 現実は我々に対してあるというよりも、その中に我々があるのである。我々はそこに生まれ、そこで働き、そこで考え、そこに死ぬる、そこが現実である。我々に対してあるものは哲学の言葉で対象と呼ばれている。現実は対象であるよりもむしろ我々がそこに立っている足場であり、基底である……科学は現実を対象的に考察する。しかるに現実が足下から揺ぎ出すのを覚えるとき、基底の危機というものから哲学は生まれてくる。
>
> (三木清『哲学入門』岩波書店)

哲学すること ③ カントは『純粋理性批判』の「純粋理性の建築術」の章で、「人は哲学を学ぶのではなく、哲学することを学べるだけである」と述べている。哲学は過去の哲学の知識のたんなる集積ではなく、一人ひとりがみずから理性によって哲学する行為そのものである。過去に形成された哲学は、哲学することがあらわれた一定の歴史的形態であり、哲学することは過去の哲学を手引きにしつつ、各自が真理を主体的に思索する行為のなかにある。 → p.147 **『純粋理性批判』**

形而上学 metaphysics ③ 形のあるものをこえたものについて思索する学問で、しばしば哲学と同じ意味で使われる。形あるものについて考察する形而下の学問に対して、形而上学は感覚にあらわれる対象をこえて、その根源となる実在・実体について思索する。アリストテレスの哲学的著作が、編集の際に『自然学』(フィジカ)のあと(メタ)に配列されたことから、メタフィジカ(自然学のあとにくるもの)と呼ばれたことに由来する。

存在論 ontology ③ なぜ無ではなく世界が存在するのか、なぜ何もないものではなくすべてのものが存在するのかについて問う哲学の一分野。科学などの実証的な学問が、様々な領域の物事が何であるかという本質を問うのに対して、存在論はすべてのものが**存在**⑤するという事実について問いかけ、なぜ一般にものが存在するのかという、存在すること自体の意味を探究する。アリストテレスは、生物や政治など特殊な領域についてではなく、万物を一般に存在するものとして探究する学問を第一哲学・形而上学と呼んだ。ハイデッガーは、存在するもの(存在者)とそれが存在することの区別を存在論的差異と呼び、存在することの意味や根拠を探究することが、哲学の本来の使命であると説いた。 → p.181 **存在**[ハイデッガー]

認識論 ② 人間はどのようにして世界を認識しているか、人間がいかに物事を正しく知ることができるかについて考察する哲学の一分野。**認識**⑤とは主体が物事を把握し、理解し、知る作用であり、認識作用によって物事についての知識が生まれる。物事がいかにしてわかるのか、どこまでわかるのかという認識と知識の可能性と正当性、そのおよぶ範囲や限界などについて考察するのが認識論である。プラトンは、絶えず変化する現実をとらえる感覚ではなく、不変の実体であるイデアをとらえる理性によって知識が成り立つと説いた。近代哲学では、デカルトは理性による推理によって確実な知識に到達できると説き、ベーコンは経験に共通する法則を見出すことによって知識が得られると説いた。両者の立場を総合したカントは、形・色・香りなどの感覚的な印象に、理性(悟性)が認識の枠組み(カテゴリー)を当てはめることによって一定の対象が構成され、対象についての知識が成立すると説いた。

→ p.44 **イデア**、p.127 **経験論**、p.130 **合理論**、p.143 **批判哲学(批判主義)**

批判 ⑤ 主観の思い込みを離れて、物事を客観的に正しく判断すること。日常会話で使われるような相手を非難するという意味はない。哲学においてはドイツ語のクリティーク(Kritik)の訳で、物事を認識する能力を吟味し、その範囲や限界を明らかにする理性批判を指す。カントは理性の認識能力の可能性、そのおよぶ範囲と限界を明らかにする批判哲学を確立した。また批判的思考(クリティカル・シンキング)という場合は、人間が物事を認知する働きのゆがみやかたよりに気づき、物事を多面的・客観的に考察して正しく判断することを指す。

→ p.143 **批判哲学(批判主義)**、p.320 **批判的思考(クリティカル・シンキング)**

実在 ⑤ 人間の意識や主観の外に独立して存在するもの。常識では、事物は人間が知覚したままに外界に独立して存在すると信じられている。哲学では、このような素朴な実在論は批判され、ロックは空間的な広がりなど実在そのものがもつ客観的性質を第一性質と呼び、色や味など人間の主観的な印象にもとづく第二性質と区別した。デカルトは物体の空間的な広がり(延長)を実在するものとして考えた。カントは、人間の感覚にあらわれる現象に対して、現象の根源となる真に実在するものを物自体と呼び、物自体が存在することは認めるものの、それが何かを人間が認識することは不可能であるとした。

→ p.143 **物自体**

実体 ⑤ 時間のなかにあらわれて変化する現象の根底にあって、みずからは永遠にかわることのない根源的なもの。実体となるものが何なのか、はたして実体が存在するのかは哲学の1つの問題である。アリストテレスは変化する物事の根底にあって、その基体となるものを実体と考えた。西洋の近代哲学においては、実体は客体的なものから主体的なものとしてとらえられるようになり、ヘーゲルは実体とは主体であると説き、あらゆる現象の根底には実体として精神があり、万物のあらわれを精神の自己展開の運動としてとらえた。また、ブッダは身体が滅びても霊魂は永遠に残る実体であるとする霊魂不滅説を否定し、すべての物事は生成消滅する無常なものであると説いた。

→ p.77 **実体**[仏教]、p.150 **精神**[ヘーゲル]

本質 ⑤ 物事が何であるかを決める本性、偶然に備わり変化するもの(偶有性)に対して、その物事に本来備わる、かわることのない性質を指す。そのような物事の本質を思考のなかでとらえたものが**概念**④である。概念は個々の物事に共通な性質を抽出し、偶然的なものを捨てて構成された、物事の一般的・普遍的な本質である。概念は言葉であらわされ、言葉の意味内容になるものである。

超越 ⑤ 人間が経験的に認識できるものの範囲をこえ出ること。哲学では世界のなかで対象としてあらわれるものをこえて、その根源・根拠・条件を問うことを指す。西洋の近代哲学の認識論においては、あらゆる対象をこえて、世界を主観に向きあう対象として認識する主観の働きを超越という。カントは経験に先立ち、事物を認識することを可能にする条件となるものを超越論的と呼び、経験の範囲をこえ出るものを超越的と呼んで区別した。ヤスパースの哲学では対象としてあらわれるものの根源を問い、時間のなかで生成消滅する現象の永遠の根源となるものについて思索することを超越と呼ぶ。また、ハイデッガーの存在論においては、あらゆる存在する事物をこえて、それらが存在する事実そのものを問うことを超越と呼ぶ。

→ p.145 **アプリオリ(先天的)**、p.179 **超越者**、p.185 **対自存在**

自然 ⑤ 人間を取り囲む世界のすべてのもの、人間の手が加わっていない、ありのままのものを指す。西洋の近代思想においては、認識の客観的な対象とされ、自然は人間の意識に向きあうものとされた。また、科学技術の進展とともに、科学技術によって支配できる資源やエネルギーとみなされた。一方、東洋の伝統的な思想においては、万物をつつみ込み、人間を含めて万物を生み育てる根源とみなされ、現在の環境倫理が重んじる生態系としての自然のとらえ方と共通する点がある。　→ p.29 **自然観**

理性りせい ⑤ 物事を筋道すじみちを立てて論理的に正しく考え、真理と虚偽きょぎ、善と悪を判断する能力。古代ギリシアにおいて、人間は理性的動物と定義され、理性はすべての人間に共通した普遍的な思考能力とされた。近代哲学の祖デカルトは、「良識(理性)はこの世で最も公平に与えられたもの」と説いた。カントは理論理性と実践理性にわけ、理論理性は客観的世界についての真理を追究し、実践理性は善を実践して道徳的世界を建設すると説いた。人間は理性によってみずから思考・判断し、自己の責任で行動する自律的で自由な人格となる。
→ p.37 **ロゴス(理性)**、p.130 **良識(ボン・サンス)**、p.143 **理性**[カント]

合理主義(理性主義・理性中心主義) rationalism ⑤ 理性が世界や人生を支配していると考え、その理性に従って思考・行動する立場。外部の世界を支配する理性的法則が、人間の精神の内部にある理性によって認識されることを前提にし、外界の理法と人間の理性が一致するところに合理的認識が成立するとする。**合理的(合理性)**③とは理性にかなうことで、論理的に筋道を立てて矛盾なく考えることである。日常では目的にかなって無駄がなく、効率的であるという意味でも使われる。合理主義は理性にあうものを真理として認め、非理性的なものは認識の範囲外におくか、またはさらに高い次元で理性化できるものと考える。
→ p.130 **合理論**

科学 science ⑤ 観察と実験にもとづいて、自然の普遍的な法則を客観的に探究する学問。サイエンスはラテン語のスキエンチア(知識、scientia)に由来し、もともとは感情や信仰から区別された知識一般を意味したが、近代からは経験的方法による自然科学を指すようになった。科学的な知識は理性による論理的な推理を重ねる合理性と、事実の観察と実験に裏づけられた実証性を備えている。科学は観察された事実にもとづいて理論を構築して仮説を立て、それを検証するためのデータを収集する。もし仮説に矛盾する反証があらわれれば、仮説は新たに立て直され、そのような反証可能性につねに開かれているところに科学の進歩がある。様々な対象領域にわかれた個別的・経験的な科学の知は、世界についての全体的・包括的な知である哲学、世界観や人生観に導かれることによって、有益で健全な働きをなすことができる。
→ p.125 **近代科学(近代自然科学)**、p.210 **反証可能性**

真理 truth ⑤ 理性的なすべての人間が認める、普遍的な知識や判断。真理の特徴としては、第一に、それが主観的な思い込みや独断ではなく、だれもが理性で考えれば納得する普遍性をもつこと、第二に、理性にもとづいて考えればだれもが理解できる明晰めいせきな論理性・合理性を備えていること、第三に、客観的な事実に裏づけられた実証性をもつこと、などがあげられる。哲学においては、古代から真理の規準を外界の現実におき、人間の認識が外の世界と一致することが真理であるとする伝統的な真理観があったが、近代になると真理の規準を人間の認識方法に求め、理性的な思考法則に一致することが真理であるとする合理的な真理観が生まれた。また、真理の規準をその判断がもたらす有益な成果におくプラグマティズムの真理観などもある。宗教では、超自然的な神の啓示けいじにもとづく信仰の真理が説かれる。
→ p.37 **ロゴス(理性)**、p.65 **トマス=アクィナス**、p.128 **帰納法**、p.132 **演繹法**、p.143 **批判哲学(批判主義)**、p.149 **弁証法**、p.189 **真理の有用性**

観念かんねん idea ⑤ 人間の心のなかにあらわれる表象や意識内容を指す。デカルトは、人間の心が外界から受けとった感覚的観念、心のなかでつくり出した想像的観念、心に生まれつき備わっている生得せいとく観念(神の存在など)の3つにわけた。ロックは、人間の生まれた時の心は白紙(タブラ・ラサ)であるとして生得観念を否定し、観念はすべて経験からつくられると説き、外界から受けた感覚や心の内部への反省から生まれた単純観念と、それを組み合わせた複合観念とを区別した。
→ p.132 **生得(本有)観念**、p.136 **白紙(タブラ・ラサ)**

観念論 idealism ⑤ 物質よりも精神的・観念的なものを世界の根源的な実在とする立場で、物質を根源的実在とする唯物論と対立する。⑴理性によってとらえられる永遠の理念的な原型(イデア)があらゆる感覚的なあらわれの模範になるというプラトンのイデア論、(2)あらゆる現実の底には精神的な実在があり、それが理念となって歴史を通して実現されるとするヘーゲルなどのドイツ観念論、(3)物質的実在を否定し、すべてのものは知覚されたものにすぎないとするバークリーの思想や、さらに自我さえ知覚の束と考えてその実在を否定したヒュームらの思想、(4)仏教におけるすべての世界は心のあらわれとする三界唯心(さんがいゆいしん)の考えや、世界を心(識)の生み出したものとする唯識(ゆいしき)の思想がある。

→ p.46 **理想主義(イデアリスム・アイデアリズム)**、p.82 **唯識思想**、p.129 **バークリー**、p.129 **ヒューム**、p.143 **ドイツ観念論**

唯物論(ゆいぶつろん)　materialism ② 精神よりも物質を世界の根源的な実在とする立場で、人間の意識の外に独立して物が存在することを認める。(1)万物は原子の結合と分離からなると考えたデモクリトスやエピクロス、(2)自然科学の進歩のなかで、生命も物質的な機械のようなものと考えるデカルトやホッブズ、フランスのラ＝メトリ(La Mettrie、1709～51)やディドロやドルバック(d'Holbach、1723～89)、(3)人間の意識は物質に働きかける経済的な生産活動を土台としてあらわれるとするマルクスの史的唯物論などの思想がある。

→ p.129 **唯心論**、p.165 **唯物史観(史的唯物論)**、p.165 **唯物論**[マルクス]

主観(しゅかん)　subject ⑤ 対象を認識する主体の意識の働き。主観の意識の作用が向けられたものが**客観**(きゃっかん)(object)⑤である。主観(主体)の意識は客観(客体)としての対象を志向して表象する。常識では意識の外に客観が独立してあることが前提とされ、主観が客観に一致して認識が成立するとされる。しかし、カントはこれを180度くつがえすコペルニクス的転回をおこない、外界の多様で無秩序な感覚的素材が、主観の悟性の先天的な認識の枠組み(カテゴリー)によって統一され、主観の先天的な思考法則を規準にして客観的対象が構成されると説いた。また唯物論では、物質的存在としての客観は意識から独立して存在し、主観はそれを反映する二次的・派生的なものであると説かれる。

世界観 ⑤ 世界についての統一的・全体的な見方。世界は我々が生きる場であるから、世界観は人間がいかに生きるかという人生観、人生で求められる価値や理想を含みながら、世界を全体的・統一的に解釈したものである。

人生観 ④ 人生の意義・目的・価値などを思索する、人生についての全体的・統一的な見方。人間がみずからの行為を選択する際に、その規準・規範となるもの。人間は自覚的・主体的存在である限り、いかに人生を生きるべきかという問いに向きあう。個々の行為を導く統一的な人生観を確立することは、各自の人生の課題である。

→ p.15 **価値、価値観**

死生観 ③ 生と死とは何か、それは人間にとってどのような意味があるのか、それといかに向きあうべきかなどについての考え方。死生観は、死によって限られた1度限りの人生をいかに生きるかという人生観の基盤になる。ブッダは生老病死(しょうろうびょうし)の四苦(しく)は避けられず、人生は流れ去る無常なものであるゆえに、今を生きることの大切さを説いた。ハイデッガーはみずからの死の可能性を自覚することが、1回限りの他者による代替のきかない、自己固有の本来の存在の可能性を明らかにすると考え、それを死への存在と説いた。一方で宗教においては死後の世界、来世(らいせ)に期待し、現世(げんせ)の生活はそこへと至る道筋として意義をもつとする信仰がある。

自然観 ③ 自然とはいかなるものか、人間は自然にどのように向きあうべきか、自然に対する人間の位置などについての考え方。人類は昔から自然に畏怖(いふ)と感謝の念をいだいてきた。キリスト教の文化圏では、自然の万物は神の栄光を実現することを目的とするという目的論的自然観が中心であったが、16～17世紀の近代自然科学の誕生によって、自然を一定の法則に従う機械的な運動として説明する機械論的自然観が生まれた。さらに科学技術の発展と18世紀の産業革命を経て、自然を人間の欲望を満たすためのエネルギーや素材としてみなす人間中心的な自然観が広がった。近年は地球環境を生命をはぐくむ生態系(エコシステム)とみる生態学にもとづいた、生命中心の**生命的自然観**①が広がっている。

→ p.50 **目的論的自然観**、p.127 **機械論的自然観**

厭世(えんせい)**主義**　pessimism ① 最悪のものを意味するラテン語のpessimumに由来し、厭世観ともいう。世界は悪と悲惨さに満ち、生きるに値しないという人生観で、対義語は世界は最善のものであるという楽天主義(optimism)。ドイツの思想家ショーペンハウアーは、世界は盲目的な意志によって動かされている幻にすぎないと説き、この苦悩の世界からの精神的な解脱(げだつ)を説いた。

→ p.178 **ショーペンハウアー**

倫理(りんり)　ethics ⑤ 社会や共同体のなかの規律やルール。「倫」は仲間、「理」は道理・道筋のことなので、「倫理」は社会で従うべき道理・規範・理法のことである。そこから人間としての生きる道、人間に値する生き方をあらわす。英語の ethics は、習性・性格(エートス)というギリシア語に由来し、社会の習慣(エトス)の積み重ねから生まれた共同体のルールという意味をもつ。

：義務論的倫理 ① 道徳法則が命じる義務に従って行為することが善であるとする倫理思想で、カントの道徳思想が典型である。カントはみずからの理性が命じる道徳法則にもとづいて、「汝(なんじ)なすべし」という義務に従って行為することを善とした。行為の結果ではなく、義務のみを動機として行為することに、道徳的な善がある。

：目的論的倫理 ① 幸福や快楽などを目的として、その行為が有益な結果をもたらすか否かを基準にして善悪を判断する倫理思想で、ベンサムの功利主義が典型である。ベンサムは社会全体の幸福を目的とし、社会全体の幸福を増大させるか否かという結果を基準にして、行為を是認し、否認する功利の原理を説いた。

：徳倫理学 ② 行為の目的や結果ではなく、魂のすぐれた性質である徳を備えた人格を善とする倫理思想で、徳とは何かを探究するソクラテスの哲学が典型である。ソクラテスは人間の魂に正義・勇気・敬虔(けいけん)などのアレテー(徳・優秀性)が備わるように、つねに心配りをする魂への配慮を説いた。

：責任倫理 ① 行為の動機の善さにではなく、その行為がもたらす結果に責任を負うところに善を見出す倫理思想。カントが義務からなされる行為の動機に善を見出すのに対して、社会学者のマックス＝ウェーバーは行為の動機の純粋性を重んじる心情倫理を批判し、行為のもたらす結果を予測し、それに責任をもって行動する責任倫理を説いた。

→ p.305 **世代間倫理**

道徳　moral ⑤ 人間として守るべき行動の規範・ルールを身につけること。「道」は人間として歩むべき道筋であり、「徳」は「得」という字に通じ、その道筋を身につけ、体得することである。英語の moral(道徳)も ethics(倫理)と同じように、習俗や習慣(**モース**〈mos〉①、複数形はモーレース〈mores〉)というラテン語に由来し、習慣のなかから生まれた社会の規範という意味をもつ。広い意味においては、道徳は倫理と同じであるが、倫理が社会や共同体の客観的な理法をあらわすのに対して、道徳はその理法を身につける主体的な態度をあらわす。

正義　justice ⑤ 正しい筋道である道理にかなった状態。人間が従うべき道理には、倫理的・法的・合理的・宗教的な様々なものがある。西洋における正義(justice)には、公正・公平さという意味がある。アリストテレスは各人の働きや功績に比例して利益を分配する配分(比例)的正義と、被害者の損害を補償し、加害者を罰して利害の不均衡を是正する調整(矯正)的正義を説いた。アダム＝スミスは、人間の利己心にかられた利益の追求は、第三者の公平な観察者からみて共感の得られる公正(フェア)なものである限り是認されると説いた。ロールズはすべての人に均等な機会を与えたうえで、公正な競争によって生じる格差は、社会のすべての人の生活を改善することにつながる限りで是認されるという、公正としての正義を説いた。

→ p.49 **正義**［アリストテレス］、p.153 **公平(中立公正)な観察者**、p.220 **公正としての正義**

善(ぜん) ⑤ 一般には有用なもの、価値のあるものを指すが、倫理的には人間の行為の道徳的な善(よ)さを指す。プラトンは、善そのものを善のイデア(理想)と呼び、それへの魂の全面的な向きかえを通して、人間を善い行為へ導こうとした。カントは、才能・能力・健康・財産は手段であり、無条件に善いといえるものは善をなそうとする善意志だけであると説いた。ニーチェは、人間の力の高揚感が善であるとし、善悪の観念をこえて力への意志にもとづく価値秩序を主張し、善悪の彼岸(ひがん)の立場に立った。

→ p.45 **善のイデア**、p.90 **性善説**、p.146 **善意志**、p.146 **最高善**［カント］、p.177 **価値の転倒**

悪(あく) ⑤ 人間としておこなうべき道や道徳・倫理にはずれた行為。ソクラテスは、悪は無知に由来し、善とは何かを知れば悪におちいることはないという主知主義の立場をとる。キリスト教では、人間は生まれながらに神の教えに背(そむ)く本質的な傾向である原罪を背負っていると説く。荀子(じゅんし)やホッブズは、人間は利己的な欲望を満たすために、自然のままに放置すれば争いをおこすという性悪説の立場をとる。ロシアの文学者ドストエフスキーは、人間には悪と知りながらその誘惑にかられる悪魔的な側面があると考えた。

→p.58 **原罪**、p.92 **性悪説**、p.229 **罪(ツミ)・穢れ(ケガレ)**、p.135 **自己保存の欲求**

良心 ⑤ 道徳的な善悪を判断し、善い行為を命じ、悪い行為を禁じる心の内面的な働き。良心は他者の苦悩に救いの手をさしのべ、善をなすように呼びかける。ソクラテスのダイモニオン(守護神)の「～してはいけない」という心の呼びかけは、悪を禁止する警告的良心である。中国では、孟子(もうし)が良心という言葉を用い、王陽明(おうようめい)の良知(りょうち)に受け継がれた。ハイデッガーは良心を世間に埋もれた自己から、本来の自己へと呼びさます声とした。心理学的には、幼児は親からしつけを受けながら、教えられた道徳を心の内部に取り込んで良心を発達させる。良心は他者との絆(きずな)を守ることによって、本来の自己を取り戻す人間の心の能力である。

責任 ⑤ 自己の自由意志でおこなった行為の結果に対して、責めを負うこと。良心と道義に背かない道徳的責任、法律を遵守(じゅんしゅ)する法律的責任、神の教えに従う宗教的責任などがある。自由意志から発した行為にのみ責任が問われ、外的強制・不可抗力・無意識からなされた行為には責任が問われない。刑法でも責任能力のない場合、処罰されない。さらに心身の発達が不十分な場合や、催眠や洗脳(せんのう)(マインド・コントロール)を受けている場合も責任能力は限定される。マックス＝ウェーバーは、動機の純粋性を問う心情倫理に対して、行為の結果を予測し、それに対して責任をとる覚悟で行動する責任倫理を説いている。

自由 ⑤ 自(みずか)らに由(よ)るという意味で、他者からの拘束を受けず、みずからの意志に従って行為すること。好き勝手や気ままという意味に使われることもあるが、本来は自己と他者の相互承認のうえに成り立つものである。近代ではすべての人に生来備わる人権とされ、他者に危害を加えない限り、自己の意志に従って行為することができるという、J. S. ミルの説いた「他者危害の原則」が前提とされる。カントは、自然界を支配する必然的な因果法則とは別に、自発的に行為を始める能力であるとし、みずからの理性が自己立法する道徳法則に従う自律的な行為に自由を求めた。

→p.147 **自由**［カント］、p.151 **自由**［ヘーゲル］、p.155 **自由**［J. S. ミル］、p.184 **自由**［サルトル］

:ラプラスの悪魔 ① フランスの数学者・天文学者のラプラス(P. Laplace、1749～1827)が説いた、宇宙を必然とみて、自由を否定する決定論。ある瞬間の原子の位置や運動量などの物理的な状態を完全に知ることができれば、必然的な物理法則に従って、その後の宇宙のすべての状態を計算して、未来を予測できるとされる。ここでは人間の自由は否定される。しかし、現在は原子の運動は予測できず、確率的にしか知ることができないという量子力学の不確定性理論によって、これは否定的に考えられている。

幸福 ⑤ 生きることによろこび・楽しさ・安らぎを感じる、心の満ちたりた状態。幸福を人生の最高の目的とする思想には、アリストテレスやエピクロスの思想、ベンサムの功利主義などがある。アリストテレスは徳を備えたすぐれた魂を活動させることが幸福であるとし、エピクロスやベンサムは快楽を幸福とする。一方でソクラテスやカントは人生の目的となるものは幸福ではなく、倫理的な善であるとする。ソクラテスは、徳を備えたすぐれた魂をもって善く生きることに幸福がともなうと説いた。カントは理性が命じる道徳法則に従って善を実践することが目的であり、幸福を目的とするのではなく、幸福を得るにふさわしい善い人間になるべきだと説いた。

愛 ⑤ ある人に心をひかれ、いとおしさを感じ、その人をいつくしみ、大切にし、守ろうとすること。恋愛という言葉において、恋は特定の人に心をひかれ、想いをよせる自分を中心にした感情であり、愛は相手を大切にし、尊重し、その幸福と成長を願う相手を中心にした気持ちである。プラトンは善や美の価値に満ちた素晴らしいものを求める愛であるエロースを説いた。一方でキリスト教の神の愛(アガペー)は、価値の有無に関わらず、すべての人を平等にいつくしみ、救おうとする無差別の愛、報いを求めない無償の愛である。またアリストテレスの友愛（フィリア）は、たがいの人間性の善や徳にもとづく相互的な愛である。仏教の慈悲は、すべての命あるものによろこびを与え（与楽(よらく)）、苦しみを取り除くこと（抜苦(ばっく)）である。

習慣 ⑤ 生活のなかで一定の行動を繰り返しているうちに形成され、固定化された行動のパターン（型）のこと。「習慣は第二の天性」といわれるように、人間は生活のなかである行動を繰り返すことによって、それを習慣として身につけていく。ethics（倫理）や moral（道徳）は習俗や習慣という言葉に由来し、アリストテレスはよい行動を繰り返して習慣（エトス）として身につける習性（エートス）的徳（倫理的徳）の大切さを説いている。

2 宗教と信仰

宗教 religion ⑤ 定義は様々であるが、一般には超自然的な存在（神）への信仰を中心にした象徴的な体系を指す。日常的な世俗の世界に対して、聖なる世界が隔離(かくり)され、信者は大きく優位な力をもつ神聖なものに対して畏怖(いふ)や崇敬(すうけい)の感情をいだき、そこに究極的な権威と価値を見出して、祈りなどの儀礼的行為を通して神聖なものとまじわる。原始の生活においては宗教と道徳は未分化であったが、やがて道徳は宗教から分化して自律性をもち、神の命令や戒律(かいりつ)ではなく、人間の理性や良心の命じる道徳法則にもとづくものとなった。しかし、人間がみずからの有限性に直面して無力さと限界を自覚する時、魂を救済する宗教への道が開かれる場合もある。

聖と俗 ② 神の超自然的な聖なる世界と日常の世俗の世界とをわける考え。社会学者のデュルケームは宗教的な畏(おそ)れや崇敬の対象となる聖なるものを、日常的な関心や利害の世界である世俗から分離し、聖なるものと関わることから信仰や宗教的な儀礼が形成されると説いた。聖と俗の分離はすべてにみられるわけではなく、イスラーム世界では聖と俗は密接に結ばれ、神の教えが日常の生活を規定する。古代の日本では農耕の年中行事や神に供え物をする神聖な日をハレ、普段の日常生活をケと呼んだ。

→ p.157 **デュルケーム**、p.226 **ハレ・ケ**

信仰 ⑤ 超自然的な存在としての絶対者（神）に帰依(きえ)する態度。絶対者の呼びかけに全人格的に応えて、ひたすら信頼して恭順(きょうじゅん)する態度である。信仰には、キリスト教の神の愛や、法然(ほうねん)や親鸞(しんらん)の仏の他力(たりき)の教えのように、絶対者の愛や他力による救済を求めるもの、原始仏教や禅宗のように自力の修行による悟(さと)りをめざすもの、神道のように自然の力と一体となるものなどがある。哲学的思考が理性に力点をおくのに対し、信仰は意志に力点をおく。

神(かみ) ⑤ 信仰の対象となる超自然的な聖なる人格的存在。日常経験の次元とはまったく異なった聖なる次元から出あわれる、超自然的な神秘的な力が人格的な存在とされて、神の観念が生まれる。多神教では神々は様々な自然物や人間の姿をとり、職能的に分化し、自然のできごとや人間の運命を左右する。一神教においては神は全知全能とされ、世界を創造した創造主、人間に呼びかける人格的・意志的な神とされる。創造神は啓示によって教えと戒めを授け、人間と人格的にまじわる倫理的な関係に入る。

仏 ⑤ 仏とは、サンスクリット語のブッダ(buddha)を漢字に写したもので、原始仏教では、真理にめざめた者、覚者を意味した。修行を積めばだれでも悟りを開いてブッダになれるとされ、仏教の開祖ガウタマ(ゴータマ)＝ブッダもその1人で、そのほかにも悟りを開いた者はブッダと呼ばれた。ガウタマ＝ブッダの入滅後、ブッダは信者によって神格化され、崇拝の対象とされた。やがて、大乗仏教においてブッダが悟った永遠の真理の教えそのものが仏とされ、真理(法)を象徴する仏(法身仏)が、衆生を教化するために人格的な姿をとって歴史的にあらわれたもの(応身仏)がブッダであるとされた。大乗仏教では、西方極楽浄土に住む阿弥陀仏、東方瑠璃光浄土に住む薬師如来など様々な仏が説かれ、信仰の対象となった。

死 ⑤ 生命の活動がとまり、精神と身体の活動がなくなること。一人称の私の死については、私が生きている限りは経験できず、絶えずせまってくる存在が不可能になることの可能性として受け止められる。死がせまることを自覚することは、一度限りの人生を生きていることのめざめにつながる。ハイデッガーは将来の死の可能性と向きあい、自己の固有の本来の存在の可能性にめざめることを、死への(死へとかかわる)存在と呼んだ。二人称のあなたの死は、あなたに永遠に会えないという私の深い悲しみ、苦悩、喪失感の体験になる。三人称の死は世の中からだれかがいなくなるという、客観的なできごととして受け止められる。

→ p.53 **死**[エピクロス]、p.179 **限界状況**、p.183 **死への(死へとかかわる)存在**

永遠 ⑤ 永遠には、いくつかの意味がある。第一には、無限の過去から未来へと続く、際限のない水平的な時間の流れを意味する。第二には、今の瞬間に垂直的にあらわれる、時間のなかにあって時間をこえた「永遠の今」を意味する。「永遠の今」は、たんに時間的に限りなく持続することとは異なるもので、アウグスティヌスはその時間論のなかで、過去・現在・未来はすべて今のなかに含まれており、過去・現在・未来の根底となる「永遠の今」を説いた。キリスト教においては、神が創造したこの世の時間の流れのなかで、事物は生成消滅を繰り返すが、神そのものは時間をこえた「永遠の今」に安らう存在である。また、ヤスパースは時間のなかで生成消滅する現象をあらわしつつ、その根源として時間をこえた永遠の存在を、すべての現象を包みこむ包括者と呼んだ。第三には、論理や価値など時間に関係なく、つねに妥当する無時間的なものを意味する。

世界宗教 ③ 民族や地域の枠をこえた、人類に開かれた普遍的な宗教。仏教・キリスト教・イスラーム教が、世界に広がった**三大宗教(世界三大宗教)**③とされる。民族宗教が民族の共同体と伝統を基盤にして形成されるのに対して、世界宗教は特定の民族に限定されず、すべての人間に開かれた普遍性をもつ。仏教の慈悲やキリスト教の隣人愛は、すべての人を救いの対象とし、またイスラーム教は、神アッラーを信仰する者はすべて同胞として迎え入れる。

民族宗教 ② 特定の民族のあいだで信仰される宗教。世界宗教と対立する概念。民族宗教は民族の共同体の伝統のなかから自然に形成され、その民族の成員は生まれつきその信仰の生活に入る。その社会の成員のほとんどがもつ伝統的な信仰で、一般に閉鎖的・排他的な傾向をもちやすい。ユダヤ教・神道など。

アニミズム animism ③ 様々な自然物に精霊がやどっていると信じる、原始宗教や民間信仰にみられる精霊信仰。アニマ(anima)とは、ラテン語で霊魂の意味である。精霊は、人間や動植物をはじめ、山や川、石などの自然界や無生物に広く宿ると信じられる。宗教のもっとも古い形態の1つで、古代日本人は精霊を「チ」「ミ」「タマ(魂・玉)」などと呼び、これを祀った。

霊魂 ④ 身体のなかにやどり、生命や精神の原理となっていると信じられている超自然的な存在のこと。古代や未開社会の宗教では、人間の身体や様々な自然の事物に霊魂がやどり、霊魂はそれらの身体や事物を自由に出入りし、存在し続けると信じられてきた。古代の日本では、霊魂は「タマ」などと呼ばれ、霊魂が身体から遊離して悪霊や物の怪に変化しないように、魂を鎮める儀礼である「たましずめ」がおこなわれた。宗教では一般に、キリスト教神学の聖霊、古代インドのバラモン教のアートマンのように、霊魂の不滅を説くことが多いが、原始仏教や禅宗では、そのような永遠に変化することなく持続する実体としての霊魂の存在を否定している。

呪術(じゅじゅつ) ③ 超自然的存在や神秘的な力のたすけを借りて、種々の現象をおこさせようとする行為。未開社会ではとくに重要視され、宗教と密接な関係にある。古代の日本人も、畏怖(いふ)された自然神に対して、占(うらない)・うけいなど呪術的儀礼をおこなった。

祭祀(さいし) ④ 神や死者の霊魂を祀る宗教的な儀式、**儀礼**②。神や祖先の霊が与える加護に感謝をささげ、その怒りを和らげ、無事安泰を祈願する。神や霊を儀式によってまねいたり、神殿など神の住む聖域におもむき、あたかも生きた人を迎えるように供物(くもつ)をささげたりして祀る。日本の古代社会では、神を祀る者は社会的に重要な地位を占め、政治をおこなうにあたって神に祈願したため、祭事(まつりごと)がそのまま政治(まつりごと)を意味する祭政一致の原則が生まれた。

一神教(いっしんきょう) ③ ただ1つの神を信仰する宗教。一神教においては、神は全知全能で万物の創造主であり、創造された世界(被造物)をこえる超越者とされることが多い。ユダヤ教のヤハウェは、キリスト教では父なる神、イスラーム教ではアッラーと呼ばれる唯一神の典型である。これらの宗教は、西アジアの砂漠地帯で生まれ、荒涼(こうりょう)とした砂漠を超越する天上の唯一の支配者が崇拝の対象となった。豊かな自然に恵まれた東アジアの農耕社会では、自然の様々な事物を神として崇拝する多神教や汎神(はんしん)論が多いことと対照的である。

啓示(けいじ) ⑤ 超自然的な神が人間に自己をあらわすこと。本来はおおいを取り除くという意味で、人間にとって隠された神が姿をあらわすことを指す。啓示には、イエスの十字架上の死と復活のように、神が1回限り直接に自己をあらわす特殊な啓示と、神がみずから創造した自然を通して間接的にその存在を示す自然的啓示とがある。

タブー(禁忌(きんき)**)** taboo ② 古代社会や未開社会において、ある行動をとってはならないという禁止をあらわす。もともとはポリネシア語であるが、宗教学や文化人類学で広く使われるようになった。何がタブーとされるかは文化によって異なり、また、なぜその行動がタブーとされるかの理由も明らかでないことが多い。

多神教(たしんきょう) ② 多くの神々を同時に崇拝する宗教。古代ギリシア神話、日本の神道、ヒンドゥー教などが多神教である。多神教においては、自然の様々な事物を人格化し、人間の考え方や行動を投影して神々に個性や形を与えることが多い。ヒンドゥー教やギリシア神話では、神々は人間のように肉体的な特徴や個性をもっている。これに対して、日本の八百万神(やおよろずのかみ)には、自然物にやどる目にみえない神々や、日本神話に登場する高天原(たかまがはら)の神々などがある。

神秘主義 mysticism ① 自己の内面において、神や宇宙の根源などの絶対者と合一する宗教的な体験を重んじる立場を指す。日常的な自己から抜け出す脱我(だつが)・忘我(ぼうが)(エクスタシー)のなかで、自己と絶対者が一体となる脱我的な神秘体験を求める。

→ p.54 **新プラトン主義**、p.73 **ウパニシャッド哲学**、p.234 **密教**

無神論 ① 神の存在を否定する立場で、その立場に立つ人を**無神論者**②と呼ぶ。無神論には、神の存在を証明できないという理由で否定するものから、神を無意味・欺瞞(ぎまん)として積極的に否定するものまである。自然を物体の運動法則によって説明する機械論的自然観、物質を唯一の実在とし、観念や理念など精神的なものは物質の反映にすぎないとする唯物論、すべての知識の対象を経験的に与えられた事実に限定する実証主義、人間が自由であるためには、人間とは何かを定める神は否定されなければならないというサルトルの無神論的実存主義など、様々な立場がある。

寛容(かんよう) toleration ① 宗教的には、特定の宗教・宗派やその信仰内容を絶対視することなく、自分と異なった信仰をもつ人の立場も容認すること。社会的には、信教の自由の権利を承認することであり、個人の内面的態度としては、自分が誤りをおかしうる存在であることを自覚し、他者の罪を峻厳(しゅんげん)には責めずにゆるすことである。西洋では、中世からキリスト教会による異教・異端への弾圧がおこなわれたが、近代になると宗教改革や啓蒙思想を通して宗教的な寛容が広まり、ロックは『寛容についての書簡』、ヴォルテールは『寛容論』を著した。18世紀半ば以後はフランス革命やアメリカ独立革命を通して、信教の自由が基本的人権として規定されるに至った。

→ p.122 **寛容**[モンテーニュ]

第2章 ギリシアの思想

1 古代ギリシアの文化と社会

フィロソフィア philosophia ⑤ ギリシア語の「知恵(ソフィア、sophia)」と「愛している(フィロス、philos)」との合成語で、知恵を愛することという意味。**愛知** ① とも呼ばれる。世界や人生に関する根本的な真理についての知恵を、愛し求めるということである。アリストテレスは、「人間はすべて知恵を愛するものである」と述べている。日本では、明治時代に西周が「哲学」と訳した。 → p.26 **哲学**

驚き ③ 世界や人生を驚きの目でみることが、哲学の始まりになる。プラトンやアリストテレスは、世界や人生についての驚きが、それらの真理についての知恵を愛し求める哲学の出発点になると説いている。

閑暇(スコレー) schole ④ スコレーとは、ギリシア語で閑暇(暇のこと)を意味する。ギリシアの市民は奴隷に労働や家事を任せ、自由で暇な時間をもつことができた。このことが、古代ギリシアにおいて哲学・芸術・競技などの文化が開花する土台となった。スクール(学校)の語源である。

コスモス cosmos ③ ギリシア語で、秩序・調和・宇宙・世界などを意味する言葉。古代ギリシア人たちは、カオス(混沌)に対して、宇宙を一定の秩序を備えた調和のあるものと考えた。ピタゴラスが、宇宙をこのように調和のあるものという意味でコスモスと呼んだのが最初とされる。

ポリス polis ⑤ 古代ギリシアの都市国家のこと。人口は最盛期の**アテネ** ⑤で市民権をもつ男子が3万人、その家族や在留外国人、奴隷をあわせると約25万人とされる。城壁をめぐらした中心の市部と、その周辺に広がる田園地帯からなる。アテネの場合、中心には守護神を祀る神殿を建て、戦時には要塞としても機能する**アクロポリス**(acropolis) ④(高い市という意味)があり、その麓の**アゴラ**(agora) ④(公共の広場)では、市民が参加する民会や、裁判・社交・交易などがおこなわれた。古代ギリシアでは、多数の独立したポリスが分立していたが、精神的・文化的には共通の言語や宗教にもとづく強い同胞意識があった。アテネでは、前5世紀のペリクレスの時に民主政治の最盛期を迎え、市民(当時は男性に限られた)が参加する民会を中心とする直接民主政がおこなわれた。ギリシア語ではデモクラティアといい、デモス(人民)とクラチア・クラトス(権力)からなる言葉で、人民が権力をもつ政治形態をあらわす。デモクラシー(democracy)の語源である。

2 神話から自然哲学へ

神話 ⑤ 神々の超自然的な働きによって、世界の様々な事象の起源を説明する物語。宇宙の創造、民族の起源、人間はどこから生まれ、死ねばどこへ行くのかなどを、遠い過去に神々の力によってなされた業(わざ)にもとづいて語り伝える。古代の人々は、自然や人生の不可解なできごとを神話によって説明し、理解しようとした。

ミュトス mythos ④ ギリシア語で神話を意味する。もともとは「語り伝えられたもの」という意味であったが、やがて世界の創造や神々の誕生などを物語る神話を意味するようになった。

神話的世界観 ① 神話に登場する神々の超自然的な働きによって、世界のできごとや人間の運命を理解しようとする世界観。古代ギリシアでは、ゼウスを主神とするオリンポスの神々が、自然や人生のできごとを支配すると考えられていたが、やがてロゴス(言葉・理性・論理)にもとづいて、様々な事象を論理にそって合理的に考える哲学へと移りかわっていった。

ギリシア神話 ③ 古代ギリシアに伝わる神々の物語。ギリシア神話では、カオス(混沌(こんとん))から天と地がわかれて世界が生まれ、はじめに巨人族タイタン(ティターン)の神々があらわれ、やがてそれを倒して支配権を握ったゼウスを主神とする**オリンポスの神々**①が世界を支配したとされる。オリンポスはギリシアにある標高2,917mの山で、ホメロスの詩で神々の住み処(か)とされた。ローマ時代になると、ゼウスはローマ神話の神ジュピターに同一視されるなど、ローマ神話の神々と統合された。

ギリシア神話	ローマ神話	象　徴
ゼウス	ジュピター	天空
ポセイドン	ネプチューン	海
アポロン	アポロ	音楽
アフロディテ	ヴィーナス	美・愛
エロース	キューピッド	恋愛
アレス	マルス	戦争
ヘルメス	マーキュリー	商業
ディオニュソス	バッカス	酒
ハデス	プルトーン	黄泉(よみ)の国

ホメロス Homeros ⑤ 生没年不詳　前8世紀頃に活動したとされる古代ギリシアの伝説の詩人。その実在については確かではない。ホメロスの作と伝えられる『イリアス』と『オデュッセイア』は、多くの詩人によって吟唱(ぎんしょう)されるうちに、しだいに潤色(じゅんしょく)されて後世に伝えられたと推測され、ホメロスはそのような多くの詩人のなかの1人であったとも考えられている。

『イリアス』 Ilias ⑤ ホメロスの作と伝えられる叙事詩。題名は、トロイア(トロイ)の別名イリオンにもとづく。トロイアの王子パリスがスパルタの王妃ヘレネを誘惑して連れ去ったことから、アガメムノンが率いるギリシア軍とトロイアとの戦争が始まった。物語は、ギリシア軍がトロイアの城を包囲した10年目の年の49日間のできごとを描いている。戦線を離脱したギリシアの英雄アキレスは、友人パトロクルスの死の知らせに再び戦場に戻り、トロイアの王子ヘクトールと一騎打ちをしてこれを倒す。やがて、ギリシア軍のつくった木馬の腹に隠れた兵士によってトロイアの城は陥落して炎上し、ギリシア軍の勝利に終わる。英雄の運命や行為の結果は、神々の意志によって決められるという神話的世界観にもとづいている。

『オデュッセイア』 Odysseia ⑤『イリアス』と並び、ホメロスの作と伝えられる叙事詩。トロイア戦争ののち、ギリシアの英雄オデュッセウスの10年におよぶ帰国の旅を描いた物語。オデュッセウスは、1つ目の巨人キュクロプス、ロータス(蓮(はす))の実を食べて過去を忘れた人を豚にかえる魔女キルケー、美しい声で人を島に引きよせて船を難破させるシレーンなどの試練を克服しながら苦難の旅を続け、やがて故郷に戻って、夫の生還を待ちわびる妻のペネロペにせまる求婚者たちを退治する。

ヘシオドス Hesiodos ⑤ 生没年不詳　ホメロスと並ぶ古代ギリシアの最古の叙事詩人で、前8世紀頃に活躍した。農民の子として生まれたが、詩の女神ムーサから神々の詩をうたうことを命じられ、やがて詩の競技会で勝利を得たという。農民としての苦労の経験をもとに、労働の尊さと農民の日常生活をうたった『仕事と日々』、ギリシアの神々の系譜をまとめた『神統記』などがある。

『仕事と日々』(**『労働と日々』**) ② 農民の日常生活をうたい、勤勉に働くことの尊さを諭(さと)したヘシオドスの詩。人類の時代を金・銀・銅・英雄・鉄の5つにわけ、現在を人間が堕落した鉄の時代であるとした。前半では、そのような時代にあって勤勉な労働が幸福をもたらすと教え、後半では農耕と航海の教え、結婚と友情の教訓、物忌みや吉凶の日の暦などがうたわれている。

『**神統記**』④ 古代ギリシアの神々を1つの系譜にまとめて、宇宙の創造を統一的にうたったヘシオドスの詩。混沌(カオス)から大地(ガイア)と天空(ウラノス)が生まれて世界が創造され、やがて凶暴な巨人族タイタン(ティターン)をゼウスが倒し、ゼウスを主神とするオリンポスの神々が世界を支配するまでをうたっている。

ギリシア悲劇 ③ 前6世紀から前5世紀にかけて盛んになった古代ギリシアの演劇で、韻文・音楽・舞踊を総合したもの。酒の神ディオニュソスにささげる祭礼の行事として演じられたことに始まる。やがて競演の形式で国家的行事として上演され、神々の支配や運命の威力などに向きあって生きる人間の葛藤や矛盾などを悲劇的に描いた。野外の円形劇場で上演され、中心のオルケストラと呼ばれる舞台でコロス(合唱隊)が歌い、その前で役者が劇を演じた。アイスキュロス(Aischylos、前525～前456)・ソフォクレス・エウリピデス(Euripides、前485頃～前406)は、ギリシアの三大悲劇作家と呼ばれる。

ソフォクレス Sophokles ① 前496頃～前406 ギリシア三大悲劇作家の1人で、古典的な悲劇の完成者とされる。古代ギリシアの伝説を題材に神の支配のもとにおける人間の有限性や無力さを描き、それゆえ人間には謙虚さが必要であることを表現した。代表作には、謀反人とされた兄の亡骸を国の掟に背いて埋葬する妹アンティゴネーを描いた『アンティゴネー』、オイディプスの悲劇を描いた『オイディプス王』などがある。

『**オイディプス王**』① ソフォクレスがオイディプス王の悲劇を描いた代表作。王の子として生まれながら、不吉な予言に従って捨てられた**オイディプス**(Oidipus)③が、コリントス王のポリュポスに育てられて成人し、やがて運命のめぐりあわせによってそれとは知らずに実の父親を殺して王位につき、母親を妻とする悲劇を描く。みずからおかした行為の真実が明らかになった時、オイディプスはおかした罪のおそろしさに絶望し、みずから目をつぶして放浪の旅に出る。神々の定めた運命に対する、人間の悲劇的な限界を描いている。

：**スフィンクス** sphinx ③ 流浪の旅をしていたオイディプスは、テーベで怪物スフィンクスを退治する。スフィンクスは顔は人間の女性、体はライオン、鳥の羽をもつ怪物で、「朝は4本足、昼は2本足、夜は3本足で歩く生き物は何か。その生き物はすべての生き物のなかでもっとも姿をかえる」と謎をかける。オイディプスが「それは人間である」と答えると、スフィンクスはみずから崖から飛びおりる。スフィンクスの謎は、人間の正体は様々に変化する謎多きものであることを暗示しているともいえる。

アリストファネス Aristophanes ① 前445頃～前385頃 ギリシアの喜劇作家。ペロポネソス戦争の頃に活躍し、時代への鋭い風刺を含む滑稽な作品を書いた。代表作に、女性の立場から戦争のおろかさを批判した『平和』、ソクラテスの問答法を風刺した『雲』や『蛙(かわず)』などがある。

● ● ●

自然哲学 ⑤ 古代ギリシアにおいて、自然のあらゆる現象を生み出すアルケー(根源)を探究した最初の哲学。自然哲学が誕生した**イオニア**⑤と呼ばれた小アジア西岸の地方は、ギリシア人の植民都市が建設され、アッシリア・バビロニア・エジプトなどとの交易によって経済的に豊かで、古い因習や伝統にとらわれずに物事を合理的に考える気風をもつ文化の先進地であった。ミレトスには、タレス・アナクシマンドロス・アナクシメネスなど初期の自然哲学者があらわれ、**ミレトス学派**①と呼ばれた。また、近くのエフェソスにはヘラクレイトスがあらわれた。彼らは様々な自然現象の根底にあって、それらの現象を支配する根本的な原理について思索した。自然哲学は神話的世界観を退けて、ロゴス(論理)にもとづいて万物の根源を探究し、やがてギリシア本土で開花する哲学の起源となった。

ピュシス(自然) physis ⑤ 物事の固有の性質、ありのままの自然の本性を意味する。自然の本性を加工してつくられたノモス(人為)に対立する言葉。古代ギリシアの自然哲学者たちは、人間から独立して存在するピュシス(自然)の根本的な原理について探究した。

ロゴス(理性) logos ⑤ 言葉・定義・命

題・論理・理法・理性などをあらわすギリシア語。伝承された事実にもとづくミュトス(神話)が確かめられないのに対して、理性(ロゴス)は物事を論理によって考え、真理を論証する。古代ギリシア人は、世界はカオス(混沌)ではなく、法則が支配する秩序あるコスモス(宇宙・調和)と考え、世界を支配する法則であるロゴスを、人間に備わる内なるロゴスによって把握し、世界を統一的・合理的に理解しようとし、そこから哲学が生まれた。

ヒストリア(探究)　historia(ラ) ① ラテン語で研究・調査・認識、物語・記述という意味があり、その対象が人間社会のできごとになる場合は、そのできごとを物語る歴史という意味になる。英語のヒストリー(history)の語源である。古代ギリシアの自然哲学は、自然についてのヒストリア(探究)とされる。

合理的世界観 ① 古代ギリシアでは、神々の超自然的な力が人間の運命を左右するという神話的世界観に対して、哲学の誕生とともにロゴス(理性)によって世界をつらぬくロゴス(法則)を理解しようとする、合理的世界観が生まれた。古代ギリシアの合理的世界観は、ヨーロッパの思想に受け継がれ、やがて17世紀に、自然を支配する法則を数学的な定式によって明らかにしようとする、近代自然科学の誕生につながっていった。

思い込み(ドクサ)　doxa ② 独断的な知識や見解のことで、それ自身に理由をもった論証的な学知(エピステーメー、episteme)に対する言葉。ギリシアの哲学は、日常生活で思い込まれている主観的な思い込み(ドクサ)をこえて、客観的な根拠に裏づけられた普遍的な真の知識を探究した。

アルケー(根源・原理)　arche ⑤ ギリシア語で、始まり・根源・原理を意味する。古代ギリシアの自然哲学は、自然の事物のアルケーを探究した。それは様々に変化する自然現象の根底となり、現象がそこから生まれて、そこへと消滅していく根源である。それは神話的世界の始源とは異なり、経験的な事実をもとに、ロゴスの論理的な必然性によって推測された根源である。アルケーは、水(タレス)、火(ヘラクレイトス)、空気(アナクシメネス)、土・水・火・空気の四元素(エンペドクレス)などの原初的な物質とされ、また、数学的な法則(ピタゴラス)のような抽象的な原理とされる。

タレス　Thales ⑤ 前624/640頃〜前546頃　イオニア地方のミレトスに生まれた自然哲学者。ギリシア七賢人の1人で、自然哲学の始祖とされる。天体の観測にもとづいて、前585年の日食を予言したと伝えられる。タレスは、**「万物の根源は水である」**③といい、自然を運動変化し、生成流動する生命をもったものと考え、そのような自然のアルケー(根源)を水であると説いた。この場合の水とは湿ったもの、水気があるもの、みずみずしい生命の源を意味する。タレスは水を自然の根源とした理由として、生物の命が湿気にやしなわれていること、植物の種子が水気を含んで発芽することなどをあげたとされる。

アナクシマンドロス　Anaximandros ② 前610頃〜前546頃　ミレトスの自然哲学者。万物の根源を**無限なるもの(ト・アペイロン)**(to apeiron)②とし、万物は「無限なるもの」から生まれ、またそこへと消滅していく無限の循環を繰り返すと説いた。そのように万物を支配するロゴス(理法)である「無限なるもの」は、万物に秩序を与える正義(ディケー)の性格をもつとされる。

アナクシメネス　Anaximenes ② ？〜前525　古代ギリシアの自然哲学者。万物のアルケー(根源)は**空気**[アナクシメネス]②(プネウマ、生物が呼吸する息、気息の意味)であるとし、息によって生命が活動するように、息(空気)から万物が生まれると説いた。アナクシメネスによれば、生き物が空気によって生きるように、万物も空気の変化から生まれる。空気は薄くなると熱くなって火になり、濃くなると冷たくなって水や土や石になる。大地は石や土からできている円盤状のもので、空気にのって空中に浮いているとされる。

ピタゴラス(ピュタゴラス)　Pythagoras ⑤ 前6世紀頃　イオニア地方のサモス島出身の哲学者・宗教家。南イタリアに移り、霊魂の不滅と輪廻(生まれかわり)を信じ、魂をしずめるための音楽、宇宙の永遠の真理である**数**⑤の秩序を説く宗教と学問の団体を結成した。天体の運動や、和音を出す琴の絃の長さの比例関係を理由に、万物は数の比例関係に従って**ハルモニア**①(調和)を備えた秩序あるコスモス(宇宙)をなしていると説いた。数学の「ピタゴラスの定理」でも知られている。

ヘラクレイトス　Herakleitos ⑤ 前540頃〜？　イオニア地方エフェソス出身の自然哲

第2章

学者。孤高の哲学者で、その言葉の晦渋さから「暗い人」と呼ばれた。**「万物は流転する」**⑤、「同じ河に2度入ることはできない」「太陽は日々に新しい」といい、世界の実相を絶えず流動変化するものとしてとらえた。ヘラクレイトスによれば、万物の流動は相反するものが対立する闘争であり、対立するものの緊張的な均衡のうえに、万物を支配するロゴス(理法)が働いている。流動する世界のアルケー(根源)は、永遠に生きる**火**[ヘラクレイトス]⑤とされ、理法が宇宙的規模の火に秩序を与え、つかさどっているとされる。

パルメニデス　Parmenides ⑤ 前544頃～前501　南イタリアのエレア出身の自然哲学者。**「有るものはあり、有らぬものはあらぬ」**②といい、世界は永遠不滅の一体的な存在であるという**存在一元論**①を説いた。パルメニデスによれば、「有るもの」のみがあるゆえに、「有らぬもの」である無や空虚はありえず、それらを前提とする生成消滅や運動も否定される。「有るもの」である世界は、永遠・不変・不動・分割不可能な、始めも終わりもない1つの実在である。パルメニデスが祖とされる**エレア学派**①は、多様な感覚の世界を排除して、理性的な認識によって世界の永遠不滅の存在について思索した。

ゼノン[エレア]　Zenon ② 前490～前430　南イタリアのエレア出身の古代ギリシアの哲学者で、ストア派のゼノンとは別人物。エレア学派を開いたとされるパルメニデスの弟子で、存在は無から生まれることも、無へと滅びることもない、不生不滅の永遠であるというパルメニデスの説を受け継いだ。存在は永遠で不動であるという立場から、物体の運動を否定し、先をゆっくりと歩く亀を、足の速いアキレスは永遠に追い抜くことができないという**アキレスと亀**②や、矢は前に進むことができないという飛ぶ矢のパラドックス(逆説)などを説き、運動が可能であるという現実を、逆説的な論理によって否定した。このアキレスと亀の逆説を論破したものに、ベルクソンの純粋持続の哲学がある。

→p.158 **ベルクソン**

エンペドクレス　Empedokles ⑤ 前493頃～前433　シチリア島アクラガス出身の自然哲学者。万物を生み出す根源として**土・水・火・空気**[エンペドクレス]⑤の四元素をあげ、それらが愛によって結合して万物が生成し、憎しみによって分離し、消滅すると説いた。四元素の離合集散によって万物を説明するので、多元論者と呼ばれる。

デモクリトス　Demokritos ⑤ 前460頃～前370頃　トラキアのアブデラの自然哲学者。万物の根源的要素を、それ以上分割できないものという意味でアトム(原子)と呼び、アトムが空虚のなかを運動し、様々に結合することによって、多様なものができあがるという原子論を説いた。ものの様々な性質は、アトムの配列の違いから生まれるとされる。

アトム(原子)　atom ⑤ すべてのものを構成する、それ以上分割できない究極的要素。万物はアトム(原子)の運動と結合によって成立するという**原子論**②は、レウキッポス(Leukippos、前5世紀頃)が説き、それをデモクリトスが完成させ、ヘレニズム時代のエピクロスやルクレティウス(Lucretius、前94頃～前55頃)に継承された。生まれることも滅びることもない無数の原子と、その原子が運動する場所としての空虚が存在し、空虚のなかを原子が様々に運動し、結合することによって物の世界ができあがる。19世紀にドルトン(J. Dolton、1766～1844)によって原子の基本的構造が科学的に明らかにされ、近代的な原子論が確立された。

● ● ●

ツゥキディディス　Thoukydides ① 前460頃～前395　古代ギリシアのアテネ出身の歴史家。ペロポネソス戦争をみずからの体験や見聞をもとに実証的に考察した『戦史』を書いた。『戦史』にはペリクレスをはじめ当時の政治家・軍人の演説が挿入されている。主著『戦史』。

クセノフォン　Xenophon ③ 前430～前354　アテネ出身の軍人・歴史家。若い頃ソクラテスについて学び、のちにペルシア王子のキュロスの軍に加わり、小アジアを転戦した。歴史書『アナバシス(1万人の退却)』は、その時の戦いに敗れ、1万人のギリシア人の傭兵を指揮して黒海沿岸に逃れた時の記録である。ほかの著作に**『ソクラテスの思い出』**②がある。

3 ソフィスト

ソフィスト Sophistes ⑤ もともとは知恵のある人・賢者(けんじゃ)という意味であるが、前5世紀頃にはギリシアのポリスを巡回しながら謝礼金をとって教養や**弁論術(レトリケー)**⑤を教える職業教師を指すようになった。代表的なソフィストには、プロタゴラス・ゴルギアス・プロディコス(Prodikos、前5世紀頃)らがいる。アテネの民主政の発達にともなって、相手を説得して議論に勝つための弁論術や広い知識が必要とされ、そのような要求に応えてソフィストがあらわれた。各地をめぐって国によって風俗や法律が様々であることを知ったソフィストは、絶対的な真理を否定し、真理の相対性を説いた。彼らは、人間や社会に人々の関心を向け、伝統や習慣にとらわれない批判的精神を育てたが、一方で立身出世のため、真理や虚偽(きょぎ)に関わらず自己主張を正当化し、自分に有利なように議論を進める弁論術を教えたために、やがて詭弁家という批判を受けた。

詭弁(きべん) ③ 虚偽を真理のようにみせかけて、相手を欺瞞(ぎまん)するための弁論術や議論の仕方。みかけは正しいように思えるが、じつは誤った論理を用いて相手をいいくるめる弁論術である。ソフィストの論法ははじめは相手を説得するための弁論術であったが、やがて虚偽を真理のようにみせかける詭弁になった。

プロタゴラス Protagoras ⑤ 前480頃〜前410頃 トラキアのアブデラ出身で、おもにアテネで活動した代表的なソフィスト。「人間は万物の尺度である」と語り、物事の判断の基準はそれぞれの人の感じ方や考え方によって異なり、それ以外に普遍的・客観的な基準はないと説いた。また、正義などの社会的な価値も、それぞれの国家の法によって様々であり、絶対的なものではないとした。彼をはじめとするソフィスト(弁論家)は、たくみな弁論術を用いることによって、対立する主張のいずれをも真理として主張することができると説いた。

「人間は万物の尺度である」 ⑤ 人間尺度論と呼ばれる、プロタゴラスの言葉。彼は、「人間は万物の尺度である、あるものについてはあるということの、ないものについてはないということの」と説いた。物事は各人の感じるようにあらわれるのだから、それぞれの人間が判断の基準であり(人間中心主義)、すべての人に共通する普遍的・絶対的な判断の基準は存在しないという考えである。これは、絶対的な真理を否定する相対主義の立場である。

相対主義 ⑤ 知識や価値はそれ自体で存在する絶対的なものではなく、それを認識する人間との関係によって相対的に変化するという考え方。真理の絶対性を否定して、真理の相対性を説くもので、プロタゴラスの「人間は万物の尺度である」という思想に始まり、ソフィストによって広く主張された。物事についての判断は、絶対的な基準をもたず、その判断をくだす人の感じ方・経験・立場によって様々に変化する。相対主義は独断を批判する点に意義をもつが、普遍的な真理の存在を否定する点で、確実な真理はないという懐疑論におちいる傾向をもつ。

ゴルギアス Gorgias ⑤ 前483〜前376 代表的なソフィストで、弁論術や修辞学の教師として有名であった。シチリアに生まれ、外交使節団としてアテネを訪れて、その雄弁ぶりが知られた。プラトンの対話篇『ゴルギアス』にも登場する。

ノモス nomos ⑤ 社会の法律・制度・習慣など、人間がつくり上げた人為的なものを指す。ソフィストはピュシス(自然)とノモス(人為)を対比させ、宗教・法律・制度・習慣など人為的につくられたノモスは、民族や国家によって様々に変化する相対的なものであり、絶対的なものではないと説いた。

4 ソクラテス

ソクラテス Sokrates ⑤ 前469頃〜前399
古代ギリシアのアテネの哲学者で、倫理学の創始者とされる。
→p.42 **ソクラテスの生涯と思想**

「汝自身を知れ」 gnothi seauton ④ ソクラテスの人間探究の出発点となった標語。デルフォイのアポロン神殿の柱に刻まれていた箴言で、ギリシア七賢人のキロン(Chilon、生没年不詳)、もしくはソロン(Solon、前640頃〜前560頃)の言葉とされるが、確かではない。もともとは「身のほどを知れ」「自分のことを忘れるな」という処世上の教訓であったとされるが、それをソクラテスは自分の無知を自覚せよという思索的な意味に解釈し、これをモットーにして魂の徳についての知恵を探究した。

デルフォイの神託 ④ デルフォイは、パルナッソス山の麓にある古代ギリシアの聖地。そこに古くから予言の神アポロンを守護神として祀る神殿があり、巫女の口から神のお告げがくだされる神託所として有名であった。ここを訪れたソクラテスの友人カイレポンが、「ソクラテスよりも知恵のある者はいるか」とたずねたところ、「ソクラテスより知恵のある者はいない」という神託を受けた。ソクラテスはその意味を解こうとし、無知の知を発見する。

無知の知(無知の自覚・不知の自覚) ⑤ 自分が無知であることを自覚するという意味で、ソクラテスの思索の出発点となるもの。「ソクラテスより知恵のある者はいない」という神託を聞いたソクラテスは、賢者だとみなされている人の所を訪れたが、彼らが「知らないのに何かを知っているかのように思い込んでいる」ことに気づき、みずからの無知について自覚している自分の方が知恵のあることを悟った。そして、自分の生き方の根本について無知であることを自覚し、それを出発点に魂が備えるべき徳とは何かなど、真の知恵を探究するべきだと説いた。ソクラテスによれば、完全な知恵をもっているのは神のみであり、知恵と無知の中間にいる人間のなかに知者がいるとしたら、それは自己の無知を自覚している者であり、人間はつねに真の知恵を探究し続ける者なのである。

問答法(ディアレクティケー) dialektike ⑤ 相手と共同で問いと答えを繰り返しながら、相手に無知を自覚させて、それを出発点に真の知恵を発見させようとする、ソクラテスの真理の探究方法。ソクラテスは、相手の答えと矛盾する事例をあげてその論拠をつき崩し、相手に無知を自覚させて、そのような事例をも含むより高い次元の考え方へと導き、魂の徳とは何かについての答えを見出させた。相手に自分の考え方を吟味させて、相手が真の知恵を見出すのを手伝うことなので、**助産術(産婆術)** ⑤とも呼ばれる。

:対話・問答(ディアロゴス) dialogos ⑤ 古代ギリシアでは対話・会話・問答はディアロゴスといい、言葉(ロゴス、logos)を分割し、わかつ(ディア、dia)という意味で、たがいに言葉をかわして議論し、論理をわかちあうことである。そのような対話・問答を通して真理を探究する哲学の方法が、ソクラテスの問答法(ディアレクティケー)である。

エイロネイア(皮肉) eironeia ① 皮肉のことで、ギリシア語のエイロネイアは、知らないふりをすることを意味する。アイロニー(irony、皮肉)の語源である。ソクラテスは無知をよそおいながら相手に近づき、問答を通じて相手の考え方の矛盾点を暴き、相手に無知を自覚させる。相手の考え方を肯定するようにみせて、問答のなかで相手の矛盾を暴き、相手が自己否定せざるをえないように追い込む逆転の論法が、ソクラテスのアイロニーである。

魂(プシュケー) psyche ⑤ 人間の心・霊魂のこと。ギリシア語のプシュケーは息をすることと関係し、命あるものの生命の原理とされた。ソクラテスは魂を人間を人間たらしめる人格的な中心、みずからの生き方について判断し、行動する倫理的な主体性の原理とした。そして「魂への配慮」を説き、徳を備えたすぐれた魂をもって「善く生きること」こそ大切であると説いた。

アレテー(徳・優秀性) arete ⑤ 魂に備わるすぐれた性質。魂の徳・優秀性。ギリシア語のアレテーは、あるものの本来の機能の働きをよくするもの、優秀性・卓越性を意味した。ソクラテスは、それに倫理的な意味をもたせ、人間の魂のすぐれた働きを生み出すもの、徳という意味を与えた。知恵・節制・敬虔・正義などの徳の定義を求め、徳とは何かを知ることによって、魂に徳を備えた善い生き方ができる。ギリシア哲学は人間の本質を魂の理性的な活動

● ソクラテスの生涯と思想　前469頃～前399 ●

古代ギリシアのアテネの哲学者で、倫理学の創始者とされる。アテネ近郊のアロペケ区で生まれ、父ソプロニコスは石工で彫刻を仕事とし、母パイナレテは助産師であったと伝えられている。若い頃は、自然哲学や数学に関心をもち、アナクサゴラス(Anaxagoras、前500頃～前428)の思想を学んだが、精神性に欠け、水や空気など無意味なものによって物事の原因を説明するその思想に失望した。晩年には、3度にわたるペロポネソス戦争に兵士として3度従軍した。個性的な容貌をもち、また並はずれた体力をもっていたソクラテスは、しばしば突如として一種の恍惚状態におちいり、何時間も立ちつくしたまま瞑想に耽り、心のなかでダイモン(各人の運命を支配する守護神)の神秘的な声を聞いたと伝えられている。ペロポネソス戦争に敗れたあと、アテネの民主政治が衆愚政治へと堕落し、市民が金銭や権力を求めて個人主義に走るなかで、ソクラテスはポリスの市民としての正しい生き方を訴えた。

ソクラテスは、40歳頃から思索を始めたが、そのきっかけとなったのが、友人のカイレポンがデルフォイのアポロン神殿からもたらした、「ソクラテスよりも知恵のある者はいない」という神託であった。みずからを賢者とは思わないソクラテスは、世間で賢者とみなされている人々が人間にとって大切なことについて何も知らないのに、知っているように思い込んでいることに気づいた。そして、みずからの無知を知っている自分の方に知があるということが神託の意味だと考えた。ソクラテスは、「大切なことはただ生きることではなく、善く生きることである」と説き、人間の本質としての魂を善くすることにつとめた。そして、ポリスの市民と対話することによって、ロゴス(論究によって明らかとなる道理)を探究し、問答によって相手に無知を気づかせ、自分が無知であることを自覚する「無知の知」を出発点にして、魂が備えるべき徳についての真の知恵へと導いた。

しかし、アテネの堕落をきびしく批判するソクラテスの言動は、当時のアテネの政治家たちによって危険視され、「国家の神々を認めず、青少年をまどわした」という理由で訴えられ、裁判で死刑の評決を受けた。国外への亡命をすすめる友人に対してソクラテスは、たとえ不当な評決であっても国法を破って脱獄することは国家に対して不正をおかすことであり、ポリスの市民として国法に従うべきだと語り、みずから毒杯を仰いで70歳で刑死した。ソクラテス自身は著作を残さなかったが、その思想は弟子のプラトンの対話篇や、クセノフォンの著作によって知ることができる。

ソクラテスの言葉

世にもすぐれた人よ、君は、アテナイという、知力においても武力においても最も評判の高い偉大な国都の人でありながら、ただ金銭をできるだけ多く自分のものにしたいというようなことにばかり気をつかっていて、恥ずかしくはないのか。評判や地位のことは気にしても思慮や真実のことは気にかけず、魂(いのち)をできるだけすぐれたものにするということに気もつかわず心配もしていないとは。

田中美知太郎訳「ソクラテスの弁明」『世界の名著6　プラトンⅠ』中央公論社

にあると考え、魂の徳を探究することを倫理学の中心的な課題とした。

善く生きること ⑤『クリトン』のなかで語られるソクラテスの言葉。死刑の評決を受け、不当な裁きに従って刑死するか、国法を破って逃亡するかという選択をせまられる状況のなかで、ソクラテスは大切にするべきことは、**「ただ生きるということではなく、善く生きるということ」**⑤であると語る。

善美の事柄(善と美の調和・カロカガティア)　kalokagathia ④ 古代のギリシア人

が理想としたもので、ギリシア語でカロス(美しい)とアガトス(善い)がカイ(〜と)で結ばれて、カロ・カガティアという。思考や感情や行動において善と美が一致し、魂全体が調和した理想的な生き方をする人を善美の人という。ソクラテスは金銭・地位・名誉ではなく、善美の事柄を追究することこそ哲学の目的であり、人間にとってもっとも大切なことであると説いた。

魂への配慮 ⑤ みずからの魂に徳が備わるように気遣い、魂が善いものになるように世話をすること。『ソクラテスの弁明』のなかで、ソクラテスは金銭や地位のことばかり心配するアテネ市民の堕落(だらく)を批判し、魂をできるだけすぐれたものにすることに気遣うべきだと訴えた。

知徳合一(ちとくごういつ) ③ 魂の備えるべき徳が何かを知れば、徳についての知恵にもとづいて、だれでも魂をすぐれたものにする徳を身につけることができるという考え方。ソクラテスによれば、人間はだれでも自分なりの方法で善を求めているが、何が善であるかを知らないから悪におちいってしまう。みずから進んで悪を求める者はおらず、悪い行為は何が善であるかについての無知にもとづく。したがって、徳についての正しい知識をもてば、その知に導かれて徳を身につけ、善い生き方を実現することができる。このようなソクラテスの信念は、**「徳は知である」**④といわれ、これは徳についての知識を重んじる**主知**(しゅち)**主義**②の立場をあらわす。

知行合一(ちこうごういつ)[ソクラテス] ③ 徳が何かを知れば、その知にもとづいて正しいおこないを実行して善く生きることができるという考え方。知っていることは行動に結びつくものであり、行動に結びつかないならば、それは本当に知っているとはいえない。徳についての知は必ずおこないになって実践されるという考え方である。

→ p.96 **知行合一**[王陽明]

福徳一致(ふくとくいっち) ④ 魂の備えるべき徳についての知恵があれば、それに導かれて善く生きることができ、そこに真の幸福があるという考え方。ソクラテスは、不正をおこなうことは魂を傷つけてみずからを不幸にすることであり、正義をつらぬいて徳を備えたすぐれた魂をもって生きることにこそ、真の幸福があると説いた。

→ p.30 **徳倫理学**

ソクラテスの死 ⑤ ソクラテスは、「国家の神々を認めず、青少年を惑わせた」という理由で訴えられ、裁判にかけられた。その背景には、政治の堕落へのソクラテスのきびしい批判が、一部の政治家たちに危険視されたことや、アテネを裏切ったアルキビアデスや恐怖政治をおこなったクリティアスが、かつてソクラテスと交際があったことなどがある。ソクラテスは、裁判で命乞いをするどころか、市民の道徳的な堕落をきびしく批判したために陪審員(ばいしんいん)の心証を悪くし、死刑の評決がくだされた。ソクラテスは国外への逃亡をすすめる友人たちの申し出を断り、国法に従ってみずから毒杯を仰いで刑死した。

:毒杯を手にするソクラテス ④ フランスの新古典派の画家ダヴィッド(J. David、1748〜1825)の作品『ソクラテスの死』に描かれたソクラテスの最期の場面。『パイドン』に伝えられるソクラテスの最期を描いたもので、ソクラテスが毒の入った杯を手にして、みずからの信念を述べながら友人や弟子に別れを告げる場面が描かれている。

『ソクラテスの弁明』 ⑤「国家の神々を認めず、青少年を惑わせた」という理由で訴えられたソクラテスが、裁判において陪審員の市民に向かって自分の信念を述べる様子を描いたプラトンの対話篇。ソクラテスは、「アテネという名馬はまどろみやすいので、自分は名馬をめざめさせるために、虻(あぶ)となって刺し続けてきた」と述べ、アテネの市民と問答を続けたみずからの活動の意義を訴えている。

『クリトン』 ③ ソクラテスが裁判で死刑の評決を受けたのち、幼い頃からの親友のクリトンが獄中のソクラテスを訪れて、国外への亡命をすすめる様子を描いたプラトンの対話篇。ソクラテスは、国法をおかして脱獄することは不正なことであり、たとえ不当な評決であってもそれに従うことがポリスの市民の義務であると述べる。

小(しょう)**ソクラテス派**

ソクラテスの弟子たちを祖とするメガラ派・エリス派・キニク(キュニコス)派・キュレネ派の4つの学派。ソクラテスの主知主義を受け継いだメガラ派とエリス派は弁論術を得意とし、実行主義を受け継いだキニク派(犬儒派(けんじゅは))は、犬(キュオーン)のような無頓着な生活をしながら、社会を嘲笑(ちょうしょう)・風刺し、社会に無関心な態度をとったので、シニック

(cynic、冷笑的)の語源となった。幸福主義を受け継いだキュレネ派は、よいものとは感覚的に快いものであるという快楽主義をとなえた。いずれも、師のソクラテスの一面だけを部分的に受け継いだので、小ソクラテス派と呼ばれた。

5 プラトン

プラトン Platon ⑤ 前427〜前347 古代ギリシアのアテネの哲学者。イデア論にもとづく理想主義の哲学を説いた。

→p.45 **プラトンの生涯と思想**

イデア idea ⑤ もともとは、もののみえる形、ものの外見や姿という意味だが、プラトンはこれに理性によって認識できる真の実在という意味を与えた。感覚でとらえられるものが生成消滅する不完全な時間的存在であるのに対して、イデアは移ろいゆく感覚的な物事の原型・模範となる、永遠不変の真の実在である。たとえば個々の移ろいゆく美しいものに美しさを与え、美しいものたらしめている美そのもの、美の理想が美のイデアである。プラトンは個々の事物はイデアの不完全な模像、イデアの影のようなものであり、イデアをわかちもつ限りで存在性をもつという**イデア論**③を説いた。英語のアイディア(idea、思想・観念)、アイディアル(ideal、理想)の語源である。

イデア界 ⑤ 理性によってとらえられる完全で、永遠不滅の真の実在であるイデアの世界。**叡(英)知界(知性界)**［プラトン］③とも呼ばれる。プラトンは、感覚がとらえる絶えず変化・生滅する不完全な現象界に対して、それらの原型となる永遠不滅のイデア界を説き、世界を2つにわける**二元論的世界観(二世界論)**③を展開した。プラトンによれば、感覚的な現象は絶えず変化・流動し続け、知性の確固とした対象とはなりえない。物事があるという認識は、知性がとらえる不変不動の実在であるイデアについて成り立ち、イデア界こそが、知性がとらえる真の実在の世界とされる。

現象界(げんしょうかい) **(感覚界)**［プラトン］③ みたり聞いたりする**感覚**［プラトン］⑤によってとらえられる現実の世界。プラトンは感覚的な現象界と、知性がとらえる理性的なイデア界とにわける、二元論的世界観を説いた。絶えず変化する現象界は、不変のイデア界を原型・模範とし、それを模倣することによって存在性を確保する。

洞窟(どうくつ)**の比喩**(ひゆ) ⑤ プラトンの『国家』に出てくる話。人間は洞窟に閉じ込められ、壁に向かって座らされている囚人にたとえられる。入口の松明(たいまつ)の前をものの原型(イデア)がとおり、人間はそれが壁に映し出す

プラトンの生涯と思想　前427〜前347

古代ギリシアの哲学者で、イデア論にもとづく理想主義の哲学を説いた。アテネの名門に生まれ、本名はアリストクレスで、体格がよく肩幅が広いという意味でプラトンと呼ばれた。青年時代は文学を学び、政治に関心をもっていた。20歳の頃ソクラテスと出あって弟子となったが、28歳の時に師のソクラテスの刑死にあい、アテネの堕落(だらく)した政治に絶望して哲学者になる決意をした。シチリア・南イタリアを遍歴(へんれき)し、やがてアテネに帰って40歳の頃アカデメイアを創設して哲学の研究と教育に専念した。晩年には、シチリアのシラクサから政治顧問として２度まねかれ、哲学者が統治する理想国家を実現しようとしたが失敗し、失意のうちにアテネに帰って、80歳で死去した。

プラトンは不完全で、絶えず変化し、生成消滅する感覚の世界(現象界)から独立して、知性によってとらえられる完全で、理想的な、永遠不滅のイデア界があると説いた(イデア論)。感覚がとらえるものは絶えず流動・変化して知性の確固たる対象とはなりえない。物事についての確実な認識は、知性がとらえる恒常的で不変不動の存在であるイデアについてのみ成り立つ。物事の原型・模範となる永遠のイデアこそ真に実在するものであり、感覚的な現象はイデアをわけもち、イデアを不完全なかたちでまねる模像(もぞう)にすぎない。プラトンは、理性がとらえる物事の完全で、永遠不滅の本質であるイデアこそが、真の実在であるという理想主義の哲学を説いた。

その著作は、おもに対話篇として30以上が伝えられている。初期のものは、師のソクラテスの問答を伝えることをおもな目的としたが、やがてプラトン自身の思索を展開するようになった。いずれも、おもな登場人物であるソクラテスが問答する形式をとっているため、ソクラテスとプラトンの思想を判然と区別することは難しいとされている。主著は、ソクラテスの四福音書(ふくいんしょ)と呼ばれる『饗宴(きょうえん)』『ソクラテスの弁明』『クリトン』『パイドン』、ほかに『パイドロス』『国家』『テアイテトス』『法律』など。

プラトンの言葉

エロスはポロス(豊かさの神)とペニア(貧しさの神)の息子ですから……けっして困窮しないかわりに、また富んでもいないのであって、さらにまた知と無知の点に関しても、中間に位(くらい)する者なのです……知は最も美しいものの一つであり、しかも、エロスは美しいものへの恋(エロス)なのです。だからエロスは、必然的に知を愛する者であり、知を愛する者であるゆえに必然的に知ある者と無知なる者との中間にある者なのです。

鈴木照雄訳「饗宴」『世界の名著６　プラトンⅠ』中央公論社、かっこ内は編者注

ものの影(感覚の対象)を実在と思い込んでいる。現象界へのとらわれから自己を解放し、永遠の実在のイデア界へと魂を転換させることが哲学を学ぶことであるとされる。

善(ぜん)のイデア ⑤　すべての善(よ)いものを善いものたらしめている善そのもの、究極の善の理想を指す。善のイデアは、個々のイデアの頂点に位置する最高のイデアで、すべてのイデアに善きものという性質を与える究極の理想のイデアである。そのような意味で、イデアをイデアたらしめるもの、イデアのイデアとも呼ばれる。プラトンは、「善のイデアこそ、学び知る最大のものである」と述べ、哲学によって善のイデアに向けて**魂の全面的な向きかえ(魂の目の向きかえ)**④をおこない、善のイデアを導きとして生きるべきだと説いた。

想起(そうき)(アナムネーシス)　anamnesis ⑤　人間が何かを知ることは、魂がかつてみたイデアを思い出すことであるというプラトンの説く真理の認識方法。プラトンによれば、人間の魂はもともとイデア界に住み、事物の永遠の本質であるイデアを見知っていた。この世への誕生によって、魂は肉体

に閉じ込められたが、イデアを模倣した感覚の世界を経験するたびに、過去の記憶によって、かつてみた理想のイデア界を想起する。

エロース　eros ⑤ もともとは古代ギリシアの恋の神、または恋心を指すが、プラトンは真の実在であるイデアを恋い慕(した)う精神的欲求をあらわす言葉とした。プラトンによれば、魂はつねにイデア界への憧(あこが)れをもち、感覚的なものをみるごとにイデアの世界を想起し、本来の善美(ぜんび)のイデアを求めていく。美しい肉体に憧れるエロースの欲求は、やがて美しい魂を求め、究極的には善美そのものを求める。善美のイデアを憧れ求めるエロースによって、知恵(ソフィア)を愛する哲学(フィロソフィア)が生まれる。善美に憧れるエロースは、価値あるすぐれたものを求める愛であり、キリスト教の貧しい者にも平等に与えられる神の愛(アガペー)と対比される。

魂(たましい)の三分説(魂の三部分) ⑤ 人間の魂を、魂の指導的部分である**理性**[プラトン]⑤、理性に従って意欲的に行動する**意志(気概(きがい))**[プラトン]⑤、本能的で盲目的な**欲望**[プラトン]⑤の3つの機能にわけるプラトンの説。魂の三分割説とも呼ばれる。善美のイデアを認識する理性が命令をくだし、意志がこれをたすけ、欲望がそれに従うことによって、人間の魂は全体として秩序ある正しい状態になる。プラトンは『パイドロス』で、魂を2頭立ての馬車にたとえ、理性が御者(ぎょしゃ)になり、意志の白い馬を励まし、欲望の黒い馬を叱(しか)って馬車を操ると述べている。

四元徳(しげんとく) ⑤ 古代ギリシアで重んじられた知恵・勇気・節制(せっせい)・正義の4つの基本的な徳。プラトンが魂の三分説に対応させて説いた四元徳が代表的である。プラトンによれば、**知恵**[プラトン]⑤は善のイデアを認識する理性の徳、**勇気**[プラトン]⑤は理性に従って行動する意志の徳、**節制**[プラトン]⑤は欲望に節度をもたせて適切に制御する徳、**正義**[プラトン]⑤はこれら3つの部分に理性を中心にした支配と従属の関係を成り立たせ、魂全体を秩序と調和のとれた状態にする徳である。プラトンは魂の各部分が固有の徳にもとづいて働き、各部分がその役割を果たしてたがいをおかさず、全体として調和するところに魂の正しいあり方としての正義が成り立つと説いた。ここには、宇宙や人間の理性的な秩序や調和を重んじる古代ギリシアの考え方があらわれている。

ギュゲスの指輪 ① プラトンの『国家』に書かれた、羊飼いのギュゲスが偶然に手に入れた、姿を消すことができる魔法の指輪の話。ギュゲスはこの指輪を使って姿を消して王宮に忍び込み、王妃をそそのかして王を殺害して王位を奪い、富と権力を手に入れる。不正をおかして利益を得るのか、それとも不正をせずに正しさをつらぬくのか、どちらが善い人生を送ったといえるのか考えさせる話である。

理想国家 ⑤ プラトンが『国家』で説いた、善のイデアを認識する哲学者が統治する理想的な国家像。3つの部分からなる魂の構成に対応して、国家は**統治者**⑤、**防衛者(軍人・補助者)**⑤、**生産者**⑤の3つの階級にわかれる。それぞれの階級が知恵・勇気・節制の徳を備えれば、国家全体が秩序のとれた正しい状態になって正義の徳が生まれるとする。

哲人(てつじん)政治 ⑤ プラトンが『国家』で説いた、善のイデアを認識する哲学者が統治する、理想国家における政治のあり方。知恵の徳を備えた哲学者が善のイデアを認識し、それにもとづいて防衛者階級や生産者階級をおさめる。

「哲学者が国家の支配者となるか、支配者が哲学者とならない限り、国家にとっても人類にとっても幸福はない」 ② プラトンは知恵をもつ哲学者が統治者になるか、統治者が哲学を学んで知恵を身につけるかのいずれかでなければ、国家は禍(わざわい)と混乱を免れないと説いている。

理想主義(イデアリスム・アイデアリズム)　idealism ③ 人生や社会における究極の目標になる理想を設定し、それを追求する思想的な立場。現実主義と対(つい)をなす。プラトンのイデア論は、物事の理想としてのイデアを真の実在と説く理想主義の哲学の典型である。18～19世紀のカントやヘーゲルのドイツ観念論(ドイツ理想主義)も、理想主義の代表である。

アカデメイア　Akademeia ⑤ 前387年頃にプラトンがアテネの郊外に設立した学園。その名は、伝説の英雄アカデモスを祀(まつ)る聖域(せいいき)の森に建てられたことによる。その扉には、「幾何学(きかがく)を知らざる者は入るべからず」と書かれていたと伝えられる。529年にビザンツ(東ローマ)皇帝ユスティニアヌス1世によって閉鎖されるまでおよそ

900年間続き、研究と教育を目的とする組織的機関として、近代のアカデミー(学校・研究機関)の語源となった。

『饗宴』 Symposion ⑤ 恋の神エロースをめぐるプラトンの対話篇。ソクラテスの友人で悲劇作家のアガトンの劇がコンクールに優勝したことを祝う席で、友人が順番に恋の神エロースを賛美する話。エロースが、個々の感覚的な美しいものから、より美しいものを求めて高い次元に上昇し、ついに精神的な永遠の美のイデアへと至る過程が述べられ、善美のイデアを思慕する欲求としてのエロースの思想が展開される。シンポジオン(饗宴)とは、ともに酒を飲み語りあう宴会のことで、シンポジウム(公開討論会)の語源である。

『パイドン』 Phaidon ⑤ ソクラテスが牢獄で毒杯を仰いで刑死する直前、獄中に集まった友人たちとの最後の対話をかわす様子を、弟子のプラトンが描いた対話篇。死を直前にひかえた緊張した状況のなかで、ソクラテスは肉体が滅びても魂は永遠に不滅であると語る。魂の想起説やイデア論が述べられ、プラトン自身の思想もかなり混じっているとされる。パイドンはソクラテスの弟子で、ソクラテスの死後は故郷のエリスに帰ってエリス学派を開いた。

『国家』 Politeia ④ 理想国家を説いたプラトンの対話篇。国家を統治者・防衛者・生産者の3つの階級にわけ、それらの分業が正しくおこなわれれば国家が秩序のある正しい状態になって正義と幸福が実現すると説く。そのためには善のイデアを認識した哲学者が統治する哲人政治が必要とされる。また、国家全体の秩序と調和を保つためには、個人の私的利益は制限されるべきだとされ、家族の共有や私有財産の否定が説かれる。

6 アリストテレス

アリストテレス Aristoteles ⑤ 前384〜前322 古代ギリシアの哲学者。あらゆる学問の基礎を確立して**万学の祖**③と呼ばれ、現実主義の哲学を説いた。

→p.48 **アリストテレスの生涯と思想**

形相(エイドス) eidos ⑤ 事物に内在し、それが「何であるか」を規定する本質。イデアもエイドスも本来は事物のみられた形や姿という意味であるが、プラトンが個物をこえた超越的な本質をイデアと呼んだのに対して、アリストテレスは個物に内在する本質をエイドス(形相)と呼んだ。現実に存在するのは個々の事物だけであり、個物はそれが「何であるか」を規定する形相と、素材となる質料(ヒュレー)から成り立つ。個物は素材のなかに含まれた形相を実現するために生成発展し、形相は個物が生成発展の運動を通じて実現するべき目的、その完成態である。

質料(ヒュレー) hyle ⑤ 素材という意味で、個物が何であるかを規定する形相(エイドス)と結合して個物をつくるもの。アリストテレスによれば、個物はそれが「何であるか」を規定する形相と、素材となる質料(ヒュレー)との合成体である。個物に内在する形相は、質料をみずからを形成する素材として使いながら姿をあらわし、個物の本質を実現する。たとえば家屋の場合、その骨組みや構造が形相であり、その素材となる木材や石などが質料である。

現実態(実現態・エネルゲイア) energeia ⑤ アリストテレスの哲学の用語で、エネルゲイアは働き(エルゴン)のなかにあることを意味し、物事に可能性としてひそむ素質が実現された完成態、能力が実際に活動している現実態を指す。物事が「何であるか」を規定する形相(エイドス)が、可能態(デュナミス)として質料(ヒュレー)に含まれた状態から具体的な姿をあらわし、実現され、完成した状態が現実態である。個物の生成は可能態から現実態へと移行する過程である。

可能態(デュナミス) dynamis ⑤ 質料(ヒュレー)のなかに形相(エイドス)が可能性として含まれた、まだ無規定な状態を指す。個物の生成は形相が質料を限定しながら姿をあらわし、可能態から現実態(エネ

アリストテレスの生涯と思想　前384〜前322

古代ギリシアの哲学者で、天文学・生物学・詩学・政治学・倫理学・論理学・形而上学などあらゆる分野の学問の基礎を確立し、万学の祖と呼ばれる。ギリシアの東北部にあるマケドニアのスタゲイロスに生まれた。代々医者の家系で、父はマケドニア王の侍医であった。17歳の時にアテネに出て、プラトンのアカデメイアに入り、そこで20年間研究を続けた。やがてプラトンのイデア論に批判的になり、師の死後はアテネを去って各地を遍歴し、マケドニア王から依頼されて、当時13歳のアレクサンドロス大王の家庭教師となったこともある。やがて、アテネに戻って郊外でリュケイオンを開いた。それは、アレクサンドロス大王の援助を受けて、多くの書籍や標本を収集した図書館や博物館を備えた高度の研究機関であった。アリストテレスはここで研究と教育に打ち込み、逍遥学派(ペリパトス学派)を形成した。この学園での講義録が著作として残されている。やがて、アレクサンドロス大王が東方遠征の途中で死去すると、アテネに反マケドニアの運動がおこり、大王に縁の深かったアリストテレスは難を逃れるためにアテネを去り、翌年カルキスで死去した。

アリストテレスは師のプラトンのイデア論を批判し、現実の世界を離れて独立して存在するイデア界(ものの本質の世界)を認めず、現実の個物にそのものの本質であるエイドス(形相)が内在し、それが生成発展して姿をあらわすと考えた。そのように、現象界をこえたイデア界を求めるプラトンの理想主義に対して、アリストテレスは現実に存在する個々のものに内在する本質を求める現実主義の哲学を説いた。現実主義の立場から観察と経験を重んじ、様々な分野において経験的な記述にもとづく実証的な学問を確立した。

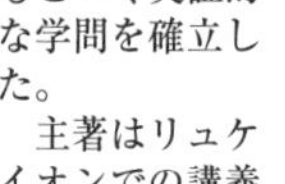

主著はリュケイオンでの講義録である『自然学』『形而上学』『ニコマコス倫理学』『政治学』『詩学』など。

アリストテレスの言葉

すべての人間は、生まれつき、知ることを欲する。その証拠としては感官知覚〔感覚〕への愛好があげられる。というのは、感覚は、その効用をぬきにしても、すでに感覚することそれ自らのゆえにさえ愛好されるものだからである。しかし、ことにそのうちでも最も愛好されるのは、眼によるそれ〔すなわち視覚〕である。けだしわれわれは、ただたんに行為しようとしてだけでなく全くなにごとを行為しようともしていない場合にも、見ることを、いわば他のすべての感覚にまさって選び好むものである。その理由は、この見ることが、他のいずれの感覚よりも最もよくわれわれに物事を認知させ、その種々の差別を明らかにしてくれるからである。

出隆訳「形而上学」『アリストテレス全集12』岩波書店

ルゲイア)へと移行してみずからの形相を実現していく過程である。

知性的徳 ⑤ 知性の働きの善さに関わる徳。アリストテレスは徳を知性の理論的な働きを善くする知性的徳と、行動・態度・感情を善くする習性的徳(倫理的徳)にわけた。知性的徳には真理の純粋な観想(テオーリア)、必然的な原理から推論する**論証的な学知(エピステーメー)**(episteme)［アリストテレス］①、その原理を直観的に把握する**直観的な知性(ヌース)**(nous)②、論証的な学知と直観的な知性をあわせもち、物事の原因や原理を求める**知恵(ソフィア)**(sophia)［アリストテレス］⑤、行動の適切さを判断する思慮(フロネーシス)、制作に関わる**技術(テクネー)**(techne)①などがある。

観想(テオーリア)　theoria ⑤ 知性的徳の1つで、実用的な目的を離れ、真理を純粋に考察すること。セオリー(theory、理論)の語源である。古代ギリシアの哲学者が求めた直観により、全体を一瞬にして把握する理性の高次作用をいう。アリストテレスによれば、物事をつくる制作(ポイエーシス)、行動や**実践(プラクシス)**(praxis)①など、何かほかの目的のための手段として求められる活動よりも、知ることそのものを目的とし、そのもの自体のうちに快楽を備え、それ自体のために求められる知恵の方が、いっそう高貴で人間にふさわしい。したがって、人間のもっともすぐれた能力である理性を活動させて真理を考察する観想こそ、人生における最高の活動である。さらに知恵は物事を生み出す原因を求めるから、みずからは動かずして宇宙の万物を動かすもの、万物の運動の第一原因である永遠不動の神を観想する**観想(テオーリア)的生活**②こそが、人間にとっての最高の幸福とされる。

思慮(フロネーシス) phronesis ④ 知性的徳の1つで、善悪を分別し、行動や態度の適切さを判断する実践的な能力。思慮は具体的な状況において、行動や感情の過不足のない中庸(メソテース)を判断し、まわりの状況に応じた適切な行動を導く能力である。真理の観想を最高のものとするアリストテレスの哲学においては、様々な行為の可能性に関わる実践的な思慮(フロネーシス)は、必然的な真理に関わる論証的な学知(エピステーメー)や直観的な知性(ヌース)などの理論的認識よりも低い位置におかれる。

習性的徳(倫理的徳・性格的徳) ⑤ 人間の行動や態度の善さに関わる徳。習性的徳(倫理的徳)は様々な欲求や感情において、過度や不足の両極端を避けて中庸(メソテース)を選ぶ習慣を身につけることによって形成される。それは欲求や感情を適切に統制し、そのような行動を繰り返して**習慣(エトス)**[習性的徳]①にすることで身についた**習性(性格・人柄・エートス)**[習性的徳]⑤の善さなので、習性的徳・性格的徳と呼ばれる。習性的徳には、友愛・正義・勇気・節制・矜持(誇り)・寛大・穏和・機知・廉恥心・気前のよさなどがある。

中庸(メソテース)[アリストテレス] mesotes ⑤ 欲求や感情において過度や不足の両極端を避けて、適切な中間を選ぶこと。それは過大と過小との単純な平均ではなく、そのつどの状況にもっとも適していると判断される具体的な適切さである。たとえば、勇気は無謀と臆病との中間にある適切なほどよさである。

友愛(フィリア) philia ⑤ アリストテレスが重んじた習性的徳(倫理的徳)の1つ。人々を結びつける友情を快楽によるもの、利益によるもの、人柄の善さによるものの3つにわけ、最後の人柄がすぐれ、たがいに似た徳をもつ者どうしに見出される人間性の善さによって結ばれた友愛がもっとも重んじられる。友愛は溺愛と無関心の中庸とされる。

正義[アリストテレス] ⑤ アリストテレスが重んじた習性的徳(倫理的徳)の1つ。アリストテレスは徳の全体が備わり、人としての正しい行為をおこなう状態にあることを**全体的正義**④と呼び、全体の徳のなかの1つを**部分的正義**④と呼んで区別した。彼は『政治学』で、「人間は正しい法律や秩序から離れてしまうと最悪のものになる。なぜなら不正が武器をもつほどひどいことはないからである、法的な秩序を保ち、正義をおこなうことが国家の仕事である」と述べている。

:**配分的正義** ⑤ 各人の業績に応じて、地位や報酬を正しく配分すること。部分的正義の1つ。比例的正義とも呼ばれる。

:**調整(矯正)的正義** ⑤ 悪をおかした人には罰を与え、被害や損害を受けた人には補償をして、各人の損益得失が平等になるように調整すること。部分的正義の1つ。

幸福(エウダイモニア)[アリストテレス] eudaimonia ⑤ 幸福はほかの目的のために追求されるのではなく、それ自体のために追求される究極の**最高善**[アリストテレス]④である。すべてのものは自己の固有の能力を発揮するところに善さがあるから、人間は徳を備えたすぐれた魂を活動させるところに善さがあり、それが幸福にほかならない。幸福は魂の徳を活動させ、善く生きることのエネルゲイア(現実態)において実現する。アリストテレスは、とりわけ真理を純粋にみる観想的生活に最高の幸福があるとした。

4つの原因 ② アリストテレスがあげた、物事を生み出す4つの原因や根拠。**質料因**②は、ある事物がそこから生成する素材となる質料(ヒュレー)、**形相因**②は、物事が何であるかを規定する形相(エイドス)や定義、**始動因**②は、事物の運動変化を引きおこすもの、**目的因**②は、ある事物がめざす目的である。家を例にとると、石や木材などの材料が質料因、家の構造や骨組みが形相因、建築家の働きが始動因、住むことが目的因である。

目的論的自然観 ⑤ 自然界の一切の事物の生起は、一定の目的によって合目的に規定されているという見方。一定の目的をめざして事物の生成を説明する点で、原因からさかのぼって結果を説明する機械論的自然観と対立する。アリストテレスによれば、自然の事物はそれぞれが「何であるか」をあらわす形相(エイドス)を実現し、みずからを完成させることを目的として生成する。カントは、自然を統一的に説明する原理として目的を導入し、反省的判断力によって対象からその根拠となる普遍的なものを求め、その対象が目的にかなう合目的性を備えているものとみなす目的論的世界観を説いた。

→ p.148 **『判断力批判』**

「人間はポリス的(社会的)動物である」 ⑤ 人間はその本性により共同体を形成し、様々な仕事を分業して生きる社会的動物であるという、アリストテレスの『政治学』における人間の定義。国家的動物とも訳される。彼によれば、ポリス(都市国家)は、人間の生活を満たす完全な自足の条件を備え、人間の生活の自足性を最高度に実現した共同体であり、人間は本質的にポリスの成員として生きる動物である。

共和政治 ④ 『政治学』のなかで、もっとも安定性が高いとされる、市民が参加する政治体制。ある程度の資産と教養をもち、ポリスのなかで比較的多数を占める市民が参加する制度であるため、1人が支配する君主制や、少数者が支配する貴族制よりも、全体的に安定度が高い。ただし市民が私利私欲に走り、貧困層の利益のみを追求すると、堕落した民主政治、衆愚政治におちいるとされる。アリストテレスは政治形態を1人の支配、少数の支配、多数の支配の3つに分類し、それぞれの公正な形態を**王政(君主政治)**④、**貴族政治**④、共和政治と呼び、私利私欲のために堕落した不正な形態を**独裁(僭主)政治**④、**寡頭政治**④、**衆愚政治**④と呼んだ。

現実主義 ④ 物事を考察する時に、理想よりも現実を重んじる立場。アリストテレスはイデア界(理想)と現象界(現実)を区別するプラトンの二元論を否定し、現実に存在するものは「このもの」と示される個物だけであり、個々の事物の考察にもとづいた現実主義の哲学を説いた。事物の本質について、現実から離れたところに事物の本質を求めるプラトンのイデア論を批判し、個々の事物にその本質である形相(エイドス)が内在し、そこからものが発展・生成してくると説いた。

リュケイオン Lykeion ⑤ アリストテレスがアテネ郊外に開いた学園。名はアポロン＝リュケイオスの神を祀る聖域に建てられたことにちなむ。アレクサンドロス大王の支援を受け、多くの標本を収集した博物館や図書館などを備えた高度な研究機関であった。フランスの公立高等中学校を指すリセ(lycée)の語源である。

逍遙(ペリパトス)学派 ③ アリストテレスの学派を指す。彼はしばしば学園周辺の並木の散歩道(ペリパトス)を弟子たちと散歩しながら講義をしたので、この名があるとされる。

『形而上学』 ⑤ アリストテレスの哲学的な主著(講義録)。感覚で知りうる「形而下」のものに対して、「形而上」とは形のあるものをこえたものという意味である。もともとはアリストテレスの著作の編集に際して、この著作が『自然学』(フィジカ)の後(メタ)におかれたことから、「自然学の後にくるもの」という意味でメタフィジカ(metaphysica)と呼ばれたことに由来する。存在するものとは何かを探究したもので、アリストテレスはそれを実体と呼び、実体はそのものが「何か」を規定する本質である形相(エイドス)と、素材となる質料(ヒュレー)の合成から成り立つと説いた。なお、「形而上」の訳は『易経』が出典である。

『ニコマコス倫理学』 ⑤ アリストテレスの著作(講義録)で、様々な知性的徳と習性的徳(倫理的徳)を分類し、徳を備えた人間の本来の生き方について説いた倫理学の主著。書名はこの本を編集したとされる息子のニコマコスにちなむ。中庸(メソテース)をわきまえ、徳を備えた魂を活動させて生きることに、究極の幸福と最高善があるとされる。

『政治学』 ④ アリストテレスの著作(講義録)で、ポリスにふさわしい政治制度について考察したもの。「人間はポリス的動物である」と定義され、ポリスは人間の生存に必要な条件を完全に満たす自足的な共同体とされる。また、様々な政治制度が比較検討され、ある程度の資産と教養を備えた多数の市民が参加する共和政治が、もっとも安定度の高いものとされる。

7 ヘレニズム・ローマ時代の思想

ヘレニズム Hellenism ⑤ ギリシア風という意味で、前334年のアレクサンドロス大王の東方遠征から前30年のプトレマイオス朝エジプトの滅亡までの、およそ300年間をヘレニズム時代と呼ぶ。アレクサンドロスの遠征にともなってギリシア文化が東方に伝播(でんぱ)し、東方の文化と融合して独自のヘレニズム文化が生まれた。また、ヘレニズムはヘブライズムと並んでヨーロッパ文明の2源泉としてもみなされる。この場合は、ヘレニズムは古代ギリシアの思想や文化を基礎とする古典文化を指し、キリスト教の母胎となったヘブライズム(古代イスラエルの思想や文化)とともに、ヨーロッパの哲学と宗教の源泉とされる。ヘレニズム時代には、ギリシア人の政治的・経済的・文化的な生活の基盤であったポリス(都市国家)が没落し、さらにアレクサンドロス大王の死後は戦乱が続いたために、外の世界に不安を覚えた人々は、自己の内面に生きる支えを見出す個人主義の思想を生み出した。また、すべての人は理性(ロゴス)をわけもつ限り平等な同胞(どうほう)であるという世界市民主義の思想もあらわれた。ストア派・エピクロス派・ピュロンの懐疑派(かいぎは)などは、個人の心の内面の平静さを乱されないことを哲学の目標においた。

→ p.55 **ヘブライズム**

:「ミロのヴィーナス」 ② ヘレニズム時代の代表的な彫刻で、エーゲ海のミロス島で発見されたのでミロのヴィーナスと呼ばれる。ヴィーナスは古代ローマの美の女神ウェヌスを英語で読んだもので、古代ギリシアの美の女神アフロディテと同一視される。

世界市民主義 cosmopolitanism ① すべての人間は普遍的な理性(ロゴス)をわけもつ限り、国家・民族・階級などの社会的制約をこえ、みな等しい同胞であるとみる思想。ヘレニズム時代にはギリシア人の政治的・経済的・文化的な生活の基盤であったポリス(都市国家)が没落し、人々は広い世界のなかに個人として投げ出されたため、国家や民族の枠をこえて普遍的な**世界国家(コスモポリス)**(cosmopolis)②に生きる個人としての自覚が生まれた。ストア派は、宇宙は神が理性の秩序に従って自己展開したものであり、その理性をわけもつ人間は、すべて宇宙に生きる同胞、つまり世界市民(コスモポリテース)であると説いた。

世界市民(コスモポリテース) cosmopolites ⑤ 世界(コスモス)に住む市民(ポリテース)という意味で、普遍的な理性(ロゴス)をわけもつ人間を、国家や民族などの枠をこえた平等な同胞とみるヘレニズム時代の人間観。樽(たる)を住み処(か)にして放浪したキニク(キュニコス)派のシノペのディオゲネス(Diogenes、前412頃～前323)は、「どこから来たのか」と聞かれて「私は世界市民だ」と答えたと伝えられる。ストア派のゼノンはこのような考え方を発展させ、宇宙を支配する普遍的な理性をわけもつ人間は、同じ世界に住む平等な同胞として世界市民であると説いた。英語のコスモポリタン(世界市民・世界主義者)の語源である。

ゼノン[ストア派] Zenon ho Kypros ⑤ 前335～前263 ヘレニズム時代の哲学者で、ストア派の開祖。キプロス島のキティオンに生まれ、アテネで哲学を学び、やがてストア派を形成した。ゼノンによれば、宇宙は神が理法(ロゴス)に従って自己展開して創造したものであり、その理性(ロゴス)をわけもつ人間は宇宙を支配する神の理法に従って生活し、すべての人を理性を共有する平等な同胞とみるべきである。そのためには、理性に従う生活のさまたげとなる情念を抑制する禁欲主義を実践しなければならない。なお、「アキレスと亀」や「静止する矢」の逆説で知られるエレア学派のゼノンと区別するために、出身地をつけて「キプロスのゼノン」とも呼ばれる。

ストア派 ⑤ 前3世紀初めに、ゼノンによって創始された学派。ゼノンは、アテネでポリュグノトス(polygnotos、前500頃～前440頃)の壁画で飾られた柱廊(ちゅうろう)(ストア)で講義をおこなったので、ストア派と呼ばれた。ストア派によれば、世界は「造化の火」(ピュール・テクニコン)と呼ばれる神が、理法(ロゴス)に従って自己展開して生成する。万物は神の理法にもとづいて創造され、人間も自然の一部としてその理法を共有しているから、理性(ロゴス)に従うことが神の理法にかない、宇宙全体と調和して生きることになる。そのために理性に従うことをさまたげる欲望や感情を抑制する禁欲主義と、いかなる情念にも心を動かされない不動心(アパテイア)の境地が理想とされる。また、理性をわけもつ人間はすべて平等な同胞であるという世界市民主義が説かれる。ゼノンのあとを継いだクレアンテス(Kleanthes、前331頃〜前232頃)・クリュシッポス(Chrysippos、前280頃〜前206頃)によって初期ストア派が形成され、その哲学をローマに広めた中期ストア派のパナイティオス(Panaitios、前185頃〜前109頃)・ポセイドニオス(Poseidonios、前135頃〜前50頃)、ローマ時代の後期ストア派のエピクテトス・マルクス＝アウレリウスらがいる。なお、ストア派は英語で禁欲的な態度をあらわすストイック(stoic)の語源でもある。

禁欲主義 ⑤ 理性や意志によってみずからの感情や欲望を抑制し、道徳的・宗教的な理想の境地に到達しようとする考え方。古代ギリシアのキニク(キュニコス)派や、ヘレニズム時代のストア派などは、宇宙を支配する理法(ロゴス)に従って生きるために、情欲や感情に動かされない禁欲主義を説いた。また、中世のキリスト教道徳においては、肉体の欲望は人間を神の教えに背かせ、罪へとおとしいれる悪とみなされ、禁欲的な生活態度が求められた。

アパテイア(情念からの自由・無情念) apatheia ⑤ 外界からの刺激によっておこる感情や欲望に心を乱されないことで、ストア派が賢者の理想の境地としたもの。否定をあらわす接頭語のアとパトス(情念)からなり、情念のない状態を意味する。人間は、富・名声・権力・生命・健康など、自分の権限内に属さないものを求めると、運命に翻弄されて心の動揺をまねく。**パトス(情念)**[ストア派]⑤は外界の影響によって心が動揺することから生まれるから、偶然の運命に無関心の態度をとり、快苦・喜怒・好悪などの感情に心を動かされず、意志の自由と独立を守り、宇宙を支配する理法(ロゴス)に従って生きることが賢者の理想の境地であるとされる。

「自然に従って(自然に一致して)生きる」 ⑤ ゼノンが説いたストア派の生活信条で、自然を支配する理法(ロゴス)に従って生きることを意味する。宇宙は神が理法に従って自己展開して生成したものであり、万物は神の理法にもとづく計画に従って創造されている。これは神の理法によって自然や人間の運命が決められているという**決定論**①の立場である。自然の一部としてその理法を共有している人間は、みずからの理性に従うことによって宇宙の理法に一致し、自然と調和して生きることができ、そこに人間の徳と幸福がある。

エピクロス Epikuros ⑤ 前342頃〜前271頃 ヘレニズム時代の哲学者で、快楽が最高の善であり、人生の目的であるという快楽主義を説いた。サモス島に生まれ、アテネの郊外に**エピクロスの園(エピクロスの庭園)**⑤と呼ばれる学園を開き、友人とともに共同生活を送った。エピクロスの快楽主義は贅沢や快楽を無限に追求するものではなく、飢えや渇きなどの自然な欲望を満たして肉体の苦痛を取り除き、死や神々などへのおそれや不安から解放され、みずからに満足して(**アウタルケイア**〈autarkeia〉②〈自足・知足〉)、心の平静な状態(アタラクシア)の境地を楽しむ精神的な快楽主義である。著作の断片や手紙が残されている。

エピクロス派 ① エピクロスによって開かれた快楽主義を生活信条とする学派。エピクロスがアテネの郊外に開いたエピクロスの園(エピクロスの庭園)と呼ばれる学園に、友人や信奉者らが集まって師のエピクロスを尊敬し、友愛にもとづく共同生活を送った。彼らは「隠れて生きよ」の教えを実践して政治などの公共の生活から身をひき、田園のなかの学園で友愛で結ばれた質素な共同生活を送り、心の平静さであるアタラクシアを求めた。ローマの詩人ルクレティウス(Lucretius、前94頃〜前55頃)もこの派の1人である。

快楽主義 ⑤ 快楽が人生の目的であり、人間のめざすべき善であるという考え方。古代ギリシアのキュレネ派を開いたアリスティッポス(Aristippos、前435〜前355)は瞬間的な身体的快楽を説いた。ヘレニズム時代のエピクロスは飢えや渇きなど肉体的な欠乏にもとづく苦痛がなく、死や神々などへのおそれや不安から解放された魂の平静さ(アタラクシア)が真の快楽であると説いた。近代ではベンサムが快楽をもたらすものを善と判断する功利主義を説いた。

アタラクシア ataraxia ⑤ 外界の物事にわずらわされない魂の平静な境地で、人生の快楽をめざすエピクロスが理想の境地としたもの。「ア」は否定の接頭語で、わずらわしさ(タラクシス)がない状態をあらわす。エピクロスはそれを海の上で風がまったくやんだ凪ぎの状態にたとえている。飢えや渇きなどにもとづく肉体の苦痛がなく、神々や死への不必要なおそれをいだかず、魂の平静さを楽しみながら人生を安らかに過ごすことが、エピクロスの快楽主義である。

死[エピクロス] ③ エピクロスは心を乱す最大の原因である死へのおそれを取り除くために、デモクリトスやレウキッポスの原子論を受け継ぎ、死とは有機体を構成している原子(アトム)の分解にすぎないと説いた。死によって分解されたものには何の感覚もないから、死に対して人間は何らの苦痛も感じない。**「我々が存する時、死は現に存せず、死が現に存する時、我々は存しない」**①、したがって、死は人間に何の関係もないものであり、おそれる必要のないものである。

「隠れて生きよ」 ⑤ エピクロスの教えで、エピクロス派が生活信条としたもの。心を乱す原因となる政治などの公共生活を避け、田園のなかで魂の平静さ(アタラクシア)を求めて静かに暮らせという意味である。「忘れられて生きよ」「人目を避けて生きよ」とも訳される。

エウクレイデス Eukleides ① 紀元前3世紀頃　古代エジプトのアレクサンドリアの数学者・天文学者。英語読みでユークリッドと呼ばれる。その著書『原論』はユークリッド幾何学として長年にわたって数学の基本とされてきた。現在はこれとは異なる体系である非ユークリッド幾何学が存在している。

キケロ M. Cicero ③ 前106〜前43　ローマ時代の弁論家・政治家・ストア派の哲学者。共和政を支持したため、前45年にカエサルが権力を握ると政界から退けられ、隠退した晩年の3年間に哲学的な著作のほとんどを書き残した。カエサルの暗殺後、政争のなかで暗殺された。ギリシア哲学やストア哲学を広く学び、それらを折衷した思想の持ち主で、ギリシア哲学をすぐれたラテン語の散文によってローマ世界に伝えた。主著『友情について』『義務について』『老年について』。

セネカ L. Seneca ⑤ 前5/4頃〜後65　ローマ時代の後期ストア派の哲学者。スペインのコルドバに生まれ、ローマで哲学・修辞学・弁論術を学んだ。廷臣となってネロの家庭教師になり、ネロが皇帝になると政治顧問になった。ネロの暴政から身を守るために隠退し、その後、陰謀事件の疑いをかけられて自害した。「怒り」「人生の短さ」「心の平静」などを論じた『倫理論集』『道徳書簡』が残されている。

エピクテトス Epiktetos ⑤ 55頃〜135頃　ローマ時代の後期ストア派の哲学者。小アジアのフリュギア地方ヒエラポリスに生まれ、ローマで奴隷として暮らすが、哲学を学び、奴隷から解放されたのちは学園を開いた。自己の権限内のものと権限外のものとをわけ、権限外にある富・名声・地位・肉体・健康などには無関心の態度をとり、すべてを神の摂理に任せて運命に服従するべきと説いた。エピクテトスは運命に対して、「耐えよ、控えよ」といましめる。そして、自己の権限内にある自由な意志によって意欲・欲求・拒否・回避などをおこない、精神的に自由な生活を送るべきだとした。エピクテトスの教えには、宇宙を支配する神の摂理への信頼、どんな運命にも耐える意志の強さ、すべての人を同胞として愛する人類愛などがある。著作はないが、弟子が筆録した『語録』と、その要約である『提要』が残されている。

マルクス＝アウレリウス Marcus Aurelius Antoninus ⑤ 121〜180　ローマ皇帝(在位161〜180)で、後期ストア派の哲学者。ストア哲学を学び、40歳でローマ皇帝になる。万物が変化流動し、業績も名誉も記憶もすべてが忘却される無常な時の流れのなかで、その世界に働いている神の理法(ロゴス)、神の摂理を信じ、与えられた運命を愛し、自己の義務を誠実に果たすところに生きる道を見出した。主著『**自省録**』①(『瞑想録』)は自己の哲学的な思索を書きつづったものである。原題は、「自分自身に対してのもの」という意味で、自分自身と向きあい、対話しながらストア的な思索を繰り広げている。そこには万物が絶えず変化流動し、やがて忘却の淵にしずみゆく無常な人生への諦めやメランコリー(憂鬱)な気分、その無常な世界に神の定めた理法、神の摂理が働いていることへの信頼と帰依が語られている。そして、この世の無常を諦観しながら、宇宙を支配する神の理法を信じ、運命を愛しておのれの日々の義務を誠実に果たすところに生きる道が見出される。

● ● ●

懐疑派(懐疑論) scepticism ③ 事物についての真理や真の本性については知ることができないという**不可知論**②をとなえるもので、古代ギリシアの**ピュロン**(Pyrrhon、前360頃〜前270頃)③が最初にとなえたとされる。人間が知り得るのは知覚にあらわれたものだけで、人によってそのあらわれ方も異なり、事物そのものについては何も知ることはできない。また、どんな原理もほかのものによって証明されなければならず、それもまたほかの原理によって証明されなければならないという循環におちいるので、人間は何も論証できない。我々は、何についても肯定も否定もせずに断定することをやめ、一切の判断を保留する**判断停止(判断保留・エポケー)**(epoke〈ギ〉)[古代の懐疑派]③をおこなって、心の平安を保つべきである。エポケーとは古代ギリシア語でおしとめる、引きとどめる、中止・停止を意味する。ピュロンの思想は、弟子のティモン(Timon、前320頃～前230頃)によって伝えられた。このような立場に立つ思想家には、フランスのモラリストのモンテーニュ、イギリス経験論の立場から知り得るものは知覚されるものだけであると説いたバークリーやヒュームらがいる。

→p.122 **懐疑主義(懐疑論)**[モンテーニュ]、p.129 **懐疑論**[ヒューム]、p.130 **方法的懐疑**

プロティノス Plotinos ⑤ 204～270 新プラトン主義の思想体系の確立者。アレクサンドリアで哲学を学び、ローマで哲学を教えた。すべてのものは超越的な一者(ト・ヘン)である神から流出し、また神へと還(かえ)るという流出説を説いた。一者はそこからすべてのものが流れ出る根源であるが、同時にすべてのものを超越しているから、みることも考えることもできない。一者はすべてのものにあらわれているが、またどこにもない。人間の魂は、一者から流出した物質世界から自己を純化することによって自己の根源に返り、最終的には一者と合一するエクスタシス(脱我(だつが))の境地に入ることができる。死後、弟子の**ポルフュリオス**(Porphyrius、231～305)①(ポルピュリオスとも呼ばれる)がその論稿をまとめたものが**『エンネアデス』**①(9つの論文で一組のものという意味)である。

新プラトン主義 ⑤ 3世紀から6世紀にかけて栄えた、プラトンの思想を継承する学派。プラトンの哲学を中心にピタゴラス・アリストテレス・ストア哲学などの要素をまじえ、さらに神秘的要素を加えた思想。世界は超越的な**一者(ト・ヘン)**(to hen)④である神から**流出**⑤し、また神へと還るという一元論的な世界観を説く。超越的な一者である神から第一にヌース(直観的な知性)の世界、第二に霊魂(れいこん)の世界、第三に物質の世界というように、世界は神から段階的に流出する。人間はその流れを逆に上昇して、魂を物質世界から浄化(カタルシス)することによって、神と合一することができる。まず禁欲によって肉体的欲望から自己を解放し、物質的束縛から魂を浄化する。つぎに善美のイデアを愛してヌース(直観的な知性)に立ち返り、最後にその自己を超越して善美そのものである神との神秘的合一を成し遂げ、脱我(エクスタシス)において魂の浄化を完成させる。新プラトン主義の思想体系は、プロティノスによって確立され、ほかにポルフュリオス・プロクロス(Proklos、410頃～485)らの哲学者がいる。またキリスト教世界でも、教父のオリゲネス(Origenes、185頃～254頃)らの神学において、神からの流出を説く神秘的な新プラトン主義の哲学が取り入れられた。

第3章

キリスト教

1 旧約聖書の思想

ヘブライズム Hebraism ③『旧約聖書』にあらわれた古代イスラエルの思想と文化の総称。ギリシア末期の思想であるヘレニズムに対して、キリスト教思想はその母胎となったヘブライ人の名をとってヘブライズムと呼ばれる。ギリシア思想が、真理についての理性的な観想(かんそう)や、ポリスの人間の共同体を重んじるのに対して、ヘブライズムは神への敬虔(けいけん)な信仰と、神と人の契約にもとづく律法の遵守(じゅんしゅ)を重んじる。

イスラエル人 ⑤ ヘブライ人・ユダヤ人のこと。他民族から**ヘブライ人**③と呼ばれた人々がみずからを呼んだ名で、前6世紀のバビロン捕囚後にユダヤ教が成立してからは、**ユダヤ人**⑤とも呼ばれた。もとは遊牧民であったが、前13世紀にモーセに率いられてエジプトを脱出し、パレスチナ(カナンの地)に定住して、唯一神ヤハウェへの信仰のもとに宗教的な共同体を形成した。イスラエル人は、ヤハウェへの信仰を中心に、神から授かった律法を遵守し、みずからを神からの救済を約束された「選ばれた民」であると信じ、その王国は、ダヴィデ王・ソロモン王の統治のもとに最盛期を迎えた。しかし、王国はやがて南北に分裂し、北のイスラエル王国は前8世紀にアッシリアによって、南のユダ王国は前6世紀に新バビロニアによって滅ぼされ、ユダ王国のイスラエル人はバビロンに強制的に移住させられた(バビロン捕囚)。バビロン捕囚から帰国したのちは、ユダヤ教を成立させて宗教的結合を強めたが、後1世紀にはローマ帝国の属州となり、政治的独立を失った。

ユダヤ教 ⑤ 唯一絶対の神ヤハウェへの信仰と、その神とかわした契約にもとづくイスラエル人の民族宗教。歴史的には、前6世紀のバビロン捕囚から帰国したイスラエル人が、エルサレムの神殿を再建した時に正式に成立した。超越的な人格をもつ神ヤハウェの意志への絶対的な服従と、聖典(『旧約聖書』)に記された律法や、タルムードと呼ばれる口伝(くでん)された律法の遵守を重んじる。ユダヤ教は、イスラエル人が律法を守り、神の求めた宗教的・倫理的要求を満たせば、神はイスラエル人を苦難から救うという契約にもとづき、みずからを神から選ばれて救済を約束された民であると信じる選民思想を特徴とする。

選民(せんみん)思想 ⑤ 特定の民族を、神から選ばれて律法や使命を課され、神の恩恵(おんけい)による救済を約束された「選ばれた民」であると信じる思想。その代表がユダヤ教の選民思想で、モーセに導かれたイスラエル人(ユダヤ人)が、シナイ山で神ヤハウェから十戒を与えられ、神の民として選ばれたことに始まる。唯一絶対の神ヤハウェはイスラエル人に律法を課し、イスラエル人が律法を守って宗教的・倫理的な要求を満たせば、その見返りとして彼らを苦難から救う約束をした。

『旧約聖書』 ⑤ ユダヤ教の聖典であり、また『新約聖書』とともにキリスト教の聖典でもある。旧約という呼び方はキリスト教の側からのもので、イエス＝キリストによる新しい契約(新約)に対する旧(ふる)い契約という意味である。ユダヤ教では、『聖典』**『ヘブライ語聖書』**①と呼ばれる。作者はほとんど不明で、前1100年頃から前150年頃までに書き記されたものがしだいに編集されたものとされる。内容は、神による天地創造を記した「創世記」、モーセに率いられたユダヤ人のエジプト脱出と神ヤハウェから授かった十戒について記した**「出(しゅつ)エジプト記」**⑤など、**「モーセ五書」**②と呼ばれる部分から始まり、イエスが出現する約200年前までにわたる。神によって選ばれた民であるイスラエル人の救済の歴史が記されている。

ノアの方舟(はこぶね) ①『旧約聖書』の「創世記」に出てくる話。神は悪へと堕落した人類を洪水で滅ぼそうとするが、神に従う正しき人であったノアとその家族だけを救おうとし、ノアに大きな方舟をつくり、そこに家族と動物のつがいを乗せるように命じる。40日間の大洪水のあと、ノアの方舟だけがたすかり、そこから再び人類とあらゆる動物が世界に広がった。

ヤハウェ(ヤーウェ)　Yahweh ⑤『旧約聖書』における神の名で、ユダヤ教で信仰される唯一神。ヤハウェは、それと並ぶもののない絶対的な**唯一神**⑤、絶対者であり、無から天地を創造した**創造主**①である。神の知性には創造する万物の本質が宿っているから、創造主である神は**全知全能**④である。また、みずからの意志によって宗教的・倫理的義務を命じ、イスラエル人と契約を結ぶ人格性をもった**人格神**④である。ユダヤ教において律法は、絶対的な掟(おきて)であり、ヤハウェは律法にもとづいて厳正な裁定をおこなう**裁きの神**③であり、律法を守る者には救済を与え、律法を破ればきびしい罰を与える**義の神**①、怒りの神という性格をもつ。ユダヤ教は神ヤハウェとイスラエル人との契約によって成り立っている。

契約[ユダヤ教] ⑤『旧約聖書』においては、唯一神ヤハウェとイスラエル人とにかわされた歴史的・宗教的な契約を指し、神の命令に対してイスラエル人が服従する関係を結んだものである。神ヤハウェは、イスラエル人への宗教的・倫理的要求を律法によって具体的に示し、イスラエル人がその律法を守る見返りとして救済を約束した。これに対して『新約聖書』においては、神がイエス＝キリストを仲立ちとして人類に対して救済を約束したという新しい契約をあらわす。新しい契約は、イエスの十字架上の死による贖罪(しょくざい)によって示された、神の愛を信じる者は救われるという信仰にもとづく。

律法(りっぽう)(トーラー)　Torah ⑤ ユダヤ教における宗教的な戒律。神ヤハウェがイスラエル人に課した宗教的・倫理的・儀式的要求を法の形で具体的に示したもので、絶対的な服従が求められる。『旧約聖書』の最初におかれた「モーセ五書」と呼ばれる部分に、モーセの十戒をはじめとする重要な律法が示されている。

タルムード　Talmud ① ユダヤ教において預言者モーセが口伝(くでん)で伝えた律法を、ユダヤ教の教師であるラビ(rabbi)が注釈して解説したもので、ユダヤ教の聖典とされている。ユダヤ教では、神がイスラエルの民に啓示した律法をトーラーと呼び、口伝えに伝承された律法はミシュナと呼ばれる。ユダヤ教の教えに精通したラビが、口伝律法であるミシュナを解釈し、注釈したものはゲマラと呼ばれ、口伝律法(ミシュナ)とその注釈(ゲマラ)をあわせたものがタルムードである。

モーセ　Moses ⑤ 紀元前13世紀頃　古代のイスラエル人の指導者であり、神の言葉を伝える預言者。前13世紀にエジプトの圧政下におかれていたイスラエル人を率いてエジプトを脱出し、途中の**シナイ山**④で神ヤハウェから十戒を授かり、これを民に示した。パレスチナに定住後、イスラエル人はヤハウェから授かった律法をもとに宗教的な共同体を形成した。

十戒(じっかい) ⑤ 古代のイスラエル人がモーセに率いられてエジプトを脱出する途中、シナイ山で神ヤハウェから授かった十カ条の神の命令で、律法の中心となるもの。前半の4つは宗教的義務、後半の6つは道徳的義務を命じている。『旧約聖書』の「出エジプト記」20章と、「申命記(しんめいき)」5章に記されている。

モーセの十戒

⑴あなたは、わたしをおいてほかに神があってはならない。
⑵あなたはいかなる像も造ってはならない。
⑶あなたの神、主の名をみだりに唱えてはならない。
⑷安息日を心に留め、これを聖別せよ。
⑸あなたの父母を敬え。
⑹殺してはならない。
⑺姦淫(かんいん)してはならない。
⑻盗んではならない。
⑼隣人に関して偽証(ぎしょう)してはならない。
⑽隣人の家を欲してはならない。

(「出エジプト記」『聖書』日本聖書協会)

バビロン捕囚(ほしゅう) ⑤ 前586年に新バビロニアがユダ王国を滅ぼした時、多くのイスラエル人がバビロンに強制的に移住させられた事件。前538年にアケメネス朝ペルシアが新バビロニアを滅ぼすと帰国を許され、パレスチナに帰国したイスラエル人によってエルサレムの神殿が再建され、ユダヤ教が正式に成立した。

アダム　Adam ⑤『旧約聖書』の「創世記」のなかで、神が創造した最初の人間。神はみずからの像にかたどって土から最初に男性のアダムをつくり、つぎにアダムのろっ骨から女性の**エバ(イヴ)**(Eve)②をつくった。彼らはエデンの園と呼ばれる楽園に住んだが、神の意志に背(そむ)いて善悪を知る禁断の木の実を食べたために楽園を追放された。使徒パウロは、人類の祖アダムが神の命令に背いたことによって、人類全体が罪におちいり、死と滅びを免れなくなったと説いた。

エデンの園 ①『旧約聖書』の「創世記」において、神ヤハウェが最初の人類アダムとエバを住まわせた楽園。木には豊かな実がなり、中央には生命の木と善悪を知る木があった。神は食べることを禁じた善悪の木の実を食べたアダムとエバを、罰として楽園から追放した。この**楽園追放**③ののち、アダムは額に汗して土地を耕してパンを得なければならず、人類は死によって土へと還る滅びの運命を免れなくなった。

アブラハム Abraham ② イスラエル人の祖先、信仰の父とされる人物。『旧約聖書』によれば、神ヤハウェはアブラハムとその子孫にカナン(パレスチナ)の地を与える約束をし、アブラハムは民族の父になって子孫は繁栄するだろうと語った。アブラハムは一家をつれて約束の地カナンに移住したが、神ヤハウェはアブラハムの信仰を試すために、一人息子のイサクをいけにえにささげるように命じた。アブラハムが山にのぼって祭壇を築き、薪をならべてイサクを屠ろうとすると、神はそれをとめてイサクを救い、アブラハムのかたい信仰心をほめた。アブラハムが信仰の父とされるゆえんである。

カナン(パレスチナ) Canaan (Palestine) ⑤ カナンとは、パレスチナ地方の古代の呼び名。『旧約聖書』によると、「乳と蜜の流れる」豊かな土地とされ、神ヤハウェがイスラエル人の先祖であるアブラハムとその子孫のために約束した土地。アブラハムは神の約束に従ってカナンに移住し、その子孫が繁栄してイスラエル人となった。カナンの地には、イスラエルの王国が栄えたが、1世紀にローマ帝国の属州となり、イスラエル人は圧政を逃れて世界に分散し、1948年にイスラエルが建国されるまで、2,000年間祖国を失った状態が続いた。

預言者[『旧約聖書』] ⑤ 神によって選ばれ、神の言葉を預かり、神の意志を伝える者。ヘブライ語では、ナービー(nabi)という。預言者は、神の意志を受け継ぎ、その意志を代弁して民衆に伝えた。『旧約聖書』で彼らの活動がもっとも盛んになったのは、古代イスラエル国家が南北に分裂し、滅亡の危機に瀕した紀元前8世紀から前7世紀にかけてである。彼らは、イスラエルの衰退は人々がヤハウェ以外の神々を信じ、律法を守らない宗教的堕落によると警告し、人々の信仰の不徹底をきびしく批判した。『旧約聖書』には、前8世紀に活動した**イザヤ**(Isaiah)④、前6世紀のバビロン捕囚という民族の苦難の時期に活動したエゼキエル(Ezekiel)、祖国の滅亡を嘆き、「罪の赦し」にもとづく新しい契約を説いた**エレミヤ**(Jeremiah)⑤、「苦難のしもべ」について説いた第二イザヤ、前2世紀にあらわれ、イスラエル国家を再興する「人の子のような者」の出現を預言したダニエル(Daniel)など、多くの預言者が登場する。

終末論 ① 世界や人類の迎える最後のできごと、この世の**終末**①についての教え。多くの宗教でみられるが、とりわけユダヤ教とキリスト教は、神の摂理が歴史を支配し、人類の歴史が終末を迎えて神による審判がおこなわれるという歴史全体をつつみ込む終末論を教義とする。キリスト教の歴史観は、このような終末論を根底にしており、この世の終わりに**最後の審判**④がおこなわれ、栄光につつまれた王としてキリストが再び地上にあらわれ、全世界の人々の罪を裁き、死を克服して永遠の命を実現し、人類の救済を完成するとされる。

救世主(メシア・キリスト) Messiah, Christ ⑤ 救い主・救済者という意味。ヘブライ語ではメシアといい、「油を注がれた者」という意味で、王の地位につく儀式を受けた者をあらわす。ギリシア語で書かれた『新約聖書』では、キリスト(クリストス、Christos)という。ユダヤ教では、メシアはイスラエルの国家を再興する民族の救い主であるが、キリスト教では、イエスが神の子キリストとされ、全人類の救い主であるとされる。キリスト教では、キリストは人類の罪を贖うために十字架で死をとげたあとに復活する「受難の救い主」であり、この世の終わりに地上に再臨して最後の審判をおこない、神の国を実現する「栄光の救い主」でもある。

嘆きの壁 ③ エルサレムにあるユダヤ教徒の聖地で、古代ユダヤ王国の時代に築かれた神殿の跡とされる。その隣には、イスラーム教徒の聖地の1つで、ムハンマドが昇天したと伝えられる岩のドームがあり、壁の北西に行くとキリスト教の聖墳墓教会がある。

2 イエス＝キリスト

イエス＝キリスト Jesus Christos（ギ）、Jesus Christ（英）⑤ 前7頃／前4頃～後30頃 キリスト教の開祖。

→ p.59 **イエス＝キリストの生涯と思想**

マリア Maria ⑤ イエス＝キリストの母で、聖母と呼ばれる。『新約聖書』によれば、大工のヨゼフと婚約したが、結婚前に聖霊（せいれい）によって身ごもり、イエスを生んだとされる。

洗礼者（せんれいしゃ）（預言者）ヨハネ Joannes Baptista ⑤ 1世紀頃 1世紀初めに、終末がせまってメシア（救世主）の出現が近いことを告げ、人々に罪の悔（く）い改めを求め、罪を告白した者にはヨルダン川の水で身を洗う**洗礼**⑤（バプテスマ）をほどこした預言者。多くの民衆をひきつけたヨハネの運動は、ユダヤの支配層に不安をいだかせ、ヨハネはユダヤ王ヘロデ＝アンティパスによって処刑された。イエスもヨハネから洗礼を受け、宗教活動を始めた。

福音（ふくいん） ⑤ よろこばしい知らせ、善き音信という意味で、ギリシア語では**エウアンゲリオン**（euaggelion）③、善い（エウ）通知・便りを意味する。キリスト教では、イエスがもたらした神の国の到来や救いについての教えや、イエス自身の生涯や言葉を指す。キリスト教の教義では、イエスが十字架でみずからを犠牲にして人類の罪を贖（あがな）い、その3日目に復活したこと、イエスが神の子キリストであることが、福音の中心として重んじられる。

福音書 ⑤ イエス＝キリストの福音、つまりイエスがもたらした人類の救いについての教えや、イエスの生涯や言葉を記したもので、『新約聖書』には、**「マタイによる福音書」**④、**「マルコによる福音書」**③、**「ルカによる福音書」**④、**「ヨハネによる福音書」**③の四福音書がおさめられている。弟子やその教えを受け継ぐ者によって編纂（へんさん）され、時代的にはマルコ伝がもっとも古く65年頃に成立し、つぎにマタイ伝とルカ伝がまとめられ、ヨハネ伝はもっとも新しく2世紀初めに編纂されたとされている。

『新約聖書』 ⑤ キリスト教の聖典。イエスこそ神の子キリストであるという信仰のもとに、イエスの教えや弟子たちの言葉がまとめられている。新約とは、イエス＝キリストによってもたらされた神と人との新しい契約という意味で、イエスの十字架における贖罪（しょくざい）によって、神の愛を信じる者はすべて罪から救われるという約束である。『新約聖書』は、イエスの生涯と言葉を記した4つの福音書、使徒の伝道を記した「使徒行伝（しとぎょうでん）」、パウロが信者にあてた「ローマ人への手紙」など使徒の手紙、人類の歴史の終末を記した「ヨハネの黙示録（もくしろく）」などからなる。いずれも1世紀後半から2世紀初めにギリシア語で書かれ、キリスト教の聖典とされた。

原罪（げんざい） ⑤ キリスト教では、神の意志に背（そむ）くことが**罪**［キリスト教］⑤とされる。人類の祖先アダムが神の命令に背いて禁断の木の実を食べたことにより、その子孫である人間は生まれつき罪をおかさざるをえない性向である原罪を負い、死と滅びの運命を免れなくなった。このようなアダムの堕罪（だざい）に始まる原罪の考えは、パウロやアウグスティヌスによって説かれた。『旧約聖書』では、神の律法をおかすことが罪として強く意識されるが、『新約聖書』では、罪の意識は内面化され、イエスはだれもが心のなかにいだく罪を説き、すべての人に罪人としての自覚を求めた。罪からの救いは、十字架でみずから犠牲となって人類の罪を贖ったイエス＝キリストへの信仰、つまり人間の罪をゆるす神の愛を信じることによって得られる。

罪人（つみびと） ⑤ キリスト教では、人類の祖先アダムが神の命令に背いて禁断の木の実を食べたことにより、すべての人間は神の命令に背く性向である原罪を負う罪人になったとされる。『新約聖書』では、罪の意識は内面化され、イエスはすべての人に罪人としての自覚を求め、おのれの罪を悔い改め、神の愛への信仰によってのみ救われると説いた。

「安息日（あんそくび）（あんそくにち・あんそくじつ）は人のためにあるもので、人が安息日のためにあるのではない」 ①『新約聖書』に記されたイエスの言葉。パリサイ派の人が安息日に麦の穂をつんで食べたイエスの弟子を非難した時に、イエスが答えた言葉。**安息日**⑤は、神が6日間の世界の創造ののち、7日目に休息したのにならって、一切労働をしてはならないと定められた日である。ユダヤ教では土曜日、キリスト教では日曜日が安息日である。福音書には、イエスが安息日に人を癒（いや）して、ユダヤ教徒から非難されたと記

● イエス＝キリストの生涯と思想　前４頃〜後30頃 ●

パレスチナに生まれ、『新約聖書』の福音書によれば、大工ヨゼフの婚約者マリアが、聖霊によって身ごもって生んだとされる。キリストとは救世主の意味で、イエス＝キリストとは、預言者として活動したイエスが、神の子キリスト(救世主)であるというキリスト教徒の信仰をあらわす。30歳の頃洗礼者ヨハネから洗礼を受け、やがて神の子としての自覚を高めながら、弟子たちをつれて伝道し、宗教活動をおこなった。

イエスは貧しい人、病人、しいたげられた人たちのもとにおもむき、彼らに注がれる神の愛を説き、また病人を癒(いや)すなどの奇跡(きせき)をおこなったとされる。イエスは律法を形式的に遵守(じゅんしゅ)するユダヤ教の律法主義を批判し、律法にこめられた神の愛を実践することを説いた。人はだれでも心のなかに罪をもつ罪人であるが、その罪はすべての人に与えられる無差別で平等の神の愛(アガペー)によってゆるされる。人はみずからの罪を悔(く)い改め、他者の罪を裁くことなく、神の愛にならって隣人を愛すべきである。隣人愛は、人生で出あった人々の呼びかけに応えて救いの手をさしのべ、その愛によって人をみずからの隣人へとかえていくものである。すべての人に注がれる神の無差別の愛と、その愛による罪のゆるしを信じ、隣人を愛して生きることが、神の永遠の命へとつながる道とされる。イエスは、神の国の到来を説いたが、それは人々が愛しあうなかに神の愛が実現されるという、精神的な次元のできごとである。

イエスの教えは民衆からは歓迎されたが、イエスをメシア(救世主)とは認めないユダヤ教の宗教家たちは、イエスをみずからメシアと僭称(せんしょう)して神を冒涜(ぼうとく)する者として訴えた。イエスは裁かれて、十字架にかけられ刑死したが、３日後にイエスが復活したことを信じる人々によって、イエスこそ救世主キリストであるという信仰が生まれ、キリスト教が成立した。使徒(しと)パウロは、イエスは人類の罪の身がわりとなって、十字架の苦しみと引きかえに人類の罪を贖ったのだという贖罪の教えを説いた。キリスト教徒にとって、十字架はみずから犠牲になって、人類を罪から解放したイエス＝キリストの愛の象徴である。イエスの生涯と教えは福音(善き音信)と呼ばれ、『新約聖書』に記されている。

イエス＝キリストの言葉

ひとりの律法家が彼(イエス)を試みて問うた、「先生、掟(おきて)のうちでどれが最大ですか」と。彼はいわれた、「「なんじの神である主を愛すること心いっぱい、魂いっぱい、意志いっぱいにせよ」、これが最大で第一の掟である。第二のもそれに似る。「なんじの隣びとをみずからのごとく愛せよ」。この二つの掟に律法と預言のすべてがかかっている」と。

前田護郎訳「新約聖書」『世界の名著12 聖書』中央公論社、かっこ内は編者注

されている。イエスは、形式化した律法を守ることよりも、律法にこめられた神の愛を実践することが大切であると説いた。

律法主義(りっぽうしゅぎ) ⑤ 神の命じた律法を厳密に守れば、救いが得られるとする考え方。イエスが活動した頃のユダヤ教では、パリサイ派の学者らによって律法が固定化・形式化され、律法にこめられた神の意志が忘れられる傾向があった。預言者たちは形式化した律法を批判し、そのなかでもイエスによる批判がもっとも大きなものであった。

パリサイ(ファリサイ)派 ⑤ ユダヤ教の一派。ユダヤ教は前２世紀頃に、律法を忠実に守ろうとする進歩的なパリサイ派と、儀式を重んじる保守的な司祭階級の**サドカイ派**④にわかれた。パリサイ派は禁欲的なきびしい態度で、『旧約聖書』に記された律法や、言い伝えられた律法を厳密に守ったが、やがて律法の形式にこだわる律法主義におちいり、イエスの批判を受けた。

山上(さんじょう)の垂訓(すいくん)(山上の説教) ③ イエスが丘の上で弟子たちに説いた教え。「幸いな

のは心の貧しい人々、天国は彼らのものだから、幸いなのは悲しむ人々、彼らは慰(なぐさ)められようから」という、物質の次元をこえた精神的な幸福についての教えをはじめとして、地の塩となれ、敵を愛せ、兄弟を怒る者は裁きにあおう、空の鳥・野の花の教え、「自分にしてもらいたいことは、あなた方もそのように人々にせよ」という黄金律などが説かれている。いずれも当時のユダヤ教において形式化した律法を批判し、律法の内面にこめられた神の愛を明らかにしたものである。

神の愛(アガペー) agape ⑤ アガペーは、ギリシア語で愛を意味するが、キリスト教においては神がすべての人間に平等に与える**無差別の愛**④、無条件の愛を指す。イエスは、天にいます父なる神は悪人にも善人にも日をのぼらせ、正しき者にも不義の者にも雨を降らせて、すべての人を平等に愛する**愛の神**③であると説いている。神の愛(アガペー)は、神に背いた罪人である人間をも救う神の**無償(むしょう)の愛**⑤、つまり見返りとしての代価を求めない、恵みとしての与える愛である。神の愛に生かされた人間は、その神の愛に応えるために神を愛し、隣人を愛するべきである。キリスト教の教義においては、神の愛は人類の罪を贖(あがな)うために身がわりとなって十字架上で犠牲になったイエスの贖罪(しょくざい)の行為において、明らかに示されている。

隣人愛 ⑤「自分を愛するように、あなたの隣人を愛せよ」という、イエスの説いた愛。神の愛(アガペー)に生かされた人間は、その愛に応えるために、神の愛にならっておのれの敵をも含めて、すべての人を平等に愛するべきである。隣人愛は、人生で出あった人の呼びかけに応じて、救いの手をさしのべ、その愛によってすべての人をみずからの隣人へとかえていくものである。キリスト教では、神の人への愛、人の**神への愛**⑤、人々のあいだの愛など、無差別で無償の愛はすべてアガペーと呼ばれる。

「心をつくし、精神をつくし、思いをつくして、主(しゅ)なるあなたの神を愛せよ」 ⑤『新約聖書』の福音書に記されたイエスの言葉。パリサイ派の学者が「掟(おきて)のうちでどれが最大ですか」と聞いたのに対して、イエスは第一の掟として、「心をつくし、精神をつくし、思いをつくして、主なるあなたの神を愛せよ」をあげた。そして、第二の掟としては、**「自分を愛するように、あなたの隣人を愛しなさい」**⑤をあげた。イエスは、この2つの掟に律法と預言のすべてがかかっていると語り、神への愛と隣人愛の実践こそが、律法にこめられた神の意志を実現することであると説いた。

よきサマリア人 ③「隣人とはだれか」という問いに対して、イエスがけが人を救ったサマリア人の話をしたもの。旅をするサマリア人が、強盗に襲われて倒れている人をみつけ、傷にオリーブ油とブドウ酒を注いで包帯をし、自分のロバに乗せて宿屋につれていき、宿屋の主人にお金を渡して手当てを頼んだ。このサマリア人こそ、けがをした人の隣人である。人生で出あった人に救いの手をさしのべる隣人愛によって、すべての人はみずからの隣人となる。

「人にしてもらいたいと思うことは、何でも、あなたがたも人にしなさい」(「己の欲するところを人にほどこせ」) ⑤『新約聖書』の福音書に記されたイエスの言葉。隣人愛についての重要な教えとして、**黄金律(おうごんりつ)**(the golden rule)④と呼ばれる。「求めよ、さらば与えられよう」で始まる教えのなかで、イエスは、神はあなた方の求めるものを与えられるだろうと語り、その神の愛にならって、「何事でも人々からしてほしいと望むことは、人々にもそのようにせよ」と説いた。

放蕩(ほうとう)息子 ②『新約聖書』に出てくる話で、放蕩息子は父親に遺産の分配を求め、遊びに身をもちくずして財産を使い果たしてしまう。貧しい姿で家に戻った息子は、父親にあやまり、召使いとして家においてほしいという。父親は息子をだきしめてゆるす。この物語は、迷える弱い人間にこそ、愛が与えられるべきことを教えている。

見失った羊 ①『新約聖書』に出てくる話で、パリサイ派の人々が、イエスが徴税人や罪人(つみびと)に親しく接することを非難した時、イエスは100匹の羊をもっている人が1匹を見失えば、99匹を野原に残して1匹をさがしてみつければよろこぶように、1人の罪人でも悔い改めれば、悔い改める必要のない99人の正しい人よりも大きなよろこびが天にある、と説いた。

イエス=キリストの言葉

あなた方が聞いたようにこういわれている。「隣びとを愛し、敵を憎め」と。しかしわたしはあなた方にいう、「敵を愛し、迫害者のために祈れ」と。かくてこそ天にいますあなた方の父の子らになれよう。父は悪人にも善人にも日をのぼらせ、義者にも不義者にも雨を降らせたもう。自分を愛するものを愛したとて何の褒美を得よう。
(前田護郎訳「新約聖書」『世界の名著12 聖書』中央公論社)

「神の国は、実にあなたたちのただなかにある」 ①『新約聖書』の福音書に記されたイエスの言葉。パリサイ派の人々に「神の国はいつ来るか」とたずねられ、イエスは「神の国はみえるかたちでは来ない、みよ、ここにとか、あそこにともいえない。みよ、神の国はあなたたちの内にある」と答えた。イエスにとって**神の国**[イエス]⑤とは、政治的な権力によるイスラエル国家の建設ではなく、人々がたがいに愛しあうなかに、神の愛が実現するという精神的なできごとを指す。神の国は隣人愛を実践する人々の心の内に実現するのである。

十字架 ⑤ みずからが神の子キリストであるという自覚のもとに宣教したイエスの活動は、彼を神の子とは認めないユダヤ教徒にとっては伝統的な教えを冒涜するものにうつり、イエスは捕らえられて十字架にかけられた。イエスの十字架の苦しみと死を**受難**①、英語でパッション(passion)という。その3日後に復活したイエスに出あって回心したパウロは、イエスは人類の罪の身がわりとなって十字架にかかり、みずからの苦しみと引きかえに人類の罪を贖ったのだと説いた。キリスト教徒にとって、十字架はみずからが犠牲となって人類を罪から解放したイエス＝キリストの愛の象徴である。

3 キリスト教の発展

キリスト教 ⑤ イエス＝キリストの教えにもとづき、彼を神の子キリスト(救世主)として信仰し、その福音に救いを求める宗教。母胎となったユダヤ教から唯一神への信仰を受け継ぎながらも、その形式的な律法主義を批判し、すべての人に無差別に与えられる愛を説くキリスト教は、民族宗教であるユダヤ教から独立して世界宗教へと発展した。イエスは、最初はユダヤ教の預言者として活動を開始したが、やがて神の子キリストとしての自覚を高め、神の愛と神の国の到来を説いた。イエスを救世主(キリスト・メシア)と信じ、イエスは人類の罪の身がわりとなって十字架上で犠牲となり、3日目に復活したことを信じる人々によって、2世紀頃までに原始キリスト教が成立した。原始キリスト教は、ローマ帝国やユダヤ教徒による迫害を受けながら、パウロやペテロらの使徒によってローマ世界に広がり、やがてローマ教会を頂点としたカトリックが成立した。キリスト教は、313年のコンスタンティヌス帝のミラノ勅令によってローマ帝国に公認され、392年にはテオドシウス帝によってローマ帝国の国教とされた。やがてゲルマン諸民族にも広まり、中世にはローマ教皇を頂点とするローマ・カトリック教会がヨーロッパにおける大きな権威となった。16世紀のルターに代表される宗教改革によって、プロテスタント教会が分離独立し、カトリックに対して福音主義(プロテスタンティズム)と呼ばれる。

復活 ⑤『新約聖書』によれば、イエスは十字架での刑死後3日目に復活して、弟子たちの前にあらわれた。復活によって、イエスが神の子キリストであるという信仰が生まれ、キリスト教が成立した。イエスの復活への信仰によって、キリスト教徒は終末の日にみずからも復活し、神の永遠の生命にあずかれるとされる。キリスト教では、春にキリストの復活を記念する復活祭(イースター)がおこなわれる。

原始キリスト教 ④ ペテロをはじめとするイエスの弟子たちによって、イエスは神の子キリスト(救世主)であると信じる人々の集まりが各地に結成され、2世紀頃までに原始キリスト教会が成立した。彼らは、イエスは刑死後3日目に復活し、イエスは神の子キリストであるという信仰のもとに結ばれた。パウロは、イエスの十字架上の死は人類の罪を贖う贖罪であると説き、このようなイエスの復活と贖罪の教えのもとに、原始キリスト教が成立した。

ローマ(ローマ・カトリック)教会⑤ 2世紀頃までに、イエスの弟子たちによって各地に原始キリスト教会がつくられたが、そのなかでイエスの弟子ペテロによって創設されたものがローマ教会である。イエスの最初の弟子ペテロの創立になるので、「教会のなかの教会」とされ、ローマ教会の最高指導者は**教皇(法王)**③と呼ばれた。ローマ教会を中心にしてキリスト教の教義が確立され、位階制度などの組織や制度が整備されてカトリックと呼ばれるようになった。ローマ教会を頂点とするローマ・カトリック教会は、ヨーロッパの精神的な支柱となった。

カトリック Catholic ⑤ ローマ教会の教皇(法王)を首長とするキリスト教の教義や組織。カトリックとは、ギリシア語で「普遍的」という意味で、みずからの教えを唯一の普遍的な教えとし、すべての人の魂の救済を目的とすることをあらわす。教会は、イエス＝キリストを頭とするキリストの神秘体、つまりキリストと信者が一体となったものであり、信者のなかにキリストが生きており、信者はその精神的な結合体の幹に連なる小枝であるとされる。ローマ・カトリック教会は、ローマ帝国の国教となり、西ローマ帝国の滅亡後はヨーロッパ世界の精神的な支柱となり、中世には強大な権力をもった。教皇を首長とする位階制度をなし、修道会での精神的修養、学校の経営、教義の研究と布教活動、民衆を救済する社会事業などをおこなう。

使徒[キリスト教]⑤ イエスによって、その福音を述べ伝えるために派遣された者。イエスが選んだ弟子は十二使徒と呼ばれ、ペテロ・アンデレ・ヤコブ・ヨハネ・ピリポ・バルトロマイ・マタイ・トマス・アルファイ(アルパヨ)の子ヤコブ・タダイ・シモン・イスカリオテのユダである。ユダの裏切りのあとは、マティア(マッテヤ)が加えられた。復活したキリストの声を聞いて回心したパウロも使徒とされる。

ペテロ Petros ④ ？〜64頃 十二使徒の1人で、イエスの最初の弟子。ガリラヤ湖の漁夫で、本名はシモンであったが、イエスによってペテロ(岩)と名づけられた。イエスは彼に、「あなたはペテロで、私はこの岩の上に私の教会を建てる」と語った。イエスの裁判の時に弟子であることを否定して逃げたが、イエスの復活の最初の証人となり、エルサレム教会の中心となって伝道につとめた。ローマへ布教におもむいて皇帝ネロの迫害にあって殉教した。ローマ教会の創始者であり、その後に発展するローマ・カトリック教会の礎を築き、初代教皇とみなされる。

パウロ Paulos ⑤ ？〜60以後 原始キリスト教でもっとも重要な宣教者で、古代ギリシア・ローマ世界にキリスト教の教えを述べ伝える**伝道**⑤をおこなった。もとは熱心なパリサイ派のユダヤ教徒であったが、キリスト教徒を弾圧するためダマスコ(ダマスカス)に行く途中、不思議な光に打たれて復活したイエスの声を聞いて回心した。パウロはイエスの十字架上の死は、人間の根源的な罪を人間の身がわりとなって贖った贖罪であり、この神の愛(アガペー)への信仰によってのみ救いが得られると説いた。そして、イエスの福音はすべての人に無差別に伝えられたものと確信し、地中海沿岸を旅行して古代ギリシア・ローマ世界にキリスト教を伝道し、キリスト教が世界宗教へと発展する礎を築いた。皇帝ネロの迫害にあって、ローマで殉教したとされる。信者にあてたパウロの書簡は、**「コリント人への手紙」**②、**「ローマ人への手紙」**③、**『ガラテア人への手紙』**②として『新約聖書』におさめられ、聖典とされている。

回心⑤ 無宗教の人が心をひるがえして信仰をもつようになること、または、ある宗教からほかの宗教に信仰をかえること。ユダヤ教徒であったパウロは、ダマスコへと向かう途中で、復活したイエスの声を聞いて回心し、アウグスティヌスは、放蕩な生活や、マニ教や懐疑論などに熱中する精神的遍歴を経たあとに、キリスト教に回心した。

信仰義認(信仰義認説)[パウロ]④ 人間が神の前に義(正しくあること)とされるのは、信仰にのみよるという教え。原罪をもつ人間は律法に従うみずからのおこないを誇ることによってではなく、イエス＝キリストへの信仰によってのみ義とされる。人間は信仰によって罪を背負う古い自分が死んで、新しくつくられた自分へと生まれかわり、キリストとともに新たな精神のなかに生きることができる。パウロの信仰義認の教えは、のちに宗教改革を指導したルターに引き継がれる。

→ p.118 **信仰義認説**［ルター］

「私は自分の望む善はおこなわず、望まない悪をおこなっている」 ③『新約聖書』の「ローマ人への手紙」に出てくるパウロの言葉。人間としての罪深さを告白し、そのような罪人に与えられる神の愛の深さを示す。

贖罪 ⑤ イエスが身がわりとして十字架上で犠牲になることによって、人間の罪を贖い、人間を罪から解放した行為を指す。パウロは、イエスの十字架上の死は人類の罪に対する贖罪であると説き、イエスの福音を信じ、贖罪に示された神の愛を信じることによってのみ人は義とされて救われると説いた。十字架による贖罪と復活の信仰によって、神の子イエス＝キリストを信仰の対象とするキリスト教の教義が成立した。

キリスト教の公認 ② イエスの十字架上の刑死ののち、弟子たちを中心にして２世紀頃までに原始キリスト教が成立したが、ローマ帝国の圧政のもとで迫害を受け、使徒ペテロやパウロはローマで殉教した。キリスト教は、313年のコンスタンティヌス帝のミラノ勅令によって公認され、その後392年には、テオドシウス帝によってローマの**国教**④とされた。

教父 ④ キリスト教を異教的な勢力の攻撃から守るために論争や弁明をし、キリスト教の正当な教義の確立につとめた古代のキリスト教会の指導者。キリスト教の真理は、イエス＝キリストによって啓示されているが、教父は異端や異教徒との論争のなかでキリスト教の真理を弁護するためにギリシア哲学を利用して、**教父哲学**③を生み出した。ギリシア語で著述したギリシア教父には、ユスティノス(Justinos、？～165頃)、アレクサンドリアのクレメンス(Clemens、150頃～215頃)、オリゲネスらが、ラテン語で著述したラテン教父にはヒエロニムス(Hieronymus、345頃～420頃)、アウグスティヌスらがいる。

三位一体 ⑤ 神はその本性において１つであるが、その神が、父・子・聖霊という３つの位格(ペルソナ)をもつというキリスト教の教義。**教義**(dogma)⑤(ドグマ)とは、その宗教で公に認められた教えの体系のことである。三位一体の教義によれば、父なる神は、子なるキリストとなってこの世にあらわれ、神の愛や意志を伝える聖霊によってみずからを啓示する。325年のニケーアの公会議において、三位一体説は正統な教義とされ、その後アウグスティヌスが『三位一体論』において明確な定義づけをした。

アタナシウス派 ① キリスト教の教父アタナシウス(Athanasius、295頃～373)はアレクサンドリアの司教で、325年のニケーアの公会議で神とその子イエスの同質性を説き、キリストは神による被造物であるとして、その人間性を主張するアリウス派と対立した。アタナシウス派によれば、救い主キリストは神であるとともに人であり、人であるゆえに十字架上の死を経験し、神であるゆえに復活して人間を救うことができる。アタナシウス派は、父なる神と子なるイエスの同質性を説き、さらに聖霊を加えた三位一体説を主張し、キリスト教の教義における正統派の主流となった。

ニケーアの公会議 ① ローマ皇帝コンスタンティヌスが、キリストは神か人間かという教義上の論争をまとめ、教義を統一するために、325年に小アジアの都市ニケーア(ニカイア)で開いた宗教会議。ここで父なる神・子なるイエス＝キリスト・聖霊は同質であるという三位一体説が正統とされた。そして、「父なる神と子なる神と聖霊を信じる」という信条が定められ、キリストの人間性を主張するアリウス派は、正統とは認められない**異端**③として退けられた。

マニ教 ③ 古代ペルシアのゾロアスター教を母胎にして生まれた宗教で、３世紀にマニ(Mani、216頃～276頃)によって説かれた。神の善なる光の世界と、悪なる暗黒の世界との二元論によって世界を説明する。

アウグスティヌス　Augustinus ⑤ 354～430　古代キリスト教会の最大の教父。

→ p.64 **アウグスティヌスの生涯と思想**

恩寵　gratia ⑤ 恵みを受けるに値しない罪深い人間に対して、それにもかかわらず神が与える無償の愛。恩寵は罪を負う人間に永遠の生命を与えるために、神から無償で授けられる超自然的な愛である。救いに関しての**自由意志**［アウグスティヌス］②と恩寵の関係については古くから論争があり、古代においては、自由意志による救済を説くペラギウス派に対して、アウグスティヌスは原罪を負う人間が救われるのは、神が恵む無償の愛である恩寵によるのみであると説いた(対ペラギウス論争)。

アウグスティヌスの生涯と思想　354〜430

キリスト教会の最大の教父。ラテン語で著述したので、ラテン教父とも呼ばれる。北アフリカのローマ領小都市タガステに、異教徒の父とキリスト教徒の母との子として生まれた。若い頃は、恋愛や演劇に熱中し、欲望のままに放縦な生活を送った。16歳でカルタゴに遊学してキケロの著作を読み、真理の探究のよろこびをみつけ、光と闇の2つの原理によって世界を説明するマニ教に夢中になるが、やがて離れて懐疑論に傾いた。383年にローマに渡り、ミラノで弁論術の教師となり、司教アンブロシウス(Ambrosius、339頃〜397)から深い人格的感化を受けた。神をのぞむ心と、罪へと傾く自由意志との矛盾に精神的に苦悩するなかで、32歳の時に「とりて読め(トーレ・レーゲ tolle, lege)」という子どもの歌声のようなものを耳にし、聖書を開いて読み、キリスト教に回心をしたと伝えられている。洗礼を受けて修道士の生活を送って司教に就任し、異端との論争のなかで多くの著作を著し、キリスト教会の教義の確立につとめた。

神は、人類の祖先のアダムに自由意志を与えたが、アダムは神に背いて罪をおかしたため、その原罪によって人間は善をなす自由をもたず、悪へと傾かざるをえない自由しかもたないことになった。人間は神の永遠の善と美の世界を望みつつも、その自由意志は肉体の情欲の重みである罪にひかれ、悪へと転落せざるをえないという矛盾に苦悩する。そのような人間は、ただ神の無償の愛によってのみ救われる。信仰そのものも神の与える恩寵であり、だれが救われるかは神によって永遠に予定されている(恩寵予定説)。神の恩寵にあずかれるのは教会を通してのみとされ、教会に対する信仰の基礎が確立された。このような神の恩寵と予定を強調する立場から、アウグスティヌスは人間の自由意志を認めるペラギウス派を否定した。主著『告白』『三位一体論』『神の国』。

アウグスティヌスの言葉

偉大なるかな、主よ。まことにほむべきかな。汝の力は大きく、その知恵ははかりしれない。しかも人間は、小さいながらもあなたの被造物の一つの分として、あなたを讃えようとします……よろこんで、讃えずにはいられない気持にかきたてる者、それはあなたです。あなたは私たちを、ご自身にむけてお造りになりました。ですから私たちの心は、あなたのうちに憩うまで、安らぎを得ることができないのです。

山田晶訳「告白」『世界の名著14 アウグスティヌス』中央公論社

カリタス　caritas ② ギリシア語のアガペー(神の愛)をラテン語に訳したもので、キリスト教においては、人間に対する神の愛、神に対する人間の愛、隣人愛などを指す。ラテン語で著述したアウグスティヌスは、カリタスについて深く思索した。隣人愛にもとづく慈善事業を意味するチャリティ(charity)の語源である。

キリスト教の三元徳 ⑤ キリスト教で重んじられる3つの基本的な徳で、**信仰・希望・愛**[キリスト教の三元徳]⑤を指す。『新約聖書』の「コリント人への手紙」のなかで、パウロは「信仰と希望と愛と、この3つはいつまでも残る。そのうちもっとも大いなるものは愛である」と説いている。アウグスティヌスは、三元徳のなかでとりわけ愛を重んじ、愛は人間の意志を動かすものであり、物体が重力によって動くように、意志はその重みとしての愛によって動き、最高の愛の対象である神へとひきつけられると説いた。

神の国[アウグスティヌス] ④ アウグスティヌスによれば、世界の歴史は神への愛にもとづく神の国と、人間の自己愛にもとづく**地上の国**④との闘争である。神の国は神を愛し、隣人を愛する謙虚な愛から生まれ、地上の国は人間の高慢な自己愛から生まれる。神の国は、本来は天上にあるから、その民は地上に生きるあいだは異国人としてそこに居留するにすぎないが、地上における神の国の代表である教会を通じて神の国に属する。キリスト教徒は、地上でも神の教えに従って愛と平和を実践し、真の平和をもたらす神の国の到来にそなえる。

『神の国』 ⑤ アウグスティヌスの主著で、キリスト教における神の摂理にもとづいて人類の歴史を考察したもの。世界の歴史は神の愛にもとづく神の国と、高慢な人間の自己愛にもとづくローマなど地上の国との闘争であり、利己心におぼれた国家は戦争と略奪を繰り返すが、最後には平和に満ちた神の国が勝利する。世界の歴史を人類の原罪と神の恩寵を軸にして、壮大な神の摂理によるドラマとして描いている。

『告白』［アウグスティヌス］⑤ アウグスティヌスが回心に至るまでの人生の精神的な遍歴を告白した著書。その冒頭で、神に向かって「人間はあなたに向けられてつくられているので、その心はあなたにたどりつくまでは安らうことがないのです」と述べられ、神への愛のなかにみずからの魂が安らうまでの、精神的な苦闘が描かれている。

ドミニコ会 ④ 13世紀にスペインのドミニクス(Dominicus、1170～1221)によって創設されたカトリックの修道会。説教師修道会とも呼ばれて、説教を重んじて布教につとめ、哲学や神学を研究した。アルベルトゥス(Albertus Magnus、1200頃～80)やスコラ哲学を大成したトマス＝アクィナスがドミニコ会の出身である。修道会は、キリスト教的徳を完成させるために清貧・貞潔・服従の誓いを守って**修道院**③で共同生活をする宗教団体で、学芸や勤労を重んじ、民衆への救済事業をおこなう。

東方正教会(正教会) ② ローマ帝国が東西に分裂したのちに東ローマで発達した教会で、ローマ・カトリック教会から離れたので、東方分離教会、またオーソドックス教会・ギリシア正教会とも呼ばれる。東ローマの教会は、教義の違いや、東西ローマ帝国の分裂などにより、ローマ・カトリック教会と対立したため、1054年に両者は決定的に分裂した。ギリシア哲学の影響を受けたギリシア教父の思弁的な神学を受け継ぎ、神秘的な儀式を伝えている。1453年のビザンツ(東ローマ)帝国の滅亡後も、南ロシア・トルコ・バルカン地方に受け継がれ、ロシアに広がったものはロシア正教会と呼ばれる。

イコン(聖像図) icon ① 本来は、像や肖像のことであるが、ギリシア正教会では聖像図を意味し、キリスト・聖母・聖徒・殉教者などの画像を指す。

スコラ哲学 ⑤ スコラ(schola)とは、ラテン語で学校の意味で、中世に教会や修道院に付属する学校で説かれた哲学をスコラ哲学と呼ぶ。キリスト教の教義をギリシア哲学を使って擁護し、神学に仕える立場におかれたため、**「哲学は神学の侍女」**③とみなされた。トマス＝アクィナスがアリストテレス哲学を使って神学を確立した13世紀が最盛期である。

神学 ② キリスト教の教理(宗教上の理論)について研究する学問。トマス＝アクィナスは、哲学に対する信仰の優位を認めながら神学を大成した。神学には様々な潮流があるが、神は人間の考えうる一切の概念や言葉をこえたもので、「～でない」という否定の表現でしか語れないという否定神学、科学の立場を認め、聖書の神話的な物語はそのままの事実ではなく、個人が自由に解釈できる象徴的なものであるとする自由主義神学などがある。

トマス＝アクィナス Thomas Aquinas ⑤ 1225頃～74　スコラ哲学を大成した神学者。イタリアの貴族に生まれ、ドミニコ会に入り、パリやイタリア各地で教育や研究につとめた。13世紀にヨーロッパに流入したアリストテレスの経験主義的な哲学を取り入れて、キリスト教の教義を体系化した。トマスによれば、神は無から世界を創造したが、世界についての経験的な知識は神の啓示と矛盾するものではなく、神の啓示にもとづく知識のもとにおかれることによって両者は調和する。トマスは、「恩寵の光」にもとづく信仰の真理と、「自然の光」にもとづく哲学の真理(理性にもとづく真理)を明確に区別しつつ、理性に対する信仰の優位を説いて、**信仰と理性の調和(神学と哲学の調和)**⑤をはかった。また、自然の事物は質料と形相との結合よりなり、無規定でどのような規定をも受け入れる第一質料から、非質料的で最高の純粋形相である神までの段階的秩序(ヒエラルキー)が存在するとした。このように神が世界を秩序づける永遠の法を、人間の理性からとらえたものが**自然法**［トマス＝アクィナス］②とされる。神は無から世界を創造し、神の内に存在する形相にかたどって被造物に固有の姿を与えた。また、道徳は人間が愛によって究極の善である神へと向かう運動であるとする。主著『神学大全』『対異教徒大全』。
→ p.134 **自然法**

「恩寵は自然を破壊せず、かえって自然を完成させる」 ① トマス＝アクィナスによれば、人間が物事を知る時の光となるものには、神の啓示を通して与えられる「神の光」(「恩寵の光」、信仰)と、自然の事物を認識する際の「自然の光」(理性)がある。トマスは、この2つの領域を区別しつつ、「恩寵は自然を破壊せず、かえって自然を完成させる」と説き、「神の光」にもとづく信仰の真理のもとに、「自然の光」による理性の真理を従わせることによって両者を調和させ、たがいに補足しあうものとした。

『神学大全』 ⑤ トマス＝アクィナスの主著で、「神の光」、つまり神の啓示にもとづく信仰の真理と、「自然の光」、つまり理性にもとづく哲学の真理を調和させ、カトリックの神学の体系を確立してスコラ哲学を完成させたもの。第1部(神)、第2部(人間)、第3部(キリスト)からなり、キリスト教に関わる600の問題と3,000の項目を含んでいる。

ロジャー＝ベーコン Roger Bacon ① 1214頃～94 イギリスのスコラ哲学者。経験的・科学的な学風をもつオクスフォード大学に学び、聖書にもとづく神学を最高のものとしながらも、抽象的な理論は何も証明せず、すべては経験に依存すると考え、実験的方法を用いた経験科学をとなえた。その進歩的な思想のために、生涯にわたって疑惑や迫害を受けた。

ウィリアム＝オッカム William of Ockham ③ 1285頃～1349頃 イギリスのスコラ哲学者。オクスフォード大学の経験主義の流れを受け継ぎ、現実的なものは感覚的に直感された個物だけであり、言葉は一般的な観念をあらわすものにすぎないという唯名論の立場に立った。現実は感覚による直感的認識によってのみ知られ、「神は存在する」というような経験をこえた命題は、哲学からは排除される。また、自然を説明する時には複雑な説明より単純な説明の方がよく、必要以上の余分な仮説はそぎ落とすべきであるという「オッカムのかみそり」と呼ばれる原則を説いた。ウィリアム＝オッカムは神学から哲学を切り離して独立させ、スコラ哲学を解体し、近代哲学の先駆者とされる。

唯名論 ① 中世の神学において、実在するものは具体的な個物か、それとも普遍的な概念(個物が「何」かをあらわす本質)かという、普遍論争と呼ばれる論争があった。アンセルムス(Anselmus、1033～1109)は、普遍的な概念が実在するという**実在論**①(レアリズム、実念論とも訳される)を主張し、たとえば「犬」という概念があり、それが何か定かでない個物に加わることで「犬」が存在すると説いた。一方、ウィリアム＝オッカムは、実在するのは具体的な個物だけで、「犬」という概念は言葉であらわされた観念にすぎないという唯名論(ノミナリズム、名目論とも訳される)を主張した。実在論は、神の知性に宿る概念をもとに世界が創造されたというキリスト教の教義を重んじ、唯名論は、感覚によって経験された個物を考察する経験的な科学へとつながった。

第4章 イスラーム教

1 イスラーム教の成立

イスラーム教(イスラーム) Islām ⑤ 7世紀前半に預言者ムハンマドによって開かれた宗教で、唯一神(ゆいいつしん)アッラーへの信仰を説く。イスラームとは、服従という意味で、唯一神アッラーに絶対的に服従し、その教えを守ることをあらわす。中国では回教(かいきょう)とも呼ばれる。アッラーの教えは、預言者ムハンマドを通して啓示(けいじ)され、聖典『クルアーン(コーラン)』に記されている。西アジアの一神教の伝統を受け継ぐ宗教として、ユダヤ教やキリスト教の影響を受けており、神アッラーは人類の祖アダムをはじめ、アブラハム・モーセ・イエスなどの預言者に啓示をくだしてきたが、究極の教えを最後の預言者であるムハンマドに啓示したとされる。アッラーは世界を創造し、終末の日には最後の裁(さば)きをおこない、人間は天使が記録した生前のおこないによって天国と地獄に振りわけられる。イスラーム教の教義の中心は、アッラー・天使・聖典・預言者・来世(らいせ)・天命(てんめい)の6つを信じる六信(ろくしん)と、信仰告白・礼拝・断食(だんじき)・喜捨(きしゃ)・巡礼の5つの義務である五行(ごぎょう)である。現在、イスラーム教はアラビア半島を中心に、東にはインドからインドネシアなどの東南アジア、西には北アフリカ一帯に広まっており、キリスト教・仏教と並ぶ世界三大宗教の1つである。

ムハンマド(マホメット) Muḥammad ⑤ 570頃～632 イスラーム教の開祖。

→ p.68 **ムハンマドの生涯と思想**

聖遷(せいせん)(ヒジュラ) ⑤ 伝統的な多神教を信じて偶像崇拝をおこなう人々から迫害を受けたムハンマドが、622年に一族や信者とともに故郷のメッカを去って**メディナ**⑤(当時のヤスリブ)に逃れたできごと。この年がイスラーム暦の元年とされている。ムハンマドは、メディナを拠点に勢力を盛り返してメッカの保守勢力と戦い、メッカを征服したのちにメディナに戻って死去した。

メッカ Mecca ⑤ ムハンマドの生誕の地で、イスラーム教の聖地。630年にメッカを征服したムハンマドは、ここをイスラーム教の聖地に定めた。メッカは古くから商業都市として栄え、伝統的な多神教の神々を祀(まつ)る聖地であった。ムハンマドは、多神教と偶像崇拝をきびしく禁止して偶像を破壊したうえで、イスラーム教の聖地とした。

カーバ神殿 ④ メッカにあるイスラーム教の聖域。カーバ聖殿ともいう。もともとは伝統的な多神教の神々の像が祀られていたが、ムハンマドがメッカを征服して偶像を破壊した時に、黒い石に敬意をあらわしたことが由来となって、その石が神聖なものとされるようになった。現在では、割れた黒い石がつぎあわされて大きな石の枠にはめこまれていると考えられ、外側は黒い布(キスワ)でおおわれている。カーバとは立方体の意。

ムスリム Muslim ⑤ 神に服従する者という意味で、イスラーム教徒を指す。一般にはイスラーム教徒全体をムスリムと呼ぶが、イスラーム世界では男性はムスリム、女性は**ムスリマ**(Muslima) ①と呼ばれる。イスラームは「服従」をあらわし、ムスリムは「服従する者」、つまり神アッラーの教えを守り、神に絶対的に服従する者を意味する。『クルアーン』には、**「信徒はみな兄弟である」**①と説かれ、民族の違いに関わらず、イスラームの教えに従えば、みな平等な信徒として受け入れられる。

岩のドーム ⑤ エルサレムにあるイスラーム教の聖地で、巨岩をドーム(円蓋殿(えんがいでん))がおおい、そのまわりを八角形の二重回廊が囲んでいる。ムハンマドが一夜の夢で天使ガブリエルに導かれてメッカから天馬にまたがってこの巨岩の上に飛来し、そこから光の梯子(はしご)をのぼって昇天(しょうてん)し、神アッラーに謁見(えっけん)したとされる。これは、ムハンマドの昇天(ミーラージ)と呼ばれる。2代目カリフのウマルが、エルサレムを支配下においた時にここに礼拝堂を建て、その後ウマイヤ朝時代に岩のドームが建てられた。

ムハンマドの生涯と思想　570頃〜632

イスラーム教の開祖。アラビア半島のメッカで商人の一族に生まれた。早くから両親を失って孤児となり、祖父や伯父によって育てられた。25歳の時に裕福な未亡人ハディージャと結婚して、安定した幸福な家庭生活を送った。商売に従事しながら各地を旅行し、ユダヤ教やキリスト教などの教えにも触れたと考えられる。40歳の頃、メッカ郊外のヒラー山の洞窟で瞑想をしていた時に、天使ガブリエルから神アッラーの啓示を受け、みずからを神の預言者として自覚して宗教活動を始めた。神の啓示はその後も続き、その神の言葉をのちにまとめたものが『クルアーン(コーラン)』である。

ムハンマドは、みずからを神の啓示を受けた最後で最大の預言者として自覚し、メッカで、全知全能の唯一絶対の神アッラーへの信仰を説いた。神アッラーは、人類の祖アダム、アブラハムやモーセなど『旧約聖書』の預言者や、イエスなどに啓示をくだしてきたが、その完全な教えをアラビア語で最後の預言者ムハンマドに授けたとされる。しかし、アラブの伝統的な多神教と偶像崇拝を否定したため、メッカの保守的な商人階級の人々から迫害を受け、622年に家族や信者とともにメディナ(当時のヤスリブ)に移住した。これを聖遷(ヒジュラ)と呼び、この年がイスラーム暦の元年とされた。メディナにおいて勢力を盛り返したムハンマドは、メッカ軍と戦い、630年にメッカを征服してイスラーム教の聖地とした。そして、イスラームの教えにもとづく国家を建設し、宗教的・政治的にアラビア半島を統一した。その後、メディナに戻って632年に死去した。

当時のアラブ社会は、部族間の争いが絶えず、貧富の差も大きかった。ムハンマドは、唯一神アッラーの前では信者は平等であると説き、孤児や貧者などを救う同胞愛と、社会的な正義をとなえて、部族の対立をこえたイスラーム国家を建設した。イスラーム社会においては、生活のすべてが『クルアーン(コーラン)』の教えに従い、イスラームの教義のもとに宗教と政治とが一体となっている。

『クルアーン(コーラン)』

ほんとうの敬虔とは、おまえたちが顔を東に西にむけることではない。それは、神と終末の日と天使と啓典と預言者たちを信じ、親族、孤児、貧者、旅人、乞食に、そして奴隷たちのために自分の大切な財を分け与え、礼拝の務めを守り、喜捨を行なう者のことであり、また、いったん約束したならばその約束を果たす者、不幸や艱難にも逆境のときにも耐え忍ぶ者のことである。これこそ誠実な者、神を畏れる者。

藤本勝次訳「メッカ啓示」『世界の名著15 コーラン』中央公論社

2 イスラーム教の教え

『クルアーン(コーラン)』 al-Quran ⑤ イスラーム教の聖典。神アッラーが預言者ムハンマドに啓示した教えを記したもの。クルアーンとは、読誦・暗誦を意味し、声に出して読むべきものとされる。教義や信仰生活をはじめとして、結婚・遺産相続・子どものしつけなど、日常生活の規則が記されている。イスラーム教では、神が人類の祖アダムをはじめ、アブラハム・モーセ・イエスなどの預言者に示した教えも聖典の一部とされ、そのなかでもっとも完全な教えが『クルアーン』とされる。

アッラー Allāh ⑤ イスラーム教の唯一絶対の神。アッラーとは、アラビア語で神の意味で、世界を創造した創造主であり、この世の終わりの日には最後の審判をおこない、人間を天使の記録した生前のおこないに従って天国と地獄に振りわける。イスラーム教は、ユダヤ教やキリスト教と同じように、唯一絶対の創造神を信じる西アジアの宗教的伝統にもとづいているが、イスラーム教では、神アッラーは並ぶものなき唯一絶対の神であり、預言者ムハンマドも人間であって、父なる神と子なるイエス＝キリストの同質を説くキリスト教の三位一体の教義は否定される。

六信 ⑤ イスラーム教において信じるべきアッラー・天使・聖典・預言者・来世・天命の6つの項目。六柱とも呼ばれる。

：**天使** ⑤ 神の言葉を伝える役割を果たす神の使い。ムハンマドは天使ガブリエルから神の教えを授かったとされる。

：**聖典(啓典)** ⑤ 神から啓示された書のこと。イスラーム教においては、ユダヤ教やキリスト教の教典をも含み、ユダヤ教徒・キリスト教徒は**啓典の民**②と呼ばれる。しかし、それらは神の啓示の一部を含むにすぎず、『クルアーン』にもっとも完全な教えが記されているとされる。

：**預言者(使徒)**［イスラーム教］⑤ 神の啓示を受けた人類の祖アダム、アブラハム・モーセ・イエスなどの預言者のなかで、最大で最後の預言者がムハンマドであるとされる。

：**来世** ⑤ 天国または地獄のこと。神の最後の審判によって、人間は生前のおこないに従って天国や地獄に振りわけられるとされる。

：**天命(定命)**［イスラーム教］⑤ この世の一切のできごとは、神アッラーの意志によって定められているとされる。

五行 ⑤ イスラーム教徒が実践すべき5つの宗教的義務。

：**信仰告白(シャハーダ)** ⑤「アッラーのほかに神はなく、ムハンマドは神の使徒である」ととなえること。

：**礼拝(サラート)** ⑤ 1日に5回、聖地メッカの方向にむかって祈ること。

：**断食(サウム)** ⑤ **ラマダーン**(Ramaḍān)③の月(断食月)に、日の出から日没まで何も口にせず、飢えの体験を通して食物を恵む神に感謝すること。

：**喜捨(ザカート)** ⑤ 貧しい同胞をたすけるための宗教上の救貧税で、ラマダーン月の終わったあとにモスク(礼拝堂)にもっていく。そのほかに、貧しい人に現金・小麦・米などを与える。

：**巡礼(ハッジ)** ⑤ 聖地メッカに参ること。

偶像崇拝 ⑤ 偶像とは、人間の手によってつくられた神の像や絵画を指し、イスラーム教では、偶像を崇拝することはきびしく禁止されている。世界を創造した全知全能の神を、被造物によってかたどるということは、神の神聖さをけがす冒涜であり、また神が唯一であるにもかかわらず、神以外のものを信仰する過ちであるとされる。

ジハード(聖戦) jihād ⑤ 異教徒との戦いを指し、ジハードで命を犠牲にした者は来世で天国を約束されるとする。『クルアーン』では、神のために奮闘努力することとされている。ジハードには、イスラーム教徒がみずからの心のなかの悪と戦って自分をよくしていこうと努力することを指す**大ジハード**①(内へのジハード)と、外からの侵略などからイスラーム社会を守るために戦う**小ジハード**①(外へのジハード)がある。大ジハードは奮闘努力であり、小ジハードの場合が聖戦と訳される。異教徒と戦いながら勢力を拡大していった当時のイスラーム教徒にとっては、聖戦は重要なものであった。11世紀から13世紀の十字軍に対する戦いが、聖戦としてのジハードの代表的な例である。

カリフ(ハリーファ) caliph ⑤ 預言者ムハンマドの後継者とされるイスラーム教の教主。アラビア語では、ハリーファ(khalīfa)という。イスラーム教の教団は、同時に国家であり、カリフはイスラームの宗教的・政治的な最高指導者である。初代カリフのアブー＝バクル・ウマル・ウスマーン・アリーまでの4代のカリフを正統カリフと呼び、その後は世襲制の王朝が続いた。

ウンマ umma ⑤ 宗教と政治とが一体となったイスラームの共同体を指す。イスラーム社会においては、『クルアーン』やムハンマドの言行に関する伝承である『ハディース』などをもとにイスラーム法が体系化され、宗教と法律や道徳が1つになる**政教一致**①がつらぬかれており、イスラーム教団と国家とは一体になっている。

スンナ sunna ④ 預言者ムハンマドの言葉や行動がしめした模範的な慣行である。『クルアーン』の教えとともに、ムスリムの社会生活を規定する規範、社会習慣となっている。スンナはムハンマドの言行に関する伝承である**『ハディース』**(ḥadīth)④に示されている。

スンナ(スンニー)派 Sunna ⑤ イスラーム教の一派。預言者ムハンマドの伝えた慣行であるスンナに従う者を意味する。ムハンマドの後継者となったアブー＝バクルに始まる4代の正統カリフをはじめ、その後の歴代のカリフの指導のもとにおけるイスラームの歴史を正統なものとして認める。全イスラーム教徒のおよそ90%を占める多数派で、少数派のシーア派に対して、みずからを正統派とも呼ぶ。

シーア派　Shia ⑤ イスラーム教の一派。シーアとは党派という意味で、ムハンマドの娘の夫で、ムハンマドの従兄弟でもあるアリー(4代目カリフ)を、ムハンマドの血統に連なる正統な後継者として支持する党派を意味する。アリーとその子孫のみを**イマーム**(imām) ①(神的存在としての最高指導者)として崇め、多数派のスンナ派と対立する。全イスラーム教徒のなかでは少数派であるが、イランでは国教となっている。

イスラーム文化 ③ イスラーム教の勢力がスペインからインドまでの広い範囲に拡大するなかで、8世紀から13世紀にかけてイスラーム教とアラビア語を共通要素とするイスラーム国家において栄えた文化。イスラーム教の支配のもとで、オリエント・ギリシア・イラン・インドなど各地の文化を融合しながら、神学・哲学・法学・医学・化学など高度な文化が開花した。神学においては、ギリシア思想の影響を受けた合理主義的なムータジラ学派と、スーフィズムと呼ばれる神との合一を説くイスラーム神秘主義がおこった。哲学においては、9世紀にバグダードに建てられた**知恵の館** ③を中心に、アリストテレスや新プラトン主義の著作がアラビア語に翻訳され、ギリシア哲学を受け継いだ独自のイスラーム哲学が確立された。キンディ(al-Kindī、801頃～866頃)・イブン＝シーナーなどの哲学者があらわれ、スペインのコルドバの哲学者アヴェロエス(イブン＝ルシュド)はアリストテレスの多くの著作に注釈を加え、それらはラテン語訳されて中世ヨーロッパに伝えられ、大きな影響を与えた。

マドラサ　madrasa ① イスラーム社会で11世紀頃から各地につくられた高等教育機関。マドラサとは学ぶところ、学校という意味である。モスク(礼拝堂)に併設され、イスラームの教えを学ぶ宗教教育のほか、一般の学科も教える。信徒の寄付によって運営され、授業料は無料で貧しい家庭の子どもの教育に役立っている。ここで学問をおさめて専門の知識をつけた者は**ウラマー**(ulama) ①と呼ばれるイスラームの宗教知識人・指導者となる。

イブン＝シーナー(アヴィセンナ)　Ibn Sīnā (Avicenna) ① 980～1037　イスラーム世界の哲学者・医学者・科学者。アリストテレスの哲学や新プラトン主義を取り入れながらイスラーム哲学を体系化した。『治癒の書』には哲学・論理学・自然学・数学の知識がまとめられている。医学の知識をまとめた『医学典範』はヨーロッパに伝えられ、医学の教科書として使われて影響を与えた。

イブン＝ルシュド(アヴェロエス)　Ibn Rushd (Averroes) ④ 1126～98　イスラーム教徒の支配下にあったスペインのコルドバ出身のイスラーム世界の哲学者。アヴェロエスがラテン語の名で、イブン＝ルシュドはアラビア語の名。古代ギリシアのアリストテレスの哲学を注釈し、その著作はラテン語に翻訳されてヨーロッパに伝わり、中世ヨーロッパの哲学に影響を与えた。アリストテレスの哲学がラテン語に翻訳されてヨーロッパに伝えられたのは13世紀頃で、アヴェロエスの注釈もその頃に伝えられ、ラテン・アヴェロエス主義が形成された。信仰の立場での真理と、理性にもとづく哲学の真理とは、たとえ矛盾していてもそれぞれ正しいという**二重真理説** ①などがとなえられた。

スーフィズム　sufism ① イスラーム神秘主義。禁欲的な修行によって自我を脱し、無我の境地において神との神秘的合一を求める。神の名をとなえ、神に精神を集中させて神との神秘的合一の体験を求めるが、その際に音楽やまわって踊る旋回舞踏をおこなうこともある。神秘的体験を求める信者をスーフィーと呼ぶ。イスラームの教えが権威主義的になり、形式的な律法主義におちいったとみなし、そのことへの批判から、信仰の内面化をめざして神秘的な体験を重んじる。宗派ではなく、信仰を実践する1つの形態とされる。11世紀にイスラーム哲学者・神学者の**ガザーリー**(Ghazālī、1058～1111) ①によってイスラーム哲学に融合され、正統な信仰として認められて各地に広まった。聖者は信者から崇拝され、その霊廟は巡礼の対象となった。

サラフ(サラフィー)主義　salafism ① イスラームの初期の世代の指導者(サラフ)を模範とし、イスラームの教えの原点に回帰しようとするスンナ派の思想。ムハンマドのスンナ(慣行)を重んじる立場から、イスラーム法(シャリーア)に厳格に従い、後世に発展したシーア派やイスラーム哲学を批判し、スーフィズムの聖者の霊廟への信仰を偶像崇拝として否定する。13世紀にイスラーム法学者の**イブン＝タイミーヤ**(Ibn Taymīya、1258〜1326)①らによってとなえられた。イスラーム国家の樹立を主張するなど政治性が強く、一部には暴力の行使をジハード(聖戦)とする者もいるが、基本は非暴力の立場である。

シャリーア(イスラーム法)　Sharīʿa ⑤ 宗教的儀礼から刑罰・結婚・相続・子どものしつけなど、日常生活全般を含めたイスラーム教徒の守るべき掟(おきて)を体系化したもの。聖典『クルアーン』や、預言者ムハンマドの慣行(スンナ)などをもとに9世紀に成立した。

ハラール　halal ② イスラーム社会の規範にかなう「許容されたもの」という意味。「禁止されたもの」は**ハラーム**(haram)②という。行動のしかたから食材・日用品まで広くおよぶ。これらの規定は後世に引き継がれるが、時代の変化にあわせて新たな判断が必要になった場合は、イスラーム法学者が解釈して答える。食材については豚肉やアルコールを含む食品・調味料は禁止されており、イスラームの定める適正な方法で処理された食品であると証明された製品には、**ハラール認証**③が表示される。ハラール認証はイスラーム法で禁じられたものが含まれていないことを認証するものである。国によって政府がハラール認証をおこなうところもあるが、欧米や日本では任意の団体がおこなっている。

イスラーム暦 ③ ムハンマドがメッカの保守勢力の迫害を逃れて、家族や信者とともにメディナに移った622年の聖遷(ヒジュラ)を元年とするイスラーム教世界の暦。太陰暦であるため、太陽暦とは1年で11日間のずれが生じ、西暦からの単純な換算はできない。

モスク　mosque ④ イスラーム教の礼拝堂で、もともとはひざまずく場所を意味した。イスラーム教では、偶像崇拝は固く禁じられているために、モスクのなかには祈りの対象となるものはなく、壁に聖地メッカの方角を示す**ミフラーブ**(miḥrāb)②(壁龕(へきがん))と呼ばれるくぼみがあり、イスラーム教徒は金曜日に集まってメッカの方向に礼拝をおこなう。また、礼拝を呼びかけるミナレットと呼ばれる塔がついている場合もある。トルコのブルーモスクや、イランのイマームモスクなどが有名である。

原理主義［イスラーム教］② イスラーム教の教義に忠実な国家を建設しようとするイスラーム復古主義運動を指す。1979年のホメイニ(Khomeini、1902〜89)を指導者とするイラン・イスラーム革命がその例である。原理主義(fundamentalism)は、キリスト教やほかの宗教でもみられる現象であるが、イスラーム社会においては、貧富の格差、高い失業率、人口爆発、農村から都市への急激な人口流入など、社会的・経済的な諸問題が解決されない現状への民衆の不満がはけ口を求めて、イスラームの伝統への回帰運動が支持された。しかし、アフガニスタンのタリバン政権が、女性の教育や就業を禁止したことが、国際社会で人権抑圧と批判され、また、一部の急進派組織がテロによる武装闘争をおこなうなど、問題も発生している。

第5章 仏教

1 古代インドの社会と思想

アーリヤ(アーリア)人 ⑤ もともと中央アジアの草原で遊牧生活をしていた民族。前2000年頃から移動を始め、西進したものはのちのヨーロッパ諸語族の源流になり、イラン・インドに入ったものは「アーリヤ」(「高貴な」の意)と自称した。インドに侵入したアーリヤ人は、前1000年頃ガンジス川流域に定住、先住民を征服して農耕生活を始め、カースト制度を形成した。

カースト制度 caste ⑤ アーリヤ人社会を秩序づけていた職能の分化にもとづく厳格な階層身分制度。バラモン・クシャトリヤ・ヴァイシャ・シュードラの四姓の身分階層(**ヴァルナ〈種姓(しゅしょう)〔しゅせい〕**、varṇa〉⑤)を基本とし、それにさらに出身・血縁・職業などの区分をあらわす**ジャーティ(生まれ〈jati〉)**⑤が加わって形成された。それがやがてインド全域をおおうようになり、社会における職能・身分の分化につれて複雑なカースト集団の細分化が生じた。カーストの数は、近年では2,000～3,000におよぶ。各カーストは世襲(せしゅう)の職業に従事し、ほかのカーストとの結婚・飲食は禁止されていた。

：バラモン brāhmaṇa ⑤ 祭祀(さいし)をつかさどる司祭階級。カースト制度の最高の位置を占める。「地上の神」として権威づけられている。

：クシャトリヤ kṣatriya ⑤ 王侯・武士の階級で、バラモンにつぐ位置を占める。

：ヴァイシャ vaiśya ⑤ 農民・商人・手工業者などの庶民階級のこと。

：シュードラ śūdra ⑤ カースト制度における最下層の隷属民階級。

不可触民(ふかしょくみん) ③ カースト制度の4つの姓に属さない、最下層に位置づけられた民で、ダリットとも呼ばれる。上位のカーストから触れるべからざるものとして差別を受けた。インド独立の父ガンディーは、彼らをハリジャン(神の子)と呼んで差別撤廃の運動をおこなった。

バラモン教 ⑤ 古代アーリヤ人の民族宗教。天・地・太陽・風・火などの自然神を崇拝する多神教で、『ヴェーダ』を聖典とし、司祭階級であるバラモンによる神々を祀(まつ)る祭祀を中心に発達した。中心的な神は雷をつかさどる**インドラ**(Indra)①で、雷を象徴する武器であるヴァジュラ(金剛杵(こんごうしょ))をもち、のちに仏教では帝釈天(たいしゃくてん)と呼ばれ、仏の守護神とされた。バラモンを最高位とするカースト制度によって支えられた。仏教の興隆ののちもインドの民衆に引き継がれ、インド古来の河川信仰・沐浴(もくよく)・断食(だんじき)などの民間信仰や習俗を取り込んで、ヒンドゥー教として発展した。

自由思想家 ② 前6世紀頃にインドにあらわれた、バラモン教の伝統にとらわれず自由にものを考える思想家たち。当時は、インドの社会的変動期で、小国の統合が進み、商工業の発達によって都市が興隆し、バラモンの権威が弱まって庶民の実力が高まった。そのような社会状況のなかで、自由思想家たちはバラモン教の祭祀中心主義を批判して、合理的な思想を説いた。その1人が仏教の開祖ブッダ(ガウタマ＝シッダールタ)である。自由思想家のなかで有力な6人の思想家を、仏教では**六師外道(ろくしげどう)**①と呼んでいる。仏教の側からみて異端(いたん)の思想家であるので、外道という。懐疑(かいぎ)論者のサンジャヤ、唯物(ゆいぶつ)論者のアジタ、運命論者のゴーサーラ、道徳否定論者のプーラナ、七要素説のパクダ、ジャイナ教の開祖ニガンタ＝ナータプッタ(ヴァルダマーナ、尊称マハーヴィーラ)である。

『ヴェーダ』 Veda ⑤ バラモン教の聖典。ヴェーダとは知識の意味で、そこから転じて宗教的知識を記した聖典を総称する。神々を祀る祭祀に関する語句や文章を集録したもので、インド最古の文献であり、初期のアーリヤ文化を伝えている。そのなかでもっとも古いものが、自然の神々への賛歌(さんか)を集めた『リグ・ヴェーダ』で、ほかに『ヤジュル・ヴェーダ』(祭詞)、『サーマ・ヴェーダ』(歌詠(かえい))、『アタルヴァ・ヴェーダ』(呪詞(じゅし))などがある。それに付属するものが、祭祀の意義を解釈した『ブラーフマナ』(梵書(ぼんしょ))、思弁的な哲学的体系を説く『ウパニシャッド』(奥義書)である。

ウパニシャッド哲学 Upaniṣad ④ ウパニシャッドとは「奥義(奥義)」の意味で、転じて奥義を述べた一群の文献の名称となった。バラモン教の根幹をなす思弁的な哲学体系として、前7～前4世紀頃に形成された。宇宙の原理と個人の本質が一体となった梵我一如の境地に達することを目標として、輪廻からの脱却を説いた。そのための修行方法として、苦行や禁欲が説かれている。

『ウパニシャッド』 ③ バラモン教の奥義書で、前7～前4世紀頃に成立した。『ヴェーダ』の最後におかれたものという意味で『ヴェーダンタ』とも呼ばれる。『ヴェーダ』の教義を哲学的思索に深め、信仰を内面化したもので、『ブリハッド・アーラヌヤカ・ウパニシャッド』は純粋な認識作用そのものを宇宙の究極的実在とし、『チャーンドーギヤ・ウパニシャッド』は宇宙の根源的な存在が万物を生み、あらゆるものに遍在すると説く。

ブラフマン(梵) brahman ⑤ 宇宙の根源にある根本原理。宇宙のすべてを生み出し、すべてをつつみ込む万物の根源で、消滅変化する現象をこえた絶対的な永遠の存在。

アートマン(我) ātman ⑤ 我々の内にある本来の自己のこと。個人に内在する生命・精神の根源であり、永遠不変の本質をもつ。アートマンは本来は気息を意味し、やがて他人から区別されたその人自身、個人の本質・本体を意味するようになった。宇宙の原理ブラフマンとつながるもので、その原理を個人の内面に求めた時にアートマンにたどりつく。

梵我一如 ⑤ 宇宙の根本原理であるブラフマン(梵)と、自己の本質であるアートマン(我)が一体であることを意味する。ブラフマンは宇宙の一切の根源であるから、個体の本質であるアートマンもブラフマンから派生し、「このアートマンはブラフマンである」「我はブラフマンである」という真理を悟れば、宇宙の永遠と一体となって不死を得ることができる。この世で生成消滅して輪廻を繰り返す個体の根底には、自己の不変の原理アートマンがあり、それが宇宙のすべての根源であるブラフマンと一体であることを悟れば、個体の束縛を離れ、輪廻の苦悩から解脱して、宇宙の永遠にあずかることができる。

カルマ(業) karma ⑤ 結果をもたらす力をもつとされる行為。所作だけでなく、言葉や思いも含む。ある行為は一定の結果を引きおこすものとされ、業を積むことはみずから未来の結果を呼び寄せる。善い業を積めば善い報いが、悪い業を積めば悪い結果が返ってくる。善因善果、悪因悪果の道徳であるが、これが輪廻思想と結びつくと、現世は過去によって決定され、さらに来世を決めるという宿命観になる。

因果応報 ③ 人間の業(カルマ)によってその幸・不幸や運命が決まるという考え。輪廻転生の考えと結びついて、前世の行為の結果として現世があり、また現世の行為のあり方によって来世の生活が決まるとされる。

自業自得 ② 自分の行為(業)がもたらした結果を、みずからが受けること。因果応報と同じ意味である。

輪廻 ④ 車輪が回転してきわまりないように、命あるものがみずからの業(カルマ)を原因として生まれかわり、生活の形をかえながらどこまでも持続すること。**輪廻転生** ④ともいう。因果応報・自業自得によって、ある生活における行為が積み重なって業となり、それが原因となってつぎの生活の形や運命を決める。人間は因果の連鎖のなかで、前世・現世・来世の三世にわたって輪廻を繰り返すとされる。

解脱[ウパニシャッド] ⑤ この世に束縛されて輪廻を繰り返す苦悩から解放されて、永遠の安らぎと幸福を得ること。古代インドでは、業の積み重ねが原因となって、この世で生まれかわりを繰り返すという輪廻が信じられ、現世における輪廻の苦悩からの解放が求められた。解脱は学派や宗派によって様々に説かれるが、仏教では欲望を抑制して煩悩の束縛から自己を解放し、心の平静な境地である涅槃を実現することが解脱とされた。

→ p.75 **解脱**[ブッダ]

ジャイナ教 Jainism ⑤ インドの宗教。開祖のヴァルダマーナはジナ(勝利者)と尊称されるため、その教えをジャイナ教(ジナの教え)と呼ぶ。『ヴェーダ』の権威を否定し、バラモンの祭祀を認めず、合理的な教えを説いた。上昇しようとする霊魂に業の力によって下降する物質がつきまとい、霊魂を身体に結びつけて現世に繋縛する。霊魂を輪廻から解放して現世の苦悩から解脱するためには、不殺生・不妄語・不偸盗・不邪淫・無所有の5つの道徳的な戒めを守り、出家をして苦行を積み、悪業をつくらないようにし、すでに積み重ねた業を散じなければならない。白衣をまとう寛容主義の白衣派と、無所有を徹底して一糸も身にまとわない厳格主義の空衣派(裸形派)に分裂した。ジャイナ教は現在でもインドで200万人の信者をもち、虫1匹も殺さない徹底した**不殺生(アヒンサー)**［ジャイナ教］⑤を実践することで知られる。

→ p.196 **不殺生(アヒンサー)**［ガンディー］

ヴァルダマーナ　Vardhamāna ⑤ 前549頃～前477頃　古代インドにおけるジャイナ教の開祖。**マハーヴィーラ**(Mahāvīra)⑤(偉大な英雄)と尊称される。ブッダとほぼ同時代に王族の子として生まれ、成長して結婚し一女をもうけたが、30歳の時に出家して苦行生活に入った。その後、完全な知恵を得てジナ(勝利者、修行の完成者)となり、約30年間教化をおこない72歳で没した。カースト制度を否定した彼は、解脱のために苦行と不殺生を徹底することを人々に求めた。

● ● ●

ヒンドゥー教　Hinduism ⑤ 古来の正統バラモン教が様々な民間信仰を取り入れて発展した、インドの自然宗教・民族宗教。創造神ブラフマー・維持神**ヴィシュヌ**(Visṇu)①・破壊神**シヴァ**(Śiva)①を「一体三神」の最高神と崇め、業にもとづく輪廻とそれからの解脱の道を説く。ブラフマーは世界を創造し、ヴィシュヌはその世界を維持し、シヴァは世界を破壊し、新たに創造する。シヴァは、『リグ・ヴェーダ』の暴風神ルドラを前身とする。9世紀初めには現在のようなかたちのヒンドゥー教が成立し、仏教にかわって一般民衆の信仰としてインド社会に根をおろした。

ガンジス川の沐浴 ③ ガンジス川は、ヒンドゥー教徒にとって聖なる川とされ、ガンジス川で沐浴すると罪を免れ、死後は火葬にふして遺骨を流せば天国に行けると信じられている。ガンジス川流域には**ヴァイラナシ(ヴァーラーナシー)**②をはじめ、多くのヒンドゥー教の聖地がある。

ヨーガ　yoga ⑤ 古代からインドに伝わる、心を統一する瞑想法。ヨーガという言葉には結びつけるという意味が含まれ、心をひきしめて、その力を集中させることをあらわす。ヨーガは静かな境地のなかで絶対者と合一することをめざすため、多くの宗派や学派で修行法として取り入れられた。インドでは、ヨーガを重んじるヨーガ派が生まれた。仏教の開祖ブッダもヨーガを実践して悟りを開き、その後には仏教の一派としてヨーガ行派(瑜伽行唯識派)が形成された。禅宗の修行法である禅(ジャーナ)も、ヨーガのなかの一方法である。

2 ブッダ

仏教 ⑤ ブッダ(Buddha、覚者(かくしゃ))の教え、転じてブッダになるための教え。前5～前4世紀頃に北インドでガウタマ＝シッダールタによっておこされた。バラモン教のカースト制度や祭祀中心主義を批判し、永遠の真理(法〈ダルマ〉)への自覚(悟り)を説く。正しい知恵を求める合理性、平等の思想、生命あるものへの慈悲を説く平和で寛容な精神などを特色とする。初期に原始仏教団が生まれ、ブッダ入滅(にゅうめつ)後100年ほど経った頃より多くの部派にわかれたが(部派仏教)、紀元前後には、実践的な大乗仏教がおこり、思想的に発展した。アショーカ王・カニシカ王などの庇護(ひご)のもとに7～8世紀頃まで栄えたが、その後インドでは衰退した。しかし、東南アジア・西域・チベットなどに広まり、1世紀頃には中国に伝わって13宗が生まれた。日本には538年(一説には552年)頃に朝鮮半島を経て伝来し、奈良・平安時代に定着した。鎌倉時代以降多くの新宗派が生まれて、日本文化に多大な影響を与えた。

ブッダ(仏陀(ぶっだ)) Buddha ④ 前463頃～前383頃(生没年諸説あり、ほかの有力説は前563頃～前483頃) 仏教の開祖。本名ガウタマ＝シッダールタ。**釈迦(しゃか)**②・**釈迦牟尼(しゃかむに)**③・**釈尊(しゃくそん)**③・世尊(せそん)・如来(にょらい)などとも呼ばれる。

→ p.76 **ブッダの生涯と思想**

ガウタマ＝シッダールタ(ゴータマ＝シッダッタ) Gautama Siddhārtha (Gotama Shiddhattha) ⑤ 仏教の開祖であるブッダ(仏陀)の本名。ヒマラヤの麓(ふもと)のカピラバッツゥで**シャカ(釈迦)族**③の王子として生まれたと伝えられる。29歳で出家して修行を積み、35歳の時に**ブッダガヤー**⑤で真理にめざめて悟りを開き、ブッダ(真理にめざめた人)になった。その後弟子たちを従えてインドの北部をまわって仏教を説き、80歳の時に**クシナガラ**④で死去した。

四門出遊(しもんしゅつゆう) ② ガウタマ＝シッダールタが出家する動機になったと伝えられている物語。彼が王城の4つの門から外出する時、それぞれ老人・病人・死者と出あい苦悩を深めたが、最後の門を出て修行者に出あい、出家する決意をしたという。

苦行(くぎょう) ⑤ 心身に苦痛を与えるような激しい修行のこと。ブッダはこれを悟りへの道ではないとして否定し、快楽にも苦行にもかたよらないバランスのとれた健全な中道の生き方を説いた。

悟(さと)(覚(さと))り ⑤ 世界や人生についての究極的な真理を体得すること。菩提(ぼだい)ともいわれ、悟りをめざす心をおこすことを菩提心ともいう。仏教では、自分(我)やその所有物(我所)にとらわれる迷いを捨て去り、すべてのものは固有の実体をもたず(無我)、絶えず消滅変化する(無常)という、世界の実相についての真理を悟ることとされる。

解脱(げだつ)[ブッダ] ⑤ 自分やものにとらわれる執着心(しゅうちゃくしん)を捨て、心の絶対的な平静さの境地である涅槃(ねはん)を実現すること。ブッダはこの世の衆生を、大きな川に流されて、水に浮かぶ漂流物に必死にしがみつく姿にたとえ、無常なこの世に執着する心を捨て、川を渡りきって早く平静な安らぎの境地に至るのがよいと説いている。自分(我)やその所有物(我所)にとらわれる迷いを捨て去り、すべてのものは固有の実体をもたず、絶えず消滅変化するという無常・無我の真理を悟れば、この世への執着から離れて、心の絶対的な静けさの境地(涅槃)を実現し、そこに安らうことができるとする。

→ p.73 **解脱**[ウパニシャッド]

初転法輪(しょてんぼうりん) ⑤ 悟りを得たブッダが、ヴァイラナシ郊外にある**サールナート**②の鹿野苑(ろくやおん)で、過去に一緒に苦行した5人の修行者を相手におこなった最初の説法。かつてブッダが苦行を捨てたことを堕落(だらく)とみていた彼らは、悟りを開いたブッダの顔色の輝きをみて、その説法に耳を傾けたといわれる。

ダルマ(法(ほう)) ⑤ 仏教では真理・法則・教え・存在などを意味する。ブッダが悟った究極的な真理と、それをあらわす縁起・四法印・四諦・八正道・中道などの根本的な教えを指す。ダルマは、世界や人生のありのままの姿を示すもので、ブッダは如来ともいわれるが、それはありのままの真実(如)を悟り、そこからあらわれたもの(来)という意味である。

縁起(えんぎ)(縁起の法) ⑤ すべてのものは相互に寄りあって成立し、無条件にそれ自体で存在するものはないという、仏教が説く存在の法則。縁起とは、「縁(よ)りておこる」という意味。生があるから老いや死があるように、すべてのものは何らかの原因をもち、ほかのものを条件として存在している。縁起は、「これがある時かれがあり、これが

●ブッダの生涯と思想　前463頃〜前383頃(諸説あり)●

仏教の開祖。本名はガウタマ＝シッダールタ。一族の名をとって釈迦とも呼ばれる。

ヒマラヤの麓の小国カピラバッツゥの王子として生まれた。何不自由のない環境のなかで育てられたが、幼少の頃から物思いに耽る傾向があったという。16歳でヤショーダラと結婚して、一人息子のラーフラが生まれた。しかし、生・老・病・死という人生の問題に深く悩み、29歳の時に出家して修行者の生活に入った。６年間断食など伝統的な苦行をしたが、精神がもうろうとするだけで悟りを得ることはできず、苦行の無意味さを悟った。35歳の時に、ガンジス川中流域にある村(ブッダガヤー)の菩提樹のもとで、７日間、坐禅をして静かに瞑想し、ついに人生の普遍的真理を悟ってブッダ(真理にめざめた人)になった(成道)。そして、サールナートの鹿野苑で５人の修行者にはじめて教えを説き(初転法輪)、その後は、弟子たちとともにインド北部のガンジス川流域をまわって、様々な階層の人にわかりやすく教えを説いた。80歳の時、クシナガラ(ネパールの国境近く)で病のために横になり、弟子や信者に見守られながら死去(入滅)した。

ブッダは、この世のすべてのものは、様々な原因や条件があわさって成り立ち(縁起)、それ自体の固定的で永遠の本体をもたないと考えた。すべてのものは生まれ、変化し、やがて消滅する運命を免れない。しかし、そのような真理に暗い人間は、自分(我)や所有物(我所)に執着する欲にとらわれて迷い、みずからをわずらわせ悩ませている(煩悩)。すべてのものは固有の実体をもたず(諸法無我)、絶えず消滅変化する(諸行無常)という真理を悟れば、一切のものへの執着心から解放され、心の絶対的な静けさの境地(涅槃)を実現することができる。無常な人生の実相についての真理を悟り、ものにとらわれた執着心を捨て去り、心の永遠の安らぎを得ることが、仏教のめざす悟りの境地である。

ブッダの教えは、弟子たちによって原始仏典として伝えられており、そのほかに大乗経典など、のちの仏教学者や教団によって創作された経典が数多く存在する。

ブッダの言葉

- 己こそ自身の主、己こそ自身の依り所である。それゆえ、〔馬〕商人が良馬を〔制御する〕ように、己を制するがよい。
- 戦争で百万の人びとに打ち勝つよりも、一人の己に勝つ者こそ、最上の戦勝者である。
- 強いものであれ、弱いものであれ、生けるものに対して暴力を振わず、殺さず、また殺させない者、かれをわたしは聖職者と呼ぶ。
- この世の中では怨みは怨みによってけっして静まるものでない。ところが、〔怨みは〕怨みなくして静まる。これは永遠の真理である。

宮坂宥勝『現代人の仏教２　真理の花たば・法句経』筑摩書房

滅びることによってかれが滅ぶ」と説かれる。衆生の迷いも固定的なものではなく、それが生まれた原因・条件を滅すれば、消滅して悟りを開くことができる。

因縁 ② 縁起によって物事がおこる時の原因・条件になるもの。直接的な原因が因、間接的な条件や環境が縁と呼ばれる。すべてのものは因縁が和合して成立し(因縁生起)、因縁が離散すれば消滅する。

六道 ① 衆生が自分のつくった業に従って輪廻しておもむく６つの迷いの世界。六趣ともいう。地獄界・餓鬼界・畜生界・修羅界・人間界・天界。天界に住む天人も輪廻を免れることはできず、再び悪い世界(悪趣)に生まれかわる恐怖がともなうので、輪廻からの解脱が求められる。

五蘊 ⑤ すべての存在するものを構成する

5つの要素。**色**(しき)・**受**(じゅ)・**想**(そう)・**行**(ぎょう)・**識**(しき)⑤を指す。色(物質や肉体)・受(外界のものを感受する作用)・想(物事を思い描く表象作用)・行(物事をかたちづくる形成作用)・識(物事を対象として認識する作用)の5つが集まって、すべてのものがつくられる。そのどれにも「我」「我がもの」と固定的にとらえることのできるものはない。自我そのものは5つの要素の集合によって成り立ち、それ自体の固定的で永遠の実体をもつものではない。仏教では固定した実体としての我は認めず、無我の立場を説く。

：**識**(しき) ⑤ 識とは対象を認識する作用のことで、眼識(げんしき)・耳識(にしき)・鼻識(びしき)・舌識(ぜっしき)・身識(しんしき)・意識(いしき)の6つが六識と呼ばれる。それぞれの器官によって、外界の対象が、色・声・香り・味・感触・思考物としてとらえられる。仏教の説一切有部(せついっさいうぶ)と呼ばれる派では、外界に実在するものが6つの識によって認識されるとする。一方、唯識(ゆいしき)派では、認識された対象そのものが識の作用のなかにあり、すべては心のあらわれであり、心の世界のなかで対象として認識されるものへと関わる作用が識とされる。大乗仏教では対象を分析的に認識する識よりも、真理についての直感的認識である般若(はんにゃ)の方が重視された。

実体(じったい)［仏教］⑤ ウパニシャッド哲学では、アートマン(我)を永遠不変の実体とするが、仏教では万物は様々な原因や条件が和合して成立し(縁起)、無条件にそれ自体で存在する実体の存在を否定する。『涅槃経(ねはんぎょう)』では、自我を永遠不変の実体とみて、家が焼けても家主が新しい家に移るように、身体が滅びても自我が新たな身体に移って永続するという、常住不変(じょうじゅうふへん)の自我を説く先尼(せんに)の説を外道として否定している。

無明(むみょう) ⑤ 世界の真理に対して暗いこと。無知・不覚。苦悩をおこす根本原因であり、無常・無我であるものを常・我と思い込み、それらにとらわれる心。

四法印(しほういん) ⑤ ブッダの悟った普遍的真理をあらわす4つの命題。一切皆苦・諸行無常・諸法無我・涅槃寂静。法印とは真理のしるしの意。なお、一切皆苦を除いて三法印(さんぼういん)と呼ぶこともある。

：**一切皆苦**(いっさいかいく) ⑤ 人生のすべては苦しみにほかならず、自分の思うままにならないものであること。

：**諸行無常**(しょぎょうむじょう) ⑤ すべてのものがつねに変化し、とどまることがないこと。現実のすべての存在は、諸々の因縁により生成・消滅し、絶えず変化する流れのなかにある、とされる。 →p.106 **無常**

：**諸法無我**(しょほうむが) ⑤ 存在するものすべては永遠不変の実体ではなく、これを我がものとして固定的にとらえてはならないこと。この場合、「法」とは存在するものを指す。諸行無常とあわせて、**無常・無我の法**②とも呼ばれる。

：**涅槃寂静**(ねはんじゃくじょう) ⑤ 煩悩を離れ、苦を滅した自由で安らかな境地。悟りの境地。

四諦(したい) ⑤ ブッダの悟った縁起の道理を、具体的な実践の過程として4つにまとめたもの。4つの真理の意。四聖諦(ししょうたい)・苦集滅道(くじゅうめつどう)ともいう。この4つの基本的な真理を体得することで悟りに至るとされ、広く仏教徒の認識・修行の基準となった。

：**苦諦**(くたい) ⑤ 人生は苦しみにほかならないという真理。

：**集諦**(じったい) ⑤ 苦の原因は心の煩悩の集積であるという真理。

：**滅諦**(めったい) ⑤ 煩悩が消え、苦が消滅したところに、安らぎの境地(涅槃)があるという真理。

：**道諦**(どうたい) ⑤ 涅槃に到達するための道を示す真理。その具体的な修行方法が八正道である。

八正道(はっしょうどう) ⑤ ブッダの示した涅槃に至る8つの正しい修行方法のこと。煩悩を断ち切り、涅槃に至るために、だれもが守らなければならない普遍的な規範。正見・正思・正語・正業・正命・正精進・正念・正定を指す。根底に、快楽主義と苦行主義の両極端を否定する中道の思想がある。

：**正見**(しょうけん) ⑤ 正しい見解。現実の実相を正しく認識すること。

：**正思**(しょうし) ⑤ 正しい思惟(しい)。正しい思考を働かせること。

：**正語**(しょうご) ⑤ 正しい表現・言葉。正しい言葉を用い、嘘(うそ)や悪口をいわないこと。

：**正業**(しょうごう) ⑤ 正しい行為。道徳的に望ましい行動をすること。

：**正命**(しょうみょう) ⑤ 正しい生活。実生活のうえに正見を実践すること。

：**正精進**(しょうしょうじん) ⑤ 正しい努力。真理を悟るために正しく努力すること。

：**正念**(しょうねん) ⑤ 正しい見解をつねに念じて記憶し、心にとどめて失わないこと。

：**正定**(しょうじょう) ⑤ 正しい瞑想。瞑想によって心を正しく集中・統一すること。

四苦(しく) ⑤ 人生で避けることのできない4つ

の苦しみ。**生・老・病・死**[四苦]⑤、すなわち、この世に生まれ出ること、老いること、病気になること、死ぬことの4つを指す。人生がつねに移りかわる無常なものであることを悟らず、自分や自分の所有物について永続や安定を求める人間の欲望から、このような苦しみが生まれる。

八苦 ⑤ 生・老・病・死の四苦のほか、**愛別離苦**⑤(愛するものと離別する苦しみ)、**怨憎会苦**⑤(憎いものと出あう苦しみ)、**求不得苦**⑤(求めるものが得られない苦しみ)、**五蘊盛苦**⑤(五蘊から構成される心身の苦しみ)という4つを加えたもの。

煩悩 ⑤ すべてのものは固定的な実体をもたず、絶えず消滅変化するという真理(諸行無常・諸法無我)をわきまえず、自分や自分の所有物に執着する迷いの心。みずからを煩わせ悩ます原因となるので、煩悩と呼ばれる。渇いた人が水を求めることにたとえて**渇愛**②ともいう。エゴイズムをむきだしにして、富・権力・地位・名声などに執着し、他者と争ってみずからを苦しめる人間のおろかさの原因である。

我執 ⑤ 自己や自己の所有物が恒常的に存在するものと思い込んで執着すること。苦悩・迷いの根本になる。煩悩のもとで、この世の無常・無我の真理を理解しないこと。

三毒 ⑤ 善の可能性(善根)を毒する3種の大きな煩悩。貪(貪欲)・瞋(瞋恚)・癡(愚癡)の3つ。いずれも欲望にとらわれ、自分に執着することによって、苦しみや迷いの原因となる。

：**貪(貪り)** ⑤ 飽くことを知らない貪りの心。貪欲な人は満足することを知らず、他人との争いを避けられない。ブッダは自分の心を制御し、簡素で静かな生活に満足することを説いた。

：**瞋**(しん)**(怒り)** ⑤ 自分の心に違うものを恨み、怒ること。怒りは人間の心をくらまして誤った行為へと導く。ブッダはおのれの怒りをしずめ、生きものを殺すことをいましめ、慈悲の心をもつことを説いた。

：**癡(愚かさ)** ⑤ 心をくらます無知迷妄で、真理をみることができず、欲望のままにふるまい、自己を苦しめる原因となる。無明とも呼ばれる。ブッダはこの世の無常・無我の真理を正しくみつめ、煩悩から解脱することを説いた。

涅槃(ニルヴァーナ) nirvāṇa ⑤ ニルヴァーナ(炎の消滅)という語の音訳。煩悩の炎が消滅し、永遠の平静と安らぎが実現した悟りの境地。生死に束縛された一切の苦しみから解放された至福の心の状態。

戒律 ② 仏教信者が守るべき規則。在家の信者が遵守すべきだとされる五戒はとくに有名。**戒(シーラ)**(sīla)①とは本来、自発的に心のなかで誓い守るものであり、とくに罰則は定められていないが、**律(ヴィナヤ)**(vinaya)②は教団の秩序を維持するための規則であり、破れば罰則をともなうものである。

五戒 ⑤ 仏教徒が信者になる時に、在家の信者が守るべき5つの戒律。これに仏法僧の三宝、すなわちブッダ・仏教の教え・僧侶の集団の3つに帰依する**三帰**①を加えて、三帰五戒と呼ばれる。守るべき戒律の違いによって、五戒を受ける在家の信者(優婆塞〔男性〕・優婆夷〔女性〕)、十戒を受ける出家した少年僧(沙弥・沙弥尼)、250戒(男性)・348戒(女性)を受けて正式に出家した修行者(比丘・比丘尼)にわかれる。

：**不殺生戒** ③ 生きものを殺してはならないという戒め。

：**不偸盗戒** ③ 他人の財産を盗んではならないという戒め。

：**不邪淫戒(不邪婬戒)** ③ みだらな男女関係をもってはならないという戒め。

：**不妄語戒** ③ 嘘をついてはならないという戒め。

：**不飲酒戒** ③ 酒を飲んではならないという戒め。

中道 ⑤ 快楽と苦行の極端を避け、どちらにもかたよらない中正な道。欲望のおもむくまま快楽にふける快楽主義も、みずから身体を痛める苦行に没頭する苦行主義も捨て、適切で健康な生活を送りながら、冷静な思考力をもって知恵を磨き、真理を悟る道をあらわす。

慈悲 ⑤ 仏教における普遍的な命への愛のこと。**慈(マイトリー)**(maitrī)⑤とは、慈しみであり、他者に楽しみを与えること(**与楽**③)。**悲(カルナー)**(karuṇā)⑤とは、あわれみであり、他者の苦しみを取り除くこと(**抜苦**③)。人間に限らず、動物や草木に至るまで、生きとし生けるものすべての幸福と平和を願う心である。ブッダは我執やものにとらわれる心を捨て、すべての生命を愛することを力説した。

一切衆生 ⑤ 苦しみ悩んでいる、すべての生きとし生けるもの。すべての人類や動植物。**衆生**⑤・有情ともいう。人間だけを指す場合もある。

原始仏教 ② ブッダの教えが弟子によって集められ、整理されて成立した初期の仏教。根本仏教ともいう。ブッダの没後100年頃までの仏教を指し、その後に上座部(じょうざぶ)仏教(小乗仏教)と大乗仏教に分裂する以前の統一された教団の仏教である。人生の苦悩の認識から出発し、その原因を無常の真理をみずに、自己や自己の所有物に執着する心にあるとする。この世は縁起によって成立する無常なものであることを悟り、執着心を捨て去り、心の永遠の安らぎの境地である涅槃の実現を説く。欲望から心を浄化するために、悪をなさず善をおこなう素朴で現実的な生活道徳を重んじた。ブッダの教えと人格をしたって集まってきた信者たちは**教団(サンガ)**(saṃgha)③を形成し、カースト制の身分や男女の差別のない、平等で簡素な生活を営んだ。出家した男性の修行者は**比丘**(びく)①、女性の修行者は**比丘尼**(びくに)①、在家の男性の信者は**優婆塞**(うばそく)①、女性の信者は**優婆夷**(うばい)①と呼ばれる。

『スッタニパータ』 ⑤ ブッダの言葉を集録した最古の教典の1つで、「経集」と訳される。弟子たちがブッダの言葉を簡潔にまとめたもので、ブッダの没後間もない時期に成立したと推定される。煩瑣(はんさ)な教理はなく、単純素朴なかたちで、人の歩むべき正しい道が説かれる。

『ダンマパダ』 ① 原始仏教における最古の経典の1つで、真理の言葉という意味をあらわし、『法句経(ほっくぎょう)』とも訳される。たくみな比喩(ひゆ)をまじえながら、簡潔に仏教の世界観・道徳観を説いており、広く仏教徒に尊重されている聖典である。

『ジャータカ(前生譚(ぜんしょうたん))』 ③ ブッダの前世(ぜんせ)の物語で、前世で菩薩(ぼさつ)として衆生を救って修行を積んだことが因縁となって、この世で悟りを開いてブッダになったことを説くもの。本生譚(ほんしょうたん)とも呼ばれる。そのなかには雪山(せっせん)童子が教えをきくために、わが身を谷底に投げて羅刹(らせつ)に与える施身聞偈(せしんもんげ)、飢えた虎の親子を救うためにわが身を与える捨身飼虎(しゃしんしこ)の薩埵(さった)王子の説話などがある。

3 仏教の発展

部派(ぶは)仏教 ⑤ ブッダの死から約100年ののち、教団は保守的な長老たちを中心とする上座部と進歩的改革派の大衆部(だいしゅぶ)とに分裂した。アショーカ王のもとで修行僧のグループが増大すると、この2派はさらに分裂を重ね、前1世紀までに18の部派が成立した。この分裂の母体であった上座部と大衆部とをあわせて部派仏教(小乗20部)という。この時期の仏教は、民衆の救済よりも個人的な悟(さと)りの追求に重心があった。

大衆部(だいしゅぶ) ⑤ ブッダの死から約100年ののち、戒律の解釈をめぐって教団内に保守派と進歩派の対立が生じた。そのうちの進歩派が大衆部で、ブッダの定めた戒律の細かい規則にとらわれず、ブッダの精神を現実の状況のなかで大局的に生かしていこうとした。のちの大乗仏教につながる。

上座部(じょうざぶ) ⑤ ブッダの死後、ブッダの定めた戒律を厳格に遵守して教団を維持すべきことをとなえた保守派。のちの上座部仏教(小乗仏教)につながる。

小乗(しょうじょう)仏教 ⑤ 小乗とは「小さな乗り物」の意味で、自己1人の悟りの完成をめざす**上座部(上座部系)仏教**⑤を、大乗仏教の側から批判的に呼んだ言葉。おもにスリランカや、ミャンマー・タイ・カンボジア・ラオス・インドネシアのジャワ島などの東南アジア諸国に伝わり、**南伝仏教**③とも呼ばれる。ブッダの説いた戒律を受け継ぎ、伝統的な教えを守る仏教である。個人の悟りを完成させて阿羅漢となることを目的とし、出家してきびしい戒律を守り、僧院で修行をすることを重んじる。

阿羅漢(あらかん) ④ 修行を完成し、世の人の尊敬を受けるにふさわしい人の意味。羅漢ともいう。上座部仏教(小乗仏教)が理想とする修行者像であり、仏より下位ではあるが、仏の弟子である出家者(声聞(しょうもん))が修行によって達しうる最高の位とされる。

大乗(だいじょう)仏教 ⑤ 大乗とは「大きな乗り物」という意味で、すべての衆生の救済をめざす立場を自称したもの。おもに中国・朝鮮半島・日本に伝わり、**北伝仏教**③とも呼ばれる。従来の仏教が形式化したことを批判し、前1～後2世紀にかけて、在家の信者を含めた人々による仏教の改革運動によって形成された。ブッダの慈悲と利他の教えを受け継ぎ、自分1人の救いではなく、一切衆生の救済をめざす菩薩となって慈悲を実践することを理想とする。

ストゥーパ　Stupa ① ブッダの遺骨をおさめた塔で、仏塔とも呼ばれる。ブッダの死後、ブッダをしたう民衆によって仏塔への信仰が広まり、大衆仏教へと発展していく。日本では卒塔婆(そとば)と呼ばれ、五重塔・三重塔・多宝塔の由来となる。

三蔵 ① 仏教の聖典の分類で、**経**①(ブッダの教え)・律(ブッダの制定した教団の生活規則、戒律)・**論**①(ブッダの教えを解釈し論議したもの)の3つを指す。原始仏教では教えは口伝され、ブッダの入滅後は弟子たちが集まって教えの集合と確認の作業(結集)がおこなわれた。ブッダの入滅から100年後に教団が分裂すると、各部派で経・律・論が伝承され、三蔵がまとまってからも、大乗仏教が発展すると新たに**大乗経典**③が数多くつくられた。これらは三蔵とあわせて**大蔵(一切)経**②と呼ばれる。ブッダの死後も教団によって多数の聖典がつくられたことは、ほかの宗教にみられない仏教の特徴である。

→ p.78 **律(ヴィナヤ)**

『**般若経**』② 前1世紀～後1世紀に成立した大乗仏教の初期の経典。すべてのものは、様々な因縁が仮に和合してできあがったもので、それ自体の固定的な実体をもたない空なるものであることを説く。般若とは、パンニャやプラジュニャーのことで、万物の空を悟る直感的な智慧を指す。最大の『大般若波羅蜜多経』から、最小の『**般若心経**』③まで多数あるが、『般若心経』は日本でも広く親しまれ、多くの宗派で読経される。

→ p.231 『**維摩経**』

『**華厳経**』② 時間と空間を超越した永遠の宇宙の真理そのものである仏について説いた大乗仏教の経典。その仏は、光り輝く仏という意味のバイローチャナ、毘盧舎那仏と呼ばれる。仏の智慧の光で宇宙は満たされ、あらゆるものは宇宙のすべてのものとの関係によって成り立っている。1つのものに宇宙のすべてが映し出される**一即一切**①、宇宙のすべてに1つのものが映し出される一切即一という、個物と宇宙が無限に映しあう重々無限の宇宙観が説かれる。このなかの『十地品』では菩薩の十段階の修行、『入法界品』では善財童子と呼ばれる少年が53人の賢者をたずねて悟りを求める物語が、それぞれ記されている。

『**法華経**』① 大乗仏教の経典で、本来の名は「正しい教えである白い蓮の花」。妙法蓮華経とも呼ばれる。蓮は泥のなか(俗世)から美しい花(彼岸)を咲かせるという意味が込められている。日本では、天台宗や日蓮宗の根本的な経典とされる。仏は過去に実在した歴史的人物としてのブッダをこえ、生死をこえて永遠に働き続ける大きな命そのものとされる。仏は無限の過去に悟りを開き、永遠の寿命をもって常住し、人々を救済し続ける久遠実成の仏である。また、法華七喩と呼ばれる7つのたとえ話や、常不軽菩薩や観音菩薩の教えも広く知られている。

→ p.244 『**法華経**』[日蓮]

『**阿弥陀経**』② 大乗仏教の経典で、阿弥陀仏による救済と浄土への往生を説く。阿弥陀仏の名をとなえた者は、すべて浄土へと往生できるとされる。『**無量寿経**』②、『観無量寿経』とともに浄土教三部経とされる根本的な経典である。

『**涅槃経**』② ブッダの入滅とその意味について説く、後期の大乗仏教の経典。同名の初期の原始仏典とは異なり、大乗経典の『涅槃経』では、仏とはブッダが説いた真理の教えそのものであり、その教えを身体とする法身としての仏は永遠に不滅であるという如来常住を説く。また、すべてのものには悟りを開く仏としての可能性があるという一切衆生悉有仏性、真の世界は永遠の幸福に満ちた清らかな世界であるという常・楽・我・浄の教えなどが説かれる。また、ヒマラヤ(雪山)で菩薩の修行をしていた童子が、空腹の羅刹(鬼)から教えの半分を聞き、残りを聞くためにわが身を投げ与えようとしたところ、羅刹は帝釈天(仏の守護神)に姿をかえて童子を受けとめたという雪山童子の物語がある。

仏性 ④ すべての衆生が生まれながらに備えている仏になるべき素質。自己の内に仏(如来)の可能性を宿すという意味で、如来蔵とも呼ばれる。大乗仏教ではすべての衆生は真理を悟って煩悩から離れ、仏になる素質をもつという平等な人間観を説く。　→ p.232 **一切衆生悉有仏性**

菩薩 ⑤ 悟りを求めて努力する求道者を指す。ボディーサットヴァの音を写した菩提薩埵の略で、菩提(悟り)を求める衆生という意味である。菩薩は悟りを求める菩提心(ぼだいしん)をおこし、一切の衆生が救われない限り自分もまたあえて救われないと誓願(せいがん)を立て、利他行に励んで衆生の救済につとめる。大乗仏教において、自分をあとまわしにして衆生の救済を優先する菩薩は、慈悲を実践する理想像とされ、衆生の救済を終えて未来に悟りを開いて仏になると信じられ、信仰の対象になった。

観音(かんのん)菩薩 ① 古くから盛んな菩薩信仰の1つに観音信仰(大乗仏教における、衆生の救済につとめる菩薩への信仰)があり、観音菩薩(観世音(かんぜおん)・観自在(かんじざい)・救世(くせ)菩薩)は、救いを求める衆生の声を聞き届け、衆生に応じてどこにでも即座にその身をあらわして救済すると信じられた。『観音経』によれば、だれでも観音の名をとなえれば、難を免れ、願いを満たすことができるとされる。このほかに、未来に仏となってあらわれて衆生を救済する弥勒菩薩、観音菩薩とともに阿弥陀仏につかえ、偉大な勢力という意味で、智慧の光を象徴する勢至(せいし)菩薩、仏の智慧をあらわす**文殊(もんじゅ)菩薩**①、仏の慈悲をあらわす普賢(ふげん)菩薩、子どもを救う地蔵菩薩など、様々な菩薩への信仰が民衆に広まった。

弥勒(みろく) ① 弥勒菩薩のことで、観音菩薩などと並び民衆の菩薩信仰の対象になった。もとは南インドのバラモンであったが、菩薩行を終えて兜率天(とそつてん)に上生(じょうしょう)して現在はそこに住まい、ブッダが入滅してから56億7,000万年後にこの世に下生(げしょう)して仏となり、民衆を救済すると信じられた未来仏。弥勒はマイトレーヤ(Maitreya)を漢字に写したもの。なお、ヨーガ行派の開祖とされる3〜4世紀の弥勒とは別である。

地蔵(じぞう)菩薩 ② 地蔵とは大地の胎内という意味をあらわし、大地が万物を生み出す力を蔵するように、すべての人々を慈悲の心でつつみ込んで救済するとされる。子どもの守り神ともされる。子どもが親孝行もできないままに親より先に死ぬと、親を悲しませたので三途(さんず)の川を渡れず、賽(さい)の河原で石を積んで卒塔婆をつくり、それを鬼が崩すということを永遠に繰り返さなければならない。そこに地蔵があらわれて、鬼から子どもを救うとされる。また、地獄から天界までの六道(ろくどう)にあらわれて、輪廻(りんね)して生まれかわる人間を救済する6体の地蔵を並べた六地蔵も、古くから日本の各地で信仰されている。

成仏(じょうぶつ) ③ 菩薩が長年の修行の末に一切の煩悩を断ち、衆生救済を終えて悟りを開いて仏となること。大乗仏教ではすべての生きとし生けるものは真理を悟って仏になる可能性(仏性)を備えていると説く。『涅槃経』では「一切の衆生には悉(ことごと)く仏性有り」と説かれ、『法華経』では「草木成仏」と説かれて草木も成仏できるとされ、日本では「草木国土悉皆成仏(そうもくこくどしっかいじょうぶつ)」という言葉も生まれた。

ナーガールジュナ(竜樹(りゅうじゅ)) Nāgārjuna ⑤ 150頃〜250頃　大乗仏教最大の思想家。南インドのバラモンの家に生まれ、インド各地を遍歴したのち、晩年は南インドで天寿をまっとうしたとされる。はじめ上座部仏教を学んだが、のちに大乗仏教に転じ、『**中論(ちゅうろん)**』③など大乗経典の注釈書を数多く著して、空の思想を確立した。彼を祖として、**中観派(ちゅうがんは)**③が形成され、大乗仏教の理論的基礎を固めた。

空(くう) ⑤ 大乗仏教の根本的立場をあらわす語。すべて存在するものは固定的な不変の実体をもたないということであり、縁起説を深化・発展させたものである。大乗経典のうち、とくに『般若経』が空の思想を強調し、のちにナーガールジュナ(竜樹)がこれを哲学的にまとめた。

色即是空(しきそくぜくう) ② 色(しき)(物質)は、それ自体の固定した不変の実体をもたない空(縁起によって成立したもの)であるという教え。同時に、空は何もない空虚(くうきょ)ではなく、様々な原因・条件が集まって色として現象する(**空即是色(くうそくぜしき)**②)。世界の様々な現象のなかに生きながらも、それらを固定的なものとみて執着の対象にすることなく、とらわれのない自由自在な心で生きよ、という教えである。初期の大乗経典である『般若経』で説かれる。

一切皆空(いっさいかいくう) ① 宇宙に存在するすべてのものは、いずれもそれ自体として独立した不変の実体ではなく、ほかのものに依存して存在しているにすぎないということ。

無自性(むじしょう) ⑤ すべての存在するものが固定的・実体的な本性(自性)をもたず、ほかのものに条件づけられて成立していること。ナーガールジュナ(竜樹)が縁起説を深めて展開した空の理論を指す。無自性の教えによって煩悩も苦もそれ自体の実体をもたず、一切の衆生は本来は空に生きており、煩悩即菩提、生死(しょうじ)即涅槃の考えにつながった。

→ p.231『**勝鬘経**』

自利(じり) ⑤ ほかの衆生のことをかえりみず、

自分の利益だけを求めること。しばしば上座部の立場を非難して使われる。

利他(りた) ⑤ 他者の救済につとめること。利他行ともいう。大乗仏教では慈悲の心をもち、利他行につとめる菩薩が理想像とされた。

六波羅蜜(ろくはらみつ) ⑤ 大乗仏教の求道者が実践すべき6つの修行。波羅蜜とはパーラミーターの音を写したもので、大乗仏教では向こう岸(彼岸(ひがん))に至ること、到彼岸(とうひがん)を意味し、迷いの此岸(しがん)から悟りの彼岸に渡り、真理を悟る智慧を完成することをあらわす。そのためには菩薩が実践すべき6つの修行の道が説かれる。

: **布施**(ふせ) ⑤ ものや教えを与えること。布施をする自己も、布施を受ける他者も、布施するもの自体も、すべてが空であることを悟っておこなわれる。

: **持戒**(じかい) ⑤ 戒律を守ること。

: **忍辱**(にんにく) ⑤ 迫害や困苦をたえ忍ぶこと。人生の苦難を忍耐することは、受け身にみえるが、内面の強い意志と勇気、相手をゆるす寛容さなどが必要である。

: **精進**(しょうじん) ⑤ 悟りを開くために心を集中して努力を継続すること。確固とした意志をもち、忍耐強く、悟りを開くための修行と、一切衆生を救済する利他行を成し遂げること。

: **禅定**(ぜんじょう) ⑤ 精神を統一して心を安定させること。禅はジャーナの音を写したもので、古代インドに伝わるヨーガの一方法とされ、精神をしずめる瞑想法である。

→ p.74 **ヨーガ**

: **智慧**(ちえ) ⑤ 世界の真実の相(実相)が空であることを悟ることで、**般若**(はんにゃ)①ともいう。

法身(ほっしん) ① 大乗仏教において、宇宙に遍在する絶対的で永遠の真理としての仏を意味する。宇宙の永遠なる真理(法)を身体とする仏という意味である。真理は、それを悟る主体と離れたものではなく、法身仏はそのような真理の主体的なあり方を強調し、真理を人格的に表現したものである。釈迦は35歳の時に真理を悟ってブッダ(覚者(かくしゃ))となったが、ブッダの入滅後、ブッダは永遠で絶対の真理と一体となり、法を体現する存在であると信じられるようになった。大乗仏教では、永遠不変の真理(法身仏)が、衆生を救済するために現実世界で肉体をもってあらわれた姿を応身(おうじん)と呼び、ガウタマ＝ブッダもそのような真理の人格的あらわれの1つであり、過去・現在・未来に数多くのブッダが出現するという信仰が生まれた。法身仏について、大乗仏教の経典の『法華経』では久遠仏(くおんぶつ)と説かれ、『涅槃経』では「如来は常住にして変易(へんやく)あることなし」と説かれる。

過去七仏(かこしちぶつ) ① ガウタマ＝シッダールタが悟りを開いてブッダとなった以前にも、6人のブッダがあらわれて教えを説いたとされ、この6人の仏にガウタマ＝ブッダ(ほかのブッダから区別する時の呼称)を加えて、過去七仏と呼ぶ。大乗仏教では、永遠で絶対の真理としての仏(法身仏)の人格的あらわれとして、多くのブッダが出現すると説かれる。

アサンガ(無着・無著(むじゃく〈むちゃく〉)**)** Asanga ⑤ 4世紀頃　大乗仏教の唯識思想を体系化した思想家。インドに生まれ、はじめ上座部仏教を学んだが、のちに大乗仏教に転じた。ヨーガ行派の祖とされるマイトレーヤ(弥勒(みろく)、270頃～350頃、その歴史的実在については疑問視する考えもある)から学び、弟のヴァスバンドゥ(世親)とともに、唯識思想を確立した。ヨーガ(心を集中する観想のこと。禅・ジャーナもこのなかに含まれる)の実践を通して、根源的な唯一の実在である心を観想するので、その学派は瑜伽行(ゆがぎょう)唯識派と呼ばれる。主著『摂大乗論(しょうだいじょうろん)』。

ヴァスバンドゥ(世親(せしん)**)** Vasubandhu ⑤ 4～5世紀頃　インド出身で、アサンガ(無着)の実弟。はじめ上座部に入ったが、のちにアサンガの導きで大乗に属した。数多くの著書・注釈書を残し、とくに唯識の思想の発展に力をつくした。主著『唯識二十論』『唯識三十頌(じゅ)』。

唯識思想(ゆいしきしそう) ④ アサンガやヴァスバンドゥによって確立された大乗仏教の有力な理論の1つ。世界のすべての事物の実在性を否定し、もののあらわれは根源的な唯一の実在である心の表象にほかならないとする。同じ川でも人には清流とうつり、地獄の罪人には火の川としてうつるように、すべての物事は心によって生み出された表象である。すべての事物は縁起によって成立し空であると説く中観派に対して、**唯識派**③は事物のあらわれの根源として心の実在性を積極的に主張した。

アーラヤ識 ① 唯識派の思想の根本原理で、あらゆる現象を生み出す心の根源的な無意識の働きを指す。アーラヤ(阿頼耶)とは、蔵(くら)の意味。すべての現象を生み出す種子を蓄えた蔵にたとえられる経験の根源であり、経験された現象の印象が蓄積される貯蔵所でもある。無意識のアーラヤ識から、自我意識の末那(まな)識、対象へと向かう眼(げん)・耳(に)・鼻(び)・舌(ぜつ)・身(しん)・意(い)の六識が生まれる。人間はアーラヤ識が生み出す表象の世界にとらわれているが、すべての外界の現象がアーラヤ識にもとづき、万物が心のあらわれであると悟れば、迷妄(めいもう)の世界は消滅する。

達磨(だるま) Bodhidharma ① ?～530頃 ボーディダルマ、達磨大師とも呼ばれ、中国禅宗の祖である。達摩とも表記される。詳しいことは明らかではないが、南インドで生まれ、西域(さいいき)から中国に渡ったとされ、洛陽(らくよう)の近くの嵩山少林寺(すうざんしょうりんじ)で、壁に向かって9年間坐禅の修行を続けて悟りを開き(面壁(めんぺき)九年)、中国に禅を伝えたとされる。主著『二入四行(ににゅうしぎょう)論』。

玄奘(げんじょう) ② 602～664 中国唐時代の仏僧であり、インド・西域の大旅行家。河南(かなん)省で生まれ、洛陽・長安などで学ぶが、人々を救済するため国禁をおかして出国し、直接原典について研究するためにインド旅行を決意した。インドで研究を重ねたのち、中国へ戻り、仏典の新訳を発表して中国仏教界に大きな影響を与えた。『大唐西域記(だいとうさいいきき)』はその旅行記。日本では『西遊記』の三蔵(さんぞう)法師として知られている。

チベット仏教 ⑤ 中国仏教や日本仏教と同様に、大乗仏教の流れに属する。阿弥陀如来や十一面観音の信仰など大乗仏教と共通点がみられる一方で、男女がだきあってまじわる姿であらわされる歓喜仏(かんぎぶつ)や、怒りの形相をあらわす忿怒(ふんぬ)尊、女神のターラー菩薩など独自の特徴をもつ。7世紀頃インドと中国の双方からチベットに仏教が伝来したが、その後、もっぱらインド仏教にもとづいて発展した。失われたサンスクリット語仏典をチベット語に翻訳して保存しており、研究者にとって貴重な資料になっている。仏が化身としてラマ(僧)になってこの世にあらわれるという、活仏(かつぶつ)の教えがある。活仏とされた高僧が亡くなると、その生まれかわりとして新たに童子が選ばれる。なかでもダライ＝ラマと呼ばれる指導僧は、宗教だけでなく、政治や文化全般を統率してきた。現在はダライ＝ラマ14世(1935～)であるが、中国の支配下におかれたチベットからインドに亡命し、2011年、政治権限を亡命政府の首相に移譲した。

五体投地(ごたいとうち) ① 体を投げだして地面に伏して仏に祈ること。チベット仏教でおこなわれる。寺院の前でおこなわれるほかに、五体投地をしながら巡礼をする信者もいる。

第6章 中国の思想

1 古代中国の社会と思想

周（しゅう） ⑤ 前11世紀頃に周の武王が殷の紂王を滅ぼして建国した古代中国の王朝。鎬京を都にした時代を西周と呼び、前770年に北方の異民族の侵入を受けて東の洛邑（洛陽）に遷都してからを東周と呼ぶ。この周の東遷から、諸侯が抗争する春秋時代に入る。周の王室は一族を諸侯に任じて封土を与え、地方をおさめさせる**封建制度（封建的秩序）**⑤をとった。諸侯は、周の王室から分封された自分の領地を支配した。周の王室とその血縁関係にある諸侯は、本家と分家の関係にあり、共通の祖先を祀る祭祀を中心にして血族的な結びつきをもっていた。周王朝は、都市国家の連合体の盟主の立場にあり、祖先を祀る宗廟でおこなわれる祭祀を通じて、分家である諸侯を統治した。春秋時代の末期にあらわれた孔子は、周の封建的な秩序を理想とし、とくに武王の弟である周公旦（周公）の定めた礼楽の制度を模範とした。

天（てん）**（天帝）** ③ 古来中国民族には、天が自然や人の運命を支配するという信仰があり、天にいます超越的な人格神は天帝・上帝とも呼ばれた。天帝のくだす命令を**天命**［中国］③といい、人間の力をこえた運命的な力を意味した。天は徳を備えた者に天下を統治する命を与え、その天の命を受けた者が天子となり、天の意志の代行者として人民を統治する。王朝の支配や交替は天命によるもので、君主が有徳者でなくなった場合は、天命が改まって新しい有徳者が君主になる。これを易姓革命（王朝の姓が易わり、天命が革まる）という。戦国時代末からは、天命は人間の道徳的な本性として人間に内在すると考えられるようになり、人の本性（性）は天にもとづき、天と人の本性とは密接な関係があるという**天人相関説**（てんじんそうかんせつ）②が説かれた。孟子の性善説や、宋代の朱子学などを受け継ぐ儒教の正統的な思想においては、人間の道徳的本性（性）は天に根拠をもつとされる。一方、荀子は天人分離を説き、天は風雨などの自然現象にすぎないとし、人間の意志や感覚にもとづく人為的な活動を天から独立させた。

春秋（しゅんじゅう）**・戦国**（せんごく）**時代** ⑤ 周の東遷（前770年）から秦の中国統一（前221年）までのおよそ550年間の戦乱の時代。諸侯が周の再興を掲げて覇者として争った前403年までを春秋、その後の列強が実力闘争を繰り広げた下剋上の時代を戦国という。名称は孔子が編纂したと伝えられる歴史書『春秋』、列強の外交や戦争を記した『戦国策』にちなむ。周の封建制度が解体して伝統的な秩序が崩壊し、秦の中央集権的な郡県制が確立するまでの過渡期であり、諸侯が対立抗争する変革期を背景に、諸子百家と呼ばれる思想家が登場し、時代に対処する様々な思想を説いた。

諸子百家（しょしひゃっか） ⑤ 春秋末期から戦国時代にかけて登場し、時代に対処する様々な方策を説いた思想家や学派。諸子とは諸先生、百家とは多くの学派をあらわす。『漢書』には189家あると記されているが、そのおもな学派は、儒家・道家・陰陽家・法家・名家・墨家・縦横家・雑家・農家の9派（これに小説家を加えて10派）である。周の封建制度にもとづく伝統的な秩序が崩壊して、諸侯が対立抗争する変革期に、彼らは諸国を遊説して君主たちに富国強兵・民衆統治などの方策を説き、諸侯は彼らを食客としてもてなした。斉の威王は学者を好み、首都の臨淄に数千人の学者を住まわせて自由に討論させ、稷下の学士と呼ばれた。諸子百家が論争する様子は、**百家争鳴**（ひゃっかそうめい）①と呼ばれた。

墨家（ぼっか） ⑤ 墨子を祖とする戦国時代の諸子百家の一派。兼愛（自他の区別のない平等無差別の愛）、非攻（侵略戦争の否定）、尚賢（有能な者の任用）、尚同（民衆が君主と一体になる）、非楽（雅楽の廃止）、節用（浪費をつつしむ）、節葬（葬礼の廃止）などを説いた。儒家の形式的な礼楽主義や貴族の世襲制を批判したため、手工業者や農民などの庶民層に支持され、戦国時代には儒家と対抗する2大勢力となった。

秦の統一によって戦国の時代が終わるとともに衰え、漢の時代に儒教が国教とされるにおよんで、儒家の批判者であった墨家は思想界から忘れ去られた。

墨子(ぼくし) ⑤ 前480頃〜前390頃　墨家の祖となった、戦国時代初期の思想家。本名は墨翟(ぼくてき)。詳しいことは不明だが、魯(ろ)の国で生まれ、技術にたくみであったところから、手工業者の階層の出身とも考えられている。自他の区別なく人々が平等に愛しあう兼愛、戦争を否定する非攻を説いた。墨子は、大国の攻撃から小国を守るために防衛集団を組織し、弱小国の防衛に当たった。その集団は墨者と呼ばれ、墨子の死後も鉅子(きょし)と呼ばれる指導者に率いられ、厳格な規律のもとに強固に結束して活動を続けた。「墨突(ぼくとつ)くろまず」(墨子の家の煙突(えんとつ)は煤(すす)で黒くなることがない)、「墨子暖席(だんせき)なし」(墨子の席はあたたまるいとまもない)といわれるほど、戦争をはばむために各地を奔走(ほんそう)した。弟子たちが墨子の言行を記したものが『**墨子**』①である。

兼愛(けんあい) ⑤ 自他を区別しない無差別で平等な人間愛。墨子は肉親の愛情を重んじる儒教の教えを、差別的な愛という意味で**別愛**①と呼んで批判し、人を差別しない平等な兼愛(兼は広いという意味)を説いた。社会の対立抗争の原因は、各人が自分の利益を優先することにあるから、平和を実現するためには、家族や国家の枠をこえてすべての人が平等に愛しあう兼愛が必要であるとした。墨子は、「人を愛すれば、必ず人からも愛され、人を憎めば、必ず人からも憎まれる」と説いた。兼愛は心情的なものをこえて、たがいに利益をまじえる**交利**(こうり)⑤によって実現される。他者を愛して利をもたらせば、他者も我を愛して利をもたらし、相互の利益が実現する。

非攻(ひこう) ⑤ 侵略行為を正義に反するものとして否定する、墨子の非戦論。墨子は人を1人殺せば不義であり死罪に処せられるのに、他国を侵略して多くの人を殺せば、これをほめて正義とするのは矛盾であると説いた。君主が戦争で領土を拡大することは、他国の領土が奪われることであり、戦争は全体からみれば多くの財貨を浪費し、人民の命を失う大きな損失にほかならず、やがてはみずからをも滅ぼす過ちである。墨子は諸侯に戦争の非を説き、またすぐれた防御技術を備えた部隊を組織して、攻撃を受けた小国の防御に当たった。

法家(ほうか) ⑤ 法律と刑罰による国家の統治を説く、諸子百家の一派。人間の本性を利益を求め害を避けるものと考え、国家の規準としての法律を定め、それを賞罰によってきびしく守らせる**法治主義**④を説いた。法治主義によって国政を改革した秦の**商鞅**(しょうおう)(？〜前338)③、韓の申不害(しんふがい)(？〜前337)や、法家の思想を大成した韓非子らによって形成された。中国を統一した秦の始皇帝(しこうてい)は、法治主義を採用し、郡県制をしいて中央から官吏(かんり)を派遣し、強力な中央集権政治をおこなった。

韓非子(かんぴし) ⑤ ？〜前233　法家の思想の大成者。韓に生まれ、荀子のもとに遊学して儒教を学んだ。やがて、秦の商鞅や韓の申不害らの法思想の影響のもとに、法律と刑罰にもとづいて国家をおさめる法治主義によって富国強兵をはかる道を説いた。韓非子は、韓の使者として秦におもむいた時に、のちに始皇帝となって法治主義を採用して中国全土を統一した秦王に会う機会を得たが、その才能をねたんだ同じ法家で同門の**李斯**(りし)(？〜前208)③に讒言(ざんげん)されて投獄され、自殺した。韓非子は人間を利己的でつねに利害を打算するものとみて、法や刑罰など外からの強制によって社会秩序を維持する法治主義の必要を説いた。政治を統治のための技術とし、国政の規準としての法律と臣下を操る術策(じゅっさく)、つまり法術を国家統治の根本原則とした。さらに、臣下を操る「2つの柄(え)」は賞と罰であり、法の規準に照らした信賞必罰(しんしょうひつばつ)が必要だとした。主著『韓非子』。

兵家(へいか) ⑤ 戦争の理論や戦術を説いた学派で、諸子百家の一派。殷・周の時代から春秋時代にかけては、馬にひかせた貴族が乗る戦車による車戦が中心だったが、戦国時代になると鉄製の兵器が大量に製造され、兵士や騎兵を中心にする野戦(やせん)や包囲戦に移り、戦いの規模も拡大して、軍力も歩兵の数であらわされるようになった。『孫子』を書いた呉(ご)の孫武(そんぶ)、『呉子』を書いた楚(そ)の呉起(ごき)(**呉子**〈前440頃〜前381〉③)、『六韜(りくとう)』(その一篇「虎韜巻(ことうのまき)」が「虎の巻」の由来)に記された呂尚(りょしょう)(生没年不詳、太公望ともいわれる)などの軍略家があらわれ、兵家と呼ばれた。

孫子(そんし) ⑤ 紀元前6世紀頃　春秋時代末期に呉に仕えた孫武のことで、兵家の代表的な軍略家であり、その教えは『**孫子**』①にまとめられている。『孫子』はたんなる戦術論ではなく、「戦わずして敵兵を屈服させるのが最善である」「彼を知り己れを知れば、百戦して殆(あや)うからず」「利にあらざれば動かず」「兵は詭道(きどう)(相手の裏をかく仕業)なり」など、深い人生哲学と客観的な合理性につらぬかれた書である。また、戦いのなりゆきが生み出す勢いに乗じて敵の虚をつく「勢(せい)」の思想もみられる。『孫子』は、中国や日本の兵学者に広く読まれ、武田信玄が軍旗に記した「風林火山」は、この書の「疾(はや)きこと風の如く、徐(しず)かなること林の如く、侵掠(しんりゃく)すること火の如く、動かざること山の如し」という言葉から出ている。

名家(めいか) ⑤ 言葉(名)の分析を通して弁論や説得をおこなう学派で、諸子百家の一派。戦国時代に魏(ぎ)に仕えた**恵施**(けいし)(**恵子**)(前370頃～前309頃)③や、趙(ちょう)に仕えた**公孫竜**(こうそんりゅう)(前320頃～前250頃)⑤が代表的な思想家。言葉(名)とそれが指し示す実体(実)の関係を正確なものにしようとした。しかし、「白馬は馬に非(あら)ず」、つまり「馬」は形に、「白」は色に名づけたものだから、色に名づけた「白」を形に名づけることはできないので、白馬は馬ではない、というような詭弁(きべん)(相手をいいくるめるための虚偽の議論)におちいった。この「白馬非馬(はくばひば)の論」や「堅白異同(けんぱくいどう)の論」(堅い石と白い石は別個のもの)などは、孟子などからは詭弁との批判をあびた。

農家(のうか) ⑤ 農耕を中心にする平等な社会を説く、諸子百家の一派。**許行**(きょこう)⑤は楚(そ)に生まれ、滕(とう)に移って弟子とともに田畑を耕して集団生活をした。農業をはじめて人々に教えた古代の伝説的帝王で、農業神でもある神農(しんのう)を崇拝し、その教えに従って皆が鋤(すき)をかついで耕作し、君主にもみずから耕作せよと説いた。民衆から税を取り立てる諸侯や貴族を批判し、君臣の区別なく、すべての人が農耕に従事し、みずからの生活を立てるべきだと説いた。

縦横家(じゅうおうか(しょうおうか)) ⑤ 戦国時代に諸国を遊説し、諸国を対抗させたり、連合させたりして外交的なかけひきをおこなった策士たち。**蘇秦**(そしん)(?～前317?)⑤と**張儀**(ちょうぎ)(?～前309)⑤がその代表的な人物。蘇秦は強大化した秦に対抗するために、韓・魏・趙・燕(えん)・楚・斉(せい)の六国が縦に連合する**合従(合縦)**(がっしょう)③の策を説き、張儀は六国がそれぞれ横に秦と和議を結ぶ**連衡**(れんこう)③の策を説いた。秦に仕えた張儀が楚をだまして滅ぼした時、張儀の策にのせられた王を諌(いさ)めたために江南の地に流された屈原(くつげん)(前340～前278)が、憂国(ゆうこく)の情を「離騒(りそ)」にうたい、淵(ふち)に身を投じた悲劇は有名である。

陰陽家(いんようか) ⑤ 陰陽五行説を説く学派で、戦国時代の斉の**鄒衍**(すうえん)(前305頃～前240頃)⑤がその代表者。**陰陽五行説**⑤は、中国古来の陰陽説と五行説をあわせた哲理で、陰と陽の2つの元素(陰陽二気)の消長・変化と、木・火・土・金・水の5つの元素(五行)の運行によって、自然現象や社会現象を説明する。五行説には、木は火を生じ、火は土を、土は金を、金は水を、水は木を生じて循環するという相生(そうしょう)説と、水は火に克(か)ち、火は金に、金は木に、木は土に、土は水に克って循環するという相克(そうこく)説がある。五行の相生と相克によって、宇宙や社会現象が説明される。鄒衍はさらに、王朝は木・火・土・金・水の五徳の1つを備え、五行相克の順に周期的に循環するという五徳終始説を説き、また、天体を観測して暦をつくった。この陰陽五行説に道教の神秘的な教えが加わって、日本で平安時代に流行した、天体の運行や暦や占いによって禍福吉凶(かふくきっきょう)を判断する陰陽道(おんみょうどう)が生まれた。

2 孔子

孔子 ⑤ 前551頃〜前479　春秋時代末期の思想家で、儒教の祖。

→ p.88 **孔子の生涯と思想**

儒教 ⑤ 孔子の教えを継承し、発展させた思想・学派。人と人のあいだに自然に生まれる親愛の情をすべての人におし広めたものを仁と呼び、仁にもとづく道徳的秩序によって国家をおさめる徳治主義を説いた。仁は肉親の自然な親愛の情である孝悌を、社会全体の人間関係におよぼしたもので、他人への思いやり(恕)、自分を欺かない純粋な真心(忠)、自分のわがままをおさえる心がけ(克己)などによって養われる。為政者は礼楽を定め、みずから修養を積んで道徳的な人格を完成させ、それによって人民を感化して道徳的に向上させて社会秩序を守る。孔子の死後、その教えは弟子たちに継承され、孝や忠恕などの道徳の主観面を重んじる曾子(前505〜前436)・子思(前483頃〜前402頃)の学派と、客観面の礼を重んじる子夏(前507頃〜前425頃)・子遊(前506〜？)の学派にわかれた。その後、人は善に向かう本性を生まれもっていると説く孟子(性善説)や、社会規範としての礼を重んじる荀子(性悪説)らによって儒教は継承された。前漢の武帝の時には官学として採用され、儒教は中国の正統的な思想とされた。また、『易経』『書経』『詩経』『礼記』『春秋』の五経を理解する**経学**①が盛んになり、古典の言葉の意味を解釈する**訓詁学**①が発達した。隋・唐以後は、儒教は官吏登用試験である科挙の科目となった。宋代になると道徳の原理を人間の心の内面性に求め、その心の本性(性)を宇宙の原理(理)にもとづける新しい儒教(宋学)が盛んになり、『論語』『孟子』『大学』『中庸』の四書が重んじられた。宋学の大成者である朱子は、理気二元論にもとづく哲学的体系を備えた朱子学を確立し、明代には王陽明が陽明学と呼ばれる実践的な儒教を説いた。このように四書五経を中心に、学問的に体系化された儒教は**儒学**⑤とも呼ばれる。

儒家 ⑤ 孔子の教えとその流れをくむ思想家を指す。孔子の死後は、弟子たちに継承され、孝や忠恕などの道徳の内面性を重んじる曾子・子思の学派と、社会規範としての礼を重んじる子夏・子遊の学派にわかれた。さらには、孟子(性善説)や荀子(性悪説)に引き継がれ、漢代からは国家によって正統な学派とされた。周などの古代王朝の王者を聖人と呼んで理想とし、その聖人の道を四書五経などの古典によって学び、礼儀を身につけ、みずからの道徳的人格を完成させることによって、人民を道徳的に教化して、社会秩序を確立しようとした。

道[孔子] ③ 古代中国においては、道は人のいつも通う道の意味から、人間の生きる道や宇宙の原理を意味するようになった。孔子は、人間の守りおこなうべき道徳の規範としての人倫の道を説いた。孔子は**周公旦**(**周公**)(生没年不詳)④が定めた礼(社会規範)に道を見出し、礼に従うことによって徳を備えた道徳的人格を完成することができると説いた。孔子は、「朝に道を聞かば、夕に死すとも可なり」と語っている。

→ p.97 **道**[老子]

志学・而立・不惑・知命・耳順 ② 孔子がみずからの人生の歩みをふりかえって語った『論語』の言葉に由来する。15歳で学問に志し(志学)、30歳で自分の思想を確立して自立し(而立)、40歳で迷うことがなくなり(不惑)、50歳で天が自分に与えた使命や運命を知り(知命)、60歳で他人の意見を素直に聞くことができるようになった(耳順)という意味。

仁[孔子] ⑤ 孔子の教えの中心的な言葉。仁という字は「人」と「二」からなるとの説があり、人と人のあいだに自然に生まれる親愛の心を、すべての人におし広めたものである。『論語』のなかで孔子は、仁とは何かと聞かれて**「人を愛す」**③と答えている。仁は他者を愛する心であり、他人への思いやり(恕)、自分を欺かない純粋な真心(忠)、自分のわがままをおさえる心がけ(克己)などによってやしなわれる。

忠恕[孔子] ① 自分を欺かない純粋な真心(**忠**[孔子]⑤)と、他人への思いやり(**恕**[孔子]⑤)。偽りのない誠の心をもって他人に接すれば、自然に他者の身になって感じて行動することができるようになり、仁が完成する。孔子の弟子の曾子は、「夫子の道は忠恕のみ」と述べ、先生の道は真心(忠)と思いやり(恕)のみであると説いている。

「己の欲せざるところは人に施すことなかれ」 ⑤ 孔子が弟子の子貢(前520頃〜？)から「一言だけで一生おこなっていけ

● 孔子の生涯と思想　前551頃〜前479 ●

古代中国の春秋時代末期の思想家で、儒教の祖。姓は孔、名は丘、字は仲尼、魯の国に生まれた。父は下級貴族に属する勇敢な武将であったが、幼くして両親と死別し、貧窮のなかで苦学した。若い頃は、倉庫番や家畜の飼育係など、下級の役人となった。当時の貴族の教養とされた詩(宴会の席で音楽の伴奏でうたうもの)、書(古代の王の政治上の訓戒)、礼(礼儀作法)を学び、やがて弟子もあらわれた。52歳の時に魯の官吏となり、その知識と実力を認められて大司寇(司法長官)になり、大臣として魯の政治に参加した。しかし、三桓氏と呼ばれる御三家の貴族の勢力をおさえようとして政治改革に失敗し、56歳の時に魯を去った。14年間、弟子とともに諸国を遊説し、徳治主義の理想を説いたが、諸侯には受け入れられなかった。69歳の時に魯に帰り、晩年は弟子の教育に専念した。また、『書経』『詩経』『春秋』などを編纂したとされる。魯の首都の曲阜に開かれた孔子の塾には、干し肉一束を謝礼とすればだれでも入門でき、大勢の弟子が学んだ。74歳で死去したが、その教えは弟子によって継承されて儒教と呼ばれ、漢の時代には官学となり、中国の正統な学問として伝えられた。

春秋時代末期の中国では、周王朝は中央政府としての実権をまったく失い、諸侯が事実上の独立国を形成して抗争する戦乱の時代であった。詩・書・礼という古典を学んだ孔子は、社会の混乱の原因は、周公(周公旦。周の武王の弟で、魯の開祖)が定めた礼の制度が失われたことにあると考え、礼にもとづく伝統的な社会秩序を回復しようとした。

孔子は人と人を結ぶ親愛の心を仁と呼び、その仁が他人を尊重する態度や行動となってあらわれたものが礼(礼儀作法や社会規範)であると考えた。そして、権力にもとづく法治主義を否定し、仁の徳によって人民の心を感化し、礼によってその行動を整える徳治主義を説いた。当時は、徳治主義を採用する諸侯はなかったが、その後、儒教は中国の政治や社会の指導原理として重んじられた。また、日本や朝鮮半島・ベトナムにも伝えられ、その政治思想や道徳に影響を与えた。孔子と弟子の言行録が、『論語』である。

孔子の言葉

子曰く、吾十有五にして学に志し、三十にして立ち、四十にして惑わず、五十にして天命を知る、六十にして耳順う、七十にして心の欲するところに従いて矩をこえず。(先生はいわれた、私は十五で学問に志し、三十で自立し、四十で迷いがなくなり、五十で天が与えた自分の使命を悟り、六十で他人の言葉を素直に聞けるようになり、七十で心の欲するままにふるまっても行き過ぎることがなくなった、と。)

夫子の道は忠恕のみ。(先生の道は偽りのない純粋な真心「忠」と、他人への思いやり「恕」のみである。)

『論語』

るものがあるでしょうか」と聞かれて、「それは恕だ、自分のされたくないことは、他人にもしてはいけない」と答えた言葉。人は一生、他人への思いやり(恕)を心がけるべきで、それは自分が他人からどうされればいやであるかを考え、その感情を他人に移入して、そのようなことをしないように心がけることである。

信[孔子] ④ 他者への誠実な心。もともとは自己の言葉を守り通すことで、そこから信頼や信用が生まれる。他者への親愛の心である仁を実現するためには、忠信、自己の純粋な真心(忠)と、他者への誠実な心(信)とが必要であると説かれる。

孝[孔子] ⑤ 親への親愛の心。孝の文字は、老いた親を子が背負う姿をあらわしている。親は子を慈しみ、子は親を愛することによって、親子のあいだに親愛の情が自然にはぐくまれる。孔子は、**「孝悌なるものは、それ仁の本なるか」**③と説き、親への孝と兄や年長者への恭順(きょうじゅん)の心である**悌**(てい)[孔子]④という、肉親に生まれる自然な親愛の情を、社会の人間関係におし広めていくことによって仁が完成するとした。

『孝経(こうきょう)』① 儒教の経書の1つで、孔子の弟子の曾子(そうし)の学派によって書かれたとされる。親の恩に報い、先祖に感謝する孝の徳が宇宙をつらぬく原理であり、親を愛敬する心を人々におし広めて道徳や政治の根本にする。「身体髪膚(しんたいはっぷ)、之(これ)を父母に受く、敢えて毀傷(きしょう)せざるは、孝の始めなり」と説かれる。日本にも古くから伝わり、江戸時代の儒学者中江藤樹(なかえとうじゅ)が重んじた。

→p.248 **中江藤樹**

礼⑤ 他者を敬う態度やふるまい、礼儀作法、社会規範を意味する。孔子は、心の内面にある仁が、他者を敬う態度や言動となってあらわれたものが礼であると説いた。礼の由来は、古代中国における祖先を祀(まつ)る祭祀の儀礼であり、礼はその祭祀を通して氏族を結びつける働きをした。そのような儀礼が、やがて社会集団の秩序を維持し、社会における個人の行動を統制する社会規範を意味するようになった。孔子はそのような宗教的な由来をもつ礼に、心の内面にある仁が外面の態度や行動にあらわれたものという道徳的な意味を与えた。

「己に克(か)ちて礼に復(かえ)るを仁となす」⑤ 自己のわがままな感情や欲求を抑制して(**克己**(こっき)③)、礼、つまり他人を尊重する態度や言動や社会規範に従うことが、仁、すなわち他人を愛することであるという孔子の教え。**克己復礼**(こっきふくれい)⑤を読みくだしたもの。

君子(くんし)⑤ 孔子によれば、徳を身につけて道徳的な人格を完成させた人。もともとは民衆をおさめる立場の者を指すが、孔子は身分に関わらず、徳を備えた高い人格の持ち主を君子と呼んだ。為政者(いせいしゃ)は徳を備えた君子でなくてはならない。さらに礼楽を制定した古代の王は、完全な徳を身につけた理想的人格として**聖人**(せいじん)④と呼ばれる。古代中国の伝説の王である堯(ぎょう)・舜(しゅん)・禹(う)、殷の湯王(とうおう)、周の武王、その弟の周公が聖人とされる。これらに対して、目先の利益のみを求める人間を**小人**(しょうじん)④と呼ぶ。

「君子は和(わ)して同(どう)ぜず」④ 君子は他人と調和するが、他人と妥協して同化することはないという、孔子の教え。「和」は、心から打ち解けて友となることであり、「同」は、うわべだけで同調すること、あるいは「和」は、各自の主体性を保ちながら協調すること、「同」は、ただ他人につき従って付和雷同(ふわらいどう)することとも解釈できる。

徳治(とくち)主義④ 為政者が道徳の修養を積んで徳を身につけ、それをまわりにおよぼして人民を道徳的に感化することによって、国家を統治するという儒教の伝統的な政治思想。孔子は国をおさめる者が高い道徳性を身につけた君子となり、人民の道徳的な自覚に訴えることによって社会秩序を確立するべきだと説いた。そして、法律と刑罰にもとづく外的強制力によって統治する、法家の法治主義を否定した。

修己治人(しゅうこちじん)**(修己安人**(しゅうこあんじん)**)**③「己を修めて人を治める」と読みくだし、みずからが道徳的修養を積んで自己の人格を完成させ、それによって民衆を感化しておさめるという意味。修己治人という言葉は『論語』にはなく、孔子は「己を修めて、もって人を安んず」「己を修めて、もって百姓(ひゃくせい)を安んず」と説き、為政者は修養を積んで自己のおこないを正しくし、人民全体を安心させ幸福にするべきだと教えている。

中庸(ちゅうよう)[孔子]① 中は過度や不足のないこと、庸は平常という意味で、中庸は過不足のない適度な態度をつねに保つことを意味する。ものの見方や行動が一方にかたよらない、ほどよい中間を得ていることで、孔子は「中庸の徳たる、それ至れるかな」と説いている。

→p.49 **中庸(メソテース)**[アリストテレス]、p.78 **中道**

「いまだ生を知らず、いずくんぞ死を知らん」③ まだ現実の人生のことさえわからないのに、死後のことがわかるはずはないという、孔子の言葉。孔子は現実の人生のことは考えるが、日常の経験をこえたできごとである死や死後の世界のことは問題にしないという現実を重んじる合理的な態度をとった。孔子は、「知れることを知れるとなし、知らざるを知らずとせよ、これ知れるなり」と説き、不可知(ふかち)なことは遠ざけておくことが、本当の知恵であると説いている。

「怪力乱神(かいりきらんしん)を語らず」③ 孔子は、怪異・力わざ・乱逆・鬼神(きしん)(死者や先祖の霊魂)など、神秘的・超自然的なことについては語らなかったという『論語』の言葉。孔子は、現実の人生の経験をこえた不可思議なことについては語らないという、合理主義的な態度をとった。

「学びて思わざれば則ち罔く、思いて学ばざれば則ち殆し」 ② 読書をして学んでも自分で考えなくてははっきり理解できず、自分で考えても読書や他人から学ばなくては独りよがりの独善におちいって危険だという、孔子の教え。孔子は、周の時代の礼楽をはじめとする文化の伝統を学んだが、それを自分の経験に当てはめて考え、現実に生かすことが大切だと説いた。

『論語』 ⑤ 孔子の死後、弟子たちが編集した孔子と弟子の言行録。儒教の根本的な教典であり、四書の１つである。

3 儒教の発展

孟子と荀子

孟子 ⑤ 前372頃～前289頃　中国の戦国時代の儒教の思想家。性善説をとなえた。

→ p.91 **孟子の生涯と思想**

性善説 ⑤ 人間の生まれつきの本性は善であるとする孟子の説。孟子によれば、人間の性（天性・本性）は天から授かった天命であり、すべての人に備わる善き道、徳性である。性善説は現実の人間がそのまま善であるのではなく、生まれながらに心に備わる徳の芽ばえをやしない育てることによって、仁・義・礼・智の四徳を備えた道徳的人格を完成させることができるという教えである。

良知・良能［孟子］① 人間が生まれながらに備えている正しい心の働きと才能のことで、**良心**［孟子］①とも呼ばれる。『孟子』の尽心篇で説かれる。孟子は性善説の立場から、人間は先天的に正しい心の働きをもっており、その素質を育成すれば、道徳的な善を実践する人格を完成させることができると説いた。この言葉は、明代に陽明学を開いた王陽明に受け継がれている。

四端 ⑤ 惻隠の心・羞悪の心・辞譲の心・是非の心という、４つの徳の芽ばえの心。仁・義・礼・智の四徳の発端となる。四端の心はすべての人が備えている善をなす素質であり、これをやしない育てることによって、四徳を備えた道徳的な人格が完成する。

：惻隠の心 ⑤ 他人の不幸をかわいそうに思って見過ごすことのできない同情心、あわれみの心。他人の苦しみや悲しみを忍ぶことができないという意味で、**人に忍びざるの心**②とも呼ばれる。この同情心をやしない育てていけば、仁の徳が完成する。

：羞悪の心 ⑤ 自分や他者の悪を恥じ憎む心。社会の正しい道理に従う義の徳の発端となる。

：辞譲の心 ⑤ みずからへりくだって他人に譲る心。他人を尊重する態度やふるまい、礼儀作法である礼の徳の発端となる。

：是非の心 ⑤ 善・悪、正・不正をみわける心。道徳的な判断力である智の徳の発端になる。

● 孟子の生涯と思想　前372頃～前289頃 ●

古代中国の戦国時代中期の思想家で、孔子の思想を継承して発展させた儒学者。姓は孟、名は軻、孔子の死後100年ほどして、孔子の生地である魯の首都の曲阜に近い鄒という小国に生まれた。その前半生について詳しいことは不明だが、『列女伝』には有名な「孟母三遷の教え」が伝えられている。それによると、孟子は幼くして父と死別して母の手で育てられたが、家が墓場の近くだったので、孟子は葬式の真似ばかりして遊んだ。そこで、母親は市場の近くに引っ越したが、今度は商人のせり売りの真似ばかりした。3度目に学校の近くに移ったところ、孟子は熱心に礼(礼儀作法)を学んだという。孟子は、孔子の孫の子思の門人について学び、孔子→曾子(斉魯学派)→子思と伝えられた、忠恕・孝・誠などの心の徳をやしなう精神的な修養を重んじる儒教の流れを受け継いだ。

当時の中国は、戦国の七雄と呼ばれる7つの大国が、天下の覇権をめざして激しく争う戦乱の時代であった。また、新しい社会の理想を説く諸子百家と呼ばれる思想家があらわれ、活発な議論を戦わして百家争鳴と呼ばれた。孟子もそのような思想界で、当時の社会を風靡した墨子の実用主義や楊朱(生没年不詳)の個人主義の思想を批判しながら、仁義にもとづく儒教の思想を説いた。孟子は、戦乱の続く社会の混迷を解決するために、仁義の徳にもとづいて民衆の幸福をはかる王道政治をとなえ、諸国をめぐって遊説した。50歳頃に梁の恵王に謁見し、さらに斉・宋・滕などの諸国をめぐって20年間遊説を続けた。斉や滕の政治顧問となったこともあったが、結局、王道政治の理想を実現することはできず、晩年は故郷の鄒に帰り、公孫丑や万章らの弟子の教育につとめた。

孟子は、人間の本性は天から授かった天命であり、善であるという性善説を説いた。そして、仁義の徳のもとに民衆の幸福をはかる王道政治を理想とし、民衆の声にあらわれた天命に従って有徳者が横暴な天子を倒し、みずから天子となって新しい王朝を立てる易姓革命の思想を主張した。主著の『孟子』は『論語』とともに、その後の儒教の政治思想や道徳に大きな影響を与えた。

孟子の言葉

人への思いやり(仁)は人の心であり、倫理的な道理や義務(義)は人の路である。しかるに、人はその道を捨てて従わず、その心を放って求めることを知らない。まことに悲しいことである。だれでも自分の鶏や犬がみあたらなくなればさがす。それなのに、自分の心が放たれても、求めることを知らない。学問の道はほかでもない、その見失われた心を求めることである。

『孟子』告子篇上(口語訳)

四徳 ⑤ 儒教で重んじられる**仁・義・礼・智**［四徳］⑤の4つの徳で、孟子によってとなえられた。仁は他人への思いやりや同情心、義は正しい道理にかなう正義の心、礼は他者を尊重する態度やふるまい、つまり礼儀作法や社会規範、智は善悪を分別する道徳的な判断力である。孟子は、すべての人の心に備わる四端の心を育てれば、四徳を身につけた道徳的な人格を完成させることができると説いた。

仁義 ② 孟子が道徳の中心として重んじた徳。仁は他人を思いやる心、義は社会の人間関係における正しい道理で、孟子は、「仁は人の心なり、義は人の路なり」と説いた。孟子は、主観的な仁の徳に、それを社会関係において客観的に実現する徳として義を加え、仁と義を道徳の基本とした。

浩然の気 ④ 自己の道徳的な人格を確信し、道徳を実践しようとする力強い広大な気分を指す。浩然の気は、義(正義)を繰り返しておこなううちにおのずとやしなわれる。孟子は、「浩然の気はこのうえなく広大で、剛健で、すなおにやしなってそこなわなければ天地のあいだに充満する、その気は義のおこないが集まって発生したものである」と説明している。孟子は、つねに浩然の気をやしない、高い道徳的意欲をもつ人物を**大丈夫**④と呼び、理想の人間像とした。丈夫とは立派な男の意味。

「みずからかえりみて直くんば、千万人といえども吾往かん」①『孟子』に出てくる言葉で、わが身を反省してやましいところがあれば、たとえ相手が低い身分の者であってもひるんでしまうが、わが身を反省してまっすぐ正しいと確信すれば、たとえ相手が1,000万人いようと、堂々と進んでいくという教えである。「直く」は、原文では「縮むれば」になっており、「怠惰な気持ちを縮め出し、自分を引き締めれば」という解釈もある。

五倫③ 儒教で重んじられる5つの基本的な人間関係と、それに対応した5つの徳目。父子・君臣・夫婦・兄弟・朋友の5つの人間関係と、それに対応する**親・義・別・序・信**［五倫］③の5つの徳を指す。父子の親(親愛の情)、君臣の義(礼儀)、夫婦の別(男女のけじめ)、兄弟の序(長幼の順序)、朋友の信(信頼)が、社会の基本的な人間関係を形成する。孟子は、このような人倫の道があることが、人と禽獣(鳥や獣)との違いであると説いた。古代より、中国には家系と祖先崇拝を重んじる家族制度があり、儒教は伝統的な家族道徳を社会全体におし広め、道徳的な社会秩序、つまり人倫に根ざした人間の生き方を説いた。

五常⑤ 儒教で重んじられる仁・義・礼・智・信の5つの徳目で、個人が修養を通じて備えるべき基本的な徳とされる。孟子の説いた四徳に前漢の儒学者**董仲舒**(前176頃～前104頃)⑤が信を加え、仁・義・礼・智・信を五常の道としたことに由来する。五倫五常は儒教道徳の基本とされた。

王道⑤ 仁(他者への愛)と義(正しい道理)の徳にもとづいて人民の幸福をはかる政治。力によって民衆を支配する**覇道**⑤に対して、孟子が政治の理想としたもの。孟子は、「徳によって仁をおこなう者は王である」と述べ、耕地や資源を開発して生産を高め、軍役・賦役や租税を軽くし、衣食住を満足させて民衆の生活を安定させ、その後に道徳を教えて民衆を向上させることが王道であると説いた。

易姓革命⑤ 天のくだす命が革まり(革命)、新しい天子が立って王朝の姓が易わること(易姓)。中国の伝統的な考えによれば、天命を受けた者が人民に幸福をもたらすために天子となり、天子がその使命を終えれば、天命がかわって新しい王朝が立てられる。孟子は、革命の思想を受け継ぎながら、天の意志は民衆の声にあらわれると説き、仁義の徳にもとづいて政治をおこなう者が、民衆の支持を受けて天子となり、新しい王朝を立てることを正当化した。天子の交替に際しては、天子にふさわしい有徳者に平和のうちに位が譲られることを**禅譲**①といい、武力によって横暴な天子を倒して追放することを**放伐**①と呼び、孟子は放伐による易姓革命を認めた。

孟母三遷②

→ p.91 **孟子の生涯と思想**

孟母断機② 孟子が子どもの頃に学問が進まず、あきらめようとした時、母親が機で織っていた布を切って、学問を途中でやめることは織っている布を断つのと同じであり、何も成し遂げることができず、人生も生活も実りのないものになるといましめた故事。女性の模範となる理想像を記した『列女伝』による。

『孟子』⑤ 孟子の言行を記した書。四書の1つで、『論語』と並んで中国の正統的な儒教の根本的な教典とされる。

荀子⑤ 前298頃～前235頃　戦国時代末期の儒学者。性悪説をとなえた。

→ p.93 **荀子の生涯と思想**

性悪説⑤ 人間の生まれついた本性は悪であるとする荀子の説。荀子は人間の本性を生まれつきの欲に従う心としてとらえた。欲望のままに行動する利己的な心を放任すれば争いがおこり、社会は混乱する。荀子によれば、人間の本性は「本始材木」、始まりとしての素朴な材質である。それを放任すれば欲望に引きずられて悪におちいるから、その本性を客観的な社会規範である礼によって教育・習慣づけて矯正し、立派に飾る必要がある。性悪説は人間を否定的にみるのではなく、性(本性)に偽(人為)が加えられれば道徳的な人格が完成するという考え方である。

「人の性は悪にして、その善なるものは偽なり」④ 人間の本性は悪であり、善さは後天的な作為によってつくられたものであるという、荀子の言葉。偽は「人」に「為す」と書くように、後天的に人の手が加えられたもの、人為や作為という意味をもっている。荀子はそのような作為(偽)を礼と考え

● 荀子の生涯と思想　前298頃～前235頃 ●

古代中国の戦国時代末期の儒学者。姓は荀、名は況、趙の国に生まれた。詳しい伝記は不明だが、郷里で学問を積んだのち、50歳の頃に学問が盛んであった斉に遊学した。斉の首都の臨淄の城門の１つであった稷門のそばには、学者が集められて自由に論議することを許された文化地域があり、彼らは稷下の学士と呼ばれた。有力な学者には、列大夫という大臣につぐ地位が与えられ、荀子はそこで老師と呼ばれて尊敬され、祭酒という学者グループの主席に３度選ばれた。しかし、讒言にあって斉を去り、秦を訪れて王に謁見した。秦は商鞅の法治主義を採用して中央集権国家を形成していたが、荀子はその統制のとれた効率的な政治体制に感嘆した。楚の宰相からまねかれて蘭陵県の地方長官になり、辞職後も楚にとどまって、晩年は著述に専念した。その門下には、法家の思想を大成した韓非子、秦の始皇帝の宰相となった李斯がいる。

孟子の性善説に対して荀子は、人間の生まれついた本性は悪であるという性悪説を説いた。人間は、欲望に従って行動する利己的な本性をもつから、そのまま放任しておけば、他人と争って社会は争乱におちいる。そこで、後天的な教育や習慣によって、人間の悪い本性を矯正し、装飾する必要が生まれる。人間の本性は悪であり、善さは後天的な作為によってつくられたもので、性(本性)に偽(人為)が加えられて、立派な道徳的人格が完成する。偽は、教師による感化、教育環境、儒教の教典を読む道徳の学習、礼楽をはじめとする文化や教養など、人間形成の努力を指す。荀子は、偽のなかでとりわけ礼を重んじ、礼は古代の聖王によって人為的に定められた、人間の社会生活を規制する社会規範であると考えた。そして、礼によって悪へと傾きがちな人間の本性を矯正し、立派に修飾する礼治主義を説いた。主著の『荀子』は、総合的な完成度の高い哲学書である。

荀子の言葉

人間の本性は悪であり、その善さは後天的につくられたもの(偽)である。人間の本性は生まれながらに利益を好むから、そのままにすれば争奪がおこって、互いに譲ることがなくなる。また、人間は生まれながらに他人を妬んだり憎んだりするから、そのままにすれば傷つけ合い、互いに心から信頼することがなくなる……そこで教師によって教化され、礼儀に導かれて、はじめて互いに譲り合い、道徳や秩序にかない、世の中は平和に治まる。

『荀子』性悪篇(口語訳)

て教育や学習、礼楽などの文化や教養を重んじた。荀子にとっての礼は、孔子や孟子の説くような心の内面に根ざす徳ではなく、古代の王が社会秩序を維持するために人為的に定めた社会規範や制度を指す。

礼治主義 ③ 社会生活を規制する礼(社会規範)によって人民をおさめようとする、荀子の政治思想。荀子は性悪説の立場から、欲に従う人民の行動を礼によって規制し、悪い本性を矯正する必要があると説いた。荀子によれば、礼は古代の聖王やのちの王によって人為的に定められた、人間の社会生活を規制する社会規範である。また、礼には社会のなかで人々の職分を区別し、各自が職分に応じた生活をすることで社会秩序を維持する働きもある。法と礼の違いは、法律は刑罰による強制力をもつが、礼は教育や習慣によって人間の本性を矯正し、未然に争いを防ぐというところにある。

『荀子』 ④ 荀子の主著。『論語』や『孟子』が弟子の手になるものであるのに対して、『荀子』の多くの部分は、荀子みずから執筆したものである。性悪説、礼治主義、ほかの学説や迷信への批判、認識や言葉の分析などについて論じ、総合的・体系的な完成度の高い哲学書である。

朱子と王陽明

朱子(しゅし)(**朱熹**(しゅき)) ⑤ 1130〜1200 宋(そう)の時代の儒学者で、朱子学の大成者。名は熹(き)で、朱熹が本名である。現在の福建省に生まれた。役人で儒学者でもあった父から教育を受け、14歳で父と死別したあとも学問を続け、19歳で科挙に合格した。24歳の頃から儒学者の李延平(りえんぺい)(1093〜1163)に学び、また張南軒(ちょうなんけん)(1133〜80)・呂東莱(りょとうらい)(1137〜1181)らと交際しながら、学問の研鑽(けんさん)を積んだ。役人として仕えた50年間、何度も地方官として赴任し、飢饉(ききん)に苦しむ民衆の救済や、白鹿洞(はくろくどう)書院を復興して教育の普及につとめるなどの業績をあげたが、名目上の閑職について、学問に専念する期間の方が多かった。たびたび政治の堕落を批判する上奏文(じょうそうぶん)を書いたため、晩年には、朱子に反感をもつ権力者から偽学(ぎがく)として弾圧を受け、71歳で死去した。その学問は理気二元論にもとづいて万物を説明する、哲学体系に高められた新しい儒教であり、朱子学と呼ばれ、彼の死後に正統な学問として公認された。主著の『**四書集注**(ししょしっちゅう)』③は四書の注釈で、これ以後四書は、儒教の根本教典とされた。また、宋代の儒学者の言葉をまとめた『**近思録**(きんしろく)』①がある。

朱子学 ⑤ 宋の時代に、朱子によって大成された新しい儒教で、新儒教と呼ばれ、また彼の名をとって朱子学と呼ばれる。宋代には、人間に備わる心の道徳的な本性を宇宙の原理(理)にもとづいて考える、宋学(道学)と呼ばれる新しい儒教がおこった。朱子はそれを継承して大成し、万物は理(原理)と気(ガス状の物質的要素)との合成によって成り立つという理気二元論を説いた。人間の本性には天の理が備わり(性即理)、それが先天的な道徳性の根拠になる。人間は感情や欲求にゆがめられた本性(気質の性)を、本来の理そのものである本性(本然の性)に戻すために、欲を抑制して理を窮明(究明)するきびしい態度をもち(居敬窮理)、個々のものの理を窮(究)(きわ)めて知恵を完成すること(格物致知)につとめなければならない。中国では宋代以後、朱子学は正統な儒学として公認され、日本でも江戸幕府によって官学として採用された。

理気二元論 ④ 理と気の2つの組合せによって万物の成り立ちを説明する、朱子学の基本的な思想。**理**⑤には、道理・条理・論理・理念・倫理などの意味が含まれ、客観的な世界を構成する法則を意味する。理は万物を存在させる原理であり、社会においては人間の道徳的秩序となってあらわれる。**気**⑤は、ガス状の物質で、それが凝固した状態を質という。

窮理(きゅうり) ④ 万物をつらぬく理法(理)を見究める、朱子学の学問と修養の方法。朱子は、一つひとつの物の理を究めていくことによって、万物をつらぬく理に到達することができると説いた。万物を支配する理法を見究めることで、その場に応じた適切な判断が可能になり、理に従って行動すれば物事は円滑に進む。また、世の中においては、理は公共の道徳秩序となってあらわれるから、理に従うことは私利私欲を求める私意の介入を防ぎ、社会に奉仕する道徳的な善となる。宇宙や社会をつらぬく公共的な権威をもつ理への畏敬(いけい)の気持ちが、世俗の打算や利益を軽視し、社会的正義をおこなう道徳的人格を形成する。

格物致知(かくぶつちち) ⑤ 一つひとつの物に即して、その物の理を究めていけば(格物)、知恵を完成させることができる(致知)という、朱子学の学問方法。『大学』に出てくる言葉で、朱子の注釈によれば、「物に格(いた)って知を致(いた)す」と読む。朱子は、客観的世界をつらぬく理法や論理(理)を重んじ、一つひとつの物の理を究め続けて極致までいけば、万物全体を支配する理法を悟ることができると説いた。しかし、物事の理は古代の聖人の儒教の教典を読むことによって学べるとしたため、格物致知は観察と実験にもとづく自然科学的な考察にはつながらなかった。一方で王陽明は、一つひとつの物を格(ただ)して知とすると解釈した。

居敬(きょけい) ④ 自己の感情や欲望を抑制し、立ちふるまいを厳粛にして、物事をつらぬく客観的な道理(理)に従う態度。敬は「つつしむ」と読み、感情や欲求に動かされることをつつしむことを意味する。窮理とあわせて窮理居敬または**居敬窮理**②と呼ばれ、朱子学の学問・修養の方法として重んじられる。**持敬**(じけい)①ともいう。

修身(しゅうしん)・**斉家**(せいか)・**治国**(ちこく)・**平天下**(へいてんか) ① 『大学』のなかの言葉で、「身を修め、家を斉(ととの)え、国を治め、天下を平(たい)らかにする」と読みくだす。わが身を善良に修めることがもとになって、家庭が和合し、国家が治まり、天下が平和になるという意味で、修己治人(己を修めることによって人を治める)という、孔子に始まる儒教の道徳政治の理念を説いたもの。

性即理 ⑤ 人間の心の本性(性)は、天が授けた理法(理)であるという考え方。一人ひとりの人間の心には、天が与えた理が備わり、それは仁・義・礼・智・信という5つの基本的徳(五常)となり、先天的な道徳性の根拠になる。理としての本性は、気(物質的要素)から生まれる感情や欲求によっておおわれがちなので、気の影響を取り払い、本来の理のままの性(本然の性)にかえることが修養の目的とされる。性即理は、宋代の儒学者、程伊川(1033〜1107)によって説かれ、朱子が受け継いで朱子学の倫理思想の根本にした。

本然の性 ① 天命によって与えられた理としての本来の心の本性を指す。それは人間の先天的な道徳性であり、具体的には、仁・義・礼・智・信という5つの基本的徳(五常)としてあらわれる。これに対して気(物質的要素)にもとづく感情や欲求におおわれ、気質の影響をうけた性質を**気質の性**①という。気質の性を変化させて本然の性にかえること、つまり欲をおさえて、理のあらわれである社会の道徳的秩序に従うことが修養の目的である。宋代の儒教において説かれ、朱子が受け継いで朱子学の倫理思想とした。

四書 ④『論語』『孟子』『大学』『中庸』の4つの儒教の根本的な教典。朱子は、五経の1つの『礼記』に含まれていた『大学』と『中庸』を取り出して、『論語』『孟子』とあわせて四書とし、それぞれに『四書集注』という注釈を書き、朱子学の基本的な教典とした。漢代から五経が重んじられてきたのに対して、宋代からは四書が中国の儒教的教養の中心となった。

:『**大学**』⑤ 四書の1つで、『礼記』のなかの一編を儒学への入門篇として、朱子が注釈をつけて四書に加えたもの。道徳的な修養を積んで自己を修めることが、人を治めることの根本であるという修己治人の政治思想が説かれ、そのために格物致知(物事の道理を究めて知を完成させる)、誠意正心(自己の意志を誠実にして心を正しくする)などの修養の工夫が必要とされる。

:『**中庸**』⑤ 四書の1つで、『礼記』のなかの一編を朱子が注釈をつけて四書に加えたもの。孔子の孫の子思の作とされているが異論もある。中庸とは徳の1つで、かたよらず、過不足のない適度な状態を保つこと。「誠は天の道なり」と説かれ、誠を万物の原理、人間の本質とする。

→ p.90『**論語**』、p.92『**孟子**』

五経 ⑤ 漢代から儒教の根本的な教典とされた、『易経』『詩経』『書経』『礼記』『春秋』の5つの書。これに失われた『楽経』を加えて**六経**⑤ともいう。古代の中国において、詩・書・礼は貴族の学問と教養の中心とされ、孔子も詩によって情操をやしない、書によって古代の聖王の政治を模範として学び、礼によって礼儀作法や社会規範を身につけることを学問の中心とした。

:『**易経**』⑤ 本来は占いの書であるが、陰陽の卦によって、自然界や人間社会をつらぬく理法について述べたもの。

:『**詩経**』⑤ 古代の民間の歌謡や、朝廷の楽歌を集めたもの。古代中国では、宴会の席で音楽の伴奏にあわせて、その場にふさわしい詩をうたうことが貴族の教養とされた。

:『**書経**』⑤ 周公など、古代の王の政治上の戒訓や記録を集めたもの。まだ紙がなかった時代に、竹簡や木簡に書かれて伝えられたので書という。

:『**礼記**』⑤ 儀礼について解説し、礼の理論を述べたもの。

:『**春秋**』⑤ 魯の国の歴史を記した年代記。孔子の編纂と伝えられるが、異論もある。

:『**楽経**』④『礼記』の一部で、現在は失われている。

王陽明(王守仁) ⑤ 1472〜1528　中国の明の時代の儒学者で、陽明学の創始者。現在の浙江省余姚の生まれで、名は守仁、陽明洞に修養のための室をつくったことから陽明と呼ばれる。若い頃は任侠・騎馬・文学・道教・仏教に没頭し、陽明の五溺と呼ばれる。朱子学を学ぶが、物事に理があることを試すため庭の竹の理を究めようとして精神的に消耗した。28歳で科挙に合格して官吏となるが、35歳の時に宦官の専横を批判したために、僻地である貴州の竜場駅に流された。未開の山地で貧しい暮らしに耐えながら瞑想を続け、「聖人の道はわが心の本性にみずから足りている、いままで理を事物のうえに求めたのは誤りであった」と悟り、みずからの心から理が発動するという心即理、知行合一の説など、陽明学の土台を形成した。

やがて許され、都御史(とぎょし)に任ぜられて各地の反乱を討伐して名声を上げた。また、弟子のなかには王龍渓(おうりゅうけい)(1498〜1583)や王心斎(おうしんさい)(1483〜1540)らがいた。57歳で死去した。その言葉や書簡を弟子がまとめたものが『伝習録』である。

陽明学 ⑤ 中国の明代の儒学者、王陽明によって創始された実践的な儒学。朱子学が事物をつらぬく客観的な理が心の本性であるという性即理を説いたのに対して、陽明学は主体的な心の活動から理が生まれるという心即理を説く。心の本体である良知を発揮し(致良知)、善についての知を具体的な行為のなかで実現すること(知行合一)が道徳の基本とされる。日本では、江戸時代に中江藤樹(なかえとうじゅ)、大塩平八郎らの儒学者がその思想に共鳴して取り入れた。

心即理(しんそくり) ⑤ いきいきと働く現実の心がそのまま理であるという、王陽明の中心的な説。朱子学が客観的な事物に理を求め、万物を支配する理法を心の本性とした(性即理)のに対して、王陽明はみずからの主体的な心が、具体的な実践の場に応じて理を生み出すという、心即理を説いた。外の物事に定まった理を求めるのは誤りで、みずからの心から発動する理に従って行動し、具体的な実践の場において理を実現するべきとされる。

良知(りょうち)［王陽明］⑤ 人間に生まれながらに備わっている、善悪を分別する心の本体。良知良能とも呼ばれ、王陽明の中心的な説。この言葉は孟子に由来する。善悪の区分は心に先だって定まった理法(定理)としてあるのではなく、いきいきとした良知の働きから、具体的な場面に即してそのつど生み出される。朱子学が既成の客観的な道徳秩序(理)を重んじたのに対して、王陽明は、一人ひとりが主体的な心の能力を発揮すること、すなわち**致良知**(ちりょうち)［王陽明］⑤によって、その場の状況に応じた善を実現するべきだと説いた。

→ p.90 **良知・良能**［孟子］

知行合一(ちこうごういつ)［王陽明］⑤ 知ることとおこなうことは、ともに心の本体(良知)から発する作用で、同じ心の作用の両面であるから、本来は1つのものであるという考え。知識も行為も同じ心の自己発展のあらわれであり、**「知は行(こう)の始め、行は知の成れるなり」**②、つまり、知ることは行為の始めであり、行為は知ることの完成である。

→ p.43 **知行合一**［ソクラテス］

事上磨錬(じじょうまれん) ② 日常の具体的事物に即して、みずからの心を錬磨する(練り磨く)こと。良知を究めるためには、日常でみずからの意識が向かっている事に即して、そのつど良知を働かせて善悪を分別し、状況を正していかなくてはならない。王陽明は各自が取り組む日々の仕事に即して、良知を働かせる実践的な態度を重んじた。

『伝習録(でんしゅうろく)』 ⑤ 王陽明の言葉と書簡を弟子がまとめたもの。心の本体である良知を活動させることが強調され、世の中の乱れの原因は、各自が自己のことしか考えないところにあり、このような災いの原因を抜本的に取り除き、すべての人間を同胞として尊重するべきだという抜本塞源(ばっぽんそくげん)論などが説かれる。

4 老荘思想

老荘(ろうそう)思想 ⑤ 老子に始まり荘子が継承し発展させた思想で、道家の思想を指す。宇宙の根本的な原理を道と呼び、人間が作為した道徳や価値観を捨て、万物をありのままに生み育てる自然の道と一体となって、無為自然に生きることを理想とする。老子においては、無為自然は人為的な道徳や虚飾に満ちた文化を捨て、万物を生み出す自然のままの道の働きに従って生きることであり、荘子においては、是非(ぜひ)・善悪・美醜(びしゅう)・貴賤(きせん)などの人為的な分別を捨て去り、絶対的無差別の混沌(こんとん)たる道と一体となって自由無碍(むげ)に生きることである。

老子(ろうし) ⑤ 生没年不詳　紀元前5～前4世紀の思想家と推定され、道家の開祖。

→ p.98 **老子の生涯と思想**

道家(どうか) ⑤ 天地万物を生み出す自然のままの道を説く学派で、老子を祖とし、荘子・列子(れっし)(生没年不詳)などに受け継がれた。その思想を老荘思想という。儒教が人為的な道徳によって社会秩序を整えようとしたのに対して、人為的な道徳や文化を否定し、無為自然の道の働きに従って生きることを説いた。のちに呪術(じゅじゅつ)的な民間信仰とあわさり、不老長寿を求めて仙人をめざす道教が生まれたが、これは道家の思想(老荘思想)とは区別される。

道教(どうきょう) ⑤ 漢代の末頃に、道家の思想(老荘思想)に**神仙(しんせん)思想**②などの様々な民間信仰が融合し、仏教の影響が加わって形成された宗教。現世の幸福をもたらし、不老長寿をかなえ、仙人になるための術(神仙術)を説く。中国・台湾・香港などでは、**媽祖(まそ)**①と呼ばれる女神への信仰が盛んである。道教は古くから民衆に広まった習俗的な道徳や呪術があわさったもので、無為自然の道に従うことを説く道家の思想とは区別される。

道(みち)［老子］ ⑤ 万物を生み育てる宇宙の根源であり、万物を育成しながらも、その働きを意識したり、その功績を誇ったりすることのない、おのずからなる自然のままの実在を指す。道は中国語で**タオ**(tao)②、ダオ(dao)と発音される。道は万物の成立根拠として、万物に先立って存在する「天地の始め」であり、そこから万物を生み出す根源として「万物の母」とされる。道は万物を永遠に生み育てながらも、それ自体は人間の感覚や知覚によって把握できない神秘的な宇宙の働きであるから、形がなく名づけようのない**無**［老子］④とも呼ばれる。また、道はそれ自体として存在し、万物をありのままに生み育てるので、「自(おの)ずから然(しか)る」もの、**自然**［老子］③とも呼ばれる。儒教が社会の道徳的秩序にもとづく人倫(じんりん)の道を説いたのに対して、老子はそのような作為的な道徳や文化を否定し、万物をあらしめる自然の道に従う無為自然の生き方を理想とした。

無為自然(むいしぜん) ⑤ 作為をなさず(無為)、万物をありのまま(自然)に生み育てる道の働きを指し、また、そのような道に従う人間のあり方を指す。無為とは人為的な行為をさし挟まずに、人間的な価値や目的の意識をもたず、万物をありのままに自然に生み育てることである。自然とは「自ずから然る」ことで、それ自身によってそうなっていることを指し、英語でWhat is so of itselfと訳したイギリスの学者もいた。道は「無為にして為さざるなし」、つまり意識的には何もせず、無為のまま万物をありのままに生み育てる無限の働きを為すものである。

「道の道とすべきは常の道に非ず」 ② 人間が言葉でこれが道であると名づけることができるものは、真実の永遠の自然の道ではないという意味。人間は言葉によって物事をあれやこれやに分別するが、自然の道はそのような人間の分別をこえたものであり、万物を生み育てる奥深く神秘的な働きである。

「大道(だいどう)廃(すた)れて仁義あり」 ⑤ 本来の道は万物をありのままに生み育てる無為自然の道であり、その道が廃れたために、仁義の道徳を説く儒教があらわれたという老子の言葉。老子は無為自然の道に従う素朴な人間のあり方が見失われたために、人為的な道徳によって社会を秩序づけようとする儒教が発生したと説き、道徳が偽善を生み、都会の享楽的(きょうらくてき)な文化が人間を堕落(だらく)させたと批判した。

「上善(じょうぜん)は水のごとし」 ④ 最上の善は水のようなもので、水が万物にめぐみをほどこしながら争わず、目立たない低い所にいて満足することに似ているという、老子の言葉。水は容器にあわせて柔軟に姿をかえるが、いざとなれば硬い岩をもくだく力をもっている。老子は「天下に水より柔弱(にゅうじゃく)なるはなし、しかも堅強なるものを攻めるに、これによく勝つものなし」と述べ、水のよ

老子の生涯と思想　生没年不詳

道家の開祖で、紀元前5世紀から前4世紀の思想家と推定される。その実在を疑う学者もいるが、老子の伝記をまとめたものとしてもっとも古い紀元前2～前1世紀に書かれた司馬遷(前145頃～前86頃)の『史記』の老子伝によると、姓は李、名は耳、字は聃、楚に生まれ、周(東周)の蔵書庫の役人をしていたとされる。周が衰えたので、身を隠そうとして関所を通り、その時に関所の役人の求めに応じて5,000語余りの教えを上下二篇の書に書き与え、いずことも知れず去ったという。その時に書き残されたものが、『老子』(『老子道徳経』)とされる。

老子は、宇宙の根源を道(タオ)と呼ぶ。道とは、万物を生み育てる宇宙の根源であり、おのずからなる自然の働きである。道は、万物に先立って存在する「天地の始め」、万物の根拠であり、そこから万物を生み出す「万物の母」である。道は、人間の感覚によって把握できないものであるから、神秘的な名づけようのない無とも呼ばれ、また、それ自体として存在し、万物をありのままに生み育てる根源なので、「自ずから然る」もの、自然の道とも呼ばれる。

儒教が社会の道徳的秩序にもとづく人倫の道を説いたのに対して、老子はそのような作為的な道徳や文化を否定し、万物をあらしめる自然の道に従う無為自然の生き方を理想とした。無為自然とは、作為をなさず、万物をありのままに生み育てる道に従って生きることである。「水」のような柔和で謙虚な態度をもち、小さな農村の共同体で自給自足の素朴な暮らしに満足すること(小国寡民)が、理想とされた。

漢代に儒教が国家の正統の学問とされてからは、老子を祖とする道家の思想は主流になることはなかったが、『老子』は思索の書として知識人によって読み継がれた。なお、道家の思想に呪術的な民間信仰が融合し、仏教の影響が加わって生まれた道教は、不老長寿や神仙の道を説くもので、道家の思想とは区別される。

老子の言葉

天地に先立って、ある混沌としたものが生まれた。それは静かで空虚、独立してかわることなく、万物を覆いつくしても疲れることがない。それは、万物を生みだす母といってよい。その真の名を知らないが、かりに「道」と呼ぶ。

『老子』第25章(口語訳)

上善は水のようなものだ。水は万物に恵みを施し、しかも争わず、すべての人が嫌がる低い場所にいて満足している。だから水は自然の道に近い。

『老子』第8章(口語訳)

第6章

うに柔和で謙虚な、しかし芯の強い生き方が最後に残ると説いた。

柔弱謙下 ⑤ 柔和で弱々しそうで、人と争わない謙虚な態度。この言葉自体は『老子』にはみえないが、老子が「水」にたとえた、無為自然の道に従う柔和で謙虚な生き方の理想をあらわす。老子は、「柔は強に勝ち、柔は剛に勝つ」と述べ、策を弄して他者と争うことをせず、無為自然の道に従う柔軟な生き方こそ、芯の強さを秘め、最後には勝利を得ると説いた。

小国寡民 ⑤ 素朴で寡欲な人々の住む小さな国家で、老子が説いた理想社会。小さな農村で自給自足の生活を送り、質素な暮らしに満足すれば、人々は隣の国と往来することも争うこともなく、人生を平和にまっとうできるという、老子の理想社会のあり方である。

知足 ① 満足することを知ることが大切であるという、老子の教え。老子は欲が多すぎるほど大きな罪悪はなく、満足することを知らないことほど大きな災いはなく、人のものを欲しがることほど大きな咎はないと説き、欲が戦争などの災いをもたらすことをいましめた。満足することを知ることで満足できる者は、つねに満ち足りており、みずからに満足することを知ることこそ真の幸福の条件である。

『老子』 ⑤ 老子の著とされるもので、道家の根本的な教典。宇宙の根源的な実在を道と呼び、万物を生み育てる自然の道に従う無為自然の生き方を説く。老子の実在について不明な点があり、複数の人によって後世に編纂されたという説もある。

荘子(そうし) ⑤ 生没年不詳　紀元前4世紀頃、戦国時代の道家の思想家とされる。

→ p.100 **荘子の生涯と思想**

万物斉同(ばんぶつせいどう) ⑤ ありのままの実在の世界は、是非・善悪・美醜・栄辱(えいじょく)・生死などの対立・差別をこえた、本来斉(ひと)しいものであるという荘子の中心的な思想。人間が分別した善悪などの価値の差別は、人間にとってのみ存在する相対的なものにすぎず、あるがままの無為自然の世界は、そのような人為的な差別や対立をこえ、一切の物が斉しい価値をもつ絶対無差別の世界である。物を斉しくする論という意味で、**斉物論**(せいぶつろん)①とも呼ばれる。

無用の用 ① 世間からは無価値なもの(無用)とされるもののなかに、あるがままの自然の真の価値(用)があるという考え。人間が作為した有用・無用の区別は、人間にとって存在する相対的なものであり、自然のままの実在の世界は、そのような人為的な分別をこえ、あるがままに存在すること自体に絶対的な善さをもっている。『荘子』内篇で説かれている。

混沌(こんとん) ① 混沌とは区別がはっきりしないことであるが、『荘子』では、人間の分別する知恵の働きをこえた、万物が一体となった絶対無差別の真の実在の世界(道)をあらわす。『荘子』内篇に出てくる混沌(渾沌)と呼ばれる帝王に、みたり、聞いたり、息をするための7つの穴(感覚器官)を開けたところ、死んでしまったという寓話(ぐうわ)にもとづく。人間は、本来混然一体となった斉しい混沌の世界に分別を加え、作為的な差別の世界をつくる。生きた混沌の世界を混沌のまま肯定し、愛することが無為自然に従う道である。

真人(しんじん) ⑤ ありのままの自然の道と一体となって生きる、荘子の生き方の理想像。**至人**(しじん)①ともいう。真人は人為的な是非・善悪・美醜・栄辱の分別の世界をこえて、ありのままの自然の世界に従い、万事を自然のままにゆだねて、計らいをすることがない。真人は大いなる肯定の精神をもって自分に与えられた生も、若さも、老いも、死も一切を肯定し、愛し、悠々と世界に遊ぶ境地に生きる。

逍遙遊(しょうようゆう) ⑤ 逍遙とはあてもなくぶらつくことで、ありのままの自然の世界に自己をゆだね、悠々と遊ぶ境地を指す。人間社会の人為的な価値観の束縛から解放されて、万物をありのままに生み出す自然の道に従う、無為自然の生き方を指す。それは人為的な万物の差別の相に心を乱されず、万物すべてを善しと肯定し、思いわずらうことなく安らかに生きる境地である。

胡蝶(こちょう)**の夢** ⑤ 荘子が夢で蝶になったが、さめてみると自分が夢で蝶になったのか、蝶が夢で自分になっているのかわからないという寓話。人間の常識の世界は現実と夢、自分と蝶を分別するが、真の実在の世界はそのような分別をこえたものであり、蝶であれ自分であれ、与えられた現在をそのまま十分に楽しんで生きればよいという、万物斉同、逍遙遊の境地を象徴した『荘子』内篇の寓話である。

心斎坐忘(しんさいざぼう) ⑤ 心から分別の働きを除いて、心を1つにして空虚にし(心斎)、自己の心身を忘れ去って(坐忘)、無為自然の道と一体となる修養法。心斎とは心の物忌(ものい)みで、穢(けが)れを取り去って清くすることであるが、ここでは心から分別や作為を除き、虚心になって自然のままの万物と一体となることである。坐忘は一切の分別を捨てて自分を忘れ去り、絶対的な無差別の道と一体となる境地である。心斎は『荘子』内篇の人間世(じんかんせい)篇、坐忘は大宗師(だいそうし)篇で説かれる。

『荘子(そうじ)**』** ⑤ 荘子の主著で、『老子』と並ぶ道家の思想の根本的な書物。33篇からなり、内篇・外篇・雑篇にわかれ、そのうち内篇の7篇は荘子が直接書いたものとされる。

荘子の生涯と思想　前4世紀頃

生没年は不詳だが、紀元前4世紀頃の思想家とされる。老子の思想を継承して哲学的に深め、老荘思想を大成した。荘子の伝記をまとめたものとしてもっとも古いものは、紀元前2～前1世紀に書かれた司馬遷(しばせん)の『史記』の荘子伝である。それによると、姓は荘、名は周、宋の蒙(もう)の人で、かつて漆園(うるしえん)の役人になったことがあるとされる。『荘子』秋水(しゅうすい)篇には、楚(そ)の王が賢者であるとの評判を聞いて荘子をまねいたが、「布につつまれて神亀(しんき)となり、廟堂(びょうどう)に骨を残して尊ばれるよりは、生きた亀となって尾を泥のなかに引きずっていたい」といって、宮仕えを断ったといわれる。戦乱の世をよそに、官職につくことなく、貧しいながらも悠々自適の思索の生活を送ったといわれる。

荘子は、老子の無為自然(むいしぜん)の道の思想を受け継ぎ、それを哲学的に深めて発展させた。荘子は、人間が人為的に分別した是非(ぜひ)・善悪・美醜(びしゅう)・貴賤(きせん)などの相対的な差別をこえた、万物が一体となった斉(ひと)しい、ありのままの絶対的な実在の世界を、万物斉同(ばんぶつせいどう)の世界と呼んだ。そして、そのような人為をさし挟まない無為自然の世界に、何の思いわずらいもなく安らかに生きる境地(逍遙遊(しょうようゆう))を理想とし、自由な境地に生きる人間の理想像を真人(しんじん)と呼んだ。真人は、人為的な差別の世界をこえ、生であれ、若さであれ、老いであれ、死であれ、与えられた一切の運命を善しと肯定して、何ものにもとらわれることのない自由な精神に生きる。

人間が分別する相対的な人為の世界をこえて、絶対的なありのままの自然の道に従い、万事を自然のままにゆだねて悠々と生きることが、荘子の説く無為自然の生き方である。その著の『荘子』は33篇にまとめられ、内篇・外篇・雑篇にわけられるが、内篇の7篇が荘子が直接書いたもので、ほかはのちの道家に属する人が加えたものとされる。

荘子の言葉

人間の形をして生まれてきたことにさえ喜ぶものだ。人間の形は年齢とともに老幼生死と変化してきわまりない。そうだとすれば、人間として生きる楽しみも、数えることができないくらい無限のものだ。だから、聖人はまさに一切の物を包み込む境地に遊び、すべてをそのまま肯定する。若さを善しとし、老いを善しとし、生の始めを善しとし、生の終りを善しとする。このような聖人を人はみな見習うことだろう。ましてや、万物の根源であり、すべての変化のもとである自然の道こそ、万人の見習うべきものである。　『荘子』大宗師篇(口語訳)

第7章 芸術と美

1 美の表現様式

美 ④ 人間の心に感動やこころよい感情を生み出す、自然や芸術作品などのもつ価値のこと。美は対象がもつ秩序や調和などの客体的な形式に、それを直観する人間の主体的な感情があわさって成立する。つまり対象がこれを直観する自我と完全に調和し、不快な感情をまじえず、自我と対象が調和して一体となった状態が美である。美には優美・崇高・悲壮などが含まれる。

芸術 art ⑤ 絵画・彫刻・音楽・文学・舞踏など、美的な価値をもつ対象を生み出す創造活動、またはそれによって生み出された作品のこと。ヨーロッパでは、アートは材料を加工する職人的な技術を意味する言葉に由来するが、18世紀頃から、天性の才能をもつ者が卓越した美しさをもつ作品をつくる美的技術を意味するようになり、実用的な技術と区別されるようになった。日本には明治時代にこのようなアートの考えが導入され、芸術と呼ばれるようになった。

趣味判断 ① ドイツの哲学者カントが『判断力批判』で説いた美的判断のこと。趣味とは物事の情趣や味わいを感じることだが、ここでは美しいものを判断する能力を指す。美しいという判断は、対象が何であるかを概念によって判断することではなく、それが私たちにもたらす快の感覚についての判断である。美は対象の性質ではなく、それに快楽を感じる人間の趣味に関わる判断である。美は有用性、道徳性、幸福などの関心を欠いた無関心なものであり、それゆえ趣味判断は人々の立場をこえて普遍的に妥当する判断である。カントによれば趣味判断は、特定の目的がないのに、何らかの目的にかなっているかのような合目的性の形式にそった反省的判断力の1つで、想像力(構想力)と悟性が一致して調和して働くところに快の感覚が生まれるとされる。

→ p.148 **『判断力批判』**

古典主義 classicism ① 古代ギリシア・ローマの古典作品を模範に、合理的秩序にもとづく統一性、均整のとれた安定した構築性、調和のとれた静謐な表現、永遠の美を志向する美術様式。広い意味では、14世紀におこったルネサンスの人文主義の運動から始まるが、狭い意味では、理性の秩序を重んじる合理主義や啓蒙主義を背景に、18世紀後半から19世紀前半にかけてヨーロッパで生まれた新古典主義(neo-classicism)とも呼ばれる芸術風潮を指し、ロマン主義と対比される。

キュビスム cubisme(仏) ① 20世紀初頭にフランスで展開された絵画運動で、ピカソ・ブラック(G. Braque、1882〜1963)らが始めた。いろいろな角度からみた形を1つの面に描き、立体派とも呼ばれる。ルネサンスから始まった1つの視点から対象物を描く遠近法(一点透視図法)を否定し、複数の視点からみた形を1つの画面で再構成するもので、すべてを立方体(キューブ)に還元するという意味で、キュビスムと呼ばれた。英語ではキュービズム(cubism)。

シュルレアリスム surréalisme(仏) ① 20世紀前半にヨーロッパで生まれた芸術運動で、理性的な論理、社会の秩序や道徳を否定し、人間のもつ非合理な本能や欲望を表現しようとする。シュル(sur)とは、フランス語で「上の」「こえた」という意味で、シュルレアリスムは超現実主義と訳され、芸術によって理性の支配する現実を超越し、社会の既成の価値観をくつがえそうとする。その代表的な画家の1人であるダリ(S. Dalí、1904〜89)の絵には、無意識のなかに性的な欲望(リビドー)がひそむと考えるフロイトの精神分析の理論が影響を与えている。英語では、シュールリアリズム(surrealism)という。

モダニズム建築 ① 近代建築のことで、モダン(近代)の思想の特徴である理性にもとづいた合理性や機能性を追究し、装飾を省き、直線的なラインで構成する建築様式である。1920年代に広まり、社会の工業化を背景に鉄・コンクリート・ガラスなどの素材の特性を生かす。グロピウス(W. Gorpius、1883〜1969)の設計したドイツの芸術学校のバウハウス校舎、ル＝コルビュジエ(Le Corbusier、1887〜1965)のパリ郊外のサヴォア邸・東京の国立西洋美術館、ライト(F. Wright、1867〜1959)の旧帝国ホテル、丹下健三(1913〜2005)の国立代々木競技場の体育館・東京カテドラル大聖堂などが知られている。

ポストモダン建築 ① ポストモダン(脱近代化)とは近代(モダン)をぬけ出るという意味で、合理的・機能的でシンプルなモダニズム建築への批判から生まれた。1970〜90年代に広まり、古代ギリシア・ローマの建築にみられるような装飾的なデザインなど様々な要素を自由に折衷し、複雑さ、曲線、非対称性、過剰な装飾性を特徴とする建築様式である。アメリカの建築家ヴェンテューリ(R. Venturi、1925〜2018)、建築評論家ジェンクス(C. Jencks、1939〜2019)らがとなえた。ニューヨークのAT&Tビル、カップルが体をひねらせて踊っているようなチェコのダンシング・ハウス、日本では東京都庁舎、江戸東京博物館などが知られている。

→p.211 **ポストモダン**

ソーシャリー・エンゲイジド・アート Socially Engaged Art ① 社会関与の芸術という意味で、現実の社会の問題に積極的に関わり、人々の考え方や社会のあり方をかえようとする芸術の実践を指す。作者と鑑賞者という立場をこえ、作品に多くの人を巻き込んで対話や社会参加をおこない、作品を媒介とした人々との関係性に価値を見出す。

ドゥボール G. Debord ① 1931〜94 フランスの映画作家・著述家。マスメディアによって生み出される膨大な映像をスペクタクル(見世物)としてとらえ、映像などがつくるイメージが現実におきかわって人々を支配する社会を**スペクタクル社会**①、見世物の社会と呼んで批判した。マスメディアの生み出すイメージは現実を代理するものになり、人々はスペクタクルの受け身的な観客、情報を消費するだけの見物人になり、資本主義のコマーシャリズム(商業主義)に操られる。現実はスペクタクルのイメージのなかにしか存在せず、すべての生活がメディアの生み出すイメージとしてしか存在しない非現実的、幻想的な状況におちいる。ドゥボールはこのような現実からの疎外を批判し、スペクタクルの権力の支配に対抗し、真実の生きた現実を回復しようとするシチュアシオニスム(状況主義)をとなえた。代表作『スペクタクル社会』。

2 芸術家と芸術作品

文学

ゲーテ J. Goethe ② 1749〜1832 ドイツの詩人・文学者。自然科学者・政治家でもあった。初期には激しい感情を表現するシュトゥルム・ウント・ドラング(疾風怒濤)の作家として活動し、やがてヴァイマル公国の政治家となって社会の向上のために活躍した。その後、イタリアに旅行して調和と秩序ある古典美に触れ、古典主義の作品を書く。神と自然を一体とみる汎神論的な世界観をもち、自然を生命に満ちた「生きた自然」としてとらえた。そして、人間のなかにも神が宿っており、人間はこの世界に芸術的・道徳的な理想を実現するべき使命をもっていると考えた。主著『若きウェルテルの悩み』『ファウスト』。

ドストエフスキー F. Dostoevskii 1821〜81

ロシアの文学者。人間の心の奥底に鋭い観察眼を向け、19世紀の精神的に苦悩するロシアの民衆の姿を描くとともに、キリスト教の愛の精神による人間性の完成と人類の救済を求めた。大作『カラマーゾフの兄弟』では、父親殺しの事件をめぐって性格の異なる3人の兄弟の精神の葛藤を描き、神への信仰と無神論、道徳とニヒリズムのあいだをゆれ動く人間の魂の彷徨を鋭く表現した。主著『罪と罰』『白痴』『カラマーゾフの兄弟』。

音楽

バッハ J. S. Bach ② 1685〜1750 ドイツ・バロック音楽を代表する作曲家・オルガン奏者。ドイツ中部のチューリンゲンで、代々続く音楽一家に生まれた。幼少より作曲やオルガンを学び、宮廷のオルガン奏者になり、また教会カンタータ(独唱や合唱と器楽伴奏からなるバロック期の声楽曲)やミサ曲など、多数の教会音楽を作曲した。晩年はライプツィヒで活動し、65歳で死去した。モーツァルト(W. A. Mozart、1756〜91)やベートーヴェン(L. v. Beethoven、1770〜1827)にも大きな影響を与えた。代表作は「トッカータとフーガ」「平均律クラヴィーア」「マタイ受難曲」など。

ヘンデル　G. Händel ① 1685～1759　ドイツ出身でイギリスで活躍したバロック時代の作曲家・オルガン奏者。代表作に「水上の音楽」「王宮の花火の音楽」「メサイア」、オルガン協奏曲、合奏協奏曲などがある。

パブロ＝カザルス　Pablo Casals ① 1876～1973　スペインのチェロ奏者。バルセロナとマドリードの音楽学校で学び、チェロ奏者として活躍する。スペインのフランコ将軍の軍事政権に反対し、第二次世界大戦後はフランコの独裁を認める国での出演を拒否した。1950年からフランスのプラードでパブロ＝カザルス音楽祭を開催し、チェロの近代的奏法を完成し、独奏楽器としてのチェロの地位を高めた。また、ヒューマニズムの精神の持ち主で、晩年にはスペインのカタルーニャ地方の「鳥の歌」を演奏し、聴衆に平和の尊さを訴えた。

グールド　G. Gould ① 1932～82　カナダのトロント出身、アメリカで活躍したピアニスト。31歳で聴衆を前にしたコンサートをやめ、レコード録音やラジオ・テレビの放送のみに専念する。楽譜を忠実に再現するだけにとどまらず、納得のいくまで何度も録音を繰り返し、作曲者のように音楽を創造する活動として演奏をおこなった。バッハに傾倒し、2回の「ゴールドベルク変奏曲」の録音が有名である。

絵画・彫刻

エル＝グレコ　El Greco ① 1541～1614　ギリシアのクレタ島出身で、イタリアで画家として活動したが、のちにスペインのトレドに移り、聖書を題材とした多くの宗教画を描いた。エル＝グレコとはギリシア人という意味で、本名ではない。ゴヤ(F. d. Goya、1746～1828)やベラスケスとともにスペインを代表する画家である。引きのばされた身体、大胆な色使いに宗教的な情熱が込められており、のちのピカソなどにも影響を与えた。代表作「悔悛(かいしゅん)するマグダラのマリア」「聖衣剝奪(せいいはくだつ)」「聖三位一体(せいさんみいったい)」。

レンブラント　Rembrandt ③ 1606～69　17世紀のオランダの画家。油絵のほかにエッチングや銅版画を描いた。暗闇から対象に光が当てられ、その部分にみる者をひきつけ、光と闇のコントラストを強調する手法が特徴で、「光の魔術師」とも呼ばれる。「夜警(やけい)」と呼ばれる代表作の本来の題名は「フランス＝バニング＝コック隊長の市警団」で、注文を受けた登場人物たちをただ並べるだけでなく、一点から光が差し込む構図のなかで、人物の劇的な配置がみる者をひきつける。ほかの代表作に、「ガリラヤの海の嵐」「アブラハムの犠牲」「ペリシテ人に目をつぶされるサムソン」や、多くの自画像がある。

ベラスケス　D. Velazquez ① 1599～1660　バロック期のスペインの画家。マドリードでフェリペ4世に仕える宮廷画家として活動した。代表作「ブレダの開城」「鏡のヴィーナス」「ラス・メニーナス(女官たち)」。

ダヴィッド　J-L. David ① 1748～1825　フランスの新古典主義の画家。フランス革命やナポレオンの登場など激動の時代を生きた。代表作「ホラティウス兄弟の誓い」「サビニの女たち」「サン・ベルナール峠をこえるボナパルト」「ナポレオン1世の戴冠式と王妃ジョゼフィーヌの戴冠」。

アングル　D. Ingres ① 1780～1867　フランスの新古典主義の画家。ダヴィッドの新古典主義を受け継ぎ、写実をきわめる新古典派の巨匠となる。代表作「ルイ13世の誓願」「グランド・オダリスク」「泉」「シャルル7世の戴冠式でのジャンヌダルク」。

ドラクロワ　F. Delacroix ① 1798～1863　19世紀のフランスのロマン主義画家。劇的な構図と華麗な色彩の絵を描いた。代表作に「キオス島の虐殺」「サルダナパールの死」、1830年のフランスの七月革命を題材とした「民衆を導く自由の女神」、モロッコを旅行した時の「アルジェの女たち」などがある。

ロダン　A. Rodin ① 1840～1917　フランスの彫刻家。20歳頃から彫刻の修業を始め、イタリアに旅行してミケランジェロの彫刻に感動し、やがて生命感あふれる若々しい青年像「青銅時代」で注目される。彫刻はありのままの人間の真実を表現することによって美を生み出すという信念のもとで、精神的な偉大さをもつ人間、愛のよろこびに酔う男女、さらには老いた女性の姿さえも人間の真実をあらわす美にまで高めて彫刻によって表現した。代表作「考える人」「カレーの市民」「地獄門」。

:「考える人」 ② ロダンの代表作の1つ。もともとはダンテの『神曲』を題材にした地獄をあらわした作品「地獄門」の一部として制作され、のちに独立した作品となった。むだのない緊密な構成が緊張感の張りつめた雰囲気をつくり出し、精神を集中して瞑想する人間の内面を見事に表現している。

セザンヌ　P. Cézanne ① 1839～1906　フランスの後期印象派の画家。南フランスのプロヴァンスに生まれ、パリで絵を学んで活動した。自然を円筒・球・円錐としてとらえ、それらの立体から自然を再構成しようとし、20世紀の近代絵画に大きな影響を与えた。代表作「カルタ遊びをする人」「水浴」「リンゴとオレンジのある静物」「サント・ヴィクトワール山」。

モネ　C. Monet ① 1840～1926　フランスの印象派の画家。フランス政府が主催する展覧会であるサロンから独立して開かれた、1874年の第１回独立展に「印象・日の出」を出展し、これが印象派の由来になる。印象派は色彩をものの固有色とせず、日光が生み出す刻々と変化する印象として描いた。代表作「ラ・グルヌイエール」「ムーラン・ド・ラ・ギャレットの舞踏会」「パラソルをさす女」「睡蓮」。

アンリ＝ルソー　Henri Rousseau ① 1844～1910　フランスの後期印象派の画家。パリの税関の職員としてつとめながら、余暇に独学で絵を描く「日曜画家」であったが、退職後は絵画に専念する。パリの植物園でスケッチした熱帯植物をモチーフに、幻想的な風景を描いた。代表作「戦争」「眠るジプシー」「蛇使い」。

ゴッホ　V. v. Gogh ② 1853～90　オランダの画家。牧師の子として生まれ、伝道師となって貧しい人の救済を志すが、あまりに一途な性格が災いして挫折した。やがて貧しい農民を題材に絵を描き、パリに行って印象派の絵を学ぶ。その後、南フランスのプロヴァンス地方のアルルに行き、輝く太陽と豊かな色彩にあふれる南国の明るい自然を、鮮やかな色彩とうねるような力強いタッチで描いた。ゴーギャンとの共同生活の破綻から、精神的な錯乱の発作に襲われるようになり、37歳で自殺した。代表作「アルルのはね橋」「ひまわり」「糸杉」「星夜空」「カラスのいる麦畑」。

ゴーギャン　P. Gauguin ③ 1848～1903　フランスの画家。はじめはパリで株式仲買人として働くが、やがて絵に専念するため職をやめ、妻や子どもともわかれる。若い頃から熱帯の南国に憧れ、43歳の時に南太平洋の島タヒチに渡った。そこで色彩の豊かな神秘的な原始の自然や、文明に染まらずに素朴な信仰をもつ土着の女たちを描いた。人間の誕生と死の神秘を表現した大作「われわれはどこから来たのか、われわれは何者か、われわれはどこへ行くのか」は、娘の死や病気と貧困に苦しむなか、みずからの遺書のつもりで描かれた。

:「われわれはどこから来たのか、われわれは何者か、われわれはどこへ行くのか」 ③ ゴーギャンの晩年の作品で、縦141cm、横376cmの大作。タヒチ島で創作活動に行きづまり、貧困と病気で死を決意したなかで、みずからの画家としての人生を記念するために全精神力をつぎこんで描かれた。右から眠る赤ん坊、若い女たち、中央に手を差し上げた神秘的な神の像、猫や山羊、左に死期のせまった老婆など、人間の誕生と死の神秘が哲学的な深みをもって描かれている。ゴーギャンは、「描き終わって夢からさめると、私はつぶやいた、〈われわれはどこから来たのか、われわれは何者か、われわれはどこへ行くのか〉」と述べ、この言葉は絵のはしに書きこまれている。

クリムト　G. Klimt ① 1862～1918　19世紀末のウィーンの爛熟した文化のなかで活躍した画家。官能的な女性や愛しあう男女の甘美な姿など、エロスの雰囲気に満ちた絵や、金箔を使った装飾的で華麗な絵を描いた。ウィーン大学の講堂の天上画として描いた「哲学」「医学」「法学」の３部作は賛否の論争をまきおこし、のちにナチス・ドイツによって退廃芸術として没収され、戦争で焼失した。1897年に、保守的な芸術からの分離を主張するウィーン分離派を結成した。代表作「接吻」「ベートーヴェン・フリーズ」「ダナエ」。

アンソール　J. Ensor ① 1860～1949　ベルギーの象徴主義・表現主義の画家。仮面や髑髏をモチーフに不気味な、同時にシニカル（冷笑的）で皮肉な絵を描いた。鮮やかな色彩の作品に登場する多くの人物が仮面をつけているように描かれ、人間と仮面の交錯が印象的である。代表作「仮面の中の自画像」「陰謀」「キリストのブリュッセル入城」。

クレー　P. Klee ① 1879～1940　スイス出身の画家。音楽家の一家に生まれ、ドイツのミュンヘンで絵を学び、カンディンスキー（W. Kandinsky、1866～1944）らと交流する。単純な線と鮮やかな色で構成した絵を描き、美術・工芸・建築など総合的な芸術を教えるバウハウスの教師をもつとめた。

しかし、ナチス・ドイツによる前衛芸術の弾圧により、故郷のスイスに亡命し、晩年は体が不自由になる病と闘いながら創作を続けた。代表作「シンドバッドの航海」。

ピカソ　P. Picasso ② 1881〜1973　スペインの画家・彫刻家。バルセロナやマドリードの美術学校で絵を学ぶ。20歳頃の「青の時代」では、人間の苦悩や悲しさを描いた。パリに出て、ブラックやドラン(A. Derain、1880〜1954)らとともに自然や人間を幾何学的な単純な形に還元して描くキュビスム(立体派)の中心となる。1936年にスペイン内戦が勃発すると、ファシズムに反対して人民戦線側に立ち、ナチスの無差別爆撃に抗議して「ゲルニカ」を描いた。その盛んな創作活動は、晩年まで衰えることがなかった。代表作「盲目のギター弾き」「サルタンバンクの家族」「詩人」「ゲルニカ」。

→ p.334 **「ゲルニカ」**

キリコ　G. d. Chirico ② 1888〜1978　イタリアのシュルレアリスムの画家。時間がとまったような神秘的な空間に、塔・機関車・マネキンなどがたたずむ謎めいた「形而上絵画」を描いた。形而上とは形をこえたものという意味だが、そこでは日用品が人間的な論理のつながりから切り離され、日常的な意味を失って孤立し、時間の流れがとまった沈黙のなかで、現実の底におおい隠された存在の深淵が表現されている。

マグリット　R. Magritte ① 1898〜1967　ベルギーのシュルレアリスムの画家。空中に浮かぶ岩石やパン、岩に変質した人やリンゴなど、身のまわりのありふれたものが日常的な意味のつながりから切り離され、意外なものと結びつき、新しいイメージの世界をつくり出す。その絵はみる者を日常世界の常識や束縛から解放し、自由で詩的なイメージの世界に引き入れる。代表作「大家族」「ピレネーの城」「黄金伝説」。

デュシャン　M. Duchamp ① 1887〜1968　フランスの美術家で、ニューヨークに移住して活動した。キュビスム(立体派)や、既成の価値観や伝統的な芸術様式を破壊するダダイスムに接近しながらも、独自に20世紀の新しい芸術を開拓した。既成の日用品に少し手を加えながら、新しい視点からみつめてオブジェとする「レディ・メイド」の創作をおこなう。代表作には日用品をオブジェとした「自転車の車輪」「泉」、ダ＝ヴィンチの「モナ＝リザ」の複製に髭をつけた「L.H.O.O.Q」、大きな2枚のガラス板のあいだに油彩・鉛の箔・ほこりで描いた「彼女の独身者たちによって裸にされた花嫁、さえも」などがある。

アンディ＝ウォーホル　Andy Warhol ① 1928〜87　アメリカの画家・版画家で、大量消費社会が生み出す商品などを題材にしたポップアートの代表者。ピッツバーグに生まれ、広告芸術を学んで雑誌の広告やイラストの仕事をし、映画製作・デザインも手がけた。版画の1種であるシルクスクリーンの技法を使って、スープ缶やドル紙幣などをモチーフにした作品を刷り、女優マリリン＝モンローの顔を色違いで刷った作品が有名である。

3 日本の美と芸術

平安時代の国風文化

あはれ ① 心に染み入るような情趣（じょうしゅ）や、しみじみとした情緒（じょうちょ）のこと。平安時代の王朝文学にみられる日本人の伝統的な美意識の１つ。感動から自然に発する声に起源をもつ言葉で、対象に対する深い美的な感動や、感嘆・賞賛の気持ちをあらわす。『源氏物語』を研究した江戸時代の国学者の本居宣長（もとおりのりなが）が、日本の文芸の本質と考えた。 → p.253 **もののあは(わ)れ**

雅び（みやび） ② 宮廷風で上品、洗練され、奥ゆかしく、風雅、優美であるという美的理念。

いみじ ① はなはだしい、著しいという意味だが、たいそうすぐれている、たいへん素晴らしいという意味にもなる。『徒然草（つれづれぐさ）』では「**世はさだめなきこそいみじけれ**」②と語られ、世の中は移りゆく無常なものだからこそ、しみじみと感動するものだとされる。 → p.107 **『徒然草』**

花鳥風月（かちょうふうげつ） ④ 自然を「雅び」なもの、うるわしく移ろいやすく愛惜（あいせき）されるべきものとしてとらえる言葉。またそのような美によって成り立つ世界。日本人は大自然ではなく、花・鳥・風・月など特定の対象を選び、それらの微妙な変化のうちに美を発見してきた。**雪月花**（せつげつか）①も同様であり、古来からつちかわれてきた日本人の美意識である。

『源氏物語』 ④ 紫式部（むらさきしきぶ）（生没年不詳）の著作、全54帖（じょう）。前半は光源氏を中心に彼を取り巻く女性たちとの多様な愛と栄華への到達を描き、宇治十帖と呼ばれる後半は源氏の子薫大将（かおるのたいしょう）の宿命的な悲劇を描いている。思想的背景に仏教的無常観がある。江戸時代には内容が「色好み」であることから、儒学者たちから退廃（たいはい）の書とされ評価されなかった。これに対し本居宣長は道徳的な解釈を離れ、文芸の本質である「もののあは(わ)れ」があるとして、この物語を高く評価した。

和歌 ② 漢詩に対して、日本の伝統的な詩歌の形を指す。もともとは、長歌・短歌・旋頭（せどう）歌などを含んだが、短歌が盛んになってほかの歌体が廃れるにつれ、和歌はもっぱら短歌のことを指すようになった。平安時代の初期には漢詩が盛んであったが、やがてそれに対抗して日本人の感動の表現にふさわしい歌体として和歌が多くよまれるようになった。短歌は７世紀頃に成立し、５・７・５・７・７の５句31拍からなり、三十一文字（みそひともじ）とも呼ばれる。

『古今（こきん）和歌集』 ④ 10世紀に醍醐（だいご）天皇の詔（みことのり）によって選ばれた最初の勅撰（ちょくせん）和歌集。古今とは、いにしえといまという意味であるが、のちの世の人がこの歌集をいにしえの古典として尊ぶという意味も込められている。撰者は紀友則（きのとものり）（？～905）・紀貫之（きのつらゆき）（？～945）・凡河内躬恒（おおしこうちのみつね）（？～925頃）・壬生忠岑（みぶのただみね）（生没年不詳）の４人で、そのほかに六歌仙の僧正遍昭（そうじょうへんじょう）（816～890）・在原業平（ありわらのなりひら）（825～880）・文屋康秀（ふんやのやすひで）（生没年不詳）・喜撰（きせん）法師（生没年不詳）・小野小町（おののこまち）（生没年不詳）・大友黒主（おおとものくろぬし）（生没年不詳）の歌が有名である。

『新古今和歌集』 ② 鎌倉時代初期に後鳥羽上皇（ごとばじょうこう）の命によって編纂された勅撰和歌集。古今和歌集から続いた８つの勅撰和歌集（八代集）の最後を飾る。撰者の１人に**藤原定家**（ふじわらのさだいえ）（ていか）（1162～1241）①がいる。人工的な技巧をこらし、妖艶（ようえん）で耽美的（たんびてき）、象徴的で余情（よじょう）にあふれた新古今調の歌風に特徴がある。西行・慈円（じえん）（1155～1225）・藤原俊成・藤原定家・後鳥羽上皇らの歌が選ばれている。

無常の文学

無常 ④ この世は絶えず移りかわる幻（まぼろし）の世界で、人生もまた、はかなくむなしいものであるというとらえ方。仏教の教えにもとづき、日本人の意識や心情に深く流れ、美意識や人生観に大きな影響を与えた。原始仏教で説かれた**無常観**④（存在する一切のものは永遠でなく、生滅流転（しょうめつるてん）するということ）は、客観的に世界や人間の構造を知恵の眼をもってみすえたものであるが、日本人は無常をむしろ主観的・心情的にとらえる**無常感**①をいだいた。

いろは歌 ① 47字の仮名を重複せずに使ってつくられた五七調の歌で、10～11世紀頃につくられたとされるが作者は不明である。大意は、「匂い立つようなあでやかな色の花も散ってしまい、この世でだれがかわらずにいられようか。どこまでも続く山並のような無常の世をこえるような、あわい夢などみはしないし、酔いもしない」で、この世の無常をみつめることをうたったものとされる。

西行(さいぎょう) ④ 1118～90　平安時代末期の歌人。武士であったが、無常を感じ23歳で出家した。各地を遍歴しつつ、美しい自然と一体化する歌をよんだ。『新古今和歌集』に94首ともっとも多く採用されている。「ねがわくは　花の下にて春死なん　そのきさらぎの　もち月のころ」という辞世の歌は有名である。歌集に『**山家集**(さんかしゅう)』①がある。

鴨長明(かものちょうめい) ② 1155頃～1216　平安時代末期から鎌倉時代初期に生きた歌人・随筆家。世の無常を感じて50歳で出家し、京都日野の外山(とやま)に隠れ住んで隠遁(いんとん)した。『方丈記』を著す。

『**方丈記**(ほうじょうき)』③ 鴨長明の随筆で、成立は1212年。方丈とは、一辺が1丈(約3m)四方の広さを指し、『維摩経(ゆいまきょう)』に登場する在家信者の維摩の部屋が方丈であったとされることにちなみ、小さな庵(いおり)を方丈と呼ぶ。無常を感じて閑居(かんきょ)した心境を描いた、日本の代表的随筆の1つ。日本人の心に流れる無常観が脈打っている。

> 『**方丈記**』
> 　ゆく河の流れは絶えずして、しかも、もとの水にあらず。よどみに浮ぶうたかたは、かつ消え、かつ結びて、久しくとどまりたる例(ためし)なし。世の中にある、人と栖(すみか)と、またかくのごとし。
> (三木紀人校注「方丈記」『新潮日本古典集成　方丈記・発心集』新潮社)

兼好法師(けんこうほうし) ② 1283頃～1352頃　鎌倉時代から南北朝時代にかけての随筆家・歌人。本名は卜部兼好(うらべかねよし)といい、卜部氏が室町時代以降も吉田氏を名乗ったことから、吉田兼好と呼ぶこともある。神社の神官の子として生まれ、北面の武士として朝廷に仕えたのちに出家した。随筆『徒然草』を著し、歌人としても活躍した。

『**徒然草**(つれづれぐさ)』③ 兼好法師の随筆で、1331年頃に成立。「心にうつりゆくよしなしごと(とりとめのないこと)」をつぎつぎに書きとめたもので、仏教の無常観のもとに、無常の人生をいかに生きるべきかが考察されている。世の中への諦念(ていねん)をもとに、この世の地位や名誉に執着することのおろかさ、無常なればこそ人生を真剣に生きる心がけの大切さ、また移ろいゆく無常な自然のはかない美しさをめでる心などが説かれている。

『**平家物語**』① 鎌倉時代に成立した、平家一門の興隆から衰亡までを描いた軍記物語。作者は不詳であるが、信濃前司中山行長(しなののぜんじなかやまゆきなが)(生没年不詳)という説がある。盲目の琵琶(びわ)法師の語りによって全国に伝播(でんぱ)し、語るにつれて内容も追加され、異本・伝本の類が多い。平家の盛衰の運命が、仏教的無常観のもとに語られるとともに、新しく勃興する武士階級の活気も伝えている。謡曲(ようきょく)・浄瑠璃(じょうるり)など、後世の文芸に大きな影響を与えた。

中世の芸道

芸道(げいどう) ② 芸能や技芸の伝授の仕方を体系化し、それらを学ぶことを通して人格を磨く精神的な道に深めた日本独特の芸術のとらえ方。中世から近世にかけて、能楽・狂言・歌舞伎などの**芸能**①や、茶道・華道・香道・書道・武道などの伝授の仕方が体系化され、精神の修養の道として確立された。

能(のう)**(能楽)** ⑤ 室町時代に、観阿弥(かんあみ)(1333～84)と**世阿弥**(ぜあみ)(1363頃～1443頃)⑤の親子が完成した歌舞劇。社寺の祭礼から舞台芸術に取り上げられ、幽玄を旨とする象徴的芸能として大成した。茶の湯・生け花などと同様、仏教とりわけ禅の思想とともに発展した。

『**風姿花伝**(ふうしかでん)』① 世阿弥が父の観阿弥の教えにもとづいて書き記した最初の能楽の理論書。書名は、能を「その風をえて心より心に伝ふる花」にたとえて名づけられた。『花伝書』ともいう。稽古・演技・演出の要点を述べ、役者としての心得を「初心忘るべからず」と述べている。さらに能の命を「花」と呼び、「花」は珍しいところに面白さがあるから、その時に応じた演技をして観客に新鮮な感動を与えるべきだとされ、**「秘すれば花なり、秘せずは花なるべからず」**①と説かれている。

幽玄(ゆうげん) ⑤「幽」は、はるか・かすか・深しの意。「玄」は、はるか・黒しの意。中国仏教では、仏教思想の本質が深遠で微妙なことを意味した。日本に入ってからは、芸術の中心となった美的理念を表現する言葉となった。和歌の方面では**藤原俊成**(ふじわらのとしなり)(しゅんぜい)(1114～1204)②が、一首の歌を構成している用語および歌の調子にまといつく余情の美しさ、陰影や奥行きや余韻(よいん)を豊かに感じさせる美しさを幽玄の美とした。室町時代には天台宗の僧であり連歌師の**心敬**(1406〜75)①が、幽玄とは「心にありて詞にいわれぬものなり」と説き、言葉の理屈ですべてをいいつくせず、言外に深い情趣・余情をたたえたものであるとした。能楽を大成した世阿弥は、能の美的価値は幽玄にあると主張し、それは優美を意味するとした。幽玄の象徴内容は時代とともに静寂、艶麗、平淡と変化し、やがて芭蕉の「さび」に近づいていく。

茶道 ⑤ 茶は鎌倉時代に栄西が中国から伝えたとされる。はじめ禅宗の寺院で発達し、一休宗純(1394〜1481)から教えを受けた村田珠光(1422/3〜1502)によってわび茶へと洗練され、武野紹鷗(1502〜55)を経て、安土・桃山時代に千利休によって大成された。客人をまねいて抹茶をたてて楽しむ**茶の湯**③によって人としての精神を修養し、礼法を身につける道が茶道と呼ばれる。茶道は独特の建築(茶室)・書画(掛物)・生花・陶芸(茶碗)・社交的会話を含む一種の総合芸術に発達した。

千利休 ⑤ 1522〜91　安土・桃山時代の茶人で、茶道の大成者。和泉国(大阪府)堺の人。豪華な書院の茶に対して、質素な草庵で簡素な茶をたしなむ**わび茶**④を大成した。わび茶においては、主人と客人がたがいに心を和んで敬いあい、茶庭・茶室・茶器や茶会を清く静かに保つ**和敬清寂**②が心得とされる。利休は茶人として豊臣秀吉に用いられたが、のちに秀吉との関係が不和になり、その怒りに触れて自刃させられた。

わび ④ 鑑賞の対象となる簡素・閑寂な趣のこと。「わび住まい」というように「わび」は元来もの悲しく、心細い心の状態を意味したが、室町時代になると、うらぶれた境地にかえって安住のよろこびを見出そうとする積極的な意味をもつようになった。安土・桃山時代に茶の湯が流行してくると、わびは茶の湯の美をあらわすものとなった。それは不足の状態のなかに生み出す、簡素・閑寂・枯淡で趣のあることを意味する。対立概念は、豪壮・華麗・優艶。「さび」とともに、日本人の美意識の1つの典型を示す言葉。

一期一会 ② 茶道における「一期に一度の会」という茶会の心得で、一生で1度出あうことを意味する。同じ主人と客が出あっても、今日という会は2度とない一生に1度の会であり、けっしておろそかにせずに心を込めておこなうという心得をあらわす。そこから一般に、生涯にただ1度出あうこと、一生に1度限りであることをあらわす。

生け花(華道) ② 壺や瓶に花を生ける日本独特の芸術の1つ。花道ともいう。仏教の伝来とともに古くから仏像に花をそなえる習慣があったが、やがて室内で花を鑑賞することが盛んになり、立花と呼ばれるようになった。室町時代には、茶の湯に取り入れられて芸道として深められ、江戸時代には生花と呼ばれて発展し、様々な流派が生まれた。

水墨画(水墨山水画) ④ 墨の濃淡や線の強弱によって山水の風景を表現する東洋独特の絵画で、中国の唐の時代に始まり、日本には鎌倉時代に禅宗とともに移入された。はじめは禅宗の寺院で禅の精神をあらわすものとして描かれ、禅や老荘思想を背景に幽玄の美をあらわす芸術となった。室町時代の禅僧**雪舟**(1420〜1506頃)⑤は、明に渡って技法を学び、日本の水墨画を大成した。雪舟の代表作には墨の単色で自然の豊かで奥深い風景を描いた**「秋冬山水図」**②、墨をはね散らすような簡素なタッチだけで自然の無限の広がりを表現した**「破墨山水図」**①などがある。

枯山水(石庭) ⑤ 室町時代におこった白砂と石組でつくられた日本独特の庭園様式の1つ。白砂と石の組立て方で、空間的な変化や面白さをつくり出し、山・水の流れ・滝・池など、山水のあり様を象徴的にあらわす。余分なものを捨て去った簡素さのなかに、精神的な奥深さや広がりをあらわし、**枯淡**④で閑寂な美しさをもっている。京都の龍安寺の石庭は、世界的に有名である。

龍(竜)安寺の石庭 ⑤ 京都にある臨済宗龍安寺の石庭。方丈と呼ばれる住職のいる部屋の南側につくられている。室町時代の相阿弥(？〜1525)の作といわれている。築地塀に囲まれたなかに白砂を一面にしきつめ、15個の石が5群に組み合わされている。一切の余分なものを捨て去った簡素な石庭は、大海に浮かぶ島、雲海につき出た山など様々なものを象徴すると解釈されている。

書院造 ① 室町時代から安土・桃山時代にかけて確立した建築様式。書院とは、寺院や武家の居間兼書斎のことで、やがてそれを含む建物全体を書院造と呼ぶようになった。全体を機能別の部屋にわけ、畳をしきつめ、明障子(あかりしょうじ)、ふすまを設け、表座敷には床の間・棚・付書院(つけしょいん)などの座敷飾りをつける。やがて、これが日本の一般的な住宅様式として広まった。

待庵(たいあん) ① 京都の臨済宗東福寺(とうふくじ)派の寺である妙喜庵(みょうきあん)にある、千利休の作と伝えられる茶室。無駄な装飾を一切省いた簡素な茶室で、内部は二畳、隅(すみ)に炉が切られている。正面に床の間、次の間と勝手がついている。極端に切りつめられた緊張した空間に、利休の理想としたわび茶の精神が表現されている。利休の作とされる現存する唯一の茶室で、国宝に指定されている。

近世の芸術

俳諧(はいかい) ⑤ 室町時代に流行した卑俗(ひぞく)・滑稽(こっけい)な詩であった連歌(れんが)を、江戸時代に松尾芭蕉が幽玄で閑寂なさびの美をあらわすものとして完成させた詩歌の様式。身近で庶民的・日常的なものを題材としながら、高い精神をあらわす。俳諧は5・7・5の17字の発句(ほっく)に、7・7の14字の脇句(わきく)をつけてそれを繰り返していく連句であるが、のちに5・7・5の発句の部分を**俳句**①と呼ぶようになり、明治時代からは俳句だけを中心によまれるようになった。

松尾芭蕉(まつおばしょう) ⑤ 1644〜94　江戸前期の俳人。伊賀(いが)国(三重県)上野の生まれで、俳諧に高い文芸性を与え、さび・しおり・細み・軽みを重んじる蕉風(しょうふう)を創始した。中世以来の幽玄の美を深化し、「さび」という静寂・閑寂な美意識をあらわし、その後の俳諧に多大な影響を与えた。つとめて旅の境涯(きょうがい)に身をおき、ものへの執着を捨てた自由な心情の世界を求めた。主著『奥の細道』『野ざらし紀行』『笈(おい)の小文(こぶみ)』。

さび ⑤「さび」は、「わび」と類似する概念で、「わび・さび」と合わせて使われることが多い。さびは松尾芭蕉の俳諧の美的理念を示す語で、ひっそりとして寂しい境地をあらわす。わびが物質的な不足を契機とするのに対して、さびは心情的な孤独を契機とするものと考えられている。

良寛(りょうかん) ① 1758〜1831　江戸時代の曹洞宗の僧・歌人・俳人。越後(えちご)国(新潟県)の出雲崎(いずもざき)で名主(なぬし)の子として生まれ、出家して諸国をめぐり、越後に戻って国上寺(こくじょうじ)の五合庵(ごごうあん)などで質素に暮らした。生涯寺をもたずに無欲な暮らしを送り、民衆にわかりやすく教えを説き、人々から愛された。子どもの純真な心を愛し、子どもたちと手まりやかくれんぼをして遊んだと伝えられている。辞世の句は、「散る桜　残る桜も　散る桜」。

通(つう) ① 江戸時代の人々の美意識で、世の中に通じた知識をもち、物事をとどこおりなく処理し、人情を理解する心。通とは世間や人情の機微(きび)に通じるという意味で、遊里(ゆうり)における客と遊女の恋のやりとりから始まり、江戸時代の洒落本(しゃれぼん)で通とは何かが論議された。上方(かみがた)(大坂や京都)の粋(すい)に通じる。反対語は人情を解さず、無教養で繊細さを欠く野暮(やぼ)である。

いき ② 江戸時代の人々の美意識。「粋」や「通」と同じように、遊びの世界における美的な理念で、さっぱりとした洗練された美をあらわす。本来は「意気」であったが、その後は「粋(いき)」とも書かれた。意気は意気地(いくじ)で、きっぱりとした決断する精神をあらわし、それが嫌味がなく、さっぱりとした、あだっぽい色気という意味になった。「いきな人」「いきなはからい」などとして使われる。通が滑稽本で男性の遊びの美意識をあらわすとされるのに対して、いきは人情本で女性の美意識の表現に使われる。哲学者の九鬼周造(くきしゅうぞう)が『いきの構造』で、鋭く分析している。　→ p.287 **九鬼周造**

歌舞伎(かぶき) ② 江戸時代初期に発展した舞踏・演技・音楽をまじえた大衆的な演劇。出雲(いずも)大社の巫女(みこ)の阿国(おくに)が京都で踊った念仏踊りが始まりとされ、それが歌と踊りの見世物であるかぶき踊りとなって流行した。かぶきとは、人目を驚かす奇抜(きばつ)で派手な姿やふるまいをする「かぶく」にもとづく。幕府は好色な踊りが風紀を乱すとして規制し、やがて、演技に重点をおいた男性だけが演じる演劇となった。

人形浄瑠璃(にんぎょうじょうるり) ② 三味線の伴奏をともなって、大夫(たゆう)(語り手)が物語を語る音曲(おんぎょく)が**浄瑠璃**⑤で、これに人形が加わって人形劇となったものが人形浄瑠璃である。人形浄瑠璃は江戸時代に最盛期を迎え、文楽(ぶんらく)とも呼ばれる。浄瑠璃の語源は浄瑠璃姫の恋物語とされる。江戸時代には竹本義太夫(たけもとぎだゆう)(1651〜1714)の創始した義太夫節に、近松門左衛門(ちかまつもんざえもん)が脚本を書き、この2人によって人形浄瑠璃の名作が数多くつくられた。『曽根崎心中(そねざきしんじゅう)』では、商家の手代(てだい)と遊女が封建社会の掟(おきて)のなかでかなわぬ恋を死をもってつらぬくという悲劇が描かれている。近松の代表作には、ほかに『心中天の網島(しんじゅうてんのあみじま)』『女殺油地獄(おんなころしあぶらのじごく)』『国性爺合戦(こくせんやかっせん)』などがある。

→ p.256 **井原西鶴**、p.257 **近松門左衛門**

浮世絵(うきよえ) ① 江戸時代の風俗画で、浮き世とは今の世の中、楽しい現世(げんせ)という意味で、この世を享楽して生きる人々の風俗を描いたもの。肉筆画のほかに、錦絵(にしきえ)と呼ばれる多色刷りの木版画で広く庶民に親しまれた。美人画・役者絵・名所絵のほかに、本の挿絵、暦(こよみ)、切り抜いて遊ぶものなど、様々な種類がある。はじめは単色刷りの木版画だったが、やがて下絵師・彫師(ほりし)・刷師(すりし)の分業によって刷られる多色刷りの錦絵となって民衆に広まった。美人画では「見返り美人」を描いた**菱川師宣**(ひしかわもろのぶ)(1618？〜94) ①・鈴木春信(すずきはるのぶ)(1725？〜70)・喜多川歌麿(きたがわうたまろ)(1753？〜1806)、役者絵では東洲斎写楽(とうしゅうさいしゃらく)(生没年不詳)・歌川豊国(うたがわとよくに)(1769〜1825)、風景画では歌川(安藤)広重(ひろしげ)(1797〜1858)の「東海道五十三次」、葛飾北斎(かつしかほくさい)(1760〜1849)の「富嶽(ふがく)三十六景」などが有名である。明治時代には、新聞や写真の登場によって衰退したが、海外に大量の作品が流出して欧米で高く評価され、フランスの印象派の芸術家にも影響を与えた。

漫画 ① 気の向くまま漫然と描いた絵という意味だが、一般には滑稽さや風刺性をもった絵画作品を指す。日本では平安時代の「鳥獣人物戯画(ちょうじゅうじんぶつぎが)」など戯画、戯絵(ざれえ)、狂画(きょうが)と呼ばれるものがあった。江戸時代の葛飾北斎の「北斎漫画」では様々な物や人間の姿態が戯画風にスケッチされている。明治時代になるとコミック(comic)の訳語として漫画が使われるようになり、新聞などに風刺性の強い絵が掲載された。1930年代頃より子ども向きの漫画が描かれるようになり、田河水泡(たがわすいほう)(1899〜1989)の「のらくろ」シリーズなどが人気を博し、その後の漫画ブームへとつながっていく。現在mangaは日本の漫画を指す言葉として海外でも使われている。

人間と世界の探究
――西洋近代思想

第1章　近代思想の誕生

1　ルネサンスの思想

近代化［西洋］② 西洋の近代化は14〜16世紀のルネサンスと宗教改革という2つの思想的運動に始まるとされる。中世の神中心・教会中心の世界観から人間を解放し、人間一人ひとりの尊厳と能力を認め、現世を重んじる人間中心・現世中心の世界観へと移った。さらに民主主義の思想は個人の権利の尊重を、自然科学は合理的な考え方を、資本主義経済は世俗の生活の豊かさを求め、**近代**⑤は世俗の生活に積極的な価値を認め、人間の自立的・主体的な思考と活動を重んじた。

ルネサンス　Renaissance ⑤ 再生・復活という意味。14世紀から16世紀にかけてイタリアを中心におこり、ヨーロッパ各地に広がった、**ギリシア・ローマの古典文化の復興**⑤をめざす精神的運動で、**文芸復興**③と訳される。ルネサンスは、古代ギリシア・ローマの学問・芸術を再生させることによって、**神中心の世界**①から個人を解放し、個人としての人間の自覚にもとづく、豊かな人間性に満ちた**人間中心主義(ヒューマニズム)**［ルネサンス］④の文化を生み出した。ルネサンス期の人々は、個人としての自覚をもち、個性と才能を最大限に発揮して、自己を完成させようとする意欲をもっていた。ルネサンスの人間中心の文化は、人間らしさの本質をなす人間性を追求し、個人の才能や名誉の尊重、個人の創造的な業績への賛美、人間の自然な感情や欲求を肯定する世俗性などを特徴とする。フィレンツェやヴェネツィアなど、商工業の発達したイタリアの都市を中心に、経済力をつけた市民の台頭(たいとう)を背景に展開し、ヨーロッパにおける近代化の出発点とされる。ルネサンスという言葉は、19世紀のフランスの歴史家ミシュレ(J. Michelet、1798〜1874)が当時の文化運動を示す歴史概念として使ったことにより広まり、美術史家のブルクハルト(J. Burckhardt、1818〜97)は『イタリア・ルネサンスの文化』で、人間が自然美に満ちた世界を発見すると同時に、それをみつめる自己を個人として自覚する**「世界と人間の発見」**①として、ルネサンス文化を性格づけた。近年は、ルネサンスと中世の文化との連続性が注目されており、12世紀にギリシア語やアラビア語の文献がラテン語に翻訳されてヨーロッパに伝えられ、大学が創設されて中世において古典文化の研究が始まったことは、**12世紀ルネサンス**①と呼ばれている。また、近代自然科学の確立期にあっても、中世の錬金(れんきん)術の研究などが続けられていたことも指摘されている。

活版(かっぱん)印刷 ③ 活版印刷・羅針盤(らしんばん)・火薬の3つはルネサンス期にヨーロッパに広まったが、歴史的には羅針盤と火薬は中国で発明され、イスラーム世界を経由してヨーロッパに伝わったとされる。活版印刷はヨーロッパでは、15世紀にグーテンベルク(J. Guttenberg、1397頃〜1468)によって発明されたが、アジアではそれ以前から使われていた。ルネサンス期にはこれらの技術が改良され、活版印刷はルターによってドイツ語訳された聖書を普及させて宗教改革運動に影響を与え、また、様々な分野の書物の出版によって科学・文芸の普及に貢献した。また、羅針盤は航海術の発達に、火薬は戦力の増大につながった。

人文(じんぶん)主義(ヒューマニズム)　humanism ⑤ 一般には人間性を尊重し、これを束縛(そくばく)し抑圧するものから人間を解放する思想を指すが、ルネサンス期においては、ギリシア・ローマの古典に人間性の典型を求め、古典文学を学ぶことを通して人間性を回復しようとする人文主義を指す。ヒューマニズムはラテン語のフマニタス(humanitas、人間性・教養)につながり、古典を研究し、人間的教養を身につけようとした人たちは人文主義者(ヒューマニスト)と呼ばれた。一般的に人間性の尊重という意味で使われる時は、ヒューマニズムは人間中心主義・人道(じんどう)主義とも訳される。

→ p.193 **ヒューマニズム(人道主義)**

万能人(普遍人(ふへんじん))　uomo universale(伊) ⑤ 芸術・技術・科学など、あらゆる分野で才能を発揮するルネサンス期の理想の人間像。イタリア語でウォモ・ウニヴェルサーレといい、美術史家のブルクハルトが、『イタリア・ルネサンスの文化』で述べた言葉である。ルネサンス期には人間性が尊重され、すべてのことを自分の手でなしうる万能の天才が理想とされた。万能人とは人間の能力を最大限に発揮し、身体と精神の美しい調和を備えた完全な人間像で、そこには努力と才能によって人間は普遍的・神的な存在にまで到達できるという、ルネサンス期の人々の確信があらわれている。

ダンテ　Dante ⑤ 1265〜1321　ルネサンス初期のイタリアの詩人。フィレンツェの没落貴族の家に生まれ、若い頃は分裂していた祖国イタリアを統一するために政治活動に加わったが、政争に敗れてフィレンツェを追放された。その後は各地を流浪しながら『神曲』を書いた。少年の頃出あった少女ベアトリーチェに、生涯にわたる精神的な恋をいだき、それを宗教的な愛にまで高めて『新生』や『神曲』などの作品に表現した。そこには永遠の女性への愛が人間の魂を浄化し高めるという、プラトニック(精神的)な恋愛観がうかがえる。

『神曲』 ⑤ ダンテの長編の叙事詩。地獄篇・煉獄篇(罪を悔い改める世界)・天国篇の3部からなり、ダンテが古代ローマの詩人ウェルギリウス(P. Vergilius、前70〜前19)に案内されて地獄と煉獄をめぐり、ベアトリーチェに導かれて天国にのぼり、神の栄光に接するという筋である。ダンテは皇帝や教皇、悪人たちを地獄に落として、当時のイタリアの政治の不正や教会の堕落への怒りをあらわにし、また、天国への導き手として永遠の恋人ベアトリーチェを登場させ、信仰や正義、善を通して人間の魂を浄化する救済の道を説いている。イタリア語の口語体で書かれ、その後の近代文学に影響を与えた。

ペトラルカ　F. Petrarca ⑤ 1304〜74　ルネサンス初期のイタリアの詩人で、ローマの古典(ラテン文学)を研究した人文学者。叙情詩集**『カンツォニエーレ』**③では、永遠の恋人ラウラへの愛を、言葉のもつ美しい音楽的な響きを生かした流麗な格調でうたい、近代的な恋愛感情を新鮮に表現した。その詩風はペトラルキスムと呼ばれて、ヨーロッパ中に流行した。また、フランス南部のヴァントゥ山に登山をして、美しい自然環境が人間的教養に不可欠であることを見出したことでも有名である。

ボッカチオ　G. Boccaccio ⑤ 1313〜75　ルネサンス期のイタリアの詩人・小説家。フィレンツェの裕福な商人の家に生まれ、ラテン文学やダンテの作品に傾倒し、人文学者のペトラルカを終生の師とした。若い頃はナポリの宮廷などにも出入りして社交界で人気者となり、貴婦人たちと華やかな交際をしたこともあった。おもな作品は、小説『デカメロン』『フィロコロ』、長詩『愛の幻影』『フィエーゾレのニンフ物語』など。

『デカメロン』 ③ ボッカチオの代表的な小説。デカメロンとは10日という意味で、『十日物語』と訳される。ペストの流行を逃れてフィレンツェ郊外の別荘にこもった10人の若い男女が、毎日全員が1つの話を10日間するという筋立てで、あらゆる階級・職業の人が登場し、自由奔放な恋の話、男女のだましあい、偽善的な宗教家の話など、ルネサンス的な人間性の解放の精神にあふれている。また、「3つの指輪」の話では、ユダヤ教・キリスト教・イスラーム教を等しく扱う宗教的寛容さをみせている。イタリア語の口語体で書かれ、近代文学への道を切り開いたものとされる。

ブルネレスキ　F. Brunelleschi ① 1377〜1446　イタリアのフィレンツェ出身のルネサンス初期の建築家・彫刻家・金細工師。フィレンツェのサン・ジョヴァンニ洗礼堂の青銅の扉のコンクールで、彫刻家・金細工師のギベルティ(L. Ghiberti、1378〜1453)とともに最終選考に残り、その才能を高く評価される。サンタ・マリア・デル・フィオーレ大聖堂の巨大なドーム(天蓋)の設計にたずさわり、15年の歳月をかけて完成させる。建築物の設計に透視図法(遠近法)を取り入れ、また建築手法の開発にも手腕を発揮した。

マサッチオ　Massaccio ① 1401〜28　イタリアのフィレンツェ出身のルネサンス初期の画家。作品に遠近法をはじめて用いたとされ、さらに色彩によって遠近をあらわす空気遠近法、光と影の明暗法などの手法を使って人物の表情やしぐさをありのままに描写した。遠近法はありのままの人間性を追究するルネサンスの精神のあらわれであり、近代の合理的精神にもとづくものとされる。代表作「貢の銭」「楽園追放」「キリスト磔刑」「三位一体」。

マンテーニャ　A. Mantegna ① 1431〜1506　イタリアのパドヴァ出身のルネサンス初期の画家。遠近法を使って人物や自然を彫刻のように立体的に正確に描いた。代表作の1つ「死せるイエス」では、人体を下から見上げた時に体が短縮したように見える短縮法(前縮法)を用いて真にせまった描写をおこなった。代表作「オリーブ山の祈り」「サン・ゼーノ祭壇画」「磔刑」「聖セバスティアヌス」。

ボッティチェリ S. Botticelli ⑤ 1445頃～1510 イタリアのフィレンツェに生まれたルネサンス期の画家。合理的な写実主義を学びながら、やがて人物の姿をデフォルメして理想的な美と調和を追求し、甘美な叙情性にあふれる作品を描いた。代表作の**「春(プリマヴェラ)」**⑤や**「ヴィーナスの誕生」**②は、ギリシア・ローマの女神など古典的主題を扱い、宗教画では「メラグラーナの聖母」が有名である。

レオナルド＝ダ＝ヴィンチ Leonardo da Vinci ⑤ 1452～1519 イタリアのルネサンス期の画家・建築家・科学者・発明家で、様々な分野に才能を発揮した代表的な万能人。フィレンツェ郊外のヴィンチ村に生まれ、少年時代から絵画の修業を積み、やがてミラノで芸術、科学、要塞の建設、兵器の発明などに才能を発揮した。晩年は、フランスのクルーで余生を送った。彼にとって絵画は合理的な写実主義にもとづき、数学的な遠近法や、自然についての観察、人体の解剖学的知識を基礎とする科学の集大成であった。彼は芸術をはじめ解剖学・地質学・流体力学・築城・兵器・人力飛行機の開発などにたずさわり、自然の観察と実験を重んじる科学的な思考の先駆者とされる。代表作は「最後の晩餐」**「モナ＝リザ」**②、研究を記した『手記』が残されている。

「最後の晩餐」④ ダ＝ヴィンチの代表作で、ミラノのサンタ・マリア・デッレ・グラツィエ聖堂の壁画。数学的な遠近法を使い、イエスを中心に12人の弟子を横1列に並べて、全体的に比例のとれた調和を保っている。イエスがユダの裏切りと自分の死を予告し、弟子たちが驚く劇的な場面のなかで、イエスは神の意志のままに人類の罪を救うために十字架で死ぬことを覚悟した、崇高な平静さにあふれた表情で描かれている。

ミケランジェロ Michelangelo ⑤ 1475～1564 イタリアのルネサンス期の彫刻家・画家・建築家。フィレンツェに生まれ、少年時代から画才にすぐれてメディチ家の庇護を受け、人文学者とまじわって古典を学び、また聖書を読んだ。彫刻のために解剖学を学び、20代に十字架から降ろされたイエスの亡骸をだく聖母マリアをあらわす**「ピエタ」**②(「サン・ピエトロのピエタ」)、ユダヤの英雄「ダヴィデ」の像をつくり、のちに教皇ユリウス2世のための霊廟をつくって、その中央に『旧約聖書』の預言者の像**「モーセ」**①を配置した。またユリウス2世に命じられて、システィーナ礼拝堂に神がアダムに命を吹き込む**「アダムの創造」**①の場面を含む「天地創造」など聖書を題材にした天井画を描き、大壁画「最後の審判」を完成させた。自然を模倣するフィレンツェ派の写実主義をこえて、精神的・神的な美の表現を追求する理想主義を強め、晩年はキリスト教の信仰を深めた。

「ダヴィデ」③ ミケランジェロの代表的な彫刻。フィレンツェ市がメディチ家の勢力と戦って、共和国の自由独立を守った勝利の記念に委嘱されたもので、『旧約聖書』を題材に、巨人ゴリアテを倒したユダヤの英雄ダヴィデを彫り、青年の理想的な人体美を表現している。

「最後の審判」③ システィーナ礼拝堂の大壁画。この世の最後の日に復活したイエスが、人間を裁いて天国と地獄に振りわけているさまを描いている。激しくうずまく激情的な構図には、均整のとれた古典主義をこえ、激しいバロック様式への推移がみられる。

ラファエロ(ラッファエッロ) Raffaello ⑤ 1483～1520 イタリアのルネサンス期の画家。優雅で調和のとれた古典主義の作品を描いた。優美な聖母子像は有名である。代表作「大公の聖母」「ガラテアの勝利」「アテネの学堂」。

「聖母子」③ ラファエロの描いた聖母子像には、「大公の聖母」「ベルヴェデーレの聖母」「聖母子と幼児聖ヨハネ」などがある。

「アテネの学堂」⑤ ラファエロの代表作で、教皇ユリウス2世の命により、ヴァチカン宮殿に描かれた壁画。ソクラテス・プラトン・アリストテレスなどの古代の哲学者たちの群像が、バランスのとれたリズム感のある構図にまとめられている。

フィチーノ M. Ficino ① 1433～99 ルネサンス期の哲学者・神学者。メディチ家の支援のもとでプラトン・アカデミーの中心となり、プラトンの全著作を翻訳する。さらにプロティノスも翻訳して、一者(ト・

ヘン)から万物が流出するという新プラトン主義を広め、プラトン哲学とキリスト教の神学を融合する。また、天体の運動が地上の世界に影響をおよぼすという占星術や魔術など神秘思想を研究する。主著『プラトン神学』『恋の形而上学(けいじじょうがく)』。

→p.54 **プロティノス**

ピコ＝デラ＝ミランドラ Pico della Mirandola ⑤ 1463〜94 イタリアのルネサンス期の人文主義者。ミランドラの貴族の出身で、諸国を遍歴(へんれき)してユダヤやイスラームの哲学を学び、ユダヤ教の神秘主義的な教説であるカバラに傾倒(けいとう)した。あらゆる思想・宗教は同じ真理の表現であると考え、それらを1つに融合しようとしたが、ローマ教皇から破門されてフランスに逃れた。やがて、ロレンツォ＝デ＝メディチの庇護のもとにフィレンツェに住み、プラトン・アカデミーでフィチーノとともに神秘主義的な新プラトン主義の哲学を研究した。人間が自由意志によって自分の進むべき道を選択し、自分自身を形成するところに人間の尊厳の根拠を見出した。31歳で死去した。主著『人間の尊厳について』。

『人間の尊厳について』 ⑤ ピコ＝デラ＝ミランドラが、各地の学者をまねいてローマで開く予定であった討論会のために準備した演説原稿。ピコはあらゆる思想・宗教は同じ真理の表現であると考え、諸思想を1つに融合しようとした。演説原稿によれば、神は人間に自由な選択の能力を与え、自己の生き方を自由に選ばせるようにした。人間は、自由意志によって動物に堕落することも、神との合一にまで高まることもできる。人間がみずからの自由意志で自分自身を形成していくところに**人間の尊厳**［ピコ］⑤の根拠がある。

ピコ＝デラ＝ミランドラの言葉

おお、アダムよ、われわれはおまえになんら一定した住所も、固定した容貌(ようぼう)も、特に定められた使命も与えなかった。それはおまえが自分にほしいと思うあの住所と、あの容貌と、あの性質とを、欲求通りに、また、おまえ自身の考え通りにもつようにというためである。他の被造物(ひぞうぶつ)に認められた本性は、われわれがかれらに与えた法則に拘束(こうそく)せられている。おまえだけはどういう制限にも束縛されていない。余(よ)がおまえに任せたおまえ自身の恣意(自由意志)によって、おまえは自分の本性を形作ってもかまわない。

(植田敏郎訳『人間の尊厳について』創元社、かっこ内は編者注)

自由意志［ルネサンス］⑤ ルネサンス期には中世の宗教的束縛から解放され、自由意志によって何事でも成し遂げ、自己を高めて完成させる万能人が理想とされた。ピコ＝デラ＝ミランドラは人間は自由意志によって自己の形成者となれると主張して、自由意志を肯定した。また、エラスムスが『自由意志論』を書いて、神の恩寵(おんちょう)と人間の自由は両立し、善は神のめぐみであり、悪は自分の生み出したものであるとしたのに対して、ルターは『奴隷意志論』を書いて、罪をもつ無力な人間にはみずからの意志で善や悪へと向かう自由はなく、すべては神の摂理(せつり)によって必然的に定められていると説き、自由意志についての論争が展開された。

マキャヴェリ N. Machiavelli ⑤ 1469〜1527 イタリアのルネサンス期の政治家・政治学者・歴史家。フィレンツェの貴族に生まれ、フィレンツェ共和国の役人として外交にたずさわった。1512年に共和政が倒れてメディチ家の支配が復活すると解任され、一時は投獄(とうごく)されたが、その後はフィレンツェ郊外にひきこもって読書と著述に専念した。政治を宗教や道徳から切り離し、現実に立脚して考察した政治論は、近代的な政治学の始まりとされる。主著には、ローマの共和政を賛美した『ローマ史論』、君主の統治法を論じた『君主論』がある。

『君主論』 ⑤ イタリアの統一をめざし、独裁君主が権力を獲得し、維持する方策を論じたマキャヴェリの主著。政治は道徳や宗教とは無関係に、利己的な欲求をもつ人間相互のあいだに人為的な秩序をつくる営みである。国家の統治という目的のためには、君主は暴力や裏切りなどのいかなる反道徳的な手段をも用いることが許される。また、君主は人の道と獣(けもの)の道を使いわけ、獣のなかでは**狐(きつね)とライオン**①にならって、策略(さくりゃく)の罠(わな)を見抜く狐のずる賢さと、相手を震え上がらせるライオンの威圧的な力をもたなければならない。このような人を欺(あざむ)くはかりごとを説く**権謀術数(けんぼうじゅつすう)**①は、マキャヴェリズムと呼ばれ、しばしば批判の対象となるが、そこにはリアリズム(現実主義)にもとづくルネサンス的な政治観がある。

> **マキャヴェリの言葉**
> 人の実際の生き方と人間いかに生きるべきかということとは、はなはだかけ離れている。だから、人間いかに生きるべきかということのために、現に人の生きている実態を見落としてしまうような者は、自分を保持するどころか、あっというまに破滅を思い知らされるのが落ちである。
> (池田兼訳「君主論」『世界の名著16 マキアヴェリ』中央公論社)

エラスムス D. Erasmus ⑤ 1466頃～1536 ルネサンス期のオランダの人文主義者。ヨーロッパの各地を遍歴して古典文芸を研究し、また、ギリシア語を学んで聖書や教父の著作の校訂に打ち込んだ。イギリスではトマス＝モアに出あって友人となった。聖書研究と人文主義的教養のもとにキリスト教本来の精神をとらえようとし、カトリック教会の堕落を痛烈に批判し、一方でルターの宗教改革の熱狂には批判的な態度をとった。キリスト教的な精神世界にとどまりながら、その博愛の精神と人文主義的な教養にもとづくコスモポリタン(世界市民)の立場から、キリスト教国家の和合と平和を訴えた。主著『愚神礼讃』『平和の訴え』。

自由意志についての論争 ④ 人間の自由意志をめぐる、エラスムスとルターとの論争。エラスムスが『自由意志論』を書き、キリスト教的人文主義の立場から人間の自由意志を肯定したのに対し、ルターは『奴隷意志論』を書いてこれに反論し、人間は原罪を背負っているから、その自由意志は神から離反して罪をおかさざるをえないものであり、人間はただ神が与える恩寵(おんちょう)によってのみ救われると説いた。エラスムスは人間の自由意志を信頼し、一方でルターは悪へと傾く人間の自由意志を否定し、救いは神への信仰にのみあるという信仰義認説の立場を主張した。

『愚神礼讃(ぐしんらいさん)』(『痴愚神礼讃(ちぐしんらいさん)』) ⑤ おろかさの女神モーリアを語り手として、痴愚神が世の中のあらゆる人間の営みを支配するという自慢話を通して、哲学者や神学者の空理空論、君主や廷臣(ていしん)の名誉心、教皇や聖職者の偽善などを皮肉った風刺(ふうし)文学である。とくにローマ教皇が戦争をおこして、キリスト教徒の血を流させていることを最大の愚行(ぐこう)として批判している。

トマス＝モア Thomas More ⑤ 1478～1535 イギリスの人文主義者・政治家。カトリックの信仰に篤(あつ)く、また近代的なヒューマニストであった。エラスムスと交際して人文学を学び、弁護士・下院議員・外交官として活動した。当時のイギリスで農民を困窮に追いやった囲い込み運動への批判を込めて、私有財産制度のない理想社会を主題にした『ユートピア』を書いた。ヘンリ8世の重臣となり、大法官の地位についたが、国王が王妃と離婚して侍女(じじょ)のアン＝ブーリンと結婚するために、イギリス国教会をローマ・カトリック教会から独立させたことに対して、カトリック教徒の立場から反対し、国王と対立して刑死した。主著『ユートピア』。

『ユートピア』 ⑤ 私有財産制度のない平等な理想社会を描いたトマス＝モアの主著。ユートピアという言葉は、モアが最初に用い、ギリシア語のウー(無)とトポス(場所)に由来し、どこにもない場所という意味である。モアは土地所有者が囲い込み運動によって農民を貧困に追いやる当時のイギリス社会を批判し、私有財産制度こそ社会悪の根源と考えた。ユートピアは財産を共有する共産主義的な理想社会で、人々は毎日6時間労働し、余暇は自由な活動や教養のために使われ、戦争はもっとも嫌悪され、黄金は便器や奴隷の鎖に使われる。財産を共有するこの国では、「だれも何1つもっていないが、しかもすべての人が富んでいる」とされる。

2 宗教改革

宗教改革 Reformation ⑤ 16世紀にヨーロッパに広がった、ローマ・カトリック教会の腐敗を批判し、個人の純粋な信仰心にもとづいて信仰を浄化しようとした運動。14～15世紀のウィクリフ・フスらの反教皇運動を先駆とし、1517年にドイツの神学者ルターが「95カ条の意見書」をヴィッテンベルク教会において公表して、カトリック教会の腐敗を批判したことに始まった。スイスでは、ツヴィングリ(U. Zwingli、1484～1531)・カルヴァンによって展開された。宗教改革によって、キリスト教会はカトリック(旧教)とプロテスタンティズム(新教)にわかれた。またイギリスでは、ヘンリ8世によってイギリス国教会がカトリック教会から分離した。1555年のアウクスブルクの宗教和議において、諸侯に新教と旧教両者の信仰の自由が認められたが、その後も三十年戦争などの対立が続いた。カトリック教会の権威主義・儀式的形式化・聖職者の位階制度を否定し、人間はただ神への純粋な信仰によってのみ義とされるという福音主義を広めた。宗教改革は中世的な教皇権の支配から個人の信仰心を解放した点で、ルネサンスとともに近代的な個人の自覚をもたらし、個人の自由の意識を高める精神的な原動力となった。

ミサ missa ③ キリスト教のカトリック教会でおこなわれる礼拝式。聖書の朗読、説教、祈りのあとに、イエスの最後の晩餐にならってパン(ホスチア)とブドウ酒を祭壇にささげ、これらが宗教的な意味においてキリストの体と血になったとされる。司祭は聖体となったパンをミサの参加者に配り、参加者はそれを食べて(聖体拝領)神とまじわる。

プロテスタンティズム(新教) Protestantism ④ 宗教改革によって、ローマ・カトリック教会から分離したキリスト教。1529年のシュパイエル国会でのルター派を禁止する決議に対して、改革者たちが抗議(プロテスト)したことから**プロテスタント**⑤(Protestant、抗議する人)と呼ばれるようになった。この呼び方はカトリック側から改革者たちを呼んだものだが、一般に宗教改革運動にたずさわる人を広く指すようになった。ルターをはじめとする改革者は、みずからを福音主義者(evangelist)と呼んでいた。

福音主義 ③ 聖書に記されたイエス＝キリストの福音を信じ、神のめぐみへの信仰のみによって救いを求めるプロテスタントの信仰を指す。福音とはよろこばしき知らせのことで、キリスト教では、イエス＝キリストの救いや訪れをあらわす言葉や業績を指す。教義や儀式を重んじるカトリックの権威主義に対して、聖書の福音の信仰にもとづくプロテスタントの聖書中心主義の信仰を指す。 → p.58 **福音**

ウィクリフ J. Wycliffe ② 1330頃～84 イギリスの神学者で、宗教改革の先駆者。聖書主義の立場から、ローマ・カトリック教会や教皇の権力を批判した。聖書をキリスト教の真理の唯一の源泉とし、それに根拠をもたない教会の教義や権威を否定した。彼は死後、1414～18年のコンスタンツ公会議で異端とされたが、のちの教会の改革運動に影響を与えた。

フス J. Hus ② 1369頃～1415 ボヘミア(チェコ)の宗教改革の先駆者。ウィクリフの影響を受け、カトリック教会を支配する教皇権や贖宥状をきびしく批判し、その運動はボヘミアの民衆の支持を得て民族的運動にまで高まった。危機を感じた教皇側によって破門され、さらにコンスタンツ公会議に呼び出されて異端として火刑に処された。

ルター M. Luther ⑤ 1483～1546 ドイツの宗教改革者。
→ p.118 **ルターの生涯と思想**

贖宥状(免罪符) ⑤ 信者のおかした罪に対する罰を免除すると信じられていた、ローマ・カトリック教会が発行した証書。贖宥とは信者みずからが犯した罪をつぐなうことを免除すること、つまり罰を受けることを赦免することである。キリストが十字架上で人類の罪を贖った功績は、あり余るほどの「教会の宝」としてカトリック教会に受け継がれ、教皇はその宝をわけ与えることによって、人々の魂を罰から救うことができると信じられていた。本来は教会に対する功労があった信者に与えられるものだったが、中世末期には教会の財政をまかなう目的で濫売された。信者が罪の悔い改めと神への信仰を軽んじるようになったため、ルターは贖宥状の販売を痛烈に批判した。

「95カ条の意見書(95カ条の論題)」 ⑤ 1517年にルターがヴィッテンベルク教会におい

● ルターの生涯と思想　1483～1546 ●

ドイツの神学者・宗教改革の指導者。中部ドイツのアイスレーベンに生まれ、エルフルト大学で法律を学ぶが、22歳の時に落雷にあって死の恐怖を体験し、その時の神への誓いに従って、アウグスティヌス修道院に入った。しかし、修行の功績によっては、神に対する罪から逃れることはできないという苦悩を体験した。ヴィッテンベルク大学の神学の教授となり、聖書の講義をおこない、そのなかでイエス＝キリストによって示された神のめぐみへの信仰によってのみ、人は救われるという福音主義の信仰に到達した。ローマ・カトリック教会が財政のために贖宥状(しょくゆうじょう)(信者がおかした罪に対する罰を免除する証書)をドイツで販売したことに抗議し、1517年にヴィッテンベルク教会で「95カ条の意見書」を公表し、贖宥状の販売が誤りであることを主張した。これは、ドイツ中に伝えられて大きな反響を呼び、宗教改革の発端となった。ローマ・カトリック教会はルター派を弾圧したが、ルターは教会の破門状を焼き捨て、破門されたあとはザクセン選帝侯フリードリヒの城にかくまわれながら、聖書のドイツ語訳をおこない、聖書が広く人々に読まれるようになった。ヴィッテンベルクに戻って改革を進めたが、暴徒化した農民戦争には反対の立場をとった。その後もプロテスタント教会を組織するなど、晩年まで教会の改革運動につとめた。

ルターは、人はみずからの善行ではなく、神のめぐみへの信仰によってのみ救われるという信仰義認説を説いた。聖書に記された神の救いの言葉(福音)を信じ(聖書中心主義)、神のめぐみを感謝をもって受け入れ、神の救いへの信仰に生きることが、キリスト者の道である。すべてのキリスト者は、信仰心を通して神に直接関わる点で平等であり、特権的な聖職者の身分は否定される(万人司祭主義)。宗教改革は、個人の純粋な信仰心を回復し、教会の権威主義から個人を解放した点で、ルネサンスと並んで近代的な自由な個人の自覚を高める原動力となった。主著『キリスト者の自由』。

ルターの言葉

キリスト者は自分自身のうちに生きるのでなく、キリストと自分の隣人とにおいて生きる。すなわち、キリストにおいては信仰を通して、隣人においては愛を通して生きるのである。彼は信仰によって自分を越えて神へとのぼり、神のところから愛によってふたたび自分のもとへとくだり、しかも常に神と神の愛のうちにとどまる。

塩谷饒訳「キリスト者の自由」『世界の名著18 ルター』中央公論社

て公表した、贖宥状の販売を非難する文書で、宗教改革運動の発端(ほったん)になった。ルターは魂の救済は神から与えられるめぐみによるもので、自己の善行によらないとする立場から、贖宥状が信者に悔い改めを軽視させ、救い主であるキリストへの信仰をさまたげることを非難し、これを議論をするため「95カ条の意見書」を公表した。ルターは贖宥状を買うという行為によって罪が免除されるというのは誤りで、魂の救いは真の内面的な悔い改めと、救い主キリストへの信仰によってのみ得られると説いた。ルターの主張はたちまちドイツの各地に伝えられて大きな反響を呼び、宗教改革運動の発端になった。

信仰義認説(しんこうぎにんせつ)［ルター］⑤ 人間は救い主であるキリストへの信仰によってのみ義とされるという、ルターの根本的な思想。神の義とは聖書に示された神の意志であり、それにかなうことによって人は義とされる。ルターはパウロの「ローマ人への手紙」をもとに、完全な善行をおこない得ない人間は、神の恩寵(おんちょう)(めぐみ)によってのみ義とされると説いた。十字架上で人間の罪を贖(あがな)ったイエス＝キリストへの信仰によってのみ、人間は罪から解放されて神の前に義とされる。キリスト者は神の救いを感謝をもって受け入れ、神のめぐみへの信仰によってのみ、義(ただ)しき人として生きることができる。

「信仰のみ」⑤ ルターの信仰義認説をあらわす標語で、パウロの「ローマ人への手紙」に由来する。完全な善行をなし得ない人間の救いは、十字架上で人類の罪を贖ったイエス＝キリストへの信仰によってのみ、神からめぐみとして与えられるという確信をあらわす。ルターの宗教改革の原理は、「聖書のみ」「恩寵(めぐみ)のみ」「信仰のみ」の3つの標語であらわされる。

聖書中心主義⑤ 聖書をキリスト教の真理の唯一の源泉とする、ルターの根本的な思想。ルターはローマ・カトリック教会の権威による聖書解釈や儀式を退け、**「聖書のみ」**④を標語に掲げ、一人ひとりが聖書に記された神の救いの言葉(福音)を読み、純粋な信仰心をもつべきことを説いた。そのためにそれまでラテン語訳であった**聖書のドイツ語訳**⑤をおこない、人々が広く読めるようにした。聖書は神による救いの訪れ(福音)を告げ、人間の救いのあかしとなるものであり、キリスト者は聖書の福音への信仰によってのみ救われる。

万人司祭(ばんにんしさい)(万人祭司)説(主義)⑤ 特権的な身分としての聖職者を否定し、すべての信者が平等なキリスト者であるとする、ルターの根本的な思想。神への信仰において、すべての信者は教会の権威や教義から自由であり、万人は自己の信仰心によって直接神と関わり、みな等しく神の司祭である。これはカトリックの聖職者の権威を否定するとともに、近代的な自由な個人の自覚を高めた。

『キリスト者の自由』⑤ ルターの代表的な著作。ルターによれば人間は善(よ)いと思ったことをなすことができず、悪いと思ったことをなしてしまう非自由な存在である。その人間はイエス＝キリストの福音への信仰によってのみ罪から解放され、神の前に義とされて、霊的・内的な自由をもつ。キリスト者は神のめぐみによって自由な主人であり、同時に隣人への愛と奉仕に身をささげる神の僕(しもべ)である。

カルヴァン(カルヴィン) J. Calvin ⑤ 1509〜64 スイスのジュネーヴで活動した、フランス出身の宗教改革者。

→p.120 **カルヴァンの生涯と思想**

予定説⑤ 救われる者と救われない者とが、神の永遠の意志によって、予(あらかじ)め定められているという神学上の説。パウロの「ローマ人への手紙」に由来し、アウグスティヌス・ルター・カルヴァンらによって説かれた。カルヴァンはある者は救われ、ある者は滅びに予定されているという、**二重予定説**①を説いた。救いはすべて神の絶対的な意志によって定められており、人間の善行は一切関わりがない。人間は神の予定に服従し、神の意志を実現するために奉仕するべきである。予定説は人間の善行を救いの条件とすることを否定し、神の絶対的主権のもとに、救いはすべて神のめぐみに依存していると説く点で、プロテスタントの福音主義の信仰に通じている。

カルヴィニズム(カルヴァン主義) Calvinism ④ カルヴァンに始まる思想や教会の改革運動を指し、ジュネーヴからネーデルラント(オランダ)・イギリスに広まった。神の絶対的な主権のもとに、人間は神の予定に服従し、神の栄光を実現するための道具となって、世俗の職業に励むべきとされる。「ただ神の栄光のために」という標語のもとに厳格な規律に従う、禁欲的で勤勉な生活態度が重んじられた。

ピューリタニズム Puritanism ③ 16〜17世紀のイギリスで、宗教改革を徹底して信仰を純化しようとしたプロテスタントの一派。清教主義と訳され、聖書に従って信仰を浄化する(ピューリファイ)という意味である。国王を首長とするイギリス国教会の宗教改革の不徹底さを批判し、カルヴァニズムによる徹底的な宗教改革を求め、聖書にもとづく禁欲的生活と、信者の自由意志にもとづく共同体の建設をめざした。一部は信仰の自由を求めて1620年にメイフラワー号でアメリカ大陸に渡り、また、イギリスのピューリタン(清教徒)革命の推進力になった。

『キリスト教綱要(こうよう)』④ カルヴァンの主著で、1536年に刊行された。神の絶対的主権への人間の服従が強調され、救いは神の恩恵によってあらかじめ定められており、人間は神の栄光を実現するために奉仕するべきだと説く。

召命(しょうめい)(天職)⑤ 神に召されて使命を与えられること。英語では calling といい、神に呼び出されるという意味をもつ。はじめは神が聖職者に授けた宗教的使命を指したが、宗教改革では、すべての信者が神に呼び出されてこの世のつとめを与えられると信じられ、世俗的職業は召命として聖なるものとされた。ドイツ語の**ベルーフ**

カルヴァンの生涯と思想　1509～64

スイスのジュネーヴで活動した、フランス出身の宗教改革者。若い頃、法学や神学を学び、人文主義的教養を身につけた。プロテスタントに改宗し、フランスでのプロテスタントの迫害を逃れるため、スイスのバーゼルに亡命した。そこで、1536年に主著『キリスト教綱要』を刊行した。友人のファレルの要請によってジュネーヴにとどまり、教会の改革に着手した。市当局と対立して追放され、ストラスブールに移ったが、まもなくジュネーヴに復帰し、プロテスタント教会の指導者となった。ジュネーヴの教会規則を制定し、信者の生活規律を厳格にし、教会を中心にした市民政治を指導した。聖書の教えにもとづく理想的なキリスト教都市の実現に努力し続けた(神権政治)。

カルヴァンは、神の絶対的な主権をとなえ、救いはすべて神の意志によって予め定められており(予定説)、人間の善行は救いには一切関わらないと否定した。人間はただ神の予定に服従し、みずからを神の意志を実現する道具として、神の栄光のために奉仕するべきである。世俗の職業は、神によって呼び出されて一人ひとりに与えられた使命(召命)であり、神に奉仕する場であるから、みずからの職業に禁欲的に励むことが、神の栄光を実現することになる。のちに社会学者のマックス＝ウェーバーは、カルヴァン主義の広まりのなかで、人々が救いのあかしを得るために世俗の職業に禁欲的に励み、利潤を蓄積したことが、近代資本主義の精神を生む要因となったと説いた。主著『キリスト教綱要』。

カルヴァンの言葉

予定とは、神が、人類の各個人がかくなることを望まれることを、御自分のうちに決定された、神の定めである。何故ならば、各個人は、同じような運命をもって創造されたのではない、永遠の生命は、ある人々には予め定められ、永遠の断罪がある人に予め定められているのである。それ故に、すべての人は、この二つの目標のどちらかに創造されているのであるから、生命か死に予定されているとわれわれはいうのである。

ヒュー・カー編(竹森満佐一訳)『キリスト教綱要抄』新教出版社

(Beruf)③も呼び出すという意味から、召命・職業をあらわすようになった。

職業召命観 ⑤ 職業を神によって召されて与えられた使命と考える思想。ルターは職業に神の召命としての意義を与え、カルヴァンは世俗的職業は神の栄光を実現するために人間が奉仕する場であるとして、より積極的に意義づけた。カルヴィニズムにおいては、信者は神の予定のもとで自分が救いに選ばれていることの確証を得るために、禁欲的に職業に励み、自己を神の意志を実現する道具として自覚した。社会学者のマックス＝ウェーバーは『**プロテスタンティズムの倫理と資本主義の精神**』⑤のなかで、予定説のもとで人々が救いのあかしを得るために、神の栄光をあらわす世俗的な職業に励み、禁欲的な生活を送って利潤を蓄積したことが、資本の形成につながり、近代資本主義の精神を生む要因になったと分析した。職業召命観のもとにおける宗教改革の人間像は、**職業人(専門人)**③とも呼ばれる。

→ p.207 **マックス＝ウェーバー**

対抗宗教改革(反宗教改革) ③ プロテスタントの宗教改革に対抗するために、16～17世紀にローマ・カトリック教会がおこなった改革運動。**自己改革運動(カトリック改革)**①とも呼ばれる。カトリックの教義を守って内部の規律を正し、修道会を設置し、海外布教などをおこなってカトリックを広めた。また、プロテスタント化した地域を再カトリック化しようとし、ドイツの諸侯が新教と旧教にわかれて軍事同盟を組んで争う三十年戦争を引きおこした。

イエズス会 ③ プロテスタンティズムの勢力に対抗して、スペインの宗教家**イグナティウス＝ロヨラ**(Ignatius de Loyola、1491〜1556) ③が、1534年に創設したカトリック教会の修道会。ジェズイット教団ともいう。ローマ教皇の絶対的な至上権(しじょうけん)を掲げ、プロテスタント勢力に対抗する対抗宗教改革運動を繰り広げた。厳格な軍隊的な規律と組織のもとにカトリックの布教につとめ、各地に教育機関や学校をつくり、海外への伝道も盛んにおこなった。アジアにフランシスコ＝ザビエルやマテオ＝リッチ(Matteo Ricci、1552〜1610) らを派遣した。

→ p.260 **フランシスコ＝ザビエル**

3 モラリスト

モラリスト moralistes(仏) ⑤ 道徳家という意味だが、とくに16〜17世紀のフランスで随筆(エッセー)・格言(マキシム)・警句(けいく)(アフォリズム)など自由な表現形式によって、ありのままの人間の生活や心理を観察し、人間の生き方を探究した思想家たちを指す。モンテーニュ・パスカル・ラ＝ロシュフコー(La Rochefoucauld、1613〜80) らがその代表である。彼らは人間の具体的な生き方を考察し、人間性を浮き彫りにするために、体系的な論理を避けて自由な表現形式を採用した。また、キリスト教の精神やギリシア・ローマの古典的教養を身につけ、それらをもとに調和のとれた理性的で健全な人間性を探究した。

モンテーニュ M. d. Montaigne ⑤ 1533〜92 フランスの思想家で、代表的なモラリスト。領主の家に生まれ、法律を学んでボルドーの高等法院につとめ、ボルドーの市長にもなった。38歳で引退して屋敷内の塔にこもって読書と思索に耽(ふけ)りながら『エセー』を執筆し、また各地を旅行して見聞を広めた。「私は何を知っているか」(ク・セ・ジュ) をモットーに、つねに疑い、独断を避け、より深い真理を探究する懐疑主義の立場に立ち、寛容の精神の大切さと、神の創造した自然のめぐみを感謝の気持ちで受け入れ、よろこびをもって人生を享受(きょうじゅ)すべきことを説いた。主著『エセー』。

宗教戦争 ② 広義では宗教上の教義の相違に起因する戦争をいうが、狭義ではキリスト教における新旧教徒の対立(16〜17世紀)を指すことが多い。16世紀のフランスでは、ユグノーと呼ばれるプロテスタント(新教徒)とカトリック(旧教徒)が争う**ユグノー戦争**①(1562〜98) と呼ばれる宗教戦争が続いた。モンテーニュは宗教の対立から戦争で血を流すことのおろかさを訴え、カトリック派の国王とユグノー派のナヴァール公アンリ(のちのアンリ4世)との調停をはかり、ボルドー市を戦争から守るために尽力した。

「ク・セ・ジュ(私は何を知っているか)」 Que sais-je ? ⑤『エセー』に出てくる、モンテーニュの懐疑主義をあらわす言葉。人生や世界は、つねに流動し変化する恒常性(こうじょうせい)のないものであり、不完全な人間の理性によっては、不変の真理を認識することはできない。そこでモンテーニュは「私は何を知っているか？」という疑問文のみが、人間にふさわしい命題であり、人間はつねに真理を探究中であるから、断定をさしひかえるべきだと説いた。この懐疑的な命題は真理の探究を諦めるのではなく、理性の傲慢をいましめ、つねに疑い、独断を避け、より深い真理探究へと人間の精神を導くものである。

モンテーニュの言葉

世の中の人々はいつも自分のまっすぐ前のほうを見つめる。わたしのほうは自分の視線を内側にむけ、そこにそれを植えつけ、そこに落ち着かせる。誰もが自分の前を見つめるが、わたしのほうは自分のなかを見つめる。わたしは自分にしか用がない。自分をたえず考え、検討し、吟味する。ほかの人々はいつもほかへ出かける。

（荒木昭太郎訳「エセー」『世界の名著19 モンテーニュ』中央公論社）

懐疑主義（懐疑論）［モンテーニュ］ skepticism ④ 人間の感覚や理性によっては、普遍的で絶対的な真理を知ることはできないとする立場。古代の懐疑論はギリシアのピュロンに始まり、絶対的な真理に到達できない人間は、一切の判断を中止するエポケー（判断停止）によって、心の平静を保つべきだとされた。モンテーニュは古代の懐疑論を復活させたが、それは真理はみつけられないと断定するものではなく、人間はつねに真理を探究中であるから、つねに疑いをもち、独断をさしひかえ、謙虚な態度でより深い真理を探究し続けるべきだという意味である。なお18世紀には、ヒュームが認識に関して懐疑論を説いた。

→ p.129 **懐疑論**［ヒューム］、p.130 **方法的懐疑**

寛容［モンテーニュ］② モンテーニュは人間の独断的で偏狭な心や、他国の思想や文化への**不寛容**③が、宗教戦争やスペインによるインカ帝国の滅亡の悲劇など、数々の戦争や残虐な事件をもたらしたと批判した。そして偏狭な心を捨て、独断や極端に走らずに中庸の立場を守り、すべてを価値あるものとして受け入れる寛容の精神こそが、人間にとって必要であると説いた。寛容の精神をもつ理想的な人間が、ジャンティオム（gentilhomme［仏］、紳士）とされた。

『エセー』（『随想録』） Essais ⑤ モンテーニュの主著で、晩年まで書き込まれて増補された。3巻からなり、はじめはストア的な克己や禁欲が説かれるが、やがて、つねに疑い、謙虚な態度で真理を探究し続ける懐疑主義が主張され、晩年には神の創造した自然のふところにいだかれ、そのめぐみを感謝の気持ちをもって受け入れ、よろこびをもって人生を享受するエピクロス的な快楽主義の境地が説かれる。

パスカル B. Pascal ⑤ 1623～62 フランスの数学者・物理学者・宗教思想家で、代表的なモラリスト。

→ p.123 **パスカルの生涯と思想**

パスカルの原理 ⑤ 密封された容器のなかに液体を入れて圧力を加えると、容器内のすべての部分に同じ圧力が伝わるという物理学の原理。これは油圧の技術に応用されている。パスカルの名を冠した数学の法則には、円に内接する六角形の相対する3組の辺（対辺）を延長した時の交点は、一直線上に並ぶというパスカルの定理や、二項定理のパスカルの三角形などがある。

「人間は考える葦である」 ⑤ パスカルの言葉で、大きな宇宙のなかで孤独で無力な人間が、宇宙における自分の悲惨な存在について考えるところに偉大さをもつという意味。**考える葦**⑤は、風にそよぐ葦にたとえられる無力でみじめな人間が、それにもかかわらず考えるところに偉大さをもつことをあらわしている。パスカルは近代的な思考する主体としての人間に、**人間の尊厳**［パスカル］②の根拠を見出した。「空間によって宇宙は私をつつみ、1つの点のように飲み込む。考えることによって、私は宇宙をつつむ」（『パンセ』）。

「この宇宙の沈黙は私を震撼させる」 ② パスカルの『パンセ』のなかの言葉。広大な宇宙と小さな人間を対比し、大きな宇宙のなかで、自分がどこから来たのか、どこへ行くのかを知らないままに偶然に存在していることへの驚きとおそれを述べたもの。

中間者 ⑤ 人間は偉大さと悲惨さ、無限と虚無の二面性をもち、その中間をゆれ動く存在であることを意味する。パスカルによれば人間の悲惨さと偉大さの二重性の秘密は、原罪を負う人間がその悲惨さを自覚しつつ、イエス＝キリストへの信仰を通して救済されるというキリスト教によって説明される。「自分の悲惨を知らずに神を知ることは高慢を生み出す、神を知らずに悲

パスカルの生涯と思想　1623〜62

フランスの数学者・物理学者・宗教思想家で、代表的なモラリスト。幼少から数学や物理学に天才を発揮し、16歳で射影幾何学の『円錐曲線論』を書いた。その後、数学の「パスカルの定理」、水圧の原理である「パスカルの原理」など、自然科学の分野で業績を残した。23歳の時に、カトリックの禁欲的な一派で、人間の原罪と神の恩寵を強調するジャンセニズムに1回目の帰依をした。その後は社交界に出入りし、人間の微妙な心理を観察するが、社交生活の倦怠や気晴らしを目のあたりにした。31歳の時に、宗教的な法悦のなかで神に出あう体験をして決定的回心をし、妹が身を寄せていたポール・ロワイヤル修道院に属した。禁欲的なジャンセニズムと、カトリックの一派であるイエズス会との論戦のなかで、匿名の手紙を18通発表し(『プロヴァンシアル』)、イエズス会の世俗的な腐敗を批判した。病が重くなるなかで信仰を深め、人々を信仰に導くためのキリスト教の弁証論を書こうとしたが、39歳で死去した。死後、その断片的原稿が『パンセ』として出版された。

パスカルは、人間を偉大さと悲惨さという矛盾する二面性をもつ中間者と考えた。宇宙における人間の無力さ、社交生活の倦怠と気晴らし、政治権力の不正などの悲惨さのなかで、人間は「考える葦」として考える働きにおいて偉大である。このような人間の悲惨さと偉大さという矛盾する二重性は、キリスト教によって説明されて救われる。パスカルは、人間の生を3つの秩序にわけ、王侯・貴族の属する身体(物質)の秩序、学者が属する精神の秩序をこえて、神の超自然的な愛の秩序に生きることを説いた。イエス＝キリストは、この世に貧しくみじめな姿であらわれ、地上の秩序における苦悩と悲惨さのなかで、それをこえた神の愛の秩序が存在することを示したのである。

パスカルの言葉

人間はひとくきの葦にすぎない。自然のなかで最も弱いものである。だが、それは考える葦である。彼をおしつぶすために、宇宙全体が武装するには及ばない。蒸気や一滴の水でも彼を殺すのに十分である。だが、たとい宇宙が彼をおしつぶしても、人間は彼を殺すものより尊いだろう。なぜなら、彼は自分が死ぬことと、宇宙の自分に対する優勢とを知っているからである。宇宙は何も知らない。だから、われわれの尊厳のすべては、考えることのなかにある。

前田陽一ほか訳「パンセ」『世界の名著24 パスカル』中央公論社

惨を知ることは絶望を生み出す、イエス＝キリストを知ることはその中間をとらせる」(『パンセ』)。

繊細の精神 ⑤ パスカルの言葉で、人間の微妙な心の動きを、心情の論理に従って直感する精神を意味する。これに対して数学や物理学において、理性の論理に従い、推理と論証によって思考する精神は**幾何学的精神**⑤と呼ばれる。

気晴らし ② パスカルによれば、人間は死・孤独・無知など自己の悲惨さから目を背け、遊び・娯楽・戦争などに熱中して気持ちをまぎらわせようとする。しかし、自己から目を背けて気晴らしに逃避しても、やがては倦怠にとらわれて絶望や悲哀に落ち込む。「気晴らし――人間は死・悲惨・無知を癒すことができなかったので、自分を幸福にするためにそれらをあえて考えないように工夫した」(『パンセ』)。

3つの秩序 ② 人間の生には身体・精神・愛の3つの秩序があるという、パスカルの考え。権力や快楽にふける人は物質的な**身体の秩序**②に、デカルトなど学問や思索に専念する人は**精神の秩序**②に、神の恩寵にめぐまれた人は**愛の秩序**②に生きる。パスカルによれば、イエス＝キリストがこの世に貧しくみじめな姿であらわれ、地上の苦悩と悲惨さのなかで神の愛を説いたのは、物質と精神の秩序をこえたところに超自然的な愛の秩序があることを示すためである。キリスト教は人間の悲惨さをみつめさせるとともに、それをこえた神の永遠の愛の秩序を教える。

『パンセ』 ⑤ パスカルの主著で、『瞑想録(めいそうろく)』とも訳される。パンセとはフランス語で考えること・思考という意味。人々を信仰へと導くためのキリスト教の弁証論として書き始められ、死後にその断片的な原稿が友人によって編纂(へんさん)され出版された。

第2章 近代の合理的精神

1 近代自然科学の誕生

近代科学(近代自然科学) ④ ヨーロッパで16〜17世紀に誕生した、経験にもとづく実証的な自然科学。科学の語源であるラテン語のscientia(スキエンチア)は、知識一般をあらわすが、近代になるとコペルニクスの地動説に始まり、ケプラーの惑星の法則、ハーヴェイ(ハーヴィー)(W. Harvey、1578〜1657)の血液循環説、ボイル(R. Boyle、1626〜91)の化学的原子論、ガリレイやニュートンの力学などによって、近代自然科学が確立された。近代自然科学は理論上の仮説をたて、その仮説に含まれているものを演繹し、それらを実験と観察によって検証して**自然法則(自然の法則性)**③を明らかにするという学問方法にもとづく。理論仮説はつねに実験によってテストされなければならず、この検証可能性が科学の大きな特質である。科学に客観性が求められる限り、その理論は暫定的な仮説として繰り返し検証されなければならない。このような科学的な認識方法は、論理的に推論する合理性(演繹的方法)と、経験に裏づけられた実証性(帰納的方法)という特徴をもつ。16〜17世紀の近代科学の誕生を、イギリスの歴史家**バターフィールド**(H. Butterfield、1900〜79)①は、**科学革命**⑤と呼んだ。その一方で、中世から続く**占星術・自然魔術・錬金術**①が近代科学を生み出す源泉になった。占星術は天体の運動が地上の世界に影響を与えるとし、天体の位置を正確に知る必要から観測がおこなわれ、コペルニクスやケプラーの天文学も占星術への関心にもとづいていた。自然魔術は自然のなかの類似や対応関係を知ることによって自然を操ろうとするもので、自然を観察して法則を引き出す科学的手法につながった。イスラーム世界から伝えられた錬金術は、様々な物質を組み合わせて金をつくり出そうとするものだが、実験と観察による物質の研究を通して化学や医学に貢献し、ボイルやニュートンも錬金術の研究を通して自然法則を発見した。中世的世界観から近代科学の誕生には、このような連続する面がある。

観察 ⑤ 自然を認識するために、一定の方針のもとに事実を人為的な干渉を加えずに、ありのままにみること。科学的な知識の基礎である。

実験 ⑤ **仮説**[近代自然科学]①として立てられた理論が正しいかどうかを、人為的に設定された条件のもとで事実を観察して検証すること。科学の真理は絶対不変ではなく、仮説として絶えず実験を通して検証される検証可能性をもち、反証に出あえば新たな仮説を立て直すことによって進歩する。

天動説 ⑤ 静止した地球を中心として、天体が回転するという地球中心の宇宙観。古代ギリシアのピタゴラス派やアリストテレスは、神聖な天体は地球のまわりを完全な円運動をすると考えた。『旧約聖書』には「太陽は天の果てを出で立ち、天の果てをめざしていく」(「詩編」)との記述がある。2世紀に天文学者・地理学者の**プトレマイオス**(Ptolemaios、生没年不詳)④が天動説を緻密な理論に高め、コペルニクスの地動説があらわれるまで定説とされた。

地動説 ⑤ 太陽を中心にして地球を含む惑星の運動を説明する、太陽中心の宇宙観。古代では紀元前4〜前3世紀、サモス島のアリスタルコス(Aristarchos、前310頃〜前230頃)が主張した。近代になって航海や暦の改訂のために正確な天体観測がおこなわれると、天動説の矛盾が大きくなり、16世紀のコペルニクスによって地動説が体系化された。その後、地動説はケプラーによる惑星の楕円軌道の発見、さらにガリレイの慣性の法則やニュートンの万有引力の法則によって、惑星の運動に力学的根拠が与えられたことによって確立した。アリストテレスの天動説を採用していた当時のキリスト教教会は地動説を認めず、地動説を支持したブルーノは火刑に処せられ、ガリレイは宗教裁判にかけられて、自説を撤回させられた。

コペルニクス N. Copernicus ⑤ 1473〜1543 ポーランドの天文学者で、カトリックの司祭、医者でもあった。神学・天文学・医学を学び、イタリアに遊学した。天体の運動を数学的に説明するために、太陽を中心にして地球を含む惑星が回転する地動説をとなえた。それは2,000年にわたるアリストテレスの天動説をくつがえし、その上に立脚したキリスト教的世界観をゆるがし、近代自然科学の幕開けを告げるものになった。主著『天体の回転について』。

『天体の回転について』 ① コペルニクスが地動説を説いた主著で、1543年の死の直前に刊行された。当初はプロテスタントからの反対はあったが、カトリック教会では、地動説は天体の運動を数学的に説明する1つの仮説にすぎないとされてあまり問題にされず、のちにガリレイの著作との関わりのなかで異端視されて、1616年に禁書になった。

ケプラー J. Kepler ⑤ 1571～1630　ドイツの天文学者。コペルニクスの説を知り、ティコ＝ブラーエ(Tycho Brahe、1546～1601)の弟子となって天体観測をおこない、実際の観測データをもとに地動説を支持し、ケプラーの3つの法則を発見した。惑星が太陽を焦点として楕円軌道を描くという法則は、ニュートンの万有引力の理論の根拠となり、宇宙における物体の一切の運動の力学的説明を可能にした。

ブルーノ G. Bruno ② 1548～1600　ルネサンス期のイタリアの哲学者。ドミニコ会の修道士であったが、正統の信仰に満足できずに修道院をぬけ出して、ヨーロッパ各地を転々とした。コペルニクスの地動説を支持し、また、中世の宗教家ニコラウス＝クザーヌス(Nicolaus Cusanus、1401～64)の影響を受け、無限の宇宙には恒星を太陽とする無数の太陽系があるとし、神を無限の宇宙の生命そのものとみなす汎神論的な宇宙論を説いた。その説が異端とされて投獄され、7年間自説を曲げず、1600年にローマで火刑に処された。主著『無限、宇宙と諸世界について』。

ガリレイ(ガリレオ＝ガリレイ) Galileo Galilei ⑤ 1564～1642　イタリアの数学者・物理学者で、近代自然科学の開拓者の1人。ピサの出身でピサやパドヴァの大学で教え、慣性の法則や**落体の法則(自由落下の法則)**③を発見して、力学の基礎をつくった。また、斜面に球を転がす実験によって落体の法則を実証するなど、近代科学の実験的方法を確立した。みずから製作した望遠鏡で天体を観測し、コペルニクスの地動説を支持したため、聖書の教えに反すると教会から攻撃されて宗教裁判にかけられた。ガリレイの研究方法は仮説を立ててそれを観察と実験によって検証し、自然現象を数学的に定式化するもので、近代科学の方法論を基礎づけた。主著『天文対話』『新科学対話』。

「自然の書物は数学の言葉で書かれている」 ③ ガリレイがトスカナ公国のクリスティナ大公妃にあてた手紙のなかの言葉で、自然には数学的に把握できるもののみが実在することをあらわす。宇宙という偉大な書物を学ぶためには、数学的な要素を読み解かなければならないが、色・味・香りなどは人間の主観的な印象であり、物体の本来の性質は、大きさ・重さ・速度など数量的に測定できる数学的要素である。ガリレイはそれらの数量的な要素のあいだに成り立つ一定の**数量的な法則(数量的な関係)**③を発見し、それを数学的な関数関係に定式化することによって、近代科学を基礎づけた。

『天文対話』 ④ ガリレイの主著で、1632年刊行。3人の登場人物がそれぞれ地動説、大衆の意見、アリストテレスの天動説を代弁し、4日間にわたる論争をするという筋書き。地動説の正しさが望遠鏡による新しい発見をもとに主張され、ガリレイが宗教裁判にかけられる原因となった。

宗教裁判 ④ 異端を禁圧するために設けられた裁判所で、ローマ・カトリックにおいては13～18世紀におこなわれた。ガリレイはコペルニクスの地動説を支持したために、2度にわたって宗教裁判にかけられた。『天文対話』が地動説を弁護し、聖書の教えに背くとして1633年に告訴され、異端審問所で2度目の裁判がおこなわれた。ガリレイは自説を撤回したが、終身禁固の判決を受け、『天文対話』は禁書になった。退廷する時、**「それでも地球は動く」**②とつぶやいたと伝えられている。その後は郊外の別荘に隠退して、研究をまとめた『新科学対話』を書いた。

ニュートン I. Newton ④ 1642～1727　イギリスの数学者・物理学者で、古典力学の確立者。ケンブリッジ大学で学んで26歳で教授となり、また、王立学士院の会員にもなった。2つの物体の中心のあいだに働く引力は、両者の質量に比例し、距離の二乗に反比例するという**万有引力の法則**④を発見した。天体の惑星の運動も地上の物体の運動も、すべて共通の原因である万有引力の法則に従っており、一切の自然現象の根底に働く引力の発見によって、ニュートンは**古典力学**②(ニュートン力学)を確立した。万有引力・微積分法・光のスペクトル分析は、ニュートンの三大発見とされる。主著『プリンキピア』。

『プリンキピア』(『自然哲学の数学的原理』) ③ ニュートンの主著で、1687年刊行。正式の題名は『自然哲学の数学的原理』で、地上から天体までのあらゆる自然現象の運動を説明する原理(プリンキピア〈ラ〉)として、万有引力の法則を説く。力学の基本法則として慣性の法則、運動方程式、作用・反作用の法則の３つがあげられ、ニュートンの三法則と呼ばれる。

機械論的自然観 ⑤ あらゆる自然現象を物体の機械的な運動に還元して説明する、近代自然科学の自然観。一切の事物の生起や変化は原因・結果を結びつける**因果関係(因果法則・因果律・因果性)**⑤に従う物体の運動によって引きおこされると考える。一方で一定の目的によって事物を説明する目的論的自然観や、神の意志(摂理)による説明を退ける。デモクリトスの原子論に始まり、近代になってガリレイ・デカルト・ニュートンらによって確立された。ガリレイは自然を数量的に測定できる要素に分解し、それらのあいだに成立する一定の関数関係を数学的に定式化した。さらに、すべての自然現象が引力にもとづく因果法則に従うことを明らかにしたニュートン力学によって、機械論的自然観は確立した。

→ p.50 **目的論的自然観**

2 ベーコン

経験論 empiricism ⑤ 人間の知識は、感覚的な経験から生まれるという考え方。知識の真理性の根拠を経験に求める立場で、理性的な推理を重んじる合理論に対立する。ベーコンが実験と観察にもとづく科学的な真理探究を学問方法としたことにはじまり、ロック・バークリー・ヒュームなどに継承されて**イギリス経験論**④が形成された。やがて唯物論や実証主義へと発展していった。

ベーコン Francis Bacon ⑤ 1561～1626 イギリスの哲学者・政治家で、経験論の創始者。

→ p.128 **ベーコンの生涯と思想**

イドラ idola(ラ) ⑤ 物事を正しく認識することをさまたげる偏見や先入観。ベーコンの用語で、もともとはラテン語で幻影・偶像の意味。ベーコンは、イドラを４つに分類した。

：種族のイドラ ⑤ 人間という種族に共通する感覚や知性の自然的な制約にもとづく偏見。人間の不完全な精神や感覚を通してゆがめられた事物の姿を、事物の本性と取り違える誤りである。感覚の錯覚や、思い違い、擬人的な自然観など。

：洞窟のイドラ ⑤ 個人の性向・教育・環境に由来する、狭い考え方から生まれる偏見。洞窟のなかに閉じ込められて、自然の光をさえぎられた状態にたとえたもの。

：市場のイドラ ⑤ 人間の交際のなかで、不適切に使われた言語から生まれる偏見。人々が集まる市場で、誤ったうわさが流れることにたとえたもの。

：劇場のイドラ ⑤ 伝統や権威をうのみにし、誤った学説や教えを盲信することから生まれる偏見。劇場で演じられる手品や芝居を、観客が本物と思い込むことにたとえたもの。

「知は力なり」 ⑤ 経験にもとづく知識は自然を支配する力になるという、ベーコンの思想。「人間の知識と力は合一する」という言葉に由来する。学問の目的は自然に対する人間の支配力を増大させることにあり、そのためには事物がおこる原因についての知識を獲得する必要がある。

「自然は服従することによってでなければ征服されない」 ③ 経験的事実から帰納された自然法則に従い、それを応用すること

● ベーコンの生涯と思想　1561〜1626 ●

イギリスの哲学者・政治家で、イギリス経験論の祖とされる。名門の家に生まれ、12歳でケンブリッジ大学のトリニティ・カレッジに入学し、さらにグレイズ・イン法学院に学んで、弁護士の資格をとった。23歳で国会議員に選ばれ、政治家・弁護士として活動を続け、52歳で司法長官になり、さらに最高の地位である大法官になった。しかし、1621年に裁判で賄賂を受けたとして汚職の罪に問われ、官職と地位を追われた。晩年の数年間は隠退して、研究と著述に専念した。寒い雪の日にロンドンの郊外で、鶏を料理しようとしているのをみかけてその鶏をゆずり受け、雪で鶏を冷凍して腐敗防止ができるかを実験したが、その時にひいた風邪がもとで65歳で死去した。

ベーコンは、スコラ的で抽象的な思弁を批判し、個々の具体的事実から一般的な法則を導く帰納法にもとづいた経験論をとなえた。事実を正しく観察するためには、まず正しい認識のさまたげとなる偏見や先入観を排除しなければならないが、ベーコンは、それをイドラ(幻影・偶像)と呼び、種族のイドラ・洞窟のイドラ・市場のイドラ・劇場のイドラの4つにわけた。確実な知識は、感覚的経験にもとづくが、それはたんなる経験のよせ集めではなく、実験と観察にもとづいて個々の事実から一般的な法則を導く帰納法によらなければならない。

ベーコンは、「知は力なり」と説き、自然から帰納された法則は、それを応用することによって自然を支配する力になると考えた。学問の目的は、自然を支配して改造し、人間の物質的な生活条件を改善することにある。彼のめざした理想的な社会像は、『ニュー・アトランティス(新大陸)』のなかで、様々な発明品によって便利で豊かになったユートピアとして描かれている。主著『ノヴム・オルガヌム(新機関)』『ニュー・アトランティス』。

ベーコンの言葉

人間の知識と力とは合一する。原因が知られなければ、結果は生ぜられないからである。というのは、自然は服従することによってでなければ、征服されないのであって、自然の考察において原因と認められるものが、作業においては(結果を生みだす)規則の役目をするからである。

服部英次郎訳「ノヴム・オルガヌム」『世界の大思想6 ベーコン』河出書房新社、かっこ内は編者注

によって自然を支配することができるというベーコンの言葉。物事を支配する原因・結果の連鎖の法則を明らかにすれば、原因から結果を生み出すことができるとする。

帰納法 induction ⑤ 個々の経験的事実から、それらに共通する一般的法則を求める方法。ベーコンが事実にもとづいて知識を獲得する方法としたもので、特殊な事例から普遍的な法則を見出す経験論の学問方法である。普遍的な命題から個々の結論を推理する演繹法と対照的な方法。

『学問の進歩』 ② ベーコンの主著で、1605年刊行。「学問の大いなる革新」をめざし、弁論や討論に役立つだけのアリストテレスの論理学や空虚なスコラ的な学問にかわって、本来の学問が自然を支配する力となり、いかに人間の生活を豊かで便利にするために役立つかという学問の価値と尊厳を説く。

『ノヴム・オルガヌム(新機関)』 ⑤ ベーコンの主著で、1620年刊行。古代のアリストテレスの論理学『オルガノン』に対して、新しい学問研究の方法論として提示したもの。第1巻ではイドラ(偏見)の排除が、第2巻では経験のなかから一般的法則を見出す帰納法が、それぞれ説かれる。

『ニュー・アトランティス(新大陸)』 ③ ベーコンの未完のユートピア物語。1627年刊行。空想上の島を舞台に、科学技術の発達が便利で豊かな生活を実現し、人類に幸福をもたらす理想社会が描かれている。

●　●　●

バークリー　G. Berkeley ④ 1685～1753　イギリスの哲学者・聖職者。アイルランドの出身。経験論の立場から、知覚の経験を重んじ、事物は心によって知覚される限りにおいて存在すると考え、**「存在するとは知覚されることである」**④と説いた。そして、心の外に物質世界が実在するという考えを否定し、知覚する働きをもつ心のみを実在するもの(実体)とする**唯心論**①を説いた。知覚にもとづいて観念が形成されるが、心のなかの観念の因果関係の連鎖の最終原因として、神の存在が証明される。主著『人知原理論』。

ヒューム　D. Hume ⑤ 1711～76　イギリスの哲学者。スコットランドの出身。経験論を徹底させ、あらゆる事物のあらわれを人間が経験する感覚的印象に還元し、知覚のほかには何も実在しないと説いた。知覚されたものの外に客観的な世界は実在せず、バークリーが実体と認めた自我さえも、**知覚の束**⑤にすぎないものとして、その実在を否定した。さらに、原因と結果の結びつきである因果法則も、観念についての習慣的な連想から生まれた一種の信念であると説いた。ヒュームが因果律の法則性を否定したことは、カントを覚醒させ、因果法則の先天性を理性(悟性)の思考の形式(カテゴリー)に求めるカントの批判哲学が形成されるきっかけとなった。主著『人間本性論』。

→ p.127 **因果関係(因果法則・因果律・因果性)**

懐疑論[ヒューム]　skepticism ④ 主観的で限られた人間の知性によっては、普遍的・絶対的な真理を知ることはできないという考え方。古代においてはピュロンの懐疑論が有名であるが、ヒュームは経験論の立場を徹底させて、人間は知覚された経験をこえては何も知ることはできないと考え、自然法則とみえるものも知覚の習慣にもとづく信念にすぎないとし、経験をこえた事柄について判断する知性の権利や能力を否定した。ヒュームの懐疑論は、カントを「独断のまどろみ」から覚醒させたことでも有名である。

→ p.122 **懐疑主義(懐疑論)**[モンテーニュ]

『人間本性論』 ⑤ ヒュームの主著で、1739～40年刊行。経験論を徹底させて、すべてのもののあらわれを知覚された感覚的印象に還元し、客観的な物質世界や自我などの実体性を否定し、さらに因果法則も知覚の習慣にすぎないと説いた。また、人間の感情生活にもとづいた経験的な倫理が説かれる。『人性論』とも訳される。

3 デカルト

合理論 rationalism ④ 確実な知識の源泉を、理性による思考に求める考え方。明証的な原理から、論理的な推理によって確実な知識を導き出す演繹法を、真理探究の方法とする。理性の明証性をよりどころに知識を導く合理論は、経験から知識を帰納する経験論と対立する。17世紀にデカルト・スピノザ・ライプニッツらによって確立され、ベーコンに始まるイギリスの経験論に対して、**大陸合理論**④と呼ばれる。

デカルト R. Descartes ⑤ 1596〜1650 フランスの哲学者で、近代合理論の創始者。

→ p.131 **デカルトの生涯と思想**

良識（ボン・サンス） bon sens（仏）⑤ 一般には健全な常識を指すが、デカルトにおいては物事を正しく判断し、真と偽を識別する能力を指し、**理性**［デカルト］⑤と同じ意味である。哲学でも生活でも、良識を使って正しく判断することが大切だとされる。デカルトは『方法序説』の冒頭で、**「良識はこの世で最も公平に与えられたもの」**①であると述べ、すべての人間に理性が平等に与えられていることを強調した。

方法的懐疑 ⑤ 確実な真理をみつけるための方法として、あらゆるものを疑うというデカルトの真理探究の方法。デカルトは感覚的経験、数学的真理、伝統的な学説、世間の通念など、あらゆる物事を疑ったうえで、もはや疑いえない確実な真理を発見し、それを哲学の第一原理にすえた。人間は確実な真理を知ることはできないという懐疑論とは異なる。

「われ思う、ゆえにわれあり」（「コギト・エルゴ・スム」） cogito, ergo sum（ラ）⑤ デカルトの哲学の根本原理であり、直観的で明晰判明な観念として、哲学の基本命題とされたもの。「コギト・エルゴ・スム」はラテン語で、この命題におけるコギト（われ思う）は、自我の意識作用を広く含む。方法的懐疑によってすべてのものを疑ったうえでもなお疑いえない確実な真理は、そのように疑っている私自身が存在していることである。この疑っている「われ」の存在、つまり意識的な自我の存在は、直観に与えられた明晰判明な観念であり、疑いえない事実として**哲学の第一原理**⑤になる。デカルトはこの明証的な「われ」の存在を出発点にして、様々な知識を合理的な**推理（推論・論証）**［デカルト］⑤によって導く演繹法をとなえた。デカルトによる「考えるわれ」の発見は、主体的に思考する近代的な個人の自覚のあらわれであり、西洋思想における**近代的自我**［西洋近代思想］④のめざめとされている。

明晰判明 ⑤ デカルトが直観的に確実な、明証的な真理の基準としたもの。明晰とは精神が疑う余地なくはっきりと認識していることで、判明とはほかのものからはっきりと区別されていることである。直観の明晰判明さが明証的な真理の基準であり、デカルトは、そのような直観的にもっとも明晰判明な観念である「われ思う、ゆえにわれあり」を、哲学の根本原理とした。

4つの規則 ⑤ 真理を発見するための4つの規則で、デカルトが説いたもの。第一は**明証（明証性）の規則**④で、自分が明証的に真理であると認めたもの、いかなる疑う理由もないほど精神に明晰判明にあらわれるもの以外は、真理として受け入れないこと。第二は、検討する問題をできるだけ小さな部分にわける**分析の規則**④。第三は、それらのうちでもっとも単純で認識しやすいものから段階的にもっとも複雑なものへと、順序立てて考える**総合の規則**④。第四は、見落としがないように一つひとつ数え上げて完全に枚挙し、全体を見渡す**枚挙の規則**④である。

物心二元論（心身二元論） ⑤ 物体と精神は、それぞれ独立的に実在するもの（実体）であると考える、デカルトの立場。物心二元論は精神的な**思惟（考えること）**［デカルト］⑤を属性とする**自我（精神）**［デカルト］⑤と、空間的な**延長（広がり）**⑤を属性とする**物体（物質）**［デカルト］⑤とを、それぞれ独立した2つの実体と考える。思考する「われ」は、身体や外部の世界から独立した精神的な実体であり、他方、事物は機械的に運動する物質的な実体である。ここから自我の独立性と、物体を機械的運動によって説明する機械論的自然観が展開されるが、自我と身体、精神と物体という2つの独立した実体がいかに交渉するかという哲学上の難問が生まれた。物心二元論は、**客観的身体**①を対象として考察する態度を育て、医学の発展に寄与したが、同時に心身の分離をまねき、心身症の治療を難しくした。近年はその反省から、心療内科など精神と身体の両方から病気の治療がおこなわれるようになった。

デカルトの生涯と思想　1596～1650

フランスの哲学者で、合理論の創始者、近代哲学の父とされる。法官貴族の家に生まれ、名門ラ・フレーシュ学院で学んだが、スコラ的な学問に満足できず、「世間という大きな本」から学ぶ決意をして旅に出た。オランダで軍隊に志願し、そのあいだに数学を研究した。ドイツのウルムで宿営中であった11月のある日、暖炉部屋で眠っていた時に夢をみて、学問全体の革新をおこなうというインスピレーションを得た。1629年にオランダのアムステルダムに移り住み、思想的に自由な雰囲気のなかで20年間哲学の研究に没頭した。1649年にスウェーデン女王にまねかれてストックホルムに行ったが、翌年に肺炎のために53歳で死去した。

デカルトは、スコラ的な抽象的な思弁を批判し、直観に与えられた明晰判明な観念を真理の基準にして、合理的な哲学を打ちたてた。方法的懐疑によってあらゆるものを疑った末に、疑っている自分自身の存在は疑いえないという明証的な真理にたどりつく。それが、「われ思う、ゆえにわれあり」という、デカルトの哲学の根本原理である。そして、数学の演繹的方法を模範に、この「考えるわれ」から論理的な推理によって確実な真理が導かれる。

デカルトは、精神が明証的に認識したものは確実に存在すると認め、神・精神・物体という３つの実体の存在を証明した。空間的な延長を属性とする物体と、思惟を属性とする自我とは、２つの独立した実体である。この物心二元論からは、物体の運動を機械的に説明する機械論的自然観が展開され、また、外界から独立した「考える精神」としての自我が確立された。デカルトの「考えるわれ」の発見は、西洋思想における近代的自我の発見とされている。直観的な明晰判明さを真理の基準にし、そこから様々な真理を合理的に導いていくデカルトの哲学は、理性的思考にもとづく近代的な哲学の確立に大きく貢献した。

デカルトの言葉

良識はこの世で最も公平に配分されているものである。というのは、だれもかれもそれを十分に与えられていると思っていて、他のすべてのことでは満足させることのはなはだむずかしい人々でさえも、良識については、自分がもっている以上を望まぬのがつねだからである……よく判断し、真なるものを偽なるものから分かつところの能力、これが本来良識または理性と名づけられるものだが、これはすべての人において生まれつき相等しいこと。したがって、われわれの意見がまちまちであるのは、われわれのうちのある者が他の者よりもより多く理性をもつから起こるのではなく、ただわれわれが自分の考えをいろいろちがった途によって導き、また考えていることが同一のことでない、ということから起こるのである……。

野田又夫訳「方法序説」『世界の名著22　デカルト』中央公論社

→ p.187 心身問題

実体［デカルト］③ ほかのものに依存せず、それ自体で独立して存在するもの。「実体とは何か」は古来哲学の重要問題とされ、プラトンは普遍的なイデアを実体とし、アリストテレスは具体的な個物を実体として、色や形などはそれに属する性質であるとした。デカルトは無限実体を神とし、有限実体を精神(心)と物体(身体)にわける物心二元論を説いた。スピノザは神を唯一の無限実体とし、精神や物体はそれがあらわれた様態とした。カントは実体を対象的に認識できるという思想を独断論として批判し、人間に知覚できるものは現象(あらわれ)のみであり、その背後にある物自体は、現象の根源として想定されたものであると説いた。 → p.77 実体［仏教］

情念［デカルト］ passion ③ デカルトの物心二元論において、精神が身体から働きを受けた受動の状態としての感情を指す。

パッションは情念とともに受動を意味する。基本的な情念として、驚き・愛・憎しみ・欲望・よろこび・悲しみの６つがあるとされる。情念は精神がなんらかの外部の力に影響されている受動の状態であるから、デカルトは精神の受動の産物である情念を、自由な意志によって制御するところに人間の高邁さ(気高さ)があると説いた。

高邁(こうまい)の精神　générosité(仏) ⑤ 高邁とは人格がすぐれて気高いことであるが、デカルトによれば、みずからの意志によって情念を支配できる、理性的な自由な精神を指す。デカルトはみずからの自由な意志によって、外部の影響から生まれた受動の作用である情念を制御し、最善と判断したことを実現しようと意志することが、高邁の精神であると説いた。

演繹法(えんえきほう)　deduction ⑤ 普遍的な命題から理性的な推理によって特殊な真理を導く方法。前提から論理的な筋道をたてて結論を推理することで、代表的なものに三段論法、ＡがＢとすれば〔大前提〕、ＢがＣの時〔小前提〕、ＡはＣである〔結論〕がある。たとえば、存在するものは変化し消滅する〔大前提〕、私は存在している〔小前提〕、私は変化し消滅する〔結論〕という推論が成り立つ。デカルトは「考えるわれ」の存在を明証的な原理として、そこから演繹法によって確実な真理を導こうとした。

生得(せいとく)(本有(ほんゆう))観念 ⑤ 人間が生まれながらにもっている観念。神の観念や善悪の観念が、その例とされる。デカルトは無限な実体である神、有限な精神的実体(精神)と物質的実体(物体)を生得観念とした。ロックは経験論の立場から生得観念を否定し、人間の心は「白い板」(タブラ・ラサ)、つまり何も書きこまれていない白い板、白紙の状態であると説いた。

『方法序(叙)説(ほうほうじょせつ)』 ⑤ デカルトの学問方法を自叙伝的に述べたもので、1637年刊行。ガリレイが宗教裁判にかけられたことを聞いたデカルトが、地動説を支持する内容の『宇宙論』の刊行をとりやめ、そのかわりに発表した３つの論文につけられた序論である。デカルト哲学の入門書でもある。

『哲学原理』 ① デカルトの著作。人間の認識や物体の原理について述べる。真理の認識の原理として「われ思う、ゆえにわれあり」が説かれ、また「神は運動の第一原因であり、宇宙のうちにつねに同じ運動量を維持する」と説かれ、神によって宇宙全体の物質と運動が創造されたあとは、その量は不変であり、物質の相互作用のなかで運動の全体的な絶対量は保存されるという、現在の科学におけるエネルギー保存の法則と同じ内容が述べられている。

『省察(せいさつ)(しょうさつ)』 ⑤ デカルトの著作で、1641年刊行。神の存在についての証明や、精神(心)と物体(身体)を異なる２つの実体とする物心二元論が説かれている。

『情念論』 ⑤ デカルトの著作で、1649年刊行。物心二元論をもとに情念を身体から影響を受けた受動の状態として説き、情念についての生理学的な説明をおこなった。

●　●　●

スピノザ　B. d. Spinoza ⑤ 1632～77　オランダの哲学者で、合理論の系譜に位置づけられる。ユダヤ人の商人の子として生まれたが、デカルトの合理論を研究し、自由思想をいだいて宗教を批判したために、ユダヤ教会から破門された。ハーグに移って自由思想家として孤独のなかで哲学に没頭し、44歳で肺の持病のため死去した。主著の『エチカ』は、演繹法による論理的な推理によって展開されている。デカルトが精神(心)と物体(身体)を２つの異なる実体としたのに対して、スピノザは、神を無限で永遠の唯一の実体とし、思考(精神)と広がり(物体)は神の２つの属性であり、両者は神において統一されていると説いた。神の２つのあらわれである精神と物体には、対応関係があり、人間における心身平行論が説かれる。自然を無限の実体である神のあらわれとするスピノザの**「神即(すなわち)自然」**⑤という汎神論的な哲学は、神を自然を超越した創造主とする立場からは無神論として非難されたが、他方で、自然の万物に神のあらわれをみるところから、**「神に酔える哲学者」**①とも呼ばれた。主著『エチカ』『知性改善論』『国家論』。

汎神論(はんしんろん) ⑤ この世界のすべてのものは神のあらわれであり、神は世界に遍在(へんざい)し、神と世界は１つであると考える宗教や哲学。汎神とは、神が全体に広がるという意味である。世界は神からあふれる水のように流出して生成したという新プラトン主義の思想や、自然を神の必然的なあらわれとして「永遠の相のもとに」みることによって神との合一を説き、「神に酔える哲学者」と呼ばれたスピノザの思想などがその例である。神を世界の創造主と信じ、神と神の被造物である世界とをわけて考えるキリスト教の正統からは、異端として批判される。

「永遠の相のもとに」 ⑤ スピノザの言葉で、万物を永遠の神の自己表現として、神によって必然的に定められたあらわれとして直観することを指す。万物は、唯一の実体である神によって必然的に規定され、万物を神とつながる必然的関係において認識する時、万物は「永遠の相のもとに」みられ、そこに理性の最高の働きと幸福があるとする。ここでは、人間の自由な意志は否定され、自由は神につながる必然的関係を認識しながら生きることにあるとされる。

『エチカ』 ⑤ スピノザの主著で、1677年刊行。エチカとは、ラテン語で倫理学を指す。神の存在、人間の精神や感情の本性などについて、定義・公理・定理・証明といった幾何学的秩序に従って論証されている。最後は「すべて高貴なものは稀であると同時に困難である」という、有名な言葉で結ばれている。

● ● ●

ライプニッツ G. Leibniz ⑤ 1646～1716 ドイツの合理論の哲学者で、数学者・物理学者・外交官としても活躍した。あらゆる学問に通じ、ニュートンと並ぶ微積分法の発見者としても有名である。事物の究極的要素となる、非物体的で精神的な実体をモナド(単子)と呼び、無数のモナドのあいだには神によって調和的な関係が定められていると説いた(予定調和説)。主著『単子論』『形而上学叙説』。

モナド(単子) monad ⑤ ライプニッツの哲学において、あらゆる事物を構成する究極的要素となる、分割不可能の単純な実体を指す。モナドはギリシア語で1をあらわすモナスに由来し、能動的な活動性をもつ力の中心で、空間的な広がりをもつ物体的なアトム(原子)とは異なる。モナドの能動的な力は、物体を表象する精神の力となってあらわれ、モナドは表象の明晰度によって、暗い無意識な無機的物質から、明るい意識をもつ理性、さらには最高の神までの段階がある。モナドは外部と交渉をもたない「窓のない」独立した実体であるが、個々のモナドの表象が一致して宇宙の調和的秩序が存在するように、神によってあらかじめ定められている(予定調和)。無数のモナドは独自に全宇宙をみずからのうちに映し出す生きた鏡、宇宙全体を表象する小宇宙にたとえられる。

予定調和(予定調和説) ⑤ 無数のモナド(単子)が表象したものが一致し、世界の調和的な秩序が存在するように神が予め定めたというライプニッツの説。個々の単子が表象するものがほかの単子の表象と対応し、すべての単子の表象が一致して1つの調和的世界を形成するのは、神が単子の対応関係を予め定め、すべての表象を調和的に秩序づけているからである。ライプニッツはこれを個々の時計が一致して時間を示すことにたとえ、世界は神の予定調和によって最善の秩序を備えているという、オプティミズム(**最善説**①・楽観説)をとなえた。一般的には予定調和は、相互に交渉のない個々のものが、調和した全体的秩序を形成するように定められていることを意味する。

『単子論』(『モナド論』『モナドロジー』) ⑤ ライプニッツの主著で、彼の死後に出版された。世界を構成する究極要素として、分割不可能の単純な実体である単子(モナド)が説かれる。

第3章 近代民主主義の精神

1 社会契約説の登場

王権神授説おうけんしんじゅせつ ⑤ 国王の権力は神から授けられたとして、王の統治権を正当化する考え。イギリスの思想家**フィルマー**(R. Filmer、1588頃～1653)②は、神が人類の祖先であるアダムに与えた世界の支配権が、その子孫に伝えられて国王に受け継がれたと説いた。ヨーロッパの**絶対王政(絶対王制)**⑤を正当化する理論で、国家の統治権を人民の同意にもとづいて説明する社会契約説と対立する。フィルマーをはじめイギリスのジェームズ1世、フランスのルイ14世、**ボシュエ**(J-B. Bossuet、1627～1704)②らによって説かれた。

市民革命 ③ 17～18世紀の近代ヨーロッパにおいて、資本主義の発展によって経済力をつけた市民階級が絶対王政を倒して、民主主義にもとづく近代市民社会を確立した政治変革。元々はマルクス主義におけるブルジョワ革命の訳語である。イギリスのピューリタン革命(1640～60)、名誉革命(1688～89)、**アメリカ独立革命**②(1775～83)、フランス革命(1789～99)などがある。

アメリカ独立宣言 ④ イギリスの植民地であったアメリカの東部13州が、1776年7月4日に独立を宣言した文章。のちに第3代アメリカ大統領になるトマス＝ジェファソン(Thomas Jefferson、1743～1826)が起草した。「すべての人間は平等に創造されている」と述べられ、自由・平等・幸福追求などの基本的人権や、独立戦争を正当化する革命権が記されている。

ピューリタン(清教徒せいきょうと**)革命** ⑤ 1640～60 イギリスで議会派の多数を占めるピューリタン(清教徒)が中心になり、チャールズ1世の専制政治を打倒した市民革命。国王を処刑して共和政をしいたが、議会派内部で対立し、クロムウェルの軍事独裁への不満がその死後に表面化した結果、王政復古がおこなわれた。

→ p.119 **ピューリタニズム**

名誉革命 ⑤ 1688～89 イギリスで、王政復古後のジェームズ2世の専制政治を倒し、議会制民主主義を確立した市民革命。ジェームズ2世はフランスに逃亡し、オランダのオラニエ公ウィレムとその妻メアリが共同統治者としてまねかれ、無血革命に成功した。1689年に「権利の章典」が定められて議会制民主主義が確立され、その後の「王は君臨くんりんすれども統治せず」という伝統につながった。

自然法 natural law ⑤ 時間や場所をこえて、人類に普遍的に妥当する理性的な法で、歴史的・人為的に制定された**実定法**じっていほう⑤と対ついをなす考え。ここでいう「自然」とは、「人為」に対して、人間の生まれながらの自然な本性(nature)にもとづくという意味である。宇宙を支配する理法(ロゴス)を説いた古代のストア派や、キリスト教的視点から中世の封建的位階秩序を説いたトマス＝アクィナスなどがいるが、17～18世紀にはグロティウス・ホッブズ・ロック・ルソーらによって近代的な**自然法思想**④が説かれた。すべての人間に生命・自由・平等・財産所有の自然権が備わることを認め、その権利の保障を目的とした社会契約による国家の成立を説いた。近代自然法思想は人民の権利を抑圧する封建制度を批判し、絶対王政と戦うための市民革命の指導的理念となった。

グロティウス H. Grotius ⑤ 1583～1645 オランダの法学者。近代自然法の父・国際法の父と呼ばれる。11歳でライデン大学に入学した秀才で、16歳で弁護士になり、政治・外交に活動した。しかし、宗教上の争いに巻き込まれて逮捕され、フランスに亡命して、その後にスウェーデンの駐仏ちゅうふつ大使となった。人間の本性に由来する人類普遍の原理として自然法を説き、自然法を法体系の最上位において、すべての法を基礎づけた。自然法は、理性的で自由・平等な人間からなる社会の基本的な秩序であるとした。また、国際社会においても、自然法にもとづいて国家の相互の利益を目的とする国際法を制定するべきだと説き、国際平和への道を示した。主著『戦争と平和の法』『海洋自由論』。

『戦争と平和の法』 ① グロティウスの国際

法に関する著作で、1625年刊行。ドイツ三十年戦争の悲惨さをみて正当な戦争と不当な戦争を区別し、戦争の方法や終結の仕方など、戦争においても国家や個人のあいだで守られるべき国際法規があることを説き、国際法を最初に提唱した。

社会契約説 theory of social contract ④ 国家は、個人相互の契約にもとづいて成立するという考え方。個人が生まれながらにもつ自然権(生命・自由・平等・財産の所有権)から出発し、その権利を保障するために人民が合意のもとに**社会契約(契約)**[民主主義]⑤を結び、国家を樹立するという理論である。国家の政治的権力は、人民が自己の権利を守るための権力を国家に信託することに由来し、ここから主権在民の原則が主張される。社会契約説は17〜18世紀のイギリスやフランスで、絶対王政を正当化する王権神授説を否定し、市民革命を推進する指導的思想となった。その代表的な思想家には、ホッブズ・ロック・ルソーらがいる。

自然状態 ⑤ 国家が成立する以前の法的な拘束(こうそく)のない状態を指し、社会契約による国家成立を説明するための前提となる理論上の仮説。ホッブズによれば、自然状態は各自が自己保存の権利を恣意的(しいてき)に追求する闘争状態であり、ロックによれば、理性的な自然法が支配する平和な状態とされる。いずれの場合も、自然状態では個人の権利が確実に保障されないために、社会契約によって国家が樹立される。

自然権 ⑤ 人間の自然な本性に根ざした権利で、すべての人間に備わっている権利。歴史的・人為的な実定法にもとづく基本的人権と異なり、いかなる時代や場所においても普遍的な人間の権利である。近代自然法思想においては、個人の生命・**自由**[自然権]①・平等・財産の所有などの権利が自然権とされた。国家は個人の自然権の保障を目的として樹立され、民主社会を形成する基本的原理として人権へと発達していった。

2 ホッブズ

ホッブズ T. Hobbes ⑤ 1588〜1679 イギリスの哲学者・政治学者。社会契約説を説いた。

→p.136 **ホッブズの生涯と思想**

自己保存の欲求 ⑤ 人間が利己的な欲望を満たし、自己の生命と幸福を維持する欲求。ホッブズは近代的な自我意識の高まりのなかで、自己の生命を維持する利己主義を認め、各自が自己保存のために自由に行動することを自然権として承認した。各自は、自己保存のために自分の体力や能力を自由に使用し、あらゆる手段をとってもよいとされる。

「万人の万人に対する戦い(万人の万人に対する闘争)」 ⑤ 国家や法律のない自然状態を表現した、ホッブズの有名な言葉。『リヴァイアサン』で語られ、すべての人が自己保存の欲求を無制限に追求して自由にふるまう結果、暴力的な混乱状態が発生することを指す。ホッブズの利己主義的な人間観は、**「人間は人間に対して狼(おおかみ)」**③とも表現されている。万人の争いの状態では自己保存すら困難になるので、人々は自然法に従って相互の自由を制限し、社会契約を結んで国家に権力を譲渡(じょうと)して平和の維持と安全の保障をはかる。

『リヴァイアサン』 ⑤ ホッブズの主著で、1651年刊行。**リヴァイアサン**⑤とは『旧約聖書』の「ヨブ記」に登場する巨大な海獣(かいじゅう)のことで、ホッブズは権力をもつ国家のことをこれにたとえた。ピューリタン革命からクロムウェルの軍事独裁までのイギリスの混乱期を、ホッブズは自然状態における無秩序な闘争状態と考えた。そして、人民が国家に権力を全面的に**ゆずり渡す(譲渡)**⑤社会契約を結び、リヴァイアサンにたとえられる強大な国家権力を確立して、平和を回復するべきだと説いた。国家に対する人民の抵抗権は認められず、絶対王政を擁護(ようご)する結果となったため、イギリスの議会派から批判された。

● ホッブズの生涯と思想 1588〜1679 ●

イギリスの哲学者・政治学者。イギリス国教会の牧師の子として生まれ、オクスフォード大学で学び、その後は貴族の家庭教師をしながら研究を続けた。数回にわたってヨーロッパを旅行して、デカルトやガリレイなどと知りあった。1640年に発表した『法学要綱(ようこう)』が、絶対王政を支持するものとして議会派から攻撃を受け、11年間フランスで亡命生活を送った。そこで、主著の『リヴァイアサン』を刊行した。1651年にひそかに帰国し、1660年の王政復古のあとは、チャールズ2世の厚遇(こうぐう)を受けた。しかし、物体の機械的・必然的な運動によって自然や人間を説明する唯物(ゆいぶつ)論的な思想が無神論であると批判され、宗教界から激しい非難を受け、著作の出版が禁止された。晩年も執筆活動を続け、91歳で死去した。

ホッブズは、国家の主権は人民の合意のもとにおける権力の譲渡から発生するという社会契約説をとなえた。人間は、自己の生命を維持する自己保存のために、あらゆることをなしえる自由を自然権としてもっている。しかし自然状態では、各自が無制限に自己保存を追求するために、「万人の万人に対する戦い」という暴力的な闘争状態がおこる。そこで、理性の命じる自然法にもとづいて、各自は無制限な自由を放棄し、相互の合意のもとに権力を国家に譲渡し、国家によって平和と安全を維持する。ホッブズの理論は、国家権力の起源を個人の契約に求めた点で民主主義的であったが、結果的に当時の絶対王政を擁護(ようご)することになったため、議会派から批判された。主著『リヴァイアサン』。

ホッブズの言葉

人々が外敵の侵入から、あるいは相互の権利侵害から身を守り……快適な生活を送ってゆくことを可能にするのは、この公共的な権力である。この権力を確立する唯一の道は、すべての人の意志を多数決によって一つの意志に結集できるよう、一個人あるいは合議体に、かれらの持つあらゆる力と強さとを譲り渡してしまうことである……これが達成され、多数の人々が一個の人格に結合統一されたとき、……かの偉大なる大怪物(リヴァイアサン)が誕生する。否、むしろ……平和と防衛とを人間に保障する地上の神が生まれるのだと〔畏敬の念をもって〕いうべきだろう。

永井道雄ほか訳「リヴァイアサン」『世界の名著23 ホッブズ』中央公論社、かっこ内は原文

3 ロック

ロック J. Locke ⑤ 1632〜1704 イギリスの哲学者・政治学者。経験論の哲学と社会契約説を説いた。

→ p.137 **ロックの生涯と思想**

白紙(タブラ・ラサ) tabula rasa(ラ) ⑤ 経験によって外から知識や観念を与えられる前は、生まれつきの人間の心は、何も書かれていない白紙の状態であるというロックの言葉。タブラ・ラサとは、ラテン語で何も書かれていない板・白紙を意味する。ロックは一切の知識の源泉を経験に求める経験論の立場から、デカルトの説いた神や実体についての生得観念(せいとくかんねん)を否定し、感覚と反省という2つの経験の作用によって、心に様々な観念が刻まれると説いた。

→ p.132 **生得(本有)観念**

信託(しんたく) ⑤ 一般には、他人を信用してゆだねること(**委託**①)を指す。ホッブズは政府にいったん譲渡した権力には、人民は絶対的に服従するべきだと説いたが、ロックは、生命・自由・平等・財産の**所有権**④という自然権を保障するという契約のもとに政府に信託した権力は、もし政府が権力を濫用(らんよう)する場合には人民の手に取り戻され、人民は政府に対して抵抗する権利(抵抗権)をもつと説いた。

人民主権(国民主権・主権在民)［ロック］④ 国家の政治のあり方を最終的に決める権利である主権は国民にあるという、民主

● ロックの生涯と思想　1632〜1704 ●

イギリスの経験論の代表的な哲学者・政治学者。ピューリタンの家に生まれ、父は弁護士で、地方の判事をつとめていた。オクスフォード大学で哲学と医学を学び、ロンドンのアシュリー卿(きょう)と交際を結んで、アシュリー家の侍医(じい)・家庭教師となった。アシュリーがシャフツベリー伯に叙(じょ)せられると、政府の要職を与えられた。伯がホイッグ党の指導者として、王政復古後のチャールズ2世の専制政治に反対する運動をすると、ロックも行動をともにし、専制政治を批判して、民主政治を基礎づける『統治二論』を書きはじめた。しかし、シャフツベリー伯の反王政運動が失敗すると、1683年にオランダに亡命し、そこで『人間知性論』を完成させた。1688〜89年の名誉革命の成功により帰国し、政府の役職につき、様々な著作を公刊して、名誉革命期の代表的な思想家として名声を高めた。

ロックは、経験論の立場から、デカルトの説いた神や実体についての生得観念を否定し、人間の生まれつきの心は何も刻まれていない白紙(タブラ・ラサ)の状態であり、あらゆる観念や知識は経験から生まれると説いた。また、政治論においては、国家の権力は、自然権の保障を目的にした、人民による権力の信託にもとづくという社会契約説を説いた。自然状態においては、自然法のもとに自由・平等で平和な状態が保たれているが、紛争がおこった場合にそれを調停する公的機関がないために、戦いが発生する危険をはらんでいる。そこで、人民は社会契約を結んで権力を国家に信託し、国家によって権利の保障をはかる。もし、国家が権力を濫用する場合は、人民は信託した権力をみずからの手に取り戻し、国家に抵抗する権利をもつ。また、ロックは立法権・行政権・連合(同盟)権の三権分立を説いた。

ロックは、人民主権にもとづく代議制民主政治の理論を確立して名誉革命を正当化し、またその抵抗権の考えは、アメリカの独立革命やフランス革命に影響を与えた。主著『統治二論』『人間知性論』『寛容についての書簡』。

ロックの言葉

人間は生来、すべて自由であり、平等であり、独立しているのだから、だれも自分から同意を与えるのでなければ、この状態から追われて、他人の政治的な権力に服従させられることはありえない。人がその生来の自由を放棄し、市民社会の拘束を受けるようになる唯一の方法は、他人と合意して一つの共同社会に加入し、結合することであるが、その目的は、それぞれ自分の所有物を安全に享有(きょうゆう)し、社会外の人に対してより大きな安全性を保つことをつうじて、相互に快適で安全で平和な生活を送ることである。

宮川透訳「統治論」『世界の名著27 ロック・ヒューム』中央公論社

主義の基本的な原則。国家はみずからの意志にもとづいて統治する権力をもつが、その国家主権は一人ひとりの国民の意志の総和にもとづく。ロックによれば、政府は自然権を保障するために人民の合意による権力の信託によって成立したのであり、人民主権が国家の成立根拠である。人民主権の思想は、アメリカ独立革命やフランス革命の指導的理念ともなった。

抵抗権 ⑤ 政府が人民から信託された権力を不当に行使した場合、政府に対して人民が抵抗する権利。ホッブズは国家への絶対的服従を説いて、人民の抵抗を認めなかったが、ロックは政府は自然権を保障するために人民による権力の信託によって成立したものであり、政府が権力を濫用する場合は、人民は政府に対して抵抗する権利をもつと説いた。抵抗権には、新しい政府を樹立する**革命権**⑤も含まれる。抵抗権の考えは、アメリカ独立革命やフランス革命の理論的根拠となった。

議会制民主主義(代議制・議会主義) ④ 国

民から選挙で選ばれた代表者からなる議会によって、政治上の意志決定をおこなう制度。代議制ともいい、選ばれた議員を代議士とも呼ぶ。ロックはイギリスの議会制民主主義を理論づけたが、ルソーはこれを批判して、全人民が集会に参加する直接民主主義をとなえた。

『統治二論』(『市民政府二論』) ⑤ ロックの主著で、1690年刊行。「統治についての二論文」という題で、『統治二論』『市民政府二論』とも訳される。1688～89年の名誉革命を推進した市民の思想を理論化したもので、第1論でフィルマーの王権神授説を批判し、第2論で人民主権にもとづく社会契約説が説かれる。

『人間知性論』 ⑤ ロックの主著で、1690年刊行。人間に生まれつき備わる生得観念を否定し、一切の知識の源泉を経験に求める経験論の立場から、人間の認識作用を考察した。心の意識にあらわれる観念は、外から印象を受け取る感覚と、心の内の動きを観察する反省という2つの作用をもとに発生し、理性はこれらの経験から生まれた観念を使って推理や思考をおこなうとする。

4 啓蒙主義

啓蒙(けいもう)思想(啓蒙主義) enlightenment ⑤ 17世紀後半から18世紀にヨーロッパで広まった、理性によって伝統的な因習・迷信・偏見(へんけん)・無知から人間を解放する思想運動。**啓蒙**⑤とは蒙(くら)きを啓(ひら)くという意味で、英語の enlightenment の本来の意味は、明るくすることで、理性の光で無知蒙昧(むちもうまい)の暗闇を明るく照らし出すことをあらわす。17世紀の近代自然科学の誕生によって、実証的な科学的認識が広まり、また、経済力をつけた市民階級が政治的な発言力をもつなかで、社会の諸制度や文化を合理化しようとする要求が高まった。そのような時代背景のもとで、啓蒙思想は人間の理性に無限の信頼をおき、伝統的な因習や束縛(そくばく)を打破し、政治・道徳・宗教を理性にもとづいて合理的にとらえ直そうとした。政治面では封建的な社会体制を批判し、近代市民社会の理論である社会契約説を確立した。また、宗教面では伝統的な啓示(けいじ)宗教の非合理性を批判し、合理的な自然宗教(理神論(りしんろん))を説いた。啓蒙思想は17世紀後半のイギリスで、近代市民社会の確立を背景にロック・ヒュームらによって説かれ、18世紀にはフランスでモンテスキュー・ヴォルテール・ルソー・ディドロらがあらわれ、旧体制を打破する急進的な社会改革運動に結びつき、エルヴェシウス(C. Helvétius、1715～71)やドルバックは唯物論(ゆいぶつろん)と無神論を説いた。一方で**ドイツの啓蒙思想**②は、ドイツが政治的後発地であったため精神の内面的世界の合理化となってあらわれ、ヴォルフ(C. Wolff、1679～1754)・レッシング(G. Lessing、1729～81)・カントらの合理的な哲学や思想が形成された。

アンシャン・レジーム(旧体制) ancien régime(仏) ② 1789年におこったフランス革命において市民が打倒した、絶対王政を中心とする封建的な旧制度。フランス語で旧(ふる)い体制を意味する。聖職者(第一身分)と貴族(第二身分)が重要な官職と富を独占し、平民(第三身分)を圧迫していた。

モンテスキュー C. Montesquieu ⑤ 1689～1755 フランスの啓蒙思想家・法学者。ボルドーの高等法院の裁判官をつとめた法服(ほうふく)貴族で、ロックの影響を受け、イギリスの政治制度を模範に三権分立・立憲君主制を説き、絶対王政に批判的立場をとった。

また、ディドロやダランベールらの『百科全書』の編纂(へんさん)にも協力し、フランス革命やアメリカの民主主義制度に影響を与えた。主著『法の精神』『ペルシア人の手紙』。

三権分立 ④ 国家の統治権を3つにわけ、それぞれを独立した機関が遂行し、たがいに抑制しあうことによって、権力の集中と濫用(らんよう)を防ぐ制度。**権力分立**②ともいう。最初にとなえたロックは、立法・行政・連合(同盟・外交)の三権をわけ、立法権の優位を主張した。司法権と行政権は区別されず、行政権から他国と同盟を結ぶ外交権が分立された。モンテスキューは、立法・行政・司法の三権をわけ、それぞれを独立した組織に担(にな)わせ、三権相互の抑制と均衡(きんこう)を説く三権分立論を完成させた。モンテスキューの三権分立論は、フランス人権宣言やアメリカ合衆国憲法に採用された。

『法の精神』 ⑤ モンテスキューの主著で、1748年刊行。様々な国や時代の法律を比較・検討し、実証的な方法を使って法の精神を探究した。三権分立論は、イギリスの政治に関する章で論じられている。

ヴォルテール Voltaire ⑤ 1694〜1778　18世紀のフランス啓蒙思想を代表する哲学者・文学者・歴史家。本名はフランソワ゠マリー゠アルエ(François Marie Arouet)で、ヴォルテールは筆名。パリに生まれ、文筆家として活動したが、王政の堕落(だらく)を風刺した作品を書いたために2度バスティーユに投獄された。イギリスに渡って進歩的で自由な市民社会に触れ、ニュートンの物理学やロックの経験論を学んだ。帰国後はフランスのアンシャン・レジーム(旧体制)を批判し、晩年はスイスの国境に近いフェルネーに隠退(いんたい)して多くの著作を発表し、進歩的な英知の持ち主として尊敬された。自然科学的知識を尊重してディドロらの百科全書派に協力し、宗教的偏狭(へんきょう)や教会の横暴を批判して**宗教的寛容**[ヴォルテール]②を説いた。また、啓蒙運動を推進して民衆を啓発し、フランス革命に影響を与えた。その反面、貴族と交際し、宮廷でも活動するなど複雑な性格の持ち主でもあった。主著『哲学書簡』『哲学辞典』『カンディード』『寛容論』。

『哲学書簡(てつがくしょかん)』 ③ ヴォルテールの主著で、1734年刊行。近代市民社会を確立したイギリスの進歩的な思想・文化・風習を紹介しながら、フランスの旧体制が、政治制度、思想・宗教の自由、科学的精神の発達などの点で遅れていることをきびしく批判した。

百科全書派 encyclopédistes(仏) ② 18世紀後半の啓蒙期のフランスで刊行された『百科全書』の編集・執筆に参加した進歩的な啓蒙思想家たちの総称。アンシクロペディスト(仏)、エンサイクロペディスト(英)とも呼ぶ。ディドロを中心に、ダランベール・ヴォルテール・ルソー・エルヴェシウス・ドルバックらがいる。絶対王政の弾圧のもとで『百科全書』を刊行し、民衆に合理的・進歩的な啓蒙思想を広め、フランス革命を思想的に準備する役割を果たした。

『百科全書』 ⑤ ディドロがダランベールの協力を得て編集責任者となり、1751年から1780年にかけて刊行した全35巻の百科事典。途中から発禁処分を受け、非合法に出された。フランス啓蒙期の様々な分野の学問と技術の集大成で、自然科学的・唯物論的な傾向をもち、合理主義にもとづく進歩的な英知の集約的表現となっている。

ディドロ D. Diderot ⑤ 1713〜84　フランスの啓蒙思想家で、『百科全書』の編集責任者。刃物師の子として生まれ、パリで哲学・文学・自然科学を学び、文筆活動に入った。『百科全書』刊行の中心となり、生涯の大部分をこの大事業にささげた。自然科学の知識を技術・産業に役立てることを重んじ、自然の事象や人間の意識を物質をもとにとらえる唯物論的な思想を形成した。主著『ラモーの甥(おい)』『ダランベールの夢』。

ダランベール J. d'Alembert ④ 1717〜83　フランスの数学者・物理学者・哲学者で、代数学で「ダランベールの定理」を発見した。ディドロとともに『百科全書』の編集責任者となったが、途中で政府による弾圧を受けて協力を中止した。『百科全書序論』では、自然科学の経験的知識を重んじる実証主義の立場をとった。

5 ルソー

ルソー　J. J. Rousseau ⑤ 1712〜78　フランスの啓蒙思想家。社会契約説を説いた。

→ p.141 **ルソーの生涯と思想**

「自然に帰れ」⑤ 文明社会の堕落を批判したルソーの思想をあらわす標語。ルソーによれば、人間は神によってつくられた自然のままの状態では善良であるが、文明社会が財産の私有を認めたために、富をめぐる争いと不平等がおこり、虚栄(きょえい)・羨望(せんぼう)・恥辱(ちじょく)などが生まれ、人間は堕落してしまったとされる。ルソーは自由で平等な自然状態を取り戻し、善良な人間性を回復するために、堕落した文明社会を捨て去り、社会契約によって理想的な共同体をつくり直すべきだと説いた。

あわれみ(思いやり)［ルソー］⑤ 自然状態において、人間が生まれつきもっている他人への同情心、憐憫(れんびん)の情。ルソーによれば自然状態における人間の善良な本性は、自己保存を求める自然な**自己愛**［ルソー］⑤と、他者の不幸をあわれむ同情心である。この2つの感情にもとづいて、人々は自然人として平和に満ち足りて暮らしていた。しかし、文明社会が私有財産の観念と不平等をもち込み、人々を平和な自然状態から富をめぐる争い、強奪(ごうだつ)・敵視・羨望・嫉妬(しっと)へと堕落させた。

一般意志　volonté générale(仏) ⑤ 公共の利益をめざす普遍的な意志で、ルソーの社会契約説の基本原理となるもの。私的な利益を求める特殊意志や、その総和としての全体意志とは異なる。ルソーは本来自由・平等に生まれた人間が、他者と結びついて社会を形成しながらも、自分自身にしか服従せず、以前と同じように自由であるためには、自己とその権利を一般意志のもとにゆだねる社会契約を結び、共同体の力でみずからの権利を保障するべきだと説いた。一般意志は人民自身の意志であるから、それに服従することは、自分自身に従うことであり、人民は一般意志の指導のもとに社会を形成し、**自然的自由**②を破棄してみずからが制定した法に従うことによって、社会の構成員として権利を保障され、**市民的自由(道徳的自由)**②を獲得する。

：特殊意志　volonté particulière(仏) ⑤ 個人の利益を追求する私的な意志。

：全体意志　volonté de tous(仏) ⑤ 特殊意志の総和。私的利益の追求を本質とするものであるから、公共の利益を求める一般意志とは異なる。ルソーによれば、イギリスの代議制は個人の利益を求める意見が、多数決によって少数者の意見を抑圧する全体意志にもとづく。

直接民主制(直接民主主義)⑤ 国民が政治に直接参加し、最終的な意志決定をおこなう制度。代表者を選挙する間接民主制(代議制)と対(つい)をなす。ルソーは主権とは人々の一般意志の行使であり、他人によって代表されえないと説き、全人民が集会に参加して直接に意志を表明する直接民主主義をとなえた。ルソーは、「イギリス人は選挙の時だけ自由であるが終われば奴隷になる」と、イギリスの代議制を批判した。直接民主制は古代ギリシアのアテネの民会でおこなわれ、現代ではスイスの州(カントン)とアメリカ合衆国の一部の州で実施されている。

人民主権［ルソー］④ 政治上の最終的な決定権である主権が、人民にあるという民主主義の基本原理。主権在民ともいう。ルソーによれば、主権とは公共の利益を求める一般意志の行使であり、分割されたり譲渡されたりすることができない絶対的なものである。一般意志は人民自身の意志であるから、一般意志の行使である主権を人民がもつ人民主権を原理とする**共和国**③を確立すべきであるとする。

フランス革命⑤ 1789〜99年におこったフランスの市民革命。市民階級が中心になって絶対王政を打倒し、自由・平等の理念にもとづく近代市民社会を形成した。啓蒙思想家のロックやルソーの社会契約説が革命に影響を与えた。

フランス人権宣言⑤ 1789年、フランス国民議会が採択した「人間と市民の権利の宣言」。自由・平等・所有・安全・圧政への抵抗などの自然権の保障、人民主権、三権分立などがうたわれている。

『人間不平等起源論』⑤ フランス中部の都市ディジョンのアカデミー懸賞(けんしょう)にルソーが応募した論文。落選したが、1755年に刊行された。第1部で人間の自然状態を自己愛(自己保存の欲求)と他者へのあわれみ(同情)にもとづく平和な状態と説き、第2部では不平等の発生した原因を私有財産制度に求め、富の不平等を法律的に正当化する政治社会が、悲惨な社会状態を生んだと説き、人間を堕落させた文明社会を痛烈に

● ルソーの生涯と思想 1712〜78 ●

フランスの啓蒙思想家。スイスのジュネーヴで、時計職人の子として生まれた。16歳の時に市の閉門時刻に遅れ、それをきっかけに放浪の生活を始めた。ヴァラン男爵夫人の庇護のもとで約10年間、独学で様々な学問を学んだ。30歳の時にパリに出て、ディドロらと交際して『百科全書』の音楽の項目を執筆した。1750年に、ディジョンのアカデミー懸賞論文に応募した『学問芸術論』が当選して、注目された。1755年には、落選した『人間不平等起源論』を刊行し、文明社会の不正と堕落を批判し、人間の自然な善良さの回復を説いた。その後も、『社会契約論』など、多くの著作を刊行して、民衆の啓蒙活動をおこなった。しかし、神の啓示や教会の諸制度を否定し、理性にもとづく普遍的な自然宗教をとなえたため、政府や教会から迫害を受け、スイスやイギリスに逃れた。この頃、被害妄想に悩まされて精神的に苦しむが、晩年は、パリの郊外で平穏に暮らし、66歳で死去した。フランス革命に先立つこと11年であった。

ルソーによれば、自然状態では人間は自由で平和に暮らしていたが、文明とともに私有財産の観念が発生し、自然状態から社会状態に移る時に、富の不平等を法律によって正当化したために、不正で悲惨な政治体制が生まれた。このような不平等を取り除き、すべての人の幸福を実現するためには、公共の利益を求める一般意志の指導のもとに、自己をそのあらゆる権利とともに共同体に全面的にゆずり渡す社会契約を結び、共同体の力で個人の権利を保障する必要がある。一般意志は、人民自身の意志であるから、すべての人が一般意志に従うことは自分自身に従うことであり、一般意志の指導のもとにみずから制定した法に従うことによって、人民は共同体の構成員であるとともに真の自己の主人となり、市民的自由を獲得する。

ルソーの著作は広く読まれ、フランス革命を思想的に準備する役割を果たした。また、自然のままの人間の善良な感情を重んじ、ロマン主義の先がけともされる。主著『人間不平等起源論』『社会契約論』『エミール』『新エロイーズ』『告白』。

ルソーの言葉

万物を創る神の手から出るときにはすべては善いが、人間の手にわたるとすべてが堕落する。人間はある土地に他の土地の産物を育てさせたり、ある木には他の木の果実をみのらせたりして無理をする……人間でさえもそうだ。乗馬のように、人間のために人間を仕込まねばならないのだ。庭の木のように、自分の好みにあうように人間をねじ曲げなければならない。

平岡昇訳「エミール」『世界の大思想17 ルソー』河出書房新社

批判した。

「人間は自由なものとして生まれた。しかもいたるところで鎖につながれている」 ① ルソーの『人間不平等起源論』の言葉。原始の社会では人間は平等に暮らしていたが、人間が財産の私有の観念をいだいた時から、財産をめぐる争いがおこり、社会における不平等・争い・ねたみ・権力による支配が生まれたとされる。

『社会契約論』 ⑤ 社会契約にもとづく民主社会の成立を論じたルソーの主著。1762年刊行。公共の利益を求める一般意志の指導のもとに、人々が自己をそのあらゆる権利とともに共同体に全面的にゆずり渡す社会契約が説かれる。一般意志は人民自身の意志であるから、すべての人民が自己とその権利を一般意志の指導のもとにゆだねることは、自分自身に従うことにほかならず、人民は一般意志のもとにみずからが制定した法に従うことによって、共同体の構成員であるとともに真の自己の主人となり、市民的自由を回復するとされる。

『エミール』 ⑤ ルソーの教育論。1762年刊行。孤児エミールが理想的な教師のもとで成長していく過程を描いている。人間の自然な本性をゆがめる文明社会の悪しき教育を批判し、子どもが本来もっている自然な人間性の発達を尊重し、人為的な干渉をひかえる消極教育が説かれる。「サヴォア人司祭の信仰告白」の章では、理性にもとづく普遍的な自然宗教(理神論)が説かれる。

→ p.5 **第二の誕生**［ルソー］

『告白』［ルソー］① ルソーの自叙伝で、死後の1782年と89年にわけて刊行された。ルソーが自己を誠実に追求した魂の内面の記録であり、真実の人間性の探究の書である。

第4章 近代市民社会の倫理

1 カント

ドイツ観念論（かんねんろん） ⑤ 18世紀後半〜19世紀初めにドイツで盛んになった哲学の思潮で、カントに始まり、フィヒテ・シェリングを経て、ヘーゲルにおいて完成された。観念論(idealism)は、精神的なものを世界の根源的な実在（じつざい）とする立場で、物質を根源的実在とする唯物論（ゆいぶつろん）(materialism)と対立する。観念論はあらゆる現実の根底に精神的な実在があり、その精神的なものが理念(イデー、idée)として、自然や歴史を通じて自己実現すると考える。人間の意識は精神的な理念が自覚的に自己実現する契機であり、人間の理性を自覚の契機として精神的な実在(理念・絶対者)が自己を展開する。自然や歴史を理念の自己実現の過程とみるところから、ドイツ理想主義とも呼ばれる。

カント I. Kant ⑤ 1724〜1804 ドイツの哲学者で、啓蒙思想の完成者。批判哲学と人格主義の道徳を説いた。

→ p.144 **カントの生涯と思想**

「独断のまどろみ」 ③ カントがヒュームの哲学を学んで、哲学的な独断からめざめさせられた体験を語った『プロレゴーメナ』の言葉。ヒュームは2つの実在する物体のあいだに、原因と結果を結びつける因果律（いんがりつ）の法則が支配しているという常識的な考え方を否定し、人間が知ることができるのは知覚されたもののみであり、それに対応する物体が外界に実在するとはいえないと考えて、物体の実在性を否定し、因果律も2つの知覚を結びつける人間の主観的な習慣にすぎないと主張した。カントは、外界に因果律が支配する物体が実在すると思い込んでいた独断をさまされ、これが因果律の客観性の根拠を先天的な理性の能力に求める批判哲学を構想する契機となった。

批判哲学(批判主義) ⑤ カントの哲学の立場を指し、人間の認識能力がおよぶ範囲と限界を明らかにするために、理性の能力を吟味（ぎんみ）し、検討するもの。理性の能力がおよぶ範囲をみきわめ、その範囲のなかで理性が対象を認識できる正当な根拠や権限を明らかにし、その範囲をこえたものについては判断をひかえる。カントによれば、人間が知ることができるものは、目や耳などの感性(感覚)に与えられた**現象**[カント]⑤だけであり、その現象の根源となる**物自体**⑤は知ることはできない。リンゴには色・形・香りなどの現象があるが、現象のカーテンの背後に隠され、現象の原因になっているリンゴそのものは、認識することはできない。人間は感性に与えられた多様な現象に、悟性（ごせい）の認識の枠組み(カテゴリー)を当てはめて一定の対象を構成する。理性で考える合理論のみでは、空虚な推理におちいって独断論になり、感性に頼る経験論のみでは、感覚の無秩序さに迷って真理を否定する懐疑論（かいぎろん）におちいる。カントは素材となる現象を受け取る感性の経験と、それらを対象へと組み立てる悟性の思考があわさって認識が成り立つと考え、合理論と経験論を総合した。カントは対象の認識の範囲を経験的な世界に限定し、経験をこえた神や永遠などについて思弁（しべん）する伝統的な形而上学（けいじじょうがく）は不可能であり、それらは希望や信仰の対象であると説いた。

コペルニクス的転回 ⑤ 対象が意識を規定するのではなく、意識が対象を規定するというカントの哲学の変革を、コペルニクスの地動説による天文学の大転換にたとえたもの。カントはこれを、**「認識が対象に従うのではなく、対象が認識に従う」**⑤と表現し、認識する主観が外界に実在する対象(客観)に一致するという伝統的な立場を逆転し、対象が主観の認識の枠組みに一致するように構成されると説いた。外の世界に対象が実在するという常識的な考え方が反転され、対象は感性の経験に悟性の思考があわさって構成されるとされる。このように考えることによって、たとえば、原因と結果の因果性は経験から後天的にみつけられたものではなく、悟性が対象に与えた先天的(アプリオリ)な思考の枠組みとして、経験に先立つ先天的な客観的普遍性をもつことになる。

理性[カント] ⑤ カントにおいては、経験に先立つ先天的(アプリオリ)な認識や行動の

カントの生涯と思想　1724〜1804

ドイツの哲学者で、理性に信頼をおく啓蒙思想の完成者である。プロイセンのケーニヒスベルク(現在のロシア領カリーニングラード)で、馬具職人の子として生まれ、キリスト教の敬虔(けいけん)主義の信仰の篤(あつ)い家庭に育った。大学を卒業後、各地で家庭教師をつとめ、その後は母校のケーニヒスベルク大学で教え、学部長や総長を歴任した。毎日の生活は、起床から就寝まで規則正しい日課が決められ、午後3時半に散歩するカントの姿をみて、人々は時計をあわせたといわれている。昼食に友人や学生をまねいて談話を楽しむ社交的な面ももっていた。生涯のほとんどを故郷のケーニヒスベルクで過ごし、学者として静かな学究生活を送った。

はじめは、ニュートンの物理学と、ライプニッツやヴォルフの合理論を学んだが、自然の因果律(いんがりつ)を人間の知覚の習慣にすぎないと主張するヒュームの懐疑論によって「独断のまどろみ」からめざめ、認識の基礎づけを考えはじめた。また、日課である散歩を中止してルソーの『エミール』を読み耽(ふけ)り、ルソーから「人間を尊敬することを学んだ」と語った。

カントは、理性能力の権限とそれがおよぶ範囲を吟味(ぎんみ)・検討する批判哲学を確立し、大陸の合理論とイギリスの経験論を総合した。人間の認識は、感性が受け取る雑多な感覚的素材に、先天的な悟性(ごせい)の認識形式(カテゴリー)を当てはめることによって成立する。したがって、人間の認識のおよぶ範囲は、経験的世界(現象界・感性界)に限定され、経験をこえた世界(叡知界)は理論的認識の対象にはなりえない。たとえば、バラの花には色・形・香りなどの現象があるが、それらの現象のカーテンの背後にあり、現象の根源である物自体は、人間には認識できない。また、自然の経験的世界は、原因と結果が結びつく因果律に規定された必然的な世界であるが、善(ぜん)意志にもとづく道徳が可能であるためには、行為の自由が条件になる。カントは、自由な道徳的主体としての人格は、必然的な因果律の支配する現象界をこえて、自由な叡知界に属すると説いた。

人間は、感性的存在としては必然的な自然の現象界に属するが、道徳法則に従う自由な主体としては道徳的な叡知界に属する。神の存在や魂(たましい)の不死などは、理論的認識の対象とはならず、道徳法則に従う自由な人格の要請と信仰の対象とされる。主著『純粋理性批判』『実践理性批判』『判断力批判』の三批判書、『永久平和のために』『単なる理性の限界内における宗教』。

カントの言葉

われわれが無制限に善とみとめうるものとしては、この世界の内にもまた外にも、ただ善なる意志しか考えられない。理解力や機知や判断力やその他いろいろに呼ばれるところの精神の才能、および勇気や果断(かだん)や根気強さなどという、気質のもつ特質は、確かに多くの点で善なるものであり望ましいものである。しかしそれらは、またきわめて悪いもの有害なものにもなりうる。すなわち、それら自然の賜物(たまもの)を使用する任務をもつ意志……が、善でない場合である……権力や富や名誉さらには健康……幸福と呼ばれるもの(も同じである)……善なる意志は、それが引き起こし成し遂げることによってでなく、……ただ、その意志作用のみによって善なのである。いいかえれば、それ自体において善なのである……善なる意志は、みずからの中に全価値をもつものとして、一つの宝石のように、それだけで光り輝く。

野田又夫訳「人倫の形而上学の基礎づけ」『世界の名著32 カント』中央公論社、かっこ内は編者注

能力を指す。対象を認識する能力である理論理性と、善を実践する意志能力である実践理性にわかれる。

:**理論理性** ⑤ 対象を認識する先天的な能力。詳しくは対象を認識する能力である悟性と、推理する能力である理性にわかれる。

感性④(感覚)に与えられた多様な直観的印象に、それが何かをあらわす**概念**[カント]⑤を形成する思考の枠組み(カテゴリー)を当てはめて一定の対象を構成する能力は**悟性**⑤と呼ばれ、悟性が構成した個々の対象を全体像(理念)に統一する働きは理性と呼ばれる。理念には、思考作用を統一する主体としての魂、原因と結果の系列の全体的な統一としての世界、すべての対象の統一としての神の3つがあり、理性はこれらの理念のもとに対象を包摂(ほうせつ)して全体像を統一しようとする。しかし、理念そのものは1つの対象とはならず、対象の統一のために経験世界の限界をこえて理論的に要請されたものであるから、カントは魂・世界・神の理念を実体化する(それ自体で実在するものと考える)と虚象が生まれ、対象としては実在しない仮象を生み出す論理である**弁証論**①におちいると説いた。古代ギリシアで問答法をあらわすディアレクティケーは、カントにおいては仮象の論理である弁証論とされ、ヘーゲルにおいては真理の生成の論理である弁証法とされる。

:**実践理性**⑤ 人間に先天的に備わっている、善を実践しようとする道徳的な意志の能力で、良心・善意志とも呼ばれる。カントによれば、人間の認識は経験の範囲に限定されるから、神・魂の不滅(永遠)・自由などの超経験的なものについては、理論理性は判断をくだせず、実践理性が善を実現するための条件として道徳的に要請するものとされる。

「内容なき思考は空虚であり、概念なき直観は盲目である」④ カントの『純粋理性批判』の言葉。対象の認識は、感覚による直観を素材として、それに悟性が思考の枠組みを当てはめることによって成立するから、直観がなければ思考は現実離れした空虚な独断におちいり、対象が何であるかという概念を構成する思考がなければ感覚による直観は支離滅裂(しりめつれつ)な印象に終わる。

二律背反(にりつはいはん)**(アンチノミー)** Antinomie(独)③ 2つの法則や命題が同じだけの妥当性をもちながら、たがいに矛盾して両立しないこと。カントはみたり聞いたりできる経験の領域に用いられる理性の原理を、経験をこえて純粋な思考の領域に拡大する時に、4つの二律背反があらわれるとした。⑴時間と空間には限界があるのかないのか、⑵物は分割不可能な要素からできているのか、無限に分割可能か、⑶結果を生み出した原因をたどると究極の原因があるのかないのか、⑷必然的に存在するもの(神)はいるのかいないのか、の4つである。これらの命題は経験の領域をこえて主張されているために、経験によって確かめることはできない。

アプリオリ(先天的) a priori(ラ)⑤ 本来は「〜より先に」という意味で、経験に先立ち、経験から得られたのではない生得的(せいとくてき)なものを指す。反対語は経験にもとづき、経験から得られたものを指すアポステリオリ(a posteriori、後天的〈ラ〉)である。カントは経験から後天的に得られたものは普遍性をもたないと考え、普遍的な認識を成立させるものは、経験に先立つ主観のアプリオリな能力であると考え、そのアプリオリな能力によって対象を構成する主観のはたらきを超越論的とよんだ。人間は対象を認識するためのアプリオリな形式(枠組み)として、時間・空間という感性の形式と、思考の枠組みである悟性の思考形式(カテゴリー)を備えている。

→p.27 **超越**

カテゴリー category ③ 一般的には同じものが含まれる部類・区分の範囲を指し、範疇(はんちゅう)と訳す。カントにおいては、主観が先天的に備えている思考の形式・枠組みを指す。主観は感性に後天的に与えられた多様な感覚的印象を、先天的な悟性の思考形式(カテゴリー)のもとに包摂し、その枠組みのなかで統一して対象を構成する。カテゴリーには原因と結果、実体と属性(実体に属する性質)などがある。

現象界(げんしょうかい)[カント]① 感性を通して人間に現象する経験の世界、感性界。これに対して経験をまじえず、純粋に思惟(しい)された世界は**叡知界**(えいちかい)[カント]①・可想界(かそうかい)と呼ばれる。人間の認識は感性が受け取る素材を必要とする限り、現象界の範囲内にとどまり、純粋に思惟された叡知界は認識の限界外である。しかし、道徳法則に従う自由な人格としては、人間は必然的な自然の現象界をこえて、道徳的に自由な叡知界に属している。感性的人間としては現象界に属しながらも、道徳を実践する自由な主体としては叡知界に住むところに、人間の尊厳が由来する。

独断論 dogmatism ② 経験の裏づけのない独断的な考え方。ベーコンはクモが体内から糸を吐き出して網(あみ)を紡(つむ)ぎ出すように、

第III部 第4章 近代市民社会の倫理

頭のなかの観念的な思考によって知識の体系をつくり出すことを独断と批判した。カントは合理論が経験的な事実を無視すると、独断論におちいるとした。またカントの批判哲学においては、経験の内部で妥当とする考え方を、神や世界の始源など経験をこえた対象に当てはめる独断的態度を指す。

善意志 ⑤ 理性の命じる道徳法則に従う義務にもとづいて、つねに善をなそうとする意志。カントは行為の目的や結果よりも、それをなす動機となる善意志を無条件に善いものと認めた。勇気や才能や財産などは、善意志に導かれることで、はじめて善いものになるのであり、善意志こそ無条件の価値をもっている。カントは道徳の判断基準を、行為を生み出した動機に求める**動機説(動機主義)**⑤の立場をとった。

「無制限に善とみなすことができるものは、善意志のほかには考えられない」 ③ カントの『道徳形而上学の基礎づけ』の言葉。才能・能力・富・地位などは善意志が利用することによってはじめて善いものとなり、無制限に善いと認められるものは行動の動機となる善意志しかないとする。

最高善［カント］① 最高善は古代ギリシアから説かれているが、カントは完全な徳(最上善)と、幸福が合致した理想的な状態を最高善と説いている。道徳は義務の意識にのみもとづいて、純粋に善をなそうとする善意志が行為の動機になる時に成り立つ(動機説)。カントは快楽を求める自然な傾向性が、善を命じる義務の意識にかわって人間の意志を決定し、行為の動機になることを拒否した。しかし、幸福への傾向そのものが悪いのではないから、善意志による行為に、それにふさわしい幸福がともなう理想の状態は最高善と呼ばれる。ところが現象界では善と幸福の一致は困難だから、叡知界において善にふさわしい幸福を与える神の存在が要請される。幸福を得るために善をなすのではなく、幸福を得るにふさわしい善い人間になるべきである。また、つねに義務に従う強い意志を備えた徳(最上善)を実現するためには、無限の道徳的努力が必要であるから、その条件として魂の不死(永遠)が要請される。カントは**神の存在・魂の不滅**［カント］④を、理論的認識の対象としてではなく、道徳的実践からの**要請**［カント］①として主張した。

良心の声(良心)［カント］① 人間の心の内で道徳的な義務に従うように求める理性の声。快楽への傾向性をもつ人間に対して、良心の声は「～すべきである」という義務のかたちをとって呼びかけてくる。

義務［カント］⑤ カントは道徳法則への尊敬だけを動機として、その命令に従うことを義務と呼び、義務にもとづいた行為にのみ道徳的な価値を認めた。快楽への傾向性をもつ人間に対して、理性はつねに「～すべきである」という義務のかたちで道徳法則を命じる。あるがままの現実に対して、道徳法則はあるべきこと、なすべきことを道徳的な義務として人間に命じる。

道徳性［カント］① 理性の命じる道徳法則に従い、善をなすべしという義務にのみもとづいて行為すること。道徳法則を純粋な動機とする点に道徳的な価値をもち、外面的な行為のみが道徳法則と一致する**適法性**①と異なる。たとえば、ある人が利益を得るために他者に親切にした場合、その行為は適法性をもつが、道徳性はもたない。

道徳法則(道徳律) ⑤ 理性によって立てられた、普遍的な道徳の法則。道徳法則が可能であるためには、人格の自由な行為が存在しなければならず、カントは自由な人格の世界として叡知界を説いた。自然の現象界においては、結果はそれに先行する原因によって決定され、すべてが因果法則(原因と結果の必然的結合)によって必然的に支配されている。叡知界においては、自由な主体である人格が道徳法則にもとづいて行為する。道徳法則は叡知界の自由にもとづいて存在し、実践的な自由は、道徳法則に従って行為する時に認識される。カントは自由は道徳法則の存在根拠であり、道徳法則は自由の認識根拠であると説いた。

：**定言命法(定言命令)** ⑤ つねに「～すべし」と無条件に命じる命令。いつ、どこでも人間に普遍的に妥当するもので、カントの道徳法則の形式である。

：**仮言命法(仮言命令)** ⑤「…したければ、～せよ」という、条件つきの命令。ある目的を実現するための手段や方法を教えるもので、忠告や処世術にはなるが、無条件で善を命じる道徳法則にはなりえない。

「あなたの意志の格率が、つねに同時に普遍的立法の原理となるように行為せよ」 ⑤ カントの道徳法則の根本原理。道徳の具体的な内容ではなく、いつ、どこでも妥当する普遍的な道徳の形式を示した定言命法である。自分だけに妥当する主観的な行動の原則である格率が、つねにあらゆる人に普遍的に妥当する客観的な法則になるように行為せよ、という意味である。自分がある行為をなそうとする時、それが万人のなすべき法則として通用するように行為せよ、ということである。

格率 maxim ⑤ 一般には、生活上の方針を意味するが、カントにおいては、自分だけに妥当する主観的な行動原則を指し、あらゆるものに普遍的に妥当する客観的な道徳法則と区別される。たとえば、早寝早起きという生活の規準を設けた場合、それは自分にとっての格率ではあるが、あらゆる人に通用する法則とはいえない。

自律(じりつ) ⑤ カントにおいては理性が立てた道徳法則に、みずからが自発的に従うことを意味する。道徳法則は人間の理性がみずから立法したものであり、神などから与えられた**他律**(たりつ) ③のものではない。カントはみずから立法した道徳法則に自発的に従うところに、自分で自分を律する意志の自律を認め、そこに人格の自由と尊厳を見出した。

自由［カント］⑤ カントにおいては、みずからが立法した道徳法則に自発的に従う実践的な自由を指す。それは理性が**自己立法**①した法則に、みずから従う自律の能力である。自然の現象界(感性界)では、結果はそれに先行する原因によって決定され、すべてが因果法則によって必然的に支配されている。道徳が可能であるためには、人格の自由な行為があらねばならず、カントは自由な人格の世界として、叡知界を説いた。人間は感性的存在としては、必然的な自然の現象界に、道徳的人格としては自由な叡知界の両方に属している。人格は叡知界の自由を根拠にして、みずからが立法した道徳法則に従って善を実践する。

人格［カント］⑤ カントにおいてはみずからの理性が自己立法した道徳法則に従って、自律的に行為する自由な道徳的主体を指す。人間は快楽への傾向性をもつ自然な存在であると同時に、理性の立法する道徳法則に従って、自律的に行為する自由な主体として人格である。人格は目的として尊重されるべきで、ほかの何かの手段や道具となる物件とは区別される。カントは人格に絶対的価値と**人間(人格)の尊厳**［カント］⑤の根拠を見出す、**人格主義**［カント］③の立場をとった。

「あなたの人格およびほかのすべての人の人格のうちにある人間性を、つねに同時に目的として扱い、けっしてたんに手段としてのみ扱わないように行為せよ」⑤ 人格の尊重を説いたカントの定言命法。道徳法則に従う自由の主体としての人格は、つねに目的として尊重されるべきで、けっして物件のようにほかのもののための手段や道具として利用されてはならない。

目的の王国 ⑤ カントが理想とした道徳的共同体。各自がすべての人格を手段としてではなく、つねに同時に目的として尊重する理想的な人格の共同体を指す。

「人間を尊敬することを学んだ」③ カントが40歳頃にルソーの『エミール』を読んで語った言葉。カントは学問をして知識を求めることが人類の名誉と考え、知識のない庶民を軽蔑(けいべつ)していたが、ルソーによってその誤りを知り、人間の本性を尊敬することを学んだと語っている。

「わが上なる星の輝く空と、わが内なる道徳法則」⑤ カントの『実践理性批判』の結びの言葉。星空は必然性が支配する自然の現象界を指し、道徳法則は自由の主体としての人格を指す。カントは必然的な自然法則が支配する現象界(感性界)では自然科学を、自由の主体としての人格が属する叡知界では道徳と宗教を説いた。

永遠平和 ⑤ カントが**『永遠平和のために』**⑤のなかで、国際社会に道徳法則を適用して主張した説。常備軍の撤廃、民主的な法治国家の建設、国際法の制定、国際平和機関の設置による**国家連合(平和のための連盟)**⑤の実現などが、永遠平和の条件とされる。

『純粋理性批判』⑤ 人間の認識能力としての理論理性を検討した、カントの認識論。1781年刊行、**三批判書**①の最初のもの。理性能力を吟味・検討し、それがおよぶ範囲を限界づけ、その範囲内での理性の正当な権限を主張している。

「人は哲学を学ぶことはできない、哲学することを学ぶことができるだけである」③ 哲学とは過去の客観的知識の体系を学ぶものではなく、一人ひとりがみずからの理性を使って真理を探究する行為そのものを学ぶことであるという意味で、カントの『純粋理性批判』の有名な言葉。

→ p.26 **哲学すること**

『実践理性批判』⑤ 人間の道徳的能力としての実践理性を検討した、カントの倫理学・道徳論。1788年刊行。理性が立法した道徳法則にみずから従う、自律的で自由な主体としての人格について説かれる。

『判断力批判』⑤ 自然と道徳の中間にあたる原理として、与えられた対象からその根拠となる普遍的なものを求める反省的判断力などを検討したカントの著作。1790年刊行。カントによれば、判断力とは一般的な概念と個別的な対象とを結びつける能力を指し、規定的判断力と反省的判断力にわかれる。規定的判断力は一般的な概念を個々の直観の対象に適用して、「これは〜である」と判断する。反省的判断力は対象に適用する概念が見出されない場合に、個々の対象から出発して概念を形成する能力である。反省的判断力は、あらかじめ目的の概念が与えられていなくても、ある目的があるかのように考えると、与えられた対象がその目的にかなったものとして合目的な意味をもつと判断する能力である。美的対象や生命をもつ有機体について、それらが普遍的な目的にかなっているとみなして、合目的性をもつと評価する働きである。

『道徳形而上学の基礎づけ(道徳形而上学原論・人倫の形而上学の基礎づけ)』③ カントの著作で、『実践理性批判』の内容を簡潔に述べており、カントの道徳を知るための入門書とされる。善意志はたとえ結果を出せない場合でも価値を失うことはなく、それだけで「宝石」のように輝くという、行動の純粋な動機を重んじる道徳観が説かれる。

『啓蒙(けいもう)とは何か』① みずからの理性を使う勇気をもって、権威や伝統に無自覚に従う人間の未成年状態から脱しようと呼びかけた、カントの啓蒙についての著作。

● ● ●

フィヒテ J. Fichte ④ 1762〜1814 ドイツ観念論の哲学者。ザクセンの職人の子として生まれ、貧困のなかで勉学を続けてカントの哲学を学び、イエナ大学で教え、のちにベルリン大学の初代総長をつとめた。カントの哲学から出発しながらも、シュトゥルム・ウント・ドラング(疾風怒濤(しっぷうどとう))の精神的高揚(こうよう)の影響を受け、絶対自我の自由な意志的活動を強調する**知識学**②と呼ばれる哲学を確立した。カントの理論と実践の二元論を克服するため、自我の実践的活動のなかに理論的認識を吸収して統一した。徹底した意志主義の立場から、自我の実践的活動を事行(じこう)と呼び、自我は自己に対して非我(ひが)(対象)を立て、すべての認識の対象は自我の生み出した所産であり、自我の意志作用のうちに対象はその発展の契機として含まれると説いた。自我の意志作用を強調する主観的観念論であり、歴史は人間の道徳的自由の実現の過程とされる。晩年は、人間は善の実践により神と同じ生命を生きて浄福(じょうふく)を得られると説き、宗教的傾向を強めた。主著**『全知識学の基礎』**①『ブルーノ』『人間の使命』**『ドイツ国民に告ぐ』**①『浄福なる生への指教』。

シェリング F. Schelling ④ 1775〜1854 ドイツ観念論の哲学者。チュービンゲンの神学校でヘルダーリン(F. Hölderlin、1770〜1843)やヘーゲルと親交を結び、イエナ大学などで教え、ロマン派の芸術家とも交際した。シェリングは哲学における自然と精神の二元的対立を統一するために、すべてを包括(ほうかつ)する絶対者を求める客観的観念論の立場にたち、すべてのものの根底に存在する無差別な同一性としての絶対者を説く**同一哲学**①を確立した。そして、絶対者は自然や芸術作品の観照(かんしょう)を通して、神秘的な知的直観によって把握されるとし、芸術哲学を重んじてロマン主義の傾向をもつ**汎神論的自然観**②を示した。晩年は神話や啓示の哲学に取り組み、人間の自由や悪の非合理的な面にも注目した。また、観念のなかでものの本質を考える消極哲学に対して、ものの現実的な存在(実存・エクシステンツ、Existenz〈独〉)を探究する積極哲学を説き、実存主義の先がけともされる。主著**『超越論的観念論の体系』**①『人間的自由の本質』。

新カント派

19世紀後半から20世紀初めにかけて、「カントに帰れ」を旗じるしにして、哲学を復興しようとしたドイツの思想潮流。新カント学派のうち西南ドイツ学派のヴィンデルバント(W. Windelband、1848〜1915)やリッケルト(H. Rickert、1863〜1936)は、事実と価値をわけ、文化現象をつくる真・善・美・聖という価値の独自の世界を明らかにした。ヴィンデルバントは、自然科学が反復される普遍的法則を明らかにする「法則定立(ていりつ)的」な学問であるのに対して、歴史学は1回限りの個別的な事象についての「個性記述」の学問であると説いた。他方で、マールブルク学派のコーヘン(H. Cohen、1842〜1918)やナトルプ(P. Natorp、1854〜1924)は、認識・意志・感情のもっとも根源的な作用から客観的世界を構成しようとし、経験に先立つアプリオリな純粋認識・純粋意志・純粋感情から、法則に則(のっと)って道徳や芸術などの文化的世界が産出・創造されると説いた。新カント派は、カントの著作の研究や出版にも業績を残したが、第一次世界大戦後は急速に衰えた。

2 ヘーゲル

ヘーゲル G. Hegel ⑤ 1770~1831 ドイツの哲学者で、ドイツ観念論の完成者。

→ p.150 **ヘーゲルの生涯と思想**

弁証法(べんしょうほう) Dialektik(独) ⑤ 本来は対話法・問答法を意味するが、ヘーゲルはすべてのものが矛盾・対立を契機として変化・発展していく理性的な運動の論理とした。すべてのものはある立場が肯定され(正)、それを否定し対立する立場(反)があらわれ、両者の矛盾・対立を統一するより高い次元へと止揚されて(合)発展する。弁証法はすべての存在するものが正・反・合の3段階を経て変化・発展する理性的な運動の論理であるとともに、それを認識する人間の理性が歩む道筋(みちすじ)でもある。ヘーゲルによれば、カントが説いた悟性(ごせい)は個々の対象についての固定的な見方にとらわれて対立を克服できないが、**理性**[ヘーゲル]②は対立する個々のものを弁証法的に生成発展する全体の要素としてとらえ、全体的な真理を認識することができる。

:**正(せい)(テーゼ)** These(独) ⑤ ある立場を直接的に肯定する定立段階。ほかとの対立を知らず、自己のなかに無自覚に埋没している段階で、即自(そくじ)と呼ばれる。

:**反(はん)(アンチテーゼ)** Antithese(独) ⑤ ある立場を否定するほかの立場があらわれ、2つの立場が**矛盾・対立**⑤する反定立段階。自己に対立するものとの矛盾関係を通して、それと異なるものとしての自己を知る段階で、ほかのものでないというかたちで自己に対して自覚的に向きあうので、対自(たいじ)と呼ばれる。自己はほかのものとの矛盾・対立の関係を通して、はじめて自己として自覚される。

:**合(ごう)(ジンテーゼ)** Synthese(独) ⑤ 2つの矛盾・対立する立場をともに否定しつつ生かし(止揚)、両者をより高次の立場へと高める総合の段階。あるものが自己を否定するものに出あい、その否定するものをさらに否定して、それでないものという自覚をもって自己へと返る運動を指し、即自かつ対自と呼ばれる。弁証法は、あるものが自己の反対・否定を媒介(ばいかい)として、自覚的に自己に返る運動の論理である。

:**止揚(しよう)(アウフヘーベン)** Aufheben(独) ⑤ ヘーゲルの弁証法の用語で、2つの矛盾・対立する立場を総合・統一するこ

ヘーゲルの生涯と思想　1770〜1831

ドイツの哲学者で、ドイツ観念論の完成者。南ドイツのシュツットガルトに生まれ、18歳でチュービンゲン大学の神学部に入学し、哲学と神学を学んだ。そこで、詩人ヘルダーリンやシェリングと親交を結び、フランス革命が勃発した時には「自由の樹」を植えて、ともに祝ったと伝えられる。卒業後は、各地で家庭教師をつとめ、イエナ大学で教え、シェリングとともに『哲学批評雑誌』を発行した。1807年に『精神現象学』を出版してシェリングの哲学と別れ、世界を精神の自己展開の過程とみる独自の哲学大系を築いた。その年にナポレオンがイエナへ侵攻した時には、「馬の上に乗っている世界精神をみた」と語り、歴史を動かす精神を目のあたりにして感激した。戦争で大学が閉鎖されたので、ニュルンベルクの高等中学校(ギムナジウム)の校長をつとめ、その後、ハイデルベルク大学・ベルリン大学にまねかれて哲学を講義し、ベルリン大学総長をつとめた。ヘーゲルの哲学は、当時のドイツの思想界で大きな勢力をもち、ヘーゲル学派が形成された。

ヘーゲルは、世界を絶対者すなわち精神の自己展開の過程としてとらえる、絶対的観念論を説いた。精神はあるものが生成し(正)、それと対立するものがあらわれ(反)、両者がより高い立場へと統合される(合)という弁証法の論理にそって展開する。精神は自由を本質とするから、歴史は精神が自由を実現する過程であり、人類の自由の意識の進歩である。ヘーゲルの哲学体系も弁証法的に構成され、論理学・自然哲学・精神哲学の３部門にわけられ、精神哲学はさらに主観的精神・客観的精神・絶対精神の３つの段階にわかれる。このうち、客観的な社会関係を形成する客観的精神は、法・道徳・人倫の３つにわかれ、客観的な法と主観的な道徳を統一したものとして人倫が説かれる。人倫は、社会生活の基盤となる共同体で、家族・市民社会・国家へと弁証法的に発展する。理性的な国家が人倫の完成形態とされ、個人は国家の法や制度を自分の根源(実体)である理性の表現とみて、これに従うことによって、国家の成員として自由になる。

ヘーゲルの哲学は、ドイツ観念論の完成、近代哲学の総決算として大きな影響を与え、その精神の弁証法はマルクス主義によって物質の弁証法として批判的に継承された。主著『精神現象学』『論理学』『エンチクロペディー』『法の哲学』『歴史哲学』。

ヘーゲルの言葉

真なるものは全体である。そして全体とは、自分を展開することによって自分を完成してゆく実在にほかならない。絶対者については、それは本質的に(自分を展開し終わったあとの)結果であり、終わりにおいてはじめて、それが真にあるところのものになる、と言われなければならない。現実的なものであり、主体であり、自己生成であるという、絶対者の本性は、まさにこのことにおいて成り立つ。

山本信訳「精神現象学序論」『世界の名著35 ヘーゲル』中央公論社、かっこ内は編者注

とを指す。アウフヘーベンには、否定・保存・高めるという３つの意味がある。ＡとＢの対立関係を否定し、両者の内容を保存しながらも、それらを新しい秩序に組み込んでＣへと統合して高める働きを指す。

精神［ヘーゲル］⑤ ヘーゲルにおいては、歴史的・社会的世界のなかで自己を展開していく精神の活動を指す。ヘーゲルは観念論の立場から、すべてのものの根底を固定的で不動の客体的な実体ではなく、自由を本質とする主体的な精神(主体)と考えた。精神は現実世界のなかでみずからを実現する**理念**［ヘーゲル］②であり、現実のなかで外化した自己を反省することによって、自覚をもって自己のもとに返り、自由を実現する運動である。世界の精神は個人の意識を自覚の契機としながら、個人をこえて民族や国家のなかで具体的に自己を実現し、

最終的には自己を対象として純粋に意識する、完全に自由な絶対精神へと高まる。

絶対精神 ⑤ ヘーゲル哲学の最高の原理で、絶対者とされるもの。自由を本質とする精神は、自然へと自己を対象化し(**自己外化〈精神の外化〉**④)、いったん自己と疎遠(そえん)なものとなるが、自由とは他者のもとでも自分自身のもとにあることだから、精神は自然のなかにみずからのあらわれである理性的なものを見出し、現実が理性的なものであることを**自覚**[ヘーゲル]②して、対立した自然から再び自己へと返る。絶対精神は自然を否定して自己に返るために、まず個人の**主観的精神**①(心・魂・意識)になってあらわれ、つぎに客観的な社会関係としての**客観的精神**①(法・道徳・人倫)になり、最後に主観的精神と客観的精神を統一する絶対精神となって自己へ帰還する。絶対精神は芸術・宗教・哲学のなかにあらわれ、そこで精神は自己自身を対象として純粋に意識する、完全に自由な精神となる。

世界精神 ② 世界史のなかで自己を展開する、歴史の主体となる精神。世界理性とも呼ばれる。世界精神はその時代の支配的な民族の精神にあらわれ、歴史のなかで活躍する個人の衝動や情熱を利用し、彼らを自由を実現するための道具として操りながら、自己を展開していく。ヘーゲルはこのような世界精神のたくらみを、**理性の狡知(こうち)(理性の狡智)**④と呼んだ。

「世界史は自由の意識の進歩である」⑤ ヘーゲルの『歴史哲学』のなかの言葉。精神は自分のもとで自分を意識するものであるから、みずからに由(よ)るという意味で、**自由**[ヘーゲル]⑤を本質とする。世界史とは精神がみずからの本質である自由を実現していく過程であり、それは人類の自由の意識の進歩としてあらわれる。最初は1人の支配者だけが自由な東洋的な専制国家、つぎに古代ギリシア・ローマの奴隷制をもつ市民の国家、最後にすべての人間が人間として自由なヨーロッパの近代国家へと歴史は発展する。そこでは国民は国家の法や制度を自己の根源である理性の表現とみて、これに従うことによって国家の成員として自由な自己を実現する。

人倫(じんりん)[ヘーゲル] ⑤ 一般には、人間が社会生活を営む共同体やその秩序・習俗を意味するが、ヘーゲルによれば、自由な精神が客観的な社会制度や組織となって具体化されたものを指す。人倫は、人間の社会関係の抽象的な形式である客観的な**法**[ヘーゲル]⑤と、個人の主観的な確信にすぎない**道徳**[ヘーゲル]⑤とを統一したもので、精神の自由の理念が、具体的な社会生活において、いきいきと実現されたものである。人倫は、家族・市民社会・国家の3段階を経て発展する。

: **家族**[ヘーゲル] ⑤ 人倫の出発点で、愛情によって結ばれた共同体である。ここでは、個人の人格の独立性はまだ自覚されていない。

: **市民社会**[ヘーゲル] ⑤ 家族から独立して自由で平等になった個人が、自己の欲望を満たすために利益を追求する経済社会。各自が欲求を満たすために経済活動をおこなうので、**欲望の体系**⑤と呼ばれる。個人は物質的・経済的に相互に依存しながらも、自己の利益を獲得するために競争してたがいに対立するので、家族の結びつきが失われた**人倫の喪失(そうしつ)態**⑤におちいる。

: **国家**[ヘーゲル] ⑤ 市民社会で失われた統一を回復する、**人倫の最高形態(人倫の完成態)**③の場。家族の共同性と、市民社会の個人の独立を止揚した共同体で、共同体の普遍性と個人の個別性がともに保たれた人倫の最高の完成形態である。個人は国家の法や制度を自己自身の根源(実体)である理性の表現とみて、これに従うことによって国家の成員として自由で理性的な自己を実現する。

相互承認 ② 自己と他人がたがいに自己を承認しあいながら存在すること。ヘーゲルは、1つの自己意識はほかの自己意識から承認されてはじめて存在することができると考え、自己意識を相互に承認しあう共同性のなかでとらえた。自己は他者との関係のなかで自己を意識し、他者の承認を介して自己を知る。

「理性的なものは現実的なものであり、現実的なものは理性的である」④ ヘーゲルの『法の哲学』の序論の言葉で、現実に存在するものは理性の自己展開のあらわれであるという意味。ヘーゲル哲学の立場においては、理性的なものは現実を遊離(ゆうり)した抽象的なものではなく、現実のなかで具体的に実現されなければならない。同時に現実的なものは、ただ過ぎ去りゆく偶然的なものではなく、理性の自己実現として把握されなければならない。

「ミネルヴァの梟(ふくろう)は、夕暮れどきに飛び立つ」① ヘーゲルの『法の哲学』の序文の言葉。ミネルヴァとはギリシア神話の知恵と戦いの女神アテナのことで、夕暮れになるとアテナは飼っていた梟をアテネの町に飛ばして1日のできごとをさぐらせ、それをもとにみずからの知恵を深めたとされる。ヘーゲルは哲学を梟にたとえ、1つの時代が形成される歴史の運動が終わったあとで、哲学はその時代の意味を読み取り、歴史を総括する知恵を見出すという意味でこのように述べた。

『精神現象学』⑤ ヘーゲルが独自の哲学を説いた最初の書で、1807年刊行。精神が低次の意識の段階からより高い自覚の段階へと進み、最終的には、自己を対象としてみずからを知る絶対知へと至る弁証法的展開の道筋をたどるとした。

『法の哲学』⑤ ヘーゲルが人倫について説いた著書で、1821年刊行。客観的精神が現実のなかで法・道徳・人倫の3つに具体化され、さらに人倫は家族・市民社会・国家の3段階を経て弁証法的に発展するとした。

3 功利主義

市民社会 ② 17〜18世紀に、イギリス・フランスで市民革命を通して成立した民主社会。市民とは、利益の追求を目的として経済活動を営む私人を指す。近代資本主義の発達とともに経済力をつけてきた自営農や産業資本家(ブルジョワジー)を中心とする市民は、経済活動の自由・私有財産の保障・政治上の発言権などを要求し、絶対王政からの解放を求め、封建社会の身分の差を原則的に廃止し、自由で平等な個人からなる市民社会を形成した。市民社会の個人主義・自由主義の倫理は、個人が自由に利益を追求する資本主義経済の発展を背景として生まれた。

産業革命 ⑤ 18世紀後半のイギリスで始まった、蒸気機関の発明などによる生産技術の革新がもたらした産業・経済・社会全般にわたる大きな変革。機械による大量生産が可能となり、マニュファクチュア(工場制手工業)から機械制大工業へと移りかわり、産業資本家となった裕福な市民階級が社会的勢力を拡大した。19世紀以後、ヨーロッパやアメリカ、日本に普及して近代資本主義を確立した。

アダム＝スミス Adam Smith ⑤ 1723〜90 イギリスの経済学者・哲学者で、イギリスの古典派経済学の祖。スコットランドに生まれ、母校のグラスゴー大学の教授・学長をつとめた。経済学では各人の自由な利益追求が生産力を高め、社会全体の富を増大させるという自由放任主義をとなえて、自由主義経済を基礎づけた。また、富の源泉を各人の労働による生産力に求める労働価値説を説いた。道徳哲学では公平な観察者の共感(同情)を得られる範囲内で、利己的な行為が是認(ぜにん)されるという、道徳感情論を説いた。主著『諸国民の富』『道徳感情論』。

共感［アダム＝スミス］ sympathy ⑤ 他人の幸福や不幸をともに感じ、自己と他者とを結びつける社会的な共同感情で、同情とも呼ばれる。アダム＝スミスは、共感(同情)を道徳的判断の根本原理とする道徳感情論をとなえた。スミスは各人の利己心を認めたが、第三者の立場にある公平な観察者の共感を得られる枠のうちで行動する限りでのみ、利己的な行為が是認されるとした。そして道徳の原理となる共感をもとに、自由な経済活動の源泉となる利己心と、社会正義と秩序を調和させた。

→p.140 **あわれみ(思いやり)**[ルソー]

道徳感情(モラル・センス) moral sense ① 善と悪は、すべての人に生まれつき備わる道徳感情(道徳感覚)によって直覚的に知ることができるという考え方。18世紀のイギリスで、シャフツベリー伯(Earl of Shaftesbury、1671〜1713)・ハチソン(F. Hutcheson、1694〜1746)・ヒューム・アダム＝スミスらが説いた。シャフツベリー伯やハチソンは、人間に備わる自己愛と愛他心の調和を求め、愛他心から生まれた行為をこころよいと感じる心の作用を道徳感情とした。ヒュームやアダム＝スミスは、他者の快楽や苦痛への同情(共感)などの道徳感情が、道徳の基本原理となると説いた。

公平(中立公正)な観察者 impartial spectator ④ 第三者の立場から、人々の行動を眺める無私の見物人を指す。アダム＝スミスが道徳的判断の基準としたもので、公平な第三者の観察者の立場に自分をおき、そこからみても共感を得られる範囲のうちで、利己心による利益の追求が是認される。公平な観察者の共感(同情)が、その行為を**フェア・プレイ**(fair play)①として是認する道徳的判断の基礎である。利己心は道徳的には第三者の共感により、経済的には(神の)「見えざる手」にたとえられる需要と供給の市場原理により、社会全体の幸福へと導かれる。

自由放任(レッセ・フェール) laissez-faire(仏) ② 各人が利己心に従って利益を追求する自由な経済競争に任せておけば、それが神の**「見えざる手」**⑤にたとえられる需要と供給の市場原理によって調整され、社会全体の利益を生むという考え方。アダム＝スミス・マルサス(T. Malthus、1766〜1834)・リカード(D. Ricardo、1772〜1823)・ミル父子ら、イギリスの古典派経済学における自由主義経済の基本的な理論である。レッセ・フェールとは、フランス語で、「〜させておく、自由に任せる」という意味。スミスは各人の利己心は社会全体の繁栄のための不可欠な要素であり、私利の追求は公益につながると説き、国家は経済活動への干渉を避け、その任務を国防・警察・消防・司法などに限定する「小さな政府」「安価な政府」とする夜警国家論を説いた。

『諸国民の富』(『国富論』) ④ アダム＝スミスの主著で、1776年刊行。重商主義を批判し、産業活動に従事する市民がみずからの労働によって富を生み出すという労働価値説を説いた。また、資本家の利潤を肯定し、個人の利己心にもとづく経済活動が生産力を拡大させ、社会全体の福祉(諸国民の富)を増大させると説いた。

『道徳感情論』 ⑤ アダム＝スミスの主著で、1759年刊行。他人の心情を思いやる共感(同情)などの道徳感情が、道徳の根本原理であるという道徳感情論を説く。

ベンサム J. Bentham ⑤ 1748〜1832 イギリスの哲学者・法学者で、功利主義の確立者。

→p.154 **ベンサムの生涯と思想**

功利主義 utilitarianism ⑤ 行為の善悪の判断を、その行為が快楽や幸福をもたらすか否かに求める倫理観。**功利(功利性)**(utility)⑤とは、利益・快楽・善・幸福を増大させることに役立ち、損害・苦痛・悪・不幸を減少させる性質を指す。ベンサムはすべての人間が快楽と苦痛に支配されているという自然的な事実から出発し、快楽や幸福を増大させる行為を是認し、苦痛や不幸をもたらす行為を否認する**功利(功利性)の原理**③を道徳的判断の基準とした。功利主義は市民が自由に利益と幸福を追求するイギリスの市民社会を背景に、ベンサムやJ. S. ミルによって体系化された。

「自然は人類を苦痛と快楽という、二人の主権者の支配のもとにおいてきた」 ④ ベンサムの『道徳および立法の諸原理序説』の言葉。人間は快楽と苦痛の支配のもとに生きており、快楽を求め、苦痛を避けるものである。人間の行動を決定するものは快楽と苦痛であり、この事実から快楽を生み出すものを善とし、苦痛をもたらすものを悪とする功利の原理が導かれる。

最大多数の最大幸福 the greatest happiness of the greatest number ⑤ ベンサムがとなえた功利主義の標語。諸個人の幸福の総和としての社会全体の幸福を、最大にすることを意味する。ベンサムは個人主義の立場から、幸福の分配において**「各人は等しく一人として数えられ、だれもそれ以上に数えられてはならない」**①と述べ、社会は諸個人の総和であるから、諸個人の幸福の総計が社会全体の幸福になると説いた。そして、最大多数者の最大幸福が道徳の原理であり、立法や行政などの社会の指

ベンサムの生涯と思想　1748〜1832

イギリスの哲学者・法学者。ロンドンで代々続く法律家の家に生まれた。12歳でオクスフォード大学に入学して法律を学び、リンカーン・イン法学院で弁護士の資格をとった。しかし、弁護士の実務には関心がなく、当時の煩雑なイギリスの慣習法を簡素化・合理化して社会を改革しようと決心して、法理論の学問的な研究に没頭した。1776年に、政府の反動化を批判して、民主化を訴える『政府論断片』を匿名で出版した。1789年には、『道徳および立法の諸原理序説』を著して、功利主義を自由な市民社会の原理として主張した。J. S. ミルの父親ジェームズ＝ミル(James Mill、1773〜1836)と親交を結び、政治改革をめざす自由主義者の集まりである哲学的急進派のメンバーとなり、選挙権を市民に広げる選挙法改正のために努力した。晩年は、邸宅にこもって著述と読書をし、植物観察を楽しみ、ピアノを弾く静かな生活を送った。

ベンサムは、快楽と苦痛が人間を支配する自然的事実から出発して、快楽や幸福を増大するものを善、苦痛や不幸をもたらすものを悪と判断する、功利の原則を道徳の基準にする功利主義を説いた。快楽を数量的に計算する快楽計算を提案し、個人の幸福の総和である「最大多数の最大幸福」を道徳や立法の指導原理とし、社会全体の幸福を拡大することをとなえた。また、幸福の分配においては、各人は平等に1人として数えられなければならず、だれにも特権による加算は認められないと説いて、市民社会の平等の原則をつらぬいた。そのような信念のもとに、普通選挙をめざす選挙法改正の運動にも努力した。主著『道徳および立法の諸原理序説』。

ベンサムの言葉

自然は人類を苦痛と快楽という、二人の主権者の支配のもとにおいてきた。われわれが何をしなければならないかということを指示し、またわれわれが何をするであろうかということを決定するのは、ただ苦痛と快楽だけである。一方においては善悪の基準が、他方においては原因と結果の連鎖が、この二つの玉座につながれている。

山下重一訳「道徳および立法の諸原理序説」『世界の名著38 ベンサム・J. S. ミル』中央公論社

導理念になるという**量的功利主義**②の立場に立った。なお、この言葉を最初に用いたのは、イギリスの道徳哲学者ハチソンとされる。のちにベンサムはこの言葉は少数者の犠牲をともなうとの誤解を避けるために、「最大幸福の原理」といいかえている。

制裁(サンクション)　sanction ⑤ 人間の行為が規範に背いた時に加えられる罰で、規範を守るように人間を拘束する強制力。ベンサムは個人の利己心と社会全体の公共の福祉を一致させるために、外的な強制力としての4つの制裁を説いた。

：物理的(自然的)制裁 ⑤ 自然に与えられる制裁で、暴飲暴食によって体調をくずして苦痛を味わうことなど。

：法律的(政治的)制裁 ⑤ 法律によって与えられる刑罰など。

：道徳的制裁 ⑤ 世間の人々から与えられる社会的な非難など。

：宗教的制裁 ⑤ 神の罰へのおそれなど。

快楽計算 ⑤ 快楽は数量的に計算できるという、ベンサムの考え方。快楽はその強度・持続性・確実性・時間的遠近・多産性・純粋性・それがおよぶ範囲の7つの基準で数量的に計算される。質の異なる快楽を量の差に還元し、快楽を数量的に計算することで道徳に客観性を与え、快楽の総計を立法や行政並びに社会改革の実践的な指導原理として役立てようとしたものである。

パノプティコン　panopticon ② ベンサムが考案した一望監視施設と呼ばれる監獄の仕組み。中央の監視塔のまわりに円環状に囚人のいる独房がならび、囚人から監視者はみえないが、つねに監視されているという意識を囚人に植えつけ、監視者の視線を内在化させて自発的に規律に従わせて管理するシステムである。

→p.204 **フーコー**

『道徳および立法の諸原理序説』④ ベンサムの主著で、1789年刊行。功利主義を道徳と立法の原理とすることをとなえる。

J. S. ミル John Stuart Mill ⑤ 1806〜73 イギリスの哲学者・経済学者。質的功利主義を説いた。

→p.156 **J. S. ミルの生涯と思想**

質的功利主義 ③ 快楽には低級なものと高級なものとの**質的な差(質的な違い・質的な異なり)**④があるとする、J. S. ミルの考え方。ミルは快楽を数量的に計算するベンサムの量的功利主義を修正し、快楽に質的な差があることを認め、感覚的な快楽だけでなく、人間の尊厳や品位の感情にふさわしい質の高い快楽を求めるべきだという質的功利主義を説いた。

「満足した豚であるよりは、不満足な人間である方がよく、満足した愚か者であるよりは、不満足なソクラテスである方がよい」⑤ J. S. ミルの『功利主義』のなかの言葉で、動物と人間、愚者と賢者のあいだには幸福の質的な差があることを、いずれの生き方を選ぶかという問いかけによって論じたもの。ミルは快楽には動物にも共通する感覚的快楽から、人間の尊厳や品位の感覚にふさわしい質の高い**精神的快楽(高級な快楽)**③までの、質的な差があるという質的功利主義を説いた。

内的制裁 ④ 道徳的義務に反して、他者を裏切った時に感じる**良心**[J. S. ミル]④の苦痛。だれもがもつ、人々と連帯しようとする人類の社会的感情から発するものである。

自由[J. S. ミル] ③ ミルは『自由論』において、人類や社会が進歩するためには各人の個性や能力の自由な発展が必要であり、そのためには個人の自由が不可欠であると説いた。**議論の自由**[J. S. ミル]①が重んじられる理由は、人間は自由に議論しながら他者の批判や反論を受け入れ、それと対照しながら自己の意見を訂正し、改善し、進歩していくからである。ミルは人類の進歩のための条件として思想・言論の自由、職業の選択の自由など、個人の自由が保障されねばならないと説いた。

他者危害の原則 ⑤ J. S. ミルは『自由論』において、社会において多数者が少数者の意見を抑圧する**多数者の専制**②を避けるために、個人の自由に干渉できるのは自分たちが脅かされる場合だけであり、他者に危害をおよぼさない限り、その人の自由に干渉してはならないという他者危害の原則をとなえた。

自己決定権[J. S. ミル] ① 各人が自分に関わる私的なことがらに関して他者に干渉されたり、公的な権力に介入されたりすることなく自己決定をする権利。J. S. ミルが『自由論』で主張したもので、その人の行為が他者に危害をおよぼさない限り、かりに世間で愚行と思われる行為であっても、本人にはそれをおこなう権利があるという**愚行権**①も説かれる。ただし、ミルは人間は欲望に抗して、よりよき行動を選択するとの前提を忘れてはならないとする。

女性参政権[J. S. ミル] ④ J. S. ミルは下院議員に当選し、1867年に女性参政権案を議会に提案するが否決された。ミルは**『女性の隷従』**①(『女性の解放』とも訳される)を書いて、女性の解放が正義であることを主張した。ミルは各人が自由に個性を発展させることが社会の進歩につながり、女性が仕事や地位につくことを制限することは正義に背くことであると説き、その後のイギリスの女性参政権運動に大きな影響を与えた。

→p.315 **フェミニズム**

『功利主義』⑤ J. S. ミルの主著で、1863年刊行。幸福には質的な差があるという質的功利主義を説き、人類と連帯する社会的感情や利他的感情を満たす、人間の尊厳と品位にふさわしい幸福の追求を説いた。

『自由論』⑤ J. S. ミルの主著で、1859年刊行。人間の個性の自発的な発展のためには、政治的・経済的自由のほかに、精神的自由が必要であり、思想・良心・言論・研究・結団などの自由を主張した。

J.S.ミルの生涯と思想　1806～1873

イギリスの哲学者・経済学者。ロンドンに生まれ、ベンサムの協力者であった父のジェームズ＝ミルに、幼い頃から英才教育を受けた。3歳でギリシア語を学び、13歳でリカード経済学の著書を読んだ。ベンサムの功利主義を学んで、1822年に功利主義協会を設立し、功利主義の普及につとめた。17歳でイギリス東インド会社に入り、職務のかたわら研究を続けた。20歳の時に知識偏重の教育の行きづまりから精神的危機におちいり、音楽・絵画・詩などに触れて、内面的な感情の豊かさを回復することによって克服した。これを転機に、ベンサムの思想を修正し、人間の尊厳や品位の感覚にふさわしい質の高い幸福の追求を説いた。自由で民主的な政治改革を求める急進派のリーダーとなり、また高い教養をもつ女性ハリエット＝テイラーを協力者とし、20年間の交際ののちに彼女と結婚した。晩年には、下院議員になって選挙法改正や女性の参政権を訴えるなど、イギリス社会の民主的改革に努力した。

ミルは、善悪の基準を快楽と苦痛に求めるベンサムの功利主義を継承しながらも、量的な快楽計算を批判し、快楽の質的な差を認め、人間の尊厳や品位の感覚にふさわしい質の高い幸福を追求する質的功利主義を説いた。また、人間の利他的な心情や同情心を重んじ、人類社会の向上のために尽くして利他的感情を満たすところに幸福を求める、理想主義的・人格主義的な功利主義をとなえた。道徳的義務に背き、同胞である人類を裏切る行為には、良心から生まれる苦痛が内的制裁を与える。ミルは、各人の個性の自由な発展が、社会全体の進歩につながると考え、思想・言論・良心などの精神的自由の必要性を強調した。主著『功利主義』『自由論』。

J.S.ミルの言葉

動物の快楽をたっぷりと与える約束がされたからといって、何らかの下等動物に変わることに同意する人はまずなかろう……人間はだれでも、なんらかの形で尊厳の感覚をもっており、高級な能力と、厳密にではないが、ある程度比例している……満足した豚であるより、不満足な人間であるほうがよく、満足した愚か者であるより不満足なソクラテスであるほうがよい。

伊原吉之助訳「功利主義論」『世界の名著38 ベンサム・J.S.ミル』中央公論社、一部表現を改めた

4 実証主義と進化論

実証主義 positivism ⑤ すべての知識の対象を観察できる経験的な事実に限定し、経験的事実の背後になんらかの超経験的な実在を認めない考え方。19世紀の近代自然科学の飛躍的な発達とともに、科学的な方法を哲学に取り入れたもので、コントにより確立された。コントによれば実証的(positive)とは、想像や抽象に対して「事実的で有用なこと」、つまり現実的な事実として観察され、実際に効力をもち、有用であることを指す。

コント A. Comte ⑤ 1798～1857　フランスの哲学者。社会学の創始者で、実証主義の完成者である。フランス南部のモンペリエに生まれ、パリの理工科学校で学び、サン＝シモンから影響を受ける。**『実証哲学講義』**③を刊行して、フランス革命後に思想的・道徳的な混乱におちいった社会に、実証主義の思想による新しい秩序を与えようとした。人間の知識の発展段階を、神学的段階・形而上学的段階・実証的段階の3つにわける**三段階の法則**②を説いた。そして、社会の進歩もこの三段階に並行して、**軍事的段階**②(聖職者と軍人を中心とした人による人の支配の社会)・**法律的段階**②(哲学者と法律家を中心とした法による人の支配の社会)・**産業的段階**②(科学者と産業家を中心とした人による自然の支配にもとづく社会)の三段階にわかれる。晩年は、個人は人類から抽象されたものであり、人類こそ最高の実在であるとして、人類への愛と尊敬を説く人類教をとなえた。

：**神学的段階** ⑤ 事実の発生の原因として、神などの架空(かくう)の存在を想像する段階。フェティシズム(物神(ぶっしん)崇拝)・多神教・一神教などの形態がある。

：**形而上学的(けいじじょうがくてき)(哲学的)段階** ⑤ 事実の

背後に、その起源や目的となる抽象的な実在を思索する段階。

：実証的段階 ⑤ 事実の背後に抽象的な実在を仮定することなく、事実をありのままに観察し、事実を事実によって説明し、事実のあいだに恒常的な法則をとらえる段階。事実に還元できない命題は一切認めず、自然法則にもとづいて将来存在するであろうものを予見する。数学・天文学・物理学・化学・生物学・社会学などの学問を指す。人類の進歩の最高の段階とされ、これには人間が科学技術によって自然を征服する産業的段階が対応する。

社会学 ③ 人と人の関係から成り立つ社会の様々な現象を、実証的で科学的に考察する社会科学の1つの分野。社会科学は社会を科学的な方法によって客観的に考察する学問で、政治学・法学・経済学・社会学などを含む。社会科学の法則は、社会現象を観察や実験によって検証することによって得られる客観性をもつ。社会学は実証主義を説いたコントによって創始された。スペンサーは社会を有機体的なシステムとしてとらえ、デュルケームは社会分業を重んじ、マックス＝ウェーバーは資本主義の精神の発展から社会の近代化を説明した。社会学はその後も多様な発展を遂げている。

→p.207 **マックス＝ウェーバー**

デュルケーム É. Durkheim ② 1858～1917 フランスの社会学者で、個人の行動や考え方は、社会の伝統や慣習など個人をこえて社会全体で共有された行動や思考の様式によって拘束されると説いた。デュルケームは、そのような社会的事実を分析する経験科学としての社会学を確立した。宗教は俗なるものから分離された聖なるものの体系であり、人々がおそれや敬いをいだく物事が、タブー(禁忌きんき)によって俗なるものから分離されて、聖なるものとして集団で共有される現象になって宗教が生まれるとした。主著『社会分業論』『自殺論』『宗教生活の原初形態』。

社会有機体ゆうきたい説 ② 社会を生物的有機体とみなし、それとの類似によって社会を説明する学説。有機体において各部分が一定の目的のもとに統一され、部分と全体が必然的関係をもつように、個人を全体的な社会の1つの器官とみなす。社会は個人を超越する実在であり、個人に対する社会の優越を説く社会実在論の立場で、社会は実在する独立した個人の集合体にすぎないとする社会名目論めいもくろんと対立する。19世紀にコント・スペンサーらによって主張された。

進化論(生物進化論) evolution theory ⑤ 生物の種が変化の過程を積み重ねて、下等なものから高等なものへと発展するという学説。19世紀にラマルク(J. Lamark、1744～1829)・ダーウィン・**ウォーレス**(A. Wallace、1823～1913) ①らによって説かれ、とくにダーウィンの自然淘汰による生物進化論は有名である。進化論は社会思想にも影響を与え、モーガン(L. Morgan、1818～81)やタイラー(E. Tylor、1832～1917)は欧米の文明を人類文化の進化の頂点とみなし、地球上に残る未開の文化を人類の過去の文化の残存とみなす直線的な文化の進化主義を説いた。しかし、のちに文化の進化主義は疑問視され、20世紀になると未開の文化に独自の価値を認めるレヴィ＝ストロースらによって批判された。また、適者生存の進化論に対して、多数の生物が空間的・時間的に生活の場をわかちあいながら共存するという「棲すみわけの理論」を、日本の生態学者の今西錦司いまにしきんじ(1902～92)が説いている。

ダーウィン C. Darwin ⑤ 1809～82 イギリスの博物学者、生物進化論の確立者。大学で医学・博物学・神学を学んだのち、1831年にイギリス海軍の測量船ビーグル号に乗船し、5年間にわたり南アメリカ沿岸、ガラパゴス諸島など太平洋の島々、ニュージーランド・オーストラリアを航海し、化石を発見したり、火山活動に遭遇そうぐうしたりするなど、神の被造物である自然が実は時間とともに変化していることに気づいた。また、動植物や地質を調査し、標本を収集した。帰国後に生物の変異や分布の調査研究をもとに進化論を論文にまとめ、リンネ学会で博物学者ウォーレスの論文と同時に発表する。宗教界から非難をあびたが、自然選択による生物進化論はダーウィニズムと呼ばれ、社会思想にも大きな影響を与えた。主著『種の起源』『ビーグル号航海記』。

自然選択(自然淘汰とうた) ⑤ ダーウィンの進化論の中心概念。自然界で環境に適応できる有利な変異をおこしたものが生き残り(突然変異説)、その変異が遺伝によって子孫に伝えられ、その結果として環境に適応する形態や能力をもつ種が生存するという、自然による選択作用を指す。ダーウィンは自然に適応する性質を備えたものが、自然の選択作用によって選ばれて生存すると説いたが、これを社会学に適用したスペンサーは、社会における生存競争に打ち勝ったものが生き残るという意味の**適者生存**④の原理を説いた。

『種(しゅ)の起源』 ⑤ ダーウィンの主著で、1859年刊行。自然選択・適者生存の原理による生物進化論を主張する。

スペンサー H. Spencer ⑤ 1820〜1903 イギリスの哲学者・社会学者。進化論を道徳や社会に適用して総合的な学問体系を確立し、ダーウィンの進化論とともに19世紀後半に大きな影響を与えた。人間の道徳的素質は先祖から獲得されて伝えられたもので、利己的感情から利他的感情へと進化するという進化論的倫理説を説く。生物の種が環境に適応するように、個人は社会生活に適応し、やがて個人と社会の対立が解消して国家が解体し、個人の完全な自由が実現する人類進化の最後の理想的段階が訪れるとする。また、社会有機体説の立場から、強制的な軍事型社会から自発的な産業型社会へと進化するという**社会進化論**⑤(社会ダーウィニズムとも呼ばれる)を説き、産業型社会を当時のイギリス資本主義社会に見出した。主著『総合哲学体系』、その第1巻が『第一原理』。

5 生の哲学

ベルクソン H. Bergson ⑤ 1859〜1941 フランスの哲学者。コレージュ・ド・フランスの教授になり、その講義は人々の人気を呼んだ。第一次世界大戦には国際平和のために活動し、国際連盟の諮問(しもん)機関「知的協力に関する国際委員会」の議長をつとめ、1927年にノーベル文学賞を受けた。自我の深層において意識の様々な状態が融合しながら持続する状態を、**純粋持続**②と呼んだ。流動する生命の流れこそが根源的な実在であり、物質はその生命の流れがのちに残した痕跡(こんせき)である。ベルクソンは固定的な物質をとらえる科学的な知性に対して、流動する生の流れと一体となってそれを直観する**生の哲学**②を説いた。理性をこえた生命の力に世界の根源をとらえる生の哲学の源流は、ショーペンハウアー・ニーチェとされるが、ベルクソンは宇宙における生命の創造的な流れを生の躍動と呼び、生命の大きな潮流が様々な種(しゅ)へと分散し、種から種へと進化する創造的進化を説いた。主著『時間と自由』(『意識に直接与えられたものについての試論』)『物質と記憶』『創造的進化』『道徳と宗教の二源泉』。

自由[ベルクソン] ① 人間の意識は過去を保持しながら持続し、様々な瞬間がとけあい、浸透しあって連続的に変化し、つねに新しい質を備えた流れである。そこには同じものが反復するということはありえず、同じ原因が同じ結果をもたらすという因果法則は当てはまらない。様々な瞬間がたがいに浸透しながら、新しい質を生み出す意識の純粋持続という心的な事実が自由である。意識は人格を形成する創造的な流れであり、それが外にあらわれたものが**自由な行為**[ベルクソン]①になる。意識は持続した質的な変化であり、ベルクソンは量として測定される物理的な時間を**空間化された時間**①と呼んで、意識の持続から区別した。

生(せい)の躍動(やくどう)(エラン・ヴィタール) élan vital(仏) ⑤ 宇宙における生命進化の根源となる生命の創造的な力を意味するベルクソンの用語。エランはフランス語で飛躍・跳躍という意味である。生命の創造的な流れは大きな潮流となって固定的な物質の抵抗を突き破って進み、あたかも砲弾が爆発して様々な破片から破片へと炸裂(さくれつ)するよう、様々な方向に分散して、物質的な形態をあとに残していく。生命の流れは地球上では植物と動物にわかれ、さらに様々な生物の種へと分散して種の進化となってあらわれる。また、その生命の潮流は人類の社会において、自己防衛の本能にもとづいた閉鎖的な閉じた社会から、人類に開かれた普遍的な開かれた社会へと進化する。

「開かれた(開いた)社会」⑤ ベルクソンによれば、生命の創造的進化の流れは家族や国家など集団の防衛本能にもとづき、外の集団に対して閉鎖的・排他的な**閉じた社会**③・**閉じた道徳**①から、その閉鎖的な社会の枠を突き破り、普遍的な人類愛にもとづく人類に解放された開かれた社会・**開かれた道徳**②へと進化する。この2つの社会と道徳には、それに属する人間の心のあり方として開かれた魂と**閉じた魂**①が対応する。開かれた魂は民族や国家の枠をこえた人間愛をもち、人類に開かれた普遍的な魂である。それは生命の創造的進化の原動力となる生の躍動(エラン・ヴィタール)をみずからの内に直観し、人類へと開かれた**愛の躍動(エラン・ダムール)**(élan d'amour〈仏〉)④に従って、人類愛を実践して倫理的模範となる人物の魂である。人類へと開かれた魂の持ち主の呼びかけによって人々の魂がめざめ、革新され、開かれた社会が生み出される。

『創造的進化』③ ベルクソンの著作で、1907年刊行。宇宙の根源的な実在を、生命の進化をおしすすめる生の躍動(エラン・ヴィタール)と呼んだ。その命の流れは、過去の原因から結果を説明する機械論でも、あらかじめ予想された一定の目的から説明する目的論でもとらえられない、多様に進化する勢いをともなった真に創造的な実在であると説く。

『時間と自由』①『意識に直接与えられたものについての試論』という題で、ベルクソンが1889年に大学の学位論文として提出したもの。意識は過去を保持しながら様々な瞬間がとけあい、浸透しあいながら、つねに質的な変化を生み出す創造的で自由な流れであるとする。

『物質と記憶』① ベルクソンの著作で、1896年に刊行。人間の脳を「中央電話局」にたとえ、伝達された情報を自由な行動の可能性につないで反応すると説く。意識は自由な可能的行為の選択であり、そのために過去の有益な記憶を選び出す記憶の働きであるとする。

『道徳と宗教の二源泉』② ベルクソンの晩年の著作で、1932年刊行。生命の創造的進化の流れは、閉鎖的な「閉じた社会」から、人類を同胞とする「開かれた社会」へと進化し、これと並行して集団の自己防衛を命じる「静的な道徳・宗教」から、人類への愛に開かれた「動的な道徳・宗教」へと進化すると説く。

現代の人間と社会

——現代思想

第1章　社会主義思想

1 空想的社会主義

資本主義 ⑤ 私有財産を基礎にし、自由競争・自由経済の原則によって、自由な経済活動を保障する制度。市場原理を原則とした自由な競争は、商品やサービスの質を向上させ、社会生活を豊かにすることが期待される。しかしそれは、一方で人々のあいだの経済的・社会的格差を拡大し、不平等を生む。これは資本主義の欠陥とされ、19世紀末には社会的課題となった。

私有財産制 ③ 個人や私企業が財産や生産手段(土地・工場・機械など)を所有し、自由に使用することが認められる制度。契約の自由とともに資本主義社会の基本原理となっている。私有財産制は、初期資本主義の時代には、人権の思想のもとに財産権としてその絶対性が主張されたが、20世紀に入ってからは、公共の福祉の立場から制限を受けるようになった。

社会主義 ⑤ 労働者階級の貧困、恐慌(きょうこう)、生産の無政府性などの資本主義社会の矛盾や欠陥を是正(ぜせい)するために、生産手段の私有制を否定し、生産手段を共同社会の所有に移しかえ(**生産手段の公有化**③)、万人の利益のために管理するべきだと主張する学説を指す。社会主義体制下では、商品が自由に取引される資本主義の市場経済にかわって、国家の経済計画に従って統制される計画経済がおこなわれる。1917年のロシア革命によって、ソ連が歴史上最初の社会主義国家として登場し、第二次世界大戦後、東欧諸国・中国・キューバ・ベトナムなどにも社会主義国家が出現した。ただし、社会主義には一義的定義はなく、マルクス主義では共産主義の前段階を意味し、現代では計画経済の一部に市場経済を導入する形態もみられる。

空想的社会主義 ⑤ マルクスとエンゲルスがイギリスのオーウェンやフランスのサン＝シモン・フーリエらの社会主義思想を批判して、与えた名称。マルクス・エンゲルスによれば、空想的社会主義は、資本主義の悪や矛盾をきびしく批判しながらも、資本主義の現状分析が社会科学的ではなかったため、資本家と労働者との対立関係を明確に意識できず、理想社会へ至る筋道(すじみち)を、産業家の善意に訴えるしかなかった。それゆえ、空想的社会主義と呼ばれた。

オーウェン R. Owen ⑤ 1771～1858 イギリスの空想的社会主義者。北ウェールズに生まれ、学歴は小学校卒業のみであったが、徒弟(とてい)から身をおこしてイギリス最大の紡績工場の支配人となった。彼は経営者として、ニューラナーク紡績工場における労働条件の改善や労務管理の近代化に取り組み、成功をおさめた。その後、理想社会のプランを実現しようとしてアメリカに渡り、**ニューハーモニー村**④という共同体の建設に没頭したが、結局失敗して全財産を失った。帰国後は、協同組合や労働組合運動を指導し、労働者の地位向上や女性・児童の保護に尽力した。彼は、社会環境が人間の性格に与える影響を重視し、環境の改善が性格の改良をもたらすという唯物論(ゆいぶつろん)的な性格形成論をとなえた。また、幼児の教育環境を重んじて、幼稚園を設立した教育者でもある。主著『新社会観』『オーウェン自叙伝』。

協同組合 ② 消費者や小規模生産者が、弱い経済的立場を強化するため、共同出資により設立する団体。産業革命の進展にともない労働環境が悪化したイギリスで、オーウェンは競争ではなく協同という考えから労働者の勤務改善・生活向上をニューラナーク紡績工場でおこなった。彼がニューハーモニー村を建設するためにイギリスを去ったのち、「ロンドン協同組合」(1820年代)が形成されるなど、彼の思想に感化された人々が協同組合運動を進めた。

サン＝シモン Saint-Simon ⑤ 1760～1825 フランスの空想的社会主義者。パリの貴族の出身。青年の頃、アメリカ独立戦争に参加し、近代社会における産業の重要性を認識した。彼は、社会生活の基礎を科学と産業に求め、その立場からフランスを平和な産業社会として確立することに関心をもった。彼によれば、非生産者である少数の貴族・地主・高官などが権力を握っている状況(復活ブルボン王政)は「逆立ちした世界」であり、全国民の25分の24を占める産業者こそが社会を管理・支配しなければならないのである。産業者たちによって樹立される新社会は、科学と労働を基礎として組織される合理的な産業社会で、そのような社会が人類の解放を実現すると説いた。主著『産業者の教理問答』。

：産業者 ① 資本家・科学者・労働者など富の生産に関わるすべての者をいう。富の源泉である産業こそ人々の幸福に寄与するとしてサン＝シモンは産業者を重要視した。

フーリエ　C. Fourie ⑤ 1772～1837　フランスの空想的社会主義者。豊かな商人の子として生まれ、ヨーロッパ各地を巡歴しながら、商業の欺瞞性や資本主義の諸害悪を目撃し、当時の社会に対する批判を深めた。フランス革命の混乱のなかで父の遺産を失い、窮乏に追い込まれたが、仲買人の仕事をしながら思索と文筆活動に没頭し、孤独のうちに生涯を終えた。彼は、貧富の差、労働者の奴隷化と失業、女性の隷従など、資本主義社会の諸矛盾を痛烈に批判し、とりわけ商業を「文明の弱点」とし、商業資本家の悪徳と無政府性を激しく攻撃した。そして、こうした虚偽や混乱に満ちた無秩序な社会にかわり、「ファランジュ」と名づけた理想的な共同社会を求めた。主著『四運動の理論』。

ファランジュ　phalange(仏) ③ フーリエがめざした、農村的な協同組合を基礎単位とする理想的な共同社会。ファランステールともいう。農業を基礎とし、生産・分配・消費を共同でおこなう共産的な組織であり、800人ないしその倍数を単位にする。フーリエによれば、全世界が多数のファランジュの連合によって構成される時、両性の解放、全体と個人の調和などが実現される。

フォイエルバッハ　L. Feuerbach ① 1804～72　ドイツの唯物論哲学者。著名な刑法学者の子として生まれ、ベルリン大学に学び、ヘーゲル学徒となるが、のちにヘーゲルとの訣別を宣言するに至った。人間は感覚と肉体をもつ自然的な存在であり、神は人間の精神や願望が外に投影され、対象化されたものであるという独自の唯物論的な人間学を確立した。彼の思想は、マルクスやエンゲルスに多大な影響を与えている。主著『キリスト教の本質』『将来の哲学の根本命題』。

2 マルクス

マルクス　K. Marx ⑤ 1818～83　ドイツの経済学者・哲学者で、科学的社会主義の創始者。

→ p.164 **マルクスの生涯と思想**

科学的社会主義 ④ マルクスとエンゲルスによって確立された社会主義の学説。階級社会の構造、資本主義社会の運動法則、労働者階級の歴史的使命、社会主義革命の必然性などを論証することによって、社会主義の思想をたんなる願望や空想から、厳密な社会科学理論に高めたとされる。

類的存在 ③ フォイエルバッハや初期のマルクスが、人間の本質として定義した言葉。人間は、本来、孤立した存在ではなく、労働を通じて社会的関係のなかでほかの人間と結びつきながら生活していく存在であるということ。

労働[マルクス] ⑤ 一般には、生活のための手段を獲得する活動を指すが、マルクスは、労働をたんなる生活手段ではなく人間の本質的な活動であると考えた。人間は労働を通して自然を加工して生産物とするが、その生産物には製作者の技術や労力が反映され、製作者はその生産物のうちに自己を客体化し、自己と向きあい、自分自身を意識する。労働は他者と連帯して類的存在としての自己を実現するとともに、自然を自己化し、生産物のなかに自分自身を確認する人間の本質的な活動である。

労働の疎外(疎外された労働) ④ マルクスによれば、労働は人間が自己の能力を発揮し、みずからがつくった生産物のなかで自己自身を確認するよろこばしい活動であるが、資本主義下では、労働が生活の手段として苦役となり「労働の疎外」が生じるという。マルクスは、労働の疎外を⑴みずからの労働の成果である生産物が、労働者の手を離れて資本家に渡る**生産物からの疎外**②、⑵労働そのものが自分自身のためではなくなる**労働からの疎外**③、⑶労働者の社会的な連帯が失われる**類的存在からの疎外**③、⑷人間が人間の本来のあり方から疎外される**人間の人間からの疎外**③、の4つの過程にわけた。

人間疎外 ④ 疎外とは、本体から離れた部分が本体との一体性を失い、よそよそしくなることをいい、本来の人間のあり方からかけ離れた自分になってしまうことを人間疎

● マルクスの生涯と思想　1818〜83 ●

ドイツの社会思想家。親友エンゲルスとともに科学的社会主義を創始し、哲学や経済学においても画期的な業績を残して、後世に大きな影響をおよぼした。

ライン州トリールの町で、ユダヤ人の弁護士を父として生まれ、進歩的な家庭の雰囲気のなかで成長した。ボン大学とベルリン大学で法学を学んだが、歴史学や哲学にも熱中し、とくにヘーゲル哲学から大きな影響を受けた。卒業後、『ライン新聞』の編集長になり、抑圧・貧困に悩み苦しむ農民や労働者の姿に接して、しだいに当時のドイツの社会的現実に対して批判を強めていった。その結果、新聞は発禁処分になり、マルクスはやがてドイツを追われ、パリ・ブリュッセル、さらにはロンドンでの苦しい亡命生活をよぎなくされた。ロンドンでは、定職につくことができず、たいへんな貧困に苦しめられた。家賃滞納で住居を追われたほか、子どもたちが病気でも医者にみせることができず、葬式の際には棺(ひつぎ)を買う金さえないというありさまであった。そんな苦境のなかにあったマルクスを支えたのは、幼なじみでもあった妻イェニーの温かい愛と献身、それに親友エンゲルスの物心両面にわたる援助であった。彼らに励まされながら、マルクスは、経済学を中心とする研究に打ち込むとともに、国際的な労働運動・革命運動の指導にも尽力した。その結果、1864年、ロンドンにおいて国際労働者協会(第１インターナショナル)が創設されるという実践的成果を勝ち取り、また67年には不朽の名著『資本論』第１巻を完成させることができた。その後も、『資本論』の続巻を準備し、71年にはパリ・コミューンを支援するなど、精力的な活動を続けたが、83年、愛する妻の後を追うように、愛と研究と闘いの生涯を終えた。

彼は、書斎に引きこもる学者タイプの人間ではなく、つねに、もっとも弱く貧しい抑圧された人々の解放のために勇気をもって闘う実践的なヒューマニストであった。理論的研究も、たんに世界を解釈するためではなく、世界を変革するための指針を導き出すためのものであった。マルクスの思想形成上で重要なのは、ヘーゲル哲学とフォイエルバッハの唯物論、イギリスの古典派経済学である。主著『経済学・哲学草稿』『ドイツ・イデオロギー』『共産党宣言』『経済学批判』『資本論』。

マルクスの言葉

労働者が富を生産すればするほど、かれの生産活動の力づよさと範囲が拡大すればするほど、かれはそれだけますますまずしくなる。労働が商品をつくればつくるほど、かれはそれだけますますやすい商品になる。物件世界の価値が増殖するのに正比例して、人間世界の価値の剝奪(はくだつ)が進行する。労働はひとり商品を生産するのみにはとどまらない。それは、それ自体つまり労働者をも一つの商品として、しかもそれが一般に商品を生産するこのおなじ関係のなかで、一つの商品として生産するのである。

三浦和男訳「経済学―哲学手稿」『世界の大思想Ⅱ―4』河出書房

外という。自分のうちにあるものを外化(がいか)し、それが自分に対立する他者となってあらわれることをヘーゲルは疎外と呼んだが、それに影響されたマルクスは、人間の本性である労働の意義や喜びを失った人間が、その結果として、人間本来のあり方から離れた存在になることを、とくに「人間の人間からの疎外」(人間疎外)と表現した。喜びに満ちた個々の人生を歩むはずの人間が、その人間らしさを失うという人間疎外は、自分らしさを失う点で**自己疎外**①と表現することがある。

物象化(ぶっしょうか) Versachlichung, Verdinglichung(独) ① 人と人の関係が、物と物の関係としてあらわれること。マルクスによれば、労働は人々の分業・協業によっておこなわれるが、資本主義下の商品経済では、社会的分業にもとづく人間相互の関係が、商品の交換を通して結ばれ、人と人の関係ではなく、商品の交換を媒介とした物と物の関係に変質する。人間は、労働そのものにおいて社会的関係を結ぶのではなく、商品を媒介として触れあうにとどまり、労働そのものにおいて直接的に結ばれる社会的連帯が失われる。そこには人間どうしの温かい心のふれあいはなく、人は人間疎外に追い込まれ、社会的分業を通じた労働の社会的性格は、その労働によって生産された商品の交換価値としてあらわれる。

物神崇拝(ぶっしんすうはい) Fetischismus(独) ① マルクスにおいては、商品そのものが価値をもっているかのように考え、商品を崇(あが)めることを指す。彼によれば、価値を生み出す源は、労働の行為であるにもかかわらず(労働価値説)、人々はその価値が物としての商品自体にあるかのように錯覚して商品を崇拝し、さらには商品と交換できる貨幣自体が価値をもつかのようにそれを崇める転倒をおこす。たとえば「商品が売れなければ、私の人生は終わりである」との状況は、商品価値が人間の価値を上回ることを意味し、本来は価値を生み出す人間の労働が疎外されて、商品や貨幣が価値のあるものとして崇拝される。

生産手段 ⑤ 物を生産するために必要な原料(労働対象)と、道具・土地・工場・倉庫(労働手段)をあわせて生産手段という。

労働力 ⑤ 生産のために費やされる、肉体的および精神的な能力の総体。労働力が生産手段と結びついて生産物を生み、消費される過程が労働である。生産力は労働力と生産手段により決定されるが、労働力が一定であるため、生産手段が進歩すると生産力が向上し、従来の生産関係との矛盾が生じる。

生産力 ⑤ 物質的財貨を生産する能力。生産力を形成する要素は、労働力と生産手段である。人間は習練を積み、生産手段の発明や改善につとめるので、生産力は不断に増大する。

生産関係 ⑤ 封建制のもとでの領主と農奴、資本主義社会での資本家と労働者というように、生産過程において人々が相互に取り結ぶ一定の社会的関係。この関係の基礎となるのは、生産手段をだれが所有するかという所有関係である。ある生産関係がいったんできあがると、生産手段の所有者である支配階級が現状を維持しようとするので、停滞し固定化する傾向をもつ。

剰余(じょうよ)**価値** ① 賃金労働者が賃金以上につくり出した価値のことを指す。商品を売ることで得る資本家の利潤は、剰余価値を生む**剰余労働**①から生じると考えられる。つまり、資本家は労働者の超過部分である剰余労働を剰余価値として搾取する。

搾取(さくしゅ) ③ 生産手段が私有化されている社会において、支配階級(生産手段の所有者)が被支配階級による労働の成果をわがものにしてしまうこと。資本主義社会においては、資本家が、賃金として支払った分をこえて労働者を働かせ、その超過分の成果を利潤として確保することをいう。

唯物史観(ゆいぶつしかん)**(史的唯物論)** ⑤ 人間社会や歴史の基礎は、人間の物質的生産活動が形成し、その経済的な土台の上に、法律・政治・学問などの精神的活動が成立するというマルクスとエンゲルスの考え方。歴史は、生産力と生産関係とのあいだの矛盾を原動力として発展していくものであり、根本的には、生産力の増大が新たな生産関係の確立を呼びおこすとされる。生産関係の根本的変革が革命であり、やがて社会制度や精神的文化も、この新しい土台にふさわしいものに変化するという。

唯物論[マルクス] ③ 精神に対して物質の根源性を主張する哲学的立場。政治や文化などのイデオロギー(観念形態)は物質的基盤の上に成立すると考えられる。

唯物論的弁証法(べんしょうほう)

唯物論の土台の上に、ヘーゲルの弁証法的な考え方を取り入れることによって確立されたマルクス主義の世界観。世界の本質は、みずから運動し発展する物質であり、精神(意識)もそうした物質の発展の所産であるという見方。

「人間の意識がその存在を規定するのではなく、人間の社会的存在がその意識を規定する」 ①『経済学批判』の「序言」で述べられる、マルクスの唯物史観を要約する言葉。「意識が生活を規定するのではなく、生活のあり方が意識を規定する」という意味で、人間の物質的な生産活動を土台にして、それを反映する社会的・政治的・精神的な意識形態が形成され、その逆ではないことを指す。人間の物質的な生産力に対応する社会の経済的構造を基礎に、それにふさわしい法律・政治・宗教・芸術・哲学などの精神的な上部構造が形成され、人間の社会的な意識形態が定まるとする。

下部構造 ⑤ 唯物史観によれば、社会の土台(社会の骨組みの基礎)をなすものは、その社会の生産様式であり、それを下部構造という。これに対し、政治制度や文化(芸術・道徳)などは、その土台によって制約される上部構造であるとする。例えば、自由主義国家の土台は資本主義という生産様式であり、そこでの文化は資本主義文化ということになる。

上部構造 ⑤ 唯物史観によれば、社会の物質的基礎をなす土台(下部構造)の上に形成される、政治的・法律的関係や社会的意識形態(哲学・宗教・芸術・道徳など)の総体。基本的には、土台に規定され、制約されるが、一定の範囲内で土台に反作用をおよぼす相対的自立性をもつ。

イデオロギー ideology

一般的に政治思想・宗教・芸術など個人や集団が有する信条・思想・意識がつくり出す体系的世界をいい、「観念形態」と訳されることが多い。哲学や政治学で多用される語句で、とくにマルクス主義およびそれを起点とする社会主義体制の説明で重要となる。マルクスは、上部構造であるイデオロギーが歴史的に変遷する理由を、経済的基盤つまり物質という下部構造が先行して変遷し上部構造を決定していくからだと考えた。変遷の結果、彼が必然的に誕生すると示した社会主義体制は、その後、資本主義体制のイデオロギーと対立し、世界を二分した東西対立を生み出した。

階級闘争 ⑤ 生産手段を所有する「支配階級」と、生産手段をもたないために搾取され抑圧される「被支配階級」との闘争をいう。マルクスは生産手段の革新により階級闘争(暴力革命)がおこり、社会制度が変遷していくと考えた。具体的には石器時代から鉄器時代へ移行する際、鉄器所有者は主人となり非所有者を奴隷とした(古代奴隷制)。しかし、手動機械が発明されると、鉄器所有者の優位性が崩れ、武力闘争(革命)により「古代奴隷制」は、手動機械を所有する領主と所有していない農奴という新たな階級からなる「中世封建制」となる。同様に自動機械が発明されると、武力闘争(革命)を経て、工場・機械を所有する資本家と労働者という新たな階級からなる「近代資本主義社会」が形成されるが、やがて資本家階級と労働者階級間にも武力闘争が生じるとマルクスは考えた。

労働者(プロレタリア) Proletarier(独) ⑤ 資本主義社会において、みずからは生産手段を所有せず、工場や農場の所有者に雇われて、自己の労働力を売って生活することをよぎなくされている立場の人。無産階級者。これに対して、土地や工場などの生産手段を所有する者を**資本家(ブルジョワ)**(bourgeois〈仏〉) ⑤と呼び、労働者は彼らに自己の労働力を売る見返りとして賃金を得て生活する。プロレタリアとは、古代ローマで政治上の権利も兵役の義務もない無産者を指す言葉に由来する。

労働者階級(プロレタリアート) Proletariat(独) ③ 資本主義社会における、社会階級としての労働者の全体を指す。無産階級。階級とは、生産手段に対する関係によって区別された人間の集団で、社会のなかで生産手段が私有され、それを一部の人が独占することで、階級が分化する。生産手段の所有者は、政治権力を握って社会の支配階級になり、ほかの階級を搾取する。資本主義社会においては、生産手段を独占する資本家階級(ブルジョワジー)が支配階級になり、生産手段をもたない労働者階級を支配する。マルクスによれば、労働者階級は、社会主義革命によって資本主義社会を倒し、生産手段を公有にして一切の階級対立のない社会をつくる歴史的使命をおびている。

社会革命 ③ 古い生産関係を根本的に変革し、発展した生産力にふさわしい新しい生産関係を打ちたてることにより、社会生活を全面的に革新すること。マルクスによれば、労働者階級が中心になって**社会主義革命(プロレタリア革命)** ②をおこして資本主義社会を倒し、資本家が独占していた生産手段を公有にし、一切の階級対立のない社会主義社会を実現することが、歴史の必然的な進展とされる。

共産主義 ④ 資本主義社会をこえ、生産手段の共有と生産化により、階級も搾取(さくしゅ)もない理想社会の実現をめざす思想。共産主義社会では、「能力に応じて働き、必要に応じて受けとる」原則が実現される。マルクスは共産主義の前段階を社会主義として、「能力に応じて働き、労働に応じて分配される」原則が採用されるとした。一般的には、共産主義と社会主義は、あまり区別されずに使われることも多い。

「哲学とは世界を解釈することではなく、

● エンゲルスの生涯と思想 1820〜95 ●

ドイツの社会主義者。マルクスの協力者であり、科学的社会主義の創始者の１人。

ライン州バルメン市の富裕な工場主の家に生まれ、高校中退後、商事会社につとめながら哲学・経済学などを学んだ。1844年、パリでマルクスと出あい、無二の親友関係を結ぶことになった。その後、２人は協同作業によって科学的社会主義の基本思想を確立していくが、エンゲルスは、マルクスのすぐれた理論的才能に信頼を寄せ、家計を援助したり仕事を手伝ったりして、絶えずマルクスの研究を励まし続けた。マルクスの死後、彼はその遺稿を整理して『資本論』の第２巻・第３巻の出版にこぎつけるとともに、各国の社会主義運動の指導に尽力し、75歳で、その誠実な生涯を閉じた。

彼は、すぐれた理論家・実践家でもあったが、ヘーゲルの弁証法やフォイエルバッハの唯物論がマルクスに与えた影響を『フォイエルバッハ論』で分析するなど、マルクス主義理論を大衆のなかに普及するうえでも、大きな功績があった。『家族・私有財産および国家の起源』では、一夫一婦制が、男性が息子に財産を相続させるという経済的関係から発生したこと、国家という組織は、一定の経済的な発展段階において社会が階級に分裂し、経済的にもっとも勢力のある階級が、ほかの階級を政治的に支配し、搾取するための手段として発生し、共産主義的な平等な共同体では消滅すべきものであることを説いた。主著『イギリスにおける労働者階級の状態』『空想から科学へ』『家族・私有財産および国家の起源』『自然弁証法』『フォイエルバッハ論』。

エンゲルスの言葉

国家は階級対立を抑制する必要から生じたのであるから……通例それは、最も勢力のある、経済的に支配する階級の国家である。この階級はまた、その国家を利用して政治的にも支配的階級となり、このようにして被圧迫階級を抑圧し搾取するための新しい手段を獲得する……諸階級とともに国家もまた不可避的に亡ぶ。自由で平等な生産者の結合を基礎として新しく組織される社会は、国家機関をそっくりそのまま、それがその時当然入るべきところへ、すなわち、紡車(ぼうしゃ)や青銅の斧と一緒に骨董品(こっとうひん)の博物館へ、移すであろう。

佐藤進訳「家族・私有財産および国家の起源」『世界の大思想Ⅱ－5』河出書房

世界を変えることである」①マルクスが「哲学」を実践学と解釈した言葉をいう。哲学の定義は多岐にわたるが、「知ること自体を欲する学」「普遍的真理の理性的追究学」と解釈した場合、井上円了(いのうええんりょう)(1858〜1919)のように「考えているだけ」という状態はたんなる自己満足の学であり、「真理を追究し、その真理を実現するところに哲学の意義がある」と考える哲学者もいる。マルクスは『フォイエルバッハに関するテーゼ』(1845年)という11項目からなる短いメモのなかで、「社会生活が本質的に実践的であることをフォイエルバッハは把握していない」と批判をしたうえで、「哲学は世界を様々に解釈しただけで世界を変えようとしていない」と結論づけている。

「民衆のアヘン」①宗教はまるでアヘン(麻薬)のように、現実逃避の手段であるというマルクスの言葉をいう。マルクスの『ヘーゲル法哲学批判』(1843年)によれば、宗教は苦しむ人間の心をなぐさめ、苦しみにたえる力を与えるが、現状の改善には直結しない。しかし、その宗教を取り去れば、労働者は過酷な労働環境に直面し、社会の変革に取りかかりはじめる。マルクスが想定する共産制社会では、労働者は平等であることに満足し、宗教は必要がなくなるという。

『経済学・哲学草稿』⑤マルクスの青年時代に書かれた草稿。『ライン新聞』の編集長を辞任してパリに移った1844年頃に書かれた。労働の主体としての人間のあり方を追究し、資本主義社会において生産手段が労働者から切り離されていることが労働の疎外の原因であるという「疎外された労働」の考察が、未完成な素材のなかにいきいきと展開されている。

『ドイツ・イデオロギー』③ マルクスとエンゲルスの共同執筆になる遺稿で、1845〜46年に執筆され、2人の死後に公刊された。イデオロギーは、マルクス主義では観念形態を指し、物質的な生産様式を土台とし、そのような経済的な下部構造を反映した、政治・宗教・芸術などの上部構造の意識形態を指す。天上から地上にくだる観念論的なドイツ哲学を批判し、地上から天上にのぼる、つまり物質的生産をおこなう人間の現実的活動から、そのイデオロギー的な反映としての精神形態が考察され、さらに物質的な生産力と生産関係の矛盾から歴史が発展していくという、唯物史観が説かれる。

『経済学批判』② マルクスの唯物史観が展開される著作で、第1分冊は1859年に刊行された。その「序言」に、マルクスの唯物史観が要約されている。

『共産党宣言』⑤ マルクスとエンゲルスの共著。亡命ドイツ人を中心とする国際的な労働者の団体であった「共産主義者同盟」の綱領として書かれ、1848年、ロンドンで公刊された。「ヨーロッパに妖怪があらわれた、共産主義という妖怪が」という冒頭の有名な言葉で始まり、「万国の労働者よ、団結せよ」で締めくくられている。科学的社会主義の理論と運動方針を簡潔に要約した、古典的文書として広く普及し、世界各国の社会主義運動に影響を与えた。

『資本論』⑤ マルクスの経済学の主著。商品と貨幣の分析から出発して、資本の分析へと進み、資本家による搾取のメカニズムを解明すること、また資本主義社会がその内部矛盾によって、共産主義社会へ移行する運動法則をもつことなどを主題としている。

エンゲルス F. Engels ⑤ 1820〜95 ドイツの社会主義者・経済学者。マルクスの協力者で、マルクス主義の創始者の1人。

→ p.167 **エンゲルスの生涯と思想**

『空想から科学へ』① エンゲルスの主著で、マルクス主義の入門書として広く普及している。空想的社会主義に対する評価と批判、弁証法的な唯物論の考え方、マルクス経済学の基礎理論の3つをおもな内容としている。

3 社会民主主義

社会民主主義④ 議会制民主主義を維持しながら、合法的な手段によって漸進的に社会主義の実現をはかる思想。武力革命やプロレタリア独裁を否定し、議会で多数の議席を得ることによって政権の獲得をめざした。資本主義を全面的に否定するのではなく、その枠のなかで社会制度の改善をはかり、資本主義の欠陥を是正しようとするので、社会改良主義とも呼ばれる。またフェビアン社会主義など共産主義と一線を画すものを民主社会主義と呼ぶ。ドイツ社会民主党やイギリスの労働党は社会民主主義にもとづき設立された。

労働党① 保守党と並ぶイギリス二大政党の1つ。社会主義的組織の独立労働党(1893年)にフェビアン協会や労働組合の代表が加わり、労働党と改称して成立(1906年)。第一次世界大戦後に勢力を拡大し、自由党の支持を得たマクドナルドが最初の労働党内閣(1924年)を組織して、はじめて政権を掌握した。ブレア党首(1994年)以降は、社会主義運動の方向を転換して、特定の組織とのつながりは薄くなっている。

ベルンシュタイン E. Bernstein ④ 1850〜1932 ドイツ社会民主党の指導者の1人。**修正マルクス主義**②の理論家。貧しい鉄道機関士の子としてベルリンに生まれ、16歳の時から銀行や商社で働き、資本主義に対する批判意識を強めた。その後、ドイツ社会民主党に入党し、晩年のエンゲルスと親交を深め、同時にフェビアン社会主義者からも感化を受け、エンゲルス死後、マルクス主義の修正という立場を明確にするに至った。彼は、精神的要因を重んじ、唯物史観と武力革命を否定し、プロレタリア独裁によらない社会主義社会の建設を可能とみた。主著『社会主義の前提と社会民主主義の任務』。

ドイツ社会民主党② ベルンシュタインの思想を継承したドイツの政党。第一次世界大戦前は理論・実践の両面で世界の社会主義運動の中心的存在だった。第一次世界大戦後に政権を獲得したが、ナチス政権下で弱体化した。第二次世界大戦後に復活し、「バート・ゴーデスベルク綱領」の採択(1959年)により、市場原理を重視するなどマルクス主義と訣別をして、労働者階級以外にも支持を広げた。連邦議会では現在も多くの議席をもつ。

フェビアン協会 ④ 1884年に設立された、イギリスの社会主義者の団体。代表的な指導者は、ウェッブ夫妻・バーナード＝ショウらである。研究・啓蒙・宣伝をおもな活動スタイルとし、イギリス労働党結成にも大きな役割を果たした。協会の名称は、息の長い持久戦法を得意とした共和制ローマ時代の将軍ファビウスに由来する。

フェビアン(フェビアン社会)主義 ② フェビアン協会の主唱する社会主義。議会制を認めながら、資本主義の弊害を漸進的に改良しようとする立場であり、社会保障制度の完備、重要な生産手段(土地と資本)の公有化、労働者の生活改善などを重視する。

ウェッブ夫妻 Sidney Webb 1859～1947、Beatrice Webb 1858～1943 ④ イギリスのフェビアン協会の理論的指導者。夫のシドニーはロンドン大学卒業後、官吏・大学教授などを歴任したのち、代議士として活躍し、第一次世界大戦後の労働党内閣に2度入閣した。その夫人ベアトリスは、富裕な実業家の娘として生まれ、2人は結婚後、共同研究生活を営み、多数の著作を残した。1932年には、社会主義国家のソ連を訪れ、帰国後、ソ連を絶賛したため、大きな反響を巻きおこした。主著『労働組合運動史』。

バーナード＝ショウ Bernard Shaw ④ 1856～1950 イギリスのフェビアン社会主義者であり、同時に劇作家・批評家でもあった。貧窮(ひんきゅう)のうちに育ち、当初マルクスから大きな影響を受けたが、のちに階級闘争・暴力革命を否定してマルクスから離れ、現実的な社会改良の実践を強調するようになった。主著『資本主義・社会主義・全体主義・共産主義』。

労働組合 ① 労働条件や経済的地位を向上させるための労働者組織を指す。資本家に対して相対的に弱い立場の労働者は、労働条件の維持・改善の交渉をする際に団体でおこなう必要がある。労働組合をつくる運動は、過酷な労働条件下で働くイギリスの労働者らが産業革命後に始めた。オーウェンは「性格形成原理」(環境が性格を決定する)を信念に、イギリスで最初の「全国労働組合大連合」(グランド・ナショナル、1833年)を実現させ、その後労働運動は活発化していった。

4 社会主義の展開

マルクス主義 ⑤ マルクスとエンゲルスが創始した理論体系の総称。哲学・経済学・社会主義理論という3つの構成部分が、弁証法(べんしょうほう)と唯物論(ゆいぶつろん)の思想を基本にして総合され、1つの包括的な理論体系としての性格を備えている。哲学の分野では、弁証法的唯物論が説かれ、経済学の分野では、資本主義社会の運動法則が明らかにされ、社会主義理論においては、資本主義社会の没落と社会主義への移行の必然性が説かれる。レーニンは、(1)ドイツ古典哲学、(2)イギリス古典派経済学、(3)フランス社会主義を、マルクス主義の3つの思想的源泉であると指摘するとともに、マルクス主義が本来、人類の生み出したもっとも価値ある文化的・知的遺産を積極的に継承・摂取していく発展的理論であると特徴づけている。

レーニン V. Lenin ④ 1870～1924 ロシア革命の指導者であり、マルクス主義の理論と実践を発展させた思想家。兄がロシア皇帝暗殺計画に参加して処刑されたこともあって、早くから革命運動に加わった。カザン大学で法律を学ぶが、学生運動に参加して放校された。そののち、マルクス主義の研究を続けながら弁護士の資格をとり、本格的な革命運動に入ったが、25歳の時に検挙され、シベリア流刑に処された。30歳でヨーロッパに亡命し、諸国を転々としながら国内の革命運動を指導し、精力的に活躍した。1917年に帰国して社会主義革命を成功に導き、初代の人民委員会議議長に選出されたが、反革命と帝国主義の包囲や共産党の官僚化など、きわめて困難な情勢のなかで、祖国の社会主義の防衛と建設に全力を注ぎ、53歳で死去した。レーニンは、哲学・経済学・政治学などの諸分野でマルクス主義を発展させ、帝国主義の時代に対応した新たな社会主義理論を創造した。主著『帝国主義論』『国家と革命』『哲学ノート』。

ロシア革命 ⑤ 第一次世界大戦末期、1917年に帝政ロシアでおこった革命。3月(ロシア暦2月)に帝政が倒されたのち、同年11月(ロシア暦10月)にレーニンの指導するボリシェヴィキがソヴィエト政権を樹立し、世界最初の社会主義国家が成立した。

ソヴィエト社会主義共和国連邦 Union of Soviet Socialist Republics ② 15の共和国からなる世界初の社会主義的連邦国家。ロシア革命(1917年)の翌年に組織されたソヴィエト政府に、ウクライナをはじめとする共和国が合流して1922年に発足した。第二次世界大戦後は、アメリカと対立する大国として東西冷戦時代を形成したが、1991年に崩壊し、旧ソヴィエトのロシア、ウクライナ、ベラルーシを中心とした11共和国からなる自由連合体の独立国家共同体に移行した。

:ソヴィエト Soviet ① ロシア語で「評議会」の意味。レーニンはロシア革命で労働者らがつくったソヴィエトへの権力集中を掲げた。

帝国主義 ③ ある国家による他国家への経済的・政治的支配化政策・思想を指す。古くはローマ帝国の対外政策などがあるが、一般的にはイギリスの植民地政策に代表される19〜20世紀の列強による対外政策を指す。レーニンは従来の帝国主義の学説を集大成した『帝国主義論』(1917年刊行)のなかで、帝国主義を金融資本を中心にした独占資本が対外的に支配力を拡大する資本主義の最高段階と定義した。その特徴として、(1)生産と資本の高度な集中と独占化、(2)銀行資本と産業資本の融合でつくり出された金融資本の寡頭(かとう)支配、(3)資本の輸出、(4)世界の領土分割(植民地支配)の完成、などがあげられる。列強各国の不均等な経済発展のもとでは、植民地再分割のための帝国主義戦争が不可避であるとされる。しかし、植民地が旧宗主国から独立していく第二次世界大戦後の世界情勢を受けても、資本主義がなお発展を続けるなど、レーニンの理論では説明できない点も出てきた。

プロレタリア独裁 ① マルクスが提唱した労働者階級による政治支配体制を指し、レーニンが革命により実現した。国家は中立的・超階級的性格をもつものではなく、支配階級が民衆を支配するための道具であり、資本主義から共産主義への過渡期における政治形態はプロレタリアート(労働者階級)の独裁であって、そのもとで支配の道具としての国家がしだいに死滅するとレーニンは説いた。

マルクス・レーニン主義 ② マルクスとエンゲルスの死後、レーニンが発展させたマルクス主義理論。20世紀の帝国主義とプロレタリア革命の時代に、レーニンがマルクスの学説を創造的に発展させてつくり上げた、レーニン段階のマルクス主義をいう。マルクス・レーニン主義は、唯物史観にもとづいて、資本主義とその発展形態としての帝国主義を分析し、そこに本質的な矛盾があることを指摘し、社会主義革命への歴史的必然性を説く。

孫文(そんぶん) ① 1866〜1925 中国の民族解放運動の指導者・民族主義者・革命家。ガンディーと並ぶアジアの代表的なヒューマニスト。山東省で農家の三男として生まれ、ハワイや香港で医学をおさめた。前近代的状態にある祖国の解放を志すようになり、革命に専心する。興中会結成(1894年)のあと、中国同盟会を日本の東京で組織し(1905年)、三民主義をとなえて、革命運動を前進させた。1911年、辛亥(しんがい)革命によって成立した中華民国の臨時大総統に就任したが、革命への協力を得るため袁世凱(えんせいがい)に政権をゆずった。その後、独裁化した袁世凱に対して、孫文派の指導者たちが1913年に第二革命をおこしたが、これが失敗すると孫文は日本に亡命した。さらに1919年には、上海で中国国民党をおこして北伐(ほくばつ)を試みるが、革命の半ばで北京にて病死した。主著『三民主義』。

三民(さんみん)**主義** ① 孫文が中国の独立と解放のために掲げた革命的な民主主義思想。清(しん)朝の専制的中国支配と列強諸国による植民地化に対して、孫文は、封建的現状の民主的変革と、中国民族の解放という2つの基本的課題を統一的に遂行するための指導方針として、三民主義をとなえた。民族主義・民権主義・民生主義という三原理からなる。

毛沢東(もうたくとう) ③ 1893〜1976 近代中国にマルクス主義を創造的に適用して、中国革命を成功に導いた20世紀の中国の政治的指導者・思想家。湖南(こなん)省の中農の家に生まれ、中学・師範学校で学びながらマルクス主義に近づき、1921年に中国共産党の創立に参加した。1931年に樹立された中華ソヴィエト共和国臨時政府の首席となるが、1934年に蔣介石(しょうかいせき)の国民党の攻撃を受け、長征を開始し党中央の指導権を握った。1937年の日中戦争開始とともに第2次国共合作(こっきょうがっさく)を進めて抗日戦争に勝利を得たが、国民党との内戦が始まった。1949年には国民党を破り、中華人民共和国を建設した。1966年に文化大革命を開始したが、これは中国の社会全体に大きな混乱をもたらしたといわれる。主著『実践論』『矛盾論』『新民主主義論』。

新民主主義革命 ② 毛沢東がとなえた革命理論。毛沢東は、発達した資本主義国と異なる、半封建・半植民地の後進的農業国である20世紀前半の中国においては、いきなり社会主義革命を始めることはできないとし、まず反帝国主義・反封建の新民主主義革命を成し遂げたうえで、引き続き社会主義革命に進まなければならない、という二段階革命論を説いた。

：**中国革命** ① 広義には清朝を滅ぼした辛亥革命(1911年)から、現代中国の成立までにおきた革命的運動を指す。狭義には⑴新民主主義革命(1927年の蔣介石による反共目的の上海クーデタから1945年に始まる中国国民党と中国共産党による国共内戦まで)と⑵社会主義革命(国共内戦から1949年の中華人民共和国成立まで)の革命的運動を指す。

文化大革命

1966〜77年にかけて、毛沢東の直接の指揮のもとに遂行された政治運動。「造反有理(ぞうはんゆうり)」(反乱には理由がある)という態度が、この運動で強くみられた。毛沢東が紅衛兵(こうえいへい)を動員して、党内外の反対派を弾圧・追放したため、中国社会に大きな混乱が引きおこされた。現在では、その成果はほぼ完全に否定され、文化大革命中に失脚した人々の名誉回復がおこなわれた。

香港国家安全維持法 ① 中国の全国人民代表大会常務委員会が、香港特別行政区における治安維持に関して2020年に可決・成立させた法律を指す。「分離独立(中華人民共和国から香港特別行政区を分離すること)の罪」「国家権力の転覆」「テロリズムの活動に関する罪」「外国または国外の勢力と共謀して国家の安全を危うくする罪」などが定められている。香港はアヘン戦争終結のため1842年に締結された南京条約により、イギリス領土となるが、長年の交渉の末にイギリスから中国に返還(1997年)された。その際に、「中華人民共和国香港特別行政区基本法」により、香港には特別行政区として高度な自治が認められ、中国の社会主義制度のなかで、従来の資本主義制度と生活方式を50年間変えないという「一国二制度」が決められた。新華社は香港国家安全維持法により、「一国二制度の安定した長期的発展を確保するために法律的支援を提供した」とするが、集会や表現の自由、独立した司法制度などの香港独自の特性がおびやかされているとの批判が出ている。

社会主義体制の崩壊 ② 東ヨーロッパ諸国で非共産党政権が樹立され、ソ連が崩壊するなど社会主義を掲げた国々がその主義を変更・放棄していったことを指す。ソヴィエト共産党書記長に就任したゴルバチョフによるペレストロイカ(建て直し)政策を主因として、1989年よりポーランド・ルーマニアなどの東ヨーロッパ各国で民主化運動が展開され共産党による一党支配体制が姿を消した。また、東ドイツが西ドイツに吸収されるかたちで東西ドイツが統一され(1990年)、ソ連では各共和国が独立をすることで連邦が崩壊した(1992年)。社会主義国家は、共産党の一党独裁のもとで計画経済を推進し、平等な社会の実現をめざしたが、自由競争がないことによる経済の停滞、言論などの自由の抑圧、官僚主義的な硬直した政治などに国民の不満が高まり、東ヨーロッパとソ連における社会主義体制の崩壊という事態に至った。

東西冷戦 ① アメリカとソ連が直接的衝突を避けつつにらみあった第二次世界大戦後の対立を指す。欧州の分割を扱ったヤルタ会談(1945年)から始まったとされる。ソ連を中心とした社会主義諸国の東側陣営とアメリカを中心とした資本主義諸国の西側陣営が、アジアやアフリカ諸国で局地戦や情報戦をおこない、米ソの代理戦争が繰り広げられた。キューバ危機(1962年)など、米ソ両国の核兵器を用いた直接戦争の危機が何度か高まったが、マルタ会談(1989年)で冷戦終結が宣言された。

：**ベルリンの壁** ① 東ドイツの人々が西側へ逃亡しないように、ドイツ民主共和国(東ドイツ)政府によってつくられた壁を指す。第二次世界大戦後、ベルリンは東側をソ連が、西側をアメリカ・イギリス・フランスが分割占領したが、西ベルリンに逃亡する東ドイツ国民があとをたたなかったため、1961年にベルリンの中心部を横切るかたちで西側部分を取り囲む壁がつくられた。西ベルリン市民は東ドイツ内に孤立するかたちとなったが、1989年にベルリンの壁は崩され、東西ドイツの国境が開かれた。

第2章　実存主義

1　キルケゴール

実存主義(じつぞんしゅぎ)　existentialism ⑤ 19世紀の合理主義や実証主義における客観的で抽象的思考では把握できない個としての人間の立場を強調し、孤独・不安・絶望・苦悩のなかに生きる、個別的・具体的な「この私」の存在を探究する思想的な立場。実存主義は、抽象的な一般的普遍性には解消しえない個別者としての人間をとらえ、自己のあり方をみずから選択し、決断する自由な主体としての実存の確立をめざす。その特徴は、(1)科学技術の急速な進歩と巨大化した管理社会のなかで、個性を失い規格化・平均化され、自己自身を見失って人間疎外(そがい)におちいった現代人を批判する、(2)大衆のなかに匿名(とくめい)者として埋没し、無気力で惰性的な日常生活にひたって自己を見失った、非本来的な自己を批判する、(3)不安・絶望・苦悩などを通じて、孤独な本来的自己に直面する体験を重視する、(4)既成(きせい)の道徳や宗教の意味づけをこえ、主体的な決断と自由な行動を通じて、本来的自己を求める、などである。人間が神・超越者という絶対的存在へと関わるなかで主体的な実存の確立をめざす有神論(ゆうしんろん)的実存主義(キルケゴール・ヤスパース・マルセル〈G. Marcel、1889〜1973〉)と、人間が神に頼らず自力で主体的な実存の確立をめざす無神論(むしんろん)的実存主義(ニーチェ・前期のハイデッガー・サルトル・ボーヴォワール・メルロ=ポンティ)の2つの潮流にわけられる。ヤスパースは、みずからの哲学を**実存哲学**①と呼んでいる。

実存　existence ⑤ 今、ここにおける人間の現実存在を意味する。実存は、客観的な抽象的思考では把握しえない、個別者としての人間の現実的・具体的なあり方を指し、抽象的な「ひと」に解消しえない、個別的・具体的な「この私」である。実存は、事物の客観的な知識とは異なり、「私」の主体的自覚にもとづき、客体的な事物へ散っている精神を自分自身のうちに集中させることによってめざめる。語源的には、実存(existence)は外に(ex)立ち出ることを意味し、実存主義では、現在をこえて未来の可能性のなかへと立ち出ること、また、自己を脱出して世界の存在のなかに開かれていることなどと解釈される。歴史的には、中世のスコラ哲学で、ものが「何であるか」をあらわす本質(essentia〈ラ〉)に対して、ものが「存在する事実」をあらわす現存(existentia〈ラ〉)を指す語で、実存主義はこれを人間存在の事実をあらわす言葉として用いた。

キルケゴール　S. Kierkegaard ⑤ 1813〜55 デンマークの思想家で、実存主義の先駆者。
:「大地震」①

→ p.173 **キルケゴールの生涯と思想**

画一化(水平化) ② 主体性を喪失(そうしつ)し、思考や行動が同質化・平均化されることを指す。集団内では周囲の人々との協調が重要であるが、それは同調ではない。社会の既成の型にあわせて自分の生き方を決めるのではなく、おのおのが自分独自の生き方を求め、他者の生き方を否定しないことが協調である。研究したいことがあるから大学へ行くのではなく、みなが大学に行くから受験すると同様に、人に流されて生きていると自分自身の存在意義を失うことがある。キルケゴールは、他者に同調し、無気力で惰性的な生活に埋没した人々が、生きる情熱や意欲を失い、倦怠(けんたい)と気晴らしにさまよっていると批判した。

主体性 ④ 自己の生き方をみずから選択し、決断する、主体的な人間のあり方。ものを認識する純粋な意識としての主観とは異なり、具体的な状況において行動する実践的な自己のあり方で、人間はみずからの行為について自主的な決断(決意)をくだし、それに倫理的な責任を負う主体である。

「自己とは、自己自身に関わる1つの関係である」
　キルケゴールが、『死にいたる病』の冒頭で、実存を自己自身へと関わる精神として定義した言葉。精神としての自己は、自己自身へと自覚的に関わり、全人格を賭けた決断によって、自己のあり方を主体的に選択していく。

キルケゴールの生涯と思想　1813〜55

デンマークの思想家で、実存主義の先駆者。コペンハーゲンで裕福な商人の家に生まれ、感受性が鋭く、孤立しがちな子であった。息子を牧師にしたいという父の希望により、コペンハーゲン大学で神学を学んだ。22歳の時、シェラン島を旅行し、ギーレライエで実存にめざめた。その頃、信頼していた父が、荒野で羊の番をしていた貧しかった少年時代に、あまりの寒さと空腹にたえかねて、そのような運命を与えた神を呪(のろ)ったという事実を知り、また、父が罪をおかして母と結ばれたのではないかという疑いをもち、「大地震」と呼ぶ大きな精神的衝撃を受けた。その後しばらく、酒場に出入りして享楽をつくす放蕩(ほうとう)生活を送ったが、清純な少女レギーネ＝オルセンと出あい、27歳の時に婚約した。しかし、自己の罪深さへの反省や、彼女への愛が真実のものでありえるかという内面的な苦悩から、翌年、一方的に婚約を破棄した。この体験は、大きな苦悩となったが、それが同時に彼を哲学的な思索や著述活動へとかり立てた。大衆的な風刺(ふうし)新聞『コルサール』の中傷を受けながら、デンマーク国教会の偽善性をきびしく糾弾(きゅうだん)して、論争を展開した。1855年、教会との激しい論戦のなかで心身ともに消耗し、路上で意識を失って倒れ、42歳で死去した。

キルケゴールは、ヘーゲルの客観的・抽象的な哲学体系を批判し、今、ここに生きている実存としての自己が、その全存在を賭(か)けて明らかにするべき主体的真理を主張した。そして、大衆の欺瞞(ぎまん)性に埋もれて水平化された現代人を批判し、自己のあり方をみずから選ぶ真の主体としての実存を求めた。彼は自己を存在させた根拠である神に、ただ1人で向きあって生きることを決断する単独者に、真の実存のあり方を見出した。主著『あれか、これか』『反復』『哲学的断片』『不安の概念』『死にいたる病』。

キルケゴールの言葉

私に欠けているのは、私は何をなすべきか、ということについて私自身に決心がつかないでいることなのだ……私の使命を理解することが問題なのだ……私にとって真理であるような真理を発見し、私がそれのために生き、そして死にたいと思うようなイデー(理念)を発見することが必要なのだ。いわゆる客観的真理などをさがし出してみたところで、それが私に何の役に立つだろう。

桝田啓三郎訳「ギーレライエの手記」『世界の名著40 キルケゴール』中央公論社、かっこ内は編者注

精神としての自己

人間は精神である。しかし、精神とは何であるか？　精神とは自己である。しかし、自己とは何であるか？　自己とは、ひとつの関係、その関係それ自身に関係する関係である。あるいは、その関係において、その関係がそれ自身に関係するということ、そのことである。

(桝田啓三郎訳「死にいたる病」『世界の名著40 キルケゴール』中央公論社)

主体的真理 ⑤「いかに生きるべきか」と問い、主体的に追究する自分だけの真理。普遍的な真理と異なり、私にとっての個別的・具体的な真理であり、私の真実の人生を生きる(実存する)ことによって実現される。キルケゴールは「主体性こそが真理である」と語る。結局のところ君は何をしたいのか、今君がしていることは本心からやりたいことなのか、君にはやり残したことはないのか、と問われたとき、その答えは普遍的ではなく、個別的となるはずである。

「私にとって真理であるような真理を発見し、私がそれのために生き、そして死にたいと思うようなイデー(理念)を発見する」 ⑤ 22歳のキルケゴールが1835年8月1日に記した**『ギーレライエの日記』**①と呼ばれる手記の言葉。彼は幼少期から死去するまで日記をつけていたが、コペンハーゲン北部のギーレライエ(Gilleleje)と呼ば

れる海岸地域を訪れた時に、神が私に望んでおられること、つまり私の生きる目的をみつけることが重要であることに気づき、「私がそのために生きて死ぬことをいとわぬ真理」(主体的真理)の追究を始めた。私が存在する理由は、まず自己を知ることを学び、他者をまねることなく、自分独自の生き方を求めるところにある。キルケゴールが社交の会で出あい恋に落ちたとされる**レギーネ=オルセン**(Regine Olsen、1822〜1904)①との恋愛と別れを通じ、神のもとにおける主体的真理、つまりここでは「彼女への私なりの真の愛」を追究したといわれる。単独者として神の前に立つことで主体的真理は自分勝手な思い込みから解放される。

あれか、これか ④ 人生の具体的な状況のなかで、「あれか、これか」の二者択一の選択を、みずからの全存在を賭けた情熱的な決断によっておこない、1つの行動を選び取ることを指すキルケゴールの言葉。キルケゴールは、抽象的な思考の内部で対立する概念を、「あれも、これも」と統合するヘーゲルの弁証法を批判し、現実の人生における「あれか、これか」の岐路に立って、みずからの生き方を主体的に選択する実存のあり方を説いた。「あれか、これか」の選択を引き受けるものは、抽象的な思考ではなく、みずからの実存を賭けた生きる情熱である。

実存の三段階 ④ キルケゴールがとなえた実存の段階。彼によれば、本来的な自己のあり方としての実存は、絶望をきっかけに美的・倫理的・宗教的という実現されるべき実存に向けて高まっていく。

:美的実存 ⑤ ひたすら刹那(せつな)的な快楽や官能的な満足を追い求めて生きる人生の段階。つねに快楽を味わえる目新しい対象を追い続けるが、結局、いつまでも欲求が満たされないばかりか、享楽のなかで自分を見失い、倦怠(けんたい)感・虚無感にとらわれて行きづまり、絶望におちいる。

:倫理的実存 ⑤ 自己の良心に従って倫理的な義務を果たし、人生を真剣に生きようとする人生の段階。しかし、良心的であろうとするほど、自己の罪深さや無力さを思い知らされて絶望におちいる。

:宗教的実存 ⑤ 不安と絶望のなかにある人間が、神の前にただ1人立ち、神への信仰へと飛躍する人生の段階。人間は、自己の全存在を賭けた決断によって、永遠の神が時間のなかにあらわれるというキリスト教の逆説を受け入れ、神と向きあう時に真実の自己を見出す。宗教的段階では、人間は永遠の神と関わることを絶対的目的とし、世俗の生活における享楽や欲望などの有限な目的を放棄する。そして、外面的には世俗生活に身をおきながらも、精神の内面においては世俗の社会と訣別(けつべつ)して、永遠の神の前にただ1人で立つ**単独者**⑤として生きる。

:信仰への飛躍 ① 人間が創造主である神のもとに戻り、本来の姿(実存)を取り戻す行為を指す。

> **神の前に立つ自己**
> 　飾らずに自己のすべてを神に対してさらけ出し、本当の自分の生き方を求めている宗教的実存段階の人間像を指す。人間は年齢に関わらず自己の存在意義を求めるが、それは自分の生きる目的を求めることと同義になる。神は決して不要な存在をつくらないので、この世にはダメな人間も使えない人間も存在しないが、自己に与えられた使命が不明な時がある。キルケゴールは創造主である神と向きあうなかで、自己の存在根拠・主体的真理が模索できると考え、「絶望していることの反対は、信仰していることである」と記した。

例外者 ① 実存としての自己が、一般的なものの外に投げ出された孤独で例外的な存在であること。実存は、一般的・普遍的なものには解消できない、唯一で独自な自己の存在である。キルケゴールによれば、人間は、孤独な例外者としての自覚を媒介として、その自己を存在させた超越的な根拠である神との出あいへと導かれる。

> **逆説(パラドックス)**
> 　一般的な考えと矛盾する説、背理(はいり)を意味し、キルケゴールの場合は、永遠の神と有限な人間の質的な断絶・矛盾を、全実存をかけた情熱的な信仰によってこえようとする思想を指す。実存的弁証法・逆説弁証法とも呼ばれる。キルケゴールは、あれもこれも統合するヘーゲルの量的弁証法を批判し、永遠であるはずの神が有限なこの世界にイエスとしてあらわれたという逆説を受け入れ、永遠の神と有限な人間の質的対立を信仰で乗りこえ、より高次の段階で人間が神に出あ

うという質的弁証法により、被造物である人間が創造主のもとで本来の姿を取り戻せると考えた。

絶望[キルケゴール] ⑤ 自己をこの世に存在させた根拠である神との関係を失い、本来の自己を見失った状態。キルケゴールによれば、何かに絶望することは、実は自分自身について絶望することであり、それは本来の自己自身から逃げ出そうとすることである。絶望とは、自己の根拠である神との関係を断ち、永遠のなかに根拠をもつ真の自己から抜け出しながら、世俗で快楽と成功を楽しみ、人生を空費しながら自己を求めるという、矛盾した行為である。人間は、この自己を生み出した神のうちに自己を基礎づけ、自己の根拠としての神の前に立つ時、真の自己を回復して絶望から抜け出ることができる。

：**自己喪失**[キルケゴール] ① 本来あるべき私の生き方を考えずに、日常生活で時を無駄にしていること。

不安[キルケゴール] ③ 特定の対象ではなく、人間を存在の根底からおびやかす気分。恐怖が特定の対象から生まれるのに対して、不安は対象ではなく、無としての全体的な存在から発生する。キルケゴールは、不安は神の前に罪をおかす人間の自由の可能性に対する眩暈(めまい)であると説いている。

『あれか、これか』 ⑤ キルケゴールの文学的・哲学的著作で、1843年刊行。人生における「あれか、これか」の二者択一の選択を、みずからの全人格を賭(か)けた決断によっておこない、自己のあり方を選び取っていく主体的な実存を説いている。

『おそれとおののき』 ① キルケゴールの著作で、1843年刊行。『旧約聖書』のアブラハムの物語を題材に、人は常識や理性をこえて神を信じることができるかを問う。アブラハムは、その子イサクを神にささげよと命じられ、3日の旅をしてモリヤの山に行き、イサクの命を絶とうと剣を振り上げた瞬間、「あなたの信仰はわかった。その子を殺してはならない」という神の声を聞く。これは道徳的には殺人という罪である行為が、宗教的には神への信仰になるという常識をこえた逆説(パラドックス)を通して、アブラハムがこの世の有限な価値を放棄することによって、永遠の神に価値を見出し、それによってイサクに象徴される有限なものを受け取り直した姿を描いている。キルケゴールは、信仰によりこの逆説を超越する宗教的実存への深化を説く。

『不安の概念』 ② キルケゴールの著作で、1844年刊行。キリスト教における原罪に関連して不安を分析し、不安を、罪をおかす自由に対する眩暈としている。

『死にいたる病』 ⑤ キルケゴールの著作で、1849年刊行。「死にいたる病」とは、精神の病としての絶望であり、自己を存在させた根拠としての神との関係を忘れ、真の自己を見失うことを指す。

2 ニーチェ

ニーチェ　F. Nietzsche ⑤ 1844～1900　ドイツの哲学者で、キルケゴールと並ぶ実存主義の先駆者。

→p.177 **ニーチェの生涯と思想**

ニヒリズム　nihilism ⑤ 伝統的な価値観や権威をすべて否定し、破壊しようとする思想。ラテン語で無を意味するニヒル(nihil)に由来し、**虚無(きょむ)主義**④と訳される。19世紀に、ツルゲーネフの小説『父と子』で、伝統的な宗教や道徳に反抗する無神論の人々をニヒリストと呼んだことから広まった。ニヒリズムを哲学的問題として最初に取りあげたのはニーチェで、彼は、19世紀におけるキリスト教の没落を「神の死」と呼び、それにともなって2,000年間ヨーロッパを支配してきた伝統的な価値観や道徳観が崩壊し、ヨーロッパはデカダンス(頽廃〈退廃〉(たいはい))におちいっていると説いた。そしていまや、世界の統一的な秩序が消滅し、人生の目的や意味が見失われるニヒリズムが到来したと説いた。ニーチェは、「神の死」を叫ぶ反キリスト者として、力への意志にもとづく「超人」をとなえ、神の支配にかわる人間の絶対的な主権を主張した。

能動的ニヒリズム ① ニーチェは、人生の目的や意義を見失って、刹那(せつな)的な享楽や絶望に逃避する態度を「受動的ニヒリズム」と呼んで批判し、無意味な人生の悲惨さを直視し、力への意志に従って既成(きせい)の価値観を破壊し、新しい価値や目的を設定する態度を「能動的ニヒリズム」と呼んだ。

「神は死んだ」 ⑤ キリスト教の信仰の上に築かれた伝統的な価値観が崩壊し、世界が無目的で無価値なものであることが明らかになって、ニヒリズムが到来したことを指すニーチェの言葉。キリスト教で説かれる真理や価値観は、弱者が自己保存をはかるための虚構であり、それが暴露された状況が神の死と表現された。

ルサンチマン(怨恨(えんこん))　ressentiment(仏) ⑤ 恨(うら)み・怨恨をあらわすフランス語。弱者がみずからの無力さゆえに強者を憎悪し、復讐(ふくしゅう)しようとする心理をあらわす用語としてニーチェは用いた。ニーチェによれば、キリスト教は、彼岸(ひがん)に宗教的な世界を構想し、そこで弱者が救われると信じることによって、この世を支配する強者に復讐した。キリスト教や社会主義が説く同情・平等・博愛には、弱者の強者への反感・嫉妬(しっと)・憎悪が隠されているとする。

奴隷道徳 ⑤ ニーチェによれば、キリスト教道徳は、強者を妬(ねた)む弱者の道徳、支配者に復讐しようとする奴隷の道徳である。キリスト教道徳は、古代の高貴な支配者の勇敢さの徳を否定し、これにかえて同情・博愛・謙遜(けんそん)・従順・平和など弱者を正当化する道徳を説いた。このような奴隷道徳に対して、ニーチェは自己自身を力にあふれた高貴なものとして肯定し、賛美する支配者の道徳を貴族道徳・主人道徳と呼んだ。

超人(ちょうじん)　Übermensch(独) ⑤ 生の根源的な生命力を発揮し、みずから価値を創造し、主体的に自分自身を超克(ちょうこく)していくという、ニーチェによる人間の理想像。キリスト教の伝統的な価値観が崩壊するなかで、超人はニヒリズムや永劫回帰の無意味さにたえ、現実のただなかでみずから意味や目的を生み出して、新しい価値の創造者となる。ニーチェは、「神は死んだ、今やわれわれは超人が生きることを欲する」と語り、神なき時代のニヒリズムを克服する、生命力に満ちた主体的人間像として超人をとなえた。

精神の3つの段階 ① ニーチェが人類の精神の進化を、ラクダ・ライオン・子どもの3つにたとえたもの。重い荷物を背負うラクダの精神は、キリスト教の権威や伝統的な価値観が命じる「汝(なんじ)なすべし」という義務に服従する。自由なライオンの精神は、「われ欲す」という意志に従って、自己を束縛する伝統的な価値観に反抗する。無心に遊ぶ子どもの精神は、おのずから転がる車輪のように、無意味なままに永遠に回帰する世界を肯定し、ありのままの無垢(むく)な存在の世界に遊ぶ。

力への意志 ⑤ つねに自己を超克・強化し、成長しようとする根源的な生命力にもとづく意志。権力への意志ともいう。生命のもつ意志は、絶えずより強くなろうとして力をめざす。あらゆる抵抗を克服して破壊と創造を繰り返し、絶えず自己を強化して向上させようとする生の積極的肯定こそが、生命の意志の本質である。ニーチェは、力への意志を世界や歴史の根源的な原理とし、これによってニヒリズムを克服しようとした。

力への意志

「あらゆる生物は、権力をもとめて、

● ニーチェの生涯と思想　1844～1900 ●

ドイツの哲学者で、キルケゴールと並ぶ実存主義の先駆(せんく)者。ザクセンで、牧師の家系の家に生まれた。ボン大学、さらにライプチヒ大学に移って古典文献学を学んだ。その頃、ショーペンハウアーの『意志と表象としての世界』を読み、一方、ワーグナーの音楽に心酔(しんすい)し、彼との交際を始めた。古代ギリシアの文献学で並はずれた才能をみせたニーチェは、24歳の若さでスイスのバーゼル大学の教授となった。しかし、29歳頃から偏頭痛(へんずつう)と体調不良に苦しみ、34歳で大学教授を辞任した。その後の10年間は、夏はスイスのアルプス山中、冬は北イタリアや南フランスのニースなどで静養しながら、孤独と病苦のなかで哲学的な思索と著述に没頭した。1881年、アルプス山中の湖畔を散歩していた時、ピラミッド型の巨大な岩石の所で、「存在の肯定の最高の形式である永劫回帰の思想」のインスピレーションを得た。それをもとに『ツァラトゥストラはこう語った』を書き上げ、精神を燃焼させて著述活動に没頭した。89年、44歳の時に北イタリアのトリノの広場で意識を失って倒れ、正気を失った状態のまま、母や妹の看病を受けて、1900年に死去した。

ニーチェは、「神は死んだ」と語り、キリスト教の信仰の上に築かれたヨーロッパの伝統的な価値観が崩壊し、生きる目的も意味も見失われたニヒリズムが到来したと説いた。そして、根源的な生命力にもとづき、つねに過去の人間と自己自身をこえ出て、より強いものへと成長する「超人」に、人間の理想像を求めた。「超人」は、無意味な永遠の繰り返しである「永劫回帰」のニヒリズムにたえ、その運命を受け入れ、みずからが新しい価値の創造者となって力強く生きる。「神の死」を告げるニーチェの思想は、その死後に哲学をはじめ、文学や芸術に大きな影響を与えた。主著『悲劇の誕生』『ツァラトゥストラはこう語った』『道徳の系譜』『善悪の彼岸』『力への意志』。

ニーチェの言葉

わたしはあなたがたに超人を教える。人間とは乗り超えられるべきあるものである。あなたがたは、人間を乗り超えるために、何をしたか。およそ生あるものはこれまで、おのれを乗り超えて、より高い何ものかを創ってきた。ところがあなたがたは、この大きい潮(うしお)の引き潮になろうとするのか。人間を乗り超えるより、むしろ獣類に返ろうとするのか。

手塚富雄訳「ツァラトゥストラ」『世界の名著46 ニーチェ』中央公論社

権力の増大をもとめて努力する」。——快とは、達成された権力の感情の一症候、（力が前よりも増大したという）差異性の意識性にすぎない——……それゆえ、あらゆる力の中心から発するより強くなろうとの意欲が唯一の実在性である、——自己保存ではなく、我がものとし、支配し、より以上のものとなり、より強いものとなろうとする意欲が。

（原佑訳「権力への意志」『世界の大思想Ⅱ—9』河出書房、かっこ内は編者注）

価値の転倒 ② ニーチェの思想で、キリスト教にもとづく伝統的な価値の序列をくつがえし、「力への意志」と呼ばれる根源的な生命力の強さに応じて、高貴なるものと低劣なるものとの本来の価値秩序を確立すること。ニーチェは、キリスト教道徳を弱者の立場を正当化するものと批判し、そのような善悪の対立をこえた立場を「善悪の彼岸」と呼んで、ありのままの自由で無垢(むく)な人間性を肯定し、「力への意志」にもとづく新しい価値序列をとなえた。

永劫回帰(えいごうかいき)（永遠回帰） ⑤ 世界は意味も目的もなく、永遠に繰り返す円環運動であるというニーチェの思想。ニヒリズムの極限の姿とされる。人間の生も、この世で体験した喜びや苦悩とともに永遠に回帰する。この無意味な世界の繰り返しの運命にたえ、それをおのれのものとして愛し、充実させることが超人のあり方である。永劫回帰のなかにみずから価値を創造し、人生を謳歌するのが超人である。

運命愛 ⑤ たとえ世界が無意味で無目的な繰り返しであっても、自己の運命をみつめ、それを自己のものとして愛をもって受け入れること。運命を自己のものにするとは、運命のなかに自己を投げ込むことによって、真の自己を取り戻すことである。みずからの運命を愛し、たえぬくことで、運命に操(あやつ)られたり、反抗したりする次元をこえて、運命と一体となった高揚した生の境地に達することができる。**「これが人生か、さらばもう一度」**②というように、限りなく人生を引き受けて生きぬこうとする、たくましく肯定的な態度が運命愛である。

『悲劇の誕生』 ⑤ ニーチェの著作で、1872年刊行。古代ギリシアの芸術には、秩序を求める造形芸術の原理であるアポロン的なものと、混沌(こんとん)(カオス)を表現する音楽芸術の原理であるディオニュソス的なものがあり、この2つの世界観が対立し、刺激しあうことを通じて新しい芸術が創造されるとする。悲劇をあらわすギリシア語トラゴイディアは、山羊(やぎ)の歌の意味で、山羊は酒の神ディオニュソスの象徴であるから、ニーチェは、ディオニュソス信仰に起源をもつギリシア悲劇の本質は、ディオニュソス的なものにあり、それが当時心酔していたワーグナー(W. Wagner、1813～83)の楽劇(がくげき)によって再生されると説いた。

『人間的なあまりに人間的な』 ② ニーチェの著作で、1878年刊行。形而上学・宗教・芸術をはじめ、交友のあったワーグナーを批判した短文集。

『ツァラトゥストラはこう語った』 ⑤ ニーチェの主著で、1883～85年刊行。ツァラトゥストラとは、古代ペルシアにおけるゾロアスター教の開祖ゾロアスターのドイツ語読みである。異教の教祖が語るという形式をとりながら、「神は死んだ」と宣言してキリスト教を否定し、それにかわる超人の思想を説く。

『この人を見よ』 ① ニーチェが44歳の時に書いた自伝で、1888年刊行。「この人」はニーチェ自身のことであり、自身の執筆動機から彼が導き出した結論までが語られている。

『善悪の彼岸(ひがん)』 ④ ニーチェの主著で、1886年刊行。伝統的なキリスト教道徳の善悪の対立をこえた立場を**「善悪の彼岸」**①と呼び、「力への意志」にもとづく新しい価値序列をとなえた。

『力への意志』 ③ ニーチェの遺稿をその死後にまとめて刊行したもの。ヨーロッパの伝統的な価値観が崩壊するなかで、永劫回帰と運命愛によるニヒリズムの克服を説いた。

● ● ●

ショーペンハウアー A. Schopenhauer ③ 1788～1860 ドイツの哲学者。理性主義の哲学に反対して、生存への意志による非合理的な「生の哲学」を説いた。ダンチヒで、裕福な銀行家の父と、小説家の母のもとに生まれた。大学で自然科学・歴史・哲学を学び、またインド哲学を研究した。『意志と表象としての世界』では、様々な現象の根底にあるものは盲目的な生存への意志であり、それはつねに満たされない欲望を追いかけるから、人生は苦悩であるという厭世(えんせい)主義を説いた。ベルリン大学の私講師(しこうし)(無給で講義をする講師)となったが、当時の哲学の主流であったヘーゲルの人気に圧倒され、大学を辞任した。その後は、民間の哲学者として過ごしたが、晩年には、その独創的な「生の哲学」が注目され、若き日のニーチェ・ワーグナーらに影響を与えた。 → p.158 **生の哲学**

> **盲目的意志**
> 　ショーペンハウアーの説いた、世界の様々な現象の根底にある、盲目的な生存意志。すべての個体は、それらの根底にある生存への盲目的意志のあらわれであり、本来同一のものである。人間は、他者への同情によって自他の対立を脱する時に、万物が一体となった喜びに満たされる。しかし、人間は究極的な目的をもたずに、目前の小さな目的をつぎつぎに追い続けるので盲目的意志にかられる限り、つねに満たされない欲望を追いかけ、人生は苦痛にならざるを得ない(厭世主義)。究極的には、人間は生への意志を否定することによってのみ、苦悩から解脱(げだつ)することができる。このようなショーペンハウアーの「生への意志」の哲学は、ニーチェに受け継がれて、「力への意志」として積極的に展開された。

3 実存主義の発展

ヤスパース K. Jaspers ⑤ 1883〜1969 ドイツの実存哲学者。

：ゲルトルート Gertrud ① 1879〜1974

→ p.180 **ヤスパースの生涯と思想**

限界状況 Grenzsituation(独) ⑤ 科学によって客観的に解明したり、技術的に制御したりすることができない状況で、人間がそれをこえ出ることも、変化させることもできず、それにぶつかってくだけ散り、挫折せざるをえない人生の壁。具体的には、**死・苦しみ・争い・罪**[限界状況]⑤の4つで、自分や愛する者の死、肉体的・精神的な苦痛、他者との避けられない争い、背負わざるをえない罪責などである。限界状況にぶつかって挫折し、この世界のなかで絶望する体験は、この世界をこえたものにまなざしを向けるきっかけとなり、この世界をこえた永遠の超越者(包括者)に向かって、みずからの生き方について決断する真の自己が生成する。このように、限界状況の体験を通してみずからの実存が明らかになることを、ヤスパースは実存開明と呼んだ。

> **限界状況**
>
> 人間が挫折を如何に経験するかということは、その人間を決定する要点であります。……限界状況のうちには、無が現われるか、それともあらゆる消滅する世界存在に抗し、それを超越して本来的に存在するものが感得されるようになるか、の何れかであります。絶望でさえも、それが世界内で可能であるという事実によって、世界を超え出ることの指示者となるのであります。
>
> (草薙正夫訳『哲学入門』新潮社)

有限性[ヤスパース] ② 限界状況に直面することで明らかとなる、この世界における人間の無力さを指す。人間は、限界状況における挫折・絶望を通じて、この世界における自己の有限性を思い知らされる。その有限性の自覚を通して、この世界をこえた先にまなざしを向け、超越者の永遠の存在へと向かって、みずからの生き方を決断するとき、自己が真の実存へと生成する。

超越者 ⑤ この世界のすべてのあらわれ(現象)をつつみ込み、それらを支える根源となっている永遠の絶対者。ヤスパースによれば、すべての現象をつつみ込み、それ自体は決して対象とはならないものという意味で、**包括者**⑤とも呼ばれる。超越者(包括者)は、みずからは直接の対象とはならず、主観—客観の分裂のなかで現象としてあらわれ、それ自体はどこまでも背景にとどまる。ヤスパースは、現象を超越者がみずからを象徴的に伝える暗号として読解すべきとした(暗号読解)。

実存的交わり ⑤ ヤスパースの哲学の中心的な概念で、真の自己をめざす者どうしが、たがいに誠実に、隠しだてなく自己を探究し、吟味しあうことを通して、実存としての自己を開明すること。ヤスパースは、「他者が彼自身であろうとしなければ、私は私自身となりえない」と語り、自己は他者とともに存在し、他者との交わりを通してはじめて自己でありえると説いている。実存的交わりは、愛と孤独の両極をゆれながら、真の自己を獲得するための真剣な出あいであるから、**愛しながらの戦い**④(愛の闘争)とも呼ばれる。

> **実存的交わり**
>
> 他者が彼自身であろうとしなければ、私は私自身となりえない。他者が自由でなければ、私は自由でありえないし、私が他者をも確認しなければ、私を確認しえない。交わりにおいて私は、あたかも他人が私であり、私が他人であるかのように、単に私に対してのみならず他人に対しても責任を感ずる……われわれ両者は相互承認においてはじめてわれわれ自身となる。
>
> (小倉志祥ほか訳「哲学」『世界の名著続13 ヤスパース・マルセル』中央公論社)

枢軸時代 Achsenzeit(独) ③ ヤスパースの歴史観で、人類の意識が覚醒した紀元前500年前後(前800年〜前200年頃)を指す。この時代には、中国の諸子百家、インドのブッダ、イスラエルの預言者、ギリシアの哲学者などが輩出されて、哲学や宗教が一斉に開花したため、人類の精神文化の発展における基軸になるという意味で、「軸の時代」とも訳される。

『哲学』 ④ ヤスパースの主著で、1932年刊行。「哲学的世界定位」「実存開明」「形而上学」の3巻からなり、客観的な世界像の限界を突破して、超越者という永遠の存在に向かって決断する実存としての自己の生成について説く。

● ヤスパースの生涯と思想　1883～1969 ●

ドイツの哲学者で、有神論的な実存哲学を説いた。ドイツ北西部のオルデンブルクで、裕福な銀行家を父として生まれた。はじめは法律を学んだが、やがて医学を研究し、ハイデルベルク大学の精神医学科の助手として精神病理学・心理学を研究した。キルケゴールやニーチェの思想に大きな影響を受け、また師と仰ぐマックス＝ウェーバーの影響のもとに哲学の研究に入り、哲学科の教授に転じた。1932年に、『哲学』3巻を刊行して、みずからの実存哲学を確立した。ナチスから、ユダヤ人である妻のゲルトルートとの離婚を求められたが、これを拒否し、妻を守るなかで彼の思索が深められたという。1937年に教職を追放されたが、戦後はただちに復帰して、大学の復興に努力し、1948年からはスイスのバーゼル大学の教授となり、多くの著作を著した。ナチスに消極的な抵抗しかできなかった自己を反省して、戦争責任の問題を誠実に受けとめ、世界平和や核兵器の廃絶などに積極的に発言した。

ヤスパースは、世界を対象として全体的に認識することは不可能であると説き、科学的な認識の限界を明らかにした。人間の主体的な実存は、みずからの自由な決断において生成し、孤立のなかではなく、他者との誠実な、隠しだてのない実存的交わりにおいて開明される。人間は、死・苦しみ・争い・罪という限界状況にぶつかって挫折する時、生成消滅する現象の世界をこえ、あらゆる現象の根底となる永遠の超越者(包括者)へとまなざしを向け、現象を超越者が象徴的に伝える暗号として読解することで、真の生き方(実存)に到達する。主著『世界観の心理学』『哲学』『理性と実存』『真理について』『啓示に面しての哲学的信仰』。

ヤスパースの言葉

私が私自身と呼ぶものを観ることはできないが、私は実存において自身が他に依存しないことを知っている。実存の可能性から私は生きる。(自己を選択して決断する)実存の実現においてのみ私は私自身である……実存は可能的なものであるがゆえに、選択と決断を通して、みずからの存在に向かって進むか、それともその存在からそれて無のうちに退くかのいずれかである。

小倉志祥ほか訳「哲学」『世界の名著続13 ヤスパース・マルセル』中央公論社、かっこ内は編者注)

『理性と実存』 ④ ヤスパースが、理性的な実存のあり方について述べた著作で、1935年刊行。実存は、理性によって明らかになり、理性は、実存によって内実を得る。実存の開明には、理性的な誠実で明晰な思考がともなわなければならないことが説かれる。

『歴史の起原と目標』 ①「枢軸時代」という歴史観を導き出したヤスパースの歴史研究書で、1949年刊行。彼の使命は第二次世界大戦に敗れたドイツの精神的復興であったが、バーゼル大学(スイス)への赴任を機に、自己の哲学的思想を見直すための歴史研究を始めた。この研究から得た洞察から、絶対的な権威による支配ではなく、多様な主体が対話を通して自由で平和な生活を営む未来の世界的政治連合を想定した。

フッサール　E. Husserl ⑤ 1859～1938　現象学をとなえたドイツの哲学者。フライブルク大学の教授をつとめ、その後も各地の大学で講義や講演をおこなった。世界を素朴に信じる「自然的態度」を変更し、世界の実在性についての判断を停止し(エポケー)、内面の純粋意識に立ち返り、そこにあらわれる現象をありのままに記述する現象学をとなえた。彼の現象学は、ドイツではシェーラーやハイデッガー、フランスではサルトルやメルロ＝ポンティなどに影響を与えた。主著『厳密な学としての哲学』。

現象学　Phänomenologie(独) ⑤ フッサールがとなえた哲学で、世界が存在すると素朴に信じる日常の「自然的態度」から、純粋な意識の内面に立ち返り、そこにあらわれる現象をありのままに記述する。日常の経験では、世界は意識を超越して、意識の外にそれ自体で存続し、自我は世界の内部でほかのものと並ぶ1つの経験的な事実と信じられている。意識はつねにみずからをこえて、意識の外へと向かう**志向性**③をもっているが、現象学は、このような意識の志向する外界の実在性についての素朴な思い込みを括弧(かっこ)に入れて停止する(エポケー)。そして、**「事象そのものへ」**⑤をモットーに、内面的な純粋意識の事実に立ち返り(**現象学的還元**③)、意識の内面にあらわれる現象をありのままに記述する。フッサールは、このような純粋意識から世界が構成されるしくみを解明しようとしたが、晩年には、むしろ世界を素朴に信じる「自然的態度」を根源的なものとした。そして、すでに存在するありのままの生きられた日常世界、つまり多数の人々が共有する共通の主観である間主観性(かんしゅかんせい)をもつ世界を**生活世界**②[フッサール]と呼び、それがあらゆる理論に先立ち、その前提となると考えた。

:**自然的態度** ⑤ 現象学において、対象が意識の外にそのもの自体としてあると思い込む日常的な態度をさす。日常では外の世界は意識の外にそれ自体で存続していると思い込まれているが、現象学ではそのような素朴な自然的態度を停止して(エポケー)、**純粋意識**①にあらわれるままの事実に立ち返る。しかし、フッサールは晩年には人間の生の根源となる生活世界を素朴に信じる自然的態度を根源的なものとした。

エポケー(判断停止)[フッサール] epoke(ギ) ⑤ 事実についての判断を差し控え、事実をあるがままに受け入れること。フッサールの現象学では、外部の世界がそれ自体で実在するという日常的な「自然的態度」を変更し、世界の実在についての判断を括弧(かっこ)に入れて停止し、自我の純粋な意識の領域を取り出す方法を指す。

『イデーン』 Ideen(独) ③ フッサールが世界が当たり前に存在しているという思い込みを一度停止して物事を考える現象学的還元についてまとめ、1913年に刊行した。『純粋現象学と現象学的哲学のための諸考案』のドイツ語原題の“Ideen zu einer reinen Phänomenologie und phänomenologischen Philosophie”からきた通称名。文頭のイデーンはアイデアの意味。

『ヨーロッパ諸学の危機と超越論的現象学』 ① 1936年刊行。科学が進歩し理性的に発展してきたはずの現代社会において、ユダヤ人であるがゆえに非合理的なナチスの迫害を受けていたフッサールが、思想史的・現象学的立場から学問・思想の危機を訴えた未完の著作。

ハイデッガー M. Heidegger ⑤ 1889〜1976 ドイツの実存哲学者。

→ p.182 **ハイデッガーの生涯と思想**

現存在(ダーザイン) Dasein(独) ⑤ ハイデッガーの哲学においては、存在することを了解し、存在の意味について問う人間の独自のあり方を指す。人間は、世界の内部の様々な**存在者**①(存在するもの、事物)の1つにとどまらず、存在することの意味を了解し、つねに存在に関心(配慮)をいだいている。そのような「存在とは何か」を問う**存在の問い**⑤をつねにいだき、存在へと関わる人間の際立ったあり方を、ハイデッガーはたんに存在するだけの事物と区別して、現存在と呼ぶ。現存在の「現」をあらわすドイツ語の「Da(ダー)」とは、もともとは「そこ」という意味だが、ハイデッガーは、存在の意味が明らかになり、存在の真理があらわれる場所を指すと解釈した。

世界―内―存在 In-der-Welt-sein(独) ⑤ ハイデッガーの哲学の基本概念。世界のなかで様々な他者や事物と関わり、交渉しながら存在している人間の存在構造を指す。無世界的に孤立している事物に対して、現存在としての人間は、つねに世界のなかで様々な道具存在としての事物(道具的存在者)を配慮し、それらと交渉しながら存在している。「世界―内―存在」は、部屋のなかに机があるというような空間的な事物の関係ではなく、人間が根本的に世界へと開かれ、様々な事物と関わりながら存在しているという、人間の実存の構造である。晩年のハイデッガーは、これを存在のなかに「住む」と表現した。

存在[ハイデッガー] ⑤「ものが在る」とはどういう意味かという、ハイデッガー哲学の主題。前期のハイデッガーは、『存在と時間』において、存在の意味を了解し、存在の意味を問いかける人間の存在(現存在)の分析から、存在そのものへと至ろうとしたが、やがてその立場を転回させて、後期の『ヒューマニズムについて』などでは、存在がみずからを隠しつつも明らかにする場(真理)へと呼び出され、そこへと開かれ、存在を見守ることを使命とする人間のあり方について思索した。

● ハイデッガーの生涯と思想　1889〜1976 ●

ドイツの実存哲学者。「存在とは何か」を問う独自の哲学(存在論、存在の思惟)を説いた。ドイツの南西部のメスキルヒという小さな町に生まれた。フライブルク大学で神学と哲学を学び、キルケゴールの著作を読んで影響を受け、またフッサールから現象学を学んだ。フライブルク大学の私講師(無給の講師)、マールブルク大学の教授となり、1927年に『存在と時間』を発表して、思想界の注目を集めた。翌年、フライブルク大学に移り、1933年に大学総長になった。総長就任講演でナチスを支持し、学生たちにドイツ民族への奉仕を訴えた。やがて、ナチスに失望し、思索の仕事に戻っていったが、戦後はナチスへの協力という理由で教職から追放された。その後は、トートナウベルクの山荘にこもって思索に耽り、1951年に追放を解除されたが、大学の講義や講演をするほかは、山荘で静かな思索の生活を送った。

初期のハイデッガーは、フッサールの現象学を取り入れて、存在のあらわれ(現象)を探究するために、まず存在に関心をもっている人間の実存を分析した(基礎存在論)。人間は、存在の意味を了解しているものとして、現存在と呼ばれる。「現」とは、存在があらわれる場所という意味である。ハイデッガーは、現存在としての人間がもつ存在についての了解内容を解釈することによって、存在の意味を取り出そうとした。不安のなかで切迫する死の可能性に向きあう時、はじめて固有の、全体的な、他者と交代できない、１回限りの自己の存在が明らかになる。ハイデッガーは、そのような本来の実存を、「死への存在」と呼んだ。

後期のハイデッガーは、人間から存在に至る方向を、存在から人間に至る方向に転換した。万物の存在が明らかになる場が、現存在の「現」とされ、人間は存在が明らかになる場所の提供者になる。人間は、存在するものを対象として支配する立場から抜け出し、万物の存在が明らかになる場に立つ「脱自—存在」であり、存在のあらわれ(真理)を見守る使命をもつ。人間は、みずからのあらわれを贈る存在に聴従し、存在の真理を思索しながら見守る「存在の牧人」である。主著『存在と時間』『形而上学とは何か』『ヒューマニズムについて』『ヘルダーリンの詩の解釈』『放下』。

ハイデッガーの言葉

人間は存在するものの主人公ではありません。人間は存在の牧人です……牧人の尊厳は存在そのものから、存在の真理を守るように、呼びかけられているところにあります……(自己をぬけだす)脱自—存在としてのこの存在するものの存在は、存在の近くに住んでいるところにあります。人間は存在の隣人です……人間の人間性を存在への近さから考えるのがヒューマニズムです。

佐々木一義訳「ヒューマニズムについて」『ハイデッガー選集23』理想社、かっこ内は編者注

不安［ハイデッガー］① ハイデッガーにおいては、それまで自明であった日常の世界が意味を失い、足下から滑り落ちるような不気味な無の体験を通して、存在が明らかになる際立った気分を指す。恐怖が一定の対象から引きおこされるのに対して、不安はそのような対象をもたず、存在自身の根底から発生する。不安は、人間を無に直面させることを通して、自己がはたして存在しうるかどうかという問いを突きつけ、せまりくる死の可能性によっておびやかされつつ、真の自己存在を覚醒させる。

「ひと」(世人、ダス・マン)　Das Man (独) ⑤ 日常生活に埋没して、自分が他者や事物と関わりながら死に向かう固有の存在であることを忘れた非本来的な人間のあり方。ダス・マンとは、ドイツ語で「ひと」を意味し、ハイデッガーの用語では、自分自身の固有の存在を見失って、不特定の「ひと」にまぎれ込んだ匿名の人間のあり方を指す。「世人」「世間人」「だれでもない人」とも訳される。

「ひと」

誰もが他者であり、誰ひとりとしておのれ自身ではない。世人(「ひと」)でもって日常的な現存在(人間の存在)は誰であるのかという問いが解答されたのだが、そうした世人は、誰でもない者であり、この誰でもない者にすべての現存在は、たがいに混入しあって存在しているときには、そのつどすでにおのれを引き渡してしまっているのである。

(原佑ほか訳「存在と時間」『世界の名著62 ハイデガー』中央公論社、かっこ内は編者注)

日常性 ④ ハイデッガーにおいては、人間がふだんの日常生活に埋没し、雑談や好奇心に心を奪われ、曖昧さのなかにまぎれ、自己の本来の存在を忘れている非本来的な状態を指す。そのような不特定の「ひと」へと平均化された自己を、本来的自己から発する良心の声や根源的気分の不安が、本来の単独の自己へと呼び戻す。

死への(死へとかかわる)存在 Sein zum Tode(独) ⑤ つねにせまりくる死の可能性と向きあいながら、本来の自己にめざめて存在すること。「死に臨む存在」とも訳される。「死への存在」は実際に死ぬ前に、将来の死の可能性へと先駆けて(死への先駆)、死の可能性を自覚することによって、だれとも交換できない、1回限りの、自己の存在にめざめる人間の本来的なあり方である。死はあらゆる瞬間に可能であり、だれともかわることができないもっとも固有な可能性だから、死の可能性と向きあうことによってはじめて、人間はもっとも固有な自己の存在にめざめることができる。「死への存在」は、いつかは確実にやってくる死の事実を直視しながら、自己の真の実存を確立することである。

被投性［ハイデッガー］ Geworfenheit(独) ④ 人間がつねに、すでに存在のなかに投げ入れられている根源的な事実を指す。人間はみずから存在を始めることはできず、つねに、すでに存在の事実のなかに投げ込まれている自分を発見する。そして、存在に投げ込まれた状況のなかから、本来の自己をめざして存在の可能性を未来へと投げ企てる(被投的投企)。晩年のハイデッガーは、被投性を重んじ、現存在としての人間は、存在が明らかになる場である「現」のなかに投げ入れられ、存在のあらわれ(真理)を見守るべく運命づけられていると説き、そのような人間のあり方を「存在の牧人」と呼んだ。

存在忘却 ④ ハイデッガーの用語で、日常の雑談や好奇心や曖昧さに埋没して、自己の固有の存在を忘れていることを指す。後期のハイデッガーにおいては、存在するもの(存在者)を人間が対象や資源・エネルギーとして制御し、支配することに心を奪われて、世界が存在することのあらわれ(真理)を忘れていることを指す。ハイデッガーは、それを**故郷の喪失**④と呼び、人間は存在が明らかになる真理の場に立ち、それを見守る存在の牧人、存在について語る詩人としての使命を担っていると説いた。

『存在と時間』 ⑤ ハイデッガーの主著で、1927年刊行。存在の意味を問うために、まず存在を了解している人間のあり方を現存在として分析する、基礎存在論を展開している。

『形而上学とは何か』 ③ ハイデッガーの中期の著作で、1929年刊行。不安のなかで日頃慣れ親しんでいる存在するもの(存在者)が、無意味のなかにしずみ込む不気味な無の体験を通して、存在者ではないものとしての存在が明らかになるという、「無の明るい夜」のなかでの存在との出あいについて述べている。

『ヒューマニズムについて』 ② ハイデッガーの後期の主著で、1947年刊行。存在するもの(存在者)を支配する従来の人間中心主義をこえて、自己中心性を脱出して存在のただ中にたち、存在のあらわれ(真理)を見守る「存在の牧人」としての人間のあり方を説く。

ブレーメン講演 ① ナチスに協力したという理由で教職から遠ざけられていたハイデッガーが、第二次世界大戦後にはじめておこなったブレーメンでの連続講演をいう(1949年)。現代技術と人間の関係を思索した『技術への問い』につながる思想が述べられ、人間は現代技術の巨大な円環運動のなかに物質のように取り込まれているとする。農業ですら自動化された食品産業であり、本質的には合理化という点でナチスのおこなった虐殺と同じであると考えた。

サルトル J-P. Sartre ⑤ 1905〜80 フランスの実存主義の哲学者・文学者。

→ p.184 **サルトルの生涯と思想**

「実存は本質に先立つ」 ⑤ サルトルが『実存主義はヒューマニズムである』で、人間の自由な実存を定義した言葉。ものには、

● サルトルの生涯と思想　1905〜80 ●

フランスの哲学者・文学者で、無神論的な実存主義を説いた。幼い時に父を亡くし、母方の祖母のもとで育てられた。祖父は医師シュヴァイツァーの叔父で、サルトルに文学への関心を呼びおこした。パリの高等師範学校(文科系の英才が集まる国立学校)で哲学を学び、そこでメルロ＝ポンティ(哲学者)、ポール＝ニザン(小説家)、レイモン＝アロン(哲学者)、ボーヴォワール(文学者)らの才能ある友人と出あった。卒業後、リセ(国立の高等中学校)で教えるかたわら、哲学・文学作品を発表し、ドイツに留学してフッサールの現象学やハイデッガーに強い影響を受けた。第二次世界大戦に従軍してドイツ軍の捕虜になったが、収容所を脱走し、パリに戻って対独レジスタンス(抵抗)活動に参加した。1943年に主著『存在と無』を発表し、戦後は雑誌『現代』を主宰し、フランスに実存主義のブームを巻きおこした。文学者に社会参加(アンガージュマン)を呼びかけ、マルクス主義に接近した。1964年にノーベル文学賞を辞退し、1966年には来日して講演をおこなった。

サルトルによれば、ものにはそれが「何か」という定義が定まっているのに対して、人間は、徹底的に自由な存在であり、「自分とは何か」という問いに、自由な行為によって答え、自己の本質をみずから定義する存在である。ものがそれ自体において固定的に存在する「即自存在」であるのに対して、人間はつねに既成の自己像をこえて、将来の自由な可能性に向かって超越する「対自存在」であり、自分の行為を企(くわだ)てる投企的存在である。人間にはいかなる逃げ口もなく、自分自身で自由に選択した行為に対しては、全面的に責任を負うべく宿命づけられている。同時に人間は、他者の視線にさらされながら、たがいに相手の身体を物体化して自由を奪いあう相克(そうこく)関係におちいる「対他存在」でもある。また、人間は、社会参加によって、社会のなかに自己を投げ込みつつ、同時に自己の自由な行為によって社会を新しい状況へとかえていく。人間の自由な行為は、「人間とは何か」への1つの答えであり、他者に影響を与え、さらには全人類の運命を決めるものである。主著には、『嘔吐』『自由への道』『壁』などの小説、『存在と無』『実存主義はヒューマニズムである』『弁証法的理性批判』などの哲学書がある。

サルトルの言葉

実存が本質に先立つとは、この場合なにを意味するのか。それは、人間はまず先に実存し、世界内で出会われ、世界内に不意に姿をあらわし、そのあとで定義されるものだということを意味するのである。実存主義の考える人間が定義不可能であるのは、人間は最初は何者でもないからである。人間は後になってはじめて人間になるのであり、人間はみずからが造ったところのものになるのである。

伊吹武彦訳「実存主義はヒューマニズムである」『サルトル全集 第13巻』人文書院

「何であるか」という本質があらかじめ定められているが、人間は、まずこの世に存在(実存)し、その後からみずからの自由な行為によって自己が何であるか(本質)を定義していくという意味。人間が**自由**[サルトル]③であるということは、「自分が何であるか」という定義があらかじめ与えられておらず、自己の行為を自由に選ぶことによって、自分が何であるかという問いにみずから答えることである。

「人間は自由の刑に処(しょ)せられている」⑤
『実存主義はヒューマニズムである』で、人間が徹底的に自由であることを示したサルトルの言葉。人間はみずからが選んだ行為により自己の本質を決定するとともに、その行為に全面的に責任を負わざるをえない運命にある。

自由の刑

人間は自由そのものである。もし一方

> において神が存在しないとすれば、われわれは自分の行いを正当化する価値や命令を眼前に見出すことは出来ない。こうしてわれわれは、われわれの背後にもまた前方にも……正当化のための理由も逃口上（にげこうじょう）も持ってはいないのである。われわれは、逃口上もなく孤独である。そのことを私は、人間は自由の刑に処せられていると表現したい。
>
> （伊吹武彦訳「実存主義はヒューマニズムである」『サルトル全集 第13巻』人文書院）

対自（たいじ）存在 ① 自己に対して、自己に向かって自覚的にあるという意味で、人間の意識の自覚的なあり方を指す。ヘーゲルにおいては、自己のなかにまどろんでいた精神が、自己を主観と客観に分裂させ、自己を対象として意識した状態を指す。サルトルにおいては、事物のように本質に固定された**即自（そくじ）存在**①に対して、つねに将来の可能性へと開かれ、過去の自己像をぬけだして、自由な可能性に向かって超越する人間のあり方を指す。自己の可能性を先取りして、未来の可能的な行動を企てる（**投企（とうき）**③）という人間のあり方は、**投企的存在**①とも呼ばれる。

> **「地獄とは他人のことだ」**
>
> サルトルが戯曲『出口なし』で、自己と他者の意識が相克（そうこく）し、絶えず他者の視線との対決のなかに生きなければならない苦悩を表現したせりふ。死後の世界にやってきた人々が、小さな部屋に閉じ込められるが、その平凡な部屋が実は、自己と他者のまなざしが相克し、たがいに相手を物体化して自由を奪いあう地獄であったという筋書きである。
>
> 「何もかも計画してあったんだ。やつらは見抜いていたんだ。ぼくがこの暖炉（だんろ）の前に立って、このブロンズをなでて、みんなの視線を浴びるんだということを。ぼくを食いつくすようなみんなの視線……じゃ、これが地獄なのか。こうだとは思わなかった……硫黄（いおう）の匂（にお）い、火あぶり台、焼き網（あみ）……とんだお笑い草だ。焼き網なんかいるものか。地獄とは他人のことだ。」
>
> （伊吹武彦訳「出口なし」『筑摩世界文学大系89』筑摩書房）

選択［サルトル］③ 人間は自由に自己の行動を選択するが、その行動に対して、全面的に**責任**［サルトル］⑤を引き受けなくてはならない。自己の行為は、他者や社会に影響を与えるから、自由な行為は、社会全体に対しても責任を負う。サルトルは、その例として結婚制度をあげ、結婚を選択することは、男女のあり方における１つの人間像を示すことになり、人類全体を一夫一婦制の方向へと導くことにつながると述べている。

アンガージュマン（アンガジュマン・社会参加） engagement（仏）⑤ サルトルが使用した用語で、社会参加をあらわし、自己を社会に投げ込み、自己を社会の状況のなかに拘束することを指す。人間は社会に参加することによって、一定の状況のなかに自己を拘束すると同時に、その社会をみずからの自由な行為によって、新しい状況へとつくりかえていく。人間が自己のあり方を選ぶことは、他者のあり方、さらには全人類のあり方を選ぶことにつながる。

『嘔吐（おうと）』 ⑤ サルトルの初期の小説で、1938年刊行。主人公ロカンタンが公園のマロニエの木の根をみて、世界の存在がまったく偶然で、無意味で、醜悪（しゅうあく）なものであることを発見する。そのエピソードを通して、偶然の世界のただなかに生きる実存の姿が表現されている。

『存在と無』 ⑤ サルトルの主著で、1943年刊行。戦後のフランスに実存主義のブームを巻きおこした。人間はつねに将来の可能性に向かって開かれた自由な「対自存在」であり、人間の自由を拘束する道徳的・宗教的権威を否定する無神論的実存主義を説く。

『自由への道』 ① 1945年から始まったサルトルの長編小説。自由を信条とする高校の哲学教師マチウは、恋人が妊娠したことで堕胎の道を考えるが、自由の重圧やその空虚さを思い知る。第４巻は冒頭部のみの未完の作品。

『実存主義はヒューマニズムである』 ① サルトルの講演と討論をまとめた実存主義の入門書で、1946年刊行。『実存主義入門』**『実存主義とは何か』**②という題名でも呼ばれる。「実存は本質に先立つ」というみずからの実存主義の基本思想をわかりやすく解説し、実存主義が、人間の自由を尊重するヒューマニズム（人間主義）の思想であることを主張している。

『汚れた手』 ① サルトルの戯曲で、1948年初演。1943年のイリリア（Illyria）という架空の国で、政治家がなぜ暗殺されたのかを題材にして、政治権力の圧力が個人的自由をおしつぶしていく問題を追究した。

『弁証法的理性批判』③ サルトルの著作で、1960年刊行。サルトルは、「マルクス主義は私たちの時代の卓越した哲学である」とマルクス主義を認めつつも、実存主義の人間性を重視する立場からこれを批判し、アルチュセールらに影響を与えた。第1巻のみを刊行し未完に終わる。

『言葉』① 小説家・劇作家でもあるサルトルが「言葉」を多角的に分析した子ども時代からの自伝で、1963年刊行。

ボーヴォワール S. Beauvoir ⑤ 1908～86 フランスの文学者・哲学者。パリに生まれ、パリ大学で哲学を学んだのち、マルセイユ・パリなどのリセ(国立の高等中学校)で教え、やがて文筆活動に入る。サルトルのよき理解者・協力者であり、契約結婚という新しい男女関係の相手でもある。人間の自由と女性の解放を主張し、**『第二の性』**②のなかでは、**「人は女に生まれるのではない、女になるのだ」**③と語り、女性という存在は生得的なものではなく、社会のなかで伝承された神話・習慣・タブー(禁忌)などによって人為的につくられたものだと説いた。主著『招かれた女』『第二の性』。

『レ・マンダラン』 Les Mandarins(仏) ① 第二次世界大戦後のフランスに生きる左翼的知識人や作家の社会的役割および創造活動を描き出すボーヴォワールの自伝的な作品で、1954年刊行。「レ・マンダラン」はこの作品に登場する中国の学者官僚を指す。

カミュ A. Camus ② 1913～60 フランスの実存主義作家。アルジェリアに生まれ、新聞記者などをしながら文学と演劇に関心を高め、パリにでて1942年に小説『異邦人』と評論『シーシュポスの神話』を発表し、人生の不条理を直視しながら生きる姿を描く実存主義作家として注目された。サルトルらとともに文学活動をするが、マルクス主義にもとづいて積極的に歴史の運動に参加しようとするサルトルと、革命にともなう悪を拒否するカミュは文学者の政治参加の是非をめぐって激しい論争をおこなった。1957年にノーベル文学賞を受けたが、1960年に自動車事故で死去した。主著『異邦人』『シーシュポスの神話』『カリギュラ』『反抗的人間』『ペスト』。

不条理 absurdité(仏) ② カミュの基本的な思想で、人生や世界は何らの意味や論理をもたず、矛盾に満ちた偶然の存在であることをあらわす。不条理とは、本来は物事の道理が通らないこと、論理性がなく矛盾していることを指す。人間は人生に意味や希望を見出そうとするが、世界はそのような人間の願望に関わりなく、それ自体でただ偶然に存在している。そのように人生の意味を求める人間と、それを拒絶する世界との緊張関係から不条理が生まれる。カミュは、不条理な人生を直視しながら、絶望のただなかにおいても、生きることそのものによろこびと幸福を見出す道を求めた。

『異邦人』② カミュの小説で、1942年刊行。主人公のムルソーが、太陽が射すように輝く泉のほとりで、何の理由もなく4発の銃弾を発射する事件を通して、意味や理由を求める社会の常識をこえた、人生の不条理で無意味な姿が描かれている。

『シーシュポスの神話』① カミュの評論で、1942年刊行。シーシュポスはギリシア神話の登場人物で、大きな岩を山の上まで押し上げ、転げ落ちた岩を再び押し上げて、それを無限に繰り返す仕事を罰として神々から与えられた。このような無益で不条理な人生を直視し、人生に何らの意味も求めず、運命をたくましく生きぬくところに、シーシュポスの英雄性がある。

『ペスト』② カミュの小説で、1957年刊行。ペストの流行によって閉鎖されたアルジェリアの街を舞台に、主人公の医師リウーをはじめとする市民たちが、伝染病をくいとめるために献身的に活動する姿を描く。絶望的な状況のなかにあっても、ペストに象徴される悪に対して、人々が連帯して抵抗し、不条理な運命と闘いながら、人間として最後まで誠実に生きることの尊さを訴えている。

『反抗的人間』① カミュのエッセイで、1951年刊行。フランス革命などを題材に革命の正当性や歴史的意味を分析し、本当の反抗的人間とは不正に対してどのように対処する人であるか、について書かれている。

メルロ＝ポンティ M. Merleau-Ponty ⑤ 1908～61 フランスの哲学者。エコール・ノルマル・シュペリエール(高等師範学校)で、ベルクソンの哲学、フッサールの現象学、ゲシュタルト心理学などを学ぶ。サルトル・カミュらとも交流があったが、意見の違いから論争をおこした。晩年は、市民に開かれた大学であるコレージュ・ド・フランスの教授をつとめた。主体と客体を対立させる二元論を克服するために、知覚の主体である身体を、主体と客体の2つの面をもつ両義的なものとし、身体によって世界に織り込まれた人間の「世界内存在」、つまり人間の身体によって「生きられた世界」を柔軟に考察した。身体から離れた視点から対象を眺める上空飛行的思考を批判し、身体を媒体として世界から生成する知覚を手がかりに、身体によって「生きられた世界」を現象学的に分析した。主著『眼と精神』『知覚の現象学』『見えるものと見えないもの』。

身体性(身体)［メルロ＝ポンティ］③ 抽象的な物体としての身体ではなく、ありのままの「生きられた身体」を指す。身体は、主体と客体の2つの面を備えた**両義性**①をもち、知覚や行動が生成してくる基体であり、人間を世界につなげる媒体である。〈見るもの〉である身体を媒体として世界があらわれる限り、身体を離れて世界はありえず、世界は「身体という生地」で仕立てられている。同時に、その身体が〈見えるもの〉としての客体でもある限り、身体は見たり、触れたりされる1つのものとして、「世界の織り目」のなかに織り込まれている。このように〈見る〉主体であり、〈見える〉客体でもある両義的な身体を媒体として、人間は、世界に織り込まれ、世界は身体によって生きられた世界となる。

キアスム(交差) Chiasme(仏) ① 2つの要素が交差し主従がなくなる関係を指す。自分の両手が触れあった時は主体と客体の区別がなく、またボールを的に向けて投げる際は、受動的知覚と能動的運動が混在している。メルロ＝ポンティは私という「主体」と、私の外界という「客体」は分離できず、身体を通じ相互に複雑にからみあって一体化していると考える。キアスムはフランス語で、文章の2つの節の構造を逆転させる修辞法(交錯配列法)の意味。

身体図式 ① 感覚や運動を通じて周囲の空間とともにつくられた行動のよりどころ・規範を指す。われわれの身体は自己の身体内部に閉じているわけではなく、周囲の世界に没入した「世界内存在」であり、われわれは周囲と一体化した全体のなかにおける自己のありさまをもとに無意識的に行動している。自転車に乗るなど大半の日常行動は身体図式によって成り立っている。知覚された情報を言葉や理屈で再合成しているのがわれわれの目の前にある世界であるが、それは本当の姿ではない。われわれの身体が経験したありのままの「生きられた世界」に立ち戻ることが重要である。

現象的身体 ①「身体図式」から構成された身体を指す。身体には他者が知覚できる物質的な「客観的身体」と、自己の精神とからみあった「現象的身体」という側面がある。身体は外からみれば小さな空間を占める物体にすぎないが、自分にとっての身体は精神とも周囲とも一体化した生命そのものである。事故などで手足を失った人が、失った手足があるかのように感じる「幻影肢」という現象は身体が物質のみならず精神にも属していることを示すとされる。

『知覚の現象学』 ① メルロ＝ポンティの著作で、1945年刊行。知識の源泉は身体によって得られる「すでに生きられた世界」だと考え、それを客体に求める経験主義(知識は観念連合により得られるとする考え方)や、主体に求める主知主義(知識は理性によって得られるとする考え方)を批判した。メルロ＝ポンティの現象学的還元は自我の構成した意識構造ではなく身体の分析に向かい、精神のみを扱う哲学ではなく、身体を通じて世界を知ることの学び直しをめざした。

観念連合 ① 感覚器官を通じて得られた感覚が対象に対する概念である観念を形成し、その観念が結合していくことで人間の知識体系が生まれるという経験主義哲学の考え方を指す。

心身問題 ② 人間の心が身体とどのように関係するかという問題。デカルトは心と身体(物質)を次元の異なる実体とする心身二元論を説いたため、それがどのように関係するかという問題が残された。これに対してスピノザは心と身体は神という唯一の無限の実体の異なったあらわれ(属性)であり、平行して変化するという心身平行論を説いた。一方メルロ＝ポンティは、身体はたんなる物体ではなく、人間を世界につなぐ媒体であり、人間は身体を媒体として世界に住みこんでおり、身体を通して世界の様々な現象が知覚されると説いた。

→ p.130 **物心二元論(心身二元論)**

第3章

プラグマティズム

1 プラグマティズムの成立

フロンティア精神(フロンティア・スピリット、開拓者精神) ③ 19世紀のアメリカにおいて、きびしい生活環境と闘いながら、東部から西部へ開拓を進めていったピューリタン(清教徒)たちが形成した精神。自由・独立・勇気・進取・博愛の精神に富み、プラグマティズムを生み出す母胎となった。

プラグマティズム(実用主義・有用主義) pragmatism ⑤ 日常生活の課題を解決できる知識や観念を真理と考える哲学。19世紀後半から20世紀にかけてのアメリカで形成され、伝統的哲学の形而上学的・思弁的哲学に反対し、フロンティア精神を背景に思想と日常生活とを密接に関連させる経験論の伝統を受け継ぎ、宗教と科学の統合を試みたアメリカ的な哲学である。この立場は、具体的経験のなかに科学的方法を生かし、知識や観念を行動のもたらす結果によって絶えず検証しようとする点に特徴がある。アメリカのパース・ジェームズ・デューイ・G. H. ミード、イギリスのシラー(F. Schiller、1864〜1937)などが代表である。

:プラグマ pragma ⑤ プラグマティズムの語源となったギリシア語で、「行為」または「行動」を意味する。パースは、すべての観念の源泉は行動にあるとして、その立場をプラグマティズムと名づけた。

パース C. Peirce ⑤ 1839〜1914 プラグマティズムを創始したアメリカの哲学者。大学教授の子として、マサチューセッツ州ケンブリッジに生まれ、ハーヴァード大学で数学・物理学を学んだ。卒業後、合衆国沿岸測量所の技師として働きながら、形而上学クラブをつくって仲間たちと研究を重ね、数学・論理学・哲学に関する専門的な論文をつぎつぎと学術雑誌に発表した。彼は、幼い頃から親しんだ科学的実験の方法を実生活に適用することを重視し、プラグマティズムを提唱した。主要論文「観念を明晰にする方法」。

パースの言葉

ある対象の概念を明晰にとらえようとするならば、その対象が、どんな効果を、しかも行動に関係があるかもしれないと考えられるような効果をおよぼすと考えられるか、ということをよく考察してみよ。そうすれば、こうした効果についての概念は、その対象についての概念と一致する。

(上山春平ほか訳「論文集」『世界の名著48 パース・ジェイムズ・デューイ』中央公論社)

実験主義 ① 自己の周囲へ積極的に働きかけ、そこから得られた客観的結果から真理を判断する態度を指す。

仮説演繹法 ① ある現象に対して独創的仮説をたてて、その仮説から結論を予測し、実験で仮説を証明する方法を指す。普遍的な命題から個別的な真理を導く演繹法では、結論がすでにわかっているので発展性がない。たとえば、「存在するものは変化し消滅する」という普遍的な命題からは「私は存在しているので私は変化し消滅する」という個別的な真理が導き出されるが、「私」という主語をかえて何度繰り返しても、「存在は消滅する」以上の知識は生まれず哲学は発展しない。そこで、新たな知識のための仮説を発見するためにアブダクションが用いられた。

アブダクション(仮説推論) abduction ① 従来説明の難しかった現象に対して、いくつかの当てはまりそうな仮説を立てる推論方法を指す。特殊事例から普遍法則を見出す帰納法では、現象の共通性は導き出せてもその背後にある原因にせまることは難しい。たとえば、自分のみてきた一羽一羽のカラスが黒ければ、「カラスは黒い」という普遍法則は見出せても、なぜ黒いかという説明がなされない。アブダクションでは、「黒は保護色や熱の吸収率に起因する」などと仮説を立てて、検証により新たな知識を得ることができる。しかし、時として現象と仮説とのあいだに論理的飛躍が生じる欠点もある。なお、アブダクションはアリストテレスの『分析論前書』にある apagoge

の英訳であるが、一般の使用では「誘拐」の意になるので、リトロダクション(retroduction、適正仮説を導く論理的推論)が訳として適切であるとされる。

「観念を明晰(めいせき)にする方法」 ② パースがはじめてプラグマティズムを定義した論文で、1877年に雑誌に発表された。「いかにしてわれわれの観念を明晰にするか」とも訳される。ある概念の意味を明瞭化するためには、その概念が対象におよぼす効果を考えよという、**「プラグマティズムの格率(かくりつ)」** ①がとなえられている。概念の意味は、観念的追究ではなく、その概念に従って行動した時の効用により明らかにすべきであるとする。

形而上学(けいじじょうがく)クラブ ① 1870年代初めに、ハーヴァード大学内で、従来の抽象的・観念的な形而上学ではない、新たな思想を生み出そうとしてつくられたグループ。パースは、発起人の１人であり、ジェームズはその常連であった。彼らは進化論と宗教の統合をめざすなど、実生活の行動と結びついた思考を求めていた。このグループの名前は、形而上学に対する皮肉と挑戦の意味が込められている。

ジェームズ W. James ⑤ 1842～1910　プラグマティズムを発展させたアメリカの哲学者・心理学者。

→ p.190 **ジェームズの生涯と思想**

真理の有用性 ③ 有用な行動を誘発する思想・観念・知識を真理とするジェームズの基本思想。彼によれば、思想の真偽、さらには行為の善悪、事物の美醜(びしゅう)なども、結局は、それらが人生において有用であるか否かによって決定される。たとえば「神が存在する」という命題は、人間に精神的安らぎを与える有用性をもつ点で真理となる。

：新しい真理 ① ジェームズが提唱した真理概念。現象の説明は、人間の生活や行動をより円滑にするためになされるため、真理とは固定されたものではなく、人間の営みにあわせ変化し続けるので、もし有用性がなくなり、また検証不可能になればそれは真理ではなくなる。この点で真理は普遍的ではなく相対的である。

「真理であるから有用、有用であるから真理」 ① ジェームズの『プラグマティズム』のなかの言葉で、ある観念の真理性を、その観念によって行動した場合に得られる有益な結果に求めることを指す。ジェームズによれば、観念は、行動のための有用な道具であり、真なる観念は、それ自身が目的ではなく、それに従って行動した場合によい結果を得るための手段である。真理は、観念に属する性質ではなく、観念によって導かれた行為が有用な結果をもたらすことによって真理となり、事実において真理化されるのである。

仮説(かせつ)［プラグマティズム］② 十分に論証された客観的・絶対的真理ではなく、何らかの仮定的要素を含み、今後の行動や実践を通じて検証されなければならない命題・学説。ジェームズをはじめとして、プラグマティズムの思想家たちは、真理が絶対的なものであることを否定し、つねに具体的経験のなかに適用される仮説としての性格をもっている、と主張した。

検証 ③ ある知識・観念が真理であるか否かを、実験・行動を通じて具体的に吟味(ぎんみ)すること。プラグマティズムの場合、その知識・観念が有用な結果を導くならば、その限りにおいて真理である。真理はそれ自体に存在するのではなく、それがいかなる行動を導き、有益な結果をもたらすかによって決まる。

『心理学原理』 ① 生理学的な研究方法を心理学に応用したジェームズが、自然科学としての心理学をめざし、心的状態の原因・条件・結果などの法則についてまとめた作品。1890年刊行。

『プラグマティズム』 ④ ジェームズの著作で、1907年刊行。文学作品や思想家のエピソードなどをふんだんに取り入れた表現方法のため、一般大衆にプラグマティズムを浸透させるうえで貢献した。

『宗教的経験の諸相』 ② ジェームズの著作で、1901～02年刊行。プラグマティズムの立場から、宗教的な観念を信じることが、その人に有用である限り真理と判断してよいと説く。また、客観的に証明できない宗教を教義や論理として論じるのは無意味であり、宗教を信仰する人の宗教的経験としてとらえ、その経験が信仰する人の人生に幸福という結果をもたらすならば真理と判断してよいとする。

『根本的経験論』 ① ジェームズの作品で、彼の手元にあった1904年以降のジャーナル記事を彼の死後に再構成して1912年に出版された。思考の極致とも考えられる合理主義に対して、思考される前に感じられる「純粋経験」という感覚から世界の意味をとらえようとする。 → p.286 **純粋経験**

● ジェームズの生涯と思想　1842〜1910 ●

プラグマティズムを発展させたアメリカの哲学者・心理学者。神秘的宗教家を父として、ニューヨークに生まれたが、幼年時代に一家はアメリカを離れ、ヨーロッパ各地を点々と移住した。少年時代には、パリで画家を志したこともあったが、画才の乏しいことを自覚して断念。その後、ハーヴァード大学で、化学・解剖学・医学などを学び、ドイツ留学で心理学・医学に興味をもつ。1865年には、ブラジル生物探検隊に参加し、そこでみずからが哲学者であることを見出したという。1872年に医学博士の学位を得て母校に残り、比較動物学・生理学などを教えていたが、1880年から哲学講座を受けもつようになり、さらに心理学も担当することになった。形而上学クラブの主要メンバーとしてプラグマティズムの確立と普及をおこなった。

ジェームズは根本的(徹底的)経験論の立場をとり、主観と客観、精神と物質などの対立をこえたところに、具体的実在としての意識の流れがあると説いた。意識の流れは根源的な純粋経験であり、抽象的な観念や思想は、この流動する意識の流れから二次的につくり出されたもので、人間の行為を未来へと導く道具にすぎない。観念や思想の真理性は、それが意識の実在的な経験に有益な結果をもたらすかどうかによって決まるとした。主著『心理学原理』『プラグマティズム』『宗教的経験の諸相』。

ジェームズの言葉

真理を所有するということは、この場合、それ自身で目的であるどころか、他の必須な満足を得るための予備的な手段であるに過ぎない……「それは真理であるから有用である」ともいえるし、また「それは有用であるから真理である」ともいえる。これら二つのいい方は、正確に同じことを……意味している。真とは、いかなる観念にせよ(有用な結果をもたらす)真理化の過程を惹き起こすような観念の名であり、有用とは、その観念が経験のうちで真理化の作用を完成したことを表わす名なのである。

桝田啓三郎訳「プラグマティズム」『ウィリアム・ジェイムズ著作集 5』日本教文社、かっこ内は編者注

2 デューイ

デューイ　J. Dewey ⑤ 1859〜1952　プラグマティズムを大成したアメリカの哲学者・教育学者。

→ p.191 **デューイの生涯と思想**

道具主義　instrumentalism ⑤ 学問や知識は人間の行動に役立つ道具である、というデューイの哲学の根本思想。彼によれば、知識・概念・理論は、人間の生活実践から離れて実在する永遠不変のものではなく、日常の矛盾や困難を解決するための「道具」にほかならない。したがって、ある知識・理論の価値は、それ自体のなかにあるのではなく、道具のように使用した結果の有用性にあり、知識や理論は使用を通じて絶えず改善されるべき「仮説」としての性格をもつ。

創造的(実験的)知性 ⑤ 問題を解決し、未来を切りひらくというデューイが重視した知性の側面をいう。人間は日常生活のなかで様々な困難にぶつかるが、はっきりとした見通しを立てて問題解決をはかり、未来を展望する能力をもつ。人間は、この知性の働きによって、過去の習慣の修正を遂行し、新たな人間性を発展させていく。デューイによれば、学校は知識を切り売りする場ではなく、この創造的知性をのばす場であるとされる。

試行錯誤　trial and error ① 生活における問題を解決するために、未来を予測しながら実験的に行動し、得られた結果によって仮説を検証するという、知性探究のありかたをあらわす。デューイによれば、知性の探究は、生活からの要求→問題設定→仮説

● デューイの生涯と思想　1859〜1952 ●

プラグマティズムを大成したアメリカの哲学者・教育学者。ニューイングランド地方ヴァーモント州に、食料品店の経営者の息子として生まれた。ヴァーモント大学卒業後、中学教師になったが、1882年に発表した論文が認められ、哲学者になる決意をした。ジョンズ・ホプキンズ大学大学院で学位をとって、84年、ミシガン大学の講師となった。最初、ヘーゲルの影響を強く受けていたが、心理学や論理学の研究、ジェームズらとの交友によって、プラグマティズムの立場に立つようになった。のちに、シカゴ大学・コロンビア大学の主任教授を歴任し、アメリカ哲学学会・アメリカ大学教授会の会長もつとめた。

デューイは、民主主義の理想が独占資本主義の発展により崩されていくのを目(ま)のあたりにして社会問題に関心を深め、第一次世界大戦後、各国を歴訪し、人権擁護(ようご)の闘いや教員組合の結成などに積極的に参加して活躍した。とりわけ、教育の革新に情熱を燃やし、日本(1919年)・中国(1919〜21年)・トルコ(1924年)・メキシコ(1926年)・ソ連(1928年)などを訪れて、それぞれ新たな教育革命を指導した。彼は、アメリカの哲学と教育界のみならず、世界の思想界全体に大きく寄与しているが、その課題は、どのような時代にあっても、個人の自由・平等・幸福を保証する民主主義の維持・発展を支えることができる創造的知性の育成にあった。この理想を実現するために創造的知性を育てる問題解決学習の普及に尽力した。主著『学校と社会』『哲学の改造』『人間性と行為』『民主主義と教育』。

デューイの言葉

概念、理論、思想体系は、道具である。すべての道具の場合と同じように、その価値は、それ自身のうちにあるのでなく、その使用の結果に現われる作業能力のうちにある。……もしも、観念、意味、概念、意見、理論、体系が、与えられた環境の積極的再組織の道具であり、或(あ)る特定の障害や混乱を除去する道具であるならば、それらの妥当性や価値は、この仕事を果たすか否かによってテストされる。

清水幾太郎ほか訳『哲学の改造』岩波書店

→推理→結果による検証、という試行錯誤を繰り返す実験的なプロセスのなかでおこなわれる。

問題解決［デューイ］③ 現実の生活が直面する問題の状況を観察し、解決の見通しを立て、未来の可能性を予見しながら行動して、問題を解決すること。人間の思考は、現実の生活で困難や障害に出あい、生活上の問題の解決をせまられる時に、はじめて活動しはじめる。思考は、生活上の問題を解決するために行為を導く操作的な働きをもち、その真理性は、問題がいかに解決されたかという結果によって、検証されなければならない。

問題解決学習 ① デューイが提唱した学習理論。彼によれば、学習とは、知識の暗記や試験といった受動的なものではなく、**「なすことによって学ぶ」**①、つまり、子どもたち自身が実生活の場において自発的に問題を発見し、解決していく能力を身につけていくことである。

『学校と社会』 ② デューイの著作で、1899年刊行。デューイが創設したシカゴ大学附属小学校での体験から、知識の詰め込みとその効果測定に力を入れる学校教育を批判し、子どもたちが自発的な社会生活を営み、そこから学べる学校づくりを説いた。

『民主主義と教育』 ④ デューイの教育学上の主著で、1916年刊行。独占資本主義の発達や都市への人口集中などにともない、民主主義の理想と制度が崩壊の危機に瀕(ひん)しているなかで、それを新教育による人間変革によって克服しようと説く。「教育とは、過去の価値の伝達ではなく、未来の新しい価値の創造である」という彼の教育思想は、全世界に衝撃的な影響をおよぼした。

『哲学の改造』 ④ デューイが1919年に日本を訪れ、東京帝国大学でおこなった講演をまとめた哲学入門書で、1920年刊行。古い哲学の伝統を批判しながら、プラグマティズムの立場を平易に叙述している。

『人間性と行為』 ① デューイの主著で、1922年刊行。人間は普通、一定の習慣のもとで環境との安定した関係を保っているが、新たな問題が発生してその関係が動揺すると、新しい条件を分析して新しい習慣を形成しようとする創造的な知性が働きはじめる、という考えが展開されている。

ローティ　R. Rorty ① 1931〜2007　ネオプラグマティズムを代表するアメリカの哲学者。従来の哲学の「基礎づけ主義」(知識・真理などには究極的な根拠があるとする立場)を否定し、知識・真理とは課題解決のために人々が創造するよりどころであるとした。ある文化に暮らす人々は、その文化のもつ社会的文脈のなかで、人々との会話を通じ、たとえ究極の一致をみなくても、そのなかから新しい知識・真理を生み出し、生き方の根拠を創造していく。つまり、その時代、その地域での真理が存在し、その真理は文化や歴史を超越した永遠の課題を解決するものではなく、各自が偶然に生活する文化の課題を解決するためにつくる語彙(ごい)であるとする。なお、ネオプラグマティズム(Neopragmatism)とは、分析学派の影響を受けた、言語分析の上に成り立つ新たなプラグマティズムをいう。

『偶然性・アイロニー・連帯』 ① ローティの主著で、1989年刊行。連帯は他者を仲間だと考える想像力により生み出されていくとする考えが述べられている。人は偶然に属した文化で使用される言語を用いて思考して社会をつくるが、その偶然性に気がつかない人々を皮肉り、どのように理想社会を構築するかを検討したもの。

第4章 現代のヒューマニズム

1 人類愛と生命への畏敬

ヒューマニズム(人道主義) humanism ⑤ 人間主義・人道主義などと訳される。ラテン語のフマニタス(人間性)に由来し、20世紀のヒューマニズムは、暴力・束縛・疎外・抑圧・不正などといった非人間的な状況に対して、人間性の擁護と解放を掲げて闘う思想や運動を指す。その代表者として、トルストイ・ロマン゠ロラン・シュヴァイツァー・ガンディーなどがあげられる。

トルストイ L. Tolstoi(y) ① 1828～1910 ロシアの作家・思想家。名門貴族の子として生まれる。幼い頃、両親と死別し、動揺・不安・放蕩の青年時代を過ごした。カザン大学を中退。結婚とともに宗教的信仰を深め、つぎつぎと大作を発表して順調な文筆活動を続け、名声も高まった。彼は「『戦争と平和』から得られた収入を自分に何かを求めてやってくる人々のために使いたい」と考え、収入を家計に用いなかったと伝えられている。1861年に農奴解放令が発布されると、彼は農民側にたって、「暴力によって悪人に手向かうな」と非暴力主義を主張した。晩年、農民たちの惨状に心を痛め、地主としての特権や家族を捨てて一農民として生きようと決意し、漂泊の旅に出たが、一寒村の駅で行き倒れて死んだ。大地に汗して働く農民にひかれた彼は、農耕生活を大切にし、国家・軍隊や私有財産制を否定し、キリスト教の隣人愛の実践と非暴力主義による人類救済を提唱した。トルストイの思想は、ガンディーやロマン゠ロラン、日本の白樺派同人など、世界の多くの人々に大きな影響を与えた。主著『戦争と平和』『アンナ゠カレーニナ』『復活』『少年時代』。

『戦争と平和』 ① トルストイの長編小説。1868～69年刊行。ナポレオンがロシア遠征に失敗したナポレオン戦争(1799～1815年)という史実をもとに、貴族社会と戦場を場面に平和・愛・生死といったテーマについて触れながら、人が生きるとは何かについて問うた作品。

『アンナ゠カレーニナ』 ① トルストイの長編小説で、1873～77年刊行。アンナ゠カレーニナ夫人の不義から死に至るまでを通じ、当時のロシア社会を描写しながら生き方・真実の愛・家庭についての考察を描いた。

ロマン゠ロラン Romain Rolland ① 1866～1944 フランスの作家・評論家・平和主義者。ヒューマニズムを代表する人物。フランスのブルゴーニュに生まれ、高等師範学校やソルボンヌ大学で音楽史の教授となる。トルストイの影響を強く受けた彼は、第一次世界大戦の際に絶対平和主義をとなえて中立国スイスに亡命し、反戦の立場を明確にした。ヨーロッパに全体主義が根を張りはじめた1930年代初めには、平和のための戦いとして、勝利者に有利なヴェルサイユ条約の改正と軍備撤廃を要求した。また、ロシアの社会主義革命とガンディーの非暴力・不服従運動に共感を示し、つねに自由と人間性を尊重して擁護し続け、非暴力闘争の道を歩んだ。第二次世界大戦に際しても、反ファシズム運動に加わって活躍し、スイスから故国に帰ってひそかに対独レジスタンス運動を支援した。パリ解放の年に78歳の生涯を閉じたが、理想と平和を熱烈に求める彼の誠実な生き方は、多くの現代人に深い感銘を与えた。主著『ベートーヴェンの生涯』『ジャン゠クリストフ』『魅せられたる魂』『戦いを超えて』。

シュヴァイツァー A. Schweitzer ④ 1875～1965 フランスの神学者・哲学者・医師・音楽家。アフリカで医療とキリスト教伝道につとめた。

→ p.194 **シュヴァイツァーの生涯と思想**

生命への畏敬 ④ シュヴァイツァー思想の根本理念。生きることと生命あるものすべてを、価値あるものとして尊ぶこと。生命とは、神に通ずる神秘的なものであり、生きようとする意志を敬うところに、普遍的な人類愛と倫理の核心がある。

：人間の尊厳［シュヴァイツァー］① 人間は生命を有するだけでおかすことのできない気高さをもつことをいう。キリスト教徒

シュヴァイツァーの生涯と思想　1875〜1965

フランスの神学者・哲学者・医師・音楽家。彼は、ストラスブール大学在学中、「30歳までは学問と芸術に生きることが許されているとしても、それからのちは、直接人間に奉仕する道に進もう」と考え、アフリカの黒人の医療奉仕に一生をささげようと決心した。すでに、大学講師と教会牧師の職にあり、また、オルガン演奏家・バッハ研究家としての名声もありながら、再び医科の学生となって6年の医学課程をおさめたのち、38歳で夫人とともにアフリカ赤道直下のフランス植民地ガボンに渡った。ランバレネの地に病院を建て、医療とキリスト教伝道に励み、「アフリカの聖者」ともいわれ、90歳でその生涯を閉じた。この間、1952年にノーベル平和賞を受け、1957年には原水爆実験禁止をアピールした。

シュヴァイツァーは、あらゆる生物の生命を神秘的な価値あるものとして尊ぶ生命への畏敬を説いた。その生命の価値を自覚した人間は、生命を守るべき責任を負いうる唯一の生物であり、そこに倫理や道徳の存在根拠がある。倫理とは、あらゆる生きとし生けるものへと無限に拡大された、生命を守る責任である。主著『水と原生林のはざまで』『文化と倫理』。

シュヴァイツァーの言葉

倫理は、私が、すべての生きんとする意志に、自己の生に対すると同様な生への畏敬をもたらそうとする内的要求を体験することにある。これによって、道徳の根本原理は与えられたのである。すなわち生を維持し促進するのは善であり、生を破壊し生を阻害するのは悪である。

氷上英廣訳「文化と倫理」『シュヴァイツァー著作集 第7巻』白水社

であったシュヴァイツァーは、神が創造した生命はそのもの自体が価値をもつとした。他者からの評価や自分の能力・才能に関わらず、生きていること自体がこの上なく尊いことなのである。

『水と原生林のはざまで』 ② シュヴァイツァーがアフリカに渡って医療活動をした4年半(1913〜17年)のあいだに、現在のガボンのランバレネで得た経験や見聞をまとめた作品。

『文化と倫理』 ① シュヴァイツァーの主著で、1923年刊行。「生命への畏敬」こそ文化を退廃から救い、人類に理想を与える根本精神であると説き、人間だけでなく、あらゆる生物の生命を守り敬うことが善であり、生命を傷つけ滅ぼすことが悪であるとする。

マザー＝テレサ　Mother Teresa ⑤ 1910〜97　インドのカルカッタ(現コルカタ)のスラム街などで活動した、カトリックの修道女。現在の北マケドニアに生まれ、敬虔(けいけん)なカトリックの家庭に育ち、12歳の頃から一生を神にささげようと決意していた。インドに派遣されて教育と宣教につとめ、36歳の時、「貧しい人々のなかでももっとも貧しい人たち」に仕えるように、という内なる呼び声を聞いたという。その後、孤児・病人・死にゆく人といった弱く貧しい人々への献身的な奉仕活動に打ち込み、「聖なる子どもの家」「死を待つ人の家」などをつくった。宗派・信条をこえて世界中の人々からしたわれて尊敬され、1979年にはノーベル平和賞を受賞した。彼女によれば、本当の苦しみは物質的な貧困や飢えではなく、だれからも大切にされず、見捨てられているということである。他者の苦しみを目にしながら無関心でいることが罪であり、その苦しみを取り除くことが愛である。

マザー＝テレサの言葉

今日の最も重い病気はレプラ(ハンセン病)でも結核でもなく、人から愛されていない、誰からも見棄てられていると感じることなのです。最大の罪は愛と憐(あわ)れみをもたないことです。搾取(さくしゅ)されたり、堕落(だらく)したり、赤貧(せきひん)の中にいたり、病気でこまっていたりする隣人を目にしながらおそるべき無関心でいることです……あなたのところにやってきた人が誰であれ、以前よりも善良にしかも幸福になって帰るようになさい。あなたの顔の上に、眼の中に、ほほえみの中にみんなが善意を見なければなりません。

(ジョルジュ・ゴルレほか編著〈支倉寿子訳〉『マザー・テレサ 愛を語る』日本教文社)

神の愛の宣教者会 ①「もっとも貧しい人々のために働くこと」を使命に、マザー＝テレサによって1950年に創立されたローマ教皇庁公認カトリックの修道会を指す。人種・宗教に関係なく、病気に苦しむ人・貧しい人のために「死を待つ人の家」「聖なる子どもの家」などの施設を運営し、本部コルカタ(カルカッタ)を中心に世界各国に展開している。

：死を待つ人の家 ⑤ マザー＝テレサが1952年設立した、コルカタ(カルカッタ)近郊のホスピス(末期患者のための施設)をいう。現在は「清い心の家」(Nirmal Hriday、「純粋な心」の意)と呼ばれ、宗教を問わず貧しい人たちがベッドと食事を無料で提供されている。

：聖なる子どもの家(子どもの家) ② マザー＝テレサが「死を待つ人の家」に続き1955年に設立した、捨てられた子どものための施設をいう。Shishu Bhavan(「赤ちゃんの家」)と現地では呼ばれ、身体的・精神的障がい・栄養失調に苦しむ子どもを世話し、現在までに1万人以上が育てられたといわれている。

：平和の村 ① マザー＝テレサが1959年に設立したハンセン病診療所をいう。ハンセン病は、かつては治療薬がなく、体の一部が変形し後遺症が残る病気としておそれられた。平和の村は、こうして社会から隔絶された患者を治療することを目的とした。

3つの請願 ① カトリック教会の修道生活に入る際に立てる3つの誓いをいう。修道会はそれぞれ独自の使命・祈り・誓願をもつが、一般的に修道者が自己を神にささげる覚悟を決めるにあたり、⑴貞潔の誓願(神と人々への奉仕のため生涯独身を貫く)、⑵従順の誓願(神の御心に従う)、⑶清貧の誓願(キリストの貧しく生きた生活にならう)ことを神に約束する。

ピエタ　Pietà(伊) ① イタリア語で「敬虔(けいけん)(神を敬い仕えること)」「思いやり」「哀れみと同情」を意味し、キリスト教芸術でたびたび主題とされる。その代表がミケランジェロが1498～1500年に制作した「サン・ピエトロのピエタ」(十字架から降ろされたイエスを抱く聖母マリアの像)である。

チャップリン　C. Chaplin ① 1889～1977 イギリス生まれの喜劇俳優・映画監督。人間性を抑圧する機械文明やファシズムを批判し、深い人間愛に裏打ちされた作品をつくり、世界の人々に感銘を与えた。代表作『キッド』『黄金狂時代』『街の灯』『モダン・タイムス』『独裁者』『ライムライト』。

『モダン・タイムス』　Modern Times ① チャップリンが主演・監督した1936年の映画。大工場で機械の流れ作業にあわせて働く工員チャーリーの姿を通して、機械に翻弄(ほんろう)される人間の惨(みじ)めさと、機械文明における人間性の喪失を訴えた。1931年の英印円卓(えんたく)会議に出席するためにイギリスを訪れたガンディーとの会見が、この映画の製作のきっかけになったという。

第Ⅳ部 第4章 現代のヒューマニズム

2 平和と非暴力主義

ガンディー M. Gandhi ④ 1869〜1948 インドの政治家・独立運動指導者。イギリスに対する非暴力・不服従の運動を展開し、インドの独立を勝ち取った。

→ p.197 **ガンディーの生涯と思想**

非暴力主義 ① 暴力を使うことなく、平和的な手段によって目的を実現すること。トルストイ・ガンディー・キング牧師らの実践が有名である。非真理である暴力は、同じ暴力では破ることはできず、平和と生命への愛という真理にもとづく非暴力主義でこそ超克(ちょうこく)できるとする。非暴力主義は、たんなる暴力の放棄ではなく、怒りにかられて暴力に訴えたい自己の心を浄化し、真理の把握への道を開き、生命への愛と自己犠牲を示し、相手の良心に訴えて暴力の不正義を悟(さと)らせ、真理を実現する勇気ある行動である。

スワラージ(自治独立)・スワデーシ(国産品愛用) swarāj, swadēśī ① イギリスによるインドの植民地支配に対抗して、インドの独立をめざす**非暴力・不服従運動**②を指導するためにガンディーが掲げたスローガン。第一次世界大戦後、イギリスはインドで言論・思想・集会の自由を抑圧するローラット法を実施し、これに対抗してガンディーはスワラージとスワデーシを目標に掲げ、イギリス製の衣服を焼き払い、インド国産の綿製品を着るよう呼びかけた。非暴力・不服従運動は、イギリスがおこなった不正な支配と搾取に対する市民的不服従であり、支配に屈せずに独立を求める民族的自覚のあらわれである。

塩の行進 ① イギリスが塩税法を制定して生活必需品の塩を専売にして高い税金をかけたことに抗議し、ガンディーがおこなった市民的不服従の運動。1930年、弟子をつれたガンディーは、みずからのアシュラム(学校)を出発し、ボンベイ(現ムンバイ)近くのダンディーの海岸までの約400km を24日間かけて徒歩で行進した。沿道では、数千の市民が行進に参加して、海岸に着くと海岸の塩の固まりを拾い集め、塩税法への市民的不服従を示した。この行進をきっかけに、イギリスへの第2回非協力運動が始まった。

サティヤーグラハ Satyāgraha ③ ガンディーの根本思想であり、**真理の把握(真理の把持(はじ))** ③と訳される。ガンディーの最終目標は、真理を把握し、それを自己自身と社会のなかに具現していくことである。その手段として要請されるものが、ブラフマチャリヤー(brahmacharyā、自己浄化)とアヒンサー(不殺生)である。過度の欲望と感情は不正義や残虐行為を引きおこすだけではなく、真理を求める目を曇らせてしまう。自己の欲望と感情の制御というブラフマチャリヤーにより、真理を把持することへ心身を集中させることができ、その結果がアヒンサーへとつながっていく。

不殺生(ふせっしょう)(アヒンサー) [ガンディー] ④ ガンディー思想の根本原理。すべての生物を同胞とみなし、肉食禁止・戦争放棄を説く。あらゆる虚偽・不正・不合理を許さず、一切の生けるものへの愛情を実践することである。そこには、インド古代から流れる思想がうかがわれる。

→ p.74 **不殺生(アヒンサー)** [ジャイナ教]

マハトマ Mahatma ② インドやチベットなどで聖人・尊敬される人・超人的力をもつ人に与えられる敬称。サンスクリット語で「偉大なる魂」の意。しかし、ガンディーが人々にとってあまりに偉大なため、一般的にはガンディーを指す言葉となっている。

キング牧師 Martin Luther King, Jr. ③ 1929〜68 アメリカの牧師・黒人解放運動の指導者でノーベル平和賞受賞者。ジョージア州ニューアトランタで、黒人バプテスト教会の牧師の子として生まれ、大学で社会学や神学を学ぶなか、書籍でガンディーの非暴力主義を知る。1954年、アラバマ州モンゴメリー市のデクスター・バプテスト教会に牧師として赴任し、1955年のバス・ボイコット運動を指導して、非暴力の方法による人種差別をなくす公民権法の制定をめざした。1963年にはワシントン大行進を指導して、「私には夢がある」の演説をおこなった。またベトナム戦争に反対する平和運動や、貧困に苦しむ人々への仕事を要求する「貧者の行進」などを展開したが、1968年、メンフィスで演説中に暗殺された。

「私には夢がある」 ① 1963年のワシントン大行進で、キング牧師がおこなった演説。「私には夢がある。それは、いつの日か、ジョージアの赤土の丘の上で、かつての奴隷の息子と、かつての奴隷所有者の息子が、兄弟として同じテーブルに腰をおろすことだ……私には夢がある。それは、いつの日

● ガンディーの生涯と思想　1869〜1948 ●

インドの政治家・民族主義者・独立運動指導者。尊称はマハトマ＝ガンディー。グジャラート地方の名門の家に生まれ、18歳の時にイギリス留学をし、法律を勉強して弁護士になる。帰国後、弁護士を開業するが、商社の顧問弁護士として南アフリカへおもむき、そこでインド人に対する人種差別を経験し、憤慨(ふんがい)した。その後、約20年間、南アフリカで差別撤廃の闘争を指導し、1915年インドに帰り、インドの独立をめざして、非暴力主義による抵抗運動を開始した。国産品を愛用するスワデーシ、塩税法への市民的不服従を示した「塩の行進」、ハルタールと呼ばれる仕事の一斉放棄など、イギリスへの非暴力・不服従の運動を指導した。イギリスの弾圧や投獄にあっても、真理に従う清貧で厳格な生活をつらぬき、1947年、インドは独立を達成した。しかし、その翌年、ヒンドゥー教とイスラーム教との宥和(ゆうわ)を説くガンディーは、熱狂的なヒンドゥー教徒の青年によって射殺された。主著『自叙伝』『インドの自治』。

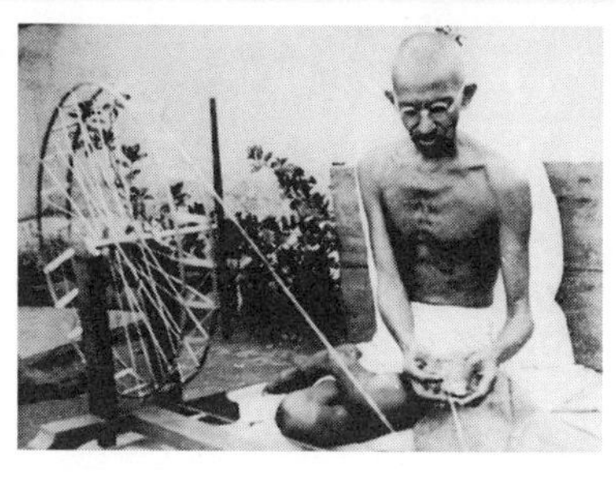

ガンディーの言葉

暴力否定は悪に対するあらゆる現実の闘争を止めるだけでは成立しない。予の考えでは、悪に対抗して結局これを拡大させるような復讐(ふくしゅう)よりも、一層積極且(か)つ現実なる闘争が必要である。(私は)不道徳と闘うため、精神的即(すなわ)ち道徳的抵抗を考える。

エルベール編(蒲穆訳)『ガーンディー聖書』岩波書店、かっこ内は用語集編者注

か、私の４人の小さな子どもたちが、肌の色によってではなく、人格そのものによって評価される国に生きられるようになることだ」と人種差別のない世界を語った。

公民権運動 ③ ある共同体で暮らす人々が、自分たちのもつ権利の保障を要求する社会的行動をいう。公民権のおよぶ範囲には定説がなく、選挙権と被選挙権、政務や公務につくことができる権利などがあるが、アメリカで1950〜1960年代にかけて高まりをみせた公民権運動では、黒人差別撤廃と人々の平等の実現要求に力点がある。そのなかで、キング牧師らが指導した運動がもっとも有名で、バス・ボイコット運動(1955年)を契機に盛り上がりをみせ、1963年に**ワシントン大行進**②(「仕事と自由のためのワシントン大行進」)がおこなわれた。この年は奴隷解放宣言から100年目にあたり、ケネディ政権が議会で可決しようとしていた公民権法への支持を表明する目的があった。アフリカ系・ラテン系アメリカ人をはじめ20万人以上が参加し、キング牧師の演説「私には夢がある」がおこなわれた。その結果、公共的施設での差別撤廃などを盛り込んだ公民権法(1964年)や黒人の選挙権を確保する投票権法(1965年)が制定された。

バス・ボイコット運動 ① 1955年、アラバマ州モンゴメリー市で、白人に席を譲らなかった黒人のローザ＝パークスが逮捕された事件をきっかけに、キング牧師らが人種隔離政策に抗議し、バスへの乗車拒否(バス・ボイコット)を呼びかけた運動。運動は１年以上も続けられ、やがて連邦最高裁判所はアラバマ州とモンゴメリー市の人種隔離政策を憲法違反であるとし、バスの座席における人種隔離は撤廃された。この運動をきっかけに、キング牧師は公民権運動を展開した。

第5章 現代文明への批判と新しい知性

1 フランクフルト学派

フランクフルト学派 ④ 1930年代にドイツのフランクフルトの社会研究所に集まって研究をした学者たち。ホルクハイマーが所長となったが、その後、彼らはナチスのユダヤ人公職追放によって外国に亡命し、戦後帰国して1950年に研究所を再建した。社会を支配する既存(きそん)の思想の矛盾(むじゅん)を明らかにする批判理論を展開し、ファシズム(全体主義)の野蛮行為や管理社会における人間の一元的支配を批判した。第1世代にはホルクハイマー・アドルノ・ベンヤミン・マルクーゼ・フロム、第2世代にはハーバーマス・オッフェ(C. Offe、1940〜)らがいる。

:『**社会研究誌**』① ホルクハイマーにより編集されたフランクフルト学派機関紙(1932〜41年)をいう。哲学から社会学・美術に至るまで幅広い研究がなされ、1933年以降はフランス・アメリカで発行が続けられた。

批判理論 ④ 社会を支配する既存の思想を批判するフランクフルト学派らの思想理論。ホルクハイマーによれば、現代社会で主流となっている実証主義や科学主義は、現実を分析するだけで、現実をこえる理念の視点をもたないために、既存の政治的・社会的枠組みのなかに組み込まれて、現実を批判する力を失っている。批判理論は、理性の批判的働きを通して現実と対決し、現実の矛盾点を暴(あば)いて克服する。フランクフルト学派の批判理論は、20世紀の新たな野蛮であるファシズムや、非人間的な管理社会を批判した。

批判的理性 ③ 既存の社会を支配する思想的な枠組みを批判し、理想を求める理性。道具的理性の対義語である。道具的理性が社会の既存の価値体系に組み込まれ、道具や手段となったのに対して、批判的理性は社会の思想的枠組みを超克(ちょうこく)していく理性である。

道具的理性 ⑤ 一定の目的を実現するための手段や道具としての理性。理性は、本来は人間のめざす理想や価値を示し、生活の指導原理となるものであったが、近代の産業社会の進展とともに、理性は一定の目的に対する手段を判断し、もっとも効率的に目的を達成する方法を計算する道具になってしまった。技術的な手段を考える計算的・操作的な道具的理性は、産業社会の利益獲得のために、さらにファシズムの侵略政策や核兵器の開発にさえも奉仕する。

理性中心主義[フランクフルト学派] ① 理性は、人類に共通する普遍的な思考能力であり、理性が発展すれば、人類は普遍的真理に到達するという考え方。理性万能主義ともいう。17〜18世紀の啓蒙思想は、理性中心主義のもとに歴史の進歩と人類の福祉を説いたが、第二次世界大戦のファシズムや核兵器の使用などの新たな野蛮の出現や、地球規模の環境破壊の危機などによって、そのような楽天的な理性万能主義は修正をせまられ、フランクフルト学派などの現代の思想家は、理性の意義を見直す必要性を説いた。

ホルクハイマー M. Horkheimer ⑤ 1895〜1973 フランクフルト学派の哲学者・社会学者。フランクフルトの社会研究所の所長となり、友人のアドルノとともにその指導をおこなった。ナチスによるユダヤ人の公職追放によって、アメリカに亡命し、戦後帰国して研究所を再建した。社会の現実を自明のものとして実証的に分析する実証主義・科学主義に対して、あるべき理念から社会の現実を批判する実践的な批判理論をとなえた。主著『**理性の腐食**』①、アドルノとの共著『啓蒙の弁証法』。

アドルノ T. Adorno ⑤ 1903〜69 フランクフルト学派の哲学者・社会学者。ホルクハイマーとともにフランクフルトの社会研究所で指導にあたった。ナチスのユダヤ人公職追放によってイギリス・アメリカに亡命し、戦後は帰国して、社会研究所の再建に参加した。音楽理論にも深い知識をもっていた。文明が自然を抑圧したことから生まれるゆがみを指摘し、自然と文明との和解の必要性を説いた。主著『否定弁証法』、『**権威主義的パーソナリティ**』③、ホルクハイマーとの共著『啓蒙の弁証法』。

『啓蒙の弁証法』 ④ ホルクハイマーとアドルノが討議をしながらまとめた共著。「啓蒙の弁証法」とは、人類の歴史が直線的な進歩ではなく、理性による啓蒙の歩みと野蛮への逆戻りがからみあう弁証法的な過程であることを指す。

野蛮［フランクフルト学派］① 古代の神話的世界は、近代の理性による啓蒙によって姿を消したが、神話のはらむ野蛮がファシズムや戦争などの反文明的な暴力性となって理性の世界に回帰することを指す。理性は、人間を**外なる自然**①の威力から解放したが、人間もその一部である自然を技術的に制御するあまり、人間の感情や欲望などの**内なる自然**①を抑圧しすぎると、自然は野蛮な反文明的現象として噴出し、啓蒙された文明は新たな野蛮に逆戻りする。ホルクハイマーとアドルノは、理性と自然との破壊的な対立関係をこえて、抑圧された自然の声を聞き取りながら、理性と自然の和解をめざす方向を示唆した。

権威主義的パーソナリティ ④ 自分よりも上位者の権威に盲従しつつも、自分よりも下位者にはみずからへの服従を求めるというフランクフルト学派のアドルノやフロムが説いた、現代人の社会的性格。自分の行動を反省することがなく、命令と服従の硬直した人間関係によって行動する権威主義的パーソナリティの持ち主は、組織の命令で平気で残虐行為や不正をおこなう危険性をもつ。ナチスによる組織的なユダヤ人虐殺などがその例である。

フロム E. Fromm ⑤ 1900〜80 ドイツで生まれ、アメリカに亡命した新フロイト派の社会心理学者・精神分析学者。社会や文化が個人の心理におよぼす影響を考察し、社会の政治的・経済的な条件のもとに形成された性格を社会的性格と呼んだ。『自由からの逃走』では、自由がもたらす孤独と不安にたえきれず、自由から逃走してファシズム（ナチズム）に巻き込まれた大衆の心理を分析した。社会的性格の類型には、自発的な仕事や愛を通して成長する生産的性格と、権力や財産を奪って内面のむなしさを埋める非生産的性格があるとした。一方、財産や利益をめぐって競争する資本主義の「もつ」社会から、個人の能力や個性を十分に表現し、創造的に生きること自体に意味を見出す「ある」社会への転換をとなえ、幸福や愛情をわかちあうヒューマニズム（人間主義）にもとづいた社会の実現を呼びかけた。主著『自由からの逃走』『正気の社会』『愛するということ』『生きるということ』。

『自由からの逃走』 ① フロムの主著で、1941年刊行。ルネサンスや宗教改革を通じて歴史的に自由を獲得した人間が、束縛からの自由がもたらす孤独や不安にたえきれず、自由から逃走してナチズム（全体主義）に吸収され、服従や従属をみずから求めた心理を**「自由からの逃走」**③と呼んで分析した。ユダヤ人であったフロム自身が、ナチスの迫害を受けてアメリカに亡命する体験のなかで書かれた。

マルクーゼ H. Marcuse ① 1898〜1979 ドイツの社会哲学者で、フランクフルト学派の一員。ナチスの台頭を警戒し、アメリカに亡命して研究を続けた。現実を乗りこえる批判的理性を重視し、現実を自明のものとして受け入れる実証主義・科学主義を批判した。現状のなかで抑圧された思想を見出し、それによって現実を批判し、否定する批判的思考をとなえた。また、高度化した産業社会のなかで画一的に管理され、批判的精神を失って現状に適応した人々を一元的人間と呼び、人間を管理する現代社会を批判した。主著『理性と革命』『エロス的文明』『一元的人間』。

ハーバーマス J. Habermas ⑤ 1929〜 フランクフルト学派のドイツの哲学者・社会学者。

→ p.200 **ハーバーマスの生涯と思想**

コミュニケーション的合理性 ③ 社会の構成員が自由に**討議**④し、相互に了解したうえで、たがいの行為を調整するルールをつくる合理性。社会の行為のルール（規範）は、その構成員による十分な討議を経て、言葉によるコミュニケーションによって形成された**合意**［ハーバーマス］②にもとづく。現代の多元的な世界では、社会規範の実質的な内容について外部から論じることはできず、そのルールが社会の内で形成されるに至った言語的なコミュニケーションの手続きの合理性によってのみ正当化される。市民による合理的な**コミュニケーション的行為**③により、全員の合意にもとづいてつくられたルールが、社会の公共性を形成し、民主的な社会統合の基礎になる。

対話的理性（コミュニケーション的理性） ⑤ 対等な立場で自由に話しあいながら、共通理解のもとで合意をつくり出す思

● ハーバーマスの生涯と思想　1929〜 ●

ドイツの社会学者・哲学者で、フランクフルト学派の第2世代に属する。1929年にドイツのデュッセルドルフに生まれ、ナチス・ドイツの時代に、軍国主義教育を受けて少年期を過ごした。戦後のアメリカ占領下の民主主義的教育に影響を受け、ボン大学などで学び、新聞に書評などを寄稿する。1956年にフランクフルトの社会研究所に入り、アドルノの助手をつとめるが、社会改革運動を支持するハーバーマスの急進的な思想が、所長であったホルクハイマーの反発をまねき、1959年に社会研究所を去る。1961年にハイデルベルク大学の教授になり、1962年に『公共性の構造転換』を刊行、ホルクハイマーの退いたあと、1964年からフランクフルト大学の教授をつとめた。政治や歴史の問題に積極的に発言し、東西冷戦のなかでアメリカの中距離核ミサイルの西ドイツへの配備に反対し、市民が手をつないだ「人間の鎖」を支持した。また、対象の中立的な観察という分析科学の立場をハーバーマスが批判した実証主義論争、社会学者のルーマン(N. Luhmann、1927〜98)との論争などをおこなった。

ハーバーマスによれば、西欧型民主主義国家やイスラーム国家などが共存する多元的な社会では、社会の枠組みとなる社会規範については、外部からその内容の正当性を批判することはできず、その社会の内部でどのような討議のプロセスを経て合意されたものかによって、正当性を確かめることができる。討議(ディスクルス、Diskurs)とは、相手に勝つための戦略的な論争ではなく、日常の社会生活で自明のこととされた社会規範を論題として取り上げ、その妥当性について各自が平等に発言し、相互に意思を通じあわせながら吟味して、共同で真理を探究するプロセスである。その社会のすべての構成員に平等に発言の機会が与えられ、外部からいかなる支配も制約も受けることがなく、各自が自由に発言し、それと対称的に他者の発言を聞くという相互理解的なコミュニケーションを経て合意された社会規範のみが、その構成員に服従を要求する正当性をもつ。ハーバーマスは、このような討議のプロセスがもつ合理性をコミュニケーション的合理性と呼び、これを多元的社会における多様な社会規範の正当性を判断する基準とした。その一方で、現代は、権力や貨幣などの制御(せいぎょ)メディア(人間の行為を自動的に調整する媒体)が支配するシステム合理性が、市民の討議から生まれるコミュニケーション的合理性にもとづく生活世界を侵食し、植民地化しているとして警告した。主著『公共性の構造転換』『理論と実践』『コミュニケーション的行為の理論』。

ハーバーマスの言葉

わたしは、当事者たちが彼らの行為プランを合意によって調整する相互行為を、コミュニケーション的と名づける。このコミュニケーション的な相互行為における行為調整に際しては、そのつど諒解(りょうかい)が目指されるわけであるが、そうした諒解に達したか否かは、妥当請求の間主観的な承認が得られたかどうかを規準にする。

三島憲一ほか訳『道徳意識とコミュニケーション行為』岩波書店

考能力。ハーバーマスの用語で、自然支配や現実追従をする道具的理性と対(つい)をなす。社会を統合する力は外部からの支配力ではなく、社会の構成員間の対話によって形成された自発的な合意にもとづかなくてはならない。対話的理性による十分に時間をかけた対話がコミュニケーション的合理性を担保し、構成員の合意のうえに社会の公共性を築くことができる。

システム合理性 ② 権力や貨幣などの制御メディアが、人間の行為を自動的に調整し、社会システム(組織)を統合する合理性。ハーバーマスの使用した用語で、市民の対話にもとづくコミュニケーション的合理性と対比される。政治的支配や経済成長を目的とする社会は、権力や経済的な交換価値(貨幣)が、人々の行為を調整する仲立ち(制御メディア)となるシステム合理性にもとづく。機能的な政治・経済的社会の根底には、市民の対話によるコミュニケーションが生み出す公共的な**生活世界**②[ハーバーマス]があるべきだが、現代は、その生活世界が政治的・経済的なシステム合理性の領域に侵食され、**生活世界の植民地化**②がおこっているという問題をハーバーマスは提起している。

公共圏 ① 自由に参加ができる人々により意見交換や討論が自由におこなわれる空間を指す。公共圏では、多種多様な意見が提出され、権力に制限されない討議が繰り返されることにより、よりすぐれた意見が導き出され、その集団の進むべき方向へと結論が導かれていく。顔見知りの人々とともにおこなう私的領域の活動ではなく、だれでも参加できる近代のサロンなどがこれにあたり、民主主義の要(かなめ)となる討議が展開される。

『公共性の構造転換』 ④ ハーバーマスの著作で、1962年刊行。18世紀の自由主義のヨーロッパでは、市民による文化や政治についての自由な討議によって**市民的公共性**[ハーバーマス]①が築かれたが、19世紀末からは国家が社会運営の中心となり、市民的公共性による社会の統合は失われたと分析する。

『コミュニケーション的行為の理論』 ④ ハーバーマスの著作で、1981年刊行。権力や暴力に支配されず、市民が自由に意見をかわして相互理解に達するコミュニケーション的合理性を主張し、同時にコミュニケーション的合理性が支配するべき生活世界が、政治権力や貨幣経済が調整するシステム合理性に侵食され、生活世界の植民地化が進行していると警告している。

2 構造主義

構造主義 structuralism ⑤ ある事象(じしょう)の意味を、それ自体に求めるのではなく、それらの事象を関係づける社会的・文化的なシステム(構造)から理解する思想的な立場。1960年代にフランスを中心に広まった。具体的な事象は、それらを意味づけている社会的・文化的システムを離れてはありえず、そのシステムの枠のなかでほかの要素と関係づけられることによって意味を得る。構造主義は、個々の人間の行為を、それらを関係づけ意味づける歴史的・社会的に形成された全体的体系(構造)から解明する。

構造主義的言語学 ① 言語の構造や体系から言語を研究する学問のこと。言語は語源やその地方独特の言い回しなどの歴史的背景から研究されることが一般的であったが、言葉はもともと音節・抑揚などからつくり出された空気振動であり、それを表記した記号である。その記号の意味は実物の世界と普遍的に対応するのではなく、文化ごとに結びつきが異なり、その文化のもつ言語の体系のなかで決まっていく。ソシュールらは記号である言葉のもつ文法などの言語体系と実際の発話の関係という構造から研究をおこない、構造主義哲学に影響を与えた。

構造(システム) ⑤ 特定の社会の枠組みのなかで、それぞれの事象や行為を関係づけ、意味を与える思想や制度の体系を指す構造主義の用語。社会には、人々の言葉や行為を関係づける体系(構造)があり、その体系の枠組み内の関係によって、それぞれの言葉や行為の意味が定まる。

ソシュール F. Saussure ⑤ 1857～1913 スイスの言語学者。言語学における構造主義的な理論をもとに構造言語学をとなえ、人間の社会的・文化的生活をとらえる構造主義の哲学に影響を与えた。ソシュールは、社会的制度として確立された言語習慣の体系をラングと呼び、それにもとづいて成立する個人の発話行為(会話)をパロールと呼んで、個人の具体的な発話行為(パロール)は、それらが要素として属する言語体系(ラング)のなかで関係づけられることによって意味をもち、その体系の外では何の意味ももたず、この体系に先立って、個々の言葉はありえないとする。主著『一般言語学講義』。

:『**一般言語学講義**』② ソシュールがおこなったジュネーブ大学での3回の講義録(1907〜11年)で、ソシュールの死後、元学生らがまとめ、1916年刊行。彼の構造言語学の概要が述べられている。

ラング langue(仏) ④ 社会的制度として確立された、構造やシステムとしての言語体系。ソシュールは、言語の関係の体系が個々の言語の位置を定め、それを意味づけると説き、あらかじめ文章の組立てを規定している潜在的な言語体系をラングと呼び、それにもとづく個々の具体的な発話行為(会話)を**パロール**(parole〈仏〉)④と呼んで区別した。社会的・文化的システムとしての言語体系(ラング)は、個人の具体的な発話行為(パロール)に先立って存在し、それを関係づけ、意味づける。言語体系であるラングにもとづいて、個々の会話であるパロールの意味が理解できる。

ランガージュ langage(仏) ① 所属文化を問わず人間がもつ普遍的な言語能力と言語活動をいう。ソシュールによればランガージュは言語使用のみならず、抽象化・類型化の機能を有し、所属文化に応じるラング(言語体系)と個人に応じるパロール(言行為・個人的側面である)とにわけられるとした。またラカンも「無意識はひとつの言語活動(ランガージュ)として構造化されている」と語った。 →p.218 **ラカン**

シーニュ(記号) signe(仏) ① ソシュールによれば、言語体系(ラング)は記号(シーニュ)と呼ばれ、それは意味するものとしての言葉である**シニフィアン**(signifiant〈仏〉)②と、それによって意味された内容の**シニフィエ**(signifié〈仏〉)②が一体になっている。たとえば「リンゴ」という音のシニフィアンは、実物の「リンゴ」のシニフィエと結びつくが、その結びつき方は恣意(しい)的なもので、「アップル」というシニフィアンと結びついてもよい。重要なことは「リンゴ」という発音のシニフィアンが「モモ」や「ナシ」と差異をもつことによって、はじめて意味されるシニフィエとしての「リンゴ」も、ほかと異なるものとして存在することである。つまり、意味するシニフィアンの差異が、意味されるシニフィエの差異を生み出し、そのような言語によって世界について語ることを通して、世界の認識が成立する。

差異(さい)[ソシュール] ① ソシュールはあらかじめ存在する対象に、人間がそれを指し示す言葉を当てはめるという常識的な考え方をくつがえし、言葉はほかの言葉との差異をもつことによって、その言葉が指し示す内容をほかのものと差異化し、区分けして存在させると説いた。「リンゴ」という発音は「モモ」や「ナシ」などと差異をもつことによって、はじめてそれが意味するものを「リンゴ」として存在させる。現実の世界を分節し、切りわけている言語のシステムが、それによって語られる世界の物事を存在させ、その言語を使う人間の独自の世界観を築いているのである。

言語の恣意性 ② シニフィアン(意味するものとしての言葉:単語)とシニフィエ(シニフィアンによって意味された内容:実際のもの)が人間の思いつきに任された偶然の結びつきであることを指す。「リンゴ」という単語と実際に目前にある物体としての「リンゴ」の結合は、必然的ではなく人間が考えた結合である。

レヴィ=ストロース C. Lévi-Strauss ⑤ 1908〜2009 フランスの文化人類学者、構造主義の思想家。

→p.203 **レヴィ=ストロースの生涯と思想**

『**構造人類学**』① レヴィ=ストロースの著作で、1958年刊行。個々の発話をこえた人々の根底にあるラングを研究するソシュールから影響を受け、個々の行動をこえた人間行動の根底にある精神構造を探究するため、未開社会の親族関係・神話等を構造主義の観点から分析してまとめたもの。

『**神話論理**』① 1964〜71年刊行。神話は言語と同じ構造主義的方法で分析できると考え、『生のものと火を通したもの』(1964年)、『蜜から灰へ』(1966年)、『食卓作法の起源』(1968年)、『裸の人』(1971年)として、レヴィ=ストロースが約10年の歳月をかけてまとめた南北アメリカ大陸先住民の神話研究書。

文化人類学 ② 人類の文化の発生と発展を科学的に解明する学問。古代人の遺跡、民族の習俗や言語、伝承(でんしょう)された音楽や物語などを調査・研究し、また、諸文化を比較して共同体の社会構造を解明する。未開民族の文化を比較研究する民族学と、ほぼ同じ意味で使われる。

野生(やせい)**の思考** ⑤ 未開社会の神話的な思考を指す。レヴィ=ストロースは、西洋の抽象(ちゅうしょう)化された科学的思考を文明の思考・**栽培の思考**①と呼び、それに対して、飼

● レヴィ＝ストロースの生涯と思想　1908～2009 ●

フランスのユダヤ系の家庭に生まれ、パリ大学で哲学・法学を学び、アグレガシオン（大学教授資格試験）に合格した。民族学・人類学に関心をもち、1935年にサンパウロ大学の社会学教授としてブラジルに渡り、アマゾン川流域の先住民の調査をおこなった。1939年にフランスに帰るが、ナチスの侵攻により、1941年にアメリカに亡命した。アマゾンの先住民の調査をもとに、『親族の基本構造』を出版し、婚姻制度を女性の交換を通した部族のコミュニケーションであると説く構造主義的な考察が、大きな反響を呼んだ。フランスに戻って、1959年にコレージュ・ド・フランスの教授に任命され、北アメリカの先住民の神話の構造分析などについて講義した。

レヴィ＝ストロースは、ソシュールの言語分析にヒントを得て、未開社会の人々の風習や神話の諸要素を関係づける構造を分析した。インセスト・タブー（近親婚の禁忌(きんき)）は、親族の内輪の結婚を禁止することで、外部の集団の女性との結婚を義務づけ、集団がたがいに女性を交換しあうコミュニケーションを可能にする規則であり、また、特定の動植物を部族や氏族を象徴するトーテムとする風習（トーテミズム）は、トーテムを思考の媒体として、自分たちの集団をほかの集団と区別し関係づける象徴的な分類体系であるとした。レヴィ＝ストロースは、このような未開社会の思考を野生の思考と呼んだ。西欧の文明の思考が、力・質料・数字などを使う抽象的思考であるのに対して、野生の思考は、動植物など経験的な対象を使う具体的思考である。思考の媒体となるものは異なるが、野生の思考も世界をくわしく分類し、秩序づけ、体系化する非常に厳密な論理性をもつ。さらにレヴィ＝ストロースは、未開社会の人々は自然への畏敬(いけい)の気持ちをもち、自然や生物に敬意をはらい、西欧文明が反省すべき点を教えてくれると説き、文化的相対主義の立場から、西欧の文明を絶対視する自文化中心主義をきびしく批判した。主著『親族の基本構造』『構造人類学』『悲しき熱帯』『野生の思考』『神話論』。

レヴィ＝ストロースの言葉

草と花と蕈(きのこ)と昆虫の一社会が、そこで、或(あ)る独立の生活を自由に営んでおり、その生活に仲間入りを許されるかどうかは、われわれの忍耐と謙虚さに懸(かか)っているのである。何十メートルか森に入って行くだけで外の世界を捨て去るのに十分であり、一つの世界がもう一つの世界に席を譲る。そこでは、視覚はあまり楽しまないにせよ、聴覚と嗅覚という、視覚よりさらに魂に近い感覚がその所を得るのである。すでに消滅してしまったと思われていた様々な富―静寂、爽やかさ、平穏―が甦(よみが)える。

川田順造訳『悲しき熱帯　下』中央公論社

育(しいく)されていない野生のままの思考を野生の思考と呼んだ。彼によれば、未開社会の思考も文明社会の思考と同じように論理的であるが、文明の思考が質料・数字などの概念を使う抽象的思考であるのに対して、野生の思考は動物・植物・昆虫など経験的な対象を使う具体的思考である。野生の思考は、感覚的な対象を使いながらも、きわめて厳密な論理をもち、世界をくわしく分類し、秩序づけ、体系化しており、自然に対する畏敬の念をもつ点で、西洋文明が見習うべき点があるとした。

トーテム　totem ①　部族や氏族などの集団と、呪術(じゅじゅつ)的・宗教的関係によって結ばれた特定の動物や植物から着想を得た象徴を指す。これにもとづく信仰的制度を**トーテミズム**（totemism）①と呼ぶ。トーテムとして選ばれた動植物は、その集団と近縁(きんえん)関係にあるとされ、たがいに保護しあい、食べてはいけないなどのタブー（禁忌）がある。その起源としては、動物崇拝、集団の守護神(しゅごしん)、祖先崇拝などがあげられるが、レヴィ＝ストロースは、トーテム動植物はその差異や共通性によって、それと並行して部族の集団の差異や統合を象徴的にあらわすと考えた。そして、トーテム動植物は、未開人が集団を分類し、秩序づける論理的な思考の媒体(メディア)であり、トーテミズムは、集団の区分や関係をあらわす象徴的な分類体系であると説いた。

『親族の基本構造』 ③ レヴィ＝ストロースの主著で、1949年刊行。アマゾン川流域の先住民の調査をもとに、未開社会の結婚制度の構造を解明した。インセスト・タブー(近親婚の禁忌)が、外部の集団に属する女性との結婚を義務づけ、集団間で女性を交換しあうコミュニケーションを可能にすると説く。

『悲しき熱帯』 ③ レヴィ＝ストロースの主著で、1955年刊行。ブラジルのアマゾン川流域の先住民の実地調査の記録。

『野生の思考』 ④ レヴィ＝ストロースの主著で、1962年刊行。文字をもたない未開社会の神話的思考は、文明社会の科学的思考より低次のものではなく、世界を分類し、秩序づける厳密な論理性をそなえていると説く。西洋の科学文明を中心に考える現代人を痛烈に批判した。

モース M. Mauss ① 1872〜1950　人やモノの交換が社会で果たす役割を研究して、レヴィ＝ストロースらに影響を与えたフランスの社会学者・人類学者。貨幣経済の未発達な社会では、贈物の交換とそれにともなう儀式により、社会的関係の結びつきが強化されることをモースは発見した。贈物の交換はたんなる経済行為ではなく、贈られた側は返礼品を送る義務を負い、これにより潜在的な争いの脅威が排除され、また経済的格差が是正されていく機能をもつとされる。主著『贈与論』。

フーコー M. Foucault ⑤ 1926〜84　フランスの哲学者で、構造主義と関わりながらも、独自の思想を展開した。

→ p.205 **フーコーの生涯と思想**

知の考古学 archéologie(仏) ③ 近代人の思考の枠組みとなる知の体系が、西洋における歴史のなかでいかに形成されてきたかという系譜をたどるフーコーの学問。知の考古学(アルケオロジー)は、人間が物事を認識する既成の知の体系にとらわれず、歴史に残された断片をアルシーヴ(資料、英語ではアーカイブス)として読み取り、そこにひそむ人間の知を支配する言語活動の集合体である言説(ディスクール、discours〈仏〉)を解明する。ディスクールはフランス語で言葉で表現されたものを意味し、言説は語ることのできる可能性のある無限のことがらのなかから、ある特定のことがらを語ることによってその対象をつくり出す。フーコーによれば、言説は社会の制度や権力と結びつき、その権力が生み出す抑圧や排除、差別をうちに含んでおり、人間は無意識のうちにその言説のなかに取り込まれ、思考の可能性を制限されている。

エピステーメー［フーコー］ épistémè(仏) ② ある時代・共同体に特有な認識の前提となる思考様式を意味するフーコーの用語。知識は認識により形成されるが、その認識の基盤となる総合的体系(枠組み)は、時代・共同体ごとに人間を知らず知らずのうちに拘束する。エピステーメーは科学的分野の認識にとどまらず、非連続な変化をする。フーコーは具体的に3つのエピステーメーを特定している。ルネサンス時代は、魂と肉体のように、近接する類似した物が鎖状につながり世界が構成されると考えられたので、「類似性」というくくりに注目されて対象の認識がなされた。古典主義時代(17〜18世紀)においては、労働の結果として得られた富が数字に置き換えられるように、記号や言語により世界は表現できるので、これらの「表象」を用いながら、同一性と差異性による分類に注目され、対象の認識がなされた。近代(18世紀〜現代)には、人間は表象では表現できない生命であるように、有限な時空間にある「有機構造」に注目して認識がなされた。なお、エピステーメーはギリシア語「知識」を語源とする。

→ p.48 **論証的な学知(エピステーメー)**［アリストテレス］

狂気［フーコー］ ④ フーコーによれば、理性と狂気の区別は歴史的過程の結果として生まれ、社会を支配する**権力**［フーコー］④と結びついた知識が正当とされ、そこからはずれたものは狂気とされる。中世においては、狂気は社会で通用している知識や政治への批判の源泉とみなされ、一定の社会的な意義を認められていた。近代社会の成立とともに、学校・工場・裁判所・監獄などの制度や施設を通じて、生権力が人々を支配し、その裏で社会規範からはずれた者は異質な者、非理性的な者として、狂気のラベルを貼られて排除された。

生権力 ① 個人の生き方を積極的に管理し、規格化する現代的権力を指す。かつての権力は君主が個人の生命と身体を外部から支

● フーコーの生涯と思想　1926〜84 ●

フランスのポワチエに生まれ、10代をドイツ軍のパリ占領、連合軍によるパリ解放という激動の時代に送った。エコール・ノルマル・シュペリオール(高等師範学校)で心理学・精神病理学を学び、その後アグレガシオン(大学教員資格試験)に合格した。29歳の時にスウェーデン・ポーランドに行くが、フランスに戻る。1966年に出版した『言葉と物』がベストセラーになり、構造主義がブームになった。1968年の学生による社会体制への異議申し立て運動(五月革命)の時には、学生を弾圧する当局に抗議した。1970年にはコレージュ・ド・フランスの教授に任命された。57歳でエイズが原因で死去した。

西欧の近代社会の成立過程を批判的に考察し、権力が知識に結びつき、人間の思考を無意識のうちに支配する知の構造が形成されることを解明した。人間は、その時代や社会の支配的な知の構造に無意識のうちに規制されて思考している。フーコーは、その知の構造を明らかにするために、その時代の出版物・新聞・パンフレットなどあらゆる発言をアルシーヴ(資料、本来は古文書・古い記録の意味)として収集・分析し、その時代の人間の考え方を規定する規則を解明する「知の考古学」(アルケオロジー)をとなえた。

近代社会は、学校・軍隊・工場・病院・裁判所・監獄などの制度や施設を通じて、人々を社会規範によって規制・監視し、無意識的に規範に服従する「主体」をつくり上げてきた。フーコーは、人間の内面的意識を拘束する社会の規範構造を明らかにすることによって、それにとらわれた自我を解放し、自由に思考する知性を備えた真の自己を回復しようとした。このようなフーコーの思想には、自分が属する社会の規範体系に無意識的に拘束されて息苦しい思いをしたり、社会の規範から異質な者として排除されたりした人々への共感があり、そこには、彼自身が同性愛者として異端視(いたんし)された苦悩の経験があるとも考えられる。主著『狂気の歴史』『言葉と物』『監獄の誕生』『性の歴史』。

フーコーの言葉

はたして自分は、いつもの思索とは異なる仕方で思索することができるか、いつもの見方とは異なる仕方で知覚することができるか、そのことを知る問題が、熟視や思索をつづけるために不可欠である、そのような機会が人生には生じるのだ……哲学―哲学の活動、という意味での―が、思索の思索自体への批判作業でないとすれば、今日、哲学とはいったい何であろう？　自分がすでに知っていることを正当化するかわりに、別の方法で思索することが、いかに、どこまで可能であるかを知ろうとする企てに哲学が存立していないとすれば、哲学とは何であろう？

田村俶訳『性の歴史Ⅱ』新潮社

配し、命令拒否に対しては拘束や処刑をおこなう力であった。しかし、現代の権力(生権力)は、学校や監獄での教育を通じ、個人の精神・身体を内部から支配する規律の権力であり、医学的情報の提示や生殖行動の規範明示というかたちで、健康・寿命・出産を調整し、人口までも支配下におく。その結果、権力への従順な精神・身体が形成され、共同体の維持管理が可能となったとフーコーは指摘する。

反人間中心主義 ① 理性的で自由な主体という近代の人間中心主義を否定し、人間はその時代を支配する権力が生み出した思考の枠組み(言説・ディスクール)のなかに、無意識のうちに拘束されるというフーコーの思想。近代人は病院・裁判所・監獄・学校・工場などで規格化され、権力に従順に思考するように無意識のうちに訓練されてきたとフーコーは批判した。

自己への配慮
フーコーが古代ギリシア・ローマ時代

の人々の「生の技法」としてあげたもので、関心を自己へと向け、自己の身体と健康への配慮をおこない、結婚生活や若者とのつきあい方を洗練させ、自己をみずからの生活についての主体として確立する実践的な生き方の術である。フーコーはとくに性的な生活を取り上げ、抑制しがたい性の欲求を配慮のとどいた養生生活のなかに組み込み、自己規制をおこなって性的活動をコントロールし、自己が自己に対して万全の支配ができるようにすると同時に、自己を完全に享受する実践的な生き方の技術として、古代人の自己訓練について分析した。

『狂気の歴史』 ⑤ フーコーの主著で、1961年刊行。近代における狂気という概念の成立過程を明らかにし、理性と狂気の区別が、歴史的過程から生まれることを明らかにした。近代社会の成立とともに理性的な社会規範が人々を規制し、その裏で社会規範からはずれた異質な者は、非理性的な狂気の人として排除された。

『言葉と物』 ④ フーコーの主著で、1966年刊行。ルネサンスから近代までの学問の歴史を分析したもの。人間が主体となって歴史をつくるという人間中心主義に疑問を投げかけ、歴史をそれ固有の存在としてとらえ、現在の諸問題への関心をもとに、歴史を現在との関わりに従って系譜学として叙述されるべきものだとした。

「知の考古学」 ① フーコーの論文で、1969年刊行。人間の意識下で認識を制御するエピステーメーの構造を考古学的手法により追究し、時代ごとの知識の成り立ちを比較研究したもの。

『監獄の誕生』 ④ フーコーの著作で、1975年刊行。近代以前の社会では、犯罪者には公開の場で鞭打ちなどの体刑がおこなわれたが、近代からは、監獄がつくられて、犯罪者は身体を拘束されて精神を矯正される。監獄に収容された人間は、つねに監視され、権力に従順な身体であることを強要される。その象徴的な例として、ベンサムが考案した1人の監視者が多くの囚人を見張ることのできるパノプティコン(一望監視施設)があげられる。

→ p.154 **パノプティコン**

『性の歴史』 ② 1976〜84年に刊行され、フーコーの死とともに未完に終わった著作。古典時代から近代までの西欧的な欲望の「主体」の変遷について考察する。西欧の近代社会においては、支配的な知と権力の枠組みのなかで、すべての人に規範的に強制される規格が「主体」とされるが、古代ギリシアやローマでは、自己を統制し、自己抑制によって適度に快楽を楽しみ、人生に美や善の価値を与える自己の主人が「主体」とされる。

バルト(ロラン=バルト) Roland Barthes ② 1915〜80 フランスの構造主義哲学者・芸術批評家。ソシュールの記号学を継承し、テクスト論を展開した。従来の文学作品は、それ自体で完結した作品のなかから、作者の意図をくみ取ろうと試みる「作品論」が中心であったが、「テクスト論」は作者を対象からいったん外し、書かれた言葉に注目してテクストを自由に解釈していこうという考え方で、作者ではなく読者が主体的に意味をつくり出すと考える(「作者の死」)。これによりテクストと読者のあいだで様々なエクリチュール(表現様式)が結びつき、反発しあい、からみあいながら、織物のように生成された多義的解釈が人々に示され、その解釈がつぎに生産されるテクストの素材を形成し、長らく読み継がれる作品に成長していく。なお、テクスト(text)とはもともと「教科書や文学作品の本文」の意味であるが、バルトでは「作者の意図から自由になった文章」を指す。textus(織物)が語源。主著『零度のエクリチュール』『テクストの快楽』。

→ p.214 **エクリチュール**

アルチュセール L. Althusser ① 1918〜90 構造主義的なマルクス主義研究で知られるフランスの哲学者。マルクスの思想に認識論的切断があること、切断後は構造主義的な分析がなされていることを指摘した。初期マルクスは資本主義の問題を「人間性が失われていく疎外」という過程から論じているが、これには人間の生き方という価値観が入り込み客観的分析ではない。しかし、後期マルクスは、下部構造(経済)が上部構造(政治や思想)を決定していくという科学的分析を取り入れている。このようにマルクスの分析思想が人道主義から科学主義へと転換したことを認識論的切断という。さらに後期の分析は個別の原因ではなく、様々な因子が複雑にからみあう点に注目しているので、構造自体が社会のあり方を決定するという「構造主義的」分析を取り入れているとアルチュセールは指摘する。つまり、そこには歴史・文化・経済・政治などに内在する因子(審級)が、複雑に折り重なった重層的決定により社会がつくられるという考えがみられるという。構造主義者のラカンに影響されたアルチュセールは、マルクスの分析手法にこのような構造主義的方法があることを発見して新たなマルクス像をつくった。主著『資本論を読む』『国家とイデオロギー』。

3 新しい思想の展開

マックス゠ウェーバー Max Weber ⑤ 1864〜1920 ドイツの社会学者。社会的現象は価値的判断などを排除し、本質的な事実のみにもとづき分析すべきであるとする社会科学を提唱した。彼の代表的な分析として、プロテスタンティズムの禁欲的な倫理が、資本の蓄積をうながして近代資本主義の精神につながったことの分析や、近代社会が官僚制(ビューロクラシー)の原理にもとづいていることの分析などがあげられる。主著『プロテスタンティズムの倫理と資本主義の精神』『宗教社会学論集』『経済と社会』。

→ p.120 **『プロテスタンティズムの倫理と資本主義の精神』**

官僚制(ビューロクラシー) bureaucracy ④ もともとは、官僚を中心にした行政組織の原理を意味したが、広くは近代の管理的な社会組織の基礎となる原理を指す。マックス゠ウェーバーは、(1)合理的な規則による支配、(2)明確な上下関係をともなった権限の構造、(3)文書主義にもとづいた非人格的な人間関係、(4)職務や技術の専門家、などを要素としてあげている。官僚制は、個人の恣意(しい)的な行動を抑制する、形式的にもっとも合理的な組織形態とされるが、その反面で、(1)本来の組織目標の達成よりも公式的な規則の遵守(じゅんしゅ)を重視し、(2)各人の個性や自由よりも制度自体の持続を重視する性向、という問題点があり、本来の目的を見失って、実質的に非合理的な結果をもたらす可能性がある。

合理化[ウェーバー] ① 近代的理性による自然についての客観的な認識が進み、合理的な世界観が発展するとともに、神の超自然的な力に働きかける呪術がすたれ、宗教は個人の主観的な世界にゆだねられる**脱呪術化**①・脱魔術化が進むこと。自然についての合理的な認識が人々に共有されるとともに、宗教は個人の非合理的な心の内面的体験へと退いていく。

価値自由(没価値性)

主観的な価値判断から自由になった態度を指すが、それは価値判断を中止することではない。マックス゠ウェーバーによれば、社会科学が対象とする歴史的・文化的事実は、それを認識する主体の価値理念によって選択されたものであり、主体の価値判断の観点を離れた事実はありえない。価値自由とは、自分が対象を考察する価値の視点を自覚し、価値をもちながらもそれにとらわれない自由な認識を意味する。世界そのものは無意味な無限の現象であり、人間がそこから自己の価値の視点から断片を選び出し、意味を与えたものが歴史的・文化的な考察の対象となり、マックス＝ウェーバーはそれを理念型と呼ぶ。

理念型論
社会科学の対象である個別的事実を因果的に理解する手段として、マックス＝ウェーバーが説いた考え方。社会科学も自然科学と同じように事実の因果的な関係を探究するが、そのために複雑で流動的な文化的な現象のなかから、本質的に知るべき部分を選び出して、それを1つの統一的な思想像として構成したものが理念型である。偶然な要素を排除して、一定の観点から本質的な要素を選び出して構成された理念型をもとに、それの因果的な関係を解明する。「家庭」「資本主義精神」などが理念型の例である。

『職業としての学問』 ① 1917年刊行。マックス＝ウェーバーがミュンヘン大学でおこなった講演録をいう。プラトンの洞窟の比喩を借りれば、科学者は洞窟から出て真実を求めることができる。しかし、命を救える医者が患者の人生の価値について考えられないように、科学者は世界の真実を描写しても世界の存在の価値については答えを出せない。科学者をめざす者はそのような科学の宿命を受け入れるか否か、考えねばならない。

『職業としての政治』 ① 1919年刊行。マックス＝ウェーバーの『職業としての学問』に続く講演をもとにしたエッセイ。政治のために生きる者と政治により生きる者とを区別し、政治家には情熱・責任感・判断力の3つが必要であると説く。

● ● ●

アラン Alain ① 1868～1951 日常生活における「幸福な生き方」で知られるフランスの哲学者。ペンネームがアランで本名はエミール＝オーギュスト＝シャルチエ(Émile-Auguste Chartier)である。フランスの学校(リセ、lycée)で哲学を教えながら、仕事や人間関係など様々な主題を考察し、前向きに生きる考え方を新聞で執筆したことから注目を集めた。勝手な思い込みのような、不幸と感じてしまう原因を排し、積極的に自分の生を楽しむことを示唆した。ペンネームのアランは、フランスの政治作家アラン＝シャルチエ(Alain Chartier、15世紀)に由来する。

シモーヌ＝ヴェイユ Simone Weil ① 1909～43 フランスの哲学者・神秘主義者。ユダヤ系の家系に生まれ、哲学者アランの教えを受け教師となるが、自動車工場の工員やスペイン内戦への参加を経験し、ナチスに対するレジスタンス活動中、栄養失調と過労により発病して死去した。まとまった著作はないが、ポルトガルでの宗教体験を契機にした宗教的探究や、社会主義・産業社会・私的苦悩への思索を深めた手紙・メモを、彼女の死後に友人らがエッセイ集・格言集として出版した。組織や党派に依存せずに、個人としてその場の状況に全身全霊で打ち込んで真理をつらぬこうとし、キリストの受難(パッシオン)を全身で受け止めて共鳴するあわれみ(コンパッシオン)にもとづいた不幸論を説き、また、人々の苦悩に対して、悩み事は消し去ろうとせず、形をかえてみるべきであるなど、示唆に富んだ考えをめぐらせている。主著には神秘的宗教エッセイと格言集の『重力と恩寵』・戦争や工場労働に関するエッセイ集の『抑圧と自由』がある。

● ● ●

ホワイトヘッド A. Whitehead ① 1861～1947 世界(宇宙)は個々の存在が相互に関連・依存した有機的構造であると考えたイギリスの数学者・哲学者。デカルトはそれぞれが独立して実在する「実体」から世界構造の説明を試みたが、それでは実体どうしが関わりあっている現実の世界を説明できないとホワイトヘッドは考え、ある時点で存在する人間を含むあらゆるものを「現実的存在」と呼び、それが関連・依存してきたほかの「現実的存在」とともに世界(宇宙)を構築するとした。彼は主著『過程と実在』のなかで、プラトンの形而上学と、ガリレオらの17世紀の経験科学の両者を融合させた宇宙論(世界観)を述べ、プラトンが『ティマイオス』(「神がイデアを範形に宇宙を生成した」と主人公ティマイオスが語る対話文で、アトランティス伝説なども伝えている)で述べる思想の豊かさを指摘し、哲学の歴史はプラトン哲学を繰り返すだけの注釈にすぎないとして、科学によりしいたげられた形而上学の重要性を再提示した。

ウィトゲンシュタイン L. Wittgenstein ⑤ 1889～1951 オーストリアに生まれ、ベルリンの工科大学で航空工学を学ぶが、数学と論理学に関心をもち、ケンブリッジ大学でラッセルに師事する。第一次世界大戦の従軍中に書きためた断章をまとめて、言葉の論理を分析した**『論理哲学論考』**⑤を刊行した。その後、すべての問題は解決されたと信じて哲学から離れたが、数年後にケンブリッジ大学に戻って哲学研究を再開し、ゲームをモデルとして日常言語を分析する言語ゲームの概念をとなえた。言語は論理によってではなく、日常生活を基盤にして成り立つものとされる。主著『論理哲学論考』**『哲学探究』**⑤。

ウィトゲンシュタインの言語哲学

人間は、言葉を使って思考する。ウィトゲンシュタインは、言葉とは何かを探究し、言語を用いて思考する哲学の足もとについて考えた。前期の『論理哲学論考』では、世界は事実の集合体であり、その事実を写し出す言語と事実のあいだには、一対一の対応関係が成り立つとされた。しかし、後期の『哲学探究』では、一転してそのような写像(しゃぞう)理論は否定され、言語は事実を指し示すものではなく、日常生活における人々の交渉のなかで機能するものとされる。たとえば、「赤い5つのリンゴ」という言葉は、その注文を受けた果物屋の店員が、リンゴの箱から赤いものを5つ取り出して客に渡すという日常の行為をあらわし、そこには「赤」「5」「リンゴ」の定義や説明は必要ない。日常会話は、そのなかで生み出されるルールに従っておこなわれるゲームに類似したものとして、言語ゲームと呼ばれる。会話は、生活のなかのルールに従い、そのルールは、第三者的立場から説明することはできず、会話というゲームに参加している人々の日常生活を通して学ばれる。言語の意味は、生活における言語の「使用」から生まれ、言葉は、日常生活の文脈におり込まれた、生活の一形式として機能する。

「語りえないことについては、沈黙しなければならない」 ⑤『論理哲学論考』の結びの言葉。ウィトゲンシュタインの前期の思想では、言語は世界全体を写しだす像であるという**写像理論**②が説かれる。言葉と現実の事象とは、正しい対応関係をもっているから、神や道徳など現実の事象と対応しないものは、言葉によって論理的に語ることはできない。従来の哲学は、そのような「語りえないこと」について語ろうとする矛盾をおかしてきたのであり、我々は、神や道徳など語りえないものには沈黙を守るべきであるとする。言葉で考える人間にとって、考えうる世界は言葉で「語りえる」世界に限定される。「沈黙しなければならない」とは、言葉をこえた「語りえない」世界の神秘を、沈黙のなかで暗示するものでもある。

言語ゲーム ⑤ 日常的な生活を基盤として成り立っている会話を指す、後期のウィトゲンシュタインが使用した用語。会話は、日常生活の脈絡のなかにおり込まれた、行動のスタイル(型)として機能している。会話という言語ゲームの規則は、他者と共有された日常生活に内在しており、我々は会話のゲームをしながら、生活や習慣のなかで自然にルールを習得する。外からゲームのルールを理解することはできず、ルールをとらえようとする行為自体が1つの言語ゲームとして、多様な言語ゲームの一部をなしているので、我々は会話のゲームに参加しながら、言語のルールを学ぶよりほかない。

分析(ぶんせき)哲学 ⑤ 現代の英米哲学の主流の1つ。抽象的な観念によって思想体系を構築する従来の哲学を批判し、日常会話や哲学における命題(めいだい)を分析し、その命題が何を意味しているのかを明らかにすることによって、問題そのものを解消しようとする。たとえば、「ものはある」という命題について、ものの実在を議論するのではなく、その命題がどのような意味で語られているのかを分析し、日常生活でその命題がもつ意味を明らかにする。イギリスのムーア(G. Moore、1873～1958)・ウィトゲンシュタイン・ラッセルなどの思想の影響で始められた。

論理実証主義 ① 経験主義に立脚した言語分析と論理分析を特徴とする科学哲学の考え方を指す。第一次世界大戦後に主として科学哲学と論理哲学を議論したウィーン学団を中心に提唱され、有意味にみえる形而上学の多くが実は無意味な真偽を問う文章や式である疑似命題からなるとして、これを批判した。まず、実証主義を前提に、疑似命題となることを避けるため、命題に用いられる**言語批判**①をおこなうことを主張した。具体的には、「神はこう申された」「日本は住みやすい国だ」という文章は文法的には正しいが、前者は経験をこえた疑似命題であり、後者は「住みやすい」という主観的要素により構成されているため、命題の真偽を求めることができず有効な命題ではない。

言語論的転回 ④ 哲学の対象が従来の意識や理性などから言語に転換することをいう。哲学は言語により成り立つので、単語や構文自体を検証する言語批判がおこなわれなくては正しい議論が進められないとして、ウィーン学団のグスタフ＝ベルクマン(Gustav Bergmann、1906～87)らが提唱し、後期のウィトゲンシュタインは、一個人のみが使用し理解する私的言語を批判する**私的言語批判**①を通じ、私的言語は言語ゲームの立場からは意味をなさないと考えた。

クワイン W. V. O. Quine ④ 1908～2000 アメリカの分析哲学者。ハーヴァード大学で哲学・論理学を教えた。命題が真理であるか虚偽であるかは、一つひとつの命題については確かめられず、その命題を含む命題全体の体系からのみ検証することができるという、**知の全体論(ホーリズム)**(holism)④をとなえた。ホーリズムは、ギリシア語のホロス(holos、全体)に由来し、一般にある体系(システム)の全体は、その部分や要素に還元することはできず、部分や要素の集合や総和をこえた構造をもつと考えられる。たとえば、アニメーションの原画は1枚ではたんなる絵であるが、全体としてまとめられると、そこに運動力が生じストーリーとして完結する。ホーリズムの考え方は、論理学のみならず、生物学・心理学・社会学など様々な学問分野で使われる。

● ● ●

科学主義 scientism ① 科学が本来扱うべき領域をこえて、その手法が用いられることをいう。これを不当な拡大適用だと批判する立場と、あえて科学的手法により人間や社会を分析しようとする立場がある。前者は、宗教や価値観など、数値化・検証が難しい人格の根底に関わる分野にまで科学的手法が介入することを批判する。後者は、科学的手法にこそもっとも合理性・客観性があると考えて、積極的に問題の論理的解明を試みる立場である。

ポパー K. Popper ③ 1902～94 イギリスの哲学者。ウィーンのユダヤ人家庭に生まれ、ウィーン大学で学ぶが、ナチス・ドイツの侵攻によってニュージーランドに移り、戦後はイギリスに住み、ロンドン・スクール・オブ・エコノミクスの教授をつとめた。科学的なものの考え方とは、つねに反証される可能性をもつことであると主張し、誤ることのない無謬性(むびゅうせい)を求めることを批判した。むしろ反証されることによって理論を修正し、誤りから学ぶ(learning by error)ことが大切であるとした。また、絶対的な法則によって歴史が進むという考えを批判し、ファシズムや共産主義を否定して、「開かれた社会」をとなえた。主著『開かれた社会とその敵』『歴史主義の貧困』。

反証可能性 ③ ポパーが示した科学的な考え方の条件を指す。科学的な命題は、つねに反証されうる仮説であり、それまでの理論を否定する反証的な事実が出てくることによって、新たな理論が生まれ、科学は進歩する。したがって、科学的な考え方はつねに反証が可能であるという前提のもとに、たがいに批判しあって仮説を修正し、段階的に新しい理論を構築する批判的合理主義が大切である。ポパーは絶対的な法則に従う社会の全面的な改革は独断にすぎず、様々な政策を実施し、誤りを発見し、そのつど改善していくという科学的方法をとりながら、社会を現実に即して漸進的(ぜんしんてき)に改善する漸進的社会工学をとなえた。

疑似科学 ① 一見すると確実な証拠とそれによる論理的な説明・推論ができているという科学にみえるが、証拠が曖昧で反証もできない法則・理論をいう。たとえば血液型と性格の関係は、科学的統計にもとづくというが論理的説明が希薄である、との意見もある。ポパーは科学と疑似科学を反証性があるか否かで区別している。

科学哲学 ① 科学を対象とする哲学的考察の総称をいう。古くはギリシア哲学にさかのぼるが、科学革命(17世紀)以降に本格化し、狭義にはウィーン学団の提唱する論理実証主義・ポパーの批判的合理主義・クワインのネオプラグマティズム・クーンらの新科学主義を指す。1980年代以降は、科学的実在論と反実在論が対立している。

クーン T. Kuhn ⑤ 1922～96 アメリカの科学史家。ハーヴァード大学で物理学を学び、その後は各大学で科学史を教えた。科学の歴史は、連続的な進歩ではなく、対象を考察するパラダイムの変換によって、科学革命が断続的におこることで進んでいくと説いた。つまり科学史は、パラダイムの採用→通常の科学→異常な現象の出現による危機→科学革命→新しいパラダイムの採用という過程によって説明される。主著『科学革命の構造』。

パラダイム paradigm ⑤ クーンのとなえた概念で、科学者たちが共有している科学的な考え方の理論的枠組みを指す。パラダイムとは、模範・範例という意味であるが、クーンは、これを一定の期間、科学者に広く認められた規範となるような科学的業績という意味で使用した。科学者たちは、パラダイムを共有し、それに沿って研究を進めるが、そのパラダイムでは説明できない異常なデータが頻繁にあらわれると、そのパラダイムは異常を説明できる新しいパラダイムへと交換される。このような劇的な**パラダイムの変換(パラダイム・シフト)**③が科学革命である。その後、パラダイムは科学以外の分野でも用いられ、ある時代のものの見方・考え方を決定づける概念的枠組みの意味に使用されるようになった。

● ● ●

ポスト構造主義 ③ ポストとは、後という意味で、フランスを中心に構造主義が流行したあとにあらわれ、構造主義を乗りこえる思想家の立場を指す。社会学のボードリヤール、哲学のデリダ・リオタールらを指すが、彼らはそれぞれ独自の思想を展開しており、共通の主義があるわけではない。リオタールによれば、近代(モダン)の社会で大きな役割を果たしてきた革命や進歩という歴史全体の意味や構造を説く「大きな物語」が力を失うが、そのようなモダンのあとの時代に生まれた思想がポストモダンと呼ばれる。構造主義という「大きな物語」のあとのポスト構造主義もその1つといえる。 →p.321 **ボードリヤール**

ポストモダン postmodern ① 近代思想を抜け出す(脱近代化)という意味で、1980年代にフランスの思想家リオタールがとなえて広まった。ポストモダンの思想は、世界全体を大きな思想的枠組みで解釈する近代哲学を放棄し、多様な思想が差異を認めあい、抗争しながら共存する過程に注目する。世界全体を一般的な枠組みで解釈する近代哲学の「大きな物語」は、2度の世界大戦、マルクス主義の失敗、西洋哲学中心主義への批判によって破綻(はたん)して、信用を失った。多様な価値観が共存する現代の多元的世界では、具体的・個別的な状況で思索する「小さな物語」がふさわしいとする。現在の環境倫理・生命倫理・フェミニズムなどは、世界全体を解釈するのではなく、個別的な分野について思索する哲学である。

リオタール J-F. Lyotard ② 1924〜98 フランスの哲学者。パリ第八大学で哲学の教授をつとめた。マルクス主義者であったが、1980年代から離脱して、ポストモダンをとなえた。『ポストモダンの条件』を著して、世界全体を解釈する思想的な枠組みを**「大きな物語」**②と呼び、そのような近代哲学は信用を失ったと説いた。真理・自由・国家・科学など普遍的といわれる概念は、必ずしも現実世界の全体と一致するものではなく、それらの普遍的な概念を現実に当てはめようと試みれば、全体主義と他者の排除を生み出す結果になる。多様な現実を単一の思想的枠組みに還元する「大きな物語」は不可能であり、個々の具体的な状況のなかで思索する**「小さな物語」**②がふさわしいとする。主著『ポストモダンの条件』『文の抗争』。

● ● ●

ベンヤミン W. Benjamin ② 1892〜1940 ドイツの思想家。ベルリンの裕福なユダヤ人の家庭に生まれ、大学で哲学・文学を学び、ユダヤ教の神秘思想に影響を受けた。ナチスの台頭によってフランスに移り、シュルレアリスト(超現実主義者)と交際し、19世紀のパリの社会についての資料を収集し、研究する。ナチス・ドイツの侵攻によってパリを脱出するが、国境で足止めされ、絶望して自殺した。彼は、野蛮で悲惨な歴史に絶望しつつも、救済の希望について思索した。パリの街をさまよう遊歩者となり、かつての芸術作品がもっていた神秘的な力である**アウラ**(Aura〈ラ〉)①を求め、通りに並ぶ様々な商品に神話的な夢をみて、うずまく商品のなかに別の世界の影を読み取った。また、19世紀の古道具のなかに、過去にあったこと、あったかもしれないことを追想し、そこから将来の救済の希望があらわれる瞬間について思索した。それらの記録を膨大なメモからなる『パサージュ論』として残した。また、映画や写真などの**複製技術**①による芸術に、たんなる複製をこえた、意味の再生産という積極的意義を見出した。主著『複製技術時代の芸術』

『パサージュ論』。

批評［ベンヤミン］① 観賞者が芸術作品を味わいつくすことで新たな価値を付加していくというベンヤミンの芸術鑑賞の方法をいう。作品にはまだだれも気がつかない真実が眠っており、その発掘を通じて作品自体も発展をすることになる。作品を善悪美醜だけで判断する態度を改めることは、評価されずに眠っていた作品を救済することにもつながる。

レヴィナス E. Lévinas ⑤ 1906〜95 リトアニア出身のフランスの哲学者。倫理性の強い独自の哲学を説いた。

→ p.213 **レヴィナスの生涯と思想**

全体性 ① 異質性を考慮せず、たんなる認識対象として他者をひとまとまりに同一化した状態を指す。レヴィナスによれば、理性が構築する世界では、主客の対比という方法で、自己の周囲は一群の全体として把握されるが、一群のなかでは他者の異質性は失われ、その世界は何の人間性も感じられぬ不気味な非人称のイリア(il y a〈仏〉、ただ存在することの意)となる。しかし、「顔」に気づき、彼らの苦しみに救いの手を差しのべる倫理的責任にめざめる時、我々は他者へのたんなる存在論上の認識的態度をこえてイリアから解放される。

「顔」［レヴィナス］ visage(仏) ⑤ 自己にとって絶対的に他(た)なるものとしてせまってくる、**他者**［レヴィナス］⑤の存在を指す。他者の「顔」(ヴィザージュ)は、意識のなかに取り込まれた他者のイメージでもなく、自己との絶対的な差異をもち、自己を無限に超越する**他性**(たせい)②をあらわす。貧困・暴力・死の恐怖におびえる他者の「顔」は、私が自己存在を享受する内在的世界を突き破ってせまり、私に「汝(なんじ)殺すなかれ」という倫理的な命令を呼びかける。私が他者を迎え入れ、他者の苦痛に倫理的責任をもつ時、無限へと開かれ、真に倫理的な主体となる。他者へと開かれ、他者に奉仕するために選ばれていることが、私の倫理的な主体性をつくり出す。

:**倫理的責任**［レヴィナス］① 人間として当然におこなわなければならない義務をいう。レヴィナスにおいては他者の「顔」を通じて知る苦痛に対し、何かしらの行動を一方的におこさなければならないことをいう。

『実存から実存者へ』① 第二次世界大戦中に捕虜収容所内で構想された初期レヴィナスの主著で、1947年刊行。まず存在について検討して、善の問題・時間の問題・善に向かう他者との関係を今後に検討することを宣言した。ハイデッガーのいう存在論は自己の存在を自明の真理として合理的に体系化するあり方であり、自己中心的世界観であるとこれを批判し、他者と私の存在のあり方を考える。

『時間と他者』② 1946年から2年間の講義をまとめたレヴィナスのエッセイで、1948年刊行。主体がどのように他者と出あうかを分析し、主体の外部にある制御不可能な他者と時間という概念から、ハイデッガーの思想を批判した。

『全体性と無限』⑤ レヴィナスの主著で、1961年刊行。人間が自己を中心に築いた全体的世界は、他者を自己のもとに支配し、他者への暴力を生む。自己の全体性を無限に超越する他者の「顔」と出あい、自己が他者を倫理的に受け入れる時、人間は無限へと開かれて倫理的な主体となると説く。

『存在するとは別の仕方であるいは存在することの彼方(かなた)へ』①『全体性と無限』を発展させたレヴィナスの続編で、1974年刊行。他者の身がわりになり、他者を引き受ける責任をもつという「他者との出あい」は、存在の意味を問う存在論を超越しており、まるで存在の彼方にある考え方のようである。存在の意味を解明するハイデッガーの試みは、解明が主体から始まる点で自己中心的であり、他者をからめて戦争へまで進んでしまう危険があるとする。

ハンナ＝アーレント Hannah Arendt ⑤ 1906〜75 ドイツで生まれ、アメリカに亡命した政治学者。ユダヤ人家庭に生まれ、大学で哲学・神学を学ぶが、反ナチスの運動に協力し、1933年にフランスへ、1941年にはアメリカに亡命した。1951年に『全体主義の起源』を出版し、帰属(きぞく)意識を失って孤立した大衆が、空想的な人種的イデオロギーに所属感を求め、全体主義の組織に吸収される過程を分析した。1961年には、イスラエルで元ナチス親衛隊のアイヒマンの裁判を傍聴(ぼうちょう)し、静かで平凡な人間がユダヤ人虐殺を遂行する指導者になったことに関心をもった。主著『全体主義の起源』『人間の条件』。

全体主義［アーレント］⑤ 個人よりも全体を優先する政治思想を指す。ここでは独裁者への絶対的服従のもとに、国家優先のイデオロギーが強制され、思想的統一が徹底され、反自由主義・反民主主義・人種主義・

レヴィナスの生涯と思想　1906〜95

リトアニア(当時は帝政ロシア領)のユダヤ人家庭に生まれた。フランスのストラスブール大学、ハイデッガーのいるドイツのフライブルク大学で学んだ。第二次世界大戦の時に、パリに侵攻したドイツ軍の捕虜(ほりょ)となり、家族はナチスのユダヤ人収容所で虐殺された。戦後は、フランスの大学で哲学を講じ、ユダヤ教の教典であるタルムードの研究と講話をおこなった。

人間は、自己を中心にして存在を全体化し、その全体性の世界に固執(こしゅう)して、他者からの呼びかけに耳をふさぎ、他者に暴力をふるう。自己を中心に築かれた世界への固執が、イリア(ただ存在することという意味)と呼ばれる無意味な過剰な存在を生み出す。イリアは、無意味で不気味な存在として人間に重くのしかかるが、自己存在に固執している限り、そこからの脱出口はありえない。出口を与えるものは、絶対的に他(た)なるものである他者を認めることである。この他者は「顔」とあらわされ、その「顔」は貧困・暴力・死の恐怖におびえながら私をみつめ、「汝殺すなかれ」という倫理的命令を呼びかけてくる。私が自己の利益と享受をこえて、他者を倫理的に迎え入れ、他者の苦痛に責任をもつ時、無限の世界へと道が開かれて、そこで他者から選ばれた倫理的な主体となる。

レヴィナスの哲学は、他者との倫理的出あいを突破口として、自己の内在的世界から無限への脱出を説く、きわめて倫理性の強い哲学である。

そこには、ギリシア哲学が普遍的なロゴス(理性・論理)によって概念的に全体化した存在を、他者なる神との出あいというユダヤ教的体験によって打ち破り、他者への倫理的責任を引き受けることによって、無限へと脱出しようとする、レヴィナスの独自の視点がある。主著『全体性と無限』『存在するとは別の仕方であるいは存在することの彼方へ』『タルムード講話』。

レヴィナスの言葉

〈他者〉はその超越によって私を支配する者であると同時に異邦人、寡婦(かふ)、孤児でもあり、私はこのような〈他者〉に対して責務を負うているのだ……不可視の侮辱(ぶじょく)は、それが〈他人〉の顔をとおして私を見つめ私を告発するとき、裁きそのものとして生起する。というもの、耐え忍ばれた侮辱、異邦人、寡婦、孤児としての位格こそが〈他者〉の顔の公現(こうげん)だからである。

合田正人訳『全体性と無限』国文社

排外主義などの政策がとられる。アーレントは、ナチズムに加え、スターリンの独裁も含めて全体主義と呼び、そこでは帰属意識を失うことでアトム化し、孤立した人々からなる大衆組織が形成されると考えた。共通の利益で結ばれた一定の階級や社会集団に属している時の個人は、その集団を代表する政党を通じて公共的な政治に参加する。しかし、いかなる社会集団にも属さない大衆の一部となった個人は、孤立して無力感にとらわれ、所属感を与えてくれる空想的な人種主義にひかれ、ファシズムのイデオロギーの虚構(きょこう)の世界にたやすく吸収される。アトム化された大衆こそ全体主義の起源である。

自由な行為［アーレント］① 政治の公共的空間で自由に話しあい、共同の活動に参加する行為。**『人間の条件』**⑤のなかでアーレントは人間の行為を、**労働**(labor)［アーレント］⑤・**仕事**(work)［アーレント］⑤・**活動**(action)［アーレント］⑤の3つにわけた。「労働」は生命を維持するために食糧を得る行為、「仕事」は自然を加工して使用するためのものをつくり、文化的世界を形成する行為であり、「活動」は私的利害の束縛から解放されて、政治の公的な空間で自由に話しあい、言葉で相手を動かして、共同体を形成する行為である。

公共性の場(公共的空間)［アーレント］④ 自己中心的立場から脱して、他者と自由に交渉ができる内外に開かれた対話の場を指す。アーレントは古代ギリシアのポリス

(都市国家)で、アゴラ(広場)に集まった市民が自由にポリスについて議論したことをモデルに、人々が共通の課題に関心をいだき、政治や社会のあり方について自由に議論する公共性の場、公共的空間こそが政治であると説いた。特定の個人や集団の利益を離れた対話こそが、社会的存在としての人間の本来の自由な活動(アクション)である。政治は私的利益に縛られない自由な言語活動のための公共的な活動空間であり、それを通して公共性が形成される。

悪の凡庸さ ① 最大の悪はごく平凡な人間がおこなっているという意味。ハンナ＝アーレントは著書『イェルサレムのアイヒマン』(1963年刊行)のなかで、アイヒマンが「ただ任務を遂行しただけなので私に責任はない」と主張したことに対して用いた。第二次世界大戦中にホロコーストに関与した元親衛隊中佐のアイヒマンは、残虐な人間と考えられてきたが、裁判場にあらわれた彼は恐ろしいほど凡庸な(ありふれた)人物であった。思考を停止することが悪の本質であり、普通の人でも大罪をおかす危険性があることが示された。

『全体主義の起源』 ⑤ ハンナ＝アーレントの主著で、1951年刊行。ナチスやスターリンの独裁など、全体主義の発生とその原因について考察し、アトム化された人間がいかに弱い存在であり、集団への盲目的な隷従を始めるかをあぶり出した。

第二の誕生［アーレント］① 人間が他者とともに行動し、共同体を創造する政治領域に生まれ落ちる瞬間をいう。人間は生存のためにまず生物的誕生を迎えるが、やがて多種多様な人々を受け入れ、調和のとれた共同体を形成する世界に入っていく。人間は主体的に異質の他者と新たな世界をつくる出生の性をもっている。

レーヴィット K. Löwith ① 1897～1973 フッサールやハイデッガーに学んだドイツの哲学者。「人間は唯一の者ではなく、他者と相互なる者であることを忘れている」と早くからハイデッガーを批判した。人間は個体でなく人格であり、共同体において本来的に一定の役割を担ったペルソナ(Persona、何らかの役割をもって存在する人間のあり方をいう)として存在している。したがって、他者がいることを前提とした振舞いを身につけることで本来的な人間になりうるとした。彼の級友にはハンス＝ヨナス、ハンナ＝アーレント、九鬼周造らがおり、旧東北帝国大学教授(1936～41年)としての経験ももつ。主著に、歴史をキリスト教的史観と反キリスト教的史観から分析した『歴史の意味』(1949年)・ドイツの古典哲学の衰退を描いた『ヘーゲルからニーチェへ』(1964年)がある。

→ p.16 **ペルソナ**

デリダ J. Derrida ⑤ 1930～2004 フランスの哲学者。植民地時代のアルジェリアでユダヤ人家庭に生まれ、大学で哲学を講じた。彼は西欧の哲学の基礎をいったん崩し、新しい哲学を模索しようとして**脱構築**⑤をとなえた。真理は言葉でいいあらわせるというロゴス(言葉)中心主義、世界は神を究極の目標とするという思想、男性的なものの優位などが脱構築の対象である。主著『エクリチュールと差異』。

『エクリチュールと差異』 ④ デリダの初期の講義とエッセイを集め、彼の名声を確立した著作で、1967年刊行。フーコーへの批判から始まり、レヴィナスとの考え方の違い、構造主義に関するジョンズ・ホプキンズ大学での講義などが含まれ、脱構築の思想が述べられている。

『声と現象』 ③ デリダの著作で、1967年刊行。「読む」「書く」ことについての考察を通じ、脱構築や相違という用語の分析を展開する。デリダは学生の頃よりフッサールの現象学を研究し、「今の自分」を「今の自分」が反省的に振り返ることはできず、ここに時間差があると考えるなど、フッサール研究の批判的集大成をおこなった。

『嘘の歴史』 ① 1997年刊行。アリストテレス、アウグスティヌス、ルソーなどの哲学から嘘の定義を試みるデリダの講演記録。自分自身に嘘をつくことはできるのか、非真実と嘘は同じであるかなど、疑問を新たに投げかけている。

エクリチュール Écriture(仏) ② フランス語で「文字」「文字を書く行為」を意味する。⑴デリダでは「発語・話し言葉」(パロール)に対する「文字・書き言葉」をいう。従来の哲学ではイデア界が現象界より優位に立つように、非物質的純粋性の方を重視する傾向にあった。したがって、ノートなどに書かれたエクリチュールは一定の空間を占める物質的要素があるため、非物質的なパロールよりも純粋性が低く、パロールの二次的派生物とされてきた。しかし、発語の前にはすでに頭のなかにはエクリチュールが形成されていることから、デリダはパロールのエクリチュールに対する優位的二項対立に疑問を呈した。これは純粋なパロールこそがロゴスを再現するとされていた「ロゴス中心主義」を支持できないことを意味し、脱構築へとつながっていった。(2)バルトでは、ある集団で用いられ、作家が選択できる表現形式(言葉づかい・書き方)をいう。作家の言葉は、ラング(langue〈仏〉、共同体における共通の言語体系・規則)とスティル(style〈仏〉、作者が習得した言語感性が生む文体)により、知らず知らずに規制されており、さらに作家があるエクリチュールを選択することで、自身をその集団の型にはめ込む。たとえば、上品な言葉づかいの作家は、上流社会の者とみなされる。零度(「どの型にもはまらない」の意)のエクリチュールもあるが、それもやがては型の1つとなってしまう。

二項対立 ④ 理論・議論を進めるため対立または矛盾する要素を見出し、概念を二分すること。日常的には「善と悪」「真と偽」「西洋と東洋」「男と女」などがあげられ、西洋哲学では「イデア界と現象界」「主観と客観」、東洋哲学では「ブラフマンとアートマン」「陰と陽」などがあげられる。西洋哲学は主客のように境界線のはっきりした絶対的異質対立が主であるが、東洋哲学では陰陽や梵我一如(ぼんがいちにょ)のように、境界線の曖昧な相対的対立も多い。デリダは二項対立を批判して脱構築をおこなっている。

4 心の深層と無意識

フロイト S. Freud ⑤ 1856〜1939 オーストリアのウィーンで活躍した精神医学者で、精神分析の創始者。

→p.216 **フロイトの生涯と思想**

『精神分析学入門』 ④ フロイトの著作で、1932年刊行。ウィーン大学での講義をまとめたもので、フロイトの精神分析学をわかりやすく解説した入門書である。

『夢判断』 ④ フロイトの著作で、1900年刊行。夢判断とは、夢を手がかりに本人の心の奥底にひそむ深層心理を明らかにすることを指す。意識が働いている時は無意識は抑圧されているが、睡眠中に意識が活動を停止すると、無意識の内容が夢としてあらわれる。しかし、性的な願望など、意識にとって都合の悪い内容は、ゆがめられたり象徴化されたりしてあらわれるため、夢判断は象徴的な夢の中身を解読し、無意識のメッセージの内容を読み取ろうとする。たとえば、自分の死の夢は、悩みを抜け出して人生を一新し、新しく生まれかわるよいことを意味すると解釈される。

精神分析学(精神分析) Psychoanalyse〈独〉⑤ 深層心理の概念を用いてフロイトが創始した学問と治療法の体系を指す。現実原則に従うエゴが、無意識からの要求調整に失敗した時、心は自我防衛機制と呼ばれる非合理的方法による対応を始め、それにともない退行現象や神経症などの心身異常が生じるとフロイトは考えた。なかでも無意識からの欲求を抑圧するといわれる精神エネルギーの枯渇は、心身に生じる異常の主因と考えられるため、無意識内容を意識化し、抑圧自体の必要性を排する対症療法と、エゴを成長させて異常の再発を防ぐ根本治療が精神分析では重視される。

深層(しんそう)心理学 ① 人間の行動を心の奥底に隠された無意識の働きによって説明する心理学。しばしば精神分析学と同じ意味として使われる。フロイトは、神経症の治療の経験から、人間の心には本人が自覚しない無意識の欲望が働いている事実を発見した。そして、無意識には道徳に制約されない、非合理な心的エネルギーである性の欲動が働いていると説いた。

自由連想法 ③ フロイトが用いた神経症の患者の治療法。患者をソファに横臥(おうが)させて、思いつくことや連想することを自由に

フロイトの生涯と思想　1856～1939

オーストリアのウィーンを中心に活躍した精神医学者で、精神分析学の創始者。ユダヤ人の家に生まれ、ウィーン大学の医学部に入って生理学研究室で神経系の発生について研究した。この時に身につけた経験的事実を厳密に観察する態度が、のちの精神分析学に役立つ。29歳の時にフランスに留学し、神経症学の大家シャルコー(J-M. charcot、1825～93)のもとで催眠実験を見学し、心理的原因によって手足の麻痺などのヒステリーがおこることを学んだ。30歳の時にウィーンで開業し、頭に浮かぶことを自由に話させる自由連想法によって、神経症(ノイローゼ)の患者の治療をおこなう。治療をおこなううちに、フロイトは無意識のなかに抑圧された性的欲望が、神経症の原因であると考えた。人間は、社会的・道徳的に許されない性的欲求を無意識のなかに抑圧するが、抑圧された衝動はコンプレックス(抑圧された心的内容の集まり)となり、不安・強迫症・手足の麻痺・知覚障害などの神経症を引きおこす。無意識のなかに抑圧されたものが、患者の意識を操って様々な神経症を生むのである。フロイトは、無意識のなかに抑圧された性的欲求を患者に自覚させ、それを意識的に制御できるように導くことで、神経症を解消しようとする精神分析学をとなえた。

性の本能を中心にするフロイトの精神分析学は、はじめは社会から反道徳的であると批判や非難をあびた。しかし、フロイトのもとにはユング・アドラー・ビンスワンガー(L. Binswanger、1881～1966)などの優秀な研究者が集まり、ウィーン精神分析学協会がつくられ、1908年にはザルツブルクで第1回国際精神分析学大会が開かれた。その翌年にフロイトはアメリカの大学にまねかれて講演をおこない、1910年にはユングが会長となって国際精神分析学協会が設立され、精神分析学への世界的な評価が高まった。葉巻の愛好者であったフロイトは、晩年には口蓋がんに苦しみ、死ぬまでに33回におよぶ手術を受けた。また、ナチスのユダヤ人迫害を受け、ロンドンに亡命してそこで83歳で死んだ。主著『精神分析学入門』『夢判断』。

フロイトの言葉

私どもは無意識の組織体系を一つの大きな控え室にたとえ、そのなかでたくさんの心的な動きが個々の人間のように忙しく動きまわっていると考えるのです。この控え室には、さらに第二の、それよりは狭い、サロンとでもいうべき部屋がつづいていて、そこには意識も腰をすえている、というわけです。ところが、二つの部屋の敷居のところには一つ一つの心的な動きを監査し、検閲する一人の番人がいて、自分の気に入らぬことをするものはサロンに入れません……私どもは、それを「抑圧された」と呼びます。

懸田克躬訳「精神分析学入門」『世界の名著49 フロイト』中央公論社

話させ、それを繰り返すことによって、患者の過去の体験のなかで無意識に抑圧された欲望や記憶を意識に引き出し、明瞭化し、それを患者が自覚できるようにする。患者が無意識に抑圧されたものを意識化し、自分でコントロールできるようになると神経症から解放されるというのが、精神分析学の治療理論である。

神経症　Neurose(独) ③ 欲求不満や葛藤など、心の苦しみが原因となって、身体に様々な差しさわりがあらわれる心因性の症状のこと。理由もない不安におそわれたり、体の一部の機能が麻痺したり、ある観念に強迫的にとらわれたり、精神的な疲労や不眠におちいったりする。フロイトによれば神経症は、精神的な苦悩を無意識のなかに抑圧することが原因なので、過度の抑圧を取り除いて心の重要な部分を意識化し、心身をリラックスさせてありのままの自分をみつめ、自分の心を自覚的にコントロールする能力をつけることが必要である。

無意識 ⑤ 自我の意識の活動にのぼらず、自覚されていない心の奥底の部分。フロイトは、人間が意識的にコントロールできない行動をとることに気づき、無意識の存在を想定した。そして、無意識には性の欲動など本能的な欲望がたくわえられて、行動のエネルギー源になっており、人間は自覚していない無意識の欲望によって動かされていると考えた。意識と無意識のあいだに位置する**前意識**①がヒントの教示や精神集中により意識化できるのに対し、無意識は催眠などの特別な方法で意識化できるという。

エス(イド)　Es(id) ⑤ 精神分析学の用語で、性の欲動を中心とする本能的な欲求のエネルギー(リビドー)がたくわえられた無意識の部分であり、欲望や衝動の源泉、貯蔵庫である。エスは、ひたすら衝動を満足させて快感を得ようとする**快楽原則**②に従って働く。自我は、無意識のエスからわき上がる欲求の充足をおさえたり、延期したりしながら現実と衝動とを調節しようとする。エス(ドイツ語)もイド(ラテン語)も中性単数の代名詞で、「それ」を意味する。

リビドー(エロス)　libido(eros) ④ 初期フロイトの用語では、心の奥底の無意識の部分(エス・イド)にたくわえられた自他を愛し種の保存を望む欲求であるエロス(**性の欲動**②ともいう)を指し、後期フロイトでは、エロスに用いられるエネルギーを指す。リビドーは人間の**欲望(欲動・衝動)**⑤の源であり、意志による統制が難しい原始的な欲動であるが、人間の心や行動を操る心的なエネルギーである。フロイトの精神分析学によれば、社会的・道徳的に許されない性的欲求は、無意識のなかに抑圧されるが、抑圧された衝動はコンプレックスとなり、人間の意識を操って理由のない不安、強迫症、手足の麻痺などの神経症をおこす。フロイトは、無意識に抑圧された性的欲求を意識化し、自覚的にコントロールできるようになることで、神経症は解消すると説いた。また、本能的な性の欲求が、芸術的・文化的など価値ある活動のエネルギーに転換されて昇華される場合もあるとしている。リビドーはラテン語で欲望の意味。

自我(じが)[フロイト]　ego ⑤ フロイトは、人間の心を超自我・自我・無意識の三層構造としてとらえた。心の根底の無意識からは欲望がわき上がり、社会的道徳を心のうちに取り入れた超自我がそれを監督して抑制しようとする。自我は、両者のあいだで欲求の充足をおさえたり、形をかえたり、延期したりしながら調整する。調整に失敗すると自我は安定を失い、心身に様々な不適応反応があらわれて神経症におちいる。

超自我(スーパーエゴ)　super ego ⑤ 精神分析学の用語で、子どもが親からしつけを受けるうちに道徳が心のなかに取り入れられて形成された良心。超自我は、親にかわって欲望に動かされる自我をきびしく監督し、抑制する。超自我の形成が不十分な青年は、自分の衝動を抑制できずに非行や暴力的な行動に走りやすい。反対に超自我が強すぎても、欲求をおさえすぎて人格にゆがみを生む。

オイディプス・コンプレックス　Oedipus complex ① 性の欲動(リビドー)によって自我の発達を説明しようとしたフロイトの用語。エディプス・コンプレックスともいう。5～6歳頃の男の子は、母親にリビドーを向け、母親の愛情を一人占めしようとし、父親を邪魔者と感じる。しかし、このような願望は満たされないので、母親への愛情と父親への憎しみは無意識のなかに抑圧される。フロイトは、このような子どもの抑圧された心理を、父親を殺して母親を妻としたギリシア神話のオイディプス(エディプス)王の名をとって名づけた。

コンプレックス[精神分析]　complex ① 意識下に抑圧され、心の奥底に固着した複合的な負の感情を指す。オイディプス・コンプレックスなどがある。日常用語では劣等感と同義語として用いる。

死の欲動(タナトス)　Thanatos ③ 事物を解体し破壊しようとする死への欲求で、対象への攻撃欲としてあらわれる。フロイトは、破壊的なタナトスの欲求と、人間を結合し統一する性の欲動(エロス)を、人間の2つの根源的な欲求とした。生あるものは無生物の状態から生まれたものであるから、死への本能は根源的な無生物の状態に戻ろうとする欲求とも考えられる。エロスとタナトスは心のなかでからみあいながら働き(二重本能理論)、性愛においては男女が親密に一体化しようとするエロスの面と、相手を攻撃して支配しようとするタナトスの面があらわれる。生へと向かう本能であるエロスは、死へと向かうタナトスの欲求を中和する働きをする。ギリシア神話でエロスは恋の神、タナトスは死の神を指す。

ユング　C. Jung ⑤ 1875～1961　スイスの心理学者・精神分析学者。フロイトの協力者として精神分析学の発展につとめたが、のちに考えの違いからわかれた。人間の夢や妄想(もうそう)のなかに古来の神話や伝説と共通の基本的なパターンがあることをみつけ、心には個人の体験にもとづく**個人的無意識**①のほかに、遺伝的に伝えられる人類に共通の集合的無意識があると考えた。そして、個人的無意識と集合的無意識の両方を含む、人間の心の全体像を解明する**分析心理学**①を確立した。主著『自我と無意識の関係』『**心理学と錬金術**(れんきんじゅつ)』①。

集合的無意識(普遍的無意識) ④ 人類が太古から繰り返してきた無数の体験が積み重なってできた、普遍的なイメージをもつ無意識の領域。ユングは、無意識を個人の過去の体験から解釈するフロイトの精神分析学を批判し、人間の心には個人的無意識のほかに、原始からの人類の経験の集積にもとづく集合的無意識が遺伝的に伝えられると考えた。

元型(げんけい)**(アーキタイプス)** archetypes ④ すべての人間の心の根底にある集合的無意識の普遍的な型(タイプ)のこと。心にひそむ元型的なイメージは、時代や民族をこえてすべての人類の神話・昔話・芸術・宗教・夢などに共通してあらわれる。ユングはそのような元型として、男女の心に住む異性の魂である**アニマ**(anima)②(女性の魂)と**アニムス**(animus)②(男性の魂)、すべてを母親のようにつつみ込むと同時に飲み込む**グレート・マザー**(great mother)②(太母(たいぼ))、悠々自適に生きようとするオールド・ワイズ・マン、自分につきまとう、もう1人の隠された自分の姿であるシャドウ(影)などをあげている。

ラカン J. Lacan ④ 1901〜81 フランスの精神医学者・精神分析家。哲学と医学を学び、フロイトの精神分析学に影響を受け、病院や高等師範学校でセミナーを開き、独自の理論を形成していった。ラカンによれば、幼児はまだ自分が1つの身体であるという自覚がないが、成長して鏡に自分が映ったり、他者という鏡に自分を映し出したりすることによって、身体の統一的なイメージをいだき、それをもとに自我像を形成していく。このようなプロセスは鏡像(きょうぞう)段階と呼ばれる。また、幼児は言語をかわしながら、他者が自分に求めることを自己の欲望としていく。やがて父親から社会的な掟(おきて)を教えられ、行動を制限され、幼児は自分が想像的な全能の存在ではないことを知ることによって、現実的な主体性を形成していく。ラカンは自我の成長段階において、言語活動を通した他者との出あいが必要であると主張した。主著『エクリ』。

ドゥルーズ G. Deleuze ⑤ 1925〜95 フランスの哲学者。ソルボンヌ大学で哲学を学び、パリ大学の教授になる。スピノザ、ヒューム、ニーチェ、フロイトらの批判的分析から「差異」「欲望」「統合失調症」「経済」「映画」などの概念を再整理していった。とくに精神分析学者のガタリとの共著『アンチ・オイディプス』では、フロイトの欲望論を批判し、そこから、「欲望する諸機械」の概念を用いて資本主義をも分析した。また、現代の思想や文化のモデルをリゾーム(地下茎)と呼び、これが様々な方向に多様にのびていくことを明らかにした。主著『差異と反復』、ガタリとの共著『アンチ・オイディプス』『リゾーム』『千のプラトー』。

ガタリ P-F. Guattari ④ 1930〜92 フランスの精神分析学者・思想家。精神科医として勤務するとともに、哲学者のドゥルーズと『アンチ・オイディプス』などの共著を著して、欲望を抑圧する文明や国家の権力を告発するアンチ・オイディプス論をとなえた。主著『分子革命』『カオスモーズ』、ドゥルーズとの共著『アンチ・オイディプス』『リゾーム』『千のプラトー』。

『アンチ＝オイディプス』 ④ 1972年刊行。文明や国家を欲望抑圧装置として批判し、その圧力を解除すべきだと主張するドゥルーズとガタリの共著。フロイトのオイディプス・コンプレックスという概念によれば、人は父親や国家のもとで欲望を抑圧して大人になるとされる。しかし、この考えは多様な生産・創造をおこなう欲望という力を1つのコンプレックスにまとめ上げ、その力を押さえつけることを肯定している。つまり家族や社会は子どもの欲望を抑えて型にはめる点で、資本主義下で多様な欲望を制御している支配階級の抑圧装置になっている。欲望は創造的活動であり、欲望による活動の喜びは、抑圧の道具とされた自我の統合性さえも解体するので、社会的には不適応とみなされる自我の分裂(聖なる分裂)のなかで、欲望の喜びを解放するという未来の人間像をドゥルーズらは説いた。『アンチ＝オイディプス』は『資本主義と統合失調症』という著作の前編としての位置づけであり、その後編が『千のプラトー』となっている。

欲望する諸機械 ③ 心理のみならず社会や自然界の根底にある、生産・創造をおこなうメカニズムを指す。ドゥルーズとガタリは、人間がたんに欠乏したものを主体的に求める力を欲望とは考えず、欲望をまるで機械が組み合わされたような人間を中心化しない大きな回路のように概念化している。まだ自分を認識できない乳児が、母乳を受け取る口から排泄(はいせつ)器官までを自動的につなげているように、欲望を実現する機械の集合体が連鎖して自然界も社会も成り立っているとする。権力者はこの多様な欲望を人々におさえさせながら社会的権力を維持しているが、スキゾ(schizo、権力から自由な人々)という資本主義の外にある人たちならば、この支配層が操る資本主義を変革することができるとした。

『差異と反復』 ② ドゥルーズの著作で、1968年刊行。哲学がよりどころとしてきた同一性のなかに差異が存在することを反復の概念で説明した。従来の哲学は同一性の維持が前提であるが、我々の表象(目前のできごとのように記憶から再現すること・再現前化)は実際のできごとと同一ではない。実際のできごとは完全には再現できず、反復されたものにはつねに差異が存在している。

ドゥルーズの言葉

祝祭というものには「再開不可能」なものを反復するという明白なパラドックス以外のいかなるパラドックスもない。一回目に、二回目、三回目を加算するというのではなく、第一回目を「n」乗するのだ。 (財津理訳『差異と反復』河出書房新社)

地下茎(ちかけい)(リゾーム) rhizome(仏) ① ドゥルーズとガタリが植物の根茎になぞらえて考案した思考のイメージをいう。樹木は根から幹を通り、葉の先端まで階層化された秩序ある形状をしているが、植物の地下茎(根茎)は隣接した異種植物の地下茎とからみあいながら無限に広がっていく。この様子と同様に思考や文化・社会はいかなるひな型にも従わず、異質なものどうしが無限に連結や再生を繰り返していくので、単純な二項対立などの従来哲学が依存した秩序にはなじまないと考えられる。これは伝統的な哲学や神学がモデルとしてきた、永遠に同一の絶対的存在を幹として、そこから思想が階層的に枝分かれしていくツリー(樹木)に対立する考え方である。

同一性の哲学 ① 同じものと認識された単体または複数の対象は、つねに同じ状態を維持しているという考えをもとにした哲学を指す。一度同じと認識された実際の物体や思考による概念、または記憶の再現から得られる表象は、つねに同じであるという前提に哲学は立ってきた。たとえば、古代のプラトンにとってのイデアは同一性を永遠に保ち、中世においては、個人をこえた同一の人類というくくりが神の救済対象となり、また近代のヘーゲルではつねに同一の「正」を定め、それから遠く外れたものが「反」となるとした。しかし、現代ではドゥルーズらが同一性のなかに差異を見出すなど、同一性に対する認識に一石を投げかける哲学者が出てきた。

管理社会 ① 巨大な社会組織の管理化にともない、個人生活のすみずみに至るまで社会全体が統制されていること。社会の構成員が目にみえない規制などに束縛(そくばく)され、そうした意識のなかで生活することをよぎなくされている社会状況を指す。

5 新しい社会像――自由と公共

ロールズ J. Rawls ⑤ 1921～2002 アメリカの政治学者・倫理学者。大学で哲学を学び、ハーヴァード大学で哲学を講じる。1971年に『正義論』を出版して、公正としての正義をとなえて反響を呼んだ。70年代に黒人などのマイノリティ(少数派)が、権利の回復を求めて公民権運動を進めるなかで、自由競争がもたらす不平等を公正の立場から問い直そうとした。主著『正義論』。

公正としての正義 ⑤ 社会の成員に自由を平等に配分するとともに、その自由な競争がもたらす不平等を是正(ぜせい)する正義の原理。ロールズが説いたもので、社会の法や制度の根本となる正義の原理は、各人が将来どのような能力や地位をもつことになるか知らされていない**無知のヴェール**⑤がかけられた**原初状態**④を想定して、そのなかで社会の成員の合意にもとづいて承認されなければならないとする。正義の原理は、第一原理である**平等な自由の原理**①：ほかの成員の権利を侵害しない限りにおいて、基本的な自由をすべての人に平等に与えることと、第二原理である⑴**公正な機会均等の原理(機会均等の原理)**④：競争によって社会的・経済的な格差が生まれるにしても、全員に平等な機会を与えたうえでの公正な競争であること、⑵**格差原理**④：競争によって生じる格差は、社会のもっとも不遇な人々の生活を改善することにつながるものであること、にわかれる。自由な競争によって生じる格差(不平等)は、社会全体の繁栄につながる限り認められ、恵まれた人は福祉政策などを通じて、不遇な人の生活を改善する義務を負う。

基本財 ① だれもが欲する物質やサービスを指す。自然の基本財としては、健康・知性などの精神的・身体的能力があり、社会的基本財としては身体・精神・経済活動の自由およびその結果として得られる富・サービスなどがあげられる。ロールズは社会的基本財の分配に焦点を当てて思想を形成した。

『正義論』 ④ ロールズの主著で、1971年刊行。社会の成員の合意にもとづいて承認される、公正としての正義の原理について説く。

自由主義(リベラリズム) liberalism ② 多様である個人の自由や権利を最大限尊重し、集団からの圧力を排除する思想を指す。理論的に思想が整備されたのは、ロックらの社会契約説や、アダム＝スミスらの自由放任主義、J. S. ミルらの功利主義においてであり、これらは古典的自由主義と呼ばれる。しかし、20世紀に入ると、自由放任主義では市場経済が行きづまり、また、経済的・社会的格差により個人の自由の伸展がさまたげられるようになった。そこで、政府がそれらを積極的に是正すべきだという考えが生まれ、ケインズ(J. M. Keynes、1883～1946)らの経済理論が採用されるようになり、政府による経済への介入や規制を擁護する福祉国家論的立場がとられるようになった。現代では、政府の介入により福祉政策をとるべきとするロールズらに代表される。

ネオリベラリズム Neoliberalism(独), New-Liberalism(英) ① 新自由主義ともいい、政策・管理を極力排除するため、国家・政府の役割を縮小し、個人の自由を確保しようとする思想を指す。ただし、この用語を体系的に説明した文献や学者名が1つに絞れないため、明確な定義のない多義語であり、経済学の新古典派経済学や政治学・思想上のリバタリアニズム(自由至上主義)の意味に用いられることもある。従来の「自由主義」が個人の自由を守る目的で福祉政策を進め、納税の義務や規制を強化したため、かえって政府により個人の自由がそこなわれたとの理由から、この「自由主義」と区別をするために「新」が冠せられるようになった。歴史的には、⑴第二次世界大戦後、経済的繁栄をもたらす競争原理を復活させるため、ドイツの復興に採用、⑵1980年代、積極的な政府主導を旨とした「ケインズ主義」の行きづまりを打開し、社会主義化を回避するため、イギリスのサッチャー政権などが採用、⑶アメリカを中心とした巨大企業の海外進出の一貫として、規制撤廃を関係各国へせまるため採用、など市場経済を重視する経済学・政治学として展開されている。

リバタリアニズム(自由至上主義) libertarianism ⑤ 個人の人格的自由も経済的自由も最大限に尊重しようとするネオリベラリズムの政治政策面をいう。リベラリズムは、もともと個人の行動の自由を尊重しようとする思想であったが、社会的に弱い立場の者の自由を守るために、経済への政府介入を容認する福祉国家・社会国家的な意味あいが強くなってきた。そこで、これと区別し、個人の自由をより強調しようとして用いられたのが、リバタリアニズムの用語である。民主主義の主権者は全体としての国民であり、個人ではないので、個人は意に反して、全体の決定を受け入れなくてはならないこともある。したがって、政府が個人の精神と身体へ介入するのを防ぐために、政府の役割を、国民の自由の権利や適性競争の確保を目的とした警察・司法などの最小限におさえたうえで、市場原理(モノ・サービス・知識・技術・文化などが対象)と自発的社交の場を重視すべきとする思想がとなえられるようになった。ただし、リバタリアニズムには、政府を否定するアナーキズム(無政府主義)的な思想もあり、1つの定義にまとめることが難しいとされる。

ノージック R. Nozick ⑤ 1938〜2002 リバタリアニズムを代表するアメリカの哲学者。ハーヴァード大学教授。ロールズの『正義論』に対し、1974年、『**アナーキー・国家・ユートピア**』①で批判を加えた。この著作のなかで、初歩的共同体があることを前提にしたロールズの社会契約説的な「原初状態」の考えに対し、何の共同体も存在しない、まったくの自然状態から国家が生まれてくる過程を考察した。そこにおいては小規模な紛争解決集団(保護協会)が自然発生的につくられるが、やがて市場原理により淘汰(とうた)されて生き残った保護協会は、その地域の全員を保護するという最低限の機能のみをもつ国家である「**最小国家**」④に統合される。ここでは、最初から正当に所有していたものと、正当に譲渡されたものを所有する正義は万人に付与されているという理論である**権原理論**②が守られるべきであり、これをロールズのように、取り上げて再分配する**拡張国家**②(最小国家以上の権限をもつ国家)は認められないとした。なお、「権原」は権利をもっていることの根拠であり、「権限」は権利がおよぶ範囲を示す。

コミュニタリアニズム(共同体主義) communitarianism ⑤ 個人をつねに共同体(community)との関係でとらえ、共同体のなかで育(はぐく)まれた価値観を重視する哲学を指す。コミュニタリアニズムの用語は、ユートピア思想などでもみられたが、その思想体系はロールズの『正義論』に対する批判を通じて形成されていった。ロールズらのリベラリズム(自由主義)では、個人の自由の保証が優先されるので、政府の役割も個人の行動的自由や経済的自由の確保に重点がおかれ、政府は価値的判断を含む問題には介入しない。しかし、現実の人間は共同体の価値観に拘束されるので、共同体の価値観を無視しては社会問題の解決ができない。したがって、リベラリズム(自由主義)に対して、(1)個人の自由を重視するあまり、コミュニティの構成員という側面を忘れている、(2)共通善については、政治目的として取り上げていない、(3)個人の権利が拡張した一方で、コミュニティがまとまりを失い、その自己統治能力の衰退をまねいている、という指摘がなされた。これに対して、コミュニタリアン(共同体主義者)は、社会行動の目的として共通善の実現を重視するので、公共における諸問題を討議により解決し、そこから善き公民道徳や正義を引き出そうとする。ただし、多数主義的・前近代的・非自由主義的・ナショナリズム的・単一主義的な思想であるという誤解を避けるために、コミュニタリアンと自称することを避ける思想家も多い。

共通善 ⑤ 共同体の構成員により高い価値が認められた目標をいう。「善」とは、幸福をもたらすすぐれたものであるので、人々の目標となるが、これには絶対善(人の生命を大切にするなど普遍的目標)と相対善(各個人・共同体ごとの目標)がある。共通善は絶対善に近づけられつつある相対善である。人間は自己の所属する共同体のなかで価値観(何がすぐれており、みなに望まれたものであるかという考え方)を自然と身につけていくため、確固とした自覚をもっていなければ、共同体の伝統に縛られ共同体に隷属する者となり、自己の所属する共同体に異質な文化をもつ人々の受け入れができない。正義は善を実現する手段であるが、これが相対善を実現しようとする時に正義どうしの争いとなる。しかし、人間は共同体の価値観をかえていくことができる存在でもあり、異質なものも受け入れつつ、新たなる共通善を構築することができるという、状況に応じた生き方のできる存在なのである。

テイラー C. Taylor ① 1931〜 共同体主義と多文化主義の立場から統合と多様性を両立させようとしたカナダの政治哲学者。イギリス系の父とフランス系の母のあいだに生まれ、移民の多い環境下で育ち、異なる文化をもつ人々がともに暮らせる社会の構築を模索した。人間は原子のようにバラバラな個として生きるのではなく、共同体のなかで生き、自己のアイデンティティを確立していく。しかしその共同体のなかで追究される共通善は多数派により形成された単一的善ではなく、少数派をも尊重した多文化的共通善であるべきだと考え、各人が対話を通じてよりよき相互承認をする社会をめざす。

サンデル　M. J. Sandel ④ 1953～　コミュニタリアニズム(共同体主義)を代表するアメリカの政治哲学者。ミネソタ州に生まれ、高校時代に州知事にインタビューをおこなうなど、早くから政治に親しむ。テイラーなどに学び、政治哲学者になることを決意した。1980年からハーヴァード大学で講義を開始し、『自由主義と正義の限界』でロールズを以下の点で批判する。⑴善の追究という目的を欠いて、個人的権利保証を優先する無目的な正義論である。リベラリズム(自由主義)では、共同体が一元的に定義できない善を追究することは困難であるとの予測から、政府は価値判断に関する事項に関しては中立を守り、権利保証に重点をおくべきだと考える。しかし、これでは社会はまとまりを失い、政府も方向性を打ち出せず、政治が行きづまる可能性がある。⑵「無知のヴェール」下に想定される人間観は家族や社会というコミュニティへの属性がない**「負荷なき自己」**③である。現実の人間は、家族や地域などのコミュニティとつねに密接に関わり、その価値観を人格の一部として有し、コミュニティへの役割・責任を負う「**状況(位置)づけられた自己**②」(「負荷ありし自己」)であるため、所属するコミュニティを考慮しない議論は現実と乖離(かいり)する。以上の観点からサンデルは、各コミュニティには、市場原理とは無縁に、価値観や伝統から導かれる善があるので、この共通善を目的として追究するべきだというアリストテレス的な目的論の立場をとる。つまり、多数派主義や普遍主義におちいらないように、みなで共通善とは何かを討議し、直面する問題への対応方法と共通善との整合性を考え、その討議を重ねるなかで、コミュニティへの帰属意識と同胞愛を滋養(じよう)し、自己統治力と公民的美徳を育て、人格の陶冶(とうや)を実現すべきであるとしている。具体的には、草の根運動などで、直近のコミュニティをまず活性化させ、さらにグローバル化した大規模コミュニティを統制する教育・政治体制を確立し、多次元的共和主義をめざす。主著『これからの「正義」の話をしよう』『それをお金で買いますか』『実力も運のうち』。

：**公民的美徳** ① 個人的な目前の利益を超越した共同体全体の善を追究する態度をいい、実践のなかで育成される。これが醸成された共同体では、特定の人々に有利な人物ではなく、共同体の未来に光を与える人物が指導者として選ばれていく。また、公民的美徳はその共同体で生活する子どもたちが自然に学び、つぎの世代の共同体構築に資する態度である。

共和主義 ① 公民的美徳を有する市民により統治された政治体制を指す。新大陸で建国を試みたアメリカの人々は王侯貴族に政治を任せるのではなく、どのような国家を理想とすべきかという共通善を求めてみずから政治に参加していた。市民一人ひとりが政治に参加するには、公民的美徳が必要となる。リベラル的思考が個人の権利に重点をおき、結果として共同体の絆(きずな)を薄める社会であるのに対し、共和主義は個人も含む共同体全体のことを考える社会である。

マッキンタイア　A. MacIntyre ② 1929～　コミュニタリアニズム(共同体主義)の先駆的政治学者。スコットランドに生まれ、アメリカに移住して、ノートルダム大学などの教授となる。1981年、『美徳なき時代』を著し、リベラリズムの思想家が、人生の目的や善を追究することなく、道徳と法を論じていると批判をしたうえで、共同体の善(幸福)を目的とするアリストテレス的な社会のあり方を提唱した。人間は、理性的存在であるばかりでなく、同時に動物的であるので、生存・繁栄のために相互依存(いぞん)を必要とする。この点を認めるトマス＝アクィナスを高く評価し、この相互依存という人間関係を地域共同体で維持するなかから、共同体にふさわしい理性的・倫理的共通善が導き出されるとした。主著『西洋倫理学史』。

第V部 国際社会に生きる日本人としての自覚

第1章

第1章 古代日本人の思想と風土

1 日本の風土と文化

日本の風土 ④ 日本は亜熱帯から温帯・亜寒帯にわたって南北にのびる島国で、その大部分がモンスーンアジア地帯に属している。その風土は四季の変化に富み、夏は高温多湿で各種の生物の生育に適している。日本人は古くから水稲耕作をおこない、村落共同体を発展させ、外来文化を摂取してきた。こうした風土のなかで自然との融合・一体化、直観的・情緒的傾向、現世を肯定する現実主義、和を貴ぶ集団指向や秩序を重視する考え方などを特質とする同質性の高い文化が形成されてきた。

自然[日本] ④ 古代の日本では、植物が成長するように、自然はそれ自体の勢いや力によっておのずから生まれたものと考えられていた。人々は自然に畏敬の念をもち、自然物にやどる神々を祀った。キリスト教やイスラーム教などの一神教では、自然は神が創造した被造物とされ、人間が生活のために利用する素材・資源とされる。日本人が自然を畏れ、自然と融合した生活を尊ぶのに対して、西洋人は自然を科学技術の対象や素材としてとらえる傾向がある。

→ p.27 **自然**、p.228 **おのずから(おのずと)**

温帯モンスーン気候 ③ モンスーン(monsoon)とは季節によって吹く方向がかわる季節風のことである。温帯のなかでモンスーンによって特徴づけられる気候が温帯モンスーン気候で、日本列島の大部分が温帯モンスーン気候にあたる。夏は海から陸へと熱気と湿気を含んだ季節風が吹き、梅雨や台風によって豊かな雨がもたらされ、高温多湿になって植物の生育に適する。日本人は夏の高温で湿潤な気候を利用して、水稲耕作をおこなってきた。

風土 ⑤ 気候や地形など人間を取り巻き、その生活と密接に関係する自然環境のこと。風土はそこに住む人間の衣食住などの生活様式や習慣に大きな影響を与え、その地方で特色のある文化が形成される土台となる。

『風土』 ④ 風土をモンスーン型・砂漠(沙漠)型・牧場型という3つの類型にわけた、倫理学者和辻哲郎の著作。それによれば風土は客観的な対象としての自然ではなく、自然と人間との一体的な関わりあいであり、人間の生活に取り入れられた自然である。風土は人々がその地方の気候や地形にもとづいた文化や生活様式を形成していきながら、みずからの生き方を表現していく主体的な人間存在の表現である。

→ p.288 **和辻哲郎**

:**モンスーン型風土** ⑤ 東アジアや東南アジアの風土で、高温多湿で植物が豊かに生い茂る。季節風(モンスーン)が雨を降らせてめぐみをもたらすと同時に、自然は大雨や洪水、暴風などの暴威(猛威)をふるう。人々は農耕を営み、自然に対して**受容的・忍従的**⑤な性格になる。自然のすべてのものに神々が宿るという汎神論の宗教が生まれるとされる。

:**砂漠(沙漠)型風土** ⑤ 西アジア・内陸アジア・アフリカなどの風土で、乾燥した不毛の砂漠は死の恐怖を与え、人間に敵対する。人々は放牧生活を営み、強い意志によって自然やほかの部族と戦う**対抗的・戦闘的**⑤な性格になる。部族を統率し、自然を支配する強力な人格神に服従する一神教の宗教が生まれる。

:**牧場型風土** ⑤ ヨーロッパの風土で、乾燥と湿潤のバランスがとれ、一定のリズムに従い夏の乾燥と冬の降水が繰り返される。人々は自然の規則性にあわせて農耕や牧畜を営み、合理的・計画的な思考を発達させて、**自発的(主体的)・合理的**[牧場型風土]④な性格になる。 → p.327 **文化**

照葉樹林文化 ① 中国の西南部から西日本にかけて分布する、カシ・シイ・クスノキなどの照葉樹(常緑広葉樹)の森林地帯は、イモの栽培を中心とした焼畑農耕、養蚕、大豆の発酵食品(みそ・納豆)、餅、茶を飲むこと、祭りや神話などが類似しており、1つの文化圏とする考え方がある。それに対して落葉広葉樹が分布する東日本は、中国東北地方や朝鮮半島と共通するナラ林文化圏に属する。

水稲耕作(水田稲作) ⑤ 東南アジアで発生

した水稲耕作は、日本には照葉樹林文化圏を通って伝わったと考えられている。開墾(かいこん)・灌漑(かんがい)などに多くの労働力を必要とし、用水管理などの問題も生じ、村落形成と集団を統率する支配者階級の成立をうながした。また、稲は同じ水田で連作ができるため、定住性の強い共同体を成立させ、日本文化の基盤の1つとなっている。

村落共同体(むら) ⑤ 日本人は一定の地域に定住して村落共同体を形成し、村人とともに水稲耕作を営んで生活してきた。村人は共同で田畑を開墾し、水路を引いて灌漑し、田植え・用水の管理・稲刈りなどの農作業をおこなってきた。村落共同体は人びとの生活の基盤であり、農作業にちなむ季節ごとの年中行事がおこなわれ、村のしきたり・慣習が重んじられ、村人の感情的な一体感が大切にされた。そこから他人に対する細やかな感受性や親密さ、人間関係への心配りやたすけあいの精神が生まれる一方で、他人の目を気にし、暗黙のうちにわかりあう雰囲気のなかで、たがいに場の空気を読みあう同調圧力の高い社会が形成されたと考えられる。

祖先崇拝(祖霊信仰) ⑤ 死んだ祖先は神になると信じ、家族や氏族が祖先を祀って供養する信仰のこと。民俗学者の柳田国男(やなぎたくにお)によれば死者の霊は山や森に行き、そこで一定期間を過ごして**祖霊(それい)(祖先の霊魂)**④になり、時を定めて里におりて子孫に幸福や利益をもたらすとされている。祖先の霊は村を見おろす丘の上から子孫の暮らしを見守り、子孫は祖霊を手厚く祀る。それが田の神や山の神、歳神(としがみ)、**祖先神**①として信仰の対象になるとされる。

→ p.288 **柳田国男**

他界(たかい) ③ 村落共同体を取り囲む山や海は、人間の日常生活の場を区切るものとなり、そのかなたには神仏や先祖の霊魂の住まう他界があると信じられた。かなたの他界の手前には、この世と他界の境界になる辺境の地があり、そこには神を祀る場が設けられ、疫病などの災いの侵入を防ぐために道祖神(どうそじん)が祀られた。神は他界からこの世に来訪し、豊穣(ほうじょう)や祟(たた)りをもたらし、死者の霊魂も他界へと帰っていくとされた。この世の生活は、自然の力によって他界と結びついて成り立っていると信じられた。

盆(ぼん) ③ 陰暦7月15日(多くは13〜15日、または16日)を中心に、新仏や祖霊を供養する行事。本来は日本古来の習俗とされるが、中国の**盂蘭盆会(うらぼんえ)**①が伝来してから仏教と習合し、各家が迎え火をもって祖霊を迎え入れて祀り、送り火で終わる民俗基盤の上に仏事(ぶつじ)として成立している。

産土神(うぶすながみ) ① 産土とは本来、出生地を意味し、その守護神を産土神という。のちに村の鎮守や生まれながらの守護神として、同族集団や地縁集団を守る**氏神(うじがみ)**③と同様であるととらえられ、明治以降は氏神の方が一般化した。同じ氏神を祀る地域の人びとは**氏子(うじこ)**①と呼ばれる。

田(た)の神 ① 稲の豊作をもたらす農神。春の田植えと秋の刈取りに祭りをおこなう地方が多い。田の神が春に山から降り、秋に山に帰って山の神となるなど、神の去来(きょらい)信仰が各地にみられる。

> **稲荷(いなり)信仰**
> 稲荷神とは、本来は日本古来の穀物や農業の神を指し、のちに商売の神として信仰を集めるようになった。京都市の伏見(ふしみ)稲荷神社がその中心である。稲荷の語源は稲成(いねなり)りで、稲の成長を意味するとされる。神社に祀られる狐(きつね)は、本来は稲荷神の使いだが、のちには稲荷神と同一視された。狐の好物の油揚げを使った料理を稲荷と呼ぶ由来である。

死生観[日本] ① 古代から日本人は、「この世」の人生を享受(きょうじゅ)する現世主義的な死生観をもっており、「この世」と死後の「あの世」は連続的に考えられていた。死者の御霊(みたま)は祖先神となって子孫を見守り、盆など時期を定めて子孫のもとに帰って交流するという祖先崇拝が生まれた。

祭祀(さいし)[古代日本] ⑤ 神々に祈りや供物によって尊敬・感謝・慰撫(いぶ)などをささげる行事。神々に供(そな)え物をし、祝詞(のりと)をとなえながら神々の喜ぶわざ(神楽(かぐら))をおこない、神々のめぐみをこい、感謝する。日本の祭りは農耕と密接に関連し、豊作の祈願、収穫の感謝を内容とするものが多い。

> **講(こう)**
> 同じ信仰をもつ人々が集まってつくった信仰集団。その地方の氏神を信仰する氏子(うじこ)によって、神社の運営のためにつくられた講や、各地の神社や寺院に参拝するための伊勢講や富士講などの講がある。また、資金を出しあってたがいに融通する頼母子講(たのもしこう)や無尽講(むじんこう)と呼ばれる相互扶助的な講もつくられた。

2 日本文化の特色

日本文化の重層性 ④ 日本文化は、外国から流入した新しい文化が古い文化と共存し、その上に層をなして蓄積して形成されるという特色をもつ。 → p.327 **文化**

雑種文化(日本文化の雑種性) ③ 評論家の加藤周一が著書『雑種文化』(1956年)でとなえたもので、日本文化は古来様々な海外の異文化を受け入れ、自分たちにあうようにつくりかえて吸収することによって形成された雑種文化であり、そこに日本文化の積極的な意義があるとしたもの。

→ p.291 **加藤周一**

「恥(はじ)の文化」 ① みずからが行為する内容の善悪よりも、それが他人からどのようにみられるかを気づかい、他人に**恥**③をさらすことをきらう日本文化の特色の1つで、アメリカの文化人類学者**ベネディクト**(R. Benedict、1887〜1948)①が主張した。キリスト教にもとづく西洋文化が神の教えに背(そむ)くことを罪と考える**「罪の文化」**①であるのに対して、日本文化は集団の和合(わごう)を重んじ、他人から非難を受ける行為を避けようとする恥の文化とされる。

『菊と刀』 ① ベネディクトの著作。キリスト教にもとづく西洋文化を「罪の文化」、共同体の調和を重んじる日本文化を「恥の文化」として特徴づけた。

ハレ・ケ ② 日常とは違う正式の日、おおやけの日をハレ(晴)、日常の生活をする普段の日をケ(褻)という。ハレはもともと農耕にまつわる年中行事や神に供え物をささげる神聖な日のことで、現在も晴れ着、ハレの日などとして使われている。

うち・そと ① 自分が属する内側の親しい集団を「うち」、自分とは関係のない外側の集団を「そと」として区別すること。日本人は身内や仲間内などの「うち」の人には親密な関係をもつが、「そと」の人には「よそもの」として排他的で無関心な態度をとる傾向がある。自分の属する集団の「うち」と「そと」を基準に、対人的な態度をかえる日本人の性格をあらわしている。

3 日本人の思想

古代日本人の宗教観

神(カミ)[日本] ⑤ 古代日本人は、カグツチ(火神)・**イカヅチ**①(雷神)・ヤマツミ(山神)・**ワタツミ**①(海神)などの名が示すように、雨・風・嵐・雷などの自然現象や巨石・巨木・山・海・太陽・動物など、およそ人が畏(おそ)れ敬う感情をいだくものに名をつけ、神として祀った。それらはおそろしい祟り神であると同時に、誠意を尽くして祀ればめぐみの神ともなるとされた。

八百万神(やおよろずのかみ) ⑤ 日本では万物にやどる強い力を発揮する不思議な力のすべてをカミ(神)として祀ったため、神は多種多様であった。それらを総称して八百万神と呼ぶ。**八十神(やそがみ)**①・**千万神(ちよろずのかみ)**①とも呼ばれる。岩石や樹木、山や島や滝など様々な自然物は神が宿る**ご神体(ごしんたい)**①、神が依りつく**依り代(よりしろ)**①とされ、その周囲には神の聖域を示す注連縄(しめなわ)が張られる。神がみの不思議な力は、**チ・ヒ・ミ・ヌシ・モノ・タマ**①などと呼ばれた。たとえば木に宿る精霊である**コダマ**①(木魂(こだま))は、山に声が反響したときに答えるものと信じられた。

> **ムスビ**
> 万物を生み育てる神で、産霊・産魂とも書かれる。ムスは万物を生み出す力をあらわし、苔生(こけむ)すのムスと同じで、ウムス(産むす)のウのとれたものとされる。ヒは霊的な存在を指す。

言霊(ことだま) ① 言葉に宿る霊的な力で、言魂とも書く。古代日本人のあいだでは、言葉には霊的な力が宿り、言葉を口に出して述べることでその力が発揮され、その内容が現実のものになると信じられた。よい言葉はよいことを、不吉な言葉は悪いことを引きおこすとされる。このような風習から神の徳をたたえて恩恵を祈る言葉である**祝詞(のりと)**②や、祝詞のなかで祝賀の際に述べられる**寿詞(よごと)**①、不吉な言葉を避けて別の言葉を用いる**忌詞(いみことば)**①が生まれた。

祟(たた)り(祟り神) ⑤ 古代日本人は、天候不順・疫病の流行・洪水・地震・火山の噴火などの自然災害を、祟り、すなわち神の力が目にみえるようなかたちであらわれたものと考え、おそろしい神を祀り、なだめることによって豊穣(ほうじょう)のめぐみを期待した。

→p.33 **アニミズム**、p.34 **多神教**

大神神社(おおみわじんじゃ)
　奈良県桜井市に鎮座し、三輪山(みわやま)を神体として遥拝(ようはい)する神社。きわめて古い形の信仰形態をとどめているといわれる。独特の形の鳥居や、酒造家の信仰を集める神社としても有名である。

祇園(ぎおん)信仰 ① 病疫をはやらせる神である牛頭天王(ごずてんのう)を慰めて疫病を防ごうとする信仰で、それにもとづいて**祇園祭**①がおこなわれる。古代日本では、恨みを残して非業(ひごう)の死をとげた人の霊魂は怨霊(おんりょう)となって祟りをもたらすと信じられ、それをしずめて御霊(ごりょう)として祀ることで災禍(さいか)を免れようとする御霊信仰の1つである。奈良時代、暗殺の罪の疑いをかけられ、無実を主張しながら死んだ早良親王(さわらしんのう)の祟りで疫病が流行したと信じられた時には、その御霊をしずめる儀式がおこなわれた。また、左遷(させん)されて失意のうちに没した菅原道真(すがわらのみちざね)(845〜903)を天神(てんじん)として信仰し、その祟りをしずめる**天神信仰**①も、御霊信仰の1つである。

イザナギの命(ミコト)・イザナミの命 ④ 天つ神の命を受けて、はじめて国土と神々とを生んだとされる男女2神。のちにアマテラス大神・スサノヲの命らが生まれた。伊邪那岐命(イザナギノミコト)・伊邪那美命(イザナミノミコト)とも表記される。

アマテラス大神(オオミカミ)(アマテラス大御神・天照大神) ⑤ 神々の住む天上の世界である高天原の中心的な神。太陽を神格化したものといわれるが、高天原ではほかの神を祀る巫女(みこ)的な存在として描かれている。伊勢神宮、つまり伊勢皇大神宮(こうたいじんぐう)(内宮(ないくう))に祀られている。

スサノヲ(スサノオ)の命(ミコト) ④ アマテラス大神の弟。素戔嗚命・須佐之男命とも表記される。高天原で暴れてアマテラス大神の祀りをさまたげたために追放され、出雲(いずも)国(島根県)に降りて**ヤマタノオロチ**②を退治し、その地をおさめた。武蔵国を中心に武士の信仰を集めた氷川(ひかわ)神社の祭神とされている。このような神の流浪の話を、折口信夫(おりくちしのぶ)は貴種流離譚(きしゅりゅうりたん)と呼び、『伊勢物語』の在原業平(ありわらのなりひら)の東下(あずまくだ)りや、『竹取物語』、中世の御伽草子(おとぎぞうし)のような物語の原型と考えた。

→p.290 **折口信夫**

畔(あぜ)を壊す ② 日本神話によるとアマテラス大神の弟のスサノヲの命は、神々の国の高天原で乱暴の限りをつくし、姉のアマテラス大神のおさめる田の畔を壊して(畔毀(あはなち))、田の水を外に流し、水路を埋めて(溝埋(みぞうめ))水を枯らし、田に荒馬を放って踏みにじらせた。これにおこったアマテラス大神は、天岩戸(あまのいわと)に身を隠して高天原は闇につつまれたが、その後、天岩戸を出た時に天津罪(あまつつみ)八カ条を定め、田の畔を壊したり、溝を埋めて水を枯らすことを固く禁じた。これは、古代日本の水稲耕作を中心とする村落共同体の掟(おきて)をあらわしていると考えられる。

オホクニヌシの命(ミコト) ② スサノヲの命の子孫とされ、国土を平定した神。出雲大社(島根県)に祀(まつ)られている。大国主命とも表記される。オホクニヌシは、**天孫降臨**(てんそんこうりん)①(アマテラス大神の孫である**ニニギの命**①が高天原から日向(ひゅうが)の高千穂(たかちほ)に降りたという神話)に先立って、国土をニニギの命にゆずったとされる。この物語は、ヤマト政権の出雲支配を象徴するといわれる。

高天原(たかまのはら(たかまがはら)) ⑤ アマテラス大神を中心とした神々の天上の世界。高天原に住む神々は**天(あま)つ神**③(天津神)と呼ばれ、地上に降りて国を守る神となったものは国(くに)つ神(国津神)と呼ばれた。日本の民俗的信仰では、自然神も死者の霊魂もともに神として祀るため、神々の世界も同時に死者の世界であると考えられている。『古事記』『日本書紀』では、高天原を死者の霊魂が行く黄泉国とは異なる世界としている点に特色がある。

葦原中国(あしはらのなかつくに) ④ イザナギの命・イザナミの命が生んだ、人間が住む地上の国土。

黄泉国(黄泉の国)(よみのくに(よもつくに)) ⑤「根の国」ともいい、死後、霊魂が行く所と考えられた。『古事記』『日本書紀』には、国生みの途中で妻のイザナミの命が死んだため、イザナギの命が黄泉国をたずねたが、死者となった妻の醜悪さに驚いて逃げ帰り、その穢(けがれ)れを水で洗い清めて祓うために禊をしたという話が語られている。火葬以前の当時の葬礼の様子が背景にあると思われる。また死者の世界は、坂や穴を通じて生者の世界につながり、往き来できると考えられていた。民俗的信仰では死者の世界であると同時に神の世界でもあると考えられており、日本に仏教が伝わると、地獄や浄土の観念が、黄泉国と重ね合わされて理解された。

『古事記(こじき)』 ⑤ 天武(てんむ)天皇の命により稗田阿

礼(ひえだのあれ)(生没年不詳)が暗誦(あんしょう)し、太安万侶(おおのやすまろ)(？～723)が筆録(ひつろく)し、712年に成立した日本最古の史書。3巻。天地のはじまりから神々の様々な物語を含み、神武(じんむ)天皇から推古(すいこ)天皇までのことが記されている。上巻は神代(かみよ)(じんだい)の物語で、建国の由来が主題。独特の神話体系をなし、全巻が天皇家中心の精神でつらぬかれている。中巻・下巻は天皇一代ごとに系譜や物語・歌謡でまとめられている。『古事記』は古代日本人のものの考え方を知るうえで貴重な文献で、江戸時代の国学者たちの研究によってようやく広く読まれるようになった。

『日本書紀(にほんしょき)』 ⑤ 720年に完成した、日本最古の官撰(かんせん)の歴史書、正史。六国史(りっこくし)の最初で、神代から持統(じとう)天皇に至るまでの神話・伝説・歴史などを、舎人親王(とねりしんのう)(676～735)らが編集して献上したもの。30巻。編年体(記事をすべて年月日ごとに書く形式)で、中国の古典に範をとっている。内容には潤色(じゅんしょく)や虚構(きょこう)も多いが、『古事記』とともに古代史研究の重要な史料である。本居宣長は『日本書紀』の中国風の文飾(ぶんしょく)を嫌い、『古事記』に比べて軽視した。

『日本霊異記(りょういき)(れいいき)』 ② 平安時代の仏教説話集。薬師寺の僧景戒(きょうかい)(生没年不詳)によって書かれた。人間の善悪のおこないが仏の霊妙(れいみょう)な力によって、この世で報われるという因果応報(いんがおうほう)のことわりを説く。人々を教化して善行に導こうとする意図のもとに書かれている。山にこもって修行をしながら死んだ若い僧が白骨になってみつかるが、舌だけは腐らずにお経をとなえ続けていた話などがある。

祀(まつ)る神・祀られる神 ④ 倫理学者の和辻哲郎(わつじてつろう)が日本神話に登場する神々の性格としたもので、アマテラス大神はみずからが神として祀られると同時に、みずからもほかの神々を祀り、その神々へと通じる通路となるゆえに神聖とされるとされる。和辻によれば古代日本において究極的なものは、奥深い神秘的なものとされ、それへの通路や媒介者となるがゆえに神々は崇(あが)められる。しかし、神々を神々たらしめる究極の神聖なるもの自体は、いかなるものにも限定されない奥深い神秘であり、一定の神としては把握できないとされる。

おのずから(おのずと) ②『古事記』などによれば天地万物は、それ自体が内包する勢い・力によって、「おのずから」つぎつぎと生成していったとされる。植物がのびる自然の力が原型となり、世の中のできごとも「おのずから」なるものと考えられる。「自ら」は「みずから」とも「おのずから」と読むが、**みずから**①という人間の主体的・自発的な行為の根底には、自己をそのように動かす自然の「おのずから」の働きがあると考えられ、日本人には自然の「おのずから」の成り行きを重んじる伝統がある。

なる・つくる ② 日本の神話にはキリスト教のような唯一の創造神は存在せず、神々は自然にあらわれるものとされる。神は世界を「つくる」ではなく、おのずからつぎつぎと「なる」ものとされる。神が世界を「つくる」キリスト教においては、目的意識をもった主体的な意志がはぐくまれるが、おのずから「なる」神々の伝統からは、「なりゆき」に任せる習慣が生まれ、それが日本人の主体性の欠如、当事者意識のない無責任体質につながるという考察もある。

古代日本人の倫理観

清き明き心(清明心(きよきあかきこころ)〈せいめいしん〉) ⑤ 自然のように清らかな、神に対して欺(あざむ)き偽(いつわ)るところのない純粋な心。清き心・明き心・赤心(せきしん)。古代日本人が理想とした精神で、のちに人に対する誠実な心に転化した。黒心(こくしん)(くろきこころ)・**濁心(きたなきこころ)(汚き心・濁った心)**③・邪心(じゃしん)(よこしまごころ)・異心(いしん)・**暗い心**①・**わたくし心**①(利己心)を捨てた状態であり、心の純粋さを尊ぶことが日本人の倫理・道徳の基本である。

うけい ① 神に誓いを立て、あることがおこるかおこらないかによって吉凶・正邪・成否を占うもの。古代神話においてスサノヲが高天原にのぼってきた時、アマテラスは高天原を奪おうとする邪心があるのではないかと疑うが、スサノヲはうけいをおこなって邪心のない清く明るい心であることを証明した。

清し ① 穢(けが)れのない自然の**清さ**①をあらわすと同時に、罪や穢れのない人間の純粋な心のあり方をも指す。『万葉集』には小川の透(す)きとおった流れや、浜辺や山のさわやかなすがすがしい風景が「きよし」「さやけし」とうたわれ、古代の日本人はそのような自然の清らかな美を、人間のよい心のあり方の模範とした。

正直(せいちょく)(しょうじき) [日本人の倫理観] ⑤ 正しくまっすぐなこと、偽りのない素直な清らかな心を指す。日本人の伝統的な徳目(とくもく)の1つで、古代の「清明心」が、中世になると武士階級を中心に他人の所有物への欲をおさえる私欲のない「正直」の徳として表現された。近世になると、人を欺かず真実をつらぬく**誠**［日本人の倫理観］⑤として説かれるようになった。また神道においては、神明に照らされた邪欲のない清浄な心が「正直」と呼ばれた。

→ p.256 **正直・倹約**［石田梅岩］

いさぎよさ ① 清らかで穢れや卑怯なことがないことで、心の清らかさを重んじる道徳の伝統にもとづく。同様に**やさし**①とは情け深く思いやりがあることで、純粋な清い心で相手と一体になることをあらわす。「やさし」は、本来は身も細るくらいにつらいことを意味したが、やがて優美で上品なさま、親切で情け深いという意味で使われるようになった。

罪（ツミ）・穢れ（ケガレ） ⑤ 古代日本人の罪悪観をあらわす言葉。古代の日本人にとって罪は現在の人格的良心に関わる宗教的・道徳的な罪ではなく、外部から付着し、幸福な生活を害したり、おびやかすもので、共同生活のしきたりを破ることから、病気・天災・死までも意味した。呪術や祭祀は罪や穢れがもたらす災厄をはらい、共同体の福利と安寧をもたらすことを目的とする。

：**禊（みそぎ）** ③ 神聖な水に浸かって、心身の穢れを洗い清める行為。現在でも過去のことは**「水に流す」**②という表現に、罪や災いは流し去り、消し去ることができるという日本人の楽天的な考え方があらわれている。

：**祓い（はらい）・祓え（はらえ）** ⑤ 罪の代償物を出すことや、祓えの幣や形代に託すことによって、身についた罪や穢れを祓い去る方法。6月と12月の晦日（末日）には、宮中や神社で国中の罪や穢れを祓い清める**大祓**③の儀式がおこなわれる。大祓の時には、参拝者が疫病を祓いのける力があるとされる大きな茅の輪をくぐる神事がおこなわれる。

：**天つ罪** ① 大祓ではスサノヲが高天原で田の畔を壊したり、溝を埋めたり、神殿をけがしたりしたように、農耕や祭祀を妨害する行為は天つ罪（天津罪）と呼ばれ、殺人・傷害・姦淫の行為や、病気や毒虫に刺される、自然災害などは**国つ罪**①（国津罪）と呼ばれる。また、スサノヲが高天原でおかした罪を天つ罪、それに対して国土でおこった罪や災害を国つ罪と呼ぶともされる。

流し雛 ② 3月3日に川などに人形を流す行事。人形に身の穢れをのせて祓う呪術がもとになったといわれる。

葬送儀礼 ① 死者を弔い、見送る儀礼。日本では葬儀は古代よりとりおこなわれていたが、江戸時代に民衆を寺院に帰属させる寺請制度ができ、家の仏壇に戒名を書いた位牌がおかれ、僧を呼んで葬式をおこなう習慣が定着した。ほかの仏教国では、僧が葬儀をおこなう習慣はない。遺体を埋葬する場所まで送って行くことは、野辺送りともいう。

→ p.259 **寺請制度**

『万葉集』 ⑤ 奈良時代に完成した日本最古の歌集。20巻。舒明天皇（593～641）から奈良時代に至るまでの約4,500首を収録。歌は天皇から防人・農民のものにおよび、額田王（生没年不詳）・柿本人麻呂・山部赤人（生没年不詳）・山上憶良（660～733？）・大伴家持（717頃～785）らのすぐれた万葉歌人を中心に、社会の進展にともない、歌風も質実剛健から繊細流麗に変化している。歌は万葉仮名で書かれ、古代日本人の考え方・生き方を知るうえで貴重な資料である。

第2章 日本仏教の展開

1 聖徳太子と奈良仏教

外来(がいらい)(外国・先進)文化の受容(伝来) ⑤ 日本人は古くから外来思想の受容を通して思想を発展させてきた。6世紀に中国大陸・朝鮮半島から仏教や儒教が伝来し、のちの鎌倉仏教や江戸儒学に発展した。他方、外来思想に刺激されて日本古来の思想から神道(しんとう)が形成され、江戸時代には国学がおこった。さらに、明治以降は西洋の近代思想が積極的に摂取され、その吸収を通して日本近代の思想が生まれた。日本思想の展開は、外来思想を消化して「日本化」して受容したところに特色がある。稲作をはじめ、禅や茶の湯などの日本的とされるものの多くは、外国からもたらされたものであり、外来文化の受容のなかで日本文化が形成された。

蕃神(あだしくにのかみ)(ばんしん) ② 国神(くにがみ)に対して、外来の神を指す語。『日本書紀』ではブッダのことを「となりのくにのかみ」と呼び、拝むと国神の怒りを呼ぶとされた。

崇仏(すうぶつ)論争 ① 仏教はインド発祥の宗教だが、中国に伝わって漢訳された経典が日本に伝えられた。**仏教の伝来(仏教の受容)**⑤の年代には、538年と552年の説がある。その際に、仏教の受容を主張する蘇我(そが)氏と、それに反対する物部(もののべ)氏・中臣(なかとみ)氏のあいだでおこった論争が崇仏論争である。崇仏廃仏論争ともいう。仏教をもたらした渡来人とつながりのあった蘇我稲目(いなめ)は仏教の受容を積極的に主張したが、物部尾輿(おこし)・中臣鎌子(かまこ)は日本古来の神々を祀(まつ)る立場からこれに反対した。疫病の流行が日本の神々の怒りとされて、仏教受容派は一時劣勢に立たされたが、稲目の子の蘇我馬子(うまこ)が武力で尾輿の子の物部守屋(もりや)を倒し、みずからの推す推古(すいこ)天皇が即位したことによって、論争は崇仏派の勝利に結着した。馬子と協力した聖徳太子は、仏教の受容をおし進め、四天王寺(してんのうじ)・法隆寺(ほうりゅうじ)を建立した。

聖徳太子(しょうとくたいし)(厩戸皇子(うまやとのみこ)・厩戸王(うまやとおう)) ⑤ 574〜622 飛鳥時代の政治家・思想家。

→ p.231 聖徳太子の生涯と思想

憲法十七条(十七条憲法) ⑤ 604年、聖徳太子により制定されたと伝えられる日本最古の成文法。今日の憲法とは異なり、中国的な統一国家を目標に、豪族たちも含めて新国家建設を担う役人の心得を訓示したもの。その特色は儒教が取り入れられて組織的な人間関係が重んじられ、役人相互および役人と人民との「和」が強調され、仏教が普遍的な原理とされている、などである。

和(わ) ⑤ 自他がなごやかに調和しながらも、活発に議論をして道理をみつけ、物事を進めていくこと。たんなる他者への従順ではない。聖徳太子は憲法十七条の第一条で、**「和をもって貴(とうと)(たっと)しとし、忤(さか)ふることなきを宗(むね)とせよ」**⑤と説き、共同体における根本精神として重んじた。「和を貴しとし」は『論語』などにあるが、きわめて明示的に強調された点が注目される。和の精神は、集団の「和」に優先的価値をおく日本人の思想や協調性を育てた。

凡夫(ぼんぶ) ⑤ 仏の眼からみた、欲望にとらわれて迷う存在としての人間。聖徳太子は憲法十七条の第十条で、自分と相手の意見が対立した際に、自分が正しく相手が間違っていると思い込むことをいましめ、人は**「ともにこれ凡夫なるのみ」**⑤という自覚をもって、みずからを反省せよと説いた。この人間観がみなで議論して道理を見出す和の前提になる。

三宝(さんぼう)(さんぽう) ⑤ **仏・法・僧**[三宝]⑤の3つを世の宝にたとえていう。仏は、真理を悟った者としてのブッダ、法はその真理すなわちブッダの教え、僧はブッダの教えを学んで修行する者の共同体。聖徳太子も憲法十七条のなかで、「篤(あつ)く三宝を敬え」と説いた。

「世間虚仮(せけんこけ)、唯仏是真(ゆいぶつぜしん)」(世間は虚仮、唯仏(ただほとけ)のみ是(こ)れ真) ⑤ この世の中はむなしく仮(かり)のものであり、ただ仏の教えだけが真実であるという意味。聖徳太子が妻に語ったとされる言葉で、現世への執着を否定し、仏の真理に立って生きることを説く。仏教的世界観にもとづく太子の人生観を示す。

● 聖徳太子の生涯と思想 574〜622 ●

用明天皇の皇子として生まれ、幼時から高句麗の恵慈法師(？〜623)に学んだ。叔母にあたる推古天皇を補佐して国政にあたった。

当時の国情は、蘇我氏を中心に豪族間の対立が激しく、対外的には隋帝国の出現や新羅の強勢という激動の時代であった。この混乱期に国政にあたった太子は、603年に冠位十二階の制、604年に憲法十七条を制定し、607年には遣隋使を派遣した。また、仏教を奨励し、その学問所として法隆寺を建立した。こうして天皇を中心とする中央集権国家の形成・整備に指導的な役割を果たした。

太子の思想の根本は、憲法十七条に述べられているが、その中心は和の精神の実現にあった。そこには、仏教理解にもとづく凡夫の自覚という人間観、儒教道徳にもとづく人倫の思想などがうかがえる。和の精神によって共同体の実現をめざす思想は、現在の日本人の生き方・精神にもつながるものがあり、その意味で日本史上の最初を飾る思想家ともいえる。622年、49歳で世を去ったが、当時の人々が太子の死を深く悲しんだことが『日本書紀』に記されている。しかし、太子の一家はのちに蘇我氏により全滅という悲劇を迎えた。太子はのちに長く人々の強い崇敬を集め、これを太子信仰と呼ぶ。

太子の作として伝わる『三経義疏』は、法華経・勝鬘経・維摩経の三経の注釈書。なお近年、今日伝わる太子の業績についての見直しも注目されている。

聖徳太子の言葉

一に曰く、和をもって貴しとし、忤うことなきを宗とせよ。……上和ぎ、下睦びて、事を、論うに諧うときは、事理おのずから通うず。何事か成らざらん。

二に曰く、篤く三宝を敬え。……人、はなはだ悪しきもの少なし。よく教うるをもて従う。それ三宝に帰りまつらずば、何をもってか枉まれるを直さん。

十に曰く、……われかならずしも聖にあらず。かれかならずしも愚にあらず。ともにこれ凡夫のみ。……

中村元ほか訳「十七条憲法」『日本の名著2 聖徳太子』中央公論社

『三経義疏』⑤『法華経』『勝鬘経』⑤『維摩経』⑤という3つの大乗仏教の経典に注釈を加えた書物で、聖徳太子の作と伝えられるが、疑問視されている。三経とも世俗の生活のなかで仏教の真理が実現できると説き、太子の仏教理解の特徴を示すとともに、その後の日本仏教に影響を与えた。 → p.80『法華経』

「菩薩半跏像」[中宮寺] ① 飛鳥時代につくられた木造の仏像で、飛鳥〜奈良時代に盛んだった菩薩信仰にもとづいたものとされ、菩薩半跏思惟像とも呼ばれる。

奈良仏教 ③ 奈良時代、仏教は国家から鎮護国家の役割を担うことを期待されており、国家の許可を得て出家した僧(官僧)によって、仏教教理の研究や様々な儀礼がおこなわれた。

鎮護国家 ⑤ 仏教を盛んにして、仏教の力によって国家の安泰をはかること。8世紀前半、**聖武天皇**(701〜756)⑤が全国に国分寺・国分尼寺をつくり、奈良の都に**東大寺の大仏(盧舎那仏・毘盧遮那仏)**④を造立した。国家を護持すると信じられた『法華経』『仁王般若経』『金光明経』という**護国三部経**②が重んじられ、国家の安泰を願って誦された。

南都六宗 ⑤ 奈良時代の仏教の六学派。**三論宗**⑤・**成実宗**⑤・**法相宗**⑤・**倶舎宗**⑤・**華厳宗**⑤・**律宗**⑤。のちの時代の宗派とは異なり、仏教の教義を研究する学問の学派であった。南都とは奈良のことで、北都(京都)と対をなす語。

鑑真 ⑤ 688頃〜763 中国唐代の高僧。当時、中国に留学中の日本人僧栄叡(？〜749)・普照(生没年不詳)の要請で、周囲の反対をおして渡日を決意。5回渡航に失敗し、失明するに至ったが、ついに12年目の753年、弟子20余人と来日して律宗(戒律)を伝えた。鑑真のために**唐招提寺**(とうしょうだいじ)④が建立(こんりゅう)され、戒律に従う誓いを立てた者に僧侶の資格を授ける**授戒**③・**受戒**①の制度の確立に尽くした。戒律・天台宗の経典をもたらし、中国の書や彫刻、医薬の知識、納豆などの食品加工技術も伝えたとされ、日本文化への功績は大きい。

行基(ぎょうき) ⑤ 668～749　奈良時代に民衆のあいだで布教に尽力した僧。諸国を遊説して布教し、道や橋をつくり、また貧民のために布施(ふせ)屋(無料宿泊所)を建てるなど、民間に慈悲の精神を広めた。人々から行基菩薩と尊称(そんしょう)された。行基に従ったのが国家の許可なく出家して僧を自称した人々(私度僧(しどそう))であったため、当初は弾圧されたが、のちに聖武天皇の尊崇(そんすう)を受けて、東大寺大仏造立の勧進(かんじん)をおこなった。

2　最澄・空海と平安仏教

平安仏教 ② 平安仏教の特色は、鎮護国家を受け継ぎながら、大陸から伝えられた大乗仏教を山岳宗教などの民間信仰と結びつけ、日本的な仏教文化の基盤をつくったことにある。それは、『法華経』および密教経典にもとづき、加持祈禱など呪術(じゅじゅつ)的な実践をおこなう、現世利益の仏教である。国家護持の祈禱、雨乞(あまごい)などのほか、個人的な息災(そくさい)や利益を祈る密教修法(しゅほう)が発達し、貴族の熱心な帰依(きえ)や保護を受けた。また思想面でも天台宗における仏教教学の体系化、真言宗における密教的世界観の完成など、のちに様々な日本仏教が広がるもとになった。

現世利益(げんぜりやく) ⑤ 息災・治病・延命・得財など、現実の人生で神仏から授かる利益を指す。神仏のめぐみが現世で与えられるという現世中心主義の信仰にもとづく。仏教は、伝来当初から現世利益や災難を除いて福をまねく**除災招福**(じょさいしょうふく)①と結びついていたが、奈良・平安仏教は、加持祈禱と結びついてこの傾向が強かった。

加持祈禱(かじきとう) ⑤ 病気や災難を除くために、仏の加護を祈る呪術の一種。本来は、生きとし生けるものの魂の覚醒をめざして、仏の力が修行者に加わること(加持)であり、それに向かっての祈り(祈禱)を意味するが、奈良・平安仏教では現世利益と結びつき、呪術的なものとして広がった。

最澄(さいちょう) ⑤ 767～822　日本天台宗の開祖。**伝教大師**(でんぎょうだいし)⑤と呼ばれる。

→ p.233 **最澄の生涯と思想**

天台宗(てんだいしゅう)**(日本天台宗)** ⑤ 中国の僧、智顗(ちぎ)(538～597)が6世紀に大成した仏教の一派で、法華経を中心経典とし、それを究極的な完全で円満な教えである**円教**(えんぎょう)②であると位置づける。**天台法華宗**(てんだいほっけしゅう)②とも呼ばれる。入唐(にっとう)した最澄がこれを日本へ伝え、法華経で説かれた一切衆生が仏性(ぶっしょう)を備えて成仏できることを強調し、日本天台宗をおこした。法華経中心の教学(円)・密教・禅・戒律をあわせおこなう四宗合一(ししゅうごういつ)の総合性を基本とする。比叡山(ひえいざん)の**延暦寺**(えんりゃくじ)⑤を総本山とし、その後の日本仏教に大きな影響を与えた。源信(げんしん)の浄土教も、法然(ほうねん)・親鸞(しんらん)・日蓮(にちれん)らの鎌倉新仏教も天台宗からでた。

一切衆生悉有仏性(いっさいしゅじょうしつうぶっしょう) ⑤ 一切の衆生

● 最澄の生涯と思想　767〜822 ●

日本天台宗の開祖で、空海とともに平安仏教を代表する僧。死後、伝教大師とおくり名された。

近江国(滋賀県)に生まれ、12歳で出家、19歳の時に奈良の東大寺で受戒し、仏教研究に精進した。既成の仏教にあきたらず、804年、38歳の時に入唐し、天台の奥義と密教・禅を学んで翌年帰国した。その後、比叡山に延暦寺を建てて日本天台宗を開き、仏教の革新をはかった。

最澄は、法華経の説く一乗思想に深く傾倒し、これこそブッダ本来の教えと確信した。そして、人間はだれもが仏性をもち、自分がその本性を自覚し修行すれば、真理を悟って成仏できると説いた。そして、人の素質によって仏になれるかどうかに差があるという、差別的な救済論を説く南都の仏教を批判した。

のちには奈良仏教と対立し、空海の隆盛のなかで苦しみ、56歳で世を去った。彼の思想は、一般民衆に対する魂の救済を開くもので、比叡山から民衆にわけ入る仏教者たちが育つもととなった。主著『山家学生式』『顕戒論』。

最澄の言葉

伏して願わくは、解脱の味を自分1人で飲み味わうことなく、また安楽の結果を自分だけで悟ることなく、すべての世界のあらゆる衆生と同じようにすぐれた悟りの立場に登り、すべての世界のあらゆる衆生と同じようにすばらしい悟りの味を飲むことにしたい。　『願文』(口語訳)

は悉く仏性を有するという意味。生きとし生けるものはすべて真理を悟る可能性(仏性)を備えているので、悟りを開いてブッダとなり、成仏できるという教えである。『涅槃経』で説かれる言葉で、大乗仏教の根本思想の1つである。

→ p.80 **仏性**

山川草木悉皆成仏

「山川草木悉く皆成仏す」と読み下し、山川のような国土、草木といった心をもたないものさえも仏性をもち、悉く真理と一体になって成仏するという考え。『涅槃経』の「一切衆生悉有仏性」を受けたもので、「草木国土悉皆成仏」ともいわれるが、仏典にはみえない言葉である。天台宗の「本覚思想」のなかで発達した。

国宝 ① 最澄は『山家学生式』のなかで、仏教の道を求めて、世の中の「一隅を照らす」人を国宝と呼んだ。仏教の理論・実践ともにすぐれた者は「国宝」として比叡山で僧の指導にあたらせ、理論にすぐれた者は「国師」、実践にすぐれた者は「国用」として各地に派遣し、仏教を広めて国家の安泰をめざすべきだとした。

「一隅を照らす、此れ則ち国宝なり」 ① 最澄の『山家学生式』の言葉で、仏教の教えを人びとに広め、世の中の片隅を真理で照らし出す人こそ国の宝であるとされる。

戒壇 ⑤ 戒律を授けて正式な僧侶としての資格をあたえる場所。日本では鑑真をまねいて、754年にはじめて東大寺に設けられた。鑑真が日本に伝えた戒は上座部仏教の**具足戒**③であったが、最澄は比叡山に新たな戒壇を設け、本来は大乗仏教の在家の修行者に向けられた**大乗菩薩戒(菩薩戒・大乗戒)**④をもって僧となる制度を主張した。最澄は国家の許可を求めたが許されず、その死後に実現した。

得度 ① 仏教の僧となるための出家の儀式。古代インドにおいては、仏教教団の僧の承認を得て、戒律を守ることを誓えばよかったが、中国や日本では納税や兵役が免除されたため、それを逃れるために僧侶になる者があらわれ、国家は許可制にして年ごとに原則として10人に制限した。このような僧を**官僧**⑤と呼び、一方で国家の許可なく僧となる者を**私度僧**⑤と呼ぶ。課役を逃れるための私度僧は取り締まられたが、空海や空也のように人々の尊敬を集め、その活動を認められていた者もいた。

一乗思想(法華一乗) ⑤『法華経』で説かれる思想で、仏の教えを悟りへと導く乗り物にたとえ、声聞乗・縁覚乗・菩薩乗という3つの乗り物(三乗)は、仏が衆生を導くための手段として説いた**方便**①であり、その本質は1つであってすべての人は1つの乗り物(一乗)に乗るようにみな悟りを開くことができるという教え。一方で人間の素質や能力に応じた三乗の区別は絶対的なものであり、仏になる素質のない者は救われないとする**三乗思想**①を説く法相宗の僧**徳一**③に対して最澄はきびしい批判の書を書いて論争を繰り広げた。最澄は、三乗は一乗へと導くための方便の教えであり、すべての人には仏になる素質である仏性が備わっており、みずからの仏性を自覚して修行すれば、みな等しく悟りを開いて仏になることができると説いた。

『山家学生式』 ⑤ 天台宗を開く勅許を得た最澄が818年に著したもので、天台宗の僧侶育成の方針と規則をまとめ、真の仏道を信じる心が説かれている。

『顕戒論』 ⑤ 最澄の著作で、僧侶の資格を与える時に授ける戒(僧として守るべき規律)が、奈良仏教では上座部仏教における小乗具足戒であったのに対して、大乗仏教における大乗菩薩戒によって僧になる資格を与えることを主張したもの。

空海 ⑤ 774～835　真言宗の開祖。**弘法大師**⑤と呼ばれる。

→ p.235 **空海の生涯と思想**

「生まれ生まれ生まれ生まれて、生のはじめに暗く、死に死に死に死にて、死の終わりに冥し」 ① 空海の著書『秘蔵宝鑰』の言葉。この世に数限りない人間が生まれて死ぬが、なぜこの世に生まれ、死んでどうなるかを定める因果の真理に暗いまま、貪欲と無知のなかにあることを嘆いたものである。

真言宗 ⑤ 入唐した空海が、唐僧の恵果(746～805)から学びとった密教をもとに開いた仏教の一派。この世界は、大日如来の分身である無数の仏によって成り立つ。手に印契を結び、口に仏の真言をとなえ、意が仏を観じるという、**身密・口密・意密**②の3つの行からなる**三密**⑤の実践を通じて、即身成仏することを究極の目標とする。空海は高野山に**金剛峯寺**⑤を建立し、京に東寺を賜り、最澄の天台宗とともに平安仏教の主流をなした。

密教 ⑤ 秘密の教えという意味で、言葉に示されて理論的に学習可能な**顕教**⑤に対し、言葉では伝えきれない神秘的な秘密の教えを指す。真理を宗教的体験で得るために、瞑想・儀式・曼荼羅などの象徴を重視する。日本では真言宗(東密)が代表的で、**真言密教**①とも呼ばれるが、のちに天台宗も密教化した(台密)。

真言 ⑤ サンスクリット語の**マントラ**(mantra)④の漢訳で、神聖で神秘的な力をもつ呪句・呪文。密教では仏・菩薩の誓いや力などを象徴する秘密の言葉を指し、それをとなえ、その文字を観ずることによって功徳があるとされている。

印契 ④ 仏の神秘的な力などを象徴する指や手の独特な形をいう。仏ごとに一定の形が定められている。**印**①・印相ともいう。

曼荼羅 ④ マンダラ(mandala)とは、サンスクリット語で「宇宙の真理を表現したもの」の意味。密教では諸仏・菩薩・明王・天の信仰を全部認めながら、それらがみな大日如来の分身であることを示すため、それらを図式化して掛物とし、また壇上に敷いて礼拝して儀式をおこなった。これらの諸仏を図像化した図絵のことも、一般にマンダラという。両界曼荼羅は、『大日経』にもとづいて悟りに至る過程とそれを導く仏の慈悲をあらわす、悟りの世界の曼荼羅である**胎蔵界曼荼羅**③と、『金剛頂経』にもとづいて行により最高の智を得る過程を示す、智慧の世界の曼荼羅である金剛界曼荼羅からなる。

即身成仏 ⑤ 生きたこの身のままで仏になることで、真言宗の思想の中心をなす。死後成仏ではなく、現世の幸福に重きをおく平安仏教の特色を示している。空海は三密の行によってこの肉体そのものが大日如来と同化し、宇宙に遍在する仏の清らかな命をみずからの命として力強く生きることができると説いた。また、『法華経』でも現世で成仏することを尊んでいる。

大日如来 ⑤ 密教において宇宙の究極的な原理を示す仏であり、一切の如来・菩薩・神々をも包摂する命の根源とされる。サンスクリット語のマハーヴァイローチャナ(Maha Vairocana、大いなる光輝く仏)を音写したものが毘盧遮那仏で、真言密教

空海の生涯と思想　774～835

真言宗(しんごんしゅう)の開祖で、最澄とともに平安仏教を代表する僧。死後、弘法大師(こうぼうだいし)とおくり名された。

讃岐(さぬき)国(香川県)に生まれ、15歳の時に上京し、大学などで漢学をおさめたが、その後仏教にひかれ出家し、東大寺で学んだ。

教義中心の奈良仏教に疑問をもち、魂の救済という宗教本来の意義を求めて、804年、30歳の時に入唐(にっとう)し、密教と出あい、それを学びとって帰国した。帰国後、高野山に金剛峯寺を建て、また諸国を遊行し、真言宗の布教につとめた。彼は、長いあいだ修行してはじめて成仏できるという他宗を批判し、三密という神秘的な行(ぎょう)をおこなえば、大日如来と一体化して即身成仏できると説き、仏教の宗教的生命力を強調した。

彼は、日本で最初の民衆教育機関である綜芸種智院を創設し、諸地方をめぐり、庶民の教化につとめた。62歳で世を去ったが、彼のすぐれた実行力は全国各地に彼の徳をたたえる大師伝説を生んだ。三筆の1人とされ、書道や詩文にもすぐれ、多芸多才の人であった。主著『十住心論』『三教指帰』『性霊集(しょうりょうしゅう)』。

空海の言葉

手に印契(いんげい)を結び、口に真言をとなえ、心を集中させれば、身・口・意の三密が一体となって仏の力が行者に加わり、すみやかに解脱の境地を得ることができる。もし行者がこの真理のことわりをつねに念じれば、三密が一体となるから、生きたこの身のままですみやかに仏の三種類の身体をあらわして悟りを開くことができる。即時・即日の場合と同じように、即身の意味もまたこのようである。　『即身成仏義』(口語訳)

では意訳して大日如来と呼ばれる。『**大日経**(だいにちきょう)』③や『**金剛頂経**(こんごうちょうぎょう)』①で説かれる。

→ p.231 **東大寺の大仏(盧舎那仏・毘盧遮那仏)**

『三教指帰(さんごうしいき)**』** ⑤ 空海24歳の著作。放蕩(ほうとう)青年とその親に対して、亀毛(きもう)先生(儒教)・虚亡隠士(きょぶいんし)(道教)・仮名乞児(かめいこつじ)(仏教)がつぎつぎに教えを説くという戯曲(ぎきょく)的な構成をとり、儒教・道教・仏教の教えを比較して、仏教がもっともすぐれていることを主張している。

『十住心論(じゅうじゅうしんろん)**』** ⑤ 空海の晩年の主著で、彼の思想の集大成の書。即身成仏の立場から、儒教や彼以前の仏教各宗の教義を総合的に位置づけ、大日如来を中心とする悟りに至る道程を10段階にわけて論じた。

『即身成仏義(そくしんじょうぶつぎ)**』** ② 真言宗の教義の要点を示し、即身成仏の理論と実践を説いたもの。万物を大日如来の活動のあらわれとし、身・口・意の三密の行によって修行者に仏の力が加わり、すみやかに真理を悟って生きたこの身のままで大日如来と一体になれると説く。

東寺(とうじ)**(教王護国寺**(きょうおうごこくじ)**)** ③ 823年、嵯峨(さが)天皇が空海に与えた寺。五重塔をはじめ国宝も多く、とくに講堂内の仏像(21体中16体が国宝に指定)は、密教の本質を示す曼荼羅の構成となっている。

綜芸種智院(しゅげいしゅちいん) ④ 空海が設立した庶民のための最初の学校。国家の大学は儒教中心であったが、仏教も含めてあらゆる学問(綜芸)を学ぶ仏の智(種智)の学校を意味する。828年頃の設立と考えられるが、食料の支給をするなど、広く貧しい庶民にも門戸を開いた。

四国八十八カ所めぐり ① 四国では空海ゆかりの地をめぐる四国八十八カ所めぐりが盛んで、お遍路(へんろ)と呼ばれる巡礼者が、お大師さん(弘法大師)とともに歩むという意味の同行二人(どうぎょうににん)と書かれた白衣(びゃくえ)と菅笠(すげがさ)を身に着け、金剛杖(こんごうづえ)をついて霊場をめぐる。

神仏習合(しんぶつしゅうごう) ⑤ 日本固有の神の信仰と仏

教信仰との融合。奈良時代に始まり、平安時代に本体である仏が日本の人々を救うために、仮に神の姿をとってあらわれたという本地垂迹説が説かれ、真言宗における神仏習合の思想は両部(りょうぶ)神道、天台宗においては山王(さんのう)神道と呼ばれた。鎌倉時代にはその逆に本体である神が、仮に仏の姿であらわれたという反本地垂迹説が説かれた。神社に**神宮寺**(じんぐうじ)⑤が建立され、神前読経(しんぜんどきょう)などもおこなわれた。

鎮守(ちんじゅ)**の神** ① 国・土地・氏族などをしずめ守る神。古代から各地にその土地の鎮守の神を祀った社(やしろ)が建てられ、その周りは鎮守の森として聖域化された。仏教伝来後は、神仏習合の風習のなかで、寺院を鎮護するために**鎮守の神社**②が併設された。

→ p.290 **神社合祀令**

修験道(しゅげんどう) ② 日本古来の山岳信仰が、仏教・道教の影響を受けて体系化されたもの。神の領域とみなされていた自然のなかで、きびしい修行をおこなって験力(げんりき)を獲得し、治病・除災などの呪術的儀礼をおこなった。奈良時代の山岳修行者である**役小角**(えんのおづぬ)(えんのおづの)(生没年不詳)②を開祖に仮託(かたく)している。最澄・空海も山岳修行者の出身で、平安時代以降は天台宗・真言宗の密教僧の山岳修行が盛んになった。神仏習合的色彩がきわめて濃いため、明治に入ると政府によって禁止されたが、現在は復活している。

山岳仏教 ① 山に宗教的意味を認めて、崇拝対象とする古来からの**山岳信仰**①に、7世紀、道教の影響もあって山に籠(こも)って修行する籠山(ろうざん)修行がはじまった。比叡山・高野山が開かれた平安時代以降は、山岳仏教とくに密教が盛んになった。

本地垂迹説(ほんじすいじゃくせつ) ⑤ 仏が**本地**⑤(真理の根源)で、神は民衆を教化するために**垂迹**⑤(形となって諸方にあらわれること)したとする思想。平安時代初期にあらわれ、9世紀頃から、神は仏が「権(かり)に現れ」たものという**権現**(ごんげん)④の思想が広まった。日本古来の神である**八幡神**(はちまんしん)①が神仏習合によって仏のあらわれとされ、八幡大菩薩(だいぼさつ)が信仰され、僧の形であらわれる僧形(そうぎょう)八幡神の像がつくられた。本地垂迹説に対して、神が本体で仏は権に姿をあらわしたものという考えを**反本地垂迹説**③といい、鎌倉時代末期に、蒙古襲来(もうこしゅうらい)とその撃退をきっかけにおこった神国思想を背景に生まれた。

陰陽道(おんみょうどう)(いんようどう)

古代中国の陰陽五行(いんようごぎょう)説にもとづいて、陰陽と五行の変化によって吉凶を占う術や呪術。日本では奈良・平安時代に広まった。はじめは国家によって吉凶の占い、天体の観察、暦の作成をおこなわせるために陰陽寮という役所がつくられたが、平安時代になると安倍晴明(あべのせいめい)(921〜1005)らの陰陽師があらわれ、怨霊(おんりょう)がもたらす災厄(さいやく)を回避する占いや呪術として貴族に流行し、その後は暦や方角の吉凶(きっきょう)を占う民間信仰として民衆に広まった。

3 末法思想と浄土信仰

末法思想(まっぽうしそう) ④ ブッダの死後、正法・像法という2期を経て、11世紀の中頃から末法の時期に入ったとして、現世における仏の救済の可能性を否定する仏教の歴史観。平安時代中期以降、戦乱や天災が続いて人々は世の無常を実感し、末法思想が深まり、それを背景に浄土信仰が急速に広がった。

：**正法**(しょうぼう) ⑤ 教(ブッダの説く教え)・行(その教えに対する修行)・証(修行の結果としての悟り)の3つがともに存在する時期で、ブッダの死後1,000年続くとされる。

：**像法**(ぞうほう) ⑤ 教・行だけが存在し、証がない時期で、正法のつぎの1,000年間の時期とされる。

：**末法**(まっぽう) ⑤ 行も証もなく、ただブッダの教えのみが説かれる乱れた時期であり、これが1万年続くとされる。日本では、1052年が末法に入る初年とされ、浄土教の発達をうながした。

浄土(じょうど)**信仰** ④ 浄土を求め、往生を願う信仰。平安時代末期には戦乱、飢饉・疫病・地震などの天災、末法思想の流行で人々の無常感がつのり、浄土信仰が民衆に広がり、浄土教の発展を導いた。

浄土 ⑤ 悟りを完成した仏の住む国土、清浄(しょうじょう)な理想の世界をいう。薬師如来の住む東方浄瑠璃浄土など諸仏により各種の浄土があるが、阿弥陀仏の国土である西方極楽浄土がもっとも多くの人々の信仰対象となったので、浄土といえば西方極楽浄土を指すようになった。

：**西方極楽浄土**(さいほうごくらくじょうど) ④ 浄土の1つで、阿弥陀仏が住む浄土。**極楽浄土**⑤ともいう。諸々の苦難や穢(けが)れがなく、ただ快楽(けらく)と清浄があふれる仏国土(ぶっこくど)。浄土諸宗における理想の世界で、人々の往生への願望をかきたてた。

往生(おうじょう) ⑤ この世の命を終えて阿弥陀仏の極楽浄土に往(い)き、そこに生を享(う)けること。

浄土教 ② 阿弥陀仏を信じることにより、死後に極楽浄土に往生できると説く教え。インドの大乗仏教で説かれ、中国に伝わり、唐・宋代に栄えた。とくに唐の**善導**(ぜんどう)(613〜681)④は、南無阿弥陀仏の念仏により救われると説き、多くの信者を集めた。日本では平安時代後期に空也や源信により本格的にとなえられ、専修念仏を強調する法然によって画期的な発展をとげた。その後、親鸞の浄土真宗、一遍(いっぺん)の時宗(じしゅう)などを生み、日本仏教に大きな影響を与えた。

阿弥陀仏(あみだぶつ) ⑤ 大乗仏教で説かれる諸仏のなかで、もっとも重要な仏の1つ。阿弥陀如来、略して弥陀ともいう。サンスクリット語にいうアミタ(amita、無限・無量)に由来し、「限りない光や寿命をもつ仏」をあらわし、無量光仏(むりょうこうぶつ)、無量寿仏(むりょうじゅぶつ)とも呼ばれる。かつて**法蔵菩薩**(ほうぞうぼさつ)③であった時、一切衆生が救われることを願い、この願いが達せられないうちは自分も仏にならないと誓って修行を重ね、ついに悟りを開いて仏となり、西方極楽浄土にあって衆生を救うと伝えられる。この阿弥陀仏を信仰する仏教が浄土教である。

念仏(ねんぶつ) ⑤ 元来は、心のなかに仏を思い浮かべること。仏道修行の基本の1つで、仏の姿や功徳を心に念じる**観想**(かんそう)**念仏**⑤、仏の名をとなえる**称名**(しょうみょう)**(口称**(くしょう)**)念仏**⑤などがある。浄土教では、「南無阿弥陀仏」の6字の名号(みょうごう)をとなえる称名念仏により、極楽浄土に往生できることを強調した。

：**「南無阿弥陀仏**(なむあみだぶつ)**」**⑤ 阿弥陀仏に帰依(きえ)するという意味。**南無**④は、サンスクリット語の音にそのままあてはめた漢字で、絶対の信頼をよせて帰依・心服すること。

空也(くうや) ⑤ 903〜972　平安時代中期の僧で、諸国を遊行して念仏の功徳を庶民層に布教した。道路を通し、橋をかけ、寺や堂を修理し、野原の無縁の死骸を火葬した。京都に住みついてからは、京の市で乞食(こつじき)をし、貧民や病人の世話をしたので、**市聖**(いちのひじり)⑤、**阿弥陀聖**⑤と呼ばれた。民衆に念仏が広まる機縁をつくり、のちの浄土宗の基盤をつくった。

源信(げんしん) ⑤ 942〜1017　平安時代の天台宗の僧。**「厭離穢土**(おんりえど)**、欣求浄土**(ごんぐじょうど)**」**⑤(この世を穢れた世として厭(いと)い、極楽浄土に往生することを願うこと)のための念仏を説き、当時の人々に浄土信仰を広めた。その念仏は観想念仏が中心であったが、のちの法然の信仰成立に大きな影響を与えた。主著『往生要集』。

『往生要集(おうじょうようしゅう)**』**⑤ 源信が985年に著した書。浄土に往生するための教えをまとめたもの。多くの経典からその要(かなめ)となる文章を集めたもので、とりわけ極楽・地獄の描写は有名で、絵巻ともなり、民衆に極楽浄土への往生の願望をかきたてた。

4 鎌倉仏教

鎌倉仏教(鎌倉時代の仏教) ③ 鎌倉時代は、仏教が民衆に深く広がり、法然・親鸞・一遍・栄西・道元・日蓮らが出現して、すべての人を救おうという大乗仏教の日本化が様々に展開した時代である。この時代には、多くの新しい宗派が生まれた。念仏(浄土信仰)の系統では、法然の浄土宗、親鸞の浄土真宗、一遍の時宗の３つがあり、禅の系統では、栄西の臨済宗、道元の曹洞宗の２派があり、さらに日蓮の日蓮宗がある。これらの新興諸宗派は鎌倉仏教・**鎌倉新仏教**①と呼ばれるが、それは仏教が日本の民衆に広く浸透して定着する**日本仏教(日本的仏教)**②の誕生であった。鎌倉時代には天台・真言の２宗を中心とする旧来の仏教の力も大きく、新宗派が大きく発展するのは、室町時代中期から戦国時代にかけてである。曹洞宗は主として地方武士団の帰依を受け、戦国時代末から近世初頭にかけては、東北地方の農民層に浸透した。浄土真宗は、蓮如がでてから急速に発展し、北陸から畿内・東海地方の農民のあいだに広まった。日蓮宗は元来、関東の下級御家人層に支持を得たが、室町時代から戦国時代にかけて畿内(きない)方面に進出し、主として京都と堺(さかい)の町人層に信徒を得た。鎌倉新仏教・日本的仏教の特色は、１つの明解な教えを選び(選択)、すべての人が実践できる易(やさ)しい行(易行)をすすめ、それをもっぱらおこなう(専修)ところにある。

法然

法然(ほうねん) ⑤ 1133～1212　浄土宗の開祖。

→ p.239 **法然の生涯と思想**

浄土宗 ⑤ 法然が浄土教をもとに開いた宗派で、鎌倉新仏教の１つ。京都の**知恩院(ちおんいん)**②を本山とする。阿弥陀仏の本願を信じ、「南無阿弥陀仏」ととなえる称名念仏により、一切衆生(しゅじょう)が極楽浄土に往生できるとする。浄土教では称名念仏は極楽浄土に至る行(手段)の１つであったが、浄土宗に至ってそれは唯一で究極の行いとされ、もっぱら念仏をとなえる専修念仏となった。

本願(ほんがん) ④ 阿弥陀仏がその修行時代に立てた、すべての衆生を救済するための**誓願**②。48あり、**四十八願(しじゅうはちがん)**①ともいう。そのうち、念仏をとなえた者はすべて阿弥陀仏の住む極楽浄土へ往生させようという第18願がとくに重んじられる。浄土諸宗は、この阿弥陀仏の他力による救いの願い、つまり他力本願への信仰にもとづく信仰である。

専修念仏(せんじゅねんぶつ) ⑤ ほかの一切の修行方法を捨てて、もっぱら念仏をとなえることで、法然の思想の根本をなす。仏の名を口にとなえること(称名)は、極楽往生するための唯一の手段として、仏がすべての凡夫のために選びとったものであると法然は説いた。

他力 ⑤ 仏・菩薩の救いの力を指し、自力に対する語。浄土諸宗は阿弥陀仏の他力により必ず浄土へ救われるという他力信仰に立脚し、**浄土門**③といわれる。また、仏の他力を信じ、念仏をとなえるという簡潔な行を根本とするので、他力易行門ともいわれる。これに対して自力の修行で悟りをめざす道は、**聖道門(しょうどうもん)**③と呼ばれる。

易行(いぎょう) ④ 阿弥陀仏の他力をたのみ、その救いによって浄土に往生すること。みずから修行をおこなって、自力で悟りを開くことをめざす難行と対比される。法然は末法の世の人々が難行によって悟りを開くのはきわめて困難であり、易行こそが末法の世にふさわしい教えであると説いた。

『選択本願念仏集(せんじゃく(せんちゃく)ほんがんねんぶつしゅう)』 ⑤ 法然の主著。書名は阿弥陀仏が「諸行のうちから選択されて本願の行とした念仏」についての書ということ。念仏だけが往生の正因(しょういん)であることを論証している。末法の世においては、他力易行の信仰がふさわしく、専修念仏による往生を説いた。もっぱら他力の往生を説く革新的な主張であり、そのため旧来の仏教からの批判も激しかった。

親鸞

親鸞(しんらん) ⑤ 1173～1262　浄土真宗の開祖。

→ p.240 **親鸞の生涯と思想**

非僧非俗(ひそうひぞく) ⑤ 僧に非(あら)ず、俗に非ずと読み、親鸞が師の法然の念仏停止に連座して流罪にされた時、僧籍を剥奪されて改名させられたことを機にみずからを非僧非俗とした。国家によって認定された僧侶ではないが、仏の教えに従って生きる人間として、ただの俗人でもないという立場である。念仏によってすべての民衆が救済されることを確信した親鸞は、結婚をして子をもうけ、肉食妻帯(にくじきさいたい)をして民衆とともに救われる在家仏教の道を進んだ。

浄土真宗 ⑤ 親鸞によって開かれた、鎌倉新

● 法然の生涯と思想　1133〜1212 ●

浄土宗の開祖。源空と称す。美作国(岡山県)に押領使(在地の有力武士)の子として生まれたが、9歳の時に父を夜討ちで殺され、幼くして孤独な運命を背負ったとされるが、父の死は出家後とする伝記もある。15歳の時に比叡山に入り、天台宗をおさめ、「智恵第一の法然房」と称されるほどになった。しかし、天台の教えに安心立命を得られず下山してふもとの黒谷に移り、その後に、京都・奈良の寺々で学んだ。

1175年、43歳の時に浄土の道を悟り、専修念仏の教えをとなえ、浄土宗を開いた。平安時代末期の社会的混乱、末法思想の流行という状況のなかで、法然の教えは急速に広がった。1201年には親鸞が入門した。その隆盛にともない、天台宗などの旧仏教による迫害が強まり、1207年、76歳の時に念仏停止の弾圧を受け、讃岐へ配流の処罰を受けた。のちにゆるされて帰京したが、翌年80歳で死去した。

彼は、末法の時代には自力聖道門の教えは困難であり、他力易行の浄土門こそこの時代にふさわしいと確信した。阿弥陀仏が人々を救って浄土に往生させるという本願を信じ、人々にひたすら念仏をとなえることを説いた。阿弥陀仏の慈悲は一切の差別なく、すべての人々のうえに救いの手をさしのべるとされたので、当時の人々の心を強くとらえた。鎌倉新仏教の第一歩をしるした人物として、その影響力は大きかった。

主著『選択本願念仏集』『一枚起請文』『和語燈録』。

法然の言葉

ただ極楽に往生するためには、南無阿弥陀仏と口でとなえれば疑いなく往生すると信じて念仏をとなえるほかには、なにも子細なことはない……念仏を信じる人は、たとえ仏の説いたすべての教えをよく学んでも、自分をなんの教えも知らないおろかな身と思い、無知な尼や入道の仲間と同じように、知者のような知ったかぶりのふるまいをせず、ただ一心に念仏するべきである。

『一枚起請文』(口語訳)

仏教の1つ。真宗・**一向宗**②ともいわれる。法然の教えを受け継いで報恩感謝の念仏を説き、念仏すら阿弥陀仏のはからいであるという、絶対他力の教えを特徴とする。浄土真宗は室町時代中期に蓮如(真宗中興の祖)がでてから急速に発展し、主として下級武士・商人・農民層に広がった。**本願寺**④を本山とするが、1602年、相続問題で東西に二分した。それが現在の大谷派(東本願寺)と本願寺派(西本願寺)である。

報恩感謝(仏恩報謝)の念仏 ② 阿弥陀仏の大慈悲(救い)に感謝してとなえる念仏のことで、親鸞により説かれた。念仏をとなえることにより救われるという自力の要素を払拭し、阿弥陀仏の救いを信じる時に往生が定まり、念仏は救われていることへの感謝であるという教えである。

悪人正機 ⑤ 親鸞の根本思想をなすもので、『歎異抄』に記されている。阿弥陀仏は自力では悟りを開くことのできない人々を救うために救いの誓い(本願)を立てたのだから、自力で功徳を積むことのできる**自力作善の人**①よりも、煩悩という悪にとらわれた**煩悩具足のわれら(煩悩具足の凡夫)**④という自覚をもつ悪人こそが、阿弥陀仏の救いにふさわしい対象であると説かれる。救いは阿弥陀仏の本願によるのであって、人間の努力(自力作善)によるものではないという、親鸞の絶対他力の思想が端的に表現されている。

「善人なほ(を)もて往生をとぐ、いは(わ)んや悪人をや」 ⑤『歎異抄』に記されている親鸞の言葉。法然の伝記にも同じ言葉がみえるが、法然は『和語燈録』では、「罪人なお(浄土)に生まる、いかにいわんや善人をや」と語っており、親鸞はそれを悪人正機の教えへと深めたとも考えられる。ここ

親鸞の生涯と思想　1173～1262

法然の弟子で、浄土真宗の開祖。下級貴族の子として京都に生まれた。幼くして両親と死別、9歳の時に出家し、以来20年にわたり比叡山で堂僧として修行につとめた。しかし、悩める心に安心を得られず、29歳で山をくだり、終生の師となる法然に出あい、その他力念仏の門に入った。

その後、35歳の時に法然の念仏停止に連座し、越後に流罪(るざい)になった。その際、僧籍を剝奪(はくだつ)されたが、それを転機に、「僧にあらず俗にあらず」として在家仏教の道を確信した。彼は、この地で恵信尼(えしんに)と結婚し、流罪が許されたのちも京には帰らず、妻子をつれて関東・北陸・奥羽と20年間にわたり布教につとめた。その対象は、無知・無学な農民や武士層であった。63歳の時に帰京し、その後は著述活動を通して布教に専念し、90歳で死去した。

彼の生きた時代には、源平の争乱、大飢饉など、社会の混乱が激しく、人間の苦悩と罪業の自覚が著しく強まった。親鸞は自己の内面をみつめ、ひたすら阿弥陀仏の他力にすがるしかない自己を発見した。念仏をとなえた者はすべて浄土に救いとろうと誓った仏の本願にひたすらすがる悪人こそが、仏の他力による救いにふさわしいという悪人正機説と、救いはすべて仏のはからいによるという絶対他力が彼の思想の中心であり、信仰の本質をきわめたものとして、鎌倉新仏教の1つの典型といえる。主著『教行信証』『和讃(わさん)』。

親鸞の言葉

阿弥陀仏の誓いの不思議な力にたすけられて、極楽への往生をとげることができると信じて、念仏をとなえようと思い立つ心のおこる時、その時すでに阿弥陀仏は一人ももらさずに極楽に救い取る摂取不捨(せっしゅふしゃ)の利益をお与えになっている。阿弥陀仏の本願には、老若・善悪の人のわけ隔てはなく、ただ仏を信じる心だけを救いのために必要とする。そのわけは、罪悪深重(ざいあくじんじゅう)・煩悩熾盛(ぼんのうしじょう)の人々を救おうとするためにたてられた誓いであるからだ。そうであるから、仏の本願を信じるならば、ほかの善行は必要ない、なぜなら念仏にまさる善行はないからだ。悪をもおそれるにおよばない、阿弥陀如来の本願をさまたげるほどの悪はないからである。　『歎異抄』(口語訳)

でいわれている「善人」「悪人」は、日常道徳における「いい人」「悪い人」ではなく、それぞれ修行をして功徳を積むことによって悟りを開こうとする人(善人)と、煩悩にとらわれて自分の力では悟りを開くことができない人(悪人)を指す。阿弥陀仏は念仏をとなえて救いを求める人を浄土に救い取る本願を立て、みずからの力で悟りを開こうとする人すらも救うのだから、自分の無力さを自覚して阿弥陀仏の救済にすがる人は、当然救われるという考え。

絶対他力 ④ 救いのすべてが阿弥陀仏の力とはからいにより、まったく人間の自力によるのではない、ということ。また、そのような絶対的な阿弥陀仏の救いの力。法然の他力をさらに進め、念仏すら自力でするのではなく、仏の慈悲がそのようにさせるのであるという、他力信仰を徹底させた立場である。救いが人間側の努力によるものでなく、まったく阿弥陀仏の本願によるものだとする境地をあらわす。

還相(げんそう) ① 中国浄土教の影響を受けて、親鸞が『教行信証』で論じたもので、現実世界から浄土に往生するのが**往相**(おうそう)①、逆に、往生した浄土から現実世界に返ってきて、衆生を仏の教えに向かわせるのが還相である。往相廻向(おうそうえこう)・還相廻向(げんそうえこう)ともいい、廻向とは功徳を振り向けるという意味だが、親鸞は往相も還相もともに阿弥陀仏がみずからの功徳を人びとに廻向して救う本願によるとする。

自然法爾 ⑤ すべては阿弥陀仏のはからいによる、おのずからなる働きであり、その仏のはからいにまかせること。親鸞の絶対他力の立場を示すもの。

『教行信証』 ⑤ 親鸞の主著で、浄土真宗の聖典。教巻で仏の真の教えが大無量寿経であることを、行巻で称名念仏を、信巻で信仰の純粋さを、証巻で悟りの内容を説いたもので、ほかからの念仏批判に対してこたえたもの。

『三帖和讃』 ② 親鸞がつくった和讃で浄土和讃・高僧和讃・正像末和讃の総称。和讃とは仏や菩薩の教えや功徳をほめたたえた和語(日本語)の讃歌で、七五調で曲調をつけて詠じられる。和讃に旋律をつけ、鈴や鉦を鳴らしながら詠唱する御詠歌は、仏教の教えを広く民衆に浸透させた。

『歎異抄』 ⑤ 親鸞の弟子**唯円**(生没年不詳)⑤が、師の死後、師の教えと異なる説をなす者がいるのを嘆いて著した書。全18章からなり、前半の10章は親鸞の語録。後半の8章は唯円による異説への批判。悪人正機など、親鸞の中心思想を簡潔にいきいきと伝えている。

蓮如 ④ 1415～99　室町時代の僧。浄土真宗の本願寺8世。惣村(村人の共同体的結合)の形成が進展する戦国時代前期に、道場や講による地方門徒の結合を基盤として、本願寺教団を急速に発展させ、山科に本願寺を建てた。**御文**(**御文章**)③は蓮如の手紙で、門徒に対して念仏の教えをわかりやすく説いたもの。

一遍 ⑤ 1239～89　鎌倉時代の僧。時宗の開祖。はじめ天台の学をおさめたが、浄土の教えを聞き深くこれに帰依し、ひたすら念仏(南無阿弥陀仏)をとなえることを説いた。全国を**遊行**④し、念仏をとなえながら踊る**踊り念仏**(**踊念仏**)⑤をはじめ、時宗を広めた。すべてを捨てて孤独のうちに各地を漂泊し、**「生ぜしもひとりなり、死するもひとりなり」**①と語り、**遊行上人**④・**捨聖**④とも呼ばれた。

一遍の言葉

　生きながら死して、静かに来迎を待つべし」といわれる。万事に関わらずに一切を捨て去って、孤独でただひとりでいるのを死するというなり。生ぜしもひとりなり、死するも独りなり。だから人とともに暮らしても独りなり。最後までともにそいとげられる人はいないからである。
(『一遍上人語録』〈口語訳〉)

時宗 ⑤ 一遍により開かれた、浄土教の一派。平生をつねに臨終の時と心得て、称名念仏することを説く。開祖の一遍にならって諸国を遊行し、布教することを特色とするので、遊行宗とも呼ばれる。

栄西と道元

禅宗 ③ 禅宗は坐禅宗の略で、身を正して坐し(調身)、呼吸をととのえ(調息)、心をととのえる(調心)坐禅の修行を中心にする宗派である。仏教には、戒(戒律)・定(禅定)・慧(智慧)の3つの修行があるが、6世紀初めにインド僧の達磨(ボーディダルマ)が中国に禅を伝えてから、1つの宗派として発達し、唐から宋にかけて盛んになった。日本には栄西が臨済宗、道元が曹洞宗、のちに隠元が黄檗宗を伝え、今日に至っている。茶・庭園・文学などのほか、稽古修行の思想など、日本文化に与えた影響は大きい。

禅 ② 禅は禅那の略で、サンスクリット語のディヤーナ(dhyana)に由来し、静慮とも訳される。身心を安定・統一し、思慮分別・雑念妄想を振り払い、ありのままに如実に悟るという意味である。古代インドでは古くから禅定がおこなわれ、釈迦も禅定によって悟りを開いた。現代では海外でZENといった場合、禅仏教のほか、禅文化とその影響全体を指すことが多い。

不立文字 ① 不立文字・教外別伝・直指人心・見性成仏という禅宗の特色をあらわす4句の1つ。栄西の『興禅護国論』にも引用されている。仏の悟った真理は、言葉によらず体験によって心で直接に悟られ(不立文字)、経典の教えのほかに以心伝心で別に伝えられ(教外別伝)、坐禅という行によって自己の心を端的にとらえ(直に人の心を指し)、心の本性をみることが、そのまま真理と一体となって仏になることである(見性を成仏となす)。

坐禅 ⑤ 仏教の修行法で、足を組んで端坐し瞑想すること。禅宗は坐禅を修行の中核とする。臨済宗では師から課題として公案を与えられ、弟子がそれに答える禅問答を通して悟りをめざす**看話禅**①である。一方、曹洞宗では坐禅そのものが悟りの姿であるとし、ひたすら坐禅に打ち込む只管打坐による**黙照禅**①である。

：**公案**④ 臨済宗で修行の際に悟りに到達させる手段として、師(師家)が弟子に与える問題。知的な分別心では解きえない直観的な問いであり、師弟で**禅問答**①をおこなって工夫させる。中国で宋代に公案や禅問答を集録した語録である『**碧巌録**』①や『無門関』が編纂され、日本に伝わった。

自力④ 自己の仏性を確信し、みずからの努力によって悟りを開こうとする自己救済の立場。道元の只管打坐の禅は、自力信仰を代表するものである。他力と対比的に使われ、自力信仰に立つものを自力聖道門、自力難行道ともいう。ただし、自力・他力の立場は一面で対立し、教理も異なるが、仏心の働きにゆだね、仏道の実践を求めた点は共通であるといえる。

栄西⑤ 1141～1215　平安時代末期から鎌倉時代初期の僧。日本臨済宗の開祖。はじめ比叡山で天台宗を学んだ。2度目の入宋の時に臨済禅を学び、帰国後、天台宗の内部で禅定を強調し、禅宗の布教につとめて臨済宗を開いた。外には戒律をきびしく守って邪悪を防ぎ、内には慈悲の心を保つことを主張し、武士層を中心に禅宗の興隆をはかった。北条政子・将軍源頼家ら武士の上層部に支持者を獲得し、その庇護によって京都に**建仁寺**④が開かれ、臨済宗建仁寺派の本山になっている。主著『興禅護国論』『**喫茶養生記**』④。

臨済宗⑤ 9世紀に中国の臨済義玄(？～866)に始まり、12世紀末、栄西が南宋から伝えた禅宗の一派。坐禅し、公案に一心に取り組むことにより悟りに達する宗旨。旧来の仏教から圧迫にあったが、鎌倉・室町幕府の保護を受け、鎌倉五山・京都五山が設けられ、武士を中心に信仰されて発展した。臨済宗は建築・絵画・書道・茶道などの日本文化に大きな影響を与え、鹿苑寺(金閣)・慈照寺(銀閣)などの庭園、雪舟の水墨画、五山文学などを生んだ。

『**興禅護国論**』⑤ 栄西の主著。禅宗への非難に対して、禅宗の使命を述べたもの。禅を興し、すぐれた人物を育成することが国を護る基礎であるとし、禅の修行が「鎮護国家」に役立つことを述べている。

道元⑤ 1200～53　日本曹洞宗の開祖。

→ p.243 **道元の生涯と思想**

曹洞宗⑤ 9世紀に中国でおこり、道元が1227年に南宋より伝えた禅宗の一派。道元は釈迦が悟りを開いた坐禅こそ正しい修行の道であるとして、ただひたすら坐禅に打ち込む只管打坐をすすめ、坐禅の修行がそのまま悟りの実現であるとする修証一等の教えにもとづく日本曹洞宗を開いた。越前国(福井県)の**永平寺**⑤と鶴見(神奈川県)の総持寺を2大本山とする。曹洞宗はその端的な教義と意志的な人格鍛錬の傾向から、おもに地方の武士層に受け入れられた。

如浄④ 1163～1228　中国曹洞宗の禅僧。中国(宋)の浙江省の人。1224年より天童山の景徳寺に住し、名利を離れ、厳格な指導をおこなった。道元は26歳の時、栄西の高弟であった明全(1184～1225)とともに宋に渡り、最晩年の如浄のもとで約3年間修行し、その法を嗣いだ。

只管打坐⑤ 焼香・礼拝・念仏・看経(経典を読むこと)・看話(公案を用いること)を排して、ひたすら坐禅に打ち込むこと。「只管」とはただひたすらの意味で、「打坐」は坐禅に打ち込むこと。坐禅を唯一の行とする、道元の坐禅の神髄をあらわした言葉である。道元は只管打坐の実践を求め、仏法のために身をささげる覚悟で仏道に精進する為法捨身が大切であるとした。

身心脱落⑤ 道元の思想の中心をなすもので、身体も精神も一切の執着を離れ、仏法によって存在する山川草木の世界と一体になった、安らかで自由と慈悲に満ちた悟りの境地に入ること。そのように無我に徹した時、人間の本性である仏性が実現する。

「自己をならふ(う)というは、自己をわするるなり」⑤ 道元の『正法眼蔵』の「現成公案」の巻の言葉。仏教の道を習うことは自己を習うことであり、自己を習うことは自己への執着心を離れることであり、そのように自己を忘れることは山河大地のすべての存在(万法)に、自分の存在が実証されることであり、自己が万法に実証されることは自己の心身をすべての存在のなかに脱落させることである、と説く。禅における無我の悟りの境地を示したものである。

修証一等(**修証一如**)⑤ 坐禅の修行(修)がそのまま悟りの実現(証)であり、修(坐禅)と証(悟り)が一体であること。道

● 道元の生涯と思想 1200〜53 ●

日本曹洞宗の開祖。道元は、京都に上級貴族の子として生まれた。祖父は関白藤原基房、母はその三女、父は内大臣であったといわれる。2歳で父、7歳で母と死別し、周囲の出世の期待をよそに、12歳で世の無常を感じ出家した。比叡山で修行するが道を得られず、14歳で下山し、諸師をたずねた。彼の深刻な宗教的疑問は、「人は仏としての本性をもっているというのに、なぜ三世の諸仏は改めて発心修行したのだろうか」という本質的な問いであった。17歳の時、栄西の住する建仁寺に入り、高弟明全に師事し、禅を学んだ。23歳で明全とともに宋に渡り、天童山の如浄のもとで禅に参じ、ついに26歳で大悟し、如浄に印可を受け法を嗣ぎ、2年後、27歳で帰国した。『普勧坐禅儀』(1227年)を著し、京都に興聖寺を建立、禅の普及と教化につとめたが、比叡山の僧徒の迫害を受け、1243年、43歳の時に越前に難を避け、永平寺を開き、法を嗣ぎ広めるべき出家の弟子中心の修行生活に入った。

かつて道元は、師の如浄から「都に住むな。国王や大臣に近づくな。深山幽谷に住み、求道の者を教化せよ」と教えられた。弟子が北条時頼より2,000石の寄進状をもらってきた時は、道元はおこって破門にし、弟子の座っていた板をはぎ取り、土まで掘って捨てさせたほど厳格・純粋な求道であった。1253年8月、53歳で病没した。主著『普勧坐禅儀』『正法眼蔵』。

道元の言葉

人はだれでも、仏法を悟るべき器である。非器と思ってはならない。教えに従っておこなえば、かならず悟りを得ることができる。心があれば、善悪を区別することができる。手があり、足があれば、合掌し歩行することに不足はない。だから、仏法をおこなうにあたって器を選ぶべきではない。人間界に生を受けたものは、みな仏法をおこなう器量をもっている。仏道を学ぶ人は、ただ明日をあてにしてはならない。今日この時とだけ思って、仏の教えに従っていくべきである。　『正法眼蔵随聞記』(口語訳)

元は坐禅は悟りに至る手段ではなく、坐禅そのものが悟りの実現であると説いた。

『正法眼蔵』 ⑤ 道元の主著で、禅体験にもとづく世界と人生に関する深い洞察が展開されている。**正法眼蔵**①とは正しく伝えられた仏法をみる智慧の眼を備えているという意味で、道元はその真理をみる智慧の眼が、ブッダから代々の仏祖に伝えられてきたと説く。

『正法眼蔵随聞記』 ② 道元の弟子懐奘(1198〜1280)が師の言葉を記録したもの。道元の思想が簡潔で平明に記された書。

夢窓疎石 ① 1275〜1351　鎌倉から室町時代にかけての臨済宗の僧侶。伊勢国(三重県)出身で、京都・鎌倉などで禅宗を学び、北条氏にまねかれて円覚寺に滞在し、建武の新政では後醍醐天皇の信頼を得て南禅寺に滞在して国師の称号を授けられた。その後は足利氏の帰依を受けて天龍寺の開祖となった。多くの庭園を設計したことでも有名である。

五山 ① 禅宗の寺院の格づけの1つ。選定は何度か変化したが、足利義満の時代に、南禅寺を別格にして、**京都五山**①は天龍寺・相国寺・建仁寺・東福寺・万寿寺、**鎌倉五山**①は建長寺・円覚寺・寿福寺・浄智寺・浄妙寺に定められた。

隠元 ① 1592〜1673　江戸時代初期の中国僧。**黄檗宗**①の開祖。中国福建省の出身で、中国の禅界で重きをなしていたが、明の末期から清にかけての混乱もあり、1654年にまねきに応じて来日、後水尾上皇・将軍徳川家綱に謁見し、京都の宇治に中国と同じ寺号の万福寺を開く。上皇をはじめ公家や武士の崇敬を受け、禅ばかりでなく、書画・詩文・煎茶・料理など、明の文化を伝える役割を果たした。インゲン豆は、彼が明よりもたらしたものと伝えられる。黄檗宗は臨済禅の流れをひき、公案と念仏を兼修する。

日蓮

日蓮(にちれん) ⑤ 1222〜82　日蓮宗の開祖。

→ p.245 **日蓮の生涯と思想**

日蓮宗 ⑤ 日蓮により開かれた鎌倉新仏教の1つで、**法華宗**③ともいわれる。法華経こそ仏教の神髄であるとし、題目をとなえることによる即身成仏、立正安国を説いた。商人や地方武士などに信者を得て広まったが、他宗排撃や激しい実践により、迫害を受けることも多かった。晩年に日蓮が住した、**身延山**(みのぶさん)⑤(山梨県)の**久遠寺**(くおんじ)②が本山である。

『**法華経**(ほけきょう)』[日蓮] ⑤ 代表的な大乗仏教の経典の1つで、正しくは『**妙法蓮華経**(みょうほうれんげきょう)』③という。永遠の生命をもつ仏について説き、大乗の慈悲と一乗(いちじょう)思想が展開された経典で、中国と日本の仏教思想に大きな影響を与えた。日本では聖徳太子・最澄らにより古くから重んじられ、日蓮はこれをほかの一切の経典をこえた最高のものと説いた。

「**南無**(なむ)**妙法蓮華経**」⑤「法華経に帰依したてまつる」という意味で、日蓮が人々の救いへの道として説いた題目。

題目(だいもく) ⑤ 本来の意味は書物などの表題だが、日蓮は、『法華経』の表題「妙法蓮華経」に、帰依の意をあらわす南無を冠した「南無妙法蓮華経」を題目と称した。題目には釈迦が仏となった原因としての修行と、その結果としての悟りのすべてが備わっており、題目をとなえること(**唱題**(しょうだい)⑤)によって、仏になるための因果の功徳を与えられ、成仏することが可能になると説いた。

法華経の行者 ⑤『法華経』を広め、実践する人のこと。『法華経』にはこの経を受持する者は迫害(**法難**(ほうなん)④)にあうと説かれ、日蓮はみずからを法華経の行者として自覚し、迫害に屈せず使命の達成に邁進(まいしん)した。

久遠実成(くおんじつじょう)**の仏** ④ 永遠の昔に悟りを開き、教えを説いて衆生救済の働きを続けている真理としての仏。釈迦の悟った永遠の真理を、仏として人格的にとらえたもの。『法華経』の「如来寿量品(にょらいじゅりょうほん)」で、釈迦は真理(法)と一体になることで仏となったのであるから、釈迦が入滅(にゅうめつ)しても真理(法)としての仏は永遠であると説かれる。永遠の真理としての仏が、衆生を救うために人格的な姿をとってあらわれたものが、歴史的存在としての釈迦である。

四箇格言(しかかくげん) ④「**念仏無間**(むげん)・**禅天魔**(ぜんてんま)・**真言亡国**(しんごんぼうこく)・**律国賊**(りつこくぞく)」⑤、浄土宗は無間地獄へ落ちる、禅宗は悪魔の教え、真言宗は亡国の教え、律宗は国賊であるという日蓮の言葉で、他宗を折伏(しゃくぶく)するためにとなえた語。天台宗だけは非難していないが、それはみずからを最澄の精神を継ぐ者と信じていたからである。

立正安国(りっしょうあんこく) ① 日蓮が説いた、法華経の正しい教えに帰依することによって、この世の安泰が得られ、仏の力によってすべての人が救われる**仏国土**(ぶっこくど)④が実現するという教え。天変地異は誤った教えを信じているためであり、それらを禁止しなければ、内乱や外国の侵略がおきると説いた。

『**立正安国論**』⑤ 日蓮の主著で、時の執権(しっけん)北条時頼に献じた論策・問答書。他宗を非難し、国難の到来を予言し、法華経による正しい仏法の興隆を説いた。伊豆への流罪の原因となった書。

『**開目抄**(かいもくしょう)』③ モンゴルからの国書の到来をめぐって、日蓮が幕府の政策を批判したために、佐渡に流罪になった時に書かれたもの。死ととなりあわせの逆境のなかで、みずからが法華経を布教する使命を担った行者であることの自覚と決意が、「われ日本の柱とならん、われ日本の眼目(がんもく)とならん、われ日本の大船とならん」と力強く書かれている。

『**観心本尊抄**(かんじんほんぞんしょう)』① 日蓮が1273年、佐渡流罪のきびしい状況のなかで著した書物。凡夫が題目をとなえることで仏の功徳を受けられるとし、信仰のあり方、本尊を明らかにし、題目の教えを示したもの。

● ● ●

明恵(みょうえ) ④ 1173〜1232　鎌倉時代前期の華厳(けごん)宗の僧。諱(いみな)は高弁(こうべん)。紀伊国(和歌山県)に生まれ、おもに華厳の教えを学び、1206年、後鳥羽上皇より栂尾(とがのお)(京都府)に土地を賜り、高山寺(こうざんじ)を開く。1212年、法然の専修念仏の教えは、悟りを求める**菩提心**(ぼだいしん)②を軽視する邪見であるとする批判の書『**摧邪輪**(ざいじゃりん)』①を著した。また、日々にみた夢の記録『夢記』を書き、栄西から得た茶を栂尾で栽培するなど、幅広い文化的活動もおこなった。

叡尊(えいぞん) ④ 1201〜90　鎌倉時代の真言律宗の僧。高野山で真言密教を学び、奈良の西大寺(さいだいじ)で戒律を重んじる律宗を復興して**真言律宗**④の祖となった。また、京都の宇

● 日蓮の生涯と思想　1222〜82 ●

日蓮は、安房国(千葉県)に「片海の海人が子」として生まれた。12歳で清澄寺に入り、天台宗を学ぶ。その後、比叡山をはじめとして各地で修行し、やがて法華経こそ末法の時代を救う最高の経典であると確信する。32歳で清澄寺へ帰り、「南無妙法蓮華経」と唱題して、名を日蓮と改め、日蓮宗(法華宗)を開く。鎌倉を中心に布教し、辻説法で他宗を激しく攻撃し、論破した。北条時頼に『立正安国論』を献じたが、受け入れられず、伊豆に流される。赦免ののちも、幕政、他宗への批判をやめず、50歳の時、モンゴルの国書到来をめぐって鎌倉竜ノ口で斬首の刑に処されるが、あやうくたすかり、佐渡へ流罪となる。53歳でゆるされて身延山(山梨県)に入り、弟子の教育と文書伝道に専念し、61歳で死去した。

日蓮宗は、『法華経』を唯一の所依の経典とし、久遠実成の仏への帰依と、「南無妙法蓮華経」という題目をとなえる唱題による成仏を説き、現世における仏国土の建設をめざす宗旨である。日蓮は、当時の民衆苦・社会苦を原点として、すべての人が成仏できる法華経が至上であるとし、迫害にあっても、それはむしろ経典が説く通りの受難であるとして「法華経の行者」としての自覚を深めた。法華経こそ真の釈迦の教えとした点は、日本仏教の伝統であったが、「南無妙法蓮華経」の唱題による救いを説いたところに新しさがあった。日蓮の教えは、日蓮その人の不屈の精神と献身的な実践とがあいまって、しだいに民衆に広がっていった。主著『開目抄』『立正安国論』『観心本尊抄』『守護国家論』。

日蓮の言葉

善につけ、悪につけ、法華経を捨てることは地獄の業となるであろう。それゆえ、私は大願を立てる。もし「日本国の位をゆずろう、そのかわり法華経を捨てて観経(浄土教の経典)などに帰依して後生を送れ」とか、「念仏をとなえなければ、父母の首をはねる」などの大難がおこっても、知者に私の正義が論破されない限りは従わない。その他の大難は、風の前の塵である。われ日本の柱とならん、われ日本の眼目とならん、われ日本の大船とならん、などと誓った願いを破ることはできない。

『開目抄』(口語訳)

治橋の修繕や慈善活動をおこなって、人々から帰依を受けた。

忍性 ③ 1217〜1303　鎌倉時代の真言律宗の僧。大和国(奈良県)に生まれ、西大寺で律宗を再興して真言律宗の祖となった叡尊の弟子になり、民衆を救済する文殊菩薩を信仰する。病人や身寄りのない老人などを救う施設をつくり、ハンセン病の患者など当時は非人として差別を受けていた人々の救済活動をおこなった。また、北条氏の帰依を受けて鎌倉に行き、飢饉に苦しむ民衆や病人の救済にあたった。

第3章 日本近世の思想

1 日本の儒学

日本朱子学

i —— 京学派

儒教の伝来(儒教の受容) ⑤ 儒教は5～6世紀ころに中国・朝鮮半島から日本に伝わった。ヤマト政権は政治倫理として受け入れ、大化の改新とその後の律令制度において、道徳によって民衆を感化しておさめる**仁政**④が理想とされた。宋の時代の新儒教である朱子学は鎌倉時代に伝わり、五山(ござん)の禅僧によって仏教の補助となる学問とされて教養として学ばれた。臨済宗の僧**桂庵玄樹**(けいあんげんじゅ)①(1427～1508)は、明に渡って朱子学を学び、薩摩(さつま)国(鹿児島県)にまねかれて薩南(さつなん)学派を形成した。禅僧の藤原惺窩は現世の社会秩序を軽んじる仏教の超然とした**出世間**(しゅっせけん)①の教えに疑問をもち、還俗(げんぞく)して儒学者になり、人間関係の秩序である**人倫**[日本]①を重んじる儒学を学問として独立させた。

藤原惺窩(ふじわらせいか) ⑤ 1561～1619　江戸時代初期の儒学の祖で、歌人の藤原定家の子孫。京都五山の1つである相国寺(しょうこくじ)に学んだが、仏教を捨てて儒学者となった。公家や五山の僧侶に教養として学ばれていた儒学を独立させ、近世日本における儒学定着の端緒(たんしょ)となった。徳川家康に儒教を講義したが、みずからは仕官せず、弟子の林羅山を家康に推挙(すいきょ)した。彼にはじまる朱子学を**京学**⑤という。

林羅山(はやしらざん) ⑤ 1583～1657　江戸時代初期の代表的な朱子学者。京都に生まれ、幼時から建仁寺(けんにんじ)に入って仏書・儒書に親しんだが、朱子の書を読んで朱子学を志すに至った。21歳の時、藤原惺窩に師事し、24歳の若さで惺窩の推薦により幕府に仕えた。家康・秀忠・家光・家綱の四代の将軍に仕え、幕府の文教に関わった。羅山の死後、林家(りんけ)は代々儒官として幕府に登用されて林派朱子学を形成した。1690年、綱吉の援助で江戸の神田昌平坂(しょうへいざか)に林家の私塾が移されて**聖堂学問所(湯島聖堂の学問所)**④となり、これが1797年に幕府公式の学問所となった**昌平坂学問所**③である。羅山にとって倫理は永遠不変たる「上下定分の理」で、この理を窮(きわ)め実践する存心持敬の態度が重んじられた。羅山の思想は、武士を中心とした安定した封建社会の身分秩序を正当化する理論となるものであった。主著『**春鑑抄**(しゅんかんしょう)』『**三徳抄**(さんとくしょう)』⑤。

上下定分(じょうげていぶん)**の理**(ことわり) ⑤ 君臣上下の関係は、天地間の自然をつらぬく道理(**天理**(てんり)①)と同じように定められているという考え。林羅山が朱子学にもとづいて説いたもので、封建社会の身分秩序を正当化するものである。理は人間関係を秩序づける原理・法則であり、それが具体的にあらわれたものが封建的な身分秩序や**礼儀法度**(はっと)②である。身分の上下関係を尊ぶ礼儀と、幕府の定めた法令である法度が封建社会を秩序づける原理とされる。

「天は尊く地は卑し、天は高く地は低し、上下差別あるごとく、人にもまた君(きみ)**は尊く、臣**(しん)**は卑しきぞ」** ① 林羅山の『春鑑抄』の言葉で、自然界に天と地のけじめをつける理法(理)があるように、人間の社会にも身分の上下のけじめが理法としてあることを説いたもの。万物を秩序づける法則である理があるという朱子学の論理にもとづいて、封建社会の身分制度を根拠づけている。「天は上にあり、地は下にあるは、天地の礼也(なり)。この天地の礼を人うまれながら心にえたるものなれば、万事につきて上下・前後の次第(しだい)あり」(『三徳抄』)とも説かれる。しかし、自然界をつらぬく客観的な法則を歴史にあてはめて、人為的につくられた社会制度を正当化することには無理があると考えられる。

存心持敬(そんしんじけい) ⑤ つねに心におのれをつつしむ敬をもつことを心がけ、上下定分の理に従うという意味で、林羅山の説いた言葉。朱子学の説く居敬(きょけい)と同義語である。人間の本来の心に立ち返り、天と通じて**天人合一**(てんじんごういつ)①となり、天地万物の道理(天理)と一体化することである。

敬(けい) ⑤ 朱子学でもっとも重んじられた徳目。敬は「うやまう」ではなく「つつしむ」であり、自己の内面に私利私欲が少しでもあることをいましめ、つねに道(理)と一体になることを求めるきびしい態度。理に従い人格を高貴に保つ態度は、武士に深い共感をもって受け入れられた。

『春鑑抄(しゅんかんしょう)**』** ⑤ 林羅山の著作。天地万物をつらぬく理が、人間社会の道徳的な上下尊卑(そんぴ)の区別になってあらわれると説く。

寛政異学(かんせいいがく)**の禁** ② 老中松平定信(まつだいらさだのぶ)による寛政の改革の1つ。幕府の教育機関では朱子学を専一(せんいつ)にする旨(むね)を命じ、学問の振興をねらったもの。全国の諸藩や一般への禁令ではなかったが、朱子学が支配的になるきっかけとなった。

木下順庵(きのしたじゅんあん) ⑤ 1621〜98　江戸時代前期の朱子学者。門下に室鳩巣・雨森芳洲・新井白石ら、多くの逸材を輩出した。

新井白石(あらいはくせき) ⑤ 1657〜1725　江戸時代中期の朱子学者・政治家。幕政に参与し、文治(ぶんち)主義政治の推進につとめた。鎖国下の日本にあって西洋についてのすぐれた理解を示した人物としても知られている。主著『読史余論(とくしよろん)』『折(お)りたく柴(しば)の記』『西洋紀聞』**『古史通**(こしつう)**』**①。

『西洋紀聞(せいようきぶん)**』** ④ 新井白石の西洋紹介書。日本に潜入したイタリア人宣教師シドッチの尋問で得た知識をもとに、1715年に書かれた。西洋の歴史・地理・風俗などの記録で、秘本とされた。宗教(信仰)では儒教の優越性を述べるが、天文・地理などの知識に関しては西洋に敬服する態度が示されている。これは幕末の「東洋道徳、西洋芸術」の概念の先がけをなすものである。

室鳩巣(むろきゅうそう) ⑤ 1658〜1734　江戸時代中期の朱子学者。医師を父に江戸で生まれ、15歳で儒者として加賀藩(石川県)に仕え、藩命で京都の木下順庵に入門し、頭角をあらわす。同門の新井白石の推挙により、1711年、幕府の儒官となり、白石の失脚後も徳川吉宗の侍講(じこう)として20年以上活躍した。古学が流行するなかで朱子学の立場を堅持し、赤穂浪士の討入り事件では荻生徂徠と対立、彼らを「義士(ぎし)」とたたえ、武士の主従関係の道義を幕府の法より優先させた。また、天皇を天子、将軍を王とする名分論の日本的展開や、「節義に貴賤なし」として庶民の善行も評価するなど、民衆教化も重視した。

雨森芳洲(あめのもりほうしゅう) ⑤ 1668〜1755　江戸時代中期の朱子学者・外交家。木下順庵に入門し、その推挙で対馬(つしま)藩に仕えた。朝鮮語に通じ、朝鮮との外交を担当した。新井白石とは同門だったが、朝鮮への認識を異にし、1711年の朝鮮通信使来日の際に対立した。「たがいに欺(あざむ)かず争わず」「誠信のまじわり」を旨として、善隣友好外交に努力した。

朝鮮通信使(ちょうせんつうしんし) ① 徳川将軍への朝鮮からの使節。1607年の修好使節を含め、将軍職を嗣(つ)ぐ襲職(しゅうしょく)の祝賀に、1811年まで12回来日した。江戸幕府にとっては国際的地位を確認するものであり、知識人には儒教など文化交流となり、庶民にとっては行列など異国の文物に触れるなど、様々な影響があった。

貝原益軒(かいばらえきけん) ⑤ 1630〜1714　江戸時代中期の儒学者。筑前(ちくぜん)国(福岡県)福岡藩の藩医・藩儒者。博学で知られた朱子学者であり、本草学(ほんぞうがく)(中国から伝わった博物学で、動植物・鉱物などの効用を探究)・教育・経済・歴史など多方面に業績を残した。朱子学は一面で窮理(きゅうり)を重視する合理的・批判的な精神をもち、益軒は「信ずべきを信じ、疑うべきを疑う」という実証主義的な思想を説き、日本が西洋科学を受容するための素地ともなった。主著**『大和本草**(やまとほんぞう)**』**④、**『養生訓**(ようじょうくん)**』**③、『和俗童子訓(わぞくどうじくん)』。

ii ―― 南学派

南村梅軒(みなみむらばいけん) ⑤ 生没年不詳　周防(すおう)国(山口県)に生まれ、土佐(とさ)国(高知県)に渡って朱子学を講じる。その教えは**谷時中**(たにじちゅう)(1599〜1649)④に引き継がれ、南学(土佐南学)の祖とされるが、実在の人物であったかには強い疑念がもたれている。

南学(なんがく) ⑤ 土佐の南村梅軒にはじまるとされる朱子学派の1つ。その流れから山崎闇斎が出た。

山崎闇斎(やまざきあんさい) ⑤ 1618〜82　江戸時代前期の朱子学者・神道家。土佐で谷時中に南学を学んだ。敬と義を原理とする倫理を説き、厳格な修養主義を主張した。また、吉田神道を学び、儒神二道を結合した垂加(すいか)神道をとなえた。京都に塾を設け、多くの門弟を養成して**崎門**(きもん)**学派**②を形成した。

→ p.255 **垂加神道**

佐藤直方(さとうなおかた) ④ 1650〜1719　江戸時代中期の朱子学者。山崎闇斎に入門し、崎門三傑(きもんさんけつ)の1人とされたが、晩年神道に深く傾倒する師の闇斎に対して、**浅見絅斎**(あさみけいさい)(1652〜1711)⑤とともに反対の立場をとって破門され、闇斎の崎門学派は朱子学と神道(垂加神道)の二系統に分裂した。

日本陽明学

中江藤樹(なかえとうじゅ) ⑤ 1608～48　江戸時代初期の儒学者で、日本陽明学の祖ともいわれる。儒学を民衆の倫理へと広げ、近江国(滋賀県)安曇川(あどがわ)に**藤樹書院**③と呼ばれる私塾を開いた。人としてたがいに愛し敬うことを説く教えや、その人柄と徳行から、**近江**(おうみ)**聖人**⑤とたたえられた。

→ p.249 **中江藤樹の生涯と思想**

孝(こう)［中江藤樹］⑤ 孔子以来、儒教が重視した徳目。中江藤樹は孝を人倫の基本原理で、万物の存在根拠をなすものと説いた。孝は、万物と一体となったわが身をもって人に親しみ、上を敬い下をあなどらない**愛敬**(あいけい)③の心となり、親子のあいだはもちろん、主従・夫婦・兄弟・朋友(ほうゆう)など、あらゆる人間関係を成立させる根本原理である。藤樹は朱子学の説く敬(つつしみ)の外面性を批判し、人間の内面に根ざし、かつ万人に共通する人の道を孝に求めた。

時(じ)・**処**(しょ)・**位**(い) ⑤ 万物の根本原理である孝の心が、時(時期)と処(場所)と位(身分)の３つの条件を考慮して実践されるべきこと。朱子学が敬や礼を重んじ、つねに規範の遵守(じゅんしゅ)を求めることに対して、中江藤樹は孝の具体的な実践について、現実生活の状況への柔軟な対応と活発な心の動きを重視した。

良知(りょうち)［中江藤樹］⑤ 中江藤樹は晩年、陽明学に傾倒し、すべての人には善悪を判断する良知が備わっており、それを究めることを説いた。また、知ることはおこなうことのもとであり、おこなうことは知ることの完成であるという陽明学の**知行合一**(ちこうごういつ)［中江藤樹］③の教えを広めた。

→ p.96 **良知、知行合一**［王陽明］

『**翁問答**(おきなもんどう)』⑤ 中江藤樹の代表的著作。門人との問答形式をかりて、学問・道徳・生活・信仰などについて思想を論述した。万物の根本原理として、孝の徳が説かれた。

熊沢蕃山(くまざわばんざん) ⑤ 1619～91　江戸時代前期の儒学者・陽明学者。京都に生まれ、23歳の時に中江藤樹の門に入り、のち陽明学者として一家をなした。法(礼法)はその状況(時・処・位)においてのみ妥当するのであって、普遍的性格をもつものではないとし、たんに聖人の事蹟(じせき)を学ぶのではなく、その心を学ぶべきであると説いた。岡山藩主の池田光政(いけだみつまさ)に仕えて治山治水に業績をあげ、また自然環境の保護を説いた。しかし、社会を批判して幕府にとがめられ、晩年は隠棲(いんせい)した。主著『集義和書(しゅうぎわしょ)』。

治山治水(ちさんちすい) ② 熊沢蕃山が説いた山林政策で、無計画な山林の伐採をやめることが、洪水や干ばつを防ぎ、農業を守るという教え。大規模な新田の開発が進められるなかで、山林を乱開発すると農民は肥料となる草や薪(まき)をとることができなくなり、雨水を蓄えている山林がなくなると、洪水や干ばつがおこって被害がでると説いた。蕃山は岡山藩で山林の乱伐を禁止し、植林をおこない、木の根を掘ることを禁じて、土壌の流出を防いだ。また、名山大沢不封論(めいざんたいたくふほうろん)では、水をためて川をつくり、木材を育てる山や沢は領地とせずに保護するべきだと説き、環境保護の考えの先駆とされる。

大塩平八郎(おおしおへいはちろう) ② 1793～1837　江戸時代後期の陽明学者。大塩中斎(ちゅうさい)ともいい、大坂町奉行所の元与力(よりき)。私塾の洗心洞(せんしんどう)を開いて陽明学を教える。万物は１つにつながっており、自己と他者を一体とみて、他者の苦しみを自己の苦しみととらえて他者を救う**万物一体の仁**①を実践した。天保(てんぽう)の飢饉に際し、大坂の町奉行と御用商人が結託して米を買い占め、江戸にまわすことに憤り、民衆の窮状をみるに忍びず、兵をあげたが失敗し、自害した。陽明学の実践的性格を示す人物として知られている。主著『洗心洞箚記(さっき)』。

古学派

i ―― 山鹿素行

山鹿素行(やまがそこう) ⑤ 1622～85　江戸時代前期の儒学者・兵学者で士道の大成者。

→ p.250 **山鹿素行の生涯と思想**

古学(こがく)(**古学派**) ⑤ 江戸時代に成立・発展した日本儒学の一派。朱子学派や陽明学派に対して、漢および宋以来の儒学者の解釈を排し、孔子・孟子などの原典を直接読み、その真意をくみとろうとした。古学派の呼称はそこに由来する。山鹿素行の古学、伊藤仁斎(いとうじんさい)の古義学(こぎがく)、荻生徂徠(おぎゅうそらい)の古文辞学(こぶんじがく)は、この派を代表するものである。

『**聖教要録**(せいきょうようろく)』③ 山鹿素行の著作。1665年に公にされた。はじめて古学が主張され、治者としての武士にふさわしい道徳、つま

● 中江藤樹の生涯と思想 1608～48 ●

江戸時代初期の儒学者で、日本陽明学の祖。近江国(滋賀県)の農家に生まれた。9歳の時、米子藩士の祖父の養子となり、武士として育てられた。このあいだ、『大学』を学び、人倫の道の実践においては聖人も庶民もかわりはないことを知って感激し、人格の完成をめざし、学問に励んだ。しかし、父の死後、郷里に1人残された母を心配し、また武士生活と学問への懐疑もあいまって、27歳の時に脱藩して武士の身分を捨てて故郷に帰った。その後、母への孝行を尽くしながら、私塾の藤樹書院を開き、庶民の教育にあたった。はじめ、藤樹の立場は朱子学であったが、37歳の時に『王陽明全書』に出あってこれに賛同し、ここから日本陽明学派の祖ともいわれる。以後、41歳で死去するまで実践を重んじ、善行徳化につとめた。彼の人格的な感化は、門弟のみならず、地元の人々に大きな影響を与え、世間から近江聖人とたたえられた。その門人には、熊沢蕃山がいる。

藤樹の思想の根本をなすものは、彼自身の人生の決断にみられた「孝」である。それはたんに自分の親への孝行にとどまらず、すべての人を愛敬する万物の道理であり、それは宇宙の根源である太虚にもとづくものでもあった。彼の思想は、身分秩序を否定するものではなかったが、儒学を人を愛し敬う万人の倫理へと広げた意義は大きい。主著『翁問答』『大学解』『鑑草』。

中江藤樹の言葉

そもそも孝は、万物を生み出す宇宙の本体である太虚の全体に行きわたり、永遠に終わりもなく始めもない。孝のない時もなく、孝のないものもない……このように、孝は広大で無限の最高の徳であるから、太虚から生まれた万事万物のうちに孝の原理の備わらないものはない……わが身を離れて孝はなく、孝を離れてわが身はないから、身を立て人の道をおこなうのが孝行の綱領である。

『翁問答』(口語訳)

り士道の確立を説いている。幕府の教学である朱子学を批判したため、翌年赤穂へ配流された。

『中朝事実』② 山鹿素行が1669年に著わした、尊王思想を説いた歴史書。中国を世界の中心とする中華思想にかぶれた日本の風潮を批判し、万世一系の天皇がおさめる日本こそ世界の政治・文化の中心となる中朝であると説く。王朝が何度も入れかわった中国に対して、日本は神々の子孫である天皇に忠義をつくすすぐれた国であると説き、日本人の歴史精神を覚醒させ、幕末の志士たちに影響をあたえた。

武士道⑤ 武士の心構え・生き方を意味する。武士道は、鎌倉時代に公家に対して武士がみずからを「弓矢とる身の習い」として自覚したことにはじまる。その後、江戸時代には儒学によって人格修養の道として理論化された(士道)。主君に忠誠を誓い、主君のためにいつでも死ねる潔さ、為政者である武士としての徳性、人間関係において威厳・矜持をもつことなどが説かれた。武士道は明治以降も、西欧文化に向きあう日本の知的エリートたちの精神形成に影響を与えた。 →p.271『武士道』

士道⑤ 江戸時代に儒教倫理をもとに説かれた武士道。山鹿素行によって確立された。素行は武士に天下の政治を担当するものとしての自覚を求め、武士の職分は農工商を率いる**三民の師**③となって、人の道を実現することにあるとした。指導者としての倫理的自覚と高貴な人格の修養が、士道の中心をなす。

『葉隠』⑤ 江戸時代中期、佐賀藩鍋島家に仕えた**山本常朝**(1659～1719)⑤の口述による武士の修養書。**「武士道といふ(う)は死ぬことと見つけたり」**④という有名な言葉に始まり、主君への絶対随順と不断の死への覚悟を説いた。合理化・規範化された武士道(士道)に対する慨嘆の書である。

● 山鹿素行の生涯と思想　1622〜85 ●

江戸時代初期の儒学者で、古学の提唱者であり、山鹿流兵法の創始者。陸奥国の会津(福島県)に浪人の子として生まれ、6歳の時、父が江戸で町医者となったので、江戸に移った。9歳で林羅山の門に入り、朱子学を学び、その後、甲州流軍学をおさめ、歌道・神道・仏教を学んだ。学問を積み、おもに江戸で儒学・兵学を教えたが、このあいだ、実用の学を主張して観念的な朱子学を批判し、「漢・唐・宋・明の学者」の解釈を排し、直接「周公・孔子の道」を学ぶ古学の立場を主張した。

43歳の時に『聖教要録』を著して、日本にふさわしい儒教、実践的な倫理を重んじ、士道を説いて門人は2,000人といわれた。しかし、幕府の教学であった朱子学を非難したとされ、翌1666年、赤穂の浅野家に預けられた。このとき、のちに赤穂事件において討ち入りをおこなう大石内蔵助をはじめとする赤穂藩の若者たちに影響をあたえた。54歳の時にゆるされて江戸に帰り、書を講じて生涯を終えた。彼は、泰平の世に、政治の指導者としての武士の倫理的自覚を求め、高貴な人格の修養を説き、儒教によって士道を確立した。彼の説いた士道は、武士道を体系化するものであり、後世に大きな影響を与えた。主著『聖教要録』『山鹿語類』。

山鹿素行の言葉

農工商の身分の者は、生業に忙しく暇がないので、つねに道徳を学んでその道に従うことができない。武士は農工商の仕事をさしおいて、もっぱら道徳につとめ、庶民の中で人倫(社会の道徳的な秩序)を乱す者があれば即座に罰して、天下に正しい倫理を保つ。だから武士には、文武の徳と知恵が備わらなくてはならないのだ。

『山鹿語類』(口語訳)

ii ―― 伊藤仁斎

伊藤仁斎 ⑤ 1627〜1705　江戸時代前期の儒学者で、古義学派の祖。

→ p.251 **伊藤仁斎の生涯と思想**

古義学 ⑤ 古学派に属する伊藤仁斎のとなえた学問。『論語』『孟子』の原典に立ち返り、この2書を熟読し、その元来の意味である**古義**③を明らかにし、孔孟の精神(原始儒教)に立ち帰ろうとした。仁斎は儒教を町人の日常生活を足場にして説いた。京都堀川に私塾**古義堂**⑤を開き、その教えは長男の**伊藤東涯**(1670〜1736)⑤に受け継がれ、古義学派は堀川学派ともいわれる。

仁・愛［伊藤仁斎］⑤ 伊藤仁斎は『論語』や『孟子』の教えは日常生活における人と人の関係の道、つまり**人倫日用の道**⑤であると考え、その根本を仁と愛であると説いた。仁斎は、「仁の徳たる大なり。しかれども、一言もってこれをおおう。いわく、愛のみ」といいい、孔子の教えは仁すなわち愛にほかならないと説いた。そして、**「われよく人を愛すれば、人またわれを愛す。相親しみ、相愛する」**②と述べ、人間が相互に愛しあって和合することを人倫の道ととらえた。また、仁愛の根底に「誠」の精神をおいた。

誠［伊藤仁斎］⑤ 自分に対しても他人に対しても偽りをもたない純粋な心情。誠は、心にまったく私心のない**真実無偽**⑤の心である。仁斎は「誠ならざれば、仁にあらず」といい、仁愛を実現するためには、心のあり方として誠が肝要であると説いた。誠は仁愛を成立させる条件となるものであり、具体的には**忠信**④(自分を偽らず、他者を欺かない)、**忠恕・恕**［伊藤仁斎］③(自分を偽らず、他者の心を察して思いやる)の実践となってあらわれる。

→ p.263 **誠**［吉田松陰］

『論語古義』 ① 伊藤仁斎による『論語』の注釈書。仁斎は、『論語』を「最上至極宇宙第一の書」ととらえ、孔子の原典を直接読むべきであると説いた。

『語孟字義』 ⑤ 伊藤仁斎が古義学を確立した書。『論語』『孟子』(語孟)の様々な重要概念を体系的に解釈し、その正しい理解を

● 伊藤仁斎の生涯と思想　1627〜1705 ●

江戸時代前期の儒学者で、古義学派の祖。京都堀川で商家(しょうか)の長男として生まれた。少年の頃から、漢文を習い、非凡(ひぼん)な詩をつくって周囲を驚かせた。青年時代に周囲の人々から、家業に努力するか、医者になるかをすすめられたが、向学心が強く、儒者の道を歩んだ。その後、朱子学に心酔して読書と思索に精進したが、しだいに朱子学に満足できなくなり、陽明学やさらには仏教・老荘思想も学ぶなど、苦悩に満ちた精神の遍歴を繰り返した。

そして36歳の頃、『論語』が「最上至極(さいじょうしごく)宇宙第一」の書物であるとの信念に達し、熟読し、そのもとの意味(古義)を読みとろうとする古義学を提唱した。京都の堀川に私塾の古義堂を開き、30余年間にわたり民衆に孔子・孟子の精神を説き続け、多数の門弟を育て、79歳で死去した。

仁斎は、『論語』『孟子』の原典の精読を通して、仁・愛を万人の道としてとらえ、心のうちに誠(忠信)をもって仁・愛の実践につとめることを説いた。これは儒学を、武士・庶民の差別をこえて人間性豊かな日常生活の教えとして純化し、展開したものである。この仁斎の思想は、町人の生活力が伸張しつつあった当時の情勢を背景に形成されたもので、儒教が日本人の思想として定着した1つの典型であるといえる。主著『童子問』『論語古義』『語孟字義』。

伊藤仁斎の言葉

仁の徳は偉大なものである。しかし、これを一言で言いつくせば、愛にほかならない……愛はいきいきとした心から生まれる。君臣の義務、親子の親愛、夫婦のけじめ、兄弟の序列、友人の信頼も愛より出る時は本物であり、愛よりでない時は偽りにすぎない。だから、君子にとっては慈愛の徳よりも偉大なものはなく、残忍刻薄(ざんにんこくはく)の心よりやましいものはない。孔子が仁を徳の始めとするのは、このためである。これが、仁が聖なる道徳の教えの第一字であるわけである。

『童子問』(口語訳)

主張する。

『童子問(どうじもん)』 ⑤ 童子の問いに師が答えるという問答形式で、仁愛を中心に、人間の真実の生き方をわかりやすく述べた、仁斎の晩年の主著。

iii ―― 荻生徂徠

荻生徂徠(おぎゅうそらい) ⑤ 1666〜1728　江戸時代中期の儒学者で、古文辞学の創始者。日本橋茅場(かやば)町に開いた私塾を**蘐園(けんえん)**②という。

→ p.252 **荻生徂徠の生涯と思想**

古文辞学(こぶんじがく) ⑤ 荻生徂徠がとなえた古学の一派。中国の古典や聖賢の文辞(文章や言葉)に直接触れ、治国・礼楽の道を求めようとした。そのため徂徠は古代中国語の研究につとめ、その実証的な文献研究の態度は、ひるがえって日本の古典研究と日本人古来の生き方を探究する国学の勃興をうながす契機となった。

先王(せんのう)の道 ⑤ 荻生徂徠によれば、道は朱子学が説くような天地自然に備わっているものではなく、堯(ぎょう)・舜(しゅん)などの中国古代の聖人(先王)が天下を安んじるために人為的に制作した**安天下(あんてんか)の道**⑤である。具体的には**礼楽刑政(れいがくけいせい)**⑤(儀礼・音楽・刑罰・政治)などの制度や習俗を指す。徂徠は、先王は道を制作することによって人々がそれぞれの素質を発揮し、社会全体が調和的に発展することを可能にしたとする。

経世済民(けいせいさいみん) ⑤ 世をおさめ民を救うことで、政治・経済の制度や政策を広く含む。儒教が目的とするもので、徂徠はとくに強調し、個人の修養を重んじるあまりに安民を忘れ、社会の諸制度を究明しなかった従来の儒教を批判した。そして、みずからのとなえる道を「安天下の道」と称して政治の具体策を論じた。

『弁道(べんどう)』 ⑤ 荻生徂徠の主著。古文辞学の方

荻生徂徠の生涯と思想　1666〜1728

江戸時代中期の儒学者で、古文辞学の創始者。のちの将軍徳川綱吉の侍医の子として江戸に生まれた。幼少より学才を示したが、14歳の時、父が上総(千葉県)に流罪となり、徂徠も12年間その地で貧窮にたえながら独学で学問に励んだ。25歳の時、ゆるされて江戸に帰り、私塾を開いた。30歳でその才を認められ、幕府の実力者柳沢吉保に抜擢され、幕府の政策にも影響を与えた。吉保の引退後は、日本橋茅場町に居を構え、私塾蘐園で儒学の研究に没頭した。実証的な文献学としての古文辞学を樹立し、近代的な学問方法への道を開いた。

徂徠は、儒学の根本を天下を安泰にすることであると考え、この安天下の道を実現するために、世をおさめ、民の生活を救う経世済民の学を主張した。道徳論を中心としたこれまでの儒学に対して、道徳的修身を私的な世界のこととし、公の秩序を目的とする政治の独自性と価値を主張した。また、詩文の世界にも古文辞学を適用し、活発な文学活動でも知られる。江戸時代中期以降の、国学・洋学・経世論などの諸学に大きな影響を与えた。主著『弁道』『弁名』『政談』。

荻生徂徠の言葉

先王の道は、先王のつくったものである。天地自然にある道ではない。思うに、先王は、聡明と叡知の徳を備えていたから、天から命を受けて天下の王となったのである。その心を1つにして、天下を安定させることを自分のつとめとする。だから心の力をつくし、知識や技巧をこらしてこの道を作為し、天下の人やのちの世の人がこの道に従うようにしたのだ。天地自然にこの道があるのではない。『弁道』(口語訳)

法を説き、道とは天下を安定させるために古代中国の王が作為した政治や社会の具体的制度、すなわち聖人の道であることを述べる。徂徠の著作にはほかに『**弁名**』④、政治や社会制度について語った『**政談**』③がある。

赤穂浪士の討ち入り(赤穂事件) ④ 1701年、赤穂藩主の浅野長矩が江戸城中で高家吉良義央に切りつけ、即日切腹させられた事件に端を発し、改易(領地の取上げ)された家臣たちが、1702年12月、吉良の屋敷に討ち入り、義央を殺害して仇討をした事件。浪士は翌年2月、幕府より切腹を命じられた。のちに「忠臣蔵」をはじめ、多くの文芸作品を生んだ。この討入りを武士の「義」としてどう判断するかには議論がわかれ、室鳩巣らは大名家の主従関係に義をみて、主人の仇を討った「義人」であるとした。他方、荻生徂徠らは幕府の秩序を重んじ、主君が幕府と対立した場合、主の仇を討つことは公儀を乱す不義になるとした。

太宰春台 ⑤ 1680〜1747　江戸時代中期の儒学者。信濃国(長野県)飯田の武家に生まれる。朱子学を学ぶが、32歳で荻生徂徠に入門、古文辞学に転じて頭角をあらわす。主著『**経済録**』②では経世済民を強調し、政治・経済などの現状を批判し、富国強兵を主張して藩による専売制などを論じた。易の考えも重視し、陰陽の原理によって世界を説明しようと独自の主張をした。

服部南郭 ④ 1683〜1759　江戸時代中期の漢詩人。京都に生まれ、徳川綱吉の側用人だった柳沢吉保に歌人として仕える。同家の儒臣であった荻生徂徠に入門、漢詩に転じ、儒教から文学としての漢詩文の独立に影響を与えた。

2 国学と神道

国学

国学 ⑤『古事記』『日本書紀』『万葉集』などの日本古典を文献学的・実証的に研究し、日本固有の精神の究明につとめた学問。江戸時代中期以降、民族意識の勃興と古学派の影響のもとで発展した。契沖にはじまり、荷田春満・賀茂真淵へと継承され、本居宣長によって大成された。外来の儒教・仏教の教えを漢意として否定し、日本古来の自然のままの感情や生き方を重んじる道である**古道**③を探究した。国学は実証的で自由な研究のあり方、自然な人間性を強調したが、復古的・排外的であったため、儒教・仏教などの外来文化への批判につながり、幕末から明治初期にかけては非合理的な国粋主義の性格を強めた。

契沖 ⑤ 1640～1701　江戸時代中期の国学の先駆者。摂津国(兵庫県)尼崎の生まれ。真言宗の僧であったが、日本の古典・古歌に造詣が深く、「古ノ人ノ心ニ成リ」、儒仏の解釈を退けて古典そのものの文献学的・実証的な研究により、古代の精神に触れるべきであると主張した。その著**『万葉代匠記』**⑤は、この精神にもとづいた『万葉集』全巻の注釈書で、1690年に完成した。

荷田春満 ⑤ 1669～1736　江戸時代中期の国学者。京都の伏見稲荷の神職。契沖の万葉学に傾倒し、また伊藤仁斎に古義学を学び、古語の研究によって古義(古い意義や解釈)を明らかにし、日本の古代精神を明らかにしようとした。その著『創学校啓』で、幕府に国学の学校建設を建言したが、受け入れられなかった。

賀茂真淵 ⑤ 1697～1769　江戸時代中期の国学者。遠江国(静岡県)浜松の神職の子。はじめ荻生徂徠の学を学んだが、32歳の時、荷田春満に学んで国学を志した。やがて江戸に出て田安宗武(徳川吉宗の三男、歌人)に仕えて国学を講じ、退官後は著述に専念し、国学の発展に大きな業績を残した。真淵は、古道を知るには儒教や仏教の影響を受けていない日本の古典が伝えている日本人の素朴な精神によらなければならないとし、『万葉集』の自然のままの境地を古道の核心とした。万葉調の「ますらをぶり」に日本人の心の典型をみて、「高く直き心」を理想とした。主著『国意考』**『万葉考』**①。

ますらをぶり ⑤ 賀茂真淵が理想とした、男性的でおおらかな万葉調の歌風と人間のあり方。「ますらを」(益荒男)は勇気ある立派な男性という意味。真淵が『万葉集』のなかにとらえた高く直き心が、歌風にあらわれたもの。真淵は平安時代以降には「たをやめぶり」や、中国から伝わった儒仏思想の影響を受けた風儀である「からくにぶり」が加わり、古代の純粋さが失われたと批判した。

：たをやめぶり ④「ますらをぶり」に対して、女性的で繊細な歌風と人間のあり方。「たをやめ」(手弱女)はしなやかな女性という意味。『古今和歌集』や『新古今和歌集』の歌にみられる特徴で、真淵は批判的であったが、本居宣長はこの心情を重視した。

高く直き心 ⑤ 賀茂真淵が『万葉集』の研究から見出した、古代日本人の素朴で雄渾な精神。儒学の道は理屈に走り、人為的で狭苦しいが、日本古代の道はおおらかな、自然で素直な心にあると主張した。

『国意考』 ⑤ 賀茂真淵の主著で、真淵死後の1806年刊行。日本固有の精神を強調するため、儒教を批判し、日本古来の歌道の価値を説いた。

本居宣長 ⑤ 1730～1801　江戸時代中期の国学の大成者。

→ p.254 **本居宣長の生涯と思想**

惟神の道 ⑤ 神代から伝わってきたとされる、神の御心のままに、人為を加えぬ日本固有の道。国学において求めるべき古道として理想化された。本居宣長は古道を『古事記』における神々の事跡のなかに示されているとみて、儒教の聖人の道や仏教の悟りの道と異なり、神の働きによってつくられたおのずからなる道であると説いた。同時に、自然の感情のままに生きる人間の真心の道にも通じるとした。

もののあは(わ)れ ⑤ 人の心が外界の「ものごと」に触れた時におこる、しみじみとした感情の動きのこと。美しいものをみて素直に美しいと感じる心の動きのように、人間性の自然のあらわれをいう。宣長は、『源氏物語』の研究を通して、「もののあはれ」を文芸の本質としてはじめてとらえた。平安時代の文学や貴族生活の根本にある心的態度で、宣長はこれを文芸の美的理念のみならず、人間らしい生き方の根本であり、

● 本居宣長の生涯と思想　1730〜1801 ●

江戸時代中期の国学者で、国学の大成者。伊勢(いせ)国(三重県)松坂(まつさか)の木綿問屋に生まれた。22歳で家督(かとく)を継いだが、商人に不向きであるとの母の配慮で医学の道を選び、23歳の時、京都に遊学した。京都滞在の6年間、医学とともに儒学を学んで古文辞学を知り、また契沖の著書に触れ、国文学に深い関心をもった。28歳で帰郷して小児科医を開業しながら、『源氏物語』を研究した。

34歳の時、賀茂真淵とめぐり会い、『古事記』研究の重要さを説かれ、その門に入るとともに、生涯をかけて『古事記』の実証的な研究に力を尽くした。市井(しせい)の人として、72年の生涯を終えたが、国学における各分野(古典の研究、言語と文法の研究、故実(こじつ)と制度の研究、古道の研究、和歌と物語文学の研究など)を体系づけ、国学を学問として大成した。

宣長の思想は、多様性に富んでいるが、とくに日本の古道を「惟神の道」としてとらえたことと、文芸の本質を「もののあはれ」として人間性を肯定したことは、彼の思想の中心をなす。彼はこうした日本古来の精神を理解するために、「漢意」を捨てて古典を実証的に研究することの大切さを説いた。

町人の豊かな経済力が幕藩体制の動揺を生み出しつつある時代のなかで、宣長の思想は、民族的な意識と民衆の意識を映した新しい思想であり、時代の1つの推進力となった。主著『古事記伝』『源氏物語玉の小櫛』『玉勝間』『初山踏(ういやまぶみ)』『直毘霊』。

本居宣長の言葉

そもそも道は学問をして知るものではない。生まれながらの真心こそ道なのである。真心とは、よくもあしくも生まれたるままの心をいう。そうであるのにのちの世の人は、すべて儒教や仏教に影響された漢意にのみうつり、真心を失いはててしまったので、今は学問をしなければ道を知ることができなくなってしまったのである。

『玉勝間』(口語訳)

「もののあはれ」を知る人を心あるよき人として理想化した。

「感ずべき事にあたりて、感ずべきこころをしりて、感ずるを、もののあはれをしるとはいふ」 ②『源氏物語玉の小櫛』の言葉で、感じるべきことに出あえば、それを感じる心をわきまえ、しみじみと深く感動することが「もののあはれ」を知ることであるという意味である。

真心(まごころ) ⑤ 偽りのない真実の心で、素直でおおらかな心情。**「真心とは、よくもあしくも生まれたるままの心をいう」**②と説かれ、儒教道徳の善悪の観念を離れた、美しいものを美しいと思い、欲しいものを欲しいと思う自然な心とされる。宣長は「生まれながらの真心なるぞ、道にはありける」といい、人間の自然な感情を肯定するとともに、「もののあはれ」を知る心ある人として、真心に従って生きることが人間本来のあり方であると説いた。

：**私有自楽(しゆうじらく)** ① 私人として和歌の世界に自由に心を遊ばせ、そこに喜びを見出してみずから楽しむこと。宣長は、儒教は天下をおさめる聖人の教えであり、政治に関わらない庶民は儒教の道徳に縛られずに、私人として和歌などの文芸に心の喜びを見出し、みずからの楽しみの世界に生きればよいと考えた。

漢意(からごころ) ⑤ 儒教や仏教など、中国の学問により感化された心。本居宣長は漢意を形式ばって理屈ばかり説く堅苦しい精神的態度とし、このために日本人はいきいきとした感情が抑圧され、真心を失ってしまっていると説き、日本古来の「惟神の道」に返ることを主張した。

『古事記伝』 ⑤ 本居宣長の主著で、30余年をかけて完成させた『古事記』の注釈書。『古事記』にあらわれた日本古来の道が、「惟神の道」とされる。

『直毘霊』(なおびのみたま) ① 本居宣長の著したもので、『古事記伝』の総論として古道についての考えをまとめたもの。直毘神(なおびのかみ)は穢(けが)れを払い、禍(わざわい)を直す神であり、その神の霊(みたま)によって日本のけがれをはらい、日本固有の古道を明らかにしようとしたもの。

『源氏物語玉の小櫛(おぐし)』⑤ 本居宣長が源氏物語の本質を説き、その注釈を記した書。**『紫文要領(しぶんようりょう)』**①の源氏物語論を晩年に加筆したもので、「もののあはれ」を知る心の重要性を説く。

『玉勝間(たまかつま)』⑤ 本居宣長の著した随筆集。古事や古語に関する考証や学問・思想上のことなどから広く題材を集め、宣長の見解が述べられている。

平田篤胤(ひらたあつたね)⑤ 1776〜1843　江戸時代後期の国学者。秋田藩士の家に生まれ、本居宣長の書に啓発されて国学への志を強めた。江戸時代後期の変革の時代にあって、篤胤は宣長が大成した国学を、日本人の民族意識をめざめさせる精神的運動に高めた。万物を生み出す自然の生成力を産霊神(むすびのかみ)の働きと考え、神の子孫である天皇がおさめる日本の国家としての優秀性をとなえ、日本固有の神の道を説く復古神道を大成した。篤胤によって国学の実証的な学問精神は失われ、非合理な神話的傾向が強まったが、その思想は日本人の民族意識を高めて幕末の尊王攘夷運動の精神的支柱となり、地方の豪農層にも広がって社会改革の思想的原動力の1つになった。また、死後の国を幽世(かくりよ)と呼び、死者の魂はみえない幽世にいき、そこから子孫を見守ると説いて魂の安心を求めた。主著『古道大意(こどうたいい)』『古史伝』**『霊能真柱(たまのみはしら)』**②。

幽世(かくりよ)(幽冥界(ゆうめいかい))② 死者の魂がむかう、オホクニヌシ(大国主命)がおさめる死後の幽冥の世界。幽世は人間が生きている顕世(うつしよ)のうちに、それと表裏一体となって存在している。こちらからは死後の世界はみえないが、むこうからはこちらの世界がみえ、先祖の魂は墓地などの身近な所から子孫を見守っている。篤胤はこの世は仮の世で、死後の世界である幽世こそ真の世界であると考え、そこに魂の安心を求めた。

塙保己一(はなわほきいち)② 1746〜1821　江戸時代後期の国学者。武蔵国児玉(こだま)(埼玉県)に生まれ、幼くして失明、のちに盲人の官職において最高位である総検校(そうけんぎょう)となる。賀茂真淵に六国史(りっこくし)などを学び、1779年から40年かけて『群書類従(ぐんしょるいじゅう)』を完成させた。『大日本史』の校訂や、幕府の援助を受けて和学講談所(わがくこうだんしょ)を開設し、国史・律令などの研究にあたった。その実証主義的な史料研究は、近代的な歴史学につながる態度であった。

神道

神道(しんとう)⑤ 日本固有の民族宗教をいう。祭祀(さいし)を重んじる多神教であり、神々に対する民族的信仰(**原初神道**〈**古神道(こしんとう)**〉②)を土台に、外来の儒仏思想の影響を受けつつ成立、理論化されていった。身のけがれを清らかにして、邪欲のない心の清らかさである**清浄(しょうじょう)**①や正直(せいちょく)(しょうじき)が重んじられる。奈良・平安時代には、神仏習合(しんぶつしゅうごう)思想が生まれた。鎌倉時代から室町時代にかけて伊勢神道・吉田神道があらわれ、江戸時代には垂加神道・復古神道が形成された。明治時代には、神道が国教化され非宗教としての国家神道が成立する一方、教派神道も発展していった。また、民間の儀礼・祭りなどの民俗信仰にも神道が見出せる。

→p.228 **正直**［日本人の倫理観］、p.274 **教派神道**

伊勢神道⑤ 伊勢外宮(げくう)の神職度会家行(わたらいいえゆき)(生没年不詳)が、鎌倉時代末期に創始した神道。度会神道とも呼ぶ。反本地垂迹(はんほんじすいじゃく)説に立って神主仏従(しんしゅぶつじゅう)を説き、アマテラス大神を祀る内宮(ないくう)に対してトヨウケノ大神を祀る外宮の優位を主張した。

→p.236 **反本地垂迹説**

吉田神道③ 京都吉田神社の神職**吉田兼倶(かねとも)**(1435〜1511)①が、室町時代中期に創始した神道の一派。日本固有の惟神(かんなから)の道を主張し、仏教・儒学を統合しようとする**唯一神道**①で、江戸時代に全国に広まった。

垂加(すいか)神道⑤ 江戸時代中期の儒学者山崎闇斎(やまざきあんさい)が創始した神道で、儒学と神道を合一した代表的な儒家神道。天道すなわち人道の一元に立ち、神人合一説をとなえ、天皇崇拝にもとづく大義名分と封建道徳を説いた。その国粋的性格は、のちの尊王攘夷運動に影響を与えた。

復古(ふっこ)神道⑤ 儒仏の説を混じえない、日本固有の純粋な古代の神の道を説く神道思想。江戸時代の国学者たちによってとなえられ、平田篤胤が体系化し、平田神道とも呼ばれる。篤胤は神々の子孫である天皇の絶対性と、その天皇のおさめる日本の優越性を主張し、幕末期の日本思想に影響を与えた。

3 民衆の思想

町人の思想

町人文化 ③ 江戸時代中頃から、商品経済の発達にともなって経済的な力を蓄えた町人がみずからの生き方の自覚を高め、町人文化が形成された。幕府が官学として採用した朱子学が感情や欲望を抑制し、礼儀や社会秩序の尊重を説くのに対して、町人はみずからの感情や欲望を肯定的にとらえた。町人の実生活に即した人の道を説く石田梅岩・手島堵庵・西川如見、実証的で合理的な思想を説く富永仲基・山片蟠桃らがあらわれ、町人の生き様を描いた井原西鶴や近松門左衛門などの町人文学が生まれた。人間の自然な心情を重んじる本居宣長の文芸論や国学も、このような町人文化の息吹のなかから生まれた。

石田梅岩 ⑤ 1685〜1744　江戸時代中期、心学の創始者。

→ p.257 **石田梅岩の生涯と思想**

心学（石門心学） ⑤ 江戸時代中期に石田梅岩が説いた、庶民のための平易な生活哲学。心学は「神・儒・仏、打って一丸した」といわれ、神道・儒教・仏教などの教えを梅岩自身の生活体験にもとづいて融合した学問で、商人の利潤追求を天理として肯定し、正直や倹約を守り、知足安分の生活態度で**勤勉**①に職分に励むべきとする町人道徳を平易に説いた。武士に対して町人の存在意義を主張する積極性をもったが、庶民に封建秩序への順応を教化する役割も担った。各地に心学を教える**心学講舎**①がつくられた。なお、心学という言葉は元来、陽明学の説く「心即理」にもとづく日常生活における身近な実践の学を指したが、梅岩は町人層に倫理的自覚をもたせる実践的な教えとした。

正直・倹約［石田梅岩］⑤ 石田梅岩が商人の道の中心的な徳目としてあげたもの。正当な仕方で利益をあげることが商人にとっての正直であり、商売において**「先も立ち、我も立つ」**③という互助と公正の精神を説いた。また、倹約はたんに節約するだけではなく、「ときにあたり法にかなふやうに用ゆる事」で、ものと人とを有効に生かす原理である。梅岩は正直と倹約は、商人だけの道ではなく、人の普遍的な道でもあると説いた。

→ p.228 **正直**［日本人の倫理観］

知足安分 ③ それぞれが自分の身分・職分・持ち分に満足し、正直と倹約の道に生きることで、石田梅岩が町人道徳として強調した生活態度。梅岩は「各人は足るを知って分に安んぜよ」と説き、「士農工商」という身分秩序を職業の別による社会的分業ととらえ、封建制の枠のなかで、商人の道の正当性を主張した。

「商人の買利は士の禄に同じ」 ⑤ 石田梅岩の『都鄙問答』のなかの言葉で、商人が商売で得る利益は武士の俸禄と同じであり、商人の営利活動を正当な行為としたもの。買利とは売利で商売の利益のことである。梅岩は「士農工商」という職分の区別において、生産をおこなわない商人が貶められていることを批判して、流通によって利益を得るのは社会的な役割に対する正当な報酬であり、支配者である武士が生産をおこなわずに俸禄を得ているのとかわらないと主張した。

『都鄙問答』 ⑤ 石田梅岩の主著で、問答形式により町人道徳を平易に説く。当時の商人蔑視に対して、商人の営利行為の正当性を主張し、正直と倹約を中心とする商人の道を説いた。

手島堵庵 ② 1718〜86　江戸時代中期の心学者。京都の豪商の家に生まれ、石田梅岩の教えを受け、京都に五楽舎・修正舎・時習舎・**明倫舎**②などの学校をつくって、実生活に即した町人の生き方を教え、石門心学を広めた。

西川如見 ⑤ 1648〜1724　江戸時代中期の天文暦算家。長崎の町家に生まれ、天文暦算から地理・経済にも通じ、晩年は徳川吉宗にまねかれて江戸で天文学を講じた。彼の書いた『**町人嚢**』②は平等の人間観をもとに、町人生活の意義を積極的にとらえた作品である。

井原西鶴 ⑤ 1642〜93　江戸時代前期の**浮世草子**④作家。大坂の町人で、俳人からのち小説家に転じ、『**好色一代男**』②『好色一代女』『日本永代蔵』『世間胸算用』など、浮世（中世的憂世とは異なる）つまり享楽的現世を写した小説を描き、町人文学を確立した。西鶴は男女の世界と町人の富の追求を、軽妙な筆致であからさまに描いた。そこには営利追求の是認、勤勉・倹約・正直・律儀・信用などの町人道徳が描かれた。

● 石田梅岩の生涯と思想　1685～1744 ●

江戸時代中期の思想家で、石門心学の祖。丹波国(京都府)の農家の二男に生まれた。11歳の時、当時の風習で京都の商家に奉公に出されたが、その商家が傾き帰郷した。23歳で再び京都に出て、呉服商に奉公して町人になろうとした。商業に励むかたわら、生来勉強好きであった梅岩は、独学で神道・儒教・仏教などの諸書を読みあさり、商人の道・人の道を求めた。

43歳の時、番頭をやめて学問に専念し、45歳で京都の自宅に「聴講自由・席料無料」の看板を掲げ、講義を始めた。その講話はきわめて平易で、広く民衆のあいだに広まり、心学の流行のもととなった。この後、60歳で死去するまで、独り身で自炊生活をしながら道を講義し、それをみずから実践した。梅岩は、商人の利潤追求を天理として肯定し、それを商人の正当な職分であると説いた。そして、正直と倹約とを守り、その職分につとめることを主張した。彼の思想は、封建的な身分秩序を否定するものではなかったが、これまで罪悪視されていた商人の営利活動を倫理的に肯定し、町人の誇りと社会的責任の自覚を強調するものとして画期的であった。梅岩の思想は、江戸時代中期の商業活動の発展による町人の力の拡大を背景に登場した。その平易で実践的な教えは、町人層の心を強くとらえた。主著『都鄙問答』『斉家論』。

石田梅岩の言葉

商人の売買の利益は、武士の俸禄と同じである。売買の利益がなければ、武士が俸禄なしで仕えるようなものである……商人は、左のものを右へ取り渡しても、正直に利益をとる。不正をしてとるのではない。鏡に物をうつすように、隠しだてすることはない。商人は、正直に利益をとることによって成り立ち、正直に利益をとるのは商人の正直である。利益をとらなければ、商の道ではない。　『都鄙問答』(口語訳)

：**浮世** ① 本来は「憂世」と書いて憂きことの多い、つらく苦しいこの世をあらわしたが、江戸時代になると世の中を享楽的に肯定する意味の「浮世」になった。

近松門左衛門 ⑤ 1653～1724　江戸時代中期の浄瑠璃・歌舞伎の脚本作家。『国姓爺合戦』などの歴史上の事実を題材とした時代物、『心中天網島』『**曽根崎心中**』③などの当時の世相を題材にした世話物などの作品を書き、義理・人情の相克に苦しむ人間の姿、人の心の美しさを描いた。

義理・人情 ⑤ 日本の封建社会に重視された独特の道徳観念。義理は他者との関わりにおいて人としておこなうべき道で、様々な公的・社会的制約を指す。人情は人間的な情愛を意味し、親子の情愛や恋愛感情のような私的・内面的な真実を指す。義理と人情に人間本来の姿があるが、「義理と人情の板挟み」というジレンマが不可避でもあり、近松門左衛門はこの葛藤の悲劇を主題として心中物を描いた。

孝行・貞節・恩
江戸時代に重んじられた徳目。親を大切にする孝行、女性が夫以外の男性と関係をもたずに純潔を守る貞節、主君や人から受けた恩に報いることは、家族や身分秩序を重んじる儒教の影響のもとで、封建社会の秩序を支える徳目として重視された。

富永仲基 ⑤ 1715～46　江戸時代中期の儒学者。大坂町人の出身で、町人の教育施設で自由な気風で知られた**懐徳堂**⑤に学んだ。仏教・儒教・神道の教えが歴史的に成立した過程を明らかにする思想史的研究を行ない、大乗仏教の経典を釈迦本人の教えとすることを否定する**大乗非仏説論**①を説いた。先人の研究より古い時代にさかのぼって検討する**加上**②の説で、徹底した批判をおこなった。主著に仏教経典すべてを釈迦の教えとすることを否定し、

第V部 第3章 日本近世の思想

原始仏教から大乗仏教に至る思想史的展開を論じた『**出定後語**(しゅつじょうごご)』②、『**翁**(おきな)**の文**(ふみ)』①がある。

山片蟠桃(やまがたばんとう) ⑤ 1748〜1821　江戸時代後期の町人学者。大坂町人の出身で懐徳堂に学び、きわめて合理的な思想を説いた。著書『夢の代(しろ)』で蘭学の実証性を評価し、地動説にもとづく宇宙観を説き、物価は需給の関係で決まるとして、幕府・諸藩の経済政策を批判した。さらに仏教や迷信を否定し、霊魂の存在を否定する徹底した無神論である**無鬼論**(むきろん)⑤を主張した。

農民の思想

安藤昌益(あんどうしょうえき) ⑤ ？〜1762　江戸時代中期の農業を社会の基本とする思想家。

→p.259 **安藤昌益の生涯と思想**

自然世(しぜんせい) ⑤ 安藤昌益が説いた理想の社会。大自然の根源的な生成の活動(**自然活真**(しぜんかっしん)①)に従い、すべての人が直接に耕して衣食住を自給する、差別のない平等な社会。階級差別や貧富の差のある人為的な法世を打破し、自然世に立ち返るべきことを主張した。自然世は農耕を中心とする反封建的なユートピア社会である。そこには「土」を万物の根源である土活真(どかつしん)ととらえる独特の自然観がある。また、人間界も含め、自然界は「天と地」「明と暗」「男と女」などの対立するものが相互に関連しておぎないあい(**互性**(ごせい)①)、一体となって活発に運動しているとされる。

：**万人直耕**(ばんじん(ばんにん)ちょっこう(じきこう)) ④ すべての人々が直接農業に従事し、自給自足の生活を営むこと。安藤昌益の理想とした自然世における、人間のあり方。農耕を天地自然の本道と考え、人間生活の基本とした昌益は、武士・儒学者・僧・商人・手工業者はみずから耕作せず百姓に寄食(きしょく)している**不耕貪食の徒**(ふこうどんしきのと)④であると批判し、封建社会を否定した。

法世(ほうせい) ⑤ 万人が直耕することのない差別と搾取の社会。法は「こしらえもの」の意で、こしらえた世、人為的な社会の意味で昌益はこれを否定した。昌益は自然世を法世の状態に堕落させたものが聖人であるとし、儒教・仏教・神道などの伝統的な教学を激しく批判した。

『**自然真営道**(しぜんしんえいどう(じねんしんえいどう))』⑤ 安藤昌益の主著。万人直耕の自然世を理想とし、封建社会・階級制度をきびしく批判する急進的な内容。刊本3巻は1753年に京都で出版されているが、世に知られるようになったのは、1899(明治32)年、哲学者の**狩野亨吉**(かのうこうきち)(1865〜1942)②によって稿本101巻93冊が発見され、その特異な思想が注目されてからである。1923(大正12)年の関東大震災で稿本のほとんどが焼失し、15巻ほどが残っている。

『**忘れられた思想家**』② カナダの外交官ハーバート＝ノーマンが、安藤昌益を封建社会に対する先駆的な批判者として広く国際的に紹介した著作で、1950(昭和25)年刊行。

二宮尊徳(にのみやそんとく) ⑤ 1787〜1856　江戸時代後期の農政家。相模(さがみ)国(神奈川県)の農家に生まれ、名を金次郎という。幼くして父母を失い、貧困のなかで日夜勉学と勤労に励み、自家を再興した。自己の貧困克服の経験を背景に、小田原藩や諸家に迎えられて荒廃した農村復興につとめ、晩年には幕府に登用されて荒地の開拓にあたった。尊徳は百姓のなかに生きて苦楽をともにする経験のなかから、「報徳仕法」という計画経営によって、農業と百姓の自立を求めた実践的な農業指導者であった。自然法則としての天道から、人間の技術と勤労の力による人道を区別し、分度と推譲の報徳実践を説いた。のちに尊徳の教えを受け継いで活動する人々が出て、その活動は報徳運動と呼ばれ、明治以後にも大きな影響を与えた。封建的な身分制度を否定したわけではないが、「**農は万業**(ばんぎょう)**の大本**(たいほん)**である**」②として百姓の誇りを説いた点や、その合理主義的生活態度は注目に値する。弟子がまとめた尊徳の語録に『**二宮翁夜話**(にのみやおうやわ)』①がある。

天道(てんどう)・**人道**(じんどう) ⑤ 農業は自然の営みである天道と、人間の働きである人道との両者があいまって成り立っているとする、二宮尊徳の根本的な思想。天道に対して報恩感謝をするとともに、人道をまっとうするために分度と推譲をしなければならないと説かれる。

報徳思想(ほうとくしそう) ⑤ 自分が今ここにこうしてあるのは天地・君・親・祖先などの広大な徳のおかげであり、その恩にみずからも徳をもって報いなくてはならないという二宮尊徳の根本的な思想。万物は我々にめぐみをもたらし、すべての人や物にはそれぞれ利点や値打ちが徳として備わっている。我々はその徳を無駄にせず、有効に使って社会のためにつくし、めぐまれた徳にこたえなくてはならない。報徳は分度と推譲という

● 安藤昌益の生涯と思想　？～1762 ●

江戸時代中期の思想家。「忘れられた思想家」ともいわれ、昌益の詳しい来歴は不明である。18世紀の中頃に東北の八戸(はちのへ)(青森県)で医者を開業しながら、学問・文筆活動をおこない、封建社会を痛烈に批判した、きわめて急進的な思想家であった。自然観においては、合理的な唯物論的な自然観を示し、社会観においては、万人直耕にもとづく一種のユートピアである自然世を理想とし、封建的支配や身分制度を全面的に否定し、これらの悪を正当化する儒教・仏教などをきびしく批判した。昌益は、農民の立場から独特の思想を展開したのである。この時期、商品経済の発展といく度もの農村の凶作のなかで、農民の生活は困窮をきわめ、百姓一揆が全国的に広がっていた。昌益の住んだ東北地方ではとくにひどく、こうした状況のなかで、昌益の反封建的で急進的な社会思想がはぐくまれたといえよう。当時、昌益の存在は一般に知られていなかったが、彼の思想の先進性は、時代の水準をはるかにこえていた。

その主著『自然真営道』が発見されたのは、1899(明治32)年、狩野亨吉によってであり、第二次世界大戦後にカナダの外交官ハーバート＝ノーマンの『忘れられた思想家』の公刊により、隠れた江戸時代の思想家として一般に知られるようになった。主著『自然真営道』『統道真伝(とうどうしんでん)』。

安藤昌益の言葉

上の身分の者がいなければ、下の者を責めて奪いとるぜいたくな欲望もなくなり、下の身分の者がいなければ、上の者にへつらってとりいることもない。ゆえに恨み争うこともなく、乱軍の出ることもなく、上に立って天下を盗みとって上の者たちに盗みの根を植える者もなく、下にあって財貨を盗む者もなく……貪(むさぼ)りとる者もなければ、貪られる者もなく、自然も社会も一体となり、自然の営みのなかで社会全体で耕し、それ以外に何ひとつ人為的なおこないはない。これが自然の世の有様である。

『自然真営道』(口語訳)

生活態度として具体化され、報徳思想は農村経営で困窮を救い、安定した生活を導くものと説かれた。

分度(ぶんど) ⑤ 自分の経済力に応じた合理的な生活設計を立てることで、報徳の具体的なあり方である。分度とはみずからの分(身のほど、立場)に応じて生活の度合いをはかるという意味で、自分の収入に応じた範囲のなかで生活の計画を立てることである。

推譲(すいじょう) ⑤ 分度とともに尊徳が説いた生活態度で、社会の生産力を拡大するために、倹約して生まれた財産の余裕を自分の将来や子孫のために貯めておいたり、社会のために他人にゆずることである。尊徳は、報徳金として互助的融資や非常時に備えた。

仏教の思想

寺請(てらうけ)**制度** ① 江戸幕府がキリスト教を禁じるために、民衆を仏教の寺院に帰属させ、その信徒であることの証明を寺から請けさせた制度。檀家(だんか)制度ともいう。民衆はいずれかの寺の檀家になることを義務づけられ、寺で戸籍にあたる宗門人別改帳(しゅうもんにんべつあらためちょう)が作成され、引っ越しや旅行の時には、その寺の檀家であることを証明する寺請証文が必要とされた。家には仏壇がおかれて葬式や法事の時には僧がまねかれ、寺院にとっては収入が保障される経済的な基盤となり、同時に幕府が寺院を通して民衆を統制する役割も果たした。

沢庵(たくあん) ① 1573～1645　江戸時代初期の臨済宗の僧で、書画や詩文にも通じた。但馬(たじま)国(兵庫県)で生まれ、京都の大徳寺(だいとくじ)の住持(じゅうじ)(住職)になる。幕府と対立して出羽(でわ)に流されるが、のちに許されて江戸で将軍徳川家光の帰依(きえ)を受け、その相談役になる。大根の漬け物を沢庵と呼ぶのは、沢庵が考案したからとも伝えられる。

鈴木正三(すずきしょうさん) ⑤ 1579～1655　江戸時代初期の禅僧。三河(みかわ)国(愛知県)に生まれ、徳川家に仕え、関ヶ原の戦い、大坂の陣に参加。旗本となり、江戸に住む。1619年、出家。仏教復興を志し、各宗派の僧侶とも交流、島原の乱後に天草代官となった弟を助け、仏教による民衆教化をおこなった。彼の禅は勇猛(ゆうもう)心を強調し、仁王(におう)禅と呼ばれた。世の中の仕事や生活がそのまま仏教の教えの実践の場であるという**世法即仏法**(せほうそくぶっぽう)③の考えのもと、それぞれの家業に専念することが仏道(ぶつどう)の修行になるという**職分仏行説**(しょくぶんぶつぎょうせつ)①を説いた。また、民衆に向けて教えをわかりやすく説く仮名草子なども書いた。主著に『**万民徳用**(ばんみんとくよう)』③、語録に『驢鞍橋(ろあんきょう)』がある。

4 洋学と幕末の思想

洋学

西洋文化(文明)との接触(出あい・移入) ⑤ 日本人がはじめて西洋文化に接したのは、1543(一説には1542)年のポルトガル人による**鉄砲伝来**①である。鉄砲は日本の戦法や築城法に変化をもたらした。1549年には、フランシスコ＝ザビエルによってキリスト教が伝えられた。さらに16～17世紀にあいついで来日した宣教師によって、天文学・医学・地理学などの学問や、油絵・銅版画の技法、活字印刷術も伝えられた(南蛮(なんばん)文化)。その後、江戸幕府がキリスト教を禁止して「鎖国」政策をとったため、西洋文化との接触は長崎でオランダ人を通しておこなわれるだけになった。それでも江戸時代中期には蘭学と呼ばれる学問が始められ、さらに幕末の洋学は封建体制を突き動かす批判精神を形成した。1853(嘉永(かえい)6)年のペリー来航と翌年の開港によって、日本は西洋文化と本格的に接触する機会をもち、明治以降は積極的に受容された。

鎖国 ① 江戸幕府がとった、日本人の海外渡航禁止と外国船来航規制などの外交政策を指す言葉。オランダ通詞(つうじ)志筑忠雄(しづきただお)の「鎖国論」に由来し、幕末から明治にかけて使われだした。キリスト教を排除すると同時に、海外貿易を極端に制限して幕府の管理下におくことで、反幕府勢力が貿易によって力をつけることを阻止するねらいがあった。海外から切り離された状況のなかで、世界の情勢についての認識が遅れたが、貿易に頼らず自給自足できる経済体制は独自の文化を育て、また明治以降の富国強兵政策の経済基盤になったという一面もあった。

フランシスコ＝ザビエル Francisco de Xavier ③ 1506～52　スペイン人のイエズス会宣教師。ロヨラらとイエズス会を設立、東アジアにおける教皇代理として、インド海岸・マラッカなどで布教活動をおこなった。マラッカで日本人と出あい、1549年、鹿児島に上陸してはじめて日本にキリスト教を伝えた。日本の国王に布教の許可を得ようと上京したが、戦乱のため混乱した京都に失望し、山口で布教をおこなった。いったんインドに戻り、日本に対して文化的

第3章

影響力をもつ中国への布教を試みたが、上陸を待つあいだに熱病にかかり死去した。死後、聖人に列せられた。

→ p.121 **イエズス会**

キリシタン弾圧 ⑤ 織田信長は仏教勢力をおさえる意味もあってキリスト教を認めたが、長崎がイエズス会に寄進されていたことを豊臣秀吉は危険視し、1587年にバテレン(宣教師)追放令を発した。徳川家康は貿易を重視し、キリスト教を当初黙認していたが、宣教師が信徒を扇動して反乱をおこす危険性を感じ、幕府は1612年に直轄領でキリスト教を禁止、翌年それを全国におよぼして教会を破壊し、宣教師を国外に追放した。1637年にキリシタンがおこした島原(しまばら)の乱後は、宗門改めをおこなうなど、宗教管理が徹底された。明治維新後も政府は禁教政策を続けて諸外国から非難を受けたため、1873(明治6)年にようやくキリシタン禁制の高札(こうさつ)を撤去した。

：**潜伏キリシタン** ① 江戸幕府の禁教令や島原の乱のあとも、ひそかにキリスト教の信仰を続けていた人びとを指す。表向きは仏教徒をよそおいながら、宣教師から教わったラテン語の祈禱(きとう)文や聖歌、教理書を口伝えに暗記し、観音菩薩(かんのんぼさつ)像をマリア像に見立てる(マリア観音)などして250年ものあいだ信仰を継承した。1873(明治6)年にキリスト教の禁止令がとかれたあとは、多くがカトリックに戻ったが、その後もひそかに受け継いだ独自の信仰を続けた人を隠れキリシタンと呼び、潜伏キリシタンと区別している。

蘭学(らんがく) ⑤ 江戸時代、鎖国下にオランダ語を通じて輸入された西洋の学問の呼び名。和蘭陀(オランダ)と表記したことによる。幕末にはより広い概念として洋学といわれるようになった。洋学の前身である蘭学は、新井白石(あらいはくせき)の『西洋紀聞(せいようきぶん)』や、徳川吉宗の漢訳洋書輸入の緩和を機に盛んになり、青木昆陽や野呂元丈(のろげんじょう)(1693〜1761)らのオランダ語研究、前野良沢・杉田玄白による『解体新書』の翻訳、大槻玄沢の『蘭学階梯(らんがくかいてい)』などの成果を生み、発展した。その学問内容は医学をはじめ天文・地理・物理・化学におよんだ。思想的な面は制約され、実学が中心となったが、当時の日本にとり西洋文化の窓口として大きな役割を果たした。

洋学 ⑤ 西洋学問の総称。江戸時代中期の蘭学がオランダの学問という響きをもつのに対して、洋学は英・独・仏の学問を含んだより広い概念として江戸時代末期に定着した。シーボルトの来日により洋学の学問的水準は高まり、幕府も洋学所をおこし、殖産興業(しょくさんこうぎょう)策をヨーロッパの学問に求めた。他方、高野長英・渡辺崋山・佐久間象山(さくましょうざん)らは、洋学の知識を通して現状打開を説いた。このように洋学は実証性・合理性をもった実学として役立つとともに、世界のなかの日本の位置をみつめ、幕藩体制の矛盾と腐敗を批判する視点を生み、開国論など近代日本への思想的な準備をした。

和魂洋才(わこんようさい) ⑤ 日本人の伝統的な心情・精神を根底に、西洋の科学・技術を受容して活用しようとする考え方。佐久間象山の「東洋道徳、西洋芸術」は、これを端的にあらわしたものである。和魂洋才は洋学がはじまった18世紀初頭からみられ、明治以降も西洋文化を受容する基本的な考え方であった。西洋文化を思想や道徳を含める全体として受け止めることを拒否し、技術文明に限定して受け入れ、実学として役立てようとする点では一面的な考え方といえる。

青木昆陽(あおきこんよう) ④ 1698〜1769　江戸時代中期の儒者・蘭学者。伊藤東涯(いとうとうがい)に師事。享保(きょうほう)の飢饉(ききん)で苦しむ民衆を救うため、『蕃藷考(ばんしょこう)』を著して、甘藷(かんしょ)(サツマイモ)の栽培をとなえ、将軍徳川吉宗に認められた。幕府に登用されて、江戸参府のオランダ人から通詞を介してオランダ語を学び、蘭学が発展する要因をつくった。門下に前野良沢らがいる。

『解体新書』 ⑤ 西洋医学に関する日本最初の翻訳書で、1774年に刊行された。前野良沢・杉田玄白らが、ドイツ人クルムスの解剖書のオランダ語訳『ターヘル・アナトミア』を苦心の末に翻訳したもので、その後の蘭学の発展に大きな役割を果たした。

前野良沢(まえのりょうたく) ⑤ 1723〜1803　江戸時代中期の蘭方医で、杉田玄白と並んで蘭学の祖といわれる。豊後(ぶんご)国(大分県)中津(なかつ)藩医の家に生まれた。青木昆陽にオランダ語を学び、長崎にも遊学して蘭学に取り組んだ。1774年、杉田玄白らとともに『解体新書』を訳述し、西洋医学の導入に貢献した。『解体新書』の訳述にあたり、指導的役割を果たした。

杉田玄白(すぎたげんぱく) ⑤ 1733〜1817　江戸時代中期の蘭方医で、前野良沢とともに日本への蘭学移植の先駆者。若狭(わかさ)国(福井県)小浜(おばま)藩の藩医の家に生まれた。前野らと刑死人の解剖に立ちあい、クルムスの解剖書の正確さに驚き、正しい医学知識の普及を願い、『解体新書』を訳述し、刊行に尽力した。

『蘭学事始(らんがくことはじめ)』④ 杉田玄白の蘭学創始期の回想録で、1815年に刊行された。『解体新書』訳述の過程で味わった苦心のありさまをつづったもので、蘭学における古典的名著でもある。

志筑忠雄(しづきただお) ① 1760〜1806　江戸時代後期の蘭学者。長崎のオランダ通詞の養子となり、通詞を辞職後は蘭学を広く研究した。とくにニュートンの自然哲学、ケプラーの法則、地動説や太陽系などについて翻訳・著述をおこなって『**暦象新書(れきしょうしんしょ)**』①を著した。オランダ語の文法研究にも貢献し、長崎のオランダ商館に勤めたドイツ人医師ケンペルの『日本誌』は、彼によって一部が「鎖国論」として訳出された。

三浦梅園(みうらばいえん) ④ 1723〜89　江戸時代中期の思想家。豊後国(大分県)の出身で、23歳の時、ヨーロッパの近代科学の知識を摂取しようと長崎に旅行した。その後、ほとんど郷里にとどまり自然科学的な哲学の確立につとめた。梅園は自然に条理(じょうり)(法則)が備わっているとし、一種の自然哲学としての**条理学**④を提唱した。宇宙の事象は天と地・円と方・動と静など対立するものが一組になって存在している。対立する2つのものが関係をもちながら統一されていることを認識する**反観合一(はんかんごういつ)**①によって、自然の条理が明らかになる。自然の万物は対になるものが組み合わさって1つに統一され、それがまたほかのものと対になって統一されるというように、木の枝がわかれる樹形図のような条理(法則)によって関係づけられている。梅園はこのような一対の連鎖の条理が、宇宙の万物をつつみこむと考え、当時では例をみない自然科学的な学風をつくりあげた。主著『**玄語(げんご)**』②、『贅語(ぜいご)』。

大槻玄沢(おおつきげんたく) ① 1757〜1827　江戸時代後期の蘭学者・医師。杉田玄白や前野良沢について蘭方医学・オランダ語を習い、のち長崎にも遊学して、蘭学者として一家をなした。江戸に蘭方医学塾の芝蘭堂(しらんどう)を開き、また蘭学入門書の『蘭学階梯』を著すなど蘭学者の育成に貢献した。

緒方洪庵(おがたこうあん) ③ 1810〜63　江戸時代後期の蘭学者。大坂・江戸・長崎で西洋医学を学び、大坂で開業する。蘭学塾の**適塾(てきじゅく)**③を大坂に開き、福沢諭吉(ふくざわゆきち)・大村益次郎(おおむらますじろう)(1824〜69)・**橋本左内(はしもとさない)**(1834〜59)①らの次代を担う逸材を育成した。

シーボルト　P. Siebold ④ 1796〜1866　幕末に来日したドイツ人医師。1823年、長崎出島のオランダ商館医員として来日し、長崎郊外に鳴滝(なるたき)塾を開いて高野長英ら多くの弟子を育て、蘭学の発展に画期的な影響を与えた。1828年に禁制の日本地図の写しを国外にもちだそうとしたことが発覚し、翌年に国外追放処分を受けた(シーボルト事件)。後年には処分が解かれ、1859(安政(あんせい)6)年に再来日している。

高野長英(たかのちょうえい) ⑤ 1804〜50　江戸時代末期の洋学者。陸奥(むつ)国(岩手県)水沢に生まれる。長崎でシーボルトに医学・洋学を学び、江戸で開業する。のちに渡辺崋山らと西洋研究グループ**尚歯会(しょうしかい)(蛮社(ばんしゃ))**⑤を設立した。1837年、幕府がアメリカ船モリソン号をイギリス船とまちがえて砲撃するという事件がおこり、翌年その危険性を警告した『**戊戌(ぼじゅつ)夢物語**』③を書いて幕府の外交政策を批判した。そのため1839年、洋学者弾圧事件である**蛮社の獄**⑤で投獄され、その後、自刃(じじん)した。洋学を通して、封建体制の矛盾と腐敗を批判した。

渡辺崋山(わたなべかざん) ⑤ 1793〜1841　江戸時代末期の洋学者。三河(みかわ)国(愛知県)田原(たはら)藩家老で、政治家として産業・教育を振興し、飢饉にも餓死者を出さず治績をあげた。1833年には、高野長英らと尚歯会を設立した。1838年、モリソン号打払いの無謀さを説く『**慎機論(しんきろん)**』④を著し、蛮社の獄に連座、国許(くにもと)に蟄居(ちっきょ)を命ぜられ、自刃した。

幕末の諸思想

水戸学(みとがく) ⑤ 江戸時代、水戸藩(茨城県)で『**大日本史**』②の編纂事業を中心に興隆した学風。当初、2代徳川光圀(みつくに)の頃は朱子学を基本とし、当時の学問の全体の風潮と大差はなかったが(前期水戸学)、幕末の9代徳川斉昭(なりあき)の頃になると藤田幽谷(ふじたゆうこく)(1774〜1826)・東湖の父子、**会沢正志斎(あいざわせいしさい)**(1782〜1863)⑤らにより、名分論・国体論・尊王論を特色とする独自の思想体系が形づくられた(後期水戸学)。この思想は国学と並んで尊王思想の源流となり、明治維新を準備する有力なイデオロギーとなった。

藤田東湖(ふじたとうこ) ② 1806〜55　江戸時代後期から幕末にかけての水戸藩士・学者。徳川斉昭から厚く信任されて藩政改革を推進し、ペリー来航の際には斉昭とともに幕府の海防政策に関わった。尊王攘夷運動の志士に強い影響を与え、水戸学の名を全国的に高めた。

尊王攘夷論(そんのうじょういろん) ⑤ 天皇崇拝思想である**尊王(尊王論)**③と、外国人排斥思想である攘夷論とが結合した政治思想。江戸時代末期、幕藩体制の動揺と外国勢力の圧迫という危機のなかで両者が結合し、政治運動として激化した。のちに攘夷が不可能なことを知り、幕政への批判を強めて尊王倒幕論へと変化した。

大義名分論(たいぎめいぶんろん) ② 水戸学の流れのなかで主張された思想。本来「大義」は大きな正義、「名分」は君臣の名と上下の分(区分)のことである。日本の場合、「君」は天皇で、将軍以下は「臣」であり、その君臣関係を確固とすることが、正しい国の秩序実現には不可欠であるとする。

佐久間象山(さくましょうざん) ⑤ 1811～64　江戸時代末期の思想家・洋学者。信濃(しなの)国(長野県)松代(まつしろ)藩の下級武士の家に生まれた。22歳で江戸へ出て、朱子学者である**佐藤一斎**(さとういっさい)(1772～1859)①の門に入った。その後、海外事情を研究し、また江川太郎左衛門(坦庵(たんあん))から西洋砲術を学ぶなど洋学の摂取につとめ、江戸藩邸の学問所頭取になった。アヘン戦争(1840～42)で中国がイギリスに敗れたことに衝撃を受け、「夷(い)の術を以て夷を防ぐより外(ほか)これ無し」と考え、西洋の科学技術を積極的に取り入れる必要を説いた。1854(安政元)年のペリー再航の時、門弟の吉田松陰の密航事件に連座して下獄、その後許された。幕末の危機に際し開国論や公武合体論を力説し、新しい時代を切り開こうとしたが、1864(元治(げんじ)元)年、京都で尊王攘夷派により暗殺された。象山の門下からは、勝海舟・坂本龍馬・吉田松陰らの逸材を輩出した。主著『**省諐録**(せいけんろく)』②。

「東洋道徳、西洋芸術」 ⑤ 佐久間象山の言葉で、和魂洋才のあり方を説いたもの。象山はその著『省諐録』のなかで、「東洋道徳、西洋芸術(技術のこと)、精粗遺(のこ)さず、表裏兼該(けんがい)し(あますところなく詳しく研究し)、因(よ)りてもって民物を沢(たく)し(民衆の生活を豊かにし)、国恩に報ゆる」と述べ、東洋の伝統的精神のうえに西洋文化を知識・技術として積極的に摂取することを説いた。

吉田松陰(よしだしょういん) ⑤ 1830～59　幕末の志士・尊王思想家。長州(山口県)藩士で軍学を学び、19歳で藩の兵学師範となった。江戸に遊学して佐久間象山と出あい、時代と学問に対する目を開いた。その後、脱藩して許可なく東北地方へ遊学し、一藩の利害得失をこえて天下をみつめる意識を深めた。1854(安政元)年、ペリー再航に乗じて海外渡航を企てて失敗し、郷里で獄につながれた。のちに**安政の大獄**(たいごく)③(1858～59)で江戸に送られ刑死した。このあいだ、郷里にあって松下村塾で教え、多くの勤王(きんのう)の志士を育てた。忠節・**誠**(まこと)[吉田松陰]④を説き、**「至誠(しせい)にして動かざる者、未(いま)だ之(これ)あらざるなり」**①(みずからの誠をつくして接すれば、動かない人は今までだれもいない)という『孟子』の言葉を好み、みずから実践した。最後には藩士としての身分や家柄を捨て去り、一草莽(そうもう)(在野人)として立ち上がるべきことを主張した。主著『**講孟余話**(こうもうよわ)』①、『**留魂録**(りゅうこんろく)』①。

一君万民論(いっくんばんみんろん) ⑤ 藩ごとに分裂した幕藩体制の枠をこえて、天下万民の主君である天皇にすべての民衆が結集し、「誠」をもって「忠」をつくすという吉田松陰の主張。維新に向かう青年たちに大きな影響を与えた。

松下村塾(しょうかそんじゅく) ④ 吉田松陰の叔父が長州萩(はぎ)郊外の松本村に開いた私塾が始まり。松下村は松本村の名にちなむ。松陰は1856(安政3)年から講義を始め、塾の主宰者となる。この門から**高杉晋作**(たかすぎしんさく)(1839～67)②・久坂玄瑞・**伊藤博文**(いとうひろぶみ)(1841～1909)③・**山県有朋**(やまがたありとも)(1838～1922)②・**品川弥二郎**(しながわやじろう)(1843～1900)①らの、明治の時代を開く指導者を輩出した。

久坂玄瑞(くさかげんずい) ② 1840～64　幕末の志士。長州藩医の家に生まれ、松下村塾で学び、そののち医学・洋書研究をおこなう。井伊直弼(いいなおすけ)の日米修好通商条約の無勅許(むちょっきょ)調印、安政の大獄などで幕政に反発、薩摩・土佐・水戸などの志士と交流、尊王攘夷の急進論者となった。同志と脱藩後、高杉晋作らと横浜外国商館襲撃を計画、イギリス公使館を焼き打ちした。帰藩後、下関の外国艦船砲撃に参加、1863(文久(ぶんきゅう)3)年、京で朝廷内の長州勢力の一掃にあい(八月十八日の政変)、翌年に禁門の変で自刃した。

坂本龍馬(さかもとりょうま) ③ 1835～67　幕末の志士。土佐(高知県)藩出身で、はじめ尊王攘夷運動に加わったが、脱藩して幕府の海軍奉行である勝海舟の門人となり、西洋文化に眼を開かされた。対立していた薩摩藩と長州藩とを結びつけ(薩長同盟)、前土佐藩主の山内容堂に働きかけて大政奉還を建白させるなど、倒幕運動で大きな役割を果たしたが京都で暗殺された。姉への手紙で、旧い幕藩体制を打ち倒して議論にもとづく統一国家を建設するために、「日本を今一度洗濯いたし申し候」と語っている。

横井小楠 ⑤ 1809〜69　幕末の政治家・思想家。肥後(熊本県)藩士で儒者であったが、ペリー来航(1853〈嘉永6〉年)の頃を境に、攘夷論から開国論へと思想を転換した。福井藩主の松平慶永に抜擢され、開国貿易・公武合体を説き、幕末政局に重要な役割を果たした。西洋の科学技術を評価しつつも、その功利的な思想を批判し、**「堯舜孔子の道を明らかにし、西洋器械の術を尽くす」**④と語り、儒教の仁の道徳を基礎として西洋の科学技術を活用することを説き、新しい日本のあり方を構想した。明治維新後、新政府の基本政策の確立に努力したが、保守派に暗殺された。主著『**国是三論**』①、『国是七条』。

勝海舟 ③ 1823〜99　幕末期の洋学者・政治家。下級幕臣の家に生まれ、苦学して洋学者となり、佐久間象山・横井小楠らと交流した。西洋兵学を教える蘭学塾を開き、1853(嘉永6)年に黒船が来航、貿易の利益で海防すべしという意見書が注目され、長崎での海軍伝習に参加し、オランダ人から指導を受けた。1860(万延元)年、咸臨丸を指揮し、日本人だけの力で初の太平洋横断を成し遂げ、アメリカの政治や社会を実見し、福沢諭吉らとともに帰国した。軍艦奉行になり、「一大共有の海局」として幕臣以外にも門戸を開いた神戸海軍操練所を開設、坂本龍馬らの人材を育成した。1868(明治元)年3月、山岡鉄舟とともに江戸無血開城の交渉に活躍した。維新後、参議・海軍卿・元老院議官・伯爵となった。旧幕府の人々を物心両面で援助、徳川慶喜と明治天皇の面会を実現させるなど、内乱を避けて日本の独立を確保することに腐心した。日中提携の外交理念から、日清戦争にも野にあって反対した。『氷川清話』は明治期の彼の談話集。

第4章　日本の近代思想

1　近代思想の形成

文明開化と啓蒙運動

西洋思想の受容 ⑤ 西洋思想は江戸中期から蘭学として学ばれ、1853(嘉永6)年のペリー来航後の開国、明治の文明開化によって流入した西洋の近代思想は日本社会に大きな影響を与えた。啓蒙思想は封建的な風習を批判して合理的な考え方を広め、自由民権思想は国会開設・憲法制定などを求める自由民権運動をおし進め、キリスト教思想は神の前に立つ個人の自覚を高めた。一方で政府の欧化政策に反発して、日本の伝統的な思想を保存する国粋主義、天皇を中心とする国家体制を重んじる儒教的な国民道徳も生まれた。西洋の近代思想の受容と日本の伝統的思想の継承は、現代まで続く日本人のアイデンティティに関わる課題である。

近代化 ⑤ 人々の生活・考え方、社会のあり方が合理的・科学的になること。近代化のモデルとなった西欧では、啓蒙思想による市民意識の主体的確立、市民革命による民主化、産業革命による工業化・資本主義化、科学革命、教育の普及などにより、18〜19世紀に近代社会が形成されていった。明治期の日本は文明開化に象徴されるように、西欧の文物を導入して近代化をはかった。日本の近代化は西欧化を意味し、それが政府・官僚主導のもとに進められたところに特徴がある。20世紀にはロシア・アジア・アフリカに西欧社会を模範としない近代国家が成立したことから、近代化は西欧化ではなく、より地球的規模でとらえるべきであるという考え方が出ている。

明治維新(めいじいしん) ② 江戸幕府が崩壊し、明治新政府が成立した政治・社会的な一連の変革を指す。天皇制にもとづく中央集権化がはかられ、**殖産興業**(しょくさんこうぎょう)・**富国強兵**(ふこくきょうへい)②をスローガンとして近代化政策が推進され、日本における近代化の出発点となった。

文明開化 ④ 明治初期に、封建社会の旧習を打破し、西洋文明を積極的に導入して社会を近代化しようとする風潮。明治新政府は西洋文明に追いつくことをめざし、近代化(西欧化)を積極的に推進した。近代的工場の導入、鉄道の開通、電信・郵便の開始、ガス灯の設置、洋服の奨励、洋風建築、散髪(ザンギリ頭)などの採用はその例である。こうした政府による欧化政策を、当時は文明開化と呼んだ。しかしその政策は物質的・外面的な変化の面だけが強く、またおもに都市部を中心とするものであった。

啓蒙(けいもう)**思想家** ④ 伝統的な権威・迷信・因習を否定し、それにかわって人間の理性により生活や社会制度を見直そうとした思想家。啓蒙思想は18世紀のヨーロッパで盛んであったが、日本では明治初期に西洋思想を手がかりに推進され、近代的・市民的な思想の形成に大きな役割を果たした。明六社は啓蒙運動の中心的団体である。

明六社(めいろくしゃ) ⑤ 1873(明治6)年に森有礼の発議により結成された啓蒙思想家の団体。明治6年の結成にちなんで明六社と名づけられた。福沢諭吉・中村正直・西周・津田真道・加藤弘之・西村茂樹らが参加した。機関誌『**明六雑誌**』⑤を発行して、西洋近代の思想・文化を紹介し、国民の啓蒙につとめた。日本最初の学術団体で、日本学士院の源流ともいわれる。

福沢諭吉(ふくざわゆきち) ⑤ 1834〜1901　明治時代の代表的啓蒙思想家。豊前(ぶぜん)国(大分県)中津(なかつ)藩の下級武士の家に生まれ、身分が低いゆえに不遇であった父親を思って、のちに「**門閥**(もんばつ)**制度は親の敵**(かたき)**でござる**」③と語った。欧米の文明を見聞して日本の近代化の必要を説き、1868(慶応(けいおう)4)年に**慶應義塾**④を開き、また明六社に参加した。

→ p.266 **福沢諭吉の生涯と思想**

天賦人権論(てんぷじんけんろん) ⑤ 人間は本質的に平等であり、何人(なんぴと)もおかせない自由・平等・幸福追求の権利を生まれながらにもっているという思想。市民革命の根底に流れている自然権思想を、儒教における天・天道の観念を用いて表現した。明六社の思想家のなかでも、早くから啓蒙運動をおこなった福沢諭吉は、「**天は人の上に人を造らず、**

● 福沢諭吉の生涯と思想　1834〜1901 ●

明治時代の代表的な啓蒙思想家。豊前国(大分県)中津藩の下級武士の子として、大坂堂島(どうじま)の藩蔵屋敷に生まれたが、1歳の時に父が死に、中津に帰った。封建的身分制度のなかで学才を生かせずに終わった父の生涯、中津で味わった下級武士のみじめさは、彼に「門閥制度は親の敵でござる」といわせるほどの深い反封建的感情を植えつけた。19歳で長崎に出て、蘭学を学ぶことができたが、上司にねたまれ長崎を追われた。大坂の緒方洪庵(おがたこうあん)の適塾に入り、1858(安政(あんせい)5)年、江戸に出て中津藩屋敷に蘭学塾を開いたが、英学の必要性を感じ英語を独修した。1860(万延(まんえん)元)年、幕府の遣米使節団に通訳として加わり、咸臨丸(かんりんまる)に乗船して渡米した。この西洋近代社会との接触の体験こそ、啓蒙思想家としての福沢の基本的方向を決定するものであった。以後2度にわたって欧米諸国を巡歴し、政治からガス灯まで西洋の制度と理念の全容を『西洋事情』(1866〜70年)で紹介した。1872(明治5)年には『学問のすゝめ』を、1875(明治8)年には『文明論之概略』を公刊し、封建的な教学・道徳を批判し、日本近代化の道を説き、啓蒙活動を展開した。このあいだ、1868(慶応4)年には「慶應義塾」を開校、維新動乱中も原書で経済学を講じ続けた。軍学・医学中心の洋学のなかで、社会制度を重視する姿勢を示した。1873(明治6)年には、明六社の創立に参加した。

福沢の主張は、個人の自立・独立心を育て、小国日本の富強をはかることであった。独立自尊の個人となるためには、天賦人権論(てんぷじんけんろん)にもとづく個人の自覚と、合理的・実用的な学問が不可欠であり、一身独立してこそ一国独立すると説いた。イギリス功利主義の影響を受けた福沢は、個人主義・自由主義・合理主義を国民生活に取り入れようと、時代の先頭に立った啓蒙思想家であった。

晩年の福沢は、不平等条約のもと、欧米に包囲された日本で、官民調和・富国強兵へと転回していった。その背景には、社会を支える人々の民権と、国の富強につながる国家・政府の権力などの、国権とのバランスをどうとるのか、明治期の思想家の大きな課題があった。福沢が中心となった新聞『時事新報』の社説では、近代的な改革が進まない中国・朝鮮を「アジア東方の悪友」と呼び、「謝絶(しゃぜつ)」して脱亜入欧することで西洋と並ぶ国にしようと主張された。政府のたび重なる招きも断って官職につかなかった福沢は、野にあって西洋文明の導入と民心の改革、国家の近代化につとめた。主著『文明論之概略』『学問のすゝめ』『西洋事情』。

福沢諭吉の言葉

「天は人の上に人を造らず人の下に人を造らず」と言えり。されば天より人を生ずるには、万人は万人みな同じ位にして、生まれながら貴賤(きせん)上下の差別なく、万物の霊たる身と心との働きをもって天地の間にあるよろずの物を資(と)り、もって衣食住の用を達し、自由自在、互(たが)いに人の妨(さまた)げをなさずしておのおの安楽にこの世を渡らしめ給うの趣意なり。……ただ学問を勤めて物事をよく知る者は貴人となり富人となり、無学なる者は貧人となり下人(げにん)となるなり。

永井道雄責任編集「学問のすすめ」『日本の名著33 福沢諭吉』中央公論社

人の下に人を造らずと云(い)へり」⑤と天賦人権の思想をいいあらわした。自由民権運動がおこると、天賦人権論はその運動の有力な理論的根拠となった。

独立自尊(どくりつじそん) ④ 人間の尊厳を自覚し、個人が他人や政府に依存せず、それぞれ自主独立の生活を営もうとする精神。近代的・市民的な自主独立の精神を指し、個人の自立心や**独立心**③を大事にする福沢諭吉の思想の核心である。福沢は『学問のすゝめ』のなかで、この「無形の独立心」こそ文明を支える基軸(きじく)であり、**「一身独立して一国独**

立す」④と述べ、個人が独立の精神にめざめることが、国家の独立と不可分であると考えた。

> **独立自尊**
> 独立の気力なき者は国を思うこと深切(しんせつ)ならず。独立とは自分にて自分の身を支配し他によりすがる心なきを言う。みずから物事の理非(りひ)を弁別して処置を誤ることなき者は、他人の智恵によらざる独立なり。みずから心身を労して私立の活計(かっけい)をなす(生計を立てる)者は、他人の財によらざる独立なり。
> (永井道雄責任編集「学問のすすめ」『日本の名著33 福沢諭吉』中央公論社、かっこ内は編者注)

実学(じつがく) ⑤ 実生活に役立つ学問のことで、福沢諭吉は、和学や儒学を日用の役に立たない「虚学(きょがく)」(むなしい学問)とし、西洋の学問(とくに数理学)を実学と呼んだ。実学とは『学問のすゝめ』のなかで、「有形においては数理学(合理的な近代諸科学のこと)」また**「人間普通日用(にちよう)に近き実学」**③と説明されている。実用的な西洋の学問を学んで、個々人は一身独立し、一国独立をはからなければならないと主張した。

官民調和 ③ 福沢諭吉が1880年代からとなえた言葉で、国家・政府の権力(国権)と民衆の権利(民権)との調和をはかろうとする考え方。欧米列強の侵略から日本の独立を守ることを第一の目的とした福沢は、急進的な自由民権運動を「駄民権(だみんけん)」と呼んで反対し、官民調和を説き、政府の富国強兵策を支持した。

脱亜論(だつあろん) ⑤ 福沢諭吉が中心になった新聞『時事新報(じじしんぽう)』に掲載された同名の論説。日本が西欧的な近代国家への仲間入りをするべきことを説いた。欧米によるアジアの支配が進むことへの危機感を背景に、近代的な改革の進まないアジア諸国との連帯から抜け出し、近代的な西洋諸国の仲間入りをする**脱亜入欧**(だつあにゅうおう)②をとなえたものである。

『学問のすゝめ』 ⑤ 福沢諭吉が著した一般向けの啓蒙的学問書。1872(明治5)年に初編が出版されて、17編まで各編約20万部という空前のベストセラーとなり、新時代の精神的支柱となった。天賦人権論・独立自尊・実学の必要性を説き、日本の独立富強を主張した。

『西洋事情』 ③ 福沢諭吉がみずから視察した欧米の西洋文化を紹介したもので、1866(慶応2)〜70(明治3)年に刊行された。福沢は1860(万延元)年に咸臨丸(かんりんまる)で渡米し、翌年にヨーロッパへ、1867(慶応3)年に再渡米している。

『文明論之概略(ぶんめいろんのがいりゃく)**』** ⑤ 福沢諭吉の主著で、1875(明治8)年の刊行。古今東西の文明発達の事例をあげ、日本の独立を確立するためには西洋近代文明を摂取し、日本の近代化をはかるべきであると力説した。その政治や合理的思考、議論についての考察は今日でも考えるべき内容が多い。

中村正直(なかむらまさなお) ⑤ 1832〜91 明治時代の啓蒙思想家・教育者。江戸に生まれ、儒学を学び昌平坂(しょうへいざか)学問所教授になったが、洋学の研究を志し、1866(慶応2)年、イギリスに留学した。維新後、東京女子師範学校、ついで東京大学教授となる一方、明六社にも参加し、個人主義道徳を説いて啓蒙思想の普及につとめた。キリスト教の洗礼を受け、一時熱心な信者であったが、晩年にはキリスト教から離れた。彼が翻訳したスマイルズ(S. Smiles、1812〜1904)の**『西国立志編**(さいごくりっしへん)**』**③や、J. S. ミルの**『自由之理**(じゆうのことわり)**』**④は、啓蒙書として明治初期に広く読まれた。

西周(にしあまね) ⑤ 1829〜97 明治時代の哲学者・思想家。津和野(つわの)(島根県)藩の藩医の長男として生まれ、荻生徂徠(おぎゅうそらい)の学問に傾倒し、儒者として藩校教授となった。ペリー来航に接して洋学の必要を感じ、脱藩してまでその習得につとめた。蕃書調所(ばんしょしらべしょ)につとめ、1862(文久2)年、津田真道・榎本武揚(えのもとたけあき)らとオランダに留学し、実証主義・功利主義、カントの永遠平和論などの影響を受けた。彼の関心は軍学・技術よりも社会科学に向いていた。1866(慶応2)年、幕府の開成所教授となり、翻訳・紹介によって日本の社会科学の端緒を開いた。また徳川慶喜(よしのぶ)の側近として、大政奉還直後、日本初の憲法草案「議題草案」を提出した。明治政府に出仕し、明六社にも参加して西洋思想の紹介に貢献した。哲学をはじめ、主観・客観・理性・悟性(ごせい)・現象・意識などの多くの哲学用語を考案し、「百学の学」として諸学を統一・総合する「フィロソフィ」を**「哲学」**[西周]⑤と呼んで重視し、その紹介につとめた。主著**『百一新論**(ひゃくいちしんろん)**』**①。

津田真道(つだまみち) ② 1829〜1903 明治時代の法学者。津山(つやま)(岡山県)藩士で、国学および儒学から洋学に転じ、1862(文久2)年に西周とともにオランダに留学した。維新後、新政府に仕えて刑法をはじめ各種の立法に尽力(じんりょく)し、明六社にも参加して啓蒙活動をおこなった。彼の思想はコントの実証主義の影響を受けているが、きわめて唯物論的な点に特徴がある。

加藤弘之(かとうひろゆき) ④ 1836～1916　明治時代の思想家・官僚。但馬(たじま)国(兵庫県)出石(いずし)藩士で洋学を学び、蕃書調所に出仕、立憲制を紹介した。維新後は明六社に参加して天賦人権論を主張、啓蒙思想家として活躍した。帝国大学(のちの東京帝国大学)総長をつとめて大学教育の基礎をつくった。「我輩人民モ亦(また)天皇ト同シク人類」(『国体新論』)とまでいった彼は、1882(明治15)年の『人権新説』では一転して天賦人権論を否定し、論争となった。進化論の優勝劣敗(ゆうしょうれっぱい)・生存競争にもとづいて国家の利益を優先する国権論を展開し、自由民権運動に反対した。主著『国体新論』『人権新説』。

森有礼(もりありのり) ⑤ 1847～89　明治時代の政治家で、明六社を創立した啓蒙思想家。薩摩(鹿児島県)藩士で、幕末には英米に留学してキリスト教に出あい、西洋文明に決定的な影響を受けた。明六社は、森がアメリカなどでみられる学術結社を日本にもつくろうと、福沢諭吉らの啓蒙思想家に呼びかけて結成したものである。森を「日本産西洋人」と評したという伊藤博文の強い推挙(すいきょ)で文部大臣になり、1886(明治19)年、学校令を制定してピラミッド型の国家主義的教育体制を確立し、日本を近代化・富強化しようとした。しかし、国粋主義者の反感をかい、大日本帝国憲法(明治憲法)公布の当日に襲撃され、翌日死去した。男女同権の一夫一婦制を主張し、みずから婚姻契約にもとづく結婚をした。主著『**妻妾論**(さいしょうろん)』③。

自由民権思想

自由民権思想 ② 明治期の前半、政府に対抗して人民の自由と権利の伸張を説いた思想。その思想は2つの傾向にわかれ、福沢諭吉をはじめ明六社の啓蒙思想家の多くが、J. S. ミル・スペンサーらに代表されるイギリス流の穏健な民権思想の立場で、官民調和を説いたのに対し、中江兆民や植木枝盛らはルソーに代表されるフランス流の急進的な民権思想の立場で、主権在民、国民の抵抗権・革命権を主張した。

自由民権運動 ④ 明治10年代を中心に藩閥政府の専制政治に反対し、国会開設・租税軽減・条約改正などの政治改革を要求して全国的に展開された政治運動。1874(明治7)年、征韓論に敗れて下野(げや)した板垣退助(いたがきたいすけ)らが、民撰議院設立の建白書を政府に提出したのが発端。最初は政府に不満をもつ士族層が中心であったが、やがて地租の軽減を求める地主層も加わり、全国的な運動へと広がった。運動は明治13～14年頃に最盛期を迎えたが、その後は政府のきびしい弾圧、政党分裂策の強化などにより、しだいに衰退していった。

中江兆民(なかえちょうみん) ⑤ 1847～1901　明治期の啓蒙思想家・政治家。ルソーの影響を受け、フランス流の急進的民権論を説いて、**「東洋のルソー」**⑤と呼ばれた。

→ p.269 **中江兆民の生涯と思想**

恩賜的民権(おんしてきみんけん) ⑤ 中江兆民の造語で、為政者が上から人民にめぐみ与えた、政治参加を含む人民の諸権利。兆民の理想は、民衆が為政者から勝ちとった恢復的民権の樹立であったが、日本の時勢を考慮し、与えられた恩賜的民権を育てあげ、英仏などの恢復的民権と肩を並べる内容にするのが日本人民の課題であるとした。そのためには国民が物事を根本的な道理に従って考えるように道徳をおこし、教育を盛んにするべきであると主張した。

恢復(かいふく)**(回復)的民権** ⑤ 中江兆民の造語で、天賦人権の回復を求める革命により、人民みずからが勝ちとった自由・平等の権利。英仏の民権がこれにあたるが、兆民は、日本においては恩賜的民権を実質的に恢復的民権に育てていくべきであると説いた。

「民権これ至理(しり)**なり、自由平等これ大義**(たいぎ)**なり」** ① 中江兆民の『一年有半』の言葉で、自由民権は至上の真理であり、自由・平等は人の世の原理であるという意味で、兆民の生涯かわらぬ信念をあらわしている。

「わが日本、古(いにしえ)**より今に至るまで哲学なし」** ① 中江兆民の『一年有半』の言葉で、日本人は自分自身でつくった哲学をもたないので、確固とした主義主張がなく、目先のことにとらわれて議論には深みや継続性がなく、小ざかしい知恵はあるが偉大なことは成しえず、常識はあるが常識をこえたことを成すことができないことを嘆いたもの。

● 中江兆民の生涯と思想　1847〜1901 ●

明治期の思想家で自由民権論者。土佐(高知県)藩の足軽(あしがる)の子として生まれ、幼年より読書を好んだ。18歳の時に藩の留学生として長崎に行きフランス語をおさめ、その後、江戸に出て学問に励んだ。1871(明治4)年、24歳の時、政府の司法留学生としてフランスに留学し、フランス流の共和主義思想を身につけた。帰国後、仏学(ふつがく)塾を開き、また『東洋自由新聞』などで活発な言論活動を展開し、フランス流の急進的民主主義理論の普及につとめた。とくに、ルソーの『社会契約論』を漢訳、『民約訳解』として出版し、自由民権運動に深い影響をおよぼした。1890(明治23)年には、民権運動家として衆議院議員に当選したが、翌年、帝国議会と自由党に失望して議員を辞職し、院外から議員のあり方と議会とを批判した。

兆民は、自由・平等・友愛の3大原理にもとづく民主共和制を理想として求めたが、それを性急に実現しようとするのではなく、立憲君主制を経て、段階的に進むことを考えていた。そして、2種類の民権を考え、「恩賜的民権」を実質的に「恢復(回復)的民権」に育てていくべきことを説いた。

晩年の兆民は、食道がんで余命1年半と宣告された死の床で、なお執筆を続け、その思想は、弟子の幸徳秋水(こうとくしゅうすい)らに受け継がれて、社会主義思想として展開されていった。主著『三酔人経綸問答』『一年有半』『続一年有半』。

中江兆民の言葉

民権は至理(根本原理)である。自由平等は大義(大原則)である。こうした理義に反するものは、結局は罰をうけなければならない。百の帝国主義があったところで、この理義をほろぼすことはけっしてできないはずだ。帝王が尊いといっても、この理義を尊重することによって、その尊厳を保つことができるのだ。……王や公爵や将軍や大臣がなくても、人民はある。人民がなくして、王や公爵や将軍や大臣があるなどとは、まだこうしたことがあったことがない。

飛鳥井雅道訳「一年有半」『日本の名著36 中江兆民』中央公論社、かっこ内は原文

日本に哲学なし

わが日本、古(いにしえ)より今にいたるまで哲学なし……そもそも、国に哲学がないのは、ちょうど床の間に掛け物がないようなものであり、その国の品位をおとしめることは確実である……哲学なき人民は、なにをしても深い意味がなく、浅薄さをまぬがれない。……自分でつくった哲学がなく、政治では主義なく、政党の争いでも継続性がないのは、原因は実にここにあるのだ。

(飛鳥井雅道訳「一年有半」『日本の名著36 中江兆民』中央公論社)

『民約訳解(みんやくやくかい)』 ⑤ ルソーの『社会契約論』の主要な部分を中江兆民が漢訳したもので、1882(明治15)年に刊行された。そこに示された主権在民の原理や抵抗権の思想は、自由民権運動に新たな理論的基礎を与える役割を果たした。この書により、兆民は「東洋のルソー」と呼ばれた。

『三酔人経綸問答(さんすいじんけいりんもんどう)』 ⑤ 1887(明治20)年に刊行された中江兆民の主著の1つ。民主主義者の洋学紳士、侵略主義者の豪傑君、現実主義者の南海先生の3人が、遅れて近代化の道を歩む小国日本をいかにして独立・発展させるかを論じたもの。欧米の合理主義の風潮と日本の国粋主義の風潮が対立するなかで、自己の路線を求める日本の知識人の苦悩が語られている。

『一年有半(いちねんゆうはん)』 ④ 1901(明治34)年刊行。食道がんとなり、余命1年半とされた中江兆民の遺著。内容は多岐にわたるが、明治日本への批判が綴(つづ)られている。みずからの哲学を述べた続編『続一年有半』とともに、当時30万部のベストセラーとなった。

植木枝盛(うえきえもり) ⑤ 1857〜92　明治期の自由民権思想家。土佐(とさ)(高知県)藩士の家に生まれ、維新後、上京して洋学を学んだ。板垣退助の演説を聞き、以来、自由民権思想にめざめ、近代の政治思想を学び、しだいに急進的な民権思想家として成長した。彼は「そもそも国とは人民の集まるところのものにして、決して政府によってできたものでもなく、君によって立ったものでもない、国はまったく人民によってできたものじ

ゃ」と平易に述べ、主権在民の考えに立って政治活動・言論活動に活躍し続けた。彼が起草した**私擬**(しぎ)**憲法**①(憲法の私案)は有名で、主権在民・天賦人権を主張し、抵抗権を認めた革新的なものであった。のちに衆議院議員に当選したが、36歳で病死した。主著『**民権自由論**』①。

東洋大日本国国憲按(とうようだいにほんこくこっけんあん) ① 植木枝盛が起草した、君主権の制限、基本的人権の無条件保障、抵抗権の規定、一院制の議会の強い権限などを内容とする私擬憲法で、当時としては可能な限りで民主主義的な諸原則を掲げていた。

:**五日市**(いつかいち)**憲法** ① 明治のはじめに五日市(現在の東京都あきる野市)の民権家の千葉卓三郎(ちばたくさぶろう)(1852〜83)がつくった私擬憲法で、出版・表現の自由、信教の自由、結社・集会の自由などの自由権を始めとして、人権の保障に重きをおいた当時としては画期的な民主的な憲法案であった。五日市の地主層の学習会によって議論されたものとされ、1968(昭和43)年に農家の蔵から発見された。

キリスト教の受容

内村鑑三(うちむらかんぞう) ⑤ 1861〜1930　日本の代表的なキリスト者・思想家。

→ p.271 **内村鑑三の生涯と思想**

二つのＪ ⑤ 内村鑑三がその生涯をささげようと誓ったイエス(Jesus)と日本(Japan)のこと。内村にとって二つのＪは矛盾するものではなく、イエスへの純粋な内面的信仰によって、愛する日本を神の義にかなう国にし、近代化のなかで混迷(こんめい)する日本人の精神的再生をはかろうとすることこそ、内村が生涯を賭(か)けた使命であった。

「武士道(の上)に接木(つぎき)**されたるキリスト教」** ⑤ 内村鑑三の言葉で、社会正義をつらぬき、利害や打算をこえた清廉潔白(せいれんけっぱく)な武士道の精神こそが、キリスト教の真理と正義を実現するための土台になるという信念をあらわしたもの。

「私は日本のために、日本は世界のために、世界はキリストのために、そしてすべては神のためにある」 ④ 内村鑑三がみずからの聖書の扉に書いた言葉で、彼の墓碑銘(ぼひめい)にもなっている。“I for Japan, Japan for the World, The World for Christ, And All for God.” と英文で記されている。

無教会主義 ⑤ 人間が神の前に立つ独立的人格であることを強調し、教会や儀式にとらわれず、直接聖書の言葉を読むことにもとづく信仰を重んじる立場。内村鑑三がとなえたキリスト教信仰のあり方。外国教会の影響を受けず、自由独立をつらぬくとともに、神とイエス＝キリストへの純粋な信仰に生きようとする思想で、パウロやルターの福音(ふくいん)主義につながる。内村のとなえた無教会主義は、その後、日本の知識人に大きな影響を与えた。

非戦論[内村鑑三] ⑤ 日露戦争への気運が高まった1903(明治36)年、内村鑑三がキリスト教信仰にもとづいてとなえた日露戦争反対の主張。内村は**「戦争は人を殺すことである。そうして人を殺すことは大罪悪である」**③と語っている。内村は、神が我々に命ずるのは、「殺すなかれ」という絶対的平和であり、どんな場合にも剣をもって争ってはならないと考え、絶対平和主義の立場をつらぬき通した。内村にとってこの立場こそ真の正義であり、愛国の道にほかならなかった。

不敬(ふけい)**事件** ⑤ 1891(明治24)年、第一高等中学校の講師であった内村鑑三が、教育勅語の**奉読**(ほうどく)**(奉戴**(ほうたい)**)式**⑤で、勅語に「敬礼」をおこなわなかったため、世の非難を受けて辞職した事件。内村は天皇や皇室そのものには敬愛の念をもっていたが、キリスト教の神以外のものに「礼拝」することを、キリスト者としての良心から拒否したのである。

『余(よ)**は如何**(いか)**にして基督信徒**(きりすとしんと)**となりし乎**(か)**』** ⑤ 内村鑑三の自伝的信仰の告白書で、原文は英文。入信前の少年時代、札幌農学校でのキリスト教回心、そしてアメリカ留学による、ゆるぎない信仰の確立に至る彼の精神形成の歩みが述べられている。

『基督信徒のなぐさめ』 ② 1893(明治26)年に内村鑑三が最初に著した書物。不敬事件後の苦境のなかで、「苦しめる基督信徒を代表」して、キリスト教の「原理を以て自ら慰めん事」を目的に書かれた。

『代表的日本人』 ③ 内村鑑三が、海外に向け、道徳や宗教を身をもって示した偉大な５人の日本人を紹介した英文の著作。その５人は西郷隆盛(さいごうたかもり)・上杉鷹山(うえすぎようざん)・二宮尊徳(にのみやそんとく)・中江藤樹(なかえとうじゅ)・日蓮(にちれん)である。

新渡戸稲造(にとべいなぞう) ⑤ 1862〜1933　明治末期から昭和初期の教育者。南部(なんぶ)(岩手県)藩の武士の子として盛岡に生まれ、内村鑑三らとともに札幌農学校に学び、キリスト教

● 内村鑑三の生涯と思想　1861〜1930 ●

日本の代表的なキリスト者・思想家。高崎(群馬県)藩の武士の家に生まれ、儒学の説く道徳と武士道精神のなかで育った。16歳の時、札幌農学校(北海道大学の前身)に入学し、そこでキリスト教と出あった。札幌農学校には、「少年よ、大志をいだけ」で有名なアメリカの教育者クラーク(W. Clark、1826〜86)によるキリスト教教育の感化が残っており、内村もこの環境のなかで入信した。はじめは消極的であったが、キリスト教を学ぶにつれ、信仰を深めていった。結婚生活が破綻した苦悩のなかで、23歳の時に渡米し、苦学して神学を学んだ。しかし、彼がプロテスタントの国アメリカでみたものは、拝金主義と物質文明に毒された社会であり、清潔でまじめな道徳的精神の生きている日本こそ、真のキリスト教が根づく国であるとの確信に達した。そして、二つのＪ(イエスと日本)に生涯をささげる決意をした。帰国後は、この信念のもとで一貫して行動した。1891(明治24)年の不敬事件、1901(明治34)年の足尾銅山鉱毒事件における財閥攻撃、1903(明治36)年の日露開戦にあたっての非戦論、その後の無教会主義の伝道など、誠実で正しい日本人と日本のあり方を生涯追い求めた。内村は、「武士道の上に接木されたるキリスト教」をとなえたが、それは、社会正義を重んじ、利害打算を超越して真理のために闘うという武士道精神に根ざす日本的キリスト教であった。そこに内村の独自性があり、多くの日本人を深く感化した理由もあった。彼は、キリスト教精神のもとに、生命と平和の尊重を訴え、他国への侵略を賛美する排他的な愛国心を批判し、信仰と真理を求め、人類の平和と繁栄に貢献する真の愛国者として生きようとした。主著『余は如何にして基督信徒となりし乎』『基督信徒のなぐさめ』『代表的日本人』。

内村鑑三の言葉

日露戦争によって、私はいっそう深く戦争の非を知りました……真理を貴ぶ念が失せたのみではありません。人命を貴ぶ念までが失せました……戦争によって人は敵を憎むのみならず、同胞をも省みざるに至ります。人情を無視し、社会をその根底において破壊するものにして戦争のごときはありません。戦争は、実に人間を禽獣(鳥やけもの)化するものであります。

『日露戦争より余が受けし利益』(口語訳)

の洗礼を受けた。その後、アメリカ・ドイツに留学し、農学や経済学をおさめた。教会や聖書ではなく、魂の内なる光を重視するプロテスタントの一派であるクエーカーの信仰に強く共鳴した。帰国後、母校の教授、京大や東大の教授、東京女子大学長などを歴任し、キリスト教にもとづく人格主義・理想主義の教育につくした。青年時代から**「太平洋の懸け橋」**②となることを志した新渡戸は、キリスト教と日本文化との融合、日本文化の海外への紹介につとめた。また、国際連盟事務次長として活躍するなど、国際平和のために献身した。主著『武士道』。

『武士道』⑤ 新渡戸稲造が、日本人の精神を世界に紹介するために著した英文の書。武士道は過去も現在も日本を生かす精神であり、それはキリスト教を受け入れる素地になると説いた。欧米人に日本文化を紹介するうえで、この書が果たした役割は現代でも大きい。

新島襄⑤ 1843〜90　明治の宗教家・教育者。上野国(群馬県)安中藩の江戸屋敷で武士の子に生まれ、聖書に感銘を受け、西洋文明とキリスト教で日本につくすと決意した。幕末に国禁をおかして渡米し、苦学して大学に進んで神学をおさめて帰国し、1875(明治８)年、京都に**同志社英学校**④(現在の同志社大学)を創設した。そこでキリスト教を基本とし、自由自活の精神をもった教育を始めた。教会の寡頭政治を非難し、開かれた教会をめざして活躍する一方、その信仰篤(あつ)い熱烈な人格を通して多くの人材を育てた。

植村正久(うえむらまさひさ) ⑤ 1857〜1925　明治・大正期における日本プロテスタント教会の中心的指導者。上総(かずさ)国(千葉県)の旗本の家に生まれたが、維新後は横浜に移り、キリスト教に触れて入信した。その後、伝道と教会建設に努力し、1904(明治37)年には東京神学社を創立して伝道者の養成にあたり、日本神学界の基礎を築いた。教会の自主独立と日本人による伝道を推進し、また、国家主義的風潮に対して激しく抵抗した信念の人であった。主著『真理一班』。

山室軍平(やまむろぐんぺい) ① 1872〜1940　キリスト教の牧師で、日本救世軍の創始者。岡山県に生まれ、同志社で苦学をしながらキリスト教を学ぶ。キリスト教の博愛の精神にもとづいて、困窮した民衆を救う日本救世軍を創設した。救世軍はイギリスのメソジスト教会の牧師ブース(W. Booth、1829〜1912)が伝道のためにつくったのが始まりで、その後世界に広まり、社会福祉・医療・教育のために活動している。日本では山室軍平が創始し、クリスマスには街角で社会鍋を出して貧しい人への募金活動をおこなった。山室は『鬨(とき)の声』を刊行し、娼婦(しょうふ)(売春婦)の根絶を求める廃娼(はいしょう)運動など、社会事業に取り組んだ。

国粋主義と伝統思想の展開

岡倉天心(おかくらてんしん) ③ 1862〜1913　明治期の思想家・美術指導者。越前(えちぜん)(福井県)藩士を父に江戸に生まれ、幼少期より漢学のほかに英語も学び、東京外国語学校、東京大学へ進んだ。卒業後、旧知のフェノロサ(E. Fenollosa、1853〜1908)らと古美術調査をおこなって東洋美術の優秀さを確信し、日本美術の振興と刷新をはかった。東京美術学校の創設にあたり校長として人材育成をはかったが、8年後の1898(明治31)年に辞職。門下の横山大観(よこやまたいかん)(1868〜1958)・菱田春草(ひしだしゅんそう)(1874〜1911)らと日本美術院をつくり、日本画の刷新につとめた。1904(明治37)年、ボストン美術館東洋部を担当、すぐれた英語力と独特の文明観を生かし、『東洋の理想』や『茶の本』などの英文の著作をアメリカで出版し、日本文化の紹介につとめた。

「アジアは一つ」 ② 岡倉天心がその著書『**東洋の理想**』②で述べた言葉。この本はインド旅行中に英語で書かれ、イギリスで1901年に出版された。その冒頭で“Asia is one”(アジアは一つ)ととなえられ、アジアの思想や美術はもとは一つであり、日本の文化はアジアの様々な文化を吸収し、そこから醸成(じょうせい)されて成立したとされる。しかし、この言葉はその後の日本の軍国主義のもとで、アジアの支配をめざす大東亜共栄圏(だいとうあきょうえいけん)の政治的なスローガンとして利用された。

:『**茶の本**』② 1906(明治39)年、岡倉天心の晩年の英文著書。茶道全般を紹介するとともに、背景となっている東洋独特の美と調和の精神を訴え、欧米人への日本文化の案内書となっている。

神仏分離令 ④ 神道と仏教を分離して、日本古来の神と伝来した仏とを同一視する神仏習合(しゅうごう)の習慣を禁じること。神仏の分離は、江戸時代から日本古来の神を重んじる国学や平田篤胤(ひらたあつたね)の復古神道の影響によっておこなわれたが、明治政府によって1868(明治元)年に神仏分離令が出されると、それをきっかけに各地で寺院や仏像の破壊をおこなう**廃仏毀釈**(はいぶつきしゃく)④の運動が広まった。明治政府の神仏分離令は、本来は神道を国教とすることを目的に、神社から神の本地(ほんじ)(本来のあり方)とされた仏像を取り除くことを命じたものであった。それが寺院のもとにおかれてきた神社の不満や、寺請(てらうけ)制度によって幕府と結びついた寺院の堕落への民衆の批判によって、仏教排斥運動へと過激化した。多くの寺院や仏具が破壊され、現在は国宝に指定されている奈良の興福寺(こうふくじ)の五重塔が、売りに出されて薪(たきぎ)にされそうになったこともあった。

徳富蘇峰(とくとみそほう) ⑤ 1863〜1957　評論家・歴史家。名は猪一郎(いいちろう)、蘇峰は号。肥後(ひご)国(熊本県)の豪農の家に生まれ、熊本洋学校に学び、のち同志社に入学した。帰郷後、自由民権運動に加わる。1887(明治20)年に雑誌『国民之友』を創刊し、欧化主義に反対して平民主義をとなえた。1890(明治23)年には『国民新聞』を発刊して、民衆の力により、近代的な産業社会へ前進することを力説した。その後、日清戦争後から欧米諸国の帝国主義的傾向を受け、国家主義的方向へ転じた。主著『将来之日本』『新日本之青年』。

平民主義 ⑤ 徳富蘇峰が明治20年代に『国民之友』で主張した考え。鹿鳴館(ろくめいかん)に代表される文明開化・欧化主義が貴族・官僚中心であると批判し、国民大衆の立場から西欧文化の受容と日本近代化の推進を主張した。民衆からの近代化を推進しようとする点で、明治初期の啓蒙主義や民権論を受け継ぐ面があったが、蘇峰は日清戦争後は国家主義に転向し、平民主義から離れた。

『国民之友』(こくみんのとも) ⑤ 1887(明治20)年、徳富蘇峰が設立した民友社発行の総合雑誌。「政治社会経済及文学之評論」と表紙にある通り、中江兆民・内村鑑三・坪内逍遙(つぼうちしょうよう)(1859～1935)・森鷗外(もりおうがい)らの多彩で充実した執筆陣で、明治中期を代表する雑誌であった。自由・民主・平和を主張する「平民主義」を掲げたが、日清戦争後、蘇峰が国家主義に転じてからは人気を失い、1898(明治31)年『国民新聞』に吸収され、廃刊となった。

国粋(こくすい)**主義** ④ 日本の伝統のなかで発展してきた歴史・文化・政治などをすぐれたものとし、日本固有の伝統や価値を維持し発揚(はつよう)しようとする思想で、**国粋保存主義**②・**日本主義**①とも呼ばれる。極端な欧化主義・西洋崇拝の風潮に対する批判として、明治20年代に三宅雪嶺や陸羯南らにより主張された。それは日本の独立を確保し、政府の欧化策に対抗して日本人のナショナリティ(国粋)を守り、発展させることをめざした。世界という広い視野から日本の伝統と文化を問う立場は、明治国粋主義の典型であり、昭和期の偏狭で独善的な超国家主義とは異なる。自由民権運動とは異なったかたちで、国民の声を反映し、民衆の国民意識・国家意識を育成する役割を果たしたが、しだいに排外的な愛国主義に転化し、昭和になって超国家主義的傾向を強めた。

欧化主義 ④ 欧米の制度や風俗・習慣・生活様式などを盛んに取り入れ、模倣しようとした風潮。明治10年代後半、欧化主義・**欧化政策**②をとる政府は不平等条約改正を目的に、いわゆる鹿鳴館(ろくめいかん)外交を展開した。鹿鳴館の極端な西洋崇拝と貴族趣味は、国民大衆の反感をまねき、その反動として明治20年代には国粋主義があらわれた。

三宅雪嶺(みやけせつれい) ⑤ 1860～1945　明治から昭和前期にかけての評論家。名は雄二郎、雪嶺は号。金沢(石川県)に生まれ、東京帝国大学で哲学を学び、文部省につとめたがすぐに辞め、終始在野の論客として活動した。1888(明治21)年、有志らと雑誌『日本人』を創刊。雪嶺は西洋思想や近代化をむやみに排斥(はいせき)するのではなく、西欧文化の模倣に走る欧化主義の風潮をいましめ、国粋保存を主張した。日本人としての自信を呼びさまし、世界人類に対する日本民族の歴史的使命の自覚を求めた。主著『真善美日本人』『偽悪醜日本人(ぎあくしゅうにほんじん)』。

> **『真善美日本人**(しんぜんびにほんじん)**』**
> 1891(明治24)年、三宅雪嶺が『偽悪醜日本人』とともに著した書物。両著で日本人の美点と欠点を指摘するとともに、「民種(民族)の特色を発揚するは、人類の化育(かいく)を裨補(ひほ)する(補う)なり」と国粋主義の世界的意義を主張している。

『日本人』 ⑤ 1888(明治21)年、志賀重昂や三宅雪嶺らの同人組織である政教社が国粋保存主義を社是(しゃぜ)として発行した雑誌。明治政府の進める一方的な欧化主義を批判して、国粋保存を主張した。単純な欧化ではない、日本独自の近代化のあり方を求めるものであった。

志賀重昂(しがしげたか) ⑤ 1863～1927　明治・大正期の地理学者・政治家。岡崎(愛知県)の儒学者の家に生まれ、攻玉社(こうぎょくしゃ)から大学予備門を経て札幌農学校を卒業、軍艦に便乗して南洋諸島を見聞し、西欧諸国の植民地収奪の実情を知って日本独立の危機を痛感した。日本を守るため「貿易製造ノ業」を盛んにしようと、1887(明治20)年、『南洋時事』を出版する。1888(明治21)年に政教社を創立し、国粋保存主義をとなえた。志賀は西欧に幻滅を感じていたが、日清戦争後は政府に追随し、1902(明治35)年以降、衆議院議員になるとアジアに対しては帝国主義の立場に立った。一方、日本各地の山岳・自然の特徴をまとめた『日本風景論』は、啓蒙的な地理学の普及に大いに役立った。イギリス地理協会・日本山岳会の名誉会員に推薦された。

陸羯南(くがかつなん) ⑤ 1857～1907　明治の評論家。津軽(つがる)藩(青森県)の武家に生まれ、のちに官吏となるが、欧化政策に反対して官を辞した。1889(明治22)年、新聞『日本』を創刊し、日本の国情や伝統の美点を保持しつつ、自主的な改革を進めるべきであるという国民主義をとなえた。

『日本』 ⑤ 1889(明治22)年、陸羯南が東京で創刊した新聞。非党派・非営利の独立した言論新聞をめざし、「日本の一旦(いったん)亡失せる国民精神を回復し且(かつ)之を発揚(はつよう)」しようとする**国民主義**④を掲げた。三宅雪嶺のほか、文芸欄を正岡子規(まさおかしき)(1867～

1902)・高浜虚子(1874～1959)らが執筆、伝統的文学の再生による新しい文学の樹立をめざした。

高山樗牛 ① 1871～1902　明治期の評論家・思想家。雑誌『太陽』の編集主幹となって文学・哲学・美学の評論を行い、国粋的な日本主義をとなえる。のちにニーチェの超人の思想に傾倒し、個人の価値を重んじる個人主義を主張する。晩年は日蓮を研究した。主著『滝口入道』『美的生活を論ず』。

西村茂樹 ⑤ 1828～1902　明治の思想家。佐倉(千葉県)藩士として江戸に生まれ、佐久間象山のもとで洋学を学び、森有礼にまねかれて明六社に参加した。文部省で図書の編集をおこない、儒教による国民道徳の回復を決意し、1887(明治20)年、日本弘道会を設立した。西村は西洋の工芸技術は「太平を装飾する具」にすぎず、その土台として儒教道徳がなければならないと主張した。皇室中心の観点から日本の道徳である仁義・忠孝を強調し、欧化主義を批判した。国粋主義の先駆といえる。主著『日本道徳論』『自由交易論』。

『日本道徳論』 ⑤ 西村茂樹の主著で、1887(明治20)年刊行。**国民道徳**③の再建をとなえ、儒教を根幹とし、西洋哲学の長所を取り入れることを説いた。この著作は西洋文化に心酔していた当時の人々に、日本人としての自覚と反省をうながすものであった。

教育勅語 ⑤ 1890(明治23)年に発布された、日本の教育および国民道徳の基本原理を示した勅語。正式名称は「教育に関する勅語」。伝統的な儒教道徳と市民的な徳目を、皇室中心の立場から統合した内容で構成される。**忠孝**③を根本とし、国家的統一を強く指向する国民道徳を説くこの勅語は、軍国主義の台頭とともに、国民に個人の生活を犠牲にして「お国のため」に働く**滅私奉公**①を求める教えとなった。滅私奉公とは私利私欲を捨てておおやけのために貢献することだが、戦時下においては、個人を犠牲にして天皇のために献身するという意味になっていった。教育勅語は第二次世界大戦が終結(1945〈昭和20〉年)するまで、忠君愛国を説いて国民の教育と道徳を支配し、日本国民の生活に強い影響をおよぼした。1948(昭和23)年、国会決議で失効が確認された。

井上哲次郎 ③ 1855～1944　明治・大正期の指導的な哲学者。福岡県に生まれ、東京大学文学部に学び、杉浦重剛(1855～1924)らと雑誌を創刊、また日本初の哲学辞典を著す。ドイツに6年間留学し、これが英仏中心の思潮からドイツ哲学への転機となった。1890(明治23)年、帝国大学(のちの東京帝国大学)教授となり、以後、大正期まで日本哲学界の指導的立場に立ち、哲学会会長、貴族院議員をつとめた。日本の儒学を研究して教育勅語の注釈書を書き、**『教育と宗教の衝突』**②を著して、キリスト教は天皇を中心とする国家体制(国体)に反する教えであると批判し、キリスト教徒の知識人と論争を巻きおこした。天皇を中心とした国家統合にふさわしい国民意識を育成するために、儒教の忠孝の徳にもとづく国民道徳の必要を説いた。

教派神道 ① 皇室の祖先神であるアマテラス大神を祀る伊勢神宮を全神社の頂点とし、全神社を国家が管轄して宗教としてはあつかわない、いわゆる**国家神道**①に対して、幕末から明治初期にかけて庶民のあいだにおこり、政府より宗教として公認された神道。**天理教**①・**金光教**①・**黒住教**①などが公認された。

国家主義

国家主義(ナショナリズム) ⑤ 国家に最高の価値を認め、国家権力が社会生活の全域に統制をおよぼすことを肯定し、その重要性を主張する思想。日本では明治前期には、ナショナリズムの感情と結合した国権論としてあらわれ、明治後期には、帝国主義国家たる日本の確立・発展のイデオロギー的基礎として主張された。また大正期には、社会主義運動への反動として主張され、昭和期に入ってからは、超国家主義的傾向を強めた。いずれの場合も日本の国家主義は国家優越を説くだけでなく、天皇制と深く結びついていたところに特色がある。

：**超国家主義** ⑤ ウルトラ・ナショナリズムの訳語。極端な国家主義をいう。対外的には露骨な排他・侵略主義をとり、対内的には個人の自由を抑圧し、国家政策への無条件の従属を特色とする。

北一輝 ⑤ 1883～1937　大正・昭和初期の国家主義運動の理論的指導者。新潟県佐渡に生まれた。情熱的な性格で若い頃から『平民新聞』を読み、社会主義に関心をもった。また佐渡に流された順徳上皇の心情と、日蓮の生き方に強い影響を受けた。

22歳の時に上京し、早稲田大学の聴講生となり、翌1906(明治39)年『国体論及び純正社会主義』を著し、注目をあびた。この書は、日本における土着的な社会主義をめざしたものであった。その後、一個の浪人的革命家としての道を歩み、中国の辛亥(しんがい)革命(1911〜12年)に参加した。1923(大正12)年、『日本改造法案大綱』を刊行し、超国家主義を主張するに至った。天皇と国民大衆を隔てている元老・財閥・政党などの政権担当者をクーデタと軍部独裁で除去し、天皇と国民を直結する政府をつくることをめざした。1936(昭和11)年の二・二六事件は、彼の思想の影響を受けた青年将校たちによっておこされたが、北はその首謀者として軍法会議にかけられ、処刑された。

『日本改造法案大綱(たいこう)』 ⑤ 北一輝の著書で、1923(大正12)年刊行。急進的な国家主義運動の聖典とされ、青年将校に強い影響を与えた。日本の国際的孤立と国内の社会主義思想の高まりに対処するため、天皇と国民大衆を直結し、政治改革・富の平等化の実現という国家改造、戦争による植民地分配の平等化の達成などを主張した。

国体(こくたい) ① 本来は「国がら」というほどの意味。明治後半期から、万世一系(ばんせいいっけい)の天皇が神聖不可侵の存在として統治する国家体制も意味するようになった。昭和前期には、これに反するとみなされた諸思想や社会運動が、治安維持法などのもとで弾圧された。

皇国史観(こうこくしかん) ① 日本をアマテラス大神を祖とする万世一系の天皇がおさめる世界唯一の神国(しんこく)・皇国とし、日本の歴史を皇国の歴史であるとする見方。明治以降、国家の中心的な歴史観としてとなえられ、国民統合の思想的根拠ともなった。敗戦後、いわゆる天皇の人間宣言、国家神道の解体でその基盤を失った。

2 近代思想の展開

民本主義と人間解放の思想

大正デモクラシー ⑤ 第一次世界大戦後、民主主義が世界的に広がったことを背景に、日本で大正期に展開された自由主義・民主主義的な風潮や運動をいう。吉野作造の民本主義はその理論的支柱であった。大正デモクラシーは、藩閥(はんばつ)や軍閥(ぐんばつ)の支配に反対する憲政擁護(ようご)・普通選挙運動として展開され、1925(大正14)年には男性普通選挙制度として実現する。また、女性(婦人)解放運動・労働運動・農民運動・部落解放運動などの大衆運動に影響を与えた。

吉野作造(よしのさくぞう) ⑤ 1878〜1933　大正期から昭和初期にかけての政治学者。宮城県古川(ふるかわ)に生まれ、東京帝国大学法科大学に進み、在学当時、キリスト教的人道主義の影響を受けた。東京帝国大学教授として政治史を担当するかたわら、雑誌『中央公論』に多数の論説を発表した。その立場は民本主義と呼ばれ、大正デモクラシーに指導的役割を果たした。1916(大正5)年に発表した、**「憲政の本義を説いて其(そ)の有終の美を済(な)すの途(みち)を論ず」**④は、吉野が民本主義を説いた論文として知られる。1918(大正7)年には進歩的学者を集めて黎明(れいめい)会を結成し、言論活動を通してデモクラシーの風潮を高揚させた。天皇主権そのものは否定せず、この主権の運用において議会を重視し、国民の福祉をはかろうとする民本主義をとなえた。彼は明治憲法に含まれていた近代的側面(立憲制)を活用し、国家主義的傾向を抑制(よくせい)するために、憲政擁護と普通選挙の実現に努力した。『民主主義論集』は多数の論説を集めたもの。

民本(みんぽん)主義 ⑤ 吉野作造によってとなえられた大正デモクラシーの指導的理論。吉野による民本主義はデモクラシーの訳語ではあるが、現代の民主主義のように主権が人民にあるという趣旨ではなく、当時の天皇主権を認めつつ、国家の主権の運用は国民の幸福・福利を目的にするという思想である。そのために主権を運用する場合には議会を重視し、「政権運用の終局の決定を一般民衆の意向に置くべき事」を説いた。民本主義は、当時の天皇主権の日本の実情に即したデモクラシーであった。

美濃部達吉(みのべたつきち) ④ 1873～1948　明治から昭和初期の憲法学者で、東京帝国大学教授。大正期に、上杉慎吉(うえすぎしんきち)(1878～1929)らの説く天皇主権説に対して統治権は法人としての国家にあり、天皇はそれを行使する機関であるという**天皇機関説**④を主張し、吉野作造の民本主義とともに大正デモクラシーの理論的支柱をなした。昭和期に入って超国家主義的風潮が高まり、軍部が台頭すると、天皇機関説は1935(昭和10)年、国体(こくたい)に反するとして攻撃され、その著書は政府により発売禁止となった。

部落解放運動 ③ 被差別部落民の解放をめざす運動。封建的身分制度が法制上廃止された明治以降も、政府は十分な施策をおこなわず、社会的・精神的な差別は残存した。大正デモクラシーの風潮を背景に被差別部落民自身の解放運動が本格化し、1922(大正11)年には全国水平社が創立され、被差別部落民の自主的解放と差別解消運動を全国的に広げる出発点となった。

全国水平社(ぜんこくすいへいしゃ) ⑤ 1922(大正11)年、**被差別部落**②を解放するために結成された被差別部落民自身の組織。その創立大会で発表された**水平社宣言**⑤で、**「人の世に熱あれ、人間に光あれ」**③と訴え、人間性の原理にもとづき、自主的な絶対の解放と経済・職業の自由を求めた。これ以降、部落解放運動は全国的に広がり、国民のなかにある偏見・差別の打破につとめた。

西光万吉(さいこうまんきち) ⑤ 1895～1970　水平社宣言の起草者。奈良県の浄土真宗西光寺に生まれ、中学に進級するが差別にあい上京、中村不折(なかむらふせつ)(1866～1943)に絵を学び、二科(にか)展に入選。帰郷後、寺の檀家の阪本清一郎(1892～1987)と深く交流し、1922(大正11)年3月、京都の岡崎公会堂で3,000人の被差別部落民を前に、彼の起草した宣言が読みあげられた。そこには「人間を尊敬する事によって自ら解放せんとする者の集団運動を起せるは、寧(むし)ろ必然」とある。また苦難の生活を象徴する黒地に、受難と殉教をあらわす赤いイバラの冠(かんむり)を染めた荊冠旗(けいかんき)も彼が考案したものである。

女性(婦人)解放運動 ④ 女性を差別や抑圧から解放しようとする思想や運動は、大正デモクラシーの時期に大きく進展した。女性解放に対する女性自身の自覚的な運動は、明治前期に**岸田俊子**(きしだとしこ)(1863～1901)③や**福田**(ふくだ)**(景山**(かげやま)**)英子**(ひでこ)(1865～1927)⑤らが自由民権運動に参加し、男女同権を要求したことに始まる。ついで、1886(明治19)年に矢島楫子(やじまかじこ)(1833～1925)らがキリスト教思想にもとづいて設立した婦人矯風会(ふじんきょうふうかい)は、男女平等と一夫一婦制の確立を主張し、売春禁止運動の先頭に立った。1911(明治44)年、平塚らいてうらは女性のみの文学団体青鞜社を設立し、女性たちに人間としての自由の自覚とその特性の発揮を呼びかけた。

女性(婦人)参政権 ③ 婦選三権ともいわれる参政権・公民権・政治的結社権をいう。その獲得をめざす運動を婦選運動と呼んだ。これらの権利は1890(明治23)年の集会及政社法や1900(明治33)年の治安警察法第5条で、女性は禁止されていた。まず政治結社加入や集会参加を認めさせる改正が1つの焦点になり、1922(大正11)年に一部が改正されたが、参政権の獲得は戦後の1945(昭和20)年の選挙法改正によって実現し、翌年の総選挙では39人の女性議員が誕生した。

平塚らいてう(ひらつからいちょう) ⑤ 1886～1971　大正・昭和期に活動した女性解放運動家。東京に生まれ、日本女子大学校を卒業。1911(明治44)年、青鞜社をおこし女性解放運動の中心的役割を果たした。大正デモクラシーの高まりのなかで、1920(大正9)年には**市川房枝**(いちかわふさえ)(1893～1981)②・奥むめお(1895～1997)らと**新婦人協会**②を設立し、女性参政権獲得運動を展開するなど、日本における進歩的・組織的な女性解放運動を展開した。**「新しい女」**①としての自己主張は、大正デモクラシーに支えられ、女性解放運動の新しい出発点となった。主著『現代と婦人の生活』。

『青鞜(せいとう)**』** ⑤ 平塚らいてうを中心とする女性のみの文学者団体青鞜社が発行した雑誌。1911(明治44)年、創刊号を発行し、**「元始**(げんし)**、女性は実に太陽であった」**⑤という言葉を掲げて、封建道徳に対する女性自身の意識の変化と、女性の社会的地位の向上を訴えた。

母性保護論争 ③ 1918(大正7)年におこった与謝野晶子と平塚らいてうによる母性保護をめぐる論争。与謝野晶子は母性の偏重を批判し、女性は母性の実現だけで生きるものではなく、結婚・出産の前提として女性の経済的・精神的自立が必要であり、育児と就労は両立できるものであるから国家による経済的な保護は必要ないと主張した。一方、平塚らいてうは母性中心主義の立場から、妊娠・出産・育児は女性が社会的存在になることであり、母親の妊娠から育児までを国家が保護するべきだと主張した。この論争には多くの人が発言し、婦人問題について研究・評論した**山川菊枝**(1890〜1980)①は、社会主義の立場からこの論争を批判し、社会主義による女性の解放を主張した。『青鞜』に参加して平塚らいてうとともに母性保護を訴えた山田わか(1879〜1957)は、国家による母子福祉の必要性を主張した。

→ p.280 **与謝野晶子**

足尾銅山鉱毒事件 ② 栃木県の足尾銅山から排出された鉱毒が、渡良瀬川流域の住民や田畑に重大な被害をおよぼしたことに端を発する事件。1890年代から社会的問題となり、住民の反対運動がおこり、田中正造はその先頭に立って行動した。日本の「公害の原点」といわれる。

田中正造 ② 1841〜1913　明治時代の政治家。栃木県に生まれ、自由民権運動に参加後、県会議員、さらに衆議院議員になった。足尾銅山鉱毒事件発生によって一国を支える農業・農民の大切さを考え、鉱毒問題の深刻さを帝国議会や国民に訴え続け、被害農民が大挙して上京した事件後は、職を辞して解決に奔走した。1901(明治34)年、天皇に直訴を試みたが果たせなかった。以後も栃木県谷中村に移住して、残留農民とともに村を遊水地化することに抗議し、鉱毒事件に身を賭して闘った。

日本の社会主義

社会主義[日本] ⑤ 日清戦争後、資本主義が発達して社会問題を引きおこすと、社会主義の思想家が登場した。キリスト教的な人道主義から出発し、社会主義に近づいた片山潜・安部磯雄・木下尚江や、中江兆民の民権論から社会主義へ進んだ幸徳秋水・堺利彦らがいる。彼らは政治・経済・社会に影響力をもつようになったが、政府の弾圧や社会主義内部の対立・分裂により、一時衰退した。大正期に入ると資本主義の発展にともなって、労働問題・女性問題・農村問題などが、国民生活に深刻な問題を投げかけるようになった。1917(大正６)年にロシア革命がおこると、社会主義思想が国内に急速に広まった。堺利彦や山川均(1880〜1958)らは、マルクス主義を旗印に積極的に労働運動・女性(婦人)解放運動などの社会運動に活躍した。また、経済学者の河上肇は社会主義のなかに理想を見出し、言論活動を通して人々に影響を与えた。しかし、社会主義者は昭和初期になると政府・軍部によってきびしい弾圧を受けるようになった。

片山潜 ⑤ 1859〜1933　明治期から昭和期の労働・社会主義運動の指導者。岡山県の農家に生まれ、上京して苦学し、さらに1884(明治17)年に渡米、キリスト教社会主義者として自己を確立した。帰国後、伝道と労働運動に活躍し、1897(明治30)年に日本最初の労働組合を組織、1901(明治34)年に幸徳秋水らと社会民主党の結成に尽力した。議会制にもとづく社会主義を主張し、普通選挙制を主張した。コミンテルン(世界各国の共産党の指導機関、本部はモスクワ。1919年設立)にも参加し、日本共産党の結成を指導するなど、国際的な共産主義者として活動した。1933(昭和８)年、モスクワで病死し、遺骨はクレムリンの赤い壁に葬られた。

安部磯雄 ⑤ 1865〜1949　明治期から昭和期の社会主義運動家。福岡県に生まれ、同志社を卒業後、アメリカで神学を、ヨーロッパで社会事業や社会主義を学び、帰国後、同志社大学・早稲田大学教授となる。安部はキリスト教的人道主義の立場から、社会主義運動に参加し、1901(明治34)年には片山潜・幸徳秋水・木下尚江らと社会民主党を結成、日露戦争では一貫して非戦論を説いた。1921(大正10)年、日本フェビアン協会を設立し、1932(昭和７)年、社会大衆党を結成するなど、議会主義にもとづく社会主義運動の発展に尽力した。

木下尚江 ③ 1869〜1937　明治期から昭和初期の社会主義運動家。長野県に生まれ、早稲田大学卒業後は新聞記者になる。若くしてクロムウェルの共和主義に共鳴し、キリスト教にも入信していた木下は、普通選挙運動・廃娼運動・足尾銅山鉱毒事件などに社会運動家として積極的に協力した。これらの社会運動から社会主義に近づき、1901(明治34)年、日本で最初の社会主義政党である社会民主党の創立に参加した。また、平民社に入り、日露非戦論をとなえるなど社会改革のために奔走した。晩年には社会主義運動から退き、純粋に求道者としての生活を送った。主著『良人の自白』『火の柱』。

社会民主党[日本] ⑤ 1901(明治34)年に結党された日本最初の社会主義政党。社会主義の原理を日本に応用することを目的とする社会主義協会のメンバーを中心にして結成されたが、政府により2日後に禁止された。宣言では個人競争主義と貧富の差を否定、社会主義・平和主義・民主主義を主張した。また発起人6人のうち、幸徳秋水以外の安部磯雄ら5人は、ともにキリスト教徒であった。

幸徳秋水(こうとくしゅうすい) ⑤ 1871〜1911　明治期の社会主義者。高知県に生まれ、少年の頃から自由民権運動の影響を受け、17歳の時、中江兆民の書生となった。兆民から民主主義や唯物(ゆいぶつ)論を学んだ秋水は、自由民権運動へ、さらに社会主義運動へとみずからの思想を深めていった。1901(明治34)年には『廿世紀之怪物帝国主義』、1903(明治36)年には『社会主義神髄』を著し、日本の軍国主義・帝国主義に痛烈な批判を加えた。同時に安部磯雄らと社会民主党の結成に参加し、日露開戦のせまった1903(明治36)年には**平民社**②を設立し、**『平民新聞』**⑤で**非戦論**[幸徳秋水]③をとなえるなど、社会主義者として行動した。1905(明治38)年に渡米、無政府主義の影響を受けて帰国したが、彼の思想は急進化し、議会主義を否定する直接行動論を主張し、片山潜を中心とする議会政策派と対立するようになった。1910(明治43)年の大逆事件で疑いをかけられ処刑された。

→ p.270 **非戦論**[内村鑑三]

『廿世紀之怪物帝国主義』(にじっせいきのかいぶつていこくしゅぎ) ② 幸徳秋水の著した帝国主義論で、1901(明治34)年に発刊。「いわゆる愛国心を経(たて)とし、いわゆる軍国主義を緯(よこ)とする」当時の日本の対外進出政策をきびしく批判した。

『社会主義神髄』(しゃかいしゅぎしんずい) ④ 幸徳秋水の著した社会主義思想の啓蒙的解説書で、1903(明治36)年に発刊。近代文明のもたらした窮乏(きゅうぼう)・罪悪・暗黒・貧困の原因、資本主義の矛盾、そして社会主義の主張・効果・運動などを論じ、当時の青年たちに大きな影響を与えた。

幸徳秋水の言葉

社会の財富は、天からふってくるのではない。地からわいてくるのではない。一粒の米、一片の金であっても、すべて、これは、人間の労働の結果でないものはない……その結果は、当然労働者、すなわち、これを産出した者の所有に帰すべき道理ではないか。しかも、多数の労働者よ。なぜ君は、君の産出した財富を自由に所有し、もしくは消費することができないのか……ほかでもない、彼らは、いっさいの生産機関を所有していないからである。換言すれば、資本を所有していないからである。土地を所有していないからである。

(神崎清訳「社会主義神髄」『日本の名著44 幸徳秋水』中央公論社)

大逆事件(たいぎゃくじけん) ⑤ 1910(明治43)年、無政府主義者による明治天皇暗殺計画があったとして、幸徳秋水ら社会主義者26人が検挙され、翌年12人が処刑された事件。秋水はこの計画に直接に関係はしなかったが、社会主義運動を弾圧しようとする政府の方針のもとに、首謀者(しゅぼうしゃ)に仕立てられ処刑された。以後、社会主義運動・労働運動は、きびしく弾圧された。

堺利彦(さかいとしひこ) ③ 1870〜1933　明治期から昭和初期の社会主義運動家。福岡県に生まれ、小学校教員や新聞記者を経て社会主義の道に進んだ。日露戦争に際しては『平民新聞』で幸徳秋水とともに非戦論をとなえ、社会主義を鼓吹(こすい)した。その後、日本共産党に参加したが、のち社会民主主義の道に進んだ。

大杉栄(おおすぎさかえ) ② 1885〜1923　明治・大正期の社会運動家。幸徳秋水・堺利彦らの『平民新聞』に参加した。雑誌『近代思想』を創刊し、無政府主義(アナーキズム)をとなえた。関東大震災の戒厳令(かいげんれい)のもと、甘粕正彦(あまかすまさひこ)憲兵大尉らに拘引(こういん)され、伊藤野枝とともに殺害された。大杉の死後、急速に無政府主義は衰えた。

伊藤野枝(いとうのえ) ① 1895〜1923　大正期の女性解放思想家。平塚らいてうの『青鞜』に参加して編集を受け継ぐが、無政府主義に傾倒して『青鞜』を廃刊にする。女性の貞操(ていそう)問題や妊娠中絶問題などについて発言し、結婚制度を否定してみずから自由な恋愛を実践する。無政府主義者の大杉栄と同居し、共著を出すなど思想と行動をともにした。関東大震災直後に憲兵隊によって大杉栄とともに拘引され殺害される。

無政府主義(アナーキズム) anarchism ② 国家をはじめ、すべての政治的権威を否定し、完全な自由社会の樹立を理想とする思想。個人の徹底した自由を強調し、一切の国家権力の廃絶を主張する。近代ヨーロッパでは、フランスのプルードン(P.

Proudhon、1809〜65)、ロシアのバクーニン(M. Bakunin、1814〜76)や**クロポトキン**(P. Kropotkin、1842〜1921)①らが、この思想の代表者である。

賀川豊彦(かがわとよひこ) ① 1888〜1960　キリスト教の社会運動家。神戸(兵庫県)に生まれ、キリスト教の伝道者になり、貧民街に住んで隣人愛の精神のもとに伝道と人々の救済活動をおこない、「貧民街の聖者」と呼ばれた。渡米してキリスト教の神学を学び、帰国後は民衆の貧困問題を解決するために労働組合運動や農民運動、生活協同組合運動に取り組んだ。著書『死線を越えて』。

河上肇(かわかみはじめ) ⑤ 1879〜1946　明治期から昭和初期の代表的マルクス主義経済学者・思想家。山口県に生まれ、東京帝国大学で政治学・経済学を学び、のちに京都帝国大学教授になり、卓越したマルクス主義経済学者として活躍した。河上は若い時に足尾銅山鉱毒事件や、伊藤証信(いとうしょうしん)(1876〜1963)のとなえた無我の境地で他者を愛する無我愛運動に関わるなど、ヒューマニズムにあふれる人物であった。経済学者である彼は、貧乏の克服という問題に取り組み、1917(大正6)年に『貧乏物語』を刊行し、人道主義的・社会改良主義的な思想を訴えた。しかし、この書を社会主義者から批判され、みずからもまた科学的社会主義の研究を深め、心情的な人道主義・改良主義的立場では社会問題は解決できないと考え、マルクス主義の道に進んだ。そして、京都帝国大学を辞職し、1932(昭和7)年、日本共産党に入党し、実践活動に参加するが、翌年に検挙され、5年の刑に服した。出獄後は実践から離れ、文学的評価の高い『自叙伝』を書き残した。日本を代表するマルクス主義経済学者であるが、マルクス主義を「道」ととらえ、東洋的かつ宗教的な境地に生きた求道者でもある。主著『貧乏物語』『資本論入門』。

『貧乏(びんぼう)物語』 ⑤ 河上肇の代表的著作の1つで、1916(大正5)年、『大阪朝日新聞』に連載され、翌年単行本化された。経済学の根本問題を資本主義の生み出す貧困ととらえ、人心改造という心情的倫理による解決を説き、当時の人々に大きな影響を与えた。

戸坂潤(とさかじゅん) ① 1900〜45　昭和前期に活躍した唯物論哲学者。東京に生まれ、京都帝国大学で西田哲学を学んだ。その後、新しい学問方法と学問の社会的責任を追求しながら、唯物論哲学の道に進んでいった。1932(昭和7)年には古在由重(こざいよししげ)(1901〜90)らとともに唯物論研究会を創設し、その中心メンバーとして1930年代の思想界に活躍した。世界的なファシズム傾向に対抗するため、マルクス主義の立場から国際的連帯を説いたが、1938(昭和13)年に検挙され、獄中で死亡した。主著**『日本イデオロギー論』**①、『科学方法論』。

高畠素之(たかばたけもとゆき) ① 1886〜1928　大正・昭和初期の社会主義思想家。社会主義の書物の翻訳や評論・研究書を著した。国家主義の右派勢力にも接近して、当時の国家体制(国体)の統制のもとに労働や貧困の問題の解決をめざす国家社会主義を説いた。日本ではじめてのマルクスの『資本論』の全訳に精魂を傾け、これを完成させた。

近代的自我の形成と文学

近代的自我［日本近代］ ⑤ 西洋思想を導入するなかで、文学者をはじめ、当時の知識人が確立しようとした内面的・主体的な自己意識のこと。明治期も半ばを過ぎると、初期の啓蒙思想にみられた民権・自由・独立の主張にかわって、政治から離れた個人の内面的世界の独立が求められるようになった。この傾向は明治20年代後半〜30年代にロマン主義運動として、おもに文学の世界でおこり、明治後半期には自然主義文学へ継承され、近代的自我の確立がめざされた。また、反自然主義の立場で個人主義的倫理の探究を進めた夏目漱石や森鷗外らは、自我の確立を内容にした作品を発表した。とくに漱石は倫理的な個人主義の追究を通して、近代的自我の確立をはかろうとした。さらに大正デモクラシーの風潮のなかで個人の内面的・精神的な生活への関心が高まり、哲学思想では人格主義・教養主義が展開された。その後、漱石の立場を受け継ぎ、それを理想主義的に主張した白樺派の文学者たちが登場した。

ロマン(浪漫(ろまん)(ろうまん))主義 ⑤ 個人の自由な感情や豊かな想像力を強調し、自我・個性の尊重と解放を主張する文学・芸術運動。18世紀末より19世紀初頭にヨーロッパでおこり、日本では明治20年代後半に、北村透谷らがロマン主義の作品を書いた。彼らは人間感情のみずみずしい表現を求め、日本における近代文学への1つの道を切りひらいた。

北村透谷(きたむらとうこく) ⑤ 1868〜94　明治の詩人・評

論家で、ロマン主義の中心的存在。自由民権運動の挫折を経て文学を志した透谷は、人間性の解放を内面的な自我の確立に求めた。「実世界」(現実の世界)における自由や幸福を重んじる功利主義を退け、**「想世界」**⑤(内面的世界)における自由と幸福を重んじ、信仰と愛によってその実現をはかるべきことを説いた。1893(明治26)年に創刊された**『文学界』**③に参加し、近代的自我の覚醒をうながしたが、のちに理想と現実の乖離に行きづまり自殺した。主著『内部生命論』。

『内部生命論』 ③ 1893(明治26)年に発行された北村透谷の文芸評論。肉体的な外部生命に対して、精神的な**内部生命**③の存在を説く生命思想を背景に、現実の「実世界」から心のなかの「想世界」の自由と独立を主張した。

与謝野晶子 ⑤ 1878～1942　明治期から昭和期のロマン派の歌人。のちに夫となる与謝野鉄幹(1873～1935)が1900(明治33)年に創刊した**『明星』**③の歌人として活躍した。歌集**『みだれ髪』**⑤(1901年)で、自己の官能や感情を大胆にうたいあげ、人間性の解放を主張して封建的道徳に挑戦しようとした。また、日露戦争に従軍した弟への思いを**「君死にたまふこと勿れ」**⑤と歌い、戦争を批判した。

島崎藤村 ④ 1872～1943　明治期から昭和期の代表的文学者。1893(明治26)年、『文学界』の創刊に参加し、詩集**『若菜集』**④(1897年)では新生への願いをみずみずしい感覚でうたいあげてロマン主義運動を展開した。のち小説家に転じ、ロマン主義への反省に立って自然主義の小説『破戒』を発表し、自然主義文学の先駆者として活躍した。ほかの主著に『春』『家』『夜明け前』がある。

自然主義 ④ 文学において古い思想や慣習にとらわれず、事実をありのままに直視し、日常における自己の生き方を自然に描こうとする立場。19世紀末にフランスを中心におこり、日本では島崎藤村の『破戒』に始まり、明治後期から広まった。この立場は理想と現実の落差に悩み、理想をとなえることのむなしさへの反省から生まれたが、赤裸々な人間をとらえようとするあまり、人生の行きづまった暗い否定面だけを強調する傾向があった。

田山花袋 ③ 1871～1930　自然主義派の作家。群馬県館林に生まれ、東京で尾崎紅葉(1868～1903)について小説を学ぶ。国木田独歩や島崎藤村とまじわり、フランスの自然主義文学者モーパッサン(G. d. Maupassant、1850～93)の小説に影響を受ける。個人の私生活をありのままに描く自然主義文学を書いた。中年の小説家が女性の弟子にいだく微妙な感情を描いた**『蒲団』**③、『田舎教師』などの小説のほか、日本各地を歩いて紀行文も残した。

国木田独歩 ③ 1871～1908　明治期の詩人・小説家。千葉県に生まれ、山口で育つ。東京専門学校(現在の早稲田大学)に学び、政治から文学に関心が移り、キリスト教に入信し、徳富蘇峰とも知りあう。蘇峰の国民新聞に入社し、日清戦争の従軍記者として活躍した。帰国後、田山花袋・柳田国男らと新体詩をつくって発表し、1901(明治34)年に武蔵野の雑木林の風景の美しさを描いた短編集**『武蔵野』**①を刊行した。苦しい生活のなかで自然主義に立って貧しい人々の生活を描く作品を発表し、明治期を代表する自然主義の短編小説家である。また、20代の日記『欺かざるの記』には、明治期の青年の内心や恋愛観が語られている。

正宗白鳥 ① 1879～1962　明治から昭和期の作家・文芸評論家。若いころはキリスト教の影響を受け、虚無感のただよう人生を客観的に冷徹に描く自然主義の文学を書いた。島崎藤村・徳田秋声らと文学の普及と国際交流をめざす日本ペンクラブの設立に関わり、文芸評論にも力を入れた。主著『塵埃』**『何処へ』**①、『作家論』。

石川啄木 ④ 1886～1912　明治後期の歌人。和歌の革新を志し、貧窮のなかで**『一握の砂』**③、『悲しき玩具』など、生活感情あふれる新風の短歌をつくった。1910(明治43)年頃の評論**『時代閉塞の現状』**③では、自然主義のニヒリズムを批判し、現状を打開するためには、時代閉塞の根源である国家的強権を直視し、社会を組織的に考察する必要があるとした。

夏目漱石 ⑤ 1867～1916　近代日本の代表的作家。

→ p.281 **夏目漱石の生涯と思想**

自己本位 ⑤ 社会の因習や人間関係から解放され、自我の内面的要求にもとづいて生きることで、夏目漱石の思想の中心をなす概念。漱石は旧来の日本人の生き方を、自己を見失い、他者に迎合する浮き草のような**他人本位**②の生き方として否定し、自

● 夏目漱石の生涯と思想 1867〜1916 ●

漱石は、近代日本の代表的作家で、文学を通して近代的自我のあり方を追究した。東京府牛込の名主の末子に生まれたが、生後すぐ里子に、また養子に出され、養父母の離婚により実家に戻るなど、幼少年期から人間の内面をみつめざるをえない環境のなかで成長した。帝国大学(のちの東京帝国大学)英文科を卒業後、旧制松山中学校・第五高等学校で教鞭をとった。1900(明治33)年、33歳の時、イギリスに留学したが、そこで他人本位の自分のあり方に苦悩し、神経衰弱におちいった。「日本の現代の開化は外発的である」という漱石は、西洋のまねを捨て、自力で自己の文学を確立しようと決意した。帰国後、東京帝国大学で英文学を教えながら、『吾輩は猫である』『坊っちゃん』『草枕』などの名作を発表した。40歳の時、東京帝国大学を退職して朝日新聞社に入り、作家として専念した。その後、胃病に苦しみながら、『それから』『門』『こゝろ』『道草』『明暗』など、人間のエゴイズムを深くみつめ、近代的自我のあり方を鋭く追究した。また、『現代日本の開化』『私の個人主義』など、一連の講演を通して、近代日本と日本人の生き方を模索するなど、すぐれた文学者・思想家として活動し、49歳で生涯を閉じた。

漱石の根本思想は、一言でいえば、近代社会の形成原理としての近代個人主義思想である。それは、自己本位に根ざす個人主義であり、倫理性を内にもった個人主義であった。そこに漱石は、近代日本の開化を内発的に転換させる日本人の生き方を見出したが、晩年には、自我の確立とエゴイズムの克服という矛盾に苦闘した末、「則天去私」という無我の境地を願うに至った。

夏目漱石の言葉

西洋の開化(即ち一般の開化)は内発的であって、日本の現代の開化は外発的である。ここに内発的と云うのは内から自然にでて発展すると云う意味で、丁度花が開くようにおのずから蕾が破れて花弁が外に向うのを云い、また外発的とは外からおっかぶさった他の力で已むを得ず一種の形式を取るのを指した積なのです。もう一口説明しますと、西洋の開化は行雲流水のごとく自然に働いているが、御維新後外国と交渉を付けた以後の日本の開化は大分勝手が違います。

「現代日本の開化」『漱石全集第13巻』岩波書店

我の内面的な要求に向きあって生きることを主張した。それは他者をかえりみないエゴイズムではなく、自他の個性を尊重しあう、倫理性に深く根ざした真の自我の確立をめざすものであった。

個人主義〔夏目漱石〕⑤ 夏目漱石の主張した自己本位に根ざす個人主義で、みずからの個性を発揮し、自己の道を歩むとともに、他者の個性や生き方を認め、たがいの個性を尊重しあう倫理性につらぬかれた個人主義である。漱石は『私の個人主義』で、「自己の個性の発展を仕遂げようと思うならば、同時に他人の個性も尊重しなければならない」という。漱石は自然主義者たちのように自己の自然的要求を安易に肯定せず、つねに自己のうちにある、自己のためにほかの個人を犠牲にする**エゴイズム(利己主義)**〔夏目漱石〕⑤をみつめ、エゴイズムをこえる倫理を追究しようとして苦悩した。その意味で漱石の個人主義は、倫理的・理想主義的な個人主義であった。

自己本位

今までまったく他人本位で、根のない浮草のように、そこいらをでたらめに漂っていたから、駄目であったという事にようやく気が付いたのです。私のここに他人本位というのは、自分の酒を人に飲んでもらって、後からその品評を聴いて、それを理が非でもそうだとしてしまう、いわゆる人真似を指すのです……私はこの自己本位という言葉を自

> 分の手に握ってから大変強くなりました。彼ら何者ぞやと気概（きがい）が出ました。今まで茫然（ぼうぜん）と自失していた私に、ここに立って、この道からこう行かなければならないと指図（さしず）をしてくれたものは、実にこの自己本位の四字なのであります。
>
> （「私の個人主義」『漱石全集第13巻』岩波書店）

則天去私（そくてんきょし） ④ 夏目漱石が晩年にとなえたもので、小我（しょうが）（小さな私）を去って、自然のままの大我（たいが）に自分をゆだねるという東洋的・宗教的な心境である。近代的自我の探究の末に到達した境地で、運命のままに静かに一切を受け入れる覚悟をもって生きることである。

『現代日本の開化』 ④ 夏目漱石が1911（明治44）年におこなった講演で、近代日本の文明の特質を論じたもの。漱石は「西洋の開化は内発的であって、日本の開化は外発的である」という。つまり西洋文明の**内発的開化**④（内側からの自然発生的な文明の発展）に対して、明治日本の開化を**外発的開化**④（外国文明の圧力による外側からの急激な文明開化）ととらえた。このため、日本人は自己を見失って右往左往し、虚無感や不安のなかに生きていると論じた。

『私の個人主義』 ⑤ 夏目漱石が1914（大正3）年におこなった講演。自己本位の立場にめざめるまでの経緯を語り、自己本位に根ざす倫理的な個人主義の確立を力説した。

『吾輩（わがはい）は猫である』 ① 1905（明治38）年に発表された夏目漱石の処女作。家に住む猫を主人公に、猫の視線から人間の生活ぶりをユーモラスに批評した。

『坊っちゃん』 ② 1906（明治39）年発表の夏目漱石の小説。愛媛県の松山中学（現在の松山東高校）での教師の体験をもとに、東京から四国の旧制中学へ赴任してきた無鉄砲だが正義感の強い青年教師が、校長の狸、教頭の赤シャツ、彼らの腰巾着（こしぎんちゃく）の野だいこを向こうにまわして、赤シャツが英語教師うらなりの婚約者マドンナを横どりしたことに憤（いきどお）り、数学教師の山嵐とともに騒動を繰り広げる。

『三四郎』 ② 1908（明治41）年発表の夏目漱石の小説。熊本の高等学校を卒業して東京の大学に入るために上京した純朴な青年の小川三四郎の目を通して、当時の日本社会や人々の生き方を批評したもの。三四郎を中心に母親のいる郷里の熊本、先輩の野々宮や広田先生の学問の世界、恋心をいだいた美禰子（みねこ）の甘美な世界が展開する。美禰子は「ストレイシープ」（迷える子羊）という謎の言葉を三四郎に投げかけて去っていく。

『それから』 ② 1909（明治42）年発表の夏目漱石の小説。定職につかず、親からの仕送りで暮らす代助が、かつて愛しながらも友人の平岡にゆずった恋人の三千代と再会し、不幸な三千代に同情するうちに愛するようになり、世間からの非難と孤立を覚悟のうえで、三千代とともに生きる決意をする。代助のような定職をもたない知識人を、漱石は高等遊民と呼んだ。

『門（もん）』 ② 1910（明治43）年発表の夏目漱石の小説。『三四郎』『それから』に続く三部作。宗助は友人の安井から御米（およね）を奪っていっしょに暮らすが、友人へのうしろめたさを感じながら、世間から身を隠すようにひっそりと2人で暮らしている。2人だけのわびしい生活の中で悩む宗助は、何かを求めて禅寺で禅を体験する。しかし、自分は寺の門をたたいたが、開けてもらえず、「たたいても駄目だ。独りで開けて入れ」という門番の声が聞こえただけだと考える。

『行人（こうじん）』 ① 1913（大正2）年に発表された夏目漱石の小説。自分の妻さえ信じられない主人公一郎の深い孤独と人間不信の苦悩を描いている。1910（明治43）年に胃潰瘍（いかいよう）で大量の吐血（とけつ）をし、生死の境をさまよった修善寺（しゅぜんじ）の大患（たいかん）以後の作品。『彼岸過迄（ひがんすぎまで）』（1912年）、『こゝろ』（1914年）など一連の人間の奥深い孤独と我執（がしゅう）を描き、人間存在の本質を追究した深刻な作品群の1つである。

『こゝろ』 ⑤ 夏目漱石の小説。1914（大正3）年に『朝日新聞』に連載され、翌年に単行本として出版された。「私」に対する「先生」の遺書というかたちで、父親の残した財産を叔父に取られたことから人間不信におちいったこと、その自分が友人を裏切って下宿の娘に先に愛を告白し、その友人は自殺したことを語る。近代的自我が直面する、内なるエゴイズムとの葛藤（かっとう）を描き、多くの読者の共感を呼んだ。

『明暗』 ⑤ 夏目漱石の未完に終わった最後の小説で、1916（大正5）年発表。則天去私の心境から、人間のエゴイズムをありのままにみつめ、善と悪がからむ人生の明暗を描き、暗さから明るさへの道が模索されている。1910（明治43）年に伊豆修善寺の温泉で保養中に吐血し、生死の境をさまよったことなど、漱石自身の体験が材料になっている。

森鷗外もりおうがい ⑤ 1862〜1922　明治・大正期の代表的文学者。

→p.284 **森鷗外の生涯と思想**

諦念ていねん**(レジグナチオン)**　resignation ⑤　森鷗外の文学の特色の1つ。個人と社会の葛藤において、あくまで自己をつらぬくのではなく、自己のおかれた立場をみつめ、運命を受け入れることによって心の安定を得る、諦めの哲学。鷗外は1909(明治42)年に談話として発表された『予よが立場』で、resignation を自分の心のあり方として語っている。ドイツ語読みで「レジグナチオン」という。

「かのように」の哲学 ① 森鷗外が『かのように』のなかで、真理とは生活に有用な仮構かこう(フィクション)にすぎないというドイツのファイヒンガー(H. Vaihinger、1852〜1933)の哲学を引用したもの。神や義務は事実として証拠立てられないが、それが「あるかのように」みなすことで、社会生活が成り立つとする。

『舞姫まいひめ**』** ⑤ 森鷗外の最初の小説で、1890(明治23)年に発表された。主人公太田豊太郎は国家から派遣されてベルリンの自由な空気に触れ、純粋無垢じゅんすいむくな踊り子エリスと恋に落ちる。しかし、親身な友人の忠告に従いエリスと別れて帰国を決意し、それを知ってエリスは発狂する。国家・社会・家族などからの期待や義務と、近代的自我の内面的欲求との葛藤を描いている。鷗外のドイツ留学における苦悩の体験がもとになっている。

『興津弥五右衛門おきつやごえもん**の遺書』**
　1912(大正元)年に初稿が発表された鷗外の最初の時代小説。陸軍大将乃木希典が明治天皇崩御にあたり、かつてうけた恩に報じるために殉死じゅんししたことを受けて、一気に書きあげられた。かつて主君から受けた恩のために、主君に殉じて死をとげた興津弥五右衛門の姿をかりて、忠義に生きる人間のあり方と、交友のあった乃木への心情をあらわしたもの。

『阿部一族』 ② 1913(大正2)年刊行の森鷗外の歴史小説。主君の死に際して殉死を願いでたものの、許されずに面目めんもくを失った武士の一族が、死を賭して一族をあげて闘って意地をつらぬく様を描いた。『興津弥五右衛門の遺書』と並び、1912(明治45)年の明治天皇崩御の際に殉死した、乃木希典大将の割腹かっぷく事件を題材にしている。

『高瀬舟たかせぶね**』** ② 森鷗外が1916(大正5)年に発表した、安楽死をテーマにした小説。江戸時代、京都から高瀬川をくだって罪人を護送する船に、喜助きすけという罪人が乗っていた。喜助の弟は、病苦からのどにカミソリを刺して自殺をはかるが、死にきれず血まみれで苦しむ。喜助は苦しむ弟に頼まれて、のどからカミソリを抜いて弟を死なせ、人殺しとして島送りになる。喜助を護送する同心どうしんは、弟を殺したことは罪に違いないが、それが弟を苦しみから救うためであったと思うと、そこに疑いが生じてどうにも解けぬと語る。

寺田寅彦てらだとらひこ ① 1878〜1935　物理学者・随筆家・俳人。東京に生まれ、すぐに郷里の高知県に移り、熊本の第五高等学校で英語教師をしていた夏目漱石と出あう。東京帝国大学で物理学を学んでヨーロッパに留学、潮汐ちょうせきやX線の研究などをおこない東京帝国大学の教授になる。漱石との交流を続け、科学精神と文学を融合したすぐれた随筆を書いた。漱石のいくつかの作品の登場人物のモデルになっているとされる。

阿部次郎あべじろう ② 1883〜1959　哲学者・倫理学者・美学者。山形県で生まれ、東京帝国大学で哲学を学び、その後に東北帝国大学の美学の教授になる。真・善・美を求め、自己に対する尊厳を自覚する人格主義を説いた。主著『人格主義』、また**『三太郎の日記』**②は当時の多くの青年に愛読された。

人格主義 ① 阿部次郎のとなえたもので、自己に対する尊厳を失わず、自己の人格の向上に満足を見出す倫理観。人格としての自己に対する尊厳のために、利益や享楽を捨てて自己を犠牲にする場合でも、その自己犠牲は自己の人格の向上に満足を見出すことにつながる。人格主義は利己主義か利他主義かの対立をこえ、自己犠牲をともなう場合も、自己の人格価値を満たす点でたんなる利他主義とは異なり、また真・善・美を求めて人格価値を重んじる点で、物的価値を追い求める利己主義とも異なる。

倉田百三くらたひゃくぞう ① 1891〜1943　大正・昭和期の劇作家・評論家。西田哲学への傾倒、宗教への接近、白樺派との交流などを通して、宗教的ヒューマニズムを基礎とした人道主義思想に到達した。戯曲『出家とその弟子』、論文集**『愛と認識との出発』**①など、愛と信仰を説く求道的な作品を発表し、大正期の青年たちの広い共感を呼んだ。

森鷗外の生涯と思想　1862〜1922

近代日本の代表的な文学者。石見(いわみ)国(島根県)の津和野(つわの)で、代々続く藩医の家に生まれる。藩校で漢文を学ぶが、10歳で父とともに東京に出て、東京医学校予科(のちの東京大学医学部)に入学し、19歳で卒業する秀才ぶりをみせた。陸軍軍医となり、軍隊における衛生学を研究・講義した。22歳から4年間、ドイツに留学して衛生学を学んだ。帰国時、『舞姫(まいひめ)』のモデルとされるドイツ人女性があとを追って来日したが、鷗外は彼女とあうことなく帰国させた。勤務のかたわら創作にも力を入れ、坪内逍遙(つぼうちしょうよう)と没理想論争をかわし、雑誌『しがらみ草紙』を創刊して、創作・評論・翻訳・医学の著述に精力的に打ち込んだ。勢力争いに巻き込まれて37歳の時に九州の小倉に左遷(させん)されたが、やがて東京に戻り、45歳で軍医として最高の地位である陸軍軍医総監(そうかん)になった。雑誌『スバル』に『青年』『雁(がん)』などを発表した。1912(明治45)年、明治天皇の崩御(ほうぎょ)に殉じた乃木希典(のぎまれすけ)大将の死に衝撃を受け、『興津弥五右衛門の遺書』を書いた。これを皮切(かわきり)に、多くの歴史小説・史伝を発表した。54歳で現役を退いて帝室(ていしつ)博物館総長兼図書頭(ずしょのかみ)に任じられ、60歳で死去した。遺言によって役所や軍からの一切の栄典を固辞し、墓石には森林太郎(もりりんたろう)という本名だけが彫られた。

鷗外は当時の自然主義文学を批判し、近代的な自我を追究するロマン主義の文学を書いた。そのような自我意識の高まりの一方で、『妄想(もうそう)』や『かのように』では、社会の諸制度や価値観を仮のものとして傍観するニヒリストの態度もみせた。晩年の歴史小説では、江戸の封建社会のなかで、おのれの運命に澄んだ心境で従容(しょうよう)と従う人、理不尽(りふじん)な運命に反抗する意地をみせておのれの面目(めんもく)をほどこす武士、封建的束縛のなかにあって悠々と内面的自由の境地に生きた市井(しせい)の民などの姿を描いた。そして、それらの人物像を通して、歴史における自己の社会的責務と、内面的な自我の欲求や自己感情との対立を表現した。そこには文学者として強い自我の欲求をもちながらも、軍医総監として国家組織のエリート官僚でもあった鷗外自身の心の葛藤が表現されている。主著『舞姫』『雁』『阿部一族』『山椒太夫(さんしょうだゆう)』『高瀬舟』『渋江抽斎(しぶえちゅうさい)』。

森鷗外の言葉

父の平生(へいぜい)を考えて見ると、自分が遠い向うに或物(あるもの)を望んで、目前の事を好い加減に済ませて行くのに反して、父は詰まらない日常の事にも全幅(ぜんぷく)の精神を傾注しているということに気が付いた。宿場の医者たるに安んじている父のrésignation(レジニャション)(レジグナチオン、諦念・諦め)の態度が、有道者(ゆうどうしゃ)の面目に近いということが、朧気(おぼろげ)ながら見えて来た。

「カズイスチカ」『鷗外全集 著作篇 第3巻』岩波書店、かっこ内は編者注

白樺派(しらかばは) ③ 文芸雑誌『**白樺**』④を発刊し、**人道主義**[白樺派]④・**理想主義**[白樺派]④を掲げた日本近代文学の一派。自然主義に対立する。武者小路実篤・志賀直哉・有島武郎ら学習院に学んだ上流階級の若い知識人によって担われ、大正文学の主流となり、十人十色の個性の伸長をはかった。彼らは夏目漱石の倫理的な個人主義の立場を肯定的に受け継ぎ、各人の人間的感情・個性・善意を生かすことが宇宙や人類の意志につながるとして、徹底的な個人主義とそれにもとづく人道主義を主張した。しかし、実社会の問題を避け、楽天的な傾向すらみられた白樺派の思想は、大正時代に表面化しはじめた当時の国家体制と近代社会との矛盾を、正面から取り上げることはなかった。

武者小路実篤(むしゃのこうじさねあつ) ⑤ 1885〜1976　大正・昭和期の文学者。東京の華族の家に生まれ、学習院時代から志賀直哉らと親交をもち、1910(明治43)年、同人雑誌『白樺』を創刊し、白樺派の中心的人物として活躍した。学生時代からトルストイに深く傾倒し、理想主義・人道主義に共感した。自己の個性の成長を通じて人類の意志を実現するべきであるという信念に立ち、楽天的でかつ求道的な作品を発表した。また、理想社会をめざして「新しき村」を建設するなど、自己の理想に生涯を捧げた。主著『お目出たき人』『友情』『真理先生』。

新しき村 ④ 武者小路実篤がみずからの理想主義・人道主義を活かそうと、1918(大正7)年、宮崎県に建設した労働と芸術の共同体。自由な個人の自発的な協力のうえに立った自治的な農業社会であり、一種のユートピアの実践であった。

有島武郎(ありしまたけお) ③ 1878〜1923　白樺派の作家。雑誌『白樺』の創刊に参加し、社会主義的人道主義に立つ作品を発表した。自分の農園を小作人に無償でゆずりわたすなど、きわめて人道主義的傾向が強く、それゆえ、上流階級出身者としての自己との矛盾に苦悩した。主著『或る女』『カインの末裔(まつえい)』『惜しみなく愛は奪う』。

志賀直哉(しがなおや) ③ 1883〜1971　白樺派の代表的作家。武者小路実篤とは学習院時代からの親友で、雑誌『白樺』の創刊に参加した。透徹した目をもった簡潔な描写、力強い生命の意欲にもとづく個性的な倫理観を特色とする作品を発表した。母の過失で生まれ、結婚後には妻の過失で苦悩する主人公の自我の遍歴を描いた『**暗夜行路**(あんやこうろ)』②は、日本近代文学の代表作といわれる。その他の作品に『和解』『城(き)の崎(さき)にて』、絶筆とされるエッセー『**ナイルの水の一滴**』①などがある。

永井荷風(ながいかふう) ① 1879〜1959　小説家。江戸趣味の残る下町の男女の風俗など、耽美(たんび)的な小説を描いた。東京に生まれ、江戸文化にひかれて落語や歌舞伎に熱中し、それを心配した父のはからいで実業を学ぶためアメリカ、さらにフランスに渡って銀行につとめる。まもなく銀行をやめて帰国し、小説に専念する。森鷗外と上田敏(うえだびん)(1874〜1916)の推薦で慶應義塾の教授をつとめ、文芸雑誌『三田文学』を創刊する。銀座・新橋から下町の深川・向島(むこうじま)に出歩いて遊び、芸者や下町の男女の風俗を描く。浅草にも通ってオペラや芝居に熱中し、戦後は銀座のカフェーの女給(じょきゅう)の風俗などを描いた。主著『すみだ川』『墨東綺譚(ぼくとうきたん)』『問わずがたり』、日記『断腸亭日乗(だんちょうていにちじょう)』。

谷崎潤一郎(たにざきじゅんいちろう) ① 1886〜1965　小説家。日本的な美や性愛のエロチシズムを官能的・耽美的・幻想的に描いた。東京に生まれ、東京帝国大学国文科を中退する。『刺青(しせい)』によって注目される。関西に移り、大正・昭和初期のモダンな風俗や中世の日本の伝統的な美意識を取り入れた作品を書く。友人の佐藤春夫(1892〜1964)に離婚した妻をゆずった事件でも話題になった。戦後は熱海の別荘に住み、『源氏物語』の現代語訳に取り組んだ。主著『痴人(ちじん)の愛』『春琴抄(しゅんきんしょう)』『細雪(ささめゆき)』『少将滋幹(しげもと)の母』、日本の伝統的な美意識を論じた評論『陰翳礼讃(いんえいらいさん)』。

宮沢賢治(みやざわけんじ) ⑤ 1896〜1933　岩手県出身の詩人・童話作家。自然と交感する感受性と、『法華経(ほけきょう)』の思想を軸とした、独特な作品の世界をつくり上げた。花巻(はなまき)農学校の教諭時代の1924(大正13)年に、詩集『春と修羅(しゅら)』、童話集『注文の多い料理店』を自費出版した。その後、教職を辞してみずから農耕に従事し、農業と宗教・芸術の融合をめざす農民芸術を提唱し、羅須(らす)地人協会を組織して農業指導などをおこなったが、過労が重なり病に倒れて没した。生前はほとんど無名だったが、死後、『銀河鉄道の夜』『風の又三郎』『グスコーブドリの伝記』など、イーハトーヴ(国際共通語として提唱されたエスペラント語的な岩手の表記)童話と呼ばれる一連の作品が高く評価されるようになった。

「世界がぜんたい幸福にならないうちは個人の幸福はあり得ない」 ④ 宮沢賢治が羅須地人協会の理念として1926(昭和元)年に記した、農民の生活と宗教・芸術の融合をめざす『**農民芸術概論綱要**』②のなかの言葉。宮沢賢治はすべての個人は因果の絆によって銀河の宇宙と1つにつながっており、個人だけの幸福というものはありえず、世界の幸福が同時にそのなかの個々の幸福でもあるような世界を夢みた。その実践が、農業がたんなる生活のための手段となっている現状を批判し、労働と宗教・芸術の一体化をめざした農民芸術であった。

「雨ニモマケズ」 ① 宮沢賢治の死後に、彼の革トランクから発見された手帳に書きつけられたもの。上京して病に倒れ、1931(昭和6)年に岩手県花巻の実家で療養中に書かれたとされる。人生についての賢治の信念と願望が、率直に記されている。

『銀河鉄道の夜』 ② 宮沢賢治の代表的な童話作品。主人公ジョバンニが、友人をたすけようとして川で溺(おぼ)れたカムパネルラとともに、銀河を走る列車にのって旅をするという物語。現実と幻想、生と死、自己犠牲、真の宗教の追究など、宮沢賢治が様々な作品のなかで展開したテーマが凝縮されている。

日本の伝統に根ざした思想

西田幾多郎(にしだきたろう) ⑤ 1870～1945 近代日本の代表的哲学者。

→ p.287 **西田幾多郎の生涯と思想**

独我論(どくがろん) ① 自我のみが実在し、他者や世界はその自我に対する現象にすぎないという自己中心の見方。西田幾多郎は『善の研究』で**「個人あって経験あるにあらず、経験あって個人あるのである」**②と語り、独我論から脱することができたと述べて、倉田百三(くらたひゃくぞう)ら大正期の青年に影響を与えた。

西田哲学 ③ 西田幾多郎がみずからの思索と体験にもとづいて形成した哲学。明治期以来、西洋哲学の輸入・紹介・解説をもって始まった日本の哲学が、西田哲学によってはじめて独自の体系をもちえたといえる。西田哲学は、純粋経験、さらにその論理的発展たる絶対無を徹底的に理論化することによって展開された。これは、西洋哲学を摂取しながら、東洋思想・日本思想の根本原理を哲学体系にまで高めた独創的なものであった。

純粋経験 ⑤ 西田幾多郎が自己の哲学の根本としたもので、主観と客観とがまだ区別されない**主客未分**(しゅかくみぶん)③の具体的・直接的な経験で、我(自己)ともの(対象)の対立・分離以前のもっとも根本的な経験を指す。たとえば我々がすぐれた音楽に一心に聴き入ったり、画家が描くことに没入している時の経験であり、西田はこの純粋経験こそ真の実在であるとした。純粋経験という概念は、自己の禅体験を中心に、東洋思想を根底として形成され、自我を中心とする西洋の近代哲学をこえようとするものである。

無の場所 ③ 西田幾多郎の晩年の哲学用語。「純粋経験」から出発して「自覚」から「場所」へと、現実はいかにあるのかという存在論的な探究を続けて到達したものである。主客未分の一体となった純粋経験が分化発展し、純粋経験に没入する直観と反省の働きにわかれる。その純粋経験の直観とこれを反省(思惟)する働きは、世界の「自覚」に統合される。この「自覚」は個人の心理的な作用ではなく、世界の普遍的な働きなので、西田はいっそう深い根源を求めて「自覚」がおこる「場所」を説いた。純粋経験がいまだ主観的な側面をもつのに対し、「場所」はそこから意識(主観)や個物(客観)がわかれ出る根源であり、あらゆる対立・矛盾の底にある絶対無の「場所」である。

絶対無 ③ 西田幾多郎が存在の原理とした概念で、一切のものを存在させる絶対的な無。絶対無とは有(う)の否定としての無、すなわち有と対立する相対無ではなく、相対的な有・無の対立をこえていながら、しかもそれらの根拠となる絶対的なものを意味する。絶対無が自己を限定することによって個物が生まれ、個物は消滅して絶対無へと帰る。純粋経験という考え方の論理化をつきつめるなかで、到達した概念である。

絶対矛盾的自己同一 ③ 西田幾多郎が晩年に世界の実相(じっそう)をあらわした概念で、全体的一と個別的他は完全に対立したままである絶対矛盾の状態で統一されていることを指す。絶対無の自己限定により万物は成り立つが、それを人間が直観すると、全体的一の世界が自己を否定して個物的多としてあらわれ、その個物的多は自己を否定して全体的一の世界に帰る。1つの世界と多なる個物は相互に矛盾的に対立しつつ同一である。空間的には、世界が全体的一としての自己を否定して個物を生み出すことは、その個物に自己を映し出して表現することであり、個物は個物としての自己を否定して、世界を形成する一要素となる。時間的には、すでにない過去といまだ来たらざる未来が、相互に否定しながら現在において結合し、矛盾的・自己同一的に現在において働くことである。つまり、過去と未来は完全に独立したまま、現在として統一されている。人間の自己意識は過去と未来とが現在の意識野(いしきや)において結合し、矛盾的・自己同一的に働く場であり、現在が過去を負い、未来をはらむということは、現在が自己自身を否定し、自己をこえて時間の創造的な働きと一体となり、新たなものを生み出すことである。未来と過去が矛盾的・自己同一的に現在において働くところに、新たなものを創造する歴史の世界が開ける。このように、個人の自己の意識が働くということは、それが世界を映し出す1つの表現点、世界を創造する形成点になることであり、我々は自己において世界を表現しつつ、世界を形成する一要素になるのである。

『善の研究』 ⑤ 西田幾多郎が、1911(明治44)年に発表した日本で最初の独創的哲学書とされるもの。純粋経験という概念をとなえ、真の自己の確立とは現にあるこの小さな自己を否定し、その根底にある我とも

● 西田幾多郎の生涯と思想　1870～1945 ●

近代日本の代表的哲学者で、いわゆる西田哲学の創始者。石川県に生まれ、旧制四高(金沢)・帝国大学(のちの東京帝国大学)で親の反対を押しきって哲学を学んだ。帝国大学哲学科では選科生として差別的な扱いを受け、１人書を読み、思索する自己内観的な生活を送った。こうした人生態度は、西田の生涯をつらぬくものであった。卒業後、中学・高校・大学で教鞭をとったが、絶えず自己の人格のあり方を内省し続け、10年間にわたり参禅と読書と思索に打ち込んだ。このあいだの思索の結実として、1911(明治44)年、41歳の時、西田哲学の出発点たる『善の研究』を完成させた。その後、京都帝国大学教授となり、『善の研究』で把握した純粋経験の世界を論理的に純化し、形成することに生涯をかけた。

西田は、西洋哲学に特徴的な主観(認識する自己)と客観(認識される対象)を対立的にとらえる考え方に反対し、人間経験のもっとも根本的なものは主客未分の純粋経験であるとした。さらに、その論理化に力を注ぎ、絶対無という概念に到達した。西田は、東洋の伝統的思想を無批判的に前提とし、これにただ西洋哲学的な表現を与えたわけではない。彼は、日本の伝統のなかで、自我を基礎づける普遍的な真理を求めて思索し、その過程で伝統思想のもつ意義を再発見したのである。西田哲学が後世に与えた影響はきわめて大きかった。主著『善の研究』『自覚における直観と反省』『無の自覚的限定』『働くものから見るものへ』。

西田幾多郎の言葉

善とは一言にていえば人格の実現である。之(これ)を内より見れば、真摯(しんし)なる要求の満足、即(すなわ)ち意識統一であって、其(そ)の極(きわ)みは自他相忘(あいわす)れ、主客相没(あいぼっ)するという所に到らねばならぬ。外に現われたる事実として見れば、小は個人性の発展より、進んで人類一般の統一的発達に到って其頂点に達するのである。　『善の研究』弘道館

の、主観と客観を統一する純粋経験の大きな働きに没入し、それと一体になって、真・善・美の世界を創造することであると西田は説いた。この主客合一する力が人格であり、人格を実現し、自己を完成することが善[西田幾多郎]④であると説いた。

『自覚における直観と反省』 ④ 1917(大正６)年刊行の西田幾多郎の著作。純粋経験の世界に没入して直観する自己と、それを反省し、思惟する自己をいかに統一するかを問題にし、直観と反省(思惟)の根源に無意識的に働く能動的自己・絶対自由意志があり、そこから自覚の働きが生まれると説いた。

『無の自覚的限定』 ② 1932(昭和７)年刊行の西田幾多郎の著書。有無の対立をこえた絶対無の場所から、その無がみずからを限定することによって有限なるものが生まれ、そのものについての人間の認識も生まれて世界が生起すると説く。絶対無に由来する個物の自己限定とともに、その個物を認識する人間の自覚が生まれ、また、絶対無において絶対の他者(汝)に出あい、その他者に媒介されて自己の自覚(我)が生まれるとする。

田辺元(たなべはじめ) ① 1885～1962　哲学者。はじめは数学を学び、のちに哲学に転じる。西田幾多郎の後任として京都大学に招聘(しょうへい)され、その後ドイツに留学してフッサール、ハイデッガーと交流し、前期のハイデッガーの哲学を日本に紹介した。第二次世界大戦後は北軽井沢に隠棲(いんせい)した。西田哲学を批判的に継承し、西田とともに京都学派と呼ばれる哲学の流派を形成した。一つひとつの個物と全体の類の関係は、階級や民族という歴史的な存在である種を媒介としてとらえるべきであるという種の論理をとなえた。主著『種の論理』『懺悔道(ざんげどう)としての哲学』。

九鬼周造(くきしゅうぞう) ② 1888～1941　哲学者。東京に生まれるが、生まれてまもなく母は岡倉天心(おかくらてんしん)と恋におちて家を去る。東京帝国

大学で哲学を学んだのち、ヨーロッパに留学してベルクソンの哲学を学び、またドイツではハイデッガーのもとで学ぶ。帰国後に京都帝国大学の哲学科の教授となり、ハイデッガーの哲学や現象学を紹介する。主著に江戸時代の美意識を分析した『いきの構造』、人間があるところに偶然に投げ出されて生まれ、その偶然を生きる姿を考察した『偶然性の問題』がある。

→ p.109 **いき**

> **『いきの構造』**
> 1930(昭和５)年刊行の九鬼周造の著作。江戸時代の美意識である「いき」(粋)を分析したもの。「いき」は意気地(いきじ)(意気込みをもつこと)、媚態(びたい)(艶(なま)めかしさ)、諦(あき)め(きっぱりとした気風)の３つの要素から成り立ち、その反対は野暮(やぼ)である。たとえば、女性が首の後ろの衿(えり)を引き下げて着物を着る抜き衣紋(えもん)に心が触れる時に「いき」が感じられる。相手をひきつける媚態を保つためには、適度な距離をおきながら媚態を示す心意気、「いき」な振る舞いのなかに恋をまっとうしようする意気込みが必要である。また、恋に連綿(れんめん)とせず、きっぱりとあきらめてこだわらないことも「いき」に通じる。

鈴木大拙(すずきだいせつ) ③ 1870～1966　明治期から昭和期の国際的な仏教哲学者。石川県に生まれ、早稲田大学・東京帝国大学に学び、在学中から参禅し、禅書を中心に仏教関係の書を広く読んだ。西田幾多郎は、若い頃からの友人であった。1897(明治30)年の渡米以来、英文で禅の書物を海外で出版し、欧米の諸大学で講義して日本文化と禅思想の海外紹介と移植につとめた。また、禅と浄土思想について独自の思想を展開した。主著『**禅と日本文化**』②、『日本的霊性』。

和辻哲郎(わつじてつろう) ⑤ 1889～1960　近代日本の代表的倫理学者。

→ p.289 **和辻哲郎の生涯と思想**

人間の学 ① 和辻哲郎がみずからの倫理学に名づけた言葉。和辻によれば、人間は昔は「じんかん」と読み、世の中、社会をあらわしたが、やがて世の中に生きる個人をも意味するようになった。**「人間とは「世の中」であるとともにその世の中における「人」である」**②、つまり人間は個人であると同時に世の中でもあり、個人と社会は人間存在を形成する２つの契機である。人間は社会を否定して個としての自己を自覚すると同時に、その自己を否定して社会のために貢献する。人間はこのような個人と世の中という２つの契機がたがいを否定しつつ統合される弁証法的な運動であり、和辻はそこに人間の生きる理法である倫理を求め、それを「人間の学」としての倫理学と呼んだ。個人と社会の２つの対立する性格の弁証法的な統一の運動が失われて、どちらか一方が固定されると個人中心の利己主義や、個々人を抑圧する全体主義をまねくことになる。

間柄的存在(あいだがらてきそんざい) ⑤ 和辻哲郎がとらえた人間存在のあり方を示す言葉。人はつねに人と人との**間柄**③(関係)においてのみ人間たりうるのであり、決して孤立した個人的な存在ではないということ。和辻は人間をこのような間柄的・共同体的な存在ととらえ、倫理をこの間柄において実現される理法であると主張し、自己の倫理学を「人間の学」と名づけた。

『人間の学としての倫理学』 ④ 和辻哲郎の代表的著作の１つで、1934(昭和９)年刊行。倫理学を人と人との間柄の学、つまり「人間の学」としてとらえ、独自の倫理学体系建設の出発点となった書である。その体系は、その後の『**倫理学**』⑤(1937～49年)でまとめられた。→ p.224 『**風土**』

『日本倫理思想史』 ② 『倫理学』と並ぶ和辻哲郎の主著で、古代から近代までの日本の倫理思想の展開を社会構造の変遷にもとづけながら、幅広い資料をもとに考察した大著。

柳田国男(やなぎたくにお) ⑤ 1875～1962　日本民俗学の創始者。兵庫県に生まれ、東京帝国大学法科大学を卒業後、農商務省に入った。農村の実状に即した農政論を主張し、農民生活に関心をもち、しだいに民俗学の研究を進めた。柳田は民俗学を日本人の自己認識の学と規定し、無名の常民の生活文化を民俗学の研究対象とした。そして、これまでの文献中心の歴史学を批判し、古い民間伝承や習俗・信仰を求めて日本全国をめぐり、その研究を通して日本民族の歴史・文化を探りあてようとした。こうして柳田は民俗学を確立し、日本文化の研究に多大の功績を残した。また、民俗学を明治の一方的な西洋文明礼賛(らいさん)ではなく、日本人の精神を探究する学問であるとして**新国学**⑤とも呼んだ。晩年には日本文化の起源の１つとして、中国南部から沖縄などの南西諸島を経て九州に至る海上(かいじょう)の道を構想した。

和辻哲郎の生涯と思想　1889〜1960

日本の代表的倫理学者。兵庫県に生まれ、旧制一高(東京)・東京帝国大学で哲学を学ぶ。大学卒業後、以前から傾倒していた夏目漱石に出あい、影響を受けた。京都帝国大学で倫理学を教えたが、このあいだにドイツに留学し、ハイデッガーの現象学的存在論に関心をもち、帰国後、1934(昭和9)年、45歳の時に『人間の学としての倫理学』を発表した。これは、西洋思想を批判的に受容した独創的な倫理学を説いたもので、西田幾多郎(にしだきたろう)の影響によるところが大きかった。その後、東京帝国大学教授として倫理学の講義を担当するかたわら、自己の倫理学体系の完成につとめた。和辻はまた『古寺巡礼』や『風土』にみられるように、若い頃から71歳で死去するまで、日本の文化や精神、また世界的視野での風土と精神のあり方などについて、幅広い研究をおこなった。

和辻は、西欧近代思想が社会や人間関係をもっぱら個人や自我の独立を中心にして考察していく点を批判した。和辻によれば、人間は個人であると同時に、社会的存在であり、個別性と全体性というたがいに矛盾しあった2つの契機を備えた存在である。この人間が、個人としての自主的な自己を自覚するとともに、自己を否定して自己のおかれた社会全体をよりよく創造しようと貢献することこそ、倫理の根本であると主張した。このような和辻の倫理学は、無私的な共同生活を尊ぶ日本の伝統や文化を高く評価するものである。主著『人間の学としての倫理学』『倫理学』『風土』。

和辻哲郎の言葉

人間とは「世の中」であるとともにその世の中における「人」である。だからそれは単なる「人」ではないとともにまた単なる「社会」でもない。ここに人間の二重性格の弁証法的統一が見られる。人間が人である限りそれは個別人としてあくまでも社会と異なる。それは社会でないから個別人であるのである。従ってまた個別人は他の個別人と全然共同的でない。自他は絶対に他者である。しかも人間は世の中である限りあくまでも人と人との共同態であり社会であって孤立的な人ではない。それは孤立的な人でないからこそ人間なのである。従って相互に絶対に他者であるところの自他がそれにもかかわらず共同的存在において一つになる。社会と根本的に異なる個別人が、しかも社会の中に消える。人間はかくのごとき対立的なるものの統一である。この弁証法的な構造を見ずしては人間の本質は理解せられない。

「倫理学 上」『和辻哲郎全集 第10巻』岩波書店

主著『遠野物語』『先祖の話』『山の人生』『妹(いも)の力』『明治大正史世相篇』。

民俗学(みんぞくがく) ⑤ 主として民間伝承・民間信仰・民衆の生活文化・方言などを素材として、民族の伝統的文化を研究する学問。文献に頼らず、口承・伝承の資料収集を重視し、伝統文化の核心にせまろうとする。19世紀にイギリスでフォークロア(folklore、民間伝承・民俗)の学問としておこり、日本では柳田国男を中心に確立され、展開された。なお、民族学は諸民族の文化を比較研究する学問で、民俗学はその一分野とされる。

常民(じょうみん) ⑤ 柳田国男の造語で、民間伝承を保持している階層で、無名の人々からなる。英語のfolkの柳田による訳語。日本語で平民や庶民というと貴族や武家の対語と思われ、また大衆や民衆という言葉には政治的語感がともないがちであるため、この語を用いた。柳田は知識人と常民を対立的に使い、常民こそ歴史を支えてきた存在であると考え、常民の生活を民俗学の研究対象とした。

『遠野物語』(とおのものがたり) ⑤ 柳田国男の著作で、

1910(明治43)年刊行。現在の岩手県遠野市の周辺に伝わる民間伝承を筆録したもの。山の神や河童(かっぱ)をめぐる怪異譚(かいいたん)などが記されている。

『先祖の話』⑤ 柳田国男が日本人の祖霊(それい)信仰についてまとめたもので、1946(昭和21)年の刊行。戦死していった多くの若者への思いが背景にあった。死者の霊は子孫の追慕(ついぼ)や祭祀(さいし)によって、生前の穢(けが)れが清められて先祖の霊と融合する。先祖の霊は村を見下ろす山から子孫の生活を見守り、春は田の神となって農耕をたすけ、秋には山の神となり、正月・盆・祭りなどの年中行事には家をたずねて子孫と交流・交歓(こうかん)する。

→ p.225 **祖霊(祖先の霊魂)**

折口信夫(おりくちしのぶ) ⑤ 1887～1953　大正・昭和前期の国文学者・歌人。歌人としての筆名は釈迢空(しゃくちょうくう)。柳田国男の知遇(ちぐう)を得て、近代の学問の枠組みにとらわれずに、国文学・民俗学・芸能史にまたがる研究をおこなった。日本の神の原像や、祭りから文学・芸能が派生する過程を考察した主著『古代研究』のほか、小説『**死者の書**』③、歌集『海やまのあひだ』『古代感愛集』など創作も多い。

まれびと ⑤ 折口信夫は日本の神の原像を村落の外部からやってくる存在と考え、客人を意味する古語を用いて「まれびと」と名づけた。柳田国男の神のとらえ方とは異なり、まれびとは必ずしも村落の人々と血縁関係にあるとは限らないとされている。各地を放浪する宗教芸能者などの**遊行人**(ゆぎょうにん)①を視野に入れて考察している点に特徴がある。

常世国(とこよのくに) ④ 日本神話に出てくる、海のかなたの豊かな不老不死の神の国。折口信夫によれば、そこから豊穣(ほうじょう)をもたらす神が「まれびと」として現世を訪れ、再び去っていく。沖縄に伝わる海のかなたの世界(ニライカナイ)から穀物の種がやってきたという伝承とも関係があると指摘されている。

：**来訪神**(らいほうしん) ② 年に一度、定まった時に現世を訪れるとされる神。日本各地に来訪神にまつわる仮面をつけた神事が伝わり、沖縄県宮古島のパーントゥ、鹿児島県甑島(こしきしま)のトシドン、秋田県男鹿(おが)のナマハゲ、岩手県吉浜のスネカなど10件が、ユネスコの無形文化遺産に登録されている。

南方熊楠(みなかたくまぐす) ⑤ 1867～1941　明治期から昭和前期にかけての在野の生物学・民俗学者。和歌山県に生まれ、幼少の頃から博覧強記(はくらんきょうき)で、アメリカ・イギリスに渡って、もっぱら独学で生物学・人類学の知識を吸収し、多数の英文の論文を発表した。帰国後は粘菌(ねんきん)や民俗学の研究をおこない、明治政府の神社合祀令に対しては、自然を守ってきた鎮守(ちんじゅ)の森が失われることに強く反対した。

神社合祀令(ごうしれい) ④ 明治初期(1872〈明治５〉年)と末期(1906〈明治39〉年)に政府がおこなった神社の統廃合令。とくに1906年の場合、１町村１社とする方針のもと、地方の小さな神社の35%が廃されるなど、地方文化にとって打撃となった。南方熊楠は神社のまわりに聖域として保護されてきた**鎮守の森**③が破壊されることを憂い、自然環境と人心・文化を守るために、この政府の命令に強く反対した。

柳宗悦(やなぎむねよし) ⑤ 1889～1961　大正・昭和期の**民芸運動**④の創始者。学生時代に『白樺』の創刊に加わった。実用品や無名の職人の作品に美を見出し、調査のため各地を旅行した。朝鮮を旅行した際に美術を通じて朝鮮への理解を深め、1919(大正８)年の三・一独立運動の際には、日本の朝鮮政策を批判した。主著『民芸四十年』『工芸文化』。

民芸(みんげい) ⑤ 柳宗悦の造語。従来、下手物(げてもの)として美の対象として扱われなかった民衆の日用の品々に、固有のすぐれた**用の美**①を発見した概念である。それはみずからも民衆である無名の職人が、熟練した手仕事で無心に生み出した民衆のための日用品である。柳はその民芸の基準となる品々を集め、日本民芸館で公開した。

現代日本の思想

i ―― 政治思想・評論

丸山真男(まるやままさお) ⑤ 1914～96　昭和・平成期の政治学者・政治史家。大阪府に生まれ、東京帝国大学法学部に入り、哲学・歴史・経済学を学ぶ。近世の日本政治史、儒教史の研究で注目されるが、２度の出征を経て、戦後、日本人の**無責任**②な体質とファシズムの問題を扱った『**超国家主義の論理と心理**』②で広く知られるようになる。東京大学の教授となり、日本本来の近代意識の成立の芽を近世儒学のなかに見出し得るとする『**日本政治思想史研究**』④を発表する。現代日本の政治状況にも鋭い批判と分析をおこない、民主主義思想の展開に大きな役割を果たした。また、『**日本の思想**』④を新書で発表して広く読まれ、日本文化の特質を考える場合の古典となっている。

：ササラ型・タコツボ型 ① 丸山真男が『日本の思想』で説いた日本と西洋の思想の類型。日本の思想はたがいが閉鎖的なまま孤立して併存しているタコツボ型で、新たな思想との対立を避ける傾向がある。一方、西洋思想は根元に共通の基盤となる文化をもちつつ、そこから派生してきたササラ型(ササラとは竹などを根本でたばねて先がわかれている道具)で、根本でつながりながら発展してきた。日本の民主主義の思想も根元でつながりながら、様々な意見が交流して発展していくことが必要だと説かれる。

坂口安吾(さかぐちあんご) ③ 1906～55　昭和期の小説家。新潟県の大地主の家に生まれた。父は県会議長、のちに衆議院議員をつとめ、漢詩にも通じていた。家庭の複雑さもあって奔放・孤独な日常を送って中学を中退し、仏教を学ぼうと東洋大学哲学科に入学した。交流のあった芥川龍之介(1892～1927)の自殺に衝撃を受け、精神的に不安定となるが、アテネ・フランセで学ぶうちに小説家を志す。大学卒業後、同人誌を創刊し、創作を始めて新進作家となった。物心ともに苦しい生活のなかで、「突きつめた極点で生きることに向かった時、そこから新しい倫理が発足する」と説くなど、鋭い評論を発表した。戦後の混迷した世相に出発点をみる『**堕落論**(だらくろん)』②は、人間が人間本来の姿に戻ることを「堕落」と呼んでベストセラーとなり、太宰治(だざいおさむ)(1909～48)らとともに「無頼派(ぶらいは)」と呼ばれた。作品は多彩で、独特の視点からの文明批評も有名である。

唐木順三(からきじゅんぞう) ① 1904～80　長野県出身の評論家・思想家。京都帝国大学で哲学を学び、文学を研究して多くの評論を書いた。明治大学文学部の教授をつとめながら、夏目漱石や森鷗外らの評論や、中世文学に日本人の精神のあり方を探究した『中世の文学』『無常』などの著書がある。

小林秀雄(こばやしひでお) ④ 1902～83　昭和期の文芸評論家。日本の近代批評を確立。東京に生まれ、東京帝国大学仏文科に学ぶ。1929(昭和4)年、雑誌『改造』の懸賞評論に『**様々なる意匠**(いしょう)』④が入賞し、思想や理論はそのときどきの装飾的な工夫や趣向、すなわち**意匠**④にすぎないと批判した。『文藝春秋』に文芸時評を連載、批評家となり、川端康成らと『文学界』を創刊する。1937(昭和12)年、日中戦争が勃発すると中国に渡り現地報告をおこなうとともに、西欧とも中国とも異なる日本文化の伝統に関心を深め、戦時色が深まるなかで文化の荒廃を感じ、日本の古典・古美術を研究、のちに随筆集『**無常といふ事**』④にまとめた。戦後、『モオツァルト』など芸術家の作品や伝記を題材に取り上げた一連の評論を発表、現代文明を批判した『考えるヒント』は広く読まれた。また、10年余りにわたり連載を続けた『本居宣長(もとおりのりなが)』を出版、古人の精神をたどり、晩年の代表作となった。

加藤周一(かとうしゅういち) ② 1919～2008　評論家。日本の文化の特色は、他国の文化を積極的に吸収して成立した雑種文化にあると主張した。東京に生まれ、東京帝国大学医学部を卒業し、在学中から中村真一郎(なかむらしんいちろう)(1918～97)・福永武彦(ふくながたけひこ)(1918～79)らと「マチネ・ポエティク」を結成して評論や詩を発表する。フランスに留学し、その後は文明批判や文芸評論を行なって評論家として活動する。主著に『雑種文化』、カナダの大学での講義をまとめた『日本文学史序説』、『羊の歌』。

竹内好(たけうちよしみ) ① 1910～77　中国文学者・評論家。明治からの日本の近代化の歩みを批判的に考察し、西洋と比べたときの劣勢意識をもち、西洋の思想を無批判的に受け入れてきた日本文化の主体性を欠く「奴隷性」を批判した。西洋思想をそのまま受け入れるのではなく、東洋の主体性をもって向きあうことが必要であるというアジア主義の立場に立った。中国の文学や政治を考察し、とりわけ魯迅(ろじん)(1881～1936)の研究に力を入れた。主著『日本とアジア』。

廣松渉(ひろまつわたる) ① 1933～94　哲学者、政治思想家。若いころより共産主義の政治運動に参加する。名古屋大学助教授、東京大学教授となり、マルクス哲学を研究するとともに、個人の主観が客観を認識するという西洋哲学の認識の枠組みを批判した。そして、歴史的・社会的に形成された共通の世界認識の枠組みを共同主観的存在構造とよび、その構造に基づいて我々の一人としてものごとを間主観的に認識すると説いた。また、ものごとを実体とみることを「物象(ぶっしょう)化的錯視(さくし)」と呼んで批判し、関係に基づいてものごとを「こと」としてとらえる**事的**(じてき)**世界観**①をとなえた。主著『世界の共同主観的存在構造』『事的世界観への前哨(ぜんしょう)』『存在と意味』。

吉本隆明(よしもとたかあき) ⑤ 1924〜2012　詩人・思想家・評論家。次女は作家の吉本ばなな(1964〜　)。東京で生まれ、少年時代を軍国主義教育のなかで過ごし、東京工業大学に学ぶ。戦後に軍国主義に同調した文学者の戦争責任を問い、国家権力に対抗し、大衆と遊離した左翼組織をも批判する評論活動をおこなう。1960(昭和35)年の安保改定に反対する闘争では、国会構内の抗議集会で警官隊と衝突して逮捕された。組織に属さない在野の思想家として、あらゆる権力や権威を批判する立場から評論活動を続けた。『**共同幻想論**』③では、政治・思想・芸術などを人間の心の生み出した幻想領域として統一的にとらえ、芸術や文学などの個人内部の自己幻想、男女の性や家族の対(つい)幻想、国家や法の共同幻想の3つに分けた。主著『言語にとって美とはなにか』『共同幻想論』。

ii —— 文学

川端康成(かわばたやすなり) ① 1899〜1972　小説家。大阪府で生まれ、東京帝国大学で国文学を学ぶ。横光利一(よこみつりいち)(1898〜1947)らと雑誌『文芸時代』を刊行して、新感覚派の作家として注目された。日本ペンクラブの会長にも就任する。「国境の長いトンネルを抜けると雪国だった」で始まる代表作『雪国』は、川端が滞在した新潟県湯沢の温泉街をモデルに、作家の島村、芸者の駒子、婚約者を亡くした葉子のあいだの男女の細やかな心情を雪国の情景を織り込みながら美しく描いている。日本人の心情を細やかに描き評価されて、1968(昭和43)年にノーベル文学賞を受賞し、授賞式のスピーチが日本の芸術や死生観について語った『**美しい日本の私**』①である。主著『伊豆の踊り子』『雪国』『千羽鶴』『山の音(ね)』。

現代の諸課題と倫理

第1章 生命倫理

1 バイオテクノロジーの発達と課題

生命科学 bioscience ① 物質の代謝や遺伝子などを中心に、生命の仕組みを解明する科学。1953年のワトソン(J. Watson、1928～)とクリック(F. Crick、1916～2004)による遺伝子(DNA)の二重らせん構造の発見以来、分子生物学を中心に遺伝子の構造の解明が進んだ。1990年からは国際協力のもとで人間の遺伝子の全体的構造であるヒトゲノムの解読がなされ、その仕組みが解明された。

バイオテクノロジー(生命工学) biotechnology ⑤ 生命の仕組みを応用して、人間生活に役立てる技術。バイオテクノロジーは、医療・薬品・食品・化学・農業など、幅広い分野で利用されている。昔から発酵や品種改良の技術はあったが、近年は遺伝子の仕組みの解明によって生命工学が飛躍的に発達し、家畜のクローン、遺伝子組み換え作物などがつくられている。しかし、人為的に遺伝子を操作した生物が、人体や自然環境に与える影響も心配されている。

DNA(デオキシリボ核酸) deoxyribonucleic acid ⑤ 遺伝子の本体をなす化学物質で、細胞核の染色体を構成する。1953年にワトソンとクリックがDNAの二重らせん構造を発見した。DNAは、デオキシリボースという糖とリン酸からなる2本の長い鎖がたがいにねじれあってからみ、その鎖のあいだに4種類の塩基が組み合わさって並ぶ二重らせん構造をしている。塩基の配列により特定のアミノ酸が決定され、それが組み合わさって、生物を形づくる様々なタンパク質がつくられる。複製する時には2本の鎖がほどけ、片方の鎖をモデルにして新しい鎖ができる。

ヒトゲノムの解読(ヒトゲノムの解析) ⑤「からだの設計図」ともいわれるヒトの**遺伝情報**②の分析をいう。**ゲノム**(genome)④とは、生物の遺伝子全体を指し、DNAにより構成される染色体が生物を発現するのに必要な一組をいい、DNAの一部に遺伝子情報が記録されている。日本やアメリカなどの研究機関が参加し、30億のDNA塩基配列の解読を進めた「ヒトゲノム計画」は、2003年に約8％の未解読部分を残して終了し、2022年にアメリカ研究チームが完全解読した。ユネスコ総会ではヒトゲノムの研究は、個人および人類全体の健康の改善に寄与すべきとする「ヒトゲノムと人権に関する世界宣言」が1997年に採択された。日本政府は、「ヒトゲノムの解析にあたっての倫理的指針」(2001〈平成13〉年制定)を約3年ごとに改訂しながらゲノムを扱う研究者の責務を定めている。

遺伝子組み換え ② 生物の遺伝子(DNA)の一部を、ほかの生物の細胞内でDNA分子に結合させて、タンパク質を合成させることをいう。有用な物質を生産する細菌の生産、作物や家畜の新品種開発、遺伝子病やがんの遺伝子治療などに利用される。

遺伝子治療 ② 有用な遺伝子を体内に導入する治療方法を指す。かつては異常な遺伝子により正常なタンパク質をつくることができずに病気となる患者の治療が主であったが、現在はがんや慢性病なども治療対象とする。

クローン技術 ⑤ ある個体とまったく同じ核遺伝子をもつ個体(clone)を人為的につくる技術。クローン技術は、⑴受精後発生初期の細胞、⑵成体の体細胞(皮膚など)、を使う方法に大別されるが、⑴では個体の発育後の特徴が予測できないため、通常は⑵を使用する。具体的には、成熟した個体の体細胞から取り出した核を、核を取り除いた未受精卵に移植して、その後、母体の子宮に戻して新しい個体を作成する。哺乳類の体細胞クローン第1号は**クローン羊ドリー**②(1996年、イギリス)である。現在は食料・医療分野などに利用される反面、クローン技術によりつくられる**クローン人間**②への応用が懸念されている。クローン人間の製作には、⑴特定の性質をもつ人間を意図的につくり道具化できる、⑵体細胞の提供者とクローン人間との関係が複雑になる、⑶自然な人間の誕生から著しく逸脱し、親子関係を破壊する、などの倫理的問題や、クローン人間が正常に成長できるかなどの医学的問題が指摘されている。各国はクローン人間製作を規制し、日本でも**クローン技術規制法**②(「ヒトに関するクローン技術等の規制に関する法律」、2000〈平成12〉年制定)がヒトやヒト動物交雑クローンを禁止している。なお、ギリシア語のKlon(小枝)が語源である。

iPS細胞(人工多能性幹細胞) induced pluripotent stem cell ⑤ すでに皮膚などへ分化した体細胞を取り出し、4種の遺伝子を導入することで幹細胞の機能を復活させ、臓器など様々に分化できるようになった細胞のこと。幹細胞とは、自己複製能力(自分と同じ能力をもった細胞を複製する能力)と多分化能(血液や筋骨などの様々な細胞に分化できる能力)をもつ細胞をいい、自然と体内に備わっている⑴体性幹細胞、人工的につくられる⑵**ES細胞(胚性幹細胞)**(embryonic stem cells)④、⑶iPS細胞に大別できる。⑴体性幹細胞は身体組織に内在し、造血幹細胞や神経幹細胞など分化方向が限定されている細胞である。もともと自分の細胞なので、倫理的問題もなく、白血病などの治療に早くから応用されている。⑵ES細胞は、受精卵の発生の初期に形成される胚盤胞の内部細胞塊を分離して培養した細胞。必要な細胞に分化させて**再生医療**④(病気や怪我によって失われた臓器などを患者自身の幹細胞からつくり患者に移植する医療)などへの利用ができるが、人に成長するはずの潜在的人格である受精卵を破壊する倫理的問題がある。⑶iPS細胞は2006(平成18)年に山中伸弥(1962～)が世界ではじめて作製に成功した細胞であり、ES細胞と同様に利用できるが、受精卵を破壊するというES細胞のもつ倫理的問題もない。しかし、iPS細胞が腫瘍化する懸念が指摘されている。

2 生命倫理

生命倫理(生命倫理学・バイオエシックス) bioethics ④ 生物・医学的研究において、人としてあるべき行為の規範をいう。科学技術の発展にともない、自然の営みである生命にどこまで人為的な操作を加えることが許されるかについて考えることが求められ、哲学・宗教・道徳・法律などの分野の知識を総合して、生命をめぐる問題について倫理的な判断をくだそうとする生命倫理(バイオエシックス)が成立した。具体的には、安楽死など人間らしい死の迎え方とは何か、脳死という概念を設定して臓器移植をしてもよいのか、クローン人間など遺伝子操作はどこまで許されるのかなどは、技術的には可能であるが、生命倫理面では解決するべき多くの課題をもっている。バイオとは、ギリシア語のビオス(生命)を語源とし、生命(バイオ)の倫理学(エシックス)という意味である。

生命の尊厳(SOL) sanctity of life ⑤ 人間の生命そのものに絶対的な価値をおく考え方。従来の医療はSOLの考えのもとに**延命治療**②をおこなってきた。しかし、チューブで胃に直接栄養を流し込む「胃ろう」や人工呼吸器など、患者の生命を保つ機器をつねに装着する**生命維持治療**②を意思表示もできない寝たきりの患者にほどこすのではなく、**人間の尊厳**②(最低限整った環境下で自由に自己決定をして生きる人間の気高さ)を重視した**生命の質(生活の質・QOL)**⑤(人生や生活の質に価値をおく考え方、quality of life)の考えが広まった。人間らしい生活の回復をめざす医療の考えでは、末期がんの患者に副作用の激しい抗がん剤を投与して治療すべきか、それとも痛みをやわらげる緩和ケアに重点をおくかなど、患者の意思を尊重し、患者の生活の質に配慮をした治療が選択されている。

安楽死 ④ 終末期の患者の苦痛を緩和するために早められた死をいう。安楽死には世界共通の定義がないが、⑴**積極的安楽死**③(医師が致死薬を投与して死期を早めた死。日本ではこれを「安楽死」と呼ぶ)、⑵**間接的安楽死**①(苦痛緩和措置の副作用として死期を早めた死)、⑶**消極的安楽死**③(延命治療をしないか中止して死期を早めた死。日本では「尊厳死」と呼ぶ)、⑷医師による自殺幇助(医師が処方した致死薬を患者自身が服用する)、に大別できる。欧州ではオランダ(2001年)・ベルギー(2002年)・ルクセンブルク(2008年)・スペイン(2021年)、アメリカではオレゴン州(1994年)のほか9州と首都ワシントンで安楽死や自殺幇助が合法化された。一方、日本を含む大半の国は依然として自殺幇助と積極的安楽死を禁じており、ローマ教皇も合法化に反対している。なお、スイスは、「自殺幇助の禁止」に「利己的な動機の場合は」とつけ加える刑法改正(1942年)により、終末期の自殺幇助を実質的に可能にした。

安楽死［オランダ］① 世界初の合法的安楽死。脳溢血で苦しむ母をみかねた医師による安楽死事件(1971年)を契機に、オランダでは安楽死への関心が高まった。この事件の医師は、嘱託殺人罪(オランダ刑法293条。自殺者に頼まれて自殺を手伝う罪)に問われたが、この事件ののち、オランダでは、安楽死を実行した医師に対しては、「不可抗力により行為をした者は罰しない」というオランダ刑法40条が適用されるようになった。つまり、「法律を守る義務」と「自分を頼る患者の気持ちにこたえる義務」に挟まれたやむをえない場合、罪をおかしても罰せられないという考え方である。その後、オランダ議会は1993年に「安楽死のガイドライン」によって安楽死を世界ではじめて公認し、さらに犯罪であるが罰しないという例外的措置ではなく法律として2001年に「安楽死法」(「要請による生命終結および自殺幇助法」)を制定し安楽死を認めた(合法化)。この法律により、同法に従った場合は犯罪にならないことが刑法293条に追記された。

尊厳死 death with dignity, dignified death ③ 治療の見込みのない末期患者に対して、本人の生前の意思(リヴィング・ウィル)にもとづき、人工呼吸器や点滴などの生命維持装置をはずし、延命措置をやめて、寿命がつきれば息をひきとる自然な死を迎えさせること。**自然死**②ともいう。尊厳死とは、自分が信じる人間らしい生き方ができない場合、生かされ続けることをやめることで人間としての尊厳が守られるという意味である。時間軸を無限大にとれば、人間は必ず死ぬ。死の間際の苦しみ・人間としてのあり方に対して本人や家族がどう向きあうのかは、「生きるとは何か」への問いかけに等しい。

終末期医療(末期医療、ターミナル・ケア) terminal care ③ 一般に、助かる見込みのない状況(終末期)の患者に対する苦痛緩和や、家族への精神的・社会的な援助も含めた総合的な医療をいう。近年では、末期の患者に対して、肉体的な苦痛を和らげる治療をおこない、また、患者および家族に心理的なカウンセリングをおこなって、患者が人間らしい生き方をまっとうし、安らかな死を迎えることができるようつとめる終末期医療も、医療の使命の一部と考えられるようになった。医療・ケアチームによって、慎重に終末期医療を進めていくことが大切である。

ホスピス hospice ② 治療の見込みのない終末期患者の苦痛を取り除き、最期の時間を有意義に過ごし、安らかな死を迎えさせるための施設。一般の医療が治療を目的とするのに対して、**ホスピス・ケア**(hospice care)②は、身体の痛みなどの肉体的苦痛や、死の恐怖などの精神的苦痛を和らげる緩和ケアを目的として、安らかな死を迎えることを支援する。日本でも、1980年代から専門のホスピス施設がつくられはじめ、一般の病院でもホスピス・ケアをおこなう緩和ケア病棟がつくられている。ホスピスの語源は、ホスピタルと同じく、中世に巡礼者の疲れと病気を癒すために設置された教会付属の休息所である。

緩和ケア ② 命に関わる病気にともない発生する難問に直面する患者と、その家族のQOL(生命の質)を高める取組をいう。苦痛・不安の除去、充実した意味ある死生観の確立などに関し、患者と家族に対して医学的・心理的・哲学的・宗教的立場から支援をおこなう。しかし、緩和薬や鎮痛薬による縮命や意識低下、苦痛回避のための安楽死の選択性向、告知の是非、かさむ治療費などの問題もあり現状では困難もつきまとう。

脳死 ⑤ 脳幹を含む全脳の機能が不可逆的に停止した状態をいう。脳は、大脳(知覚・記憶・判断などをつかさどる)・小脳(運動や姿勢の調節などをつかさどる)・脳幹(呼吸・循環機能の調節などをつかさどる)に大別できるが、全脳が損傷を受け、いかなる治療をおこなっても全脳に回復の見込みがない脳死状態になると、自発的な呼吸ができず、生命維持装置をはずせば数分から数時間内に心臓が停止する(**心臓死**①)。従来の死の定義では、⑴**瞳孔の拡散**②(光を当てても瞳孔が縮小しない)、⑵**心**

臓の停止①、(3)**自然呼吸の停止**②、の**三徴候**(さんちょうこう)**死**①をもって人の死としてきたので、脳死状態から三徴候がみえるまでに時間の差があるため、この間に臓器に損傷が生じてしまい、移植できる臓器は腎臓(じんぞう)・膵臓(すいぞう)・眼球に限られた。そこで、臓器移植法により、脳死での臓器提供を前提とした場合のみ脳死は人の死とされ、これにより、心臓・肺・肝臓(かんぞう)・小腸の移植も可能になった。

植物状態 ① 脳幹の機能が残存し回復の可能性がある脳の損傷をいう。知的精神活動はないが、呼吸・血液循環・消化などの植物的な機能は継続し、死とは明確に区別される。

臓器移植(ぞうきいしょく) ⑤ 心臓・腎臓・肝臓などの臓器を患者に移植して治療すること。心臓や肝臓はとくに酸素の不足に弱く、ドナー(提供者)の心臓が停止するまで待つと、血液の流れがとまり機能が破壊されてしまう。そこで心臓がまだ動いているうちに、臓器を摘出する必要があり、臓器移植法により、脳死の人からの臓器摘出が認められた。

臓器移植法 ⑤ 脳死を人の死と認め、脳死の人からの臓器提供を許可した法律(1997〈平成9〉年制定)。実施にあたっては、本人の生前の意思表示、家族の承認、専門医の脳死判定、実施施設の指定などの条件が定められ、日本臓器移植ネットワークが斡旋(あっせん)をする。この法にもとづき、1999(平成11)年に日本で最初の脳死者からの臓器移植がおこなわれたが、(1)子どもに大人の大きな臓器は移植できない、(2)法制定後も移植が進まない、(3)WHO総会において、臓器移植の国内自給を求める動きがあった、などの理由から、2009(平成21)年に**臓器移植法の改正**②がなされた。おもな改正点は、(1)本人の臓器提供の意思が不明でも遺族がこれを書面で承諾する場合と、15歳未満の者からでも家族が承諾する場合は臓器摘出を可能とする(民法では15歳以上を意思表示可能としていたため、意思表示の必要な旧法では対応できなかった)、(2)親族への優先提供の意思を表示できる、(3)運転免許証などへの意思表示記載を可能とする、などである。

ドナー donor ⑤ 臓器・精子や角膜(かくまく)など身体の一部を患者に提供する者のこと。ドナーに対して、提供を受ける人を**レシピエント**(recipient)④という。みずからの臓器や身体の一部を提供するかどうかについては、ドナーの生前の意思(リヴィング・ウィル)が最大限に尊重されるべきであると考えられている。

臓器提供意思表示カード donor card ③ 脳死状態になった場合に臓器を提供するという意思表示を記したカード。ドナー・カードと呼ばれる。2009(平成21)年に臓器移植法が改正され、ドナー・カードなどによって本人の意思が確認されない場合でも、家族の同意があれば臓器提供が可能になった。このように日本ではアメリカやドイツなどと同様に本人の生前の意思表示、または家族の同意のどちらかがあれば脳死後の臓器提供がおこなわれるようになったが、フランスやイギリスなどでは本人が生前に臓器提供の意思表示をしておかない限り、臓器提供するものとみなされる。

移植ツーリズム ① 臓器移植の目的で国境をこえる移動のうち、不正な臓器取引に関与する渡航や渡航先の住民に不利益を与える渡航をいう。国際移植学会は「イスタンブール宣言」(2008年)を採択し、不当な臓器の摘出、その臓器の移送や移植、利益がからむドナーやレシピエントの勧誘などの臓器取引と、臓器移植資源(臓器・医師・移植施設)が非住民に優先的に利用され、自国民の移植医療の機会が減少する場合を非倫理的とした。そのうえで、移植は社会的弱者を犠牲にせず、公平におこなわれるべきであるとしている。この宣言以降、各国は自国での臓器提供増加を模索中である。日本でも改正臓器移植法が施行されたが、臓器提供は低い水準にとどまり、待機中に病状が悪化し、命を落とす患者も少なくないという現状がある。

免疫抑制技術 ① 免疫の能力を調整する技術を指す。免疫は自己と非自己(外来の物)を区別し、非自己に対して攻撃を開始する。臓器移植は他人の臓器、つまり非自己を移植する医療であるため、移植された臓器が免疫の攻撃を受けないように、移植後の免疫抑制治療が必須である。しかし、免疫抑制薬により免疫の能力を下げれば、移植された臓器への攻撃はなくなるが、日和見(ひよりみ)感染症(健康な人では問題とならないような病原体に感染すること)が問題となる。したがって、免疫抑制技術が移植の成否に影響する。

人工臓器 ① 生体の臓器や組織の機能を代行する人工の装置。広義には人工皮膚などもあるが、一般的には人工心臓・人工肝臓かんぞう・人工腎臓(じんぞう)などの体内臓器を指す。技術的改善が必要な部分もあるが、ドナー不足により移植が進まないという問題の解決が期待される。

個人の自律 ① 外部からの支配や制約を受けずに、自分自身で判断し行動することをいう。自律は自由な行動選択であるが責任や自己管理がともなう。カントは、自律的判断に従うことは、自分自身に従うことなので、自律こそ自由と考えた。また、J. S. ミルは、他者危害(排除)の原則により、人間は人の迷惑にならない限り、自由な行動選択ができるとした。しかし、カントの自己決定過程には、自然的法則(生理欲求など)を乗りこえて普遍的な道徳法則に沿う判断をすべしという義務があり、J. S. ミルの他者危害(排除)の原則では、人間は自責の念により悪を避け、より質の高い行動を選択するという自己管理が求められる。医療の分野では、治療法への自律的決定が保障されるべきだが、それは同時に自分の命への責任を引き受けることであり、ときには、自身で生活改善をおこなうなどの自己管理が求められる。

自己決定権［生命倫理］② 患者自身が自己の治療についての決定権をもつという考え方。従来の医療では、専門家としての権威をもつ医師が、治療における主導的役割をつとめ、患者はそれに従うことが普通とされた。近年は、医師が患者やその家族に対して、治療の目的や方法、副作用や治療費などについて十分に説明し、患者や家族がそれに同意してみずからの治療法を選ぶ**インフォームド・コンセント**(informed consent)⑤(説明と同意という意味)が重視され、患者中心の医療が求められている。尊厳死も自己決定権の一例である。

リヴィング・ウィル　living will ⑤ 生前の意思という意味で、自分の死のあり方について、あらかじめ意思を表明しておくこと。延命措置の拒否や臓器提供など、患者のリヴィング・ウィルが尊重される必要がある。

パターナリズム　paternalism ⑤ 父権主義。相対的に強い立場の者が、弱い立場の者に示す支配的態度をいう。司祭・管理者・教育者・専門家との人間関係のほか、国際関係でも見出されることがある。立場的に強い者は、父親的愛情を示しながらも、相手の人格や意見を軽んじ、自己決定権を認めない場合がある。たとえば、圧倒的な医学的知識をもっている医師が、治療方針を一方的に決定する場合がこれに当たる。

出生前(しゅっしょう(しゅっせい)ぜん(まえ))**診断** ⑤ 母体内の胎児の状況を把握する出生前検査の結果に対する医学的診断をいう。胎児の状態を知ることで、胎児の健康状態や先天的異常の有無が確認でき、胎児期からの治療および出産とその後に向けての準備ができる。出生前検査には、形態異常(エコー検査など)と染色体異常を調べる検査があるが、後者には羊水検査のような診断確定ができる検査と、新型出生前診断(NIPT)などの診断確定できない簡易検査がある。出生前診断で異常が認められた場合に、「育児の経済的不安」「その子の将来への不安」という理由から中絶は許されるのかという「生命の選別」「生存権の否定」などの倫理的問題が生じる。

新型出生前診断(NIPT)　Non-Invasive Prenatal genetic Testing ① 妊婦の血液による胎児の染色体(細胞中のDNAの集合体)検査をいう。妊婦の血液中に胎盤からもれ出た胎児のDNAを用い、ダウン症候群などの染色体異常を発見できる。従来の非確定的検査に比べ精度が高く、また確定検査にともなうような流産・死産のリスクがないため利用者が増大した。検査法が確立して年月を経たことや、確定的検査ではないことから、近年は「非侵襲性(ひしんしゅうせい)出生前遺伝学的検査」との名称を用いる。

着床前(ちゃくしょうぜん(ちゃくしょうまえ))**診断**　PGD, preimplantation genetic diagnosis ④ 体外受精による胚(はい)(受精卵)を母体に移植する前に染色体の異常を調べる検査をいう。出生前診断が胎児の段階でおこなわれるのに対し、その前段階で実施される。具体的には4つまたは8つに細胞分裂した受精卵(胚)の一部を取り出して、染色体異常の可能性が低い胚を選んで子宮に移植をして着床させる。日本では、日本産科婦人科学会の会告「「着床前診断」に関する見解」が事実上の規制となり、「重篤(じゅうとく)な遺伝性疾患児を出産する可能性のある遺伝子変異ならびに染色体異常を保因する場合」および「均衡型染色体構造異常に起因すると考えられる習慣流産(反復流産を含む)」の場合に限って、着床前診断の実施を個別に審査して認める方向性が出された。着床前診断は妊娠成立前であるため、出生前診断による人工妊娠中絶のときのような母体負担がないが、「適切でない」と判断された受精胚や卵子は廃棄されるため、「生命の選別」につながる危険がある。

生殖補助技術 ② 妊娠を成立させるための治療・方法に関連する技術をいう。生殖補助医療法(2020〈令和２〉年制定)によれば、⑴人工授精、⑵体外受精、⑶体外受精胚移植(体外受精により生じた受精卵を女性の子宮に移植する)をいう(ただし医師会では別定義がある)。さらに同法では、女性が他人の卵子を用いて出産してもその子の母である(９条)、夫は、同意して妻が他の男性の精子を用いて生まれた子を自分の子とする(10条)、という規定がある。従来、親は子どもと生殖を介し生物的につながっていたが、生殖補助医療により、親子関係が多様になった。生まれてきた子どもは、「児童の権利に関する条約」で、できる限り生物学上の親を知ること(出自を知る権利)が認められているが、実際には家族関係のゆがみが生じるなど様々な問題が予想される。

生殖革命 ① 生殖技術の飛躍的な進歩を指す。従来の自然な妊娠・出産に対して、不妊の夫婦が体外受精・人工授精によって子どもを生むことができるようになり、さらに出生前診断による胎児の検査、卵子・精子・受精卵の冷凍保存、代理出産、男女の産み分けなどが可能になった。生殖技術の進歩は、生殖の選択の可能性を広げるとともに、新たな倫理的課題を生み出している。

人工授精 ③ 精子を人工的に子宮に注入する受精方法をいう。夫の精子を用いる配偶者間人工授精(AIH, Artificial Insemination with Husband)と、夫が不妊の場合はほかの男性の精子を使う非配偶者間人工授精(AID, Artificial Insemination with Donor semen)がある。

体外受精 ⑤ 母体から卵子を取り出して体外で受精させ、受精卵を母体に戻して妊娠・出産させる方法をいう。試験管のなかで受精をおこなうので、生まれた子は**試験管ベビー**②とも呼ばれる。精子の数が少ない、または動きが悪い場合は、医師が顕微鏡を使って授精させる顕微授精がおこなわれる。夫婦間でおこなわれる配偶者間体外受精が原則であるが、第三者から精子や卵子の提供を受けなければ妊娠できない夫婦に限って、非配偶者間体外受精も検討される。

代理出産 ④ 女性が妊娠できない場合、ほかの女性に**代理母**(だいりはは)①として妊娠・出産してもらうことで、代理懐胎ともいう。夫婦の受精卵を代理母に移植する場合は、ホストマザー(host mother)と呼ぶ。この場合は、子どもは夫婦の遺伝子を受け継ぐ。妻が不妊の場合に、夫の精子と代理母の卵子を体外受精させる場合はサロゲートマザー(surrogate mother)と呼ぶ。この場合、子どもは代理母と夫の遺伝子を受け継ぐ。日本の民法では、子どもを出産した女性が母親と定められており、代理出産は認められていない。しかし、代理出産をおこなった場合、出産した母親と卵子を提供した母親の２人がいるケースが生まれ、親権や養育権などをめぐって法律上の問題がおこることがある。

ベビーM事件 ① 1986年にアメリカのニュージャージー州で、体外受精によって代理出産をおこなった女性(代理母)が子どもの引渡しを拒み、養育権を求めて裁判になった事件。裁判所は、はじめは代理母契約を認めて、代理母には養育権を認めないと判断したが、ニュージャージー州の最高裁判所は、代理母契約を無効にする判決をくだし、親権を依頼者に認めたうえで、離婚の場合に準じて代理母には訪問権を認めた。

遺伝子診断 ① 病気の診断・治療のために、遺伝子を検出して病気の原因を究明する診断。病気の原因が明らかになることで適切な治療がおこなえ、また、遺伝子の情報から将来自分がかかる可能性のある病気が予測できて、一人ひとりにあった早期の予防や治療をおこなうテーラーメイド治療ができる。遺伝性の疾患(しっかん)の場合は、血液などの細胞から遺伝子を取り出して原因をつきとめる。また、がんの場合は、がん細胞から遺伝子を検出してがんの性質を判断することで、それに応じた効果的な治療をおこなう。

デザイナー・ベビー　designer baby ⑤ 受精卵の遺伝子操作を受け、親の望む性質をそなえた子どもとして生まれる赤子。ヒトゲノム編集技術の向上により、ヒト受精卵の遺伝子改変が可能となったが、この方法を進めると、高い知能や運動能力など、親の望む性質をそなえた受精卵を制作することも可能になる。子どもの人格形成に、親が遺伝子のレベルで関与して子どもをデザインすることが倫理的に許されるのか、生まれてきた子どもの心と体の健康を本当に保証できるのか、世代を超えての影響はないのかなど、その是非(ぜひ)が議論されるなか、各国はゲノム編集された受精卵を母体に戻すことを禁じるなどの規制を設けている。

妊娠中絶 ① 日本では、1996(平成８)年の母体保護法によって、母体の生命健康の保護を目的に妊娠中絶が認められている。優生保護法(1948〈昭和23〉年制定)が「不良な子孫」の出生を防止するという、遺伝的差別を正当化する優生思想にもとづくものであったことを改めて、母体保護法は制定された。国連の世界人口会議(1994年、カイロで開催)では、女性の自己決定権として妊娠中絶の自由を認めたが、宗教界では、カトリックを中心に、胎児の生命を尊重する立場から妊娠中絶に反対する意見がある。

優生(ゆうせい)思想 ③ 遺伝的にすぐれた性質をもつ子孫だけを残そうとする思想で、**優生学** ①ともいう。生命を優良と不良とに振り分ける考え方で、かつてはナチスがユダヤ人やシンティ・ロマを劣等民族と決めつけて、収容所で虐殺した非人道的な行為にもつながり、戦後は生命の尊厳に背(そむ)く思想として批判された。しかし、近年の遺伝子診断の発達によって、受精卵の段階で遺伝病や障がいの有無による「生命の選別」をおこなうことができるようになり、さらに遺伝子操作によって親の望んだ遺伝子を組み込んだ子どもを生むことも可能になり、優生思想の復活につながるのではないかと懸念され、倫理的問題になっている。

メメント・モリ(死を想え) memento mori(ラ) ① ヨーロッパの箴言(しんげん)で、⑴必然的な自己の死を自覚せよ(という警告)、⑵死の象徴物(頭蓋骨など)、を意味するラテン語。メメントは「汝(なんじ)記憶せよ」、モリはmorior「死ぬ」の不定法の意。中世にペストが流行し、人々が死の恐怖と不安にとらわれた時に語られたが、一般的には人生にいつか死が訪れることを忘れずに、死を念頭において生きようという意味に使われる。俗世での娯楽や富・名誉などを得ることの空虚さをとなえるキリスト教の影響下で、16世紀頃から墓石用のモニュメントや芸術の主題として多用された。シェークスピアの『ヘンリ４世』でも、「世間の多くの者がしゃれこうべで死を忘れまいとするように……(I make as good use of it (your face) as many a man doth (does) of a Death's-head or a memento mori……)」というせりふで使用されている。

ヘルシズム(健康至上主義) healthism ① 健康自体を目的としてとらえ、健康獲得のために過剰な努力をすることをいう。とくに先進国において、人々はサプリメントや健康器具などの購入、ジムなどの施設利用、各種講習会参加に多額の費用をかけることがある。健康や長寿に対する関心は古来からみられるが、大切なことは、自然の秩序・リズムに従い、適度なバランスを心がけることである。たとえば、医食同源(いしょくどうげん)の思想では、食事は季節に応じた五色(青・赤・黄・白・黒)のバランスよい食材を用いて料理し、少量多嚼(しょうりょうたしゃく)することが大切で、もし食材がかたよったり、一度に大量に食物を摂取したりすると、食べたものはかえって体を害することになる(食毒)と考えられている。

医療格差 ① 医療の提供に質的または量的な違いが生じることをいう。国際的には富裕な国と貧困層の多い国のあいだで、日本国内では都市と地方のあいだで、治療の質や受診できる機会などの差が生じている。

テーラーメイド医療 ① おのおのの患者にあわせ個別に治療法を考える医療のこと。オーダーメイド医療ともいう。遺伝子多型(病因の１つとなる100人に１人以上の人がもつ特異遺伝子型)のほか、年齢・性別・体重などを考慮して治療がおこなわれる。従来の医療が、同一病名の患者には同一治療がなされたのに対し、人間の遺伝子情報の解読や疾病の統計解析が進み可能となってきた。日本でもテーラーメイド医療の実現のため、がんなどの47疾患の研究がなされた(2018〈平成30〉年終了)。なお、東洋医学では同じ症状であっても、「証(しょう)」(病名ではなく体質も含めた全病態像)により、個別の治療法がとられる。

身体観・生命観 ① 身体と生命に対する見方をいう。身体・生命は神や自然からいただくという考えが古代の主流であったが、科学の発達と価値観の多様化により、生命や身体は人間が管理できると考えるようになってきた。一方で「赤子はどうして生まれるのか」という幼児の質問に対して、「子どもが欲しいと願い続けたから」という親の返答が子どもの自己存在の肯定につながることもあるように、心身への科学的・機械論的アプローチのみにかたよることなく、情をからめた見方も必要とされる。

BMI(ブレイン・マシン・インターフェイス) Brain machine Interface ② 脳神経細胞と機械を接続する技術・機器をいう。体内に機器を埋め込み、脳波により機材を操作したり、感覚器を介さず機材からの情報を脳で処理したりできる。身体の一部の機能を失った人を補助する福祉分野や、人間の行動範囲を広げる新生活分野などで期待されている。一方、複数のドローンを兵士が脳波で自由に操る研究などの軍事利用や、脳からの個人情報流出など倫理的問題も指摘されている。

パラアスリート para-athlete ① 障がいのある運動選手をいう。パラリンピック競技大会への参加の有無に関わらず、障がいのあるアスリート全般について用いられる。1960年にローマで開催された事実上の第1回パラリンピック(Paralympic)ではParaplegic Olympic(対麻痺まひ者のオリンピック)と開催表明をしていたが、国際オリンピック委員会(IOC)はParalympicをpara(沿う・並行を意味するギリシア語の接頭語) + Olympicと解釈し(1985年)、これが定着した。共生社会を具現化する重要な概念である。

● ● ●

感染症 ⑤ 病原体が生物に侵入することで発症する病気をいう。病原体にはインフルエンザウイルス・コロナウイルス・ノロウイルス・天然痘などのウイルスと、コレラ・ペスト・結核・梅毒などの細菌が代表としてあげられる。なかでも王冠(コロナ)状の突起をもつコロナウイルスは、人に感染するものとしてSARS(重症急性呼吸器症候群)など6種類がすでに知られていたが、2019年以降、**新型コロナウイルス感染症(COVID-19)**(Corona-Virus-Disease-2019)⑤により、多くの犠牲者を出す**パンデミック**(pandemic)③(世界的大流行)が引きおこされた。この時、医療体制の逼迫ひっぱくという問題のほかに、国力の差が国民の生存率につながるという格差が浮き彫りとなり、国際的な課題となった。

ペスト ① ペスト菌を保有するネズミなどのノミ、保菌者の咳などによる飛沫などを介して伝播する感染症。皮下に黒い出血斑ができるため「**黒死病**」①ともいう。14世紀のヨーロッパや明治末の日本で大流行した。

天然痘 ① 天然痘ウイルス感染者の咳などによる飛沫や、発疹からの排出物・かさぶたへの接触を介して伝播する感染症。痘そうともいう。ワクチンが普及し、WHOが1980年に世界根絶宣言を出したが、生物兵器への応用が懸念されている。

コレラ ① コレラ菌に汚染された水や食料を摂取することで伝播する感染症。重症の場合、水様性便が大量に排泄はいせつされ、脱水状態になり死亡する。

第2章 環境倫理

1 地球環境の問題

公害 ① 人々の経済活動・産業活動などによって生じる人間の生命や健康、または生活環境に関わる被害をいう。大気汚染・水質汚濁・土壌汚染・騒音・振動・地盤沈下・悪臭などがある。この対策として、1967(昭和42)年制定の公害対策基本法を発展的に解消し、1993(平成5)年に**環境基本法**②が制定された。

水俣病(みなまたびょう) ② 熊本県水俣湾周辺で発生したメチル水銀の中毒症。1950年代から、神経障害に苦しむ多数の患者が発生し、死者も出た。1968(昭和43)年に、国はチッソ(新日本窒素肥料)の水俣工場からの排水が原因であると認定した。

:**『苦海浄土**(くがいじょうど)**』** ② **石牟礼道子**(いしむれみちこ)(1927～2018)②の著書。水俣に育った著者が、熊本県水俣湾周辺で発生した水俣病に苦しむ患者に寄りそう立場で書かれた記録文学。水俣病の悲しみと怒りを、みずからの痛みとして記録した。

四大公害裁判 ① 新潟水俣病、四日市ぜんそく(三重県)、イタイイタイ病(富山県)、水俣病(熊本県)の**四大公害病**①に罹患(りかん)した患者・家族が企業に対しおこした訴訟をいう。水俣病は水銀による水質汚濁が原因で、水銀が魚介類を介して人体に摂取され、中枢神経をおかし運動障害を発症させた。とくに水銀は胎盤(たいばん)を通過し胎児に重大な影響を与えた。四日市ぜんそくは石油コンビナートの排煙による大気汚染が原因で、呼吸を介し体内に有害物質が侵入して呼吸困難を発症させた。イタイイタイ病は鉱山排出のカドミウムによる水質汚濁・土壌汚染が原因で、カドミウムが米を介し人体の腎臓皮質(じんぞうひしつ)に蓄積して、カルシウムなどが排出されてしまい、骨折しやすくなった。これらの公害病によって、多くの命と健康が失われ、また、病と企業の排出物との因果関係の認定が困難であったが、1971(昭和46)～73(昭和48)年にそれぞれの裁判で判決が出され、いずれも原告側が勝訴している。国は公害対策基本法(現環境基本法)を整備し対策にあたった。

環境問題(地球環境問題) ④ 人間の活動にともない生じた、環境汚染・環境破壊などの問題のこと。経済活動の発展にともない、資源の浪費・自然破壊・廃棄物問題などが深刻化し、地球の生態系が破壊されている。

環境破壊(環境汚染) ④ 大気や水などの自然環境が、人間の産業・消費活動の拡大にともない、その自浄(じじょう)能力を上まわる悪影響を受けて、回復できず、破壊されること。地球規模での環境破壊が進み、森林破壊や海洋汚染、オゾン層の破壊など、深刻な影響を与えている。

公害輸出 ① 人体や環境に有害な製品・原料・廃棄物・生産工程などを他国へ輸出することをいう。多くの先進国では法規制や住民の反対運動により、安全性や環境保全の見直しが進められてきた。しかし、企業のなかには、法規制のゆるやかな国や、貧しい国・地域において、廃棄物の処理・投棄、国内で禁止された製品の販売、公害を生む工場の操業のほか、環境破壊をともなう資源開発などをおこなうものがある。国境をこえたグローバルな対応が求められる。

海洋汚染 ① 海が有害成分により汚れることをいう。海洋法に関する国際連合条約(1982年採択)では「海洋環境の汚染」を、「人間による海洋環境(三角江を含む。)への物質又はエネルギーの直接的又は間接的な導入であって、生物資源及び海洋生物に対する害、人の健康に対する危険、海洋活動(漁獲及びその他の適法な海洋の利用を含む。)に対する障害、海水の水質を利用に適さなくすること並びに快適性の減殺のような有害な結果をもたらし又はもたらすおそれのあるものをいう」と定義している。近年はとくにマイクロプラスチックの流入増加が懸念されている。

:**マイクロプラスチック** microplastics ① 一般に、5mm以下の微細なプラスチック類をいう。長いあいだに海を漂流するプラスチックごみは海波や紫外線の影響で微細片となっていくが、その化学汚染物質によって海洋生物が害を受け、炎症反応・摂食障害などにつながるとされている。

環境正義 ① 社会的な格差・差別に影響されず、だれもが健康的環境下で生活ができるとする考えのこと。人種・出自(血筋)・出身地・収入などの面において、社会的弱者となった者は、廃棄物処理場の近辺など地価の安い有害な地域に住まざるをえなかったり、危険な環境下(農薬散布中など)での労働をよぎなくされたりすることがある。アメリカでは環境保護庁が「何人も悪い環境をおしつけられることがなく、環境や健康についての検討会に出席をして、その意見が反映されることが約束されている」と明言している。

焼畑 ② 草木を焼き払った跡地で、その灰を肥料としながら営む農業のこと。焼畑の問題として、東南アジアなどの熱帯雨林が破壊されて砂漠化が進行することや、産出する煙が健康被害と温暖化をもたらすことがあげられてきた。しかし、これは自然の回復力を無視した無計画な焼畑が原因であり、自然と対話しながらおこなわれる伝統的な焼畑とは一線を画す。伝統的焼畑は、草木を焼くことで病虫害をおさえ、その灰が土の酸性を中和し、肥料となるため、費用がかからず農薬被害がない。作物を育てて地力が衰えると、つぎの焼畑地への移動を繰り返し、数年たつと元の場所に戻り持続性を維持する。宮崎県の椎葉山地域は世界農業遺産にも認定され(2015〈平成27〉年)、現在でも焼畑農法で作物を育てている。大切なことは、伝統的焼畑で生計を立てる人々と森林を破壊しながら焼畑をおこなう人々を区別し、後者との対話により森林保全の糸口を模索することである。

オゾン層の破壊 ② フロンなどの人工物質の放出により、大気中のオゾン(O_3)の分解反応が極度に促進されることをいう。成層圏には、大気中のオゾンの9割が存在するが、そのうち高濃度のオゾン分子を含む上空20km前後の領域がオゾン層と呼ばれる。オゾン層を中心に、オゾンは紫外線を吸収し、分解と生成を繰り返しながら、地表の生物を紫外線から保護してきた。しかし、人工物質により大気中のオゾンが減少し、南極では上空のオゾン量が極端に少なくなるオゾンホールと呼ばれる現象が1980年代から報告されている。そこでウィーン条約(1985年)や**モントリオール議定書**①(1987年)が採択され、オゾン層破壊物質の生産を規制した。日本でもオゾン層保護法が1988(昭和63)年に制定された。国連環境計画は、オゾン層が回復傾向にあるとの報告(2022年)をしている。

砂漠化 ④ 過放牧や森林破壊などの人為的要因によって、地面からの水分蒸発量が降水量よりも多くなり、水分を失った土壌が乾燥して、生産力を低下させる状態のこと。

地球温暖化 ⑤ 地球全体の気温が上昇することで、海面が上昇するなどの環境破壊をもたらす。二酸化炭素やフロンガスなどは、太陽光線は通すが、地表から熱を放射する赤外線を通さず、熱を逃がさないので、大気中で濃度が増加すると気温が上昇する。これらのガスは**温室効果ガス**②と呼ばれる。

海面の上昇 ① 地球温暖化による平均海水面の上昇をいう。気候変動・地殻変動などによる自然現象としての海面上昇・下降はかつて幾度もあったといわれるが、近年の上昇は人間の活動によるものと考えられる。具体的には、海水温度の上昇により、海水自体の体積が増す海水熱膨張や、大陸氷河(陸上の氷床)融解水の海への流入が主原因とされる。海面上昇は水没・高潮などにより低海抜地域の住民や生物に壊滅的被害を与える。IPCC(気候変動に関する政府間パネル、Intergovernmental Panel on Climate Change)の予測では、今後、世界の多くの大都市が被害地域となる可能性が高いという。

酸性雨 ④ 化石燃料が燃焼するときに生じる二酸化硫黄(SO_2)などの酸性物質が大気中で化学変化をおこし、硫酸や硝酸となって溶け込んだ、通常より強い酸性を示す降水。水中生物の減少や森林の立ち枯れなど生態系に悪影響を与えるほか、金属をさびさせるなど建造物に被害を与える。酸性雨は化石燃料の燃焼のほか、火山活動などでも生じるが、一般的には人為起源の酸性物質により酸性化したpHが5.6以下の降水を指す。

原子力エネルギー ① 一般に、⑴核融合と⑵核分裂という、原子核反応により生み出される膨大なエネルギーをいう。この熱エネルギーで蒸気をつくり、タービンをまわして発電をするのが原子力発電である。⑴は比較的軽い水素などの原子核どうしの衝突により熱を発生させる。ただし、その際に超高温・超高圧環境を必要とするため、技術的に実用化が難しい。⑵はウランなどの比較的重い原子の核に中性子を衝突させて、熱を放出させる。この熱を利用しているのが現在の原子力発電である。しかし、核分裂の過程で必ず放射線を出す物質が発生するので、その処理や管理が問題となる。また、(1)(2)とも核兵器という軍事に転用できる技術である点も留意すべきである。

高レベル放射性廃棄物(ほうしゃせいはいきぶつ) ① 原子力施設などで用いられた使用済燃料から、ウランやプルトニウムを回収したあとに残る放射線量の高い廃棄物のこと。原子力施設で用いた作業着・洗浄廃液など、比較的放射能の弱い低レベルの放射性廃棄物は、熱で灰にしたり、濃縮したりしてドラム缶につめて貯蔵するが、高レベルのものは化学的に安定しているガラスと混ぜて、ステンレス容器に注入し固化する。この容器は地上で30〜50年間貯蔵され、その後、地下深部に処理(地層処分)される予定であるが、その安全性が求められている。

原子力発電所 ① 原子炉で発生する熱エネルギーによって、水蒸気をおこしてタービンを回転させ、発電する施設。石油エネルギーにかわるエネルギーとして重視されてきたが、放射性廃棄物の処理、事故の危険性など、安全性の問題も多い。日本では1966(昭和41)年に、茨城県東海村の東海発電所で営業運転が開始された。

福島第一原子力発電所事故 ③ 東日本大震災(2011〈平成23〉年3月11日発生)にともなう津波による施設損傷により、放射性物質が放出された福島県の原子力発電所事故のこと。福島県にある東京電力福島第一原子力発電所は、津波による電源喪失で、高温になった使用済燃料を冷却する装置の機能を失い、燃料が露出して溶融(ようゆう)した(炉心融解(ゆうかい)〈メルトダウン〉)。その直後に、異常発生した水素が爆発して、原子炉建屋(たてや)などを破損させ、放射性物質が大気中に放出された。政府は「原子力対策特別措置法」にもとづき、緊急事態宣言を発動して対策にあたった。人間の想定を上まわるこの事故により、原子力発電所への安全性が問われる一方、エネルギー資源の確保が課題となっている。

自己調節機能 ① 何らかの理由で生じた歪(ゆが)みに対して、自然にそれを修復できる機能をいう。鼻腔(びくう)粘膜に菌などが付着した場合、異常を感知した生体が鼻水によってそれを洗い流して、もとの均衡を得ようとするように、生命は生体に生じた異常に自己対応ができる。それと同様に地球の摂理も、環境の異常に対して何らかの対抗策をとっているかもしれないと考える説がある。このような思想は古くからあったが、近年ではイギリスの生物・医学者ラブロック(J. Lovelock、1919〜2022)が、地球は太陽系のなかで最大の生き物であると想定し、ギリシア神話の女神(Gaia)にちなんで、「ガイア理論」と呼ばれる考えを発表している(1969年)。

2 環境倫理

生態系(エコシステム) ecosystem ⑤ 一定の地域にすむ生物群と、それを取り巻く大気・水・土壌などの無機的な環境とがつくり出している総体的な秩序体系をいう。生態系では生物と非生物的な環境が密接に関係しあい、1つのまとまりを形成しているが、人間の経済活動から生じた合成物質・廃棄物や乱開発などが生態系を破壊し、問題となっている。

生態学(エコロジー) ecology ② 生態系における生物と環境の関連や構造を研究する学問をいう。生態系の一員である人間の活動が、生態系を崩し、環境破壊をおこしている状況下で重要な学問となった。近年では、生態系を保護する態度や運動も含むようになった。

食物連鎖(しょくもつれんさ) ④ 生物が捕食する・されるの関係により、自然界でつながっていることをいう。食物連鎖では、自然界に微量な有害物質が混入した場合、小さな生物が大きな生物によって大量に捕食されていくという連鎖を経て濃縮され(生物濃縮)、食物連鎖の頂点に立つ人間は高濃度の有害物質を摂取する可能性がある点が問題となる。

環境倫理(環境倫理学) ④ アメリカを中心に環境破壊の危機を背景に成立・発展した倫理で、地球全体主義、世代間倫理、自然の生存権の3つに集約される。

:地球全体主義(地球有限主義) ② 環境倫理学の論点の1つ。**地球の有限性**②や**資源の有限性**②を自覚し、有限な地球環境を保護することが、ほかの目的よりも優先されること。**生態系の閉鎖性**①を前提にして、地球の生態系(エコシステム)からはみ出した人間の文明を、再び地球の生態の循環のなかに組み入れることで、生態系中心主義とも呼ばれる。

:世代間倫理 ⑤ 環境倫理学の論点の1つ。現在の世代は、未来の世代の生存可能性に対して、責任があること。

:自然の生存権 ② 環境倫理学の論点の1つ。人間だけではなく、自然も生存の権利をもつという自然中心主義の考え方をもつべきだとすること。

宇宙船地球号 ④ アメリカの思想家・発明家フラー(R. Fuller、1895〜1983)により提唱され、アメリカの経済学者**ボールディング**(K. Boulding、1910〜93)④らによって広められた言葉。地球を宇宙船のように閉ざされた環境にたとえ、環境問題の新たな取組の視点となる世界観を示し、1960年代に一般化した。地球上のすべての人間が、同じ宇宙船の乗組員という意識で、自然環境の保全に取り組むことをめざした。

土地倫理 ④ 土壌・水・植物・動物などの生態系の総称としての「土地」に対して、人間はその一員として愛情・尊敬の念をもつべきとする、アメリカの環境学者**レオポルド**(A. Leopold、1887〜1948)④の道徳理念をいう。彼は父に教わった狩猟や木工を通して森に親しみ、大学で林学をおさめ森林局に就職したが、オオカミなどの捕食動物の駆除(くじょ)は、シカなどの増加につながり、かえって森林が疲弊(ひへい)することを体験した。『野生のうたが聞こえる』(1949年)に収納されたエッセイ “The Land Ethics”(土地倫理)では、自然の保護者・所有者・支配者・責任者という人間支配の前提に立つ人為的自然保護(人間中心主義)ではなく、自然のもつ健康的相互依存性に耳を傾け(自然中心主義)、生態系の統合・安定・美の保存をはかるべきことを訴えた。

共有地の悲劇 ② アメリカの生物学者**ハーディン**(G. Hardin、1915〜2003)②が1968年に雑誌『サイエンス』に掲載した「人口問題は技術的方法ではなく、自由制限という道徳的方法で解決すべきである」とする論文で説いた比喩。自然科学の分野では、技術的解決が可能であるが、人間の価値観や道徳思想に関連する分野はそれになじまない。たとえば、共有地を放牧場として利用した場合、もし各牧場主が最大利益を求め、家畜を増やすことを始めたならば、それはやがて土地の許容量をこえ、共有地は荒廃してしまう。もちろん、ここにはアダム＝スミスのいう「見えざる手」も働かず、牧場主に与えられた自由は破滅をもたらす。同様に、人口増加が資源に対し一定水準をこえると人々は食糧難などの困難に直面するので、ベンサムのいう「最大多数の最大幸福」は達成できない。このような価値判断をともなう問題は、教育を通じて現実的知識を与え、出産の自由をみずから放棄する自主的規制により解決していくべきであるとハーディンは考えた。また、彼は「定員の決まっている救命ボート(富裕な国の比喩)に泳者(貧しい人々の比喩)を乗せれば沈没する」というジレンマを「救命ボート倫理(lifeboat ethics)」と表現し、人類への倫理的問いかけをした。

リン＝ホワイト＝ジュニア　Lynn White, Jr. ① 1907〜87　環境問題の起源を聖書に求めたカリフォルニア大学の歴史学教授。人間が、自然を支配してよい特別な存在であるという根拠を聖書の「神は彼らを祝福して言われた。「生めよ、ふえよ、地を従わせよ。また海の魚と、空の鳥と、地に動くすべての生き物とを治めよ」」(「創世記」第１章28編)に求め、神の意志に沿って自然を利用するという人間中心主義の自然観を推し進めたため、その考え方が自然破壊につながったとリンは指摘した。自然は利用の対象ではなく、人間とともに神の被造物として尊重されるべきであると彼は考えた。主著『機械と神』(1967年)。

ハンス＝ヨナス　Hans Jonas ⑤ 1903〜93「未来倫理」の研究で知られるドイツ出身の哲学者。ハイデッガーに学ぶが、師のナチスへの接近を機にそのもとを離れ、同門のハンナ＝アーレントらと交流をもちながら広い分野に精通した。とくに現代科学の影響にさらされる**未来世代**①に対し、現代世代は自然破壊をとめる責任があるという**未来倫理**③を主張した。自然は目的を内在しているので(目的論的立場)、その目的を達成させることが善であり、自然の破壊はその目的の阻止であるとともに、未来世代への脅威となると彼は考えた。また、責任は優位に立つ者が負うべきなので、いまだ無力な未来世代に対しては、現代世代が責任を負わねばならないとした。

自然の権利訴訟 ① 自然環境の保護を目的に、動物・植物・土地を象徴的に原告(げんこく)として裁判をおこすことをいう。開発によって被害を受ける動植物の名を原告として、それらの自然の権利を守るためにアメリカで自然保護団体が裁判をおこしたのが始まりで、日本で最初の権利訴訟は「**奄美(あまみ)自然の権利訴訟**②」である。この訴訟は、奄美大島のゴルフ場開発の許可取消しを求めて、絶滅が心配されるアマミノクロウサギなどの動物を原告にしたため、「アマミノクロウサギ訴訟」と呼ばれた。鹿児島地裁(2001〈平成13〉年)は、「日本の法制度では、権利や義務の主体を個人(自然人)と法人に限っており、動植物や自然そのものは、権利の客体となることはあっても権利の主体となることはない」との理由で、自然保護活動の価値は認めたものの、野生動物とそれを代弁する市民グループは「原告適格」を欠くとして訴えを却下した。

動物の権利 ① 個別の動物がもつ人間と同様な権利をいう。神は人間に動物を支配させようとした(『旧約聖書』)という宗教上の根拠、動物には尊厳の源となる理性が存在しない(アリストテレス・トマス＝アクィナス・デカルト・カントなど)という哲学上の根拠から、そもそも動物は権利を有しないという考えが長いこと通説であり、人間は動物の権利を奪い続けてきた。しかし、ソルト(H. Salt、1851〜1939)は、『動物の権利』(1892年)のなかで動物が権利を有することを肯定し、ピーター＝シンガーは、功利主義の立場から、動物は人と同じく権利を有すると考えた。また、リーガン(T. Regan、1938〜2017)は "The Case for Animal Rights"(動物の権利の擁護論)(1983年)のなかで、動物の理性の有無ではなく、「生きているという主体」として認められることだけで動物の権利が保障されるべきだとした。

ピーター＝シンガー　Peter Singer ③ 1946〜　オーストラリアの応用倫理(現代社会の諸問題に実践的に取り組む倫理)学者。彼は狭い工場内で飼育され、ただ太るために生きる肉用鶏や、機械のように妊娠・分娩・子の剝奪(はくだつ)が繰り返される工場畜産の惨状を知り、人類は動物より優越的立場にあるから、動物の生命や尊厳を無視して、差別や搾取(さくしゅ)を繰り返してもよいとする**種(しゅ)差別**(Speciesism)②の態度に反対して、ベジタリアンに転向した。ベンサムらの功利主義では、道徳的善の基準を理性的動機ではなく、行動的帰結に求めるので、道徳的配慮の対象は理性的存在者に限定しなくてもよい。そこでシンガーは、ベンサムの「平等の根拠は幸福・苦痛を享受する能力にある」を動物にも適用し、「動物の解放」を提唱した。具体的には、動物製品を避けるなどの購買習慣の見直しや、害獣の毒殺ではなく、不妊化をするなど、日常的な動物への態度変容を提唱している。主著『動物の解放』(1975年)。

動物の福祉(アニマルウェルフェア)　Animal Welfare ① 人間の管理下にある動物の身体・精神的状態を良好に保つべきとする考え方をいう。その対象には伴侶(はんりょ)用(ペットなど)・展示用(動物園など)・産業用(家畜)・実験用動物などがあげられ、福祉内容としては、世界動物衛生機関が策定(1965年)した５つの自由((1)飢えや渇きからの自由、(2)不快からの自由、(3)痛み、外傷や病気からの自由、(4)本来の行動する自由、(5)恐怖や苦痛からの自由)が広く知られている。ヨーロッパは動物福祉の考えが進んでおり、EUの基本となるアムステルダム条約にも「動物の保護及び福祉に関する議定書」が含まれ、フランスではペットの販売が禁止となる(2024年予定)。日本では動物愛護法(1973〈昭和48〉年制定)が2006(平成18)年に改正され、実験用動物には「３Ｒの原則」に従い、(1) Replacement(代替：その動物に代わり得るものを利用)、(2) Reduction(削減：その動物の数を少なくすること)、(3) Refinement(洗練：その動物に苦痛を与えない)が適用されるようになった。また、同法の2019(令和元)年の改正では、阪神・淡路大震災(1995〈平成７〉年)でペットの迷子が多く出たことから、犬と猫へのマイクロチップの取り付けが義務化された。また、世界動物園水族館協会の要請で動物園での環境改善が進み、産業用動物にもコスト上昇との調整をはかりながら工夫がなされつつある。

捕鯨(ほげい)反対運動 ① クジラの捕獲に反対することをいう。捕鯨反対の背景には、(1)自然保護団体の訴えがある、(2)ホエールウオッチングなどの観光産業は多くの鯨類(げいるい)を必要とする、(3)知性的生物の有する尊厳性をどう考えるかという倫理的問題の浮上、などがある。日本は、鯨類の保全と捕鯨産業の秩序ある発展のために設置(1948年)されたIWC(International Whaling Commission、国際捕鯨委員会)に加盟(1951〈昭和26〉年)したが、同委員会で売買目的のためのクジラの捕殺を禁止する「商業捕鯨モラトリアム」が可決(1982年)されたため、調査捕鯨のみをおこなってきた。しかし、(1)この決定には、1990年までに鯨類資源についての再評価を実施して取決めを見直すという条件がついていたにもかかわらず、それが反捕鯨国により実行されない、(2)科学的には持続可能な捕鯨が可能である、という理由で日本は2019(令和元)年にIWCを脱退し、オブザーバーとして参加することになった。

レイチェル＝カーソン Rachel Carson ⑤ 1907～64 アメリカの海洋生物学者・作家。1962年に**『沈黙(ちんもく)の春』**⑤を出版し、DDTなどの有機塩素系農薬と殺虫剤の大量使用による生態系の破壊を警告した。有害な化学物質は、食物連鎖による生物濃縮を通して、動植物だけではなく、人間も死滅させるとした。また、『センス・オブ・ワンダー』では、自然の不思議さに驚嘆(きょうたん)する感性の重要性を説き、この感性を人間が取り戻すことが自然との共生を実現するうえで必要であるとした。

> **カーソンの言葉**
>
> 自然は、沈黙した。うす気味悪い。鳥たちは、どこへ行ってしまったのか。みんな不思議に思い、不吉(ふきつ)な予感におびえた。……春が来たが、沈黙の春だった。……すべては、人間がみずからまねいた禍(わざわ)いだったのだ。
>
> (青樹簗一訳『沈黙の春』新潮社)

エマーソン R. Emerson ① 1803～82 超越主義・個人主義をとなえたアメリカの思想家・随筆家・詩人。ボストンでユニテリアン派(唯一神(ゆいいつしん)を主張し三位一体説を否定するキリスト教の一派)の牧師の子として生まれ、ハーヴァード大学卒業後牧師となる。その後、ユニテリアン派の理性主義を排し、1836年、『自然論』で直観を用いて大自然の背後と人間の魂に神性を求め、神と一体化するという「超越主義」を説く。ここから、自己の内こそ善の源泉であるので、すべての人は自分自身に立脚して思考すべきだとした個人主義を導き、同様の立場から、奴隷解放も主張した。ソローもこの『自然論』に影響を受けた１人である。

ソロー H. Thoreau ② 1817～62 『ウォールデン・森の生活』(1854年)で知られるアメリカの哲学者・作家・詩人・奴隷廃止主義者。マサチューセッツに生まれ、ハーヴァード大学を卒業後、より多くの富を生産し、消費することを美徳とするアダム＝スミスに対して、「質素な生活と自然および自由を享受(きょうじゅ)することが真の豊かさ、本当の暮らしであることを検証したい」と考え、20代最後の２年間を、ウォールデンの森にあるエマーソンが所有する土地にみずから建てた小屋で暮らし、読書・自然観察を続け、超越主義を実践し、他者の評価をつねに気にする世間体の奴隷を脱却して、夢に向けて自由に歩めることを確信した。この考えにもとづき、1849年、『市民不服従』を著し、黒人奴隷の逃亡を助けるなど奴隷廃止を訴え、ガンディーやキング牧師らに多大な影響を与えた。

国連開発計画(UNDP) United Nations Development Programme ① 第20回国連

総会決議(1965年)にもとづき、「国連特別基金」および「拡大技術援助計画」が統合されて設立(1966年)された機関。アフリカや中東などにおける貧困撲滅・不平等是正などの目標を掲げる。センの思想に学んだパキスタンの経済学者マブーブル゠ハク(Mahbub-ul-Haq、1934～98)が指導し、個人の能力を最大限に発揮できるように環境整備をする**人間開発**①の状態を国ごとに指標で示す『人間開発報告書』(1990年創刊)の発行もおこなっており、「人間の安全保障」が不可欠であるとするセンの考えも同報告書で述べられている(1994年)。国連や国連専門機関等の加盟国は、自動的にUNDPの加盟国となる。

→p.335 **セン**

ラムサール条約 ① ラムサール(イラン)で採択された(1971年)、湿地そのものがもつ生物をはぐくむ機能・資源・価値を将来にわたり維持していこうとする条約。湿地の「保全・再生」「生態系を維持した持続的利用」「そのための交流・教育」を目的とする。釧路(くしろ)湿原(1980〈昭和55〉年、湿地として国内最初の登録)や**谷津(やつ)干潟**①(1993〈平成5〉年、干潟として国内最初の登録)など、この条約の事務局への登録地がある。正式名称は「特に水鳥の生息地として国際的に重要な湿地に関する条約」。

国連人間環境会議 ⑤ 1972年に、スウェーデンのストックホルムで開かれた環境問題をテーマとした最初の国際会議。**「かけがえのない地球」**(only one earth)②をスローガンとした。114カ国、約1,200人の代表が参加し、人間環境宣言が採択され、人間の環境が人類の福祉、生存権そのもののために重要であるとし、各国が環境問題の解決のために、積極的に行動すべきであるとしている。

：**国連環境計画(UNEP)** United Nations Environment Programme ① 国連人間環境会議(1972年)で採択された「人間環境宣言」および「環境国際行動計画」を実施するための国連機関。国連総会決議で設立(1972年)。人間の生命と福祉のための環境保護を目的とし、情報の分析と提供・課題設定・国際間の調整や支援などをおこなう。

「われら共有の未来」 ① 環境と開発に関する世界委員会(WCED)が、国連総会に向けてまとめた報告書(1987年提出)をいう。このなかで「持続可能な開発」というSDGsにつながる重要な概念が提唱された。「持続可能な開発」とは「将来のニーズを満たす能力をそこなうことがないようなかたちで、現在の世界のニーズも満足させること」と定義される。具体的には環境汚染と破壊を未来への脅威と考え、これを回避するため、リスク管理・環境と経済の統合・人口抑制などをはかり、環境・資源基盤を保全しつつ開発を進めることが提唱されている。

国連環境開発会議(地球サミット) ⑤「国連人間環境会議」(1972年)の20周年を記念し、1992年にリオデジャネイロ(ブラジル)で開催された、「持続可能な開発」という基本理念にもとづいた地球環境会議。この会議は一般に地球サミットと呼ばれる。合意内容は**リオ宣言**②としてまとめられ、それを実行するために、環境保全のほか、人口増加や貧困などの社会的・経済的問題など環境にストレスをもたらす要因についての言及、NGOなどの主たるグループの役割、資金源などの実行手段に関する方針を盛り込んだアジェンダ21(行動計画)、大気中の温室効果ガス濃度の安定をめざす**気候変動枠組条約**③、生物多様性の保全・生物多様性の構成要素の持続可能な利用・遺伝資源の利用から生ずる利益の公正で衡平な配分をめざす**生物多様性条約**②が採択された。なお、本来「サミット(summit)」はＧ７など、毎年開催される非公式の主要国首脳会議を指すが、ある課題に特化した国際会議もサミットと呼ぶ。環境に関するおもなサミットには、国連環境開発会議(リオ・サミット、1992年)・持続可能な開発に関する世界首脳会議(ヨハネスブルグ・サミット、2002年)・国連気候変動サミット(2009年)・国連気候サミット(2014年)・国連持続可能な開発サミット(2015年)・SDGサミット(2019年)・国連気候行動サミット(2019年)などがあり、「地球サミット」と表現した場合には「国連環境開発会議」(1992年)のほか、それを継承する「持続可能な開発に関する世界首脳会議(2002年)」と「国連持続可能な開発会議(2012年)」を指すこともある。

持続可能な開発 sustainable development ⑤ 1992年の地球サミットで、先進国と開発途上国とのあいだで生じる環境と開発に関する対立をこえる思想的枠組みとして規範となった考え方。将来の世代の要求を満たす自然環境の能力をそこなうことなく、現在の世代の要求を満たすことで**持続可能な社会**③をめざし、環境保全と長期的発展を相互に対立するものではなく、相互補完的な関係にあるものとする。

予防原則 ① 環境に対して、重大で取り返しのつかない被害を与える恐れがあれば、科学的に確実な根拠がなくても、あらかじめ規制措置を講じるべきだとする制度・理念をいう。変化の想定できない化学物質や、人の手が加わって誕生した生物などを自然界に放出すれば、環境に甚大な被害を与える可能性があるので、科学的検証を待たずに放出をとめる必要がある。1992年の地球サミットで合意されたリオ宣言の第15原則では、環境保護のための「予防的方策」として、被害懸念への早急な対応と各国の努力をうながしている。

京都議定書 ④ 1997(平成9)年に京都で開催された第3回国連気候変動枠組条約締結国会議(COP)で採択された国際的合意文書。COP(Conference Of the Parties)とは国連環境開発会議(1992年)で採択された気候変動枠組条約の目標達成のために毎年開かれる国連気候変動枠組条約締結国会議の略称で、第1回のベルリンでの開催(1995年)をCOP1と呼ぶ。京都での会議(COP3)では、先進国に二酸化炭素(CO_2)など6種の温室効果ガスの排出削減を求めた法的拘束力がある合意文書が採択され、国家間でCO_2排出枠を売買する「排出量取引」などの新方式も考案されたが、アメリカが離脱(2001年)し、排出量が多い中国やインドが削減義務を負わないなど限界があった。そこで新たな枠組みとしてCOP21(2015年)では、世界の気温上昇を産業革命前と比べて2度より十分低く保ち、1.5度におさえるため、2020年からすべての条約の締約国が、5年ごとに法的拘束力をともなわない削減目標を立てて温室効果ガスの削減に取り組むとする**パリ協定**③が採択された。さらにパリ協定では、1.5度は「努力義務」であったが、COP26(2021年、グラスゴー)では1.5度をめざすことや石炭火力発電の段階的削減が明記された。

国連ミレニアムサミット ① 新しいミレニアム(千年紀)の幕開けに際し、「21世紀における国連の役割」をテーマとして、ニューヨークで2000年に開催された第55回国連総会の冒頭でおこなわれた首脳会議をいう。国連憲章の精神を再確認し、貧困撲滅・持続的開発・紛争解決・環境問題・国連強化という議題を討議するため、国連総会(1998年)において、この第55回総会を「国連ミレニアム総会」と称し、それに先立ちサミットを開催する決議が採択された。

国連ミレニアム宣言 ① 国連ミレニアムサミットで採択された方針表明をいう。自由・平等・団結・寛容・自然尊重・責任共有という価値観を共有し、平和・安全保障、持続的開発と貧困撲滅、環境保全、人権保障、民主主義維持、良好統治、アフリカへの特別支援、など国連が果たすべき役割の方向性を示している。

:**ミレニアム開発目標(MDGs)** Millennium Development Goals ② 国連ミレニアム宣言(2001年)をもとに策定された世界共通の目標をいう。2015年を達成期限として、(1)極度の貧困と飢餓の撲滅、(2)初等教育の完全普及の達成、(3)男女平等推進と女性の地位向上、(4)乳幼児死亡率の削減、(5)妊産婦の健康の改善、(6)HIV(Human Immunodeficiency Virus、ヒト免疫不全ウイルス)/エイズ、マラリア、その他の疾病の蔓延防止、(7)環境の持続可能性確保、(8)開発のためのグローバルなパートナーシップの推進の8つの目標を掲げた。

環境開発サミット ① 国連環境開発会議(1992年)から10年を期し、合意内容の履行状況の確認と課題抽出のため開かれた「持続可能な開発に関する世界首脳会議」(南アフリカのヨハネスブルグ、2002年)をいう。国連環境開発会議で採択されたアジェンダ21の実施状況と新たに生じた課題を検証し、われわれの未来を代表する世界の子どもたちのために人類が分岐点に立っていることを認識し、環境悪化・貧困・経済格差・グローバリゼーションの負の部分などの地球規模の課題に人類が連帯して「ことを起こす(Making it happen!)」ことを明記したヨハネスブルグ宣言を成果文書として採択した。

名古屋議定書 ① 遺伝資源の利用から生ずる利益の公正・公平な配分を定めた国際文書。生物多様性条約の目標達成のため、名古屋で開催したCOP10で「愛知ターゲット」(生物多様性のための保全目標)とともに採択された(2010〈平成22〉年)。遺伝資源の取得のしやすさ(Access)を望む先進国と、その利益を公平に配分(Benefit-Sharing)したい開発途上国の整合性を確保する思惑があり、このABS(Access and Benefit-Sharing)の着実な実施を確保するための手続を定めた。

国連持続可能な開発サミット ① 環境問題

と持続可能な開発をテーマに、ニューヨークで2015年に開催された国際会議をいう。「我々の世界を変革する：持続可能な開発のための2030アジェンダ」が全会一致で成果文書として採択された。この行動計画には、2030年までに⑴あらゆる貧困と飢餓に終止符を打つ、⑵国内的・国際的な不平等と戦う、⑶平和で公正かつ包摂的な社会を打ちたてる、⑷人権を保護し男女平等と女性・女児の能力強化を進める、⑸地球と天然資源の永続的な保護を確保する、⑹持続的な経済成長、⑺そのためだれ一人取り残さないことの実現、がうたわれている。

持続可能な開発目標(SDGs) Sustainable Development Goals ⑤ 国連持続可能な開発サミットで採択された「我々の世界を変革する：持続可能な開発のための2030アジェンダ」で掲げられた、2016年から2030年までの持続可能な開発目標。MDGsの残された課題や新たな課題に対応するために⑴貧困をなくそう、⑵飢餓をゼロに、⑶すべての人に健康と福祉を、⑷質の高い教育をみんなに、⑸ジェンダー平等を実現しよう、⑹安全な水とトイレを世界中に、⑺エネルギーをみんなにそしてクリーンに、⑻働きがいも経済成長も、⑼産業と技術革新の基盤をつくろう、⑽人や国の不平等をなくそう、⑾住み続けられるまちづくりを、⑿つくる責任つかう責任、⒀気候変動に具体的な対策を、⒁海の豊かさを守ろう、⒂陸の豊かさも守ろう、⒃平和と公正をすべての人に、⒄パートナーシップで目標を達成しよう、という17ゴールと、各目標に付随した合計169ターゲットからなる。たとえば、⑴の目標には「2030年までに、現在1日1.9ドル未満で生活する人々と定義されている極度の貧困をあらゆる場所で終わらせる」、「2030年までに、各国定義によるあらゆる次元の貧困状態にある、すべての年齢の男性、女性、子どもの割合を半減させる」などの7ターゲットが付随する。

MOTTAINAI ① **ワンガリ＝マータイ**(Wangari Maathai、1940〜2011) ①によって世界に広められた「環境保全・平和」を訴える啓蒙用語。彼女は家畜解剖学の専門家として活躍するなか、社会問題に関心をもち、1977年にNGO「グリーンベルト運動」を設立し、植林を通しての環境保護や女性の雇用・教育確保をおこなった。さらに平和活動にも尽力し、2004年、ノーベル平和賞を受賞。日本の新聞社の取材中に「もったいない」の語を知り、ごみのリデュース(省資源)・リユース(再使用)・リサイクル(再利用)にリスペクト(地球への尊敬)を加えた意味を込めて、MOTTAINAIを世界各地で使用し、環境保全を通して世界平和を訴えた。

グレタ＝トゥーンベリ Greta Thunberg ② 2003〜　スウェーデンの環境保護活動家。「気候変動のための学校のストライキ」と書かれたプラカードをたずさえ、毎週金曜日に学校を休んでストックホルム議会の前で座り込みを続けた。これが世界の若者たちの共感を呼び、「未来のための金曜日」と呼ばれる環境保護運動に発展した。国連気候行動サミット(2019年)やCOPなどの国際会議にも参加し、科学者の示すデータにもとづきながら、今すぐ行動することを各国要人に訴えている。

環境プラグマティズム ① 多元的な立場からの公共的討議を通じ、環境に対して現実的行動をとるなかで、その行動の是非を判断していくという思考法で、プラグマティズムの哲学を環境との関わりに応用する。プラグマティズムは、実際に行動するなかで、有用性が見出せればそれを真とする立場であるが、自然環境への関わりに対しても、環境を貨幣価値に置き換える一元的思考や、不毛な意見対立を排し、行動のなかで最適解を求めていく考え方である。アメリカの環境科学者・教育者・哲学者であるブライアン＝ノートン(Bryan Norton、1944〜　)らが中心となって提唱をしている。

→p.188 **プラグマティズム(実用主義・有用主義)**

アルネ＝ネス Arne Næss ① 1912〜2009 ディープ・エコロジーの提唱および「エコソフィ」を造語したノルウェーの哲学者・環境保護運動家。自然に対立する人間ではなく、自然の一部として自然とともに生きていく人間が、個人個人で自然の生命と向きあった時に生まれる自然観・世界観を「エコソフィ」(Ecosophy、ecologyとphilosophyの合成語)と彼は名づけた。この立場から、従来型の人間の利益のための浅薄な自然保護運動活動である「シャロウ・エコロジー」(shallow ecology movement)と、自然そのものを尊重し、多様な生命とともに生きる深淵な自然保護運動であるディープ・エコロジー(deep ecology movement)①を区別し、後者に立脚した運動を呼びかけた。

グリーン・コンシューマー Green Consumer ① 環境に配慮した品物を購入する消費者を指す。「グリーン」には、環境を保護するという象徴的な意味が込められている。1988年にイギリスで環境に配慮した店や商品を紹介する『グリーン・コンシューマー・ガイド』が刊行されたのをきっかけに、環境問題に取り組む消費者の運動として広まった。具体的には、マイバッグの持参、過剰な包装の廃止、容器の再利用、地元の産物を消費する地産地消(ちさんちしょう)、必要なものを必要な分だけ購入する売買方法、季節にあった生活、省資源・省エネルギーの商品や再生品の購入、環境問題に取り組む企業の商品の選択などである。

循環型社会形成推進基本法 ① 大量廃棄型社会から脱却し、資源の循環型社会形成をめざす基本法。2000(平成12)年制定。資源の総合的有効利用策を通し、国・企業・国民の責務を定めている。容器包装リサイクル法(1995〈平成 7 〉年制定)、家電リサイクル法(1998〈平成10〉年制定)など、リサイクルに対して個々に対処する法律が制定されてきたが、循環型社会の形成についての基本原則を定めた。

リサイクル recycle ① 廃棄物を別の形で利用する再生利用を指す。廃棄物を分解し原材料として再利用するマテリアル・リサイクルと、焼却して熱エネルギーを回収するサーマル・リサイクルがある。リサイクル・**リユース**(reuse)①(再使用)・**リデュース**(reduce)①(省資源)は**3つのR**①と呼ばれる。さらに、無駄なものを使わないリフューズ(refuse)も重視される。

循環型社会 ③ 自然界から資源を取り出す量と、自然界への廃棄量を最小にすることにより資源を有効活用する社会をいう。2000(平成12)年に循環型社会形成推進基本法が成立し、政府は、従来の**大量生産・大量消費・大量廃棄**②をおこなう浪費型社会を改め、生産から流通、消費、廃棄に至るまで物質の効率的な利用やリサイクルを進めようとしている。

再生可能エネルギー ① 非化石エネルギー源のうち永続的に利用することができるエネルギー源をいい、エネルギー供給構造高度化法(2008〈平成20〉年制定)により利用が促進されている。太陽光・風力・水力・地熱・太陽熱・大気中の熱(温度差により発電する)・バイオマスなどがある。なお、バイオマスは、木材や農産物の廃棄物・可燃ごみなどの生物資源の燃焼熱を利用して発電するが、化石燃料と違い、京都議定書においてCO_2を排出しないエネルギー源とされる。

脱炭素社会 ① 人為的に排出される二酸化炭素量を実質的にゼロにする社会。炭素は様々な形で地球に存在するが、とくに大気中の二酸化炭素(CO_2)の増加が問題となっている。「実質的にゼロにする」とは人為的な発生源によるCO_2の排出量と、森林等の吸収源による除去量の均衡を達成することをいい、カーボンニュートラルとも呼ばれる。

里山(さとやま) ② 人間の働きかけを受けた集落周辺の山をいう。ため池・草原・竹林などを含め里地里山ともいう。かつては燃料や肥料・建築材を供給する共有地であったが、過疎(かそ)や利用価値の低下により荒廃が進んだ。トキ・サンショウウオ・ヒメユリなどの希少野生動植物が生息する地であるため、近年は国による調査やボランティアによる整備がおこなわれる地域も増えてきた。政府はCOP10において、里山の積極的利用などをうながすSATOYAMAイニシアティブを提案し採択された。

エコビジネス eco business ① 環境保全のための技術・商品・サービスを提供する事業。環境への悪影響の予測・予防・最小化・改善などをおこなう。具体的には⑴環境調査のサービス(環境アセスメント)、⑵低環境負荷製品(燃料電池車など)の製造・販売、⑶公害低減機器(浄化装置など)の製造・販売や公害低減技術の提供、⑷自然回復事業(緑化など)の提供、⑸廃棄物処理・リサイクル関連事業などがある。「エコ」はここでは「環境の」の意味。

「地球規模で考え、足元から行動を」(Think globally, Act locally) ③ 地球規模で問題を考え、身近なことから解決に取り組むことを意味するが、この言葉の出典は諸説ある。地球環境問題に対しては、リサイクル運動・フリーマーケット運動などを実行することなどがある。また、地球規模で考え、自分の地域から改革していくことをグローカル(Glocal、グローバル〈Global〉とローカル〈Local〉の合成語)と表現することもある。

ナショナル・トラスト運動 national trust ② 無秩序な開発から美しい自然や環境を守るため、人々からの募金、あるいは寄贈により、土地を保存・管理する自然保護運動。1895年にオクタヴィア＝ヒル(Octavia Hill、1838〜1912)ら3人のイギリスの市民の話しあいから生まれ、「1人の1万ポンドより、1万人の1ポンドずつ」をモットーに広まった。日本では鎌倉の自然保存から始まり(1966年)、近年の例では、子どもたちと架空の生物トトロとの交流を描く宮崎駿監督作品『**となりのトトロ**』①が、東京都と埼玉県にまたがる狭山(さやま)丘陵を舞台としたことから、この地域の自然を「トトロの森」(1991年)として保護する取組みなどがある。

環境科学 ① 物理学・化学・生物学・気象学・海洋学などを統合して、人間を取り巻く自然環境を科学的に研究する学問分野。科学的データにもとづき自然環境を分析し、環境汚染の防止方法や環境保全の方法を提示しており、未来社会の構築する指針の根拠となる。

原生自然(ウィルダネス) Wilderness ① 人為的改変がなされずに、地球の営みに沿った状態でみずから存在する自然をいう。文明の発展にともない人の手が入らない自然地域は狭められ、高山・極地・内陸部・深海など生活条件のきびしい地域に限定されてきた。しかし、自然環境の保全や生物の多様性の確保をする運動が芽ばえ、世界各地で保護地域が指定されている。日本では自然環境保全法(1972〈昭和47〉年制定)にもとづき原生自然環境保全地域・自然環境保全地域・沖合海底自然環境保全地域が保護指定されている。

多様な立場でのコミュニケーション ① 権力・財力などにとらわれない自由な立場の情報交換・合意に向けての話しあいをいう。目先の利益にとらわれない長期的な展望・自分の周辺に限定されない広範囲への配慮など、時空を超越した対話が大切である。とくに開発にあたっては、政府や業者が一方的に住民におしつけることのないように、将来のこと、自分の住む外側の地域のこと、そこに暮らす生き物・自然の秩序を考慮し、あきらめずに対話と工夫を重ねることが大切である。

第2章

第3章 家族と地域社会

1 現代の家族像

直系家族 ① 親が、家系を継承する子孫の夫婦と同居している家族。祖父母・親・子などで構成され、何世代かが同居しているので、世代家族ともいう。地方の農村では一般的であったが、近年は減少している。

核家族 ③ 夫婦のみ、夫婦と子、またはひとり親と子からなる家族。アメリカの文化人類学者マードック(G. Murdock、1897～1985)が定式化した概念。工業化・都市化の発展とともに核家族化が進んだ。

家族機能の外部化 ① 家族のもつ本来の機能が、外部の社会集団に依存している状況のこと。現在では、教育は学校に、仕事は会社に、さらに生老病死(しょうろうびょうし)の対応が病院や介護施設・ホスピスなどに任されている。専門化・分業化が進んだ半面、家族の存在価値が問われている。

合計特殊出生率 ① 1人の女性が一生に生む子どもの数を示し、ある年次における15～49歳の年齢別出生率を合計した指標をいう。男女が1対1の比率で、すべての女性が出産可能年齢(15～49歳)以上生きると仮定すると、合計特殊出生率が2であれば人口は横ばいになる。実際には、出産可能年齢までに死亡する女性もいるので、人口維持には2.07以上が必要とされる。日本の合計特殊出生率は1.0に近づき、**少子化**③に歯止めがかかっていない。

働き方改革 ①「ワーク・ライフ・バランス」の実現と、雇用形態間の不合理な待遇の差の是正を柱とする、労働環境改革の政府方針をいう。少子高齢化にともなう生産年齢人口の減少、働く人々の労働環境への要望の多様化などを受け、就業機会の拡大や意欲・能力を存分に発揮できる環境づくりを通じ、経済成長と富の分配の好循環を構築するねらいがある。政府は働き方改革関連法(2018〈平成30〉年制定)により、労働基準法を中心に労働に関する法律を改正し、残業時間の上限を決めるなど働き過ぎを防ぐことで、働く人々の健康を守り、また同じ企業内における正規雇用と非正規雇用の待遇格差の改善を進めようとしている。

ワーク・ライフ・バランス(仕事と生活の調和) work life balance ① 仕事と私的生活との望ましい均衡状態をいう。人間は収入源・社会貢献・充実感を仕事に求めるが、その仕事に没入せざるをえなくなると、(1)家族生活・地域活動への支障、(2)過労による健康被害、(3)自己啓発時間の不足などによる精神的苦痛などが生じることがあり、人生を謳歌(おうか)できなくなる。

ドメスティック・バイオレンス(DV) domestic violence ① 配偶者や恋人からの暴力。従来の日本では、同居している夫婦や内縁関係者の家庭内の暴力に、他人が介入(かいにゅう)すべきではない(民事不介入)とされ、警察や検察、裁判所においても適切な対応がとれなかったため、2001(平成13)年に、「配偶者からの暴力の防止および被害者の保護に関する法律(DV防止法)」が制定された。

認定こども園 ① 就学前の子どもに幼児教育と保育の機能を一体化させて提供する施設をいう。教育・保育への需要の多様化にともない、地域における創意工夫をいかせるよう都道府県等が認定できる。認定子ども園法(2006〈平成18〉年制定)により設立された。

児童虐待(じどうぎゃくたい) ① 主として親による子どもへの虐待のこと。親としての自覚の欠如(けつじょ)、親の孤独感、育児不安などが背景にある。2000(平成12)年に児童虐待防止法が制定され、18歳未満の子どもに対する児童虐待の恐れがある場合は、(1)病院や学校の職員の通報義務、(2)児童相談所職員などによる強制的立入り調査などが定められた。

2 高齢社会と福祉

地域包括ケアシステム ② 高齢者が住み慣れた地域で自分らしい生活を人生の最後まで続けることができるような、地域の包括的な支援・サービス提供体制をいう。団塊(だんかい)の世代が75歳以上となる2025年には、国民の医療や介護の需要がさらに増加すると考えられるので、それまでに地方公共団体が地域の特性にもとづき、「住まい」「医療」「介護」「予防」「生活支援」のケアシステムを自主的につくり上げていくことを厚生労働省が推進している。

協働 ② 異なる能力・技術・専門性をもつ者が対等の立場で協力して働くことをいう。「多職種協働」の語でも用いられる。福祉分野を例にすると、厚生労働省が進める在宅の医療・介護の一体化などがあり、医師・看護師・理学療法士・薬剤師という医療従事者のほか、ケアマネジャー(介護支援専門員：介護保険サービス用のケアプランの作成等をする専門職)や民生委員(厚生労働大臣の委嘱(いしょく)を受け、相談や援助を通じ社会福祉につとめる人々)等の多職種協働がおこなわれている。協働は福祉のみならずビジネス・地域活性でも重視されている。

地域共生社会 ① 対象者ごとに異なる部署が担当する公的な縦割り支援制度や、「支え手」「受け手」という関係をこえて、地域住民が一丸となって暮らしや生きがいをつくっていく社会をいう。高度成長期以後の日本では、子育てや介護も含めた地域の相互扶助と家族どうしの助けあいによる共生の意識が薄れてきた。厚生労働省は「我が事・丸ごと」をスローガンに高齢者・障がい者・子どもなど世代や背景の異なるすべての人々が、生活の本拠である地域を基盤として、相互につながりをはぐくむことを進めようとしている。

高齢社会 ② WHO(世界保健機関)の定義によれば、65歳以上の人口が総人口の14%をこえ21%までの社会をいう。これに対し65歳以上の人口が総人口の21%をこえている社会を**超高齢社会**①といい、日本の社会は世界に先がけて超高齢社会となっている。国立社会保障・人口問題研究所の推計による日本の人口予想は、2050年には1億人を割り込むとみられ、それにともない65歳以上の人口の総人口に対する割合が2060年には約40%に達するとみられている。生産年齢人口(労働力の中核をなす15歳以上65歳未満の人口層のこと)の減少は国の存亡に関わる問題である。

介護保険制度 ① 保険料を徴収して、高齢者に介護サービスを提供する社会保険制度。日本では、介護を必要とする人やその家族の肉体的・経済的負担をおぎなう目的で、2000(平成12)年から導入された。40歳以上の国民は保険料を支払い、65歳(ただし特定疾病がある場合は40歳)以上で介護が必要なとき、介護認定を受けて介護サービスを受ける。

ギリガン C. Gilligan ⑤ 1937〜　アメリカの倫理学者・心理学者で、ジェンダーについて研究するフェミニストである。育児や介護など他者をケア(世話)する女性の経験を尊重し、他者への配慮や思いやりを重んじるケアの倫理を説いた。道徳の発達における男女の違いを説き、男性のみを研究対象としたコールバーグの道徳性の理論が男性の視点からみた正義と公正にかたよっていると批判し、女性の立場から配慮や責任感を求めるケアの倫理を主張した。著作には、女性の経験を重んじてケアの倫理を説いた『**もう一つの声**』③がある。

→ p.9 **コールバーグ**

ケアの倫理 ⑤ ケアとは他者との相互依存の関係において、他者の求めに応答し、他者を気遣って大切にすることである。個人の権利と平等な相互関係にもとづく正義と公正の倫理に対して、ケアの倫理は傷つきやすい人間が依存関係のなかに生きることをみつめ、他者への思いやりや共感、責任感をもつことを重んじる。

ノディングズ N. Noddings ① 1929〜2022　共感的ケアリング論で知られるアメリカの哲学者・教育者・男女同権論者。「世話をする人」と「世話をされる人」は人間としての義務により結ばれているのではなく、両者は相互に共感・愛情により結ばれているというケア理論を展開し、人は世話をされるという経験を通じて世話の意味を学び、それを親しい人に実践するなかで、直接に世話できない人のケアをも考えるようになるとする。これは医療のなかでも教育のなかでも同様である。また、ケアの主体が女性であるという必然性はないとする。

生活保護制度 ① 生活に困窮する人々に対する保護と自立を助ける社会保障の1つをいう。社会保障は、国民の健康で文化的な最低限度の生活を国家が保障する制度で、生活保護制度のほかに社会保険(医療保険・年金保険など)・社会福祉・公衆衛生があるが、生活保護制度は資産(預貯金、未利用の土地・家屋等)や働ける能力・年金等のすべてを活用してもなお生活に困窮する人々に対し、食費・被服費・光熱費・家賃などを支給する。

福祉 ⑤ 児童・老人・心身障がい者・母子家庭・寡婦(かふ)など、生活不安を抱えている社会的弱者に対し、健康で文化的な生活が営めるよう援助し、**共生社会**③をめざす政策・制度の体系のこと。

エッセンシャル・ワーカー essential worker ① 社会生活を直接支える活動をする人々をいう。具体的には、生命と健康を支える医療従事者、食料の生産流通事業者、高齢者や障がい者の介護者、安全を支える警察・消防、生活や産業の基盤となる設備(インフラ)を支える電気・ガス・水道・交通機関の管理運営者などがあげられる。

社会資本 ① 生活や経済を支える公共の設備・施設をいう。水道・公園・病院・学校や道路・橋・港湾・空港などがある。国民の税金等を用い、共有の財産として年々整備され蓄えられていく。企業の設備も含めインフラ(Infrastructure)ということもある。

3 男女共同参画社会

フェミニズム feminism ⑤ 男女同権主義という思想、およびその達成のための女性の権利拡張運動をいう。男性支配の社会に抗議し、女性差別の撤廃と男女平等の実現をめざす。リア(M. Lear、1932～)が『ニューヨーク・タイムズ』に“The Second Feminist Wave”という記事を掲載し(1968年)、19世紀と20世紀の女性運動を結びつけたことで、フェミニズムという言葉が定着したが、統一的な主義主張があるのではなく、各時代の各地域でそれぞれの運動がなされてきた。したがって第1波・第2波という分類は大まかな分類となる。なお、フェミニズムの語源はfemininus(ラテン語で「女性」を意味)である。

:第1波フェミニズム ① 一般に女性の参政権運動と集約されるフェニミズムの高まりをいい、19世紀から20世紀初頭のヨーロッパが中心となる。フランスにおいては、人権宣言(「人間と市民の権利の宣言」、1789年)で述べられた「人間」は男性を指していたため、オランプ=ド=グージュ(Olympe de Gouges、1748～93)が『女性と女性市民の権利宣言』(1791年)を発表して女性の参政権運動が始まった。イギリスでは、社会が母親を低学歴化していると考えたウルストンクラフト(M. Wollstonecraft、1759～97)が、男子・女子教育をわけるルソーの教育論を批判する『女性の権利の擁護』(1792年)を著し、半世紀後のハリエット=テイラー(夫はJ. S. ミル)の『女性の権利拡大』(1851年)とへとつながっていった。1869年にはJ. S. ミルも『女性の隷従』を著し、特定の人間に利益や制限を与えることは自由と公平の原理に反するとして女性の運動を援護した。

→ p.155 **『女性の隷従』**

:第2波フェミニズム ① アメリカで女性の法的・社会的な平等を要求した**ウーマン・リブ運動**①(women's liberation〈解放〉の略)に始まったとされる、1960年中期から1970年代にかけてのフェミニズムの高まりをいう。第二次世界大戦後の産業の多様化により、女性の社会進出は拡大し生活は劇的に変化したが、社会的・文化的には依然として男性と女性は不平等であった。「女性らしさの概念」を考察するボーヴォワールの著書『第二の性』(1949年)や「女性の生き方」について考察するフリーダン(B. Friedan、1921～2006)の『女性の神秘』(1963年)にも影響され、多くの女性が政治・経済・職業・家族など、あらゆる領域で女性の解放を求め、やがて世界女性会議開催へとつながっていった。

ジェンダー gender ③ 文化的・社会的につくられる性・性別・性差。生物学的な性(sex)と区別される。「男は仕事、女は家庭」のように、社会や文化によってつくられ、社会的に割り当てられた、性別概念や性別役割の分業観にとらわれず、それぞれ自立した人間として個人の能力を発揮できる社会が大切である。

男女雇用機会均等法 ① 1985(昭和60)年に、働く場における女性の差別をなくす目的で制定された法律。正式には「雇用の分野における男女の均等な機会及び待遇の確保等女子労働者の福祉の増進に関する法律」という。募集・採用・配置・昇進に関する男女差別の禁止などがうたわれた。1999(平成11)年に「雇用の分野における男女の均等な機会及び待遇の確保等に関する法律」という名称となり、努力規定から禁止規定へと内容が強化された。

育児・介護休業法 ① 1歳未満の子を養育するための育児休業と、2週間以上にわたる常時介護を必要とする家族(配偶者、父母および子、配偶者の父母)を介護するための休業をいう。事業主は、労働者からの申し出を拒否することはできない。女性だけではなく、男性にも認めたことにより、育児を女性の役割に限定した旧来の通念を打破した。

男女共同参画社会基本法 ② 1999(平成11)年に制定された、男女がたがいに人権を尊重しつつ、責任もわかちあい、性別に関わりなくその個性と能力を十分に発揮できる男女共同参画社会の実現を基本理念とし、その政策の方向を定めた法律。社会制度や慣行が性別に中立的であるような配慮や、男女間の格差を改善するためのアファーマティブ・アクション(積極的改善措置)などが掲げられている。

→ p.327 **アファーマティブ・アクション(積極的改善措置)**

リプロダクティブ・ヘルス／ライツ reproductive health and rights ① 性と生殖についての健康と、それを守る権利。1994年にエジプトのカイロで開かれた国連人口・開発会議で、人口政策の中心になる理念とされた。リプロダクティブ・ヘルスの世界保健機関(WHO)による定義では、子どもをつくるか、つくるならいつ、何人を、だれと、どこで、妊娠し出産するかを人々が自由に決められ、自分の性と生殖についての安全で満足できる状態を保つことをいう。リプロダクティブ・ライツは、そのようなリプロダクティブ・ヘルスを守る権利を人権として認め、性と生殖についての人々の自己決定権を尊重する権利である。

4 地域社会の活性化

地域社会(コミュニティ) community ④ 人々が共同体意識をもって生活している、一定の範囲の地域近隣社会のこと。自然的な契機で成立するが、たんなる空間的な広がりだけではなく、そこに居住する人々の生活様式や意識などが制度的に構造化されている社会。アメリカの社会学者マッキーヴァー(R. MacIver、1882〜1970)は、基礎的な集団に類型化した。

ボランティア volunteer ④ 報酬(ほうしゅう)や見返りを求めずに、自己の意志で自発的におこなう活動。災害救援活動、教育や福祉、地域活動・人権・平和・国際協力などの活動がある。人間のもっている潜在的能力や日常生活の質を高め、人間相互の連帯感を高めるものである。

ボランティア元年 ① 阪神・淡路大震災(1995〈平成７〉年１月17日)が発生し、多くの一般市民がボランティアに参加した1995(平成７)年を指す。若者を中心に、多くの人々による**阪神・淡路大震災でのボランティア活動**③を受けて、日本政府は1997年に国際連合でボランティア国際年を提唱し(2001年制定)、また、それまでNGO(非政府組織・民間組織)として任意の団体だったボランティア団体に、NPO(民間非営利組織)として法人の資格を与えるNPO法(特定非営利活動促進法)を1998(平成10)年に成立させた。

東日本大震災 ③ 2011(平成23)年３月11日、東北地方太平洋沖で発生したマグニチュード9.0の大地震によりもたらされた災害をいう。この災害の特徴は１万5,000人をこす犠牲者の９割が観測史上最大の津波によるという点と、震災にともなう原子力発電所の事故により、長期にわたる放射性物質による汚染が発生した点である。一方、被災者相互の協力と国内外からの援助により、人との「絆(きずな)」が再認識される契機にもなった。政府は、復興税(2011〈平成23〉年)の導入、内閣のもとに復興庁を設置する(2012〈平成24〉年)などの措置をとった。

大衆社会 ① 未組織の匿名の多数の人々からなる社会で、現代社会の特徴の１つ。マスメディアの発達、大量生産・大量消費、民主主義の進展とともに出現した。大衆は自主的に判断・行動する主体性を喪失し、他者との連帯感がなく、孤立化して無力感や不安にとらわれているため、周囲の流行や暗示に影響されやすく、非合理的な態度に傾きやすい。偶然にいあわせて感情的行動をとる群衆や、合理的判断をする公衆とは区別される。

第4章 情報社会

1 情報社会

Society 5.0 ③ サイバー空間(仮想空間)とフィジカル空間(現実空間)の高度融合社会をいう。Society 1.0(狩猟社会)、Society 2.0(農耕社会)、Society 3.0(工業社会)、Society 4.0(情報社会)に続く社会として想定され、経済発展と社会的課題の解決を両立した人間中心の社会をめざす、日本政府の目標とする社会である。Society 4.0では、人が情報の入出力・分析をおこなっていたので、その処理には限界があったが、Society 5.0では、IoTを介し、情報は自動的にビッグデータとして蓄積され、人工知能(AI)の解析を経て、モノやサービスが、必要な人に、必要な時に、必要な分だけ提供されるため、少子高齢化、過疎・過密、貧富・情報リテラシーの格差などの課題が克服され、作業から解放された人間は新たな価値の創造に取り組めるとされる。

：情報社会 ④ 情報自体が商品価値や多大な影響力をもち、人間生活を形づくっていく社会。

：高度情報化社会 ① 情報通信技術の革新による効率的な情報資源の活用が社会全体に普及し、それを保障する社会的制度が確立された社会。情報化社会が、技術革新により高度化・一般化し、情報管理の安全性や個人情報が保護されるなどの社会体制が整った日本独特の概念で一元的定義はない。1960年代に生み出された「情報化社会」という発想が、70年代に「高度情報化社会」へと発展した。

：IoT Internet of Things ② インターネットに接続できる機器を搭載した「モノ」をいう。車・家電製品・住宅などの「モノ」に光・音・振動などを感知するセンサーを埋め込み、インターネットを介して「モノ」の自動制御などをおこなう。一般的には「モノのインターネット」と訳される。既存商品に異なる付加価値を付与できるほか、センサーからのデータが蓄積され、新たなサービスの開発に役立てられる。

：ビッグデータ Big Data ④ デジタル機器の使用やそのセンサー等から得られる位置情報・視聴状況・消費行動などを集積した膨大なデータをいうが、確立した定義はない。AIにより処理され、正確な商品開発・災害予防・病気治療・社会現象分析を可能としている。

人工知能(AI) Artificial Intelligence ⑤ 人間を模した情報処理方法をもつコンピュータをいうが、確立された定義はなく、様々な課題を解決できる汎用性のあるAIはとくにGeneralをつけてAGI(汎用人工知能)とも呼ばれる。一定のアルゴリズムにもとづいて大量のデータを学習し、データ相互の関係を推論・判断したうえで、新たなデータに関する識別や予測等をおこなう機械学習を主流とする。近年では、人間の神経回路を模してノードと呼ばれる網状構造の層が結びつけられ、ノードごとに高精度の処理がおこなわれて、つぎのノードに情報が送られる**ディープラーニング(深層学習)**(deep learning)②が研究されている。この方法では、コンピュータがデータのパターンやルールを発見するうえでの特徴量(特性・属性・手がかり)を、各層での処理を通じてみずから抽出するため、人間による特徴量設定が不要となる。

：アルゴリズム algorithm ② 目的に至るための手順をいう。目的達成(課題解決)のための一つひとつの手続きを指し、とくにコンピュータでは目的の解を求めるプログラムをいう。1つの目的に対して複数のアルゴリズムが存在するため、条件に従って最適の解が選択される。たとえば家から目的地に到達する手順は、所要時間・交通費・安全性などの条件により幾通りもあるが、どの条件を重視するかでアルゴリズムが選択される。語源は、中央アジア出身の科学者フワーリズミー(Khwarizmī、780頃〜850頃)に由来する。

科学技術社会 ① 政治・経済・文化をはじめとする人間の営みがすべて科学技術で成り立っている社会。したがって科学技術の用い方で社会そのものがかわってしまうが、それをどう用いるかは人間の理性にゆだねられている。

2 インターネット

インターネット Internet ⑤ 通信回線により情報収集や情報交換ができる地球規模の電子通信網をいう。インターネットで扱われる情報を**ネット情報**①といい、インターネット上で形成された新たな人々の営みを**ネット社会**①という。時間的・空間的に制限されない情報・意見の交換の場は、新たな人間関係や文化を生み、社会の大変革を引きおこしている。

ICT(情報通信技術)革命 ② ICT(情報通信技術)④の急速な発展によりもたらされた生活や文化の驚異的な変化をいう。ICTは、Information and Communication Technologiesの略。かつて、**IT(情報技術)**(Information Technology)①の発達と普及による急激な社会変化は**IT革命**②と呼ばれ、パソコンの**モバイル化**①(持ち運びやすくなる)・**パーソナル化**①(個人の仕様に合わせられる)を促進したが、その後の技術革新は、とくに人々の意思疎通のあり方を根本的にかえ、ICT革命を引きおこした。人々はどこにいても情報交換・収集を楽しむことができるようになり、**スマートフォン**(smartphone)⑤を片時も手放せない若者が増えたといわれる。

メディア media ② 情報媒体(情報を伝達する媒介物)や記憶媒体(外部メモリなどの情報を保存する媒介物)をいう。広義の情報媒体には、情報が書かれた紙なども含まれるが、近年では⑴テレビ・ラジオ・新聞・雑誌など大衆(mass)に向けて同時に一方的に情報を伝達する**マスメディア**(mass media)④と⑵ネット型のメディア(ウェブメディア)に大別される。

：**ネット型のメディア** ① インターネット上で閲覧ができる情報伝達媒体をいう。一群の情報が掲載されたウェブサイトやソーシャルメディアに代表される。ウェブサイトは、画面に表示される一群のウェブページまたはそれを提供するコンピュータを指し、全体像を整えてからhtml(Hyper Text Markup Language、ホームページ作成言語)で作成される。かつては、テレビ・新聞など大衆に向けて一方的に情報を伝達するマスメディアが主であったが、ネット型のメディアの登場により**双方向性**①(利用者が情報の受信者で**発信者**①であるという性質)をもつようになり、**情報共有**①ができるようになった。

：**ソーシャルメディア** social media ② 趣味・興味・関心などを同じくする利用者(ユーザー)間で、文字・画像・音声の情報交換ができる媒体をいう。ブログ・SNSのほか、利用者が動画・音声の投稿と閲覧ができる**動画共有サービス**①などがある。

ブログ blog ② ウェブサイト作成の知識を必要とせず、制作者が簡単に作成できるウェブサイトをいう。個人の日記から企業の広告まで多種存在し、管理者が自由に情報を追加・変更できる。情報は長期間保存され、検索エンジンにもヒットする。"Weblog"(Web上の日記の意味)が"blog"に変化したといわれる。

SNS(ソーシャル・ネットワーキング・サービス) Social Networking Service ⑤ 一般には登録者間で交流できるウェブサイトの会員制サービスをいう。ブログと同じく簡単に入力ができるが、ブログと異なり短文の会話形式を主とし、情報の長期保存には適さない。密接な利用者間の閉ざされた世界で用いられることが多く、自分の紹介・写真・日記を掲載し、ほかの会員がそれらを閲覧(えつらん)してメッセージやファイルの交換をおこなう。

ポータルサイト Portal site ① ほかのウェブサイトへの案内機能をもつウェブサイトをいう。特定の情報や天気など多項目にハイパーリンク(ほかのウェブページに移動できる仕組み)が設定され、検索エンジンも用意されている。Portalとは「表玄関」、siteとは「場所」の意味である。

テレプレゼンス・ロボット Telepresence robot ① 通信・表示機能を内蔵した遠隔操作できるロボットをいい、テレビ会議等で使用されている。

コミュニケーション・ロボット Communication robot ① 動作や言葉を用いて、相手にあわせて感情を自動的に表出するロボットをいい、介護等で使用する。

メーリングリスト mailing list ① 専用のメールアドレスへの送信により、登録者全員に同時にメールを送信できるコミュニケーションツールをいう。複数の相手に電子メールを送信する際に、1人ずつ送るという手間が省けるという利点がある。

ユビキタス ubiquitous(ラ) ① いつでも、どこでも、だれでもが情報技術の恩恵を受けられること。本来は、神はあまねく遍在するというラテン語の宗教用語で、神があらゆる所にいて人間を救うように、コンピュータ・ネットワークが社会のあらゆる所で人の目にみえないかたちで自律的に作動して、人々の生活を支援し、コンピュータの便利さが社会全体にいきわたり、だれでもが、いつでもそれを利用できる環境を指す言葉として使われる。

電子マネー ① 利用する前に入金をしておく電子的決済手段をいう。物理的な紙幣・貨幣を用いず瞬時に処理ができるため、持ち運び・釣銭授受の不便さがなく、売り上げなども即時に計算できる。日本では鉄道会社や小売流通企業などが発行しており、事前入金をすることで中央銀行の発行する法定通貨(日本円など)に裏打ちされている。

仮想通貨 ① インターネット上で使用できる通貨をいう。資金決済法(2009〈平成21〉年制定)では暗号資産として定義されており、国家・中央銀行が発行する法定通貨やそれに裏打ちされた資産ではないが、金融庁・財務局の登録を受けた事業者により法定通貨と相互交換され、資産を電子的に記録・移転することができる。暗号資産は、銀行等を介さずに国外とも通貨の交換ができるので便利であるが、その価値を保証する資産はなく、また価値が変動しやすい。

3 情報倫理

情報リテラシー ⑤ **情報過剰**①な社会のなかで、真実で正確な情報や必要な情報を主体的に選択し、把握できる情報判断能力や情報への批判的理解力のこと。リテラシー(literacy)とは、本来は読み書きの能力のことである。

：**フェイクニュース(虚偽報道)** fake news ④ 虚偽または誤った情報の報道・拡散をいう。愉快犯的なもの・世論操作的なもの・他国を攻撃するものなど、意図的につくられたニュースと、誤情報や流言飛語によりつくられたニュースがある。近年ではAI技術等を用いた精巧な映像によるディープフェイク(Deepfake)も出まわっており、きちんとした**ファクトチェック**(fact check)②(真偽検証をすること)が求められる。それには、論理的・客観的・多角的に対象を分析する**批判的思考(クリティカル・シンキング)**②が重要である。

：**デジタル・デバイド** digital divide ② パソコンやインターネットなどの情報関係の機器やサービスを利用する能力の格差をいう。情報社会にあっては、この格差が生活上の利益・不利益となってはね返ってくるので、デジタル技術の時代に生まれ育ち、コンピュータ等に慣れ親しんできたデジタル・ネイティヴ(digital native)とそれ以外の者、インターネット環境の有無などにより、新たな社会的な不平等として問題になっている。

情報倫理 ② コンピュータへの不正アクセスやデータの改ざん・破壊、ソフトウェアの不正コピーなどの知的所有権の侵害、他人のプライバシーの侵害などがないように、情報社会で守られるべき倫理。日常の生活においても、プライバシーの保護や情報発信者としての責任に留意しなければならない。

誹謗(ひぼう)中傷 ① 誹謗は他人の悪口をいうことを指し、中傷は嘘やでたらめをいうことを指す。近年では、インターネット上の匿名性を利用し、特定個人の誹謗中傷の書き込み・拡散が深刻な社会問題となっている。たとえ匿名であっても刑法上の名誉毀損(きそん)罪や侮辱(ぶじょく)罪(2022〈令和4〉年改正施行)などに問われたり、民法上の高額の慰謝料を請求されたりすることがある。

プライバシーの権利 ② プライバシー

(privacy)②(個人の情報・私生活など個人に直接属する事柄)をみだりに公開されない権利をいう。憲法第13条の幸福追求権に基礎をおく基本的人権の1つである。メディアの不用意または悪質な利用により、本人の意思に反してプライバシーが人前にさらされることのないように、自他ともにその管理が必要である。

:個人情報保護法③デジタル社会の進展にともない、個人情報(氏名・生年月日・文書などの生存する個人に関する情報)の適正な取扱いを確保するために国および地方公共団体・事業者の責務・義務を定めた法律をいう(2003〈平成15〉年制定)。

:忘れられる権利①検索エンジンの運営業者に対しウェブ上の個人情報をヒットさせないよう求める権利をいう。インターネット上の情報は瞬時に拡散されてしまうので、情報の削除をしたくてもすべてを削除することは不可能である。そこで検索エンジンの運営者に対してアクセスができないように削除請求をおこなう。しかし、国民の知る権利や表現の自由との整合性をとる必要があるとの意見もある。

サイバー犯罪①コンピュータやネットワークの仕組みを悪用し、不当に利益を得たり、他人に損害を与えたりする行為をいう。他人のコンピュータに不正に侵入してデータを書きかえる、その人に成りすます、プログラムを破壊する**ハッキング**(hacking)②、ホームページ等を用い重要な個人情報を盗み出すフィッシング詐欺、コンピュータの機能を破壊するプログラムである**コンピュータ・ウィルス**(computer virus)③を送信するなど、**匿名性**②を悪用した様々なネット犯罪が発生している。

知的財産権③人間の知的な創作物や営業上の信用に対する権利をいう。**著作権**②(小説や論文・音楽の著作物がコピーやまねをされないために創作者がもつ権利)・特許権(発明や新たなビジネスモデル)・意匠権(いしょうけん)(デザイン)・商標権(ブランド)・ソフトウェアなどがある。近年はコンピュータの普及により違法コピーなどの問題が多発している。

レイ=カーツワイル Raymond Kurzweil ①1948〜 科学技術の発展予想をおこなうアメリカの未来学者・科学者。14歳でプログラマーとして働くなど少年期から科学に興味をもち、技術がどのように進歩しているかを予測する未来学者となった。『シンギュラリティは近い』(2005年)でシンギュラリティを2045年と予測した。

:シンギュラリティ(特異点) Singulaity ①人間がつくり出したAIが、人間の知能を上まわり、新しい世界をAI自身がつくり出していく予測不可能な時代への劇的な転換点をいう。人類史上比較できないほどの急速で深淵(しんえん)な技術的変化がおこるであろうと考えられている。

リップマン W. Lippmann ①1889〜1974 アメリカ合衆国のジャーナリスト・政治評論家。第一次世界大戦中は、ドイツ軍に対する情報戦を担当し、宣伝ビラの作成などに関わった。大戦中の経験から、人々はメディアが伝える状況から構成された擬似環境により行動する点や、また特定の文化によりあらかじめ類型化・固定化された思い込みであるステレオタイプが存在することに気づき、『世論』(1922年)を著した。

ボードリヤール J. Baudrillard ①1929〜2007 フランスの社会学者。現代の消費社会のなかで、商品は使用価値としてでなく、社会的な権威や幸福感などという、他者との差異を示す記号としてあらわれると説いた。差異の原理は、ボードリヤールが説いた消費社会の原理で、たとえば、ブランド品は現実の使用価値であるよりも、他者との差異を生み出す記号としてバーチャル(仮想現実的)な価値をもつ。消費社会のなかで人々は多くのものを所有することによって他者と自己を比較し、他者との差異を意識する。消費者は商品を買うことによって、みずから他者と異なる価値を手にしたと思っているが、実は消費社会が生み出した差異化の原理に服従させられている。消費社会は、人々の心に他者との差異化の欲求を生み出し、他者と差別化したいという欲望は、人々を際限のない消費活動へとかりたてる。主著『消費社会の神話と構造』。

情報セキュリティ①コンピュータ内および通信中の電子情報を守ることをいう。一般的には、⑴機密性(権利者のみが情報へアクセスできる)、⑵安全性(情報の破壊・改ざんを防止する)、⑶可用性(被許可者がいつでも安定的にシステムを利用できる)の確保をいう。電子メール・オンラインショッピング・SNSなどの利用にともない、個人情報を盗まれて悪用されたり、内容を書きかえられたりすることがあるので、ユーザーはソフトウェアの最新化、セキュリティ・ソフトの導入、パスワードの適切な管理などにより、つねにセキュリティを高めておく必要がある。

ロボットの法 ① アメリカのSF作家アシモフ(I. Asimov、1920～92)が示した人と共生するためのロボットの倫理規範をいう。彼の著作『われはロボット』(1950年)では、⑴ロボットは人間に危害を加えてはならず、また、人間が危害を受けるのを見過ごしてはならない、⑵第一原則に反さぬ限りロボットは人間の命令に従わなくてはならない、⑶第一、第二原則に反さぬ限りロボットはみずからの存在を守らなくてはならない、というロボット工学の三原則が示されている。

トロッコ問題 ① ある行為が「好ましい」と「好ましくない」という2つの結果を生じる場合、その行為を選択すべきか、その行為により生じた「好ましくない」結果は許容できるか、という二重効果の原則について考えさせる問題の一例をいう。イギリスの哲学者フット(P. Foot、1920～2010)が、カトリックの「中絶禁止」は、母体が危険な状態である時も適応されるべきかを問う例として示した問題の1つとして、「暴走する路面電車の二股の先で、それぞれ5人と1人の作業者がいる場合、運転手はどちらの路線を選択すべきか」と提起された。その後、ほかの哲学者により「トロッコ問題」として整えられたが、現在も普遍的解答はない。しかし、終末期医療の現場では「患者の命を縮める可能性があっても、苦痛の緩和薬を医師は投与してよいか」という問題に対してガイドラインがつくられたり、日常生活では車の自動運転中にこの仮想問題と同様の事態が発生した場合の明確な解答をAIへプログラムしたりと、暫定的な解答を導き出す必要性が出てきている。

メルッチ A. Melucci ① 1943～2001 イタリアの社会学者・心理療法士。集団的アイデンティティ(集団が共有する自我同一性)と文化的変化から、新しい社会運動を分析した。彼は労働運動や政治政党が担っていた大きな社会変革という役割を代替する「新しい社会運動」に着目して、これは権力の争奪という目的ではなく、新しい日常生活を再構築するための調整機能としてのメッセージを発信する運動であると考えた。具体的には、人々の情動的体験はたんなる断片ではなく、その背後には未発の社会運動が存在しており、それがある時に疑問へと発展し、潜在的な「水面下の政治」から、情報ネットワークによって、大きなうねりとなるとする。つまり個人的な考えが、複数人や複数の集団により双方向に共有され、集団的アイデンティティとなって運動が展開される。極度にシステム化し、社会が複合的・重合的な1つの有機体になった現代では、社会全体が関わる問題点の即時的是正は困難であるが、自分が属している小さな集団のなかで始めた運動が、やがては社会文化的プロセスとなるという。主著『現在に生きる遊牧民(ノマド)』(1989年)、『プレイング・セルフ』(1996年)。

第5章 国際化と多文化共生

1 政治と経済の国際化

国際連合(国連・UN) United Nations ③ 1945年、連合国を中心に集団安全保障の考えをもとに発足した国際平和機構のこと。世界平和の維持と経済的・社会的・文化的な国際協力の促進を目的とし、第二次世界大戦の惨禍を防げなかった国際連盟の欠点を反省して設立された国際組織。6つの主要機関からなるが、とくに安全保障理事会の権限を強化している。

グローバル化(グローバリゼーション) globalization ④ 地球(globe)からつくられた造語で、人間の諸活動が時間的・地域的な制約を離れ、国境に関係なく地球規模になりつつある現象のこと。多国籍企業の台頭(たいとう)、移民や外国人労働者の増大、インターネットの発達などにより、地球全体にヒト(労働力)・モノ(商品)・カネ(資本)・情報が流通し、人々が世界の一体感を感じるグローバル社会が到来しつつある。このような地球が一体化となる動きを認める立場をグローバリズム(globalism)という。

政府開発援助(ODA) Official Development Assistance ② 先進国の政府による、開発途上国への経済開発のための援助。開発途上国の経済発展や福祉の充実をめざしておこなわれる無償資金協力や技術協力などの贈与(ぞうよ)、プロジェクト借款(しゃっかん)や債務救済といった資金を貸与(たいよ)する借款、世界銀行や国連開発計画などへの出資や拠出(きょしゅつ)などの形態がある。

市場(しじょう)経済 ④ 資本主義経済において、市場での需要と供給の関係にもとづく**市場メカニズム**①によって動く経済の仕組み。需要と供給の関係によって市場価格が定まり、それに応じて、生産者は生産量を、消費者は購入量を決定していく。

CSR(企業の社会的責任) Corporate Social Responsibility ① 企業活動が周囲におよぼす影響までを対象にした企業の包括責任をいう。社会に大きな影響力をもつ企業は、従業員・投資家・地域社会の人々などの利害関係者(ステークホルダー)への配慮や自社の経済性・安定性のほかに、環境保全や社会正義の保障も含めたその社会性も念頭におき、良好な社会の構築および持続的発展に貢献をする必要がある。具体的には、環境保全事業、従業員の労働条件の改善、コーポレートガバナンス(企業統治)、株主への情報開示、災害に備えたリスク管理、企業活動の説明責任の遂行のほか、自社の枠をこえて、生産や取引パートナーへの取引先実態調査提出要求などがおこなわれている。

2 異文化理解と文化の共存

ダイバーシティ（多様性） Diversity ③ 社会において人々のもつ個性・背景・属性の多様性をいう。人間には年齢・性別・障がい・人種・民族・文化・宗教など、外面から気づきやすい違いと、価値観・思想・幸福感・性的指向・性自認など、なかなか気がつきにくい違いがあるが、いずれの違いも人格の違いなどではなく個人に特有な1つの個性である。このような違いをもつ人々を積極的に受け入れることで、その共同体・組織が活性化していく。

インクルージョン（包摂） Inclusion ② 多様な個性・背景・属性をもつ人々が、社会の一員として統合される過程をいう。近年はダイバーシティを肯定的にとらえ、相互に個性を認めあい、個人が最大限に自己の能力を発揮できるような環境を整える動きが広がりつつある。障がいの有無で子どもを分離させることのない「インクルージョン教育」を取り入れる学校や、社員の個性や多様性をいかしてそれを活力とする企業の増加はその例である。まず、育児中の女性・高齢者・LGBT・外国人・障がいのある人々等、あらゆる人材を社会に迎え入れ、そのうえで、万人がその能力を最大限発揮でき、やりがいを感じられるようにする社会こそこれからの姿である。速度・効率・力というSEP（speed/efficiency/power）のみを追求する社会ではなく、すべての人々が幸福をわかちあえる社会が求められている。

ソーシャル・インクルージョン（社会的包摂） Social inclusion ① 社会的に弱い立場の人々が社会参加できるように条件を改善する過程をいう。高齢・性別・障がい・人種・民族・出身・宗教・経済的地位・その他の理由で不利な立場にある人々は、政治的・社会的に活躍する機会や経済的に向上できる機会が制限されている。社会的に弱い立場にある人々をも含め、すべての社会の構成員が相互に支えあう状態を達成する必要がある。

高齢社会対策基本法 ① 高齢社会対策の基本的枠組みを定めた法律（1995〈平成7〉年制定）。高齢化の進展速度に比べ、国民の意識や社会のシステムの対応が遅れている現状に対し、国および地方公共団体の責務等や国民の努力目標を定めた。具体的には、雇用・年金・医療・福祉・教育・社会参加・生活環境等に関わる社会のシステムへの施策や、自分の将来を展望して、みずからの高齢期においてすこやかで充実した生活を営めるための準備を国民に求めている。

障がいの社会モデル ① 個人の心身機能の障がいと社会的障壁の相互作用により「障がい」はつくり出されるので、社会は社会的障壁を取り除く責務があるという考え方をいう。このモデルをすべての人が理解することで、だれもが安全で快適に生活できる社会が構築できる。

障害者権利条約 ② 障がい者の人権保障と基本的自由を当然の権利として尊重する条約をいう。**ノーマライゼーション**（normalization）①（障がいの有無に関わらず同等に生活し活動する社会をめざす理念）に則り、合理的配慮の否定を含むあらゆる形態の差別の撤廃を進める。意思決定過程から障がい者も積極的に参加するという思想（Nothing about us without us!）のもと、国連総会で採択され（2006年）、日本は2007（平成19）年に署名し、その批准のため障害者基本法等の国内法の整備が進められた（2014〈平成26〉年批准）。

：合理的配慮 ① 障がい者が他者と等しく人権を行使できるように、個別的な変更・調整をおこなう積極的配慮のこと。

障害者基本法 ② 障がいの有無に関わらず、全国民が尊重される「共生社会」実現のために、基本原則と国などの責務を明らかにした法律をいう。(1)ノーマライゼーションの導入、(2)合理的配慮の明記、(3)意思決定の支援（自己決定が難しい者に意思決定を助ける家族や支援員が支援をすること）の導入、(4)公共的施設のバリアフリー化、などが定められている。同法によれば、障害者とは、心身の機能の障害のみならず、それがゆえの社会的障壁により、日常や社会生活で制限を受ける状態にある者をいい、社会障壁にも障害の原因を求めている点が注目される。なお、「障害」の表記に関しては、一般に「障碍」「障がい」も使用されているが、ここでは法令に従って「障害」とした。いずれにしろ、誤解をまねく表現や特別感をかもし出す表記は避けるべきとの意見がある。

障害者雇用促進法 ① 障がい者が職業生活においてもその能力を発揮できるように措置を講じることを求めた法律。身体障がい者の雇用を事業主の努力目標とした身体障害者雇用促進法として制定（1960〈昭和35〉

年)され、障害者の範囲を拡大するために「障害者の雇用の促進等に関する法律」(障害者雇用促進法、1987〈昭和62〉年)へと法律名を改称。障害者権利条約の批准に向けた大幅改正(2013〈平成25〉年)により、「障害者」の定義の見直しをおこない、事業主に対して(1)障がいを理由とする差別の禁止(低賃金の設定など)、(2)合理的配慮の提供義務、(3)苦情処理・紛争解決援助(障がい者からの苦情を事業主が自主的に解決するなど)を求めた。

障害者差別解消法 ① 行政機関や事業者に対し、障害者基本法に規定された合理的配慮を実現するための措置を求めた法律。2013(平成25)年制定。国および地方公共団体には「施策の策定・実施」、国民には「差別解消への努力」、行政機関等および事業者には「施設改善・設備整備・環境整備」、が責務として定められ、障がいの有無によって国民が分け隔てられない共生社会の実現をめざす。

バリアフリー新法 ① 施設等の利便性をはかることで高齢者や障がい者が社会生活を送るうえでの障壁を取り除き、全国民による共生社会をめざす法律。2006(平成18)年制定。ハートビル法(1994〈平成6〉年制定)と交通バリアフリー法(2000〈平成12〉年制定)により、別々におこなわれていたバリアフリー化を一元化し、建築物・公共交通機関・道路に加えて、路外駐車場・公園も障壁除去の対象にした。なおBarrier-freeは「障壁のない」の意味で、道路の段差などの生活上の障壁を取り除くことをいう。正式名称は「高齢者、障害者等の移動等の円滑化の促進に関する法律」。

キムリッカ W. Kymlicka ① 1962〜 多文化主義と動物倫理で知られるカナダの政治哲学者。自由主義的立場から言語を中心とする文化をおのおのの民族が維持していくという多文化市民権(Multicultural Citizenship)を重視した。カナダは多民族が共存する国であり、多文化主義はもっとも緊急な課題解決への糸口であるとした。また、人間以外の野生動物にも思索を広げ、動物が自然に生きていけるような環境を維持するように考えるべきであるとの考えから「ズーポリス」(Zoopolis、動物の権利を反映させた政策をもつ都市)を主張している。

異文化理解 ③ 外国の文化や社会を理解することに始まり、友好的に国際間の理解をはかること。異文化接触の機会を増やし、文化交流をおこなうことで相互の文化の向上が期待できる。

文化摩擦(まさつ) ② 異なる文化が交流する時に、異文化に属する人々のあいだの交流が円滑に進まず対立や衝突が生まれること。**文化・宗教摩擦**②とも呼ばれる。価値観の相違だけではなく、独善にもとづく誤解や無理解が原因であることが多く、批判・非難・軽蔑・差別・制裁が生じる場合もある。

エスノセントリズム(自民族中心主義) ethnocentrism ⑤ 自民族の文化や価値観だけを正統のものと考え、他民族の文化に対して否定的・抑圧的・敵対的な態度をとる自民族優越の思想傾向のこと。自民族の文化・価値観・言語などの他民族への強制や、さらに極端な場合は他民族の抹殺(まっさつ)にまで至る。

文化相対主義 ⑤ みずからの文化の優越を主張する自民族中心主義に対し、与えられた環境に適応するなかで歴史的に形成された各文化は固有の価値を有しており、相互に優劣や善悪の関係がないという考え方。1つの社会に複数の文化を対等な関係で存在させることから、**多文化主義(マルチカルチュラリズム)**(multiculturalism)④ともいう。異なった文化や宗教が触れあう機会の多い**多文化・宗教状況**①において、様々な地域で歴史的に育まれてきた文化の多様性を各人が尊重し、それを受容する**多元主義**①という考え方が**多文化共生(多文化の共生)**④にとって大切となる。もちろん、他者を尊重して密接な関係を維持しながら自他ともに生きる**共生**⑤という概念は、文化的異質性の克服のみならず、人種・年齢・身体・性表現の差異などのあらゆる人間の個性を大切にする生き方であり、人類の**平和的共存・共生**①につながっていく。

→ p.202 **レヴィ=ストロース**

ユーロセントリズム eurocentrism ① euro(ヨーロッパ)centre(中心)ism(主義)の意味で、ヨーロッパの文明・文化は進歩し優秀であるという視点から、世界をみようとするヨーロッパ中心主義の考えをいう。伝統的な狩猟や農業をおこなう世界は、まだ未発達の状態にあり、これから合理的思考が発達していくとみなされたので、早くに機械化されたヨーロッパ文明を見習うべきであるという思想が、植民地支配の時代を通じ拡大していった。現在でも、時間(西洋暦やグリニッジ標準時など)や空間

(メートル原器など)は、ヨーロッパの文明が基準となっている。しかし、文明の多様性は人類の財産であり、そこに優劣はなく、ヨーロッパ文明も世界文明の1つである。

文化的多様性に関する世界宣言 ① 人類共通の遺産である文化的多様性を保護するため、ユネスコ総会で2001年に採択された国際宣言をいう。この宣言はグローバリゼーションにともなう画一化の危険から世界の多様な文化を守り、それをいかして、異なる文化間の相互理解を深め、世界の平和と安全に結びつけることを目的としている。この宣言にともない、「文化的表現の多様性の保護及び促進に関する条約」が2005年にユネスコで採択され、加盟国に文化的多様性の保護が義務づけられた。

：**文化的多様性** ① ある時代、ある地域によって、文化のとる形態が様々であることをいう。生物的多様性が自然にとって必要であるのと同様に、文化的多様性は、交流・革新・創造の源として人類に必要である。この意味で文化的多様性は人類共通の遺産であり、その遺産が種々に表現され、増加され、将来の世代に伝達されることは重要である。

宗教多元主義 ② 多様性を尊重し、相互承認により共存の道を探る宗教的立場をいう。各宗教間に生起する排他性・優越性の傾向を排除し、ほかの宗教も同じ真実に向かう存在であるという認識に立つ。宗教多元主義を代表するイギリスの宗教哲学者ジョン＝ヒック(John Hick、1922～2012)は、若くして宗教学・カント哲学に興味をもち、大学での教鞭(きょうべん)をとるかたわら、異教徒とも交流した。そのなかで、各宗教は多様な歴史的・文化的背景を背負って、いまのそれぞれの形態になったが、1つの太陽を中心に惑星がまわるように、1つの究極実在(Real)を様々な角度から求めているにすぎないと考え、ここから相互承認と相互補完は可能であるという多元主義の考えを導き出した。

同化主義 ① 支配する立場の民族が、少数民族や先住民族など、弱い立場の民族に自分たちの文化や伝統を受け入れさせて、自分らと同じ様態にすること。支配する民族の自民族中心主義(エスノセントリズム)にもとづく。現在では過去の反省のもとに、先住民族や少数民族の文化を保護することが課題とされているが、過去の同化主義の例としては、スペインやポルトガルが植民地支配した中南米の先住民族インディオへの同化政策、イギリス(イングランド)によるアイルランド語(ゲール語)やウェールズ語に対する言語の同化政策、アメリカ合衆国によるアメリカ・ハワイ先住民族への同化政策、日本によるアイヌ民族や第二次世界大戦が終わるまで日本の統治下にあった朝鮮半島や台湾の人々への同化政策、中国によるチベット族やウイグル族への同化政策などがある。

ステレオタイプ stereotype ② 紋切(もんき)り型で、行動や発想が型にはまっていて、独創性がないこと。

過度の一般化 ① アメリカの心理学者オルポートが説いた、個別的事例にもかかわらず、それを集団全体の特性とみる偏見の心理のこと。たとえば、1人がトラブルをおこしても、それが集団全体の特性だと考え、その集団が排除されることがある。

→ p.17 **オルポート**

愛国心 ① 自分が生まれ育ち、所属する共同体・地域・社会・国家を愛する心情。愛国心には、愛郷心(あいきょうしん)・郷土愛・祖国愛が含まれ、自分が生まれ育った固有の文化や伝統への愛着・なつかしさ・誇りを感じる自然な心情がもとになっている。歴史的にみると、郷土の文化や伝統への愛着から自然に生まれた愛国心は、19世紀に民族を単位とする国民国家が形成されると、国家という政治的共同体に忠誠を誓う愛国心へと移っていった。日本では、排他的な愛国心教育が軍国主義と結びついて、国民を侵略戦争へと向かわせたことへの反省から、第二次世界大戦の敗戦後しばらくは愛国心が表立つことは少なかったが、2006(平成18)年の教育基本法の改正によって「伝統と文化を尊重し、それらをはぐくんできた我が国と郷土を愛するとともに、他国を尊重し、国際社会の平和と発展に寄与する態度を養うこと」(第2条5)が、教育の目標とされた。

エスニシティ ethnicity ① 近代国家体制のもとで、ほかの集団とは区別された、血縁(けつえん)・地縁(ちえん)、独自の文化的な帰属(きぞく)意識を共有する人々の集団のこと。民族と区別して用いる。

マイノリティ minority ② 少数派・少数民族をいう。**マジョリティ**(majority) ①の対義語。ある社会において人種・民族・宗教・性的志向の少数派は、少数派という理由だけで人権の侵害や政治的・経済的差別を受けることがあるので、いわれなき差別や偏見を排し、彼らの人権を保障することが課題となっている。なお、少数民族による独自の文化をマイノリティ文化と呼ぶ。

アイヌ民族 ② 北海道を中心とした日本列島北部周辺に先住した民族。アイヌとは、アイヌ語で人間を意味する。「北海道旧土人保護法」(1899〈明治32〉年制定・1997〈平成9〉年廃止)をはじめとする明治政府による同化政策により、彼らは文化を否定され差別や困窮(こんきゅう)に苦しんできた。しかし、国連の「先住民族の権利宣言」(2007年)など、世界的に先住民族の権利が見直されるなか、「アイヌの人々の誇りが尊重される社会を実現するための施策の推進に関する法律」(アイヌ施策推進法〈アイヌ民族支援法〉、2019〈令和元〉年)が施行され、内閣に内閣官房長官を本部長とする「アイヌ政策推進本部」を設置すること、国民はこの法律の実現に寄与するようつとめること、文化・福祉施策に加え、地域・産業・観光振興施策をおこなう市町村に交付金を交付することなどが定められた。それによりウポポイなどが整備され、第32回オリンピック競技大会(東京2020大会)でもその文化が紹介された。

:ウポポイ ② 北海道白老(しらおい)町にある博物館を備えた民族共生象徴空間の愛称。ウポポイはアイヌ語で「(おおぜいで)歌うこと」を意味する。2020(令和2)年開業。アイヌ文化の復興・発展や、先住民族への尊重・差別なく豊かな文化をもつ社会を築く象徴とされ、展示・調査研究・文化伝承・人材育成・体験交流などをおこなっている。

シンティ・ロマ Sinti・Roma ① 15世紀初頭にドイツと近隣諸国に定住したシンティ族と、中世以来ヨーロッパ東部・東南部に住み、19世紀後半からドイツに移住したロマ族を指す。彼らはヨーロッパから世界中に移動して、かつては「ジプシー」と呼ばれ、奴隷にされるなど苦難の歴史をもつ。第二次世界大戦中はナチスにより迫害されたが、アメリカで政治力をもっていたユダヤ人と違い、世界から注目をされず救済が遅れ、その後も各地で差別されている。現在は彼らが自称する「ロマ」「ロマニ」やシンティなどを総称して、「シンティ・ロマ」と呼ばれる。

アファーマティブ・アクション(積極的改善措置) affirmative action ② 積極的な差別是正策、積極的な優遇措置のことで、少数民族や女性など、これまで長いあいだにわたり差別され、不利益を受けた人々に対し、雇用・昇進・入学などにおいて積極的な措置をとること。日本では、ポジティブ・アクションともいう。

サイード E. Said ⑤ 1935～2003 パレスチナ系アメリカ人の文学研究者・文明評論家。パレスチナ人としてエルサレムに生まれ、アメリカに渡ってプリンストン大学・ハーヴァード大学で文学を学び、コロンビア大学の教授をつとめた。西洋文化からみたエキゾチズム(異国趣味)や、無知や誤解にもとづく一面的なアジアや中東の理解を**オリエンタリズム**(orientalism)⑤と呼び、それが西洋文化優位の考えを生み、ヨーロッパのアジアに対する植民地支配を正当化する役割を果たしたと批判した。そして、独立後もそのような植民地支配の歴史によって形成された抑圧や偏見を批判する**ポストコロニアリズム**(postcolonialism)①の理論をとなえた。パレスチナ問題では、パレスチナ人(アラブ人)の権利を擁護(ようご)しながら、民族の対立をこえてパレスチナ人とユダヤ人が共生する新しい国家の建設を主張した。また、音楽評論もおこない、イスラエルとアラブ諸国から若い音楽家たちを集めるウェスト・イースタン・ディヴァン管弦楽団の創設にも関わった。主著『オリエンタリズム』。

『パレスチナとは何か』 ① パレスチナの歴史やパレスチナ問題についての西洋人の理解をうながすためにサイードによって書かれた作品で、1997年刊行。西欧の植民地政策とシオニズム運動、イスラエルとの対立の始まりや1998年(改訂版)までのパレスチナ問題について解説を試みている。

エリオット T. S. Eliot ① 1888～1965 イギリスの文芸評論家・ミュージカル「キャッツ」原作者・ノーベル文学賞受賞者(1948年)。創作的な活動を続けるかたわら、『文化を定義する覚書』(1948年)で文化について考察している。美術館に飾られた絵画や彫刻、あるいは殿堂入りを果たした楽器を鑑賞する高尚な行動様式が文化なのではなく、**生きられた経験の総体**①、つまり全人類の全表現・全活動それ自体が文化であると考えた。異文化との出あいは敵ではなく天の恵みであり、多様な宗教・習慣下での生活は文化そのものであるとした。

文化 Culture ⑤ 衣食住の様式、言語・習慣・法・学問・芸術・宗教など、人類が築いた有形・無形の生活様式の総体で、社会の成員によって学ばれ、共有され、伝達されるものをいう。それぞれの風土ではぐくまれた立ち居振舞い・衣食住を中心とした暮らし・生活様式・価値観など、人間と人間の生活に関わるすべてを指す。人間が技術によって自然に働きかければ、衣食住などの物質的文化が生まれ、教育や政治によって人間自身に働きかければ、言語・思考・制度・習慣などの精神的文化が形成される。文化は、個人や共同体の一員としての誇りとアイデンティティを形成し、創造力と感性に富む豊かな人間性を養い、新たな需要や高い付加価値を生み出し、人間相互の理解をうながすことから、持続的な経済発展や国際協力の円滑化の基盤ともなる。なお、英語のcultureはラテン語のcultura(作物の栽培や飼育)を語源として、比喩的に世話・名誉・文化を指すようになり、人類学に文化が導入された19世紀には「知識・信仰・芸術・道徳・習慣・人間が社会の一員として身につけた能力や習慣」などをいいあらわすようになった。また、ホイジンガは人間の本質を**「遊びの相のもとに」**①(遊びという有様を通じて万物を認識すること)に見出そうとした。彼によれば人間の本質は遊ぶことであり、遊びは実生活とは無縁で利益も生じないが、自由で楽しく、それでいて絶対的な秩序や創造性を生む。人間は時代・地域・年齢に関係なく遊びを通じて学問・芸術・宗教・スポーツなどの文化を形成してきたが、このような遊びから生まれる文化はまさに**「根源的な生の範疇(はんちゅう)」**①(生きるなかで営む必然的な活動に分類されること)であると考えられた。

→p.2 **ホモ・ルーデンス(遊ぶ人・遊戯人)**

セクシャル・マイノリティ(性的少数者) Sexual Minority ① 異性愛者ではないなど、性のあり方が多数派と異なる人のことをいう。人は生物的には男性と女性に二分割されるが、人の精神は多様であるので、自己の身体的性への認識や恋愛・性的指向対象も多様になる。自分と異質な他者がいることは、他者からみれば自分が異質ということである。相互に同質になる必要はなく、異質な点も含みながら相手の人格を尊重することが大切であり、多数派の考え方・周囲の圧力・常識・既存の知識を乗りこえ真理を求めることが哲学の使命である。セクシャルは「性的」、マイノリティは「少数派」を意味する。セクシャル・マイノリティに対しては、異性愛者(ヘテロセクシャル)などの人々がマジョリティ(多数派)となる。

LGBT ④ L＝レズビアン(Lesbian、女性の同性愛者)、G＝ゲイ(Gay、男性の同性愛者)、B＝バイセクシャル(Bisexual、両性愛者)、T＝トランスジェンダー(Transgender、身体性と異なる性での生活を望む人)をいうが、これ以外のセクシャル・マイノリティを総称することもある。LGBTは迫害されてきた長い歴史があるが、「レズビアン、ゲイ、バイセクシャル、トランスジェンダーの人権についてのモントリオール宣言」(2006年)が採択され、また、「誰も置き去りにしない」というSDGsのモットーにもとづき、その改善が期待されている。なお、「LGBTQ＋」の場合は、Q＝クエスチョニング(Questioning、自身の性のあり方が未決定である人)、「＋」＝プラス(さらなる性の多様性)をあらわす。

パートナーシップ宣誓制度 ① 地方自治体が同性どうしのカップルを婚姻に相当する関係と認める制度をいう。パートナーシップ関係とは「双方又はいずれか一方が性的マイノリティ(LGBT等)であり、互いを人生のパートナーとして、相互の人権を尊重し、日常の生活において継続的に協力し合うことを約した二者間の関係」(東京都パートナーシップ宣誓制度)をいう。法的効果は発生しないが、周囲の理解を深め生活上の困難を軽減することを目的とする。東京都渋谷区・世田谷区(2015〈平成27〉年)ではじめて施行され全国に拡大した。

ヘイトスピーチ hate speech ① 特定の民族・人種・国籍・宗教に属する人々や祖先が他国から来た人々などに対する差別的・脅迫的暴言をいう。とくに社会的少数者(マイノリティ)に向けられ、ときには暴力の引き金になることがある。近年はインターネット上でおこなわれることが増えてきた。各国政府は対策に乗り出し、日本政府もヘイトスピーチ解消法(2016〈平成28〉年)を制定し、祖先が他国から来た人々へのヘイトスピーチの解消などにつとめている。

WHO憲章 Constitution of the World Health Organization ① 国際連合憲章の精神に従い、世界の人々の健康水準を保つことを明確にした憲章(宣言)。健康なことは個人の幸福のみならず世界の平和にも資するとして、人種・宗教・政治信条や経済的・社会的条件によって差別されることなく、人々の健康の増進と保護のために、国々が協力することを目的としている。なお、ここでいう健康とは病気ではないとか、弱っていないということではなく、肉体的にも、精神的にも、そして社会的にも、すべてが満たされた状態にあることをいう。1946年に署名され、1948年に発効した。

鶴見俊輔つるみしゅんすけ ① 1922～2015　日本の哲学者。第二次世界大戦の反省から国家に流されない自由を提唱し、丸山眞男・都留重人つるしげと(1912～2006)らと『思想の科学』を刊行した。また、小田実おだまこと(1932～2007)らと「ベトナムに平和を！市民連合」(べ平連)を結成し、大江健三郎おおえけんざぶろう(1935～2023)・小田実らと日本国憲法第9条を守る活動である「九条の会」の呼びかけ人になるなど、平和活動にも身を投じながら、大学教授を歴任した。一方、『限界芸術論』(1956年刊行)で**限界芸術**①という概念を提唱した。芸術を⑴「純粋芸術」(Pure Art、専門家間の芸術。美術史上の芸術など)、⑵「大衆芸術」(Popular Art、専門家が制作し非専門家が楽しむ芸術)、⑶「限界芸術」(Marginal Art、非専門家が制作し非専門家が楽しむ芸術をいう)の3領域に分類し、非専門家、つまり通常の生活を営む人々が、日常のなかで制作した手紙や動画などの生活作品と芸術作品のギリギリの境界(Marginal)も重要な芸術と考え、すべての人々に芸術的創造性を認めた。

第6章 国際平和と人類の福祉

1 民主主義の理念

民主主義 Democracy ⑤ 国民の意志に従って政治をおこなう政治体制で、ギリシア語のデーモス(demos、民衆)がクラトス(kratos、権力)をもつ状態を語源とするデモクラシーの訳語。17〜18世紀の市民革命以後の近代民主制は、人権の尊重、権力分立、法の支配、国民主権などの原則と結びついて発達した。

平等［民主主義］① すべての人は人間としての本質を等しくもち、価値の差はないということ。平等の思想は、すべての人間を理性において平等とみるストア派の世界市民主義や、神の前の平等を説くキリスト教など古くからあったが、近代市民革命によって、自然権(人権)として憲法上の原則となった。17〜18世紀に成立した近代市民社会は、形式的平等(自由競争に参加する資格の平等)が中心であり、実質的平等(社会生活・経済生活における実際の平等)の思想は、20世紀の憲法に取り入れられた。

子どもの権利条約 ① 子どもの自由と権利を擁護するために、1989年に国連総会で採択された条約。18歳未満のすべての子どもを対象とし、親と同居してその保護を受ける権利、教育を受ける権利、意見表明の権利、集会結社の自由などの保障を求めている。子どもをたんに保護の対象ではなく、権利行使の主体としてとらえており、日本は1994(平成6)年に批准した。

2 戦争と地域紛争

戦争 ⑤ 国家間の武力紛争のこと。戦争には、他国の土地や財産を奪い取る侵略戦争、自衛権の発動としての自衛戦争、国際紛争解決のための戦争、国連が決定する侵略行為への制裁措置としての戦争などがある。

→ p.85 非攻

戦争の違法化 ① 戦争を合法ではなく違法と考え、違反国には制裁を加えるべきだという潮流をいう。かつては戦争には合法的戦争があると考えられ、『戦争と平和の法』(1625年、グロティウス著)では自己や財産を守るなど自然法にもとづく戦争は合法とされた。第一次世界大戦後の国際連盟規約(1920年)では「平和的解決手続きを経ない戦争」「裁判の判決または理事会の報告後3カ月以内の戦争」等が違法な戦争とされ、パリの不戦条約(1928年)では紛争解決のための戦争・国家政策の手段としての戦争を違法としたが、国家政策の手段が意味する内容が曖昧で、また自衛のための戦争は認められると解釈された。第二次世界大戦後の国連憲章(1945年)では、戦争の違法化をはかり、武力行使を限定するため、国の領土保全又は政治的独立に対しても武力による威嚇又は武力の行使を慎まなければならない(2条)として、違反国には経済関係・運輸通信の手段の中断並びに外交関係の断絶(41条)や安全保障理事会の常任理事国のもとでの軍による行動(42条)の制裁を設けた。また、自衛権については、安全保障理事会が国際の平和及び安全の維持に必要な措置をとるまでの間、個別的又は集団的自衛の固有の権利を害するものではない(51条)と範囲を定めた。しかし、湾岸戦争(1991年)、アフガニスタン戦争(2001年)・イラク戦争(2003年)のほか、ロシアのウクライナ侵攻(2022年)など、依然として武力の行使・応酬がおさまっていない。

戦争の世紀 ① 一般国民を巻き込んだ国家間の総力戦を繰り返した20世紀を指す。第一次世界大戦は従来の戦争と異なり、国家と国家の争いが職業軍人のみならず一般市民を巻き込み、近代兵器による虐殺がおこなわれた戦争であった。この反省から国際連盟が設立されたが、その後も人類は第二次世界大戦やジェノサイドなどの悲劇を防ぐことができなかった。

:ジェノサイド genocide ① 特定の国民・人種・民族・宗教集団に対する殺害・危害・過酷な仕打ち・出生妨害・児童の強制移動をいう。ジェノサイド条約(集団殺害罪の防止及び処罰に関する条約、1948年に国連総会で採択)では、集団殺害・その共同謀議や未遂も処罰の対象になる。ただ、刑法にジェノサイド罪をおいていないなど国内法の整備が必要との理由で、日本は条約を批准していない。なお、ジェノサイドは「種族」(genos)+「殺害」(cide)の造語。

全体主義 ① 個人よりも全体(国家)を優先させ、個人は国家に奉仕するために存在するという政治思想。国民の基本的人権の否定、秘密警察による自由主義思想の排除、一党による独裁、教育機関やマスメディアによる思想統一などを特徴とする。ヒトラー支配下のドイツや、スターリン支配下のソ連が、その典型である。全体主義政権のもとでは、一般の国民は国家や政治について自由に意見がいえず、国家が国民生活のあらゆる領域にわたり指導し、支配するようになる。

→ p.212 **全体主義**[アーレント]

ファシズム fascism ⑤ 軍部や極右政党による政治的独裁で、議会主義や国民の基本的人権を否認し、自由主義・共産主義を攻撃し、全体主義・軍国主義をとなえる政治形態。語源は、1919年にイタリアで成立したムッソリーニが指導するファシスト党に由来し、「束(たば)ねる」という意味がある。

テロ国家 ① 国際テロ行為を繰り返し支援している国家をいうが、定まった定義はない。テロ支援国家ともいう。特定秘密保護法(2013〈平成25〉年制定)によれば、テロ(テロリズム)(terrorism)とは政治上その他の主義主張にもとづき、国家もしくは他人にこれを強要し、または社会に不安もしくは恐怖を与える目的で人を殺傷し、または重要な施設その他の物を破壊するための活動をいう。テロ国家の認定は、アメリカを中心に各国が独自におこなっており、時代とともに変化する。

IS(イスラーム国) Islamic State ① イスラーム教スンナ派過激組織をいう。アメリカによるイラク戦争(2003年)後、イラク政府の支配が十分におよばない空白地帯に国際テロ組織アル・カーイダの分派として登場し、「アラブの春」に触発された反政府勢力とシリア政府とのあいだにおこったシリア内戦(2011年)による混乱に乗じて、シリアへも勢力を拡大して、カリフ制に則(のっと)る「イスラーム国」(IS)樹立を宣言した(2014年)。その後、アメリカなどの支援を得たイラク治安部隊等による掃討作戦の結果、イラク全土がISから解放され(2017年)、シリア国内でも支配地域を失った(2019年)が、イラク北部・西部において残党によるテロが続いている。なお、この組織の名称は、“Al-Sham”(アラビア語)が示す地域がシリア(Syria)なのかレバント(Levant、地中海の東部付近)なのか不明であったため、“Islamic State in Iraq and al-Sham” をISIL(Islamic State of Iraq and the Levant、日米・国連で用いる)のほかISIS(Islamic State in Iraq and Syria)などとも訳された。

ナチス Nazis ⑤ 国民(国家)社会主義ドイツ労働者党の略称。その思想を**ナチズム**(Nazism)③と呼ぶ。1930年代の世界恐慌(きょうこう)による不況を背景に人心をつかみ、1933年にヒトラーの指導のもとに全権委任法を通過させ、強力な一党独裁を実現させた。ゲルマン民族の優秀性をとなえ、議会主義・民主主義などを否定し、卓越(たくえつ)した個人による独裁政治をとなえた。

ユダヤ人の虐殺 ① ユダヤ人に対する偏見や迫害などの反ユダヤ主義は、古くからヨーロッパ各地にあったが、ナチス・ドイツは、ゲルマン民族の優越をとなえてユダヤ人の撲滅策(ぼくめつさく)をとり、その殺害を徹底的・組織的におこなった。ユダヤ人は、財産を没収されたうえ、多数の者がナチス・ドイツの強制収容所に送られ、ガス室で殺害された。大戦中にナチスに殺されたユダヤ人は、約600万人といわれる。

ホロコースト Holocaust ① ナチスとその同盟国・協力者による国家主導の組織的なユダヤ人の虐殺を指す。第二次世界大戦中に開始され、ドイツが敗戦する1945年まで続いた。このあいだに600万人が犠牲になったとされる。ホロコーストはヘブライ語で大量殺人・絶滅・大惨事の意。

アウシュヴィッツ強制収容所 ② ポーランドにあったナチス・ドイツの巨大な強制収容所。アウシュヴィッツは、ポーランド南部にある都市オシフィエンチムのドイツ語名。この収容所には、ユダヤ人のほかに捕虜(ほりょ)や政治犯など、常時25万人が収容されていたといわれる。収容された人々は強制労働・栄養失調・伝染病などで倒れ、大多数の者がガス室で殺害された。この収容所だけで100万人以上の大量虐殺がおこなわれたといわれる。跡地は現在博物館となっており、1979年に世界文化遺産に登録された。

アンネ＝フランク Anne Frank 1929～45
　ユダヤ人の少女で、『アンネの日記』を書き残した。家族はアウシュヴィッツ強制収容所に送られ、アンネはさらにベルゲン・ベルゼン強制収容所に送られ、そこでチフスで死去した。「分かち合うことによって、わたしたちは、すべてにより豊かになるのです」とアンネは1944年3月26日の「与える(give)」で述べている。

『夜と霧』 ② オーストリアの精神科医フランクルが、ユダヤ人であるために、アウシュヴィッツ強制収容所に送られたみずからの体験をもとに、収容所内での囚人(しゅうじん)の生活や苦悩を書き記したもの。ナチスのユダヤ人虐殺の非人間性を告発するとともに、どのような極限状況でも人間としての尊厳を失わずに生きた勇気ある人々について書かれている。 →p.15 **フランクル**

パレスチナ紛争 ① 1948年のイスラエル建国にともない発生した、ユダヤ人とパレスチナの地に住むアラブ人による紛争。4次にわたる中東戦争の原因となった。イスラエル政府とパレスチナ解放機構(PLO)との対立が続き、さらに周辺のアラブ諸国を巻き込み複雑化し、大量のパレスチナ難民が発生した。1993年のオスロ合意によって和平が成立し、翌年からパレスチナ暫定(ざんてい)自治が開始されたが、その後も困難な状況が続いている。

9.11テロ(同時多発テロ) ② 2001年9月11日に、アメリカでおきた航空機を使った同時多発テロ事件。イスラーム急進派組織のアル・カーイダのメンバーによってハイジャックされた4機の航空機のうち、2機がニューヨークの世界貿易センタービルに、1機が国防総省本部のペンタゴンに突入し、もう1機は途中で墜落した。死者は約3,000人で、世界に大きな衝撃を与えた。

3 国際平和への道

平和 ③ だれしもが心おだやかに日常生活を営み、人生をまっとうできるような、人間としての尊厳・権利が保障された環境を持続している状態。一般的には、戦争・紛争・災害などがない状態。人間が自己を実現し、幸福に至るための前提条件となる。

:日本国憲法第9条 ① 日本国憲法の三大原則のうち、平和主義を実現するための条文。「国権の発動たる戦争と、武力による威嚇又は武力の行使は、国際紛争を解決する手段としては、永久に放棄」(1項)し、「前項の目的を達するため、……戦力は、これを保持しない。国の交戦権は、これを認めない」(2項)とする。しかし、放棄する戦争に侵略戦争のみならず、自衛のための戦争も含まれるのか、どのようなものが戦力になるのかなど、条文の解釈には複数の学説があり、また時代とともに政府解釈も変化する。最近では、この条文に関連し、集団的自衛権の限定的行使を容認する「安全保障関連法」(2015〈平成27〉年制定)や、専守防衛のあり方として敵のミサイル発射基地への反撃能力保有を明記した「国家安全保障戦略」(2022〈令和4〉年決定)などが制定された。

核兵器禁止条約 ② 核兵器の開発・実験・生産・製造・取得・保有・移転・受領・使用または使用するとの威嚇やその援助を禁止する条約。2017年に国連で採択された。日本政府は核兵器廃絶という目標をもちつつも、核兵器による攻撃に対して通常兵器では抑止できないとの理由から、核兵器を有するアメリカの抑止力を必要とすると判断し、同条約への不参加を表明している。これに関しては国内から批判の声も上がっており、賛否がわかれている。

核拡散防止条約(NPT) Treaty on the Non-Proliferation of Nuclear Weapons ② 1963年に地下実験を除外した部分的核実験禁止条約が締結されたのちに、1968年の国連総会で採択された「核兵器の不拡散に関する条約」のこと。核不拡散条約ともいう。核兵器保有国が新たに増加することを防ぎ、核保有国による核兵器の他国への譲渡(じょうと)、原子力の平和目的以外への転用、非核保有国の核兵器製造などを禁止している。2023年5月現在、日本を含む191の国・地域が加盟している。

抑止論
　攻撃には反撃で大きな損害を与えるという姿勢をみせることで、相手が攻撃を断念するという軍事理論をいう。とくに核兵器を保有する国のあいだでは、核兵器の使用は核兵器の反撃を受け、また全面核戦争になれば、放射性物質で汚染された地球に勝者は存在しないとの理由から、第二次世界大戦後の核兵器使用はかろうじて避けられてきた。しかし、ひとたび開戦されれば、憎しみの増幅で戦争は激化し、また小国も核兵器を有する現状では、追い詰められて死を覚悟した戦争指導者が核兵器を使用しない保証はない。

マララ＝ユスフザイ　Malala Yousafzai ①　1997〜　史上最年少でノーベル平和賞を受賞(2014年)したパキスタン人女性。タリバンによる女性教育弾圧への反対をBBCブログに投稿していたところ、母国パキスタンでタリバンにより銃撃(2012年)され、イギリスで治療を受け奇跡的に生還した。「マララ財団」(2013年)を立ち上げ、女子が安心して学べる環境への支援活動を開始し、女児教育の重要性に対する認識向上をはかることを目的に、国連平和大使に任命された(2016年)。

「アラブの春」 ①　2010年にチュニジアで発生した反政府デモに端を発し、中東・北アフリカ地域の各国でおきた民主化運動をいう。経済的格差・独裁政権への民衆の不満がSNSを通じ拡大し、チュニジア(ベン＝アリ大統領は国外逃亡)・エジプト(ムバラク大統領が国軍最高会議に権限を委譲)・リビア(革命最高指導者カダフィは死亡)では政権が交代し、バーレーン・ヨルダン・モロッコでは憲法改正がなされたが、その後の民主化の波は減退しているともいわれる。

モンロー主義 ①　モンロー(J. Monroe、第5代アメリカ大統領、1758〜1831)が1823年の一般教書(法案提出権をもたないアメリカ大統領が議会に示す政策)のなかで述べた宣言をいい、ヨーロッパと一線を画する点で**孤立外交**①とも呼ばれる。独立した国々からなるアメリカ大陸にヨーロッパの国家が圧迫・拘束を与えた場合は、アメリカへの非友好的意図とみなすとの主旨で、アメリカ大陸、とくに対中南米地域からヨーロッパの影響を排除しようとした。当初は、スペインやロシアなどヨーロッパ諸国からの防衛的意味が強かったが、米西戦争(1898年、アメリカ・スペイン戦争)に勝利したアメリカは帝国主義外交を進め、セオドア＝ルーズベルト(Theodore Roosevelt、第26代アメリカ大統領、1858〜1919)は**「1904年12月6日の年次教書」**①で「モンロー主義にもとづき南北アメリカにおいて**国際警察力**①(国の安全保障と引きかえにおこなうその国への政治的・経済的介入)の行使を強いられる」と述べた。これにより、アメリカ大陸はアメリカ合衆国のためのものであるという意味が強くなった。フランクリン＝ルーズベルト(Franklin. D. Roosevelt、第32代アメリカ大統領、1882〜1945)はラテンアメリカに対し、従来の干渉政策から善隣外交(内政不干渉・軍撤退など友好政策)に舵を切るが、第二次世界大戦や冷戦を経ても、依然としてこの地域はアメリカの強い影響下におかれている。

ウィルソン　T. W. Wilson ①　1856〜1924　第28代アメリカ大統領。第一次世界大戦終結に尽力し、のちに「14カ条の平和原則」(1918年)と呼ばれる平和の基本前提となる「14ポイント(Fourteen Points)」を連邦議会の場で公表した。透明性の高い平和の国際的合意、海洋の自由保障、貿易条件の平等性、軍備縮小、ロシア領土・ベルギー・ルーマニアなどからの撤退などを内容とする。植民地が否定されないなどの問題点があるが、ドイツ降伏の根拠となり、ヴェルサイユ条約の基準を示し、また、戦争終結に道徳性と倫理性を示したとされる。国の大小に関わらず平等・政治的独立・領土保全を目的とする諸国の連携を呼びかけ、国際連盟の礎となった。しかし、モンロー主義を掲げる共和党の反対により、アメリカは国際連盟に加盟しなかった。

「ヨーロッパにおける平和の基本条件」 ①　ウィルソン大統領が1917年1月22日に上院でおこなった演説(A World League for Peace)の一部をいう。各国がモンロー主義を政策として採用することを提案した。つまり各国は自国の政策をほかの国家や国民に拡大しようとすべきではなく、どのような国民でも、脅威も恐れもなくみずからの政策と発展方法を自由に決定できるようにするべきとする。

ラッセル　B. Russell ③　1872〜1970　イギリスの数学者・哲学者・平和運動家。第二次世界大戦後、核兵器の登場に衝撃を受け、アインシュタインらとともに、核兵器禁止の運動に取り組み平和をアピールした。主著『西洋哲学史』『人類に未来はあるか』。

アインシュタイン A. Einstein ② 1879～1955 ドイツ生まれの理論物理学者で、相対性理論を提唱した。ベルンの特許局技師をへて、チューリヒ大学・プラハ大学教授をつとめ、ベルリン科学アカデミーにまねかれたが、1933年にユダヤ人で平和主義者であるためにナチスに追われ、アメリカへ移住した。第二次世界大戦後、ラッセルらとともに平和運動や核兵器禁止運動に精力的に取り組み、大きな功績を残した。

ラッセル・アインシュタイン宣言 ② 1955年に、ラッセルとアインシュタインの提案により、当時の世界の著名な科学者11人が核兵器廃絶を訴えた宣言。この宣言は、核戦争による人類絶滅の危険を救うために、世界の科学者は連帯して、平和に対する社会的責任を果たすべきだと訴え、物理学者湯川秀樹(1907～81)も署名した。この宣言に呼応して、核兵器と戦争の廃絶をめざす科学者の会議であるパグウォッシュ会議(1957年)が開かれた。

「荒れ野の40年」 ① 西ドイツの**ヴァイツゼッカー**(R. Weizsäcker、1920～2015) ①大統領が、ドイツ敗戦40周年記念日(1985年5月8日)におこなった演説。そのなかで、**「過去に目をとざす者は、結局現在にも目を開かなくなります」**①と述べた。ナチス時代のドイツ人の罪を反省し、過去の過ちを再びおこさない決意を述べたものである。「荒れ野の40年」とは、ドイツ敗戦後の40年を、古代のイスラエル人(ユダヤ人)が堕落を乗りこえて、荒れ野を旅した40年にたとえたものである。

「ゲルニカ」 ② スペインの画家ピカソの1937年の作品。ゲルニカは、スペインの北部にある小さな町の名前。スペイン内戦の時、フランコ軍と手を組んだナチス・ドイツの空軍がこの町に無差別攻撃をおこない、町全体を壊滅させたことに抗議して、戦争に対する怒りと憎しみを表現した。

→ p.105 **ピカソ**

原爆ドーム ① 1945(昭和20)年、広島に投下された原子爆弾によって破壊された建物。ユネスコの世界文化遺産(1996〈平成8〉年登録)。爆心地から約160m の位置にあり、もともとは産業振興のための広島県物産陳列館。

4 人類の福祉

NGO(非政府組織) non-governmental organization ④ 平和・人権・環境などの問題に取り組む民間組織。政府から独立した私的団体で、その構成や活動が国際的で営利を目的としない組織である。国連の経済社会理事会に対し、協議資格をもつ。

NPO(民間非営利組織) non-profit organization ② 法人として認定された、営利を目的としない民間組織。アメリカで、NGO などの非営利の民間組織を育成するために、州法で法人組織として認定する制度が成立した。日本では1998(平成10)年に、アメリカの NPO 制度にならい、市民運動を支援する制度として、市民団体に NPO としての法人格を与える特定非営利活動促進法(NPO 法)が成立した。

消費社会 ② 生活に必需な商品のみならず、文化的・社会的な高度欲求を満たす商品を生産・消費する社会をいう。第一次世界大戦の被害を受けなかったアメリカで、「必需品」ではなく「欲しいもの」の購買がはじめて広まった。**物質的豊かさ**③のなかで、先進国の人々は消費生活を楽しむが、それは、共同体の構成員がコミュニケーションで直接的につながるのではなく、商品の売買により生まれる**商品に媒介された関係**①として表面的につながっている可能性もある。

エドワード=バーネイズ Edward Bernays ① 1891～1995 「広告の父」として知られるアメリカのビジネスコンサルタント。従来型の**広告技術**①が広告主の意図・商品を直接にメディア等で宣伝したのに対し、彼は間接的・無意識的に「みえない操作者」として、大衆を政治的・経済的に操作する新しい手法を開発し、負のイメージのある第一次世界大戦中のプロパガンダ(propaganda、考え方を強要する宣伝)に対して、広報(PR, public relations)と表現した。たとえば、商品自体の宣伝は避け、その商品を洗練された生活の写真に映り込ませることで、人々は無意識に購買意欲が高まるという方法を用いた。なお、彼の伯父は精神分析の父フロイトである。主著『プロパガンダ』(1928年)。

南北問題 ③ 先進国と開発途上国とのあいだの経済格差と、経済格差にもとづいておこる政治・社会問題のこと。北半球の高緯度地域に先進国が多く、南半球の中・低緯度地域のアジア・アフリカに開発途上国が多いので、南北問題という。

セン A. Sen ⑤ 1933〜 インドのベンガル地方で生まれたイギリスの経済学者。開発と貧困の問題などを扱う**厚生経済学**①が専門である。インドでの貧困の経験をもとに、貧困や飢餓から人間を救うには、識字能力や自由な言語能力の育成が不可欠だとし、人間の潜在能力の開発と発展の必要性を説き、それを支える人間の安全保障を提案した。主著『貧困と飢饉』『不平等の経済学』。

人間の安全保障 ② 従来の国家安全保障を補完し、人間の豊かな可能性を実現するため、生存・生活・尊厳を危うくする脅威から、人間一人ひとりを守り、保護と能力強化を通じて持続可能な個人の自立と社会づくりをうながす考え方をいう。国連開発計画(1994年)で取り上げられたテーマである。かつては、国家が国民の安全を守ったが、冷戦後に生じた地域紛争では、国家の枠をこえて人々を救う必要にせまられた。また、貧困・環境破壊・自然災害・感染症・テロ・経済と金融破綻という国境をこえた脅威は、人間個人に焦点を当てて守らなくてはならない。

機能［セン］② 人間が達成した様々な活動や状態をいう。運動をすることや健康であることなどである。

：**ケイパビリティ(潜在能力・可能力)** capability ⑤ 多種多様な機能から選択して達成することができる潜在能力・自由度をいう。伝統的な経済学における幸福の測定は、財・サービス自体の量およびその財の消費から得られる効用を指標としてきた。このような物理的および精神的に特化した測定指標ではなく、財と効用を機能と能力にセンは置き換えた。実際に車を運転しなくても、運転免許証を修得することで徒歩や自転車以外に移動の自由度をもつことができる。このようなケイパビリティの分析は貧困、ジェンダー問題、政治的自由、生活水準などを研究するうえで非常に有用であり、また、国連開発計画(UNDP)の「人間開発指数(HDI)」の作成にも貢献している。

『不平等の経済学』 ① 1973年刊行。経済的不平等の測定に関する概念と実際の不平等の問題点を扱ったセンの主著。統計学にもとづく経済的な分析のみならず、哲学的立場から厚生経済学を研究し、経済的格差の原因と影響を明らかにした。

『貧困と飢饉(貧困と飢餓)』 ③ 1982年刊行。飢饉は伝統的に食糧の不足が原因と考えられていたが、飢饉が発生した国でも食糧がまったくないというわけではないことから、センは飢饉の原因をエンタイトルメント(機会があれば合法的に交換できる財の組み合わせ)機能の崩壊により、人々が入手できなくなったからだと考え、ベンガル大飢饉(1943年)などの具体的分析をおこなっている。

『福祉の経済学——財と潜在能力』 ① 1985年刊行。人々の福祉としてWell-being(心身ともに健康で幸福な状態)をめざし、その程度をケイパビリティを測定の指標として分析するケイパビリティ・アプローチで探っていくことを提案したセンによる厚生経済学の研究書。伝統的経済学の財や効用の分析を通じ、本当に上質な人間の生活とは何かを考える。

『不平等の再検討』 ① 1992年刊行。自著『不平等の経済学』を再検討し、体系的な研究が遅れていた階級や富の不平等の研究のほか、不平等へのケイパビリティ・アプローチをおこなったセンの著書。おのおのに与えられた能力を最大限生かせるような環境こそ人間には重要であり、人々の貧困・ジェンダー・障がい等の悩みは社会全体で解決すべきであるとする。

ヌスバウム M. Nussbaum ① 1947〜 アメリカの哲学者。貧困問題をはじめ、多くの社会的問題の背景にケイパビリティの伸長が疎外されていると指摘し、(1)生命の保障、(2)身体の健康、(3)身体の高潔性、(4)感覚能力・想像力・思考力、(5)豊かな感情、(6)実践的な理性、(7)所属感、(8)異種との共生、(9)娯楽、(10)生活環境の調整を「中心的ケイパビリティ」という最低限の権利として政府に保証の義務を求めた。センとともに研究を重ね、国連開発計画(UNDP)の人間開発指数にも影響をおよぼしている。

フェアトレード fair trade ① 貿易をする際、相対的に立場の弱い開発途上国から、持続的に適正価格で商品を購入することにより、開発途上国の生産者と労働者の生活改善や自立をうながす公平な貿易をいう。農産物や原材料などの一次産品は価格も不安定であり、安価に取引されることも多く、その損失は生産者・労働者に転嫁される。そこで、生産者に買取価格、奨励金(生産地域の組織発展の資金)を保証することで、生産者は生産者組合をつくり生産能力を高めたり、児童労働などをやめて人権に配慮した労働環境を整えたりできる。対象となる地域の選別や、生産者と貿易業者の守るべき基準は国際フェアトレードラベル機構(FLO, Fairtrade Labelling Organizations International)が設定をする。

難民 ③ 戦争や人種・宗教・政治的な信条などの理由で、居住する国の政府から迫害され、その国を離れざるをえない人々のこと。気候変動や砂漠化などの環境の悪化により他国に流入する場合は**環境難民**①と呼んでいる。日本は受入数が少ないとの指摘がある。

難民の地位に関する条約

第二次世界大戦後にヨーロッパで発生した大量の難民を救うために、国連で採択されて1954年に発効した条約。その後、世界の各地で難民問題が生じ、「難民の地位に関する議定書」が採択されて1967年に発効し、この2つをあわせて難民条約という。

国連難民高等弁務官事務所(UNHCR) United Nations High Commissioner for Refugees ② 1950年に設立された、難民の救済事業をおこなう国連機関。本部はジュネーヴ。日本の緒方貞子(おがたさだこ)(1927～2019)が、1991年から2000年まで高等弁務官についた。

ユネスコ憲章 ① ユネスコ(UNESCO、国連教育科学文化機関)は、教育・科学・文化・通信を通じて国家間の協力を促進し、世界の平和と安全をはかることを目的とする専門機関。1945年に採択されたユネスコ憲章の前文で、「戦争は人の心の中で生まれるものであるから、人の心の中に平和のとりでを築かなければならない」と宣言している。

ユニセフ(UNICEF、国連児童基金)
United Nations Children's Fund

開発途上国の児童や青少年に対する食糧・医薬品・医療などの援助を目的として、1946年に設立が決議された国連総会の補助機関の1つ。本部はニューヨーク。

第6章

索引

1. 本書の本文に扱われている基本項目と：を付した従属項目、副見出し項目〔項目のすぐ後の（　　）内の語、たとえば「観想（テオーリア）」のテオーリア〕、および本文中の項目を五十音順に配列し、簡潔な用語辞典としても使用できるように編集した。
2. 用語の次に①〜⑤で頻度数を示してある。
3. 欧文略語については、わ行の次に「欧文略語索引」としてまとめ、アルファベット順に配列した。
4. 書名には『　　』、美術作品や引用文には「　　」を付した。
5. 同一語で内容の異なる項目は、［　　］でその内容を示した。

あ

い

う

え

お

か

索引

き

く

け

こ

さ

し

す

索引

そ

た

ち

つ

て

と

な

索引

索引

ひ

索引

ほ

ま

み

索引

索引

欧文略語索引

A

B

C

D

E

I

L

M

N

O

Q

S

U

W

索引

写真所蔵・提供者一覧(敬称略、五十音順)

池上本門寺　p.245
石川県西田幾多郎記念哲学館　p.287
国立国会図書館　p.266，271，281，289
東京大学史料編纂所　p.233，239，243，250，251，252，254，257
藤樹書院　p.249
奈良国立博物館・ColBase(https://colbase.nich.go.jp/)　p.231，240
西新井大師總持寺　p.235
ニューヨーク公共図書館　p.184
ユニフォトプレス　p.42，45，48，59，64，68，76，88，91，93，118，120，123，128，131，136，137，141，144，150，154，164，167，173，177，180，182，190，197，200，203，205，213，216

執筆（五十音順）　小寺　聡
福田誠司

倫理用語集

2023年12月　初版発行

監修　濱井　修
編者　小寺　聡
発行者　野澤武史
印刷所　明和印刷株式会社
製本所　牧製本印刷株式会社
発行所　株式会社　山川出版社
〒101-0047　東京都千代田区内神田1-13-13
電話 03（3293）8131（営業）　03（3293）8135（編集）
https://www.yamakawa.co.jp/
装幀　水戸部功
本文デザイン　中村竜太郎

ISBN978-4-634-05208-6　NMIN0101

本書の全部または一部を無断で複写複製（コピー）・転載することは、著作権法上での例外を除き、禁じられています。

●造本には十分注意しておりますが、万一、落丁・乱丁などがございましたら、営業部宛にお送りください。送料小社負担にてお取り替えいたします。
●定価はカバーに表示してあります。